한국 고대 국가제의와 정치

한국 고대 국가제의와 정치

채 미 하 지음

혜안

필자는 「신라 종묘제와 왕권의 추이」로 2001년 박사논문을 받은 이후, 종묘제를 비롯한 신라 국가제사에 대해 검토하여 『신라 국가제사와 왕권』을 2008년에 출간하였다. 이와 같은 吉禮에 대한 이해는 필자에게 한국 고대 五禮에 대한 관심을 갖게 하였고, 2015년에 『신라 오례와 왕권』을 출판하였다. 이를 통해 한국 고대 사회에 오례가 수용되고 운용되었다고 하였다.

필자의 신라 국가제사에 대한 이해는 고구려·백제, 고려·조선의 국가제사에 대한 관심으로 이어졌다. 본서는 지금까지 필자가 발표한 신라를 비롯한 고구려·백제, 고려·조선의 국가제사와 관련된 논문을 1장 건국신화와 국가제의, 2장 祭天地와 城제사, 3장 山川祭와 정치, 보론으로 구성한 것이다.

1장 1절 「高句麗의 國母信仰」(『북방사논총』 12, 2006)
1장 2절 「한국 고대의 神母와 國家祭儀 -유화와 선도산 신모를 중심으로-」
　　　　(『동북아역사논총』 52, 2016)
1장 3절 「신라의 건국신화와 국가제의」(『한국사학보』 55, 2014)
2장 1절 「666년 고구려의 唐 封禪儀禮 참여와 그 의미」(『동북아역사논총』
　　　　56, 2017)
2장 2절 「웅진시기 백제의 국가제사 -'祭天地'를 중심으로」(『백제문화』 38,
　　　　2008)
2장 3절 「백제 加林城考 -『삼국사기』제사지 신라조의 명산대천제사를 중심
　　　　으로」(『백제문화』 39, 2008)
2장 4절 「신라의 城 제사와 그 의미 -성황신앙의 수용배경을 중심으로-」
　　　　(『역사민속학』 30, 2009)

건국신화와 국가제의는 불가분의 관계에 있다. 본서는 國母, 神母에 중점을 두면서 건국신화와 국가제의와의 관련성, 국가제의의 변화와 건국신화의 변이에 대해서 살펴보았다. 그리고 한국 고대 국가제의의 대상 중 하늘과 땅, 城에 대한 제사에 관심을 가졌다. 전근대 동아시아사회의 제천지는 고구려가 당의 봉선의례에 참여한 것에서 찾아보았고 백제 국가제사에서 한국 고대 제천지의 변화를 생각해 보았다. 신라 국가제사에 편제되어 있는 城제사는 우리나라 성황제사의 시원과 연결지어 이해하였다. 산천제는 한국 고대사회 공동체의 공고성을 뒷받침해주는 가장 대표적인 국가제의이다. 본서에서는 산천제사의 의미를 신라의 6촌과 관련된 산악제사, 백제의 산천제사 정비, 경주의 陶唐山에서 살폈고 산악제사 못지 않은 '大川'제사는 신라의 사해와 사독을 통해 알아보았다. 보론은 1·2·3장과 관련된 고려·조선의 국가제사에 대해 검토한 것이다.

전근대 동아시아사회에서 "국가의 大事는 제사와 軍事에 있다"고 하였고, "무릇 治人의 道는 禮보다 급한 것이 없고, 禮에는 五禮가 있으되 제사보다 중한 것이 없다"고 하였으며 祀, 곧 제사는 食·貨와 더불어 八政의 하나로 여기고 있었다. 이것은 제사가 정치의 要件으로 제시되었음을 말해 준다. 정치의 기본 의미는 '통치자나 정치가가 사회 구성원들의 다양한 이해관계를 조정하거나 통제하고 국가의 정책과 목적을 실현시키는 일'이다. 본서에서 말하는 정치는 통치자가 국가제의를 통해 사회구성원을 통제하고 국가의 정책을 실현시키는 것으로 이해하였다.

본서는 지금까지 필자가 한국 고대 및 고려·조선의 국가제사와 관련하여 발표한 논문을 정리한 논문집으로, 필자의 '정리' 욕심으로 말미암은 것이다. 가장 큰 바람은 이런 필자의 심욕이 지나치다고 나무라지 않았으면 하는 것이다. 흔쾌히 세 번째의 출판을 허락해 준 혜안의 오일주 대표님과 김태규 선생님을 비롯한 편집부 식구들에게 먼저 감사의 말을 전한다. 현재 필자는 고려대학교 동아시아문화교류연구소에서 '동아시아 '인류(人流)' 관련 한국 고대사 기초자료 연구 : 문서, 사람, 물품' 프로젝트를 진행하고 있다. 연구책 임자인 박현숙 선생님과 필자와 함께 연구를 수행하고 있는 여러 선생님께도 고마움을 전한다. 끝으로 필자의 가장 큰 버팀돌인 가족과 친구들, 항상 함께 하길 기도한다.

2018년 戊戌, 봄을 기다리며
채미하 쓰다

차 례

補 論 317

제1장

건국신화와 國家祭儀

제1절 고구려의 國母信仰

    부여·고구려·백제 3국은 공통적으로 國祖의 어머니, 國母[1]에 대한 전승을 가지고 있었다. 이 중 고구려 국모인 유화[2]는 가장 대표적이라고 할 수 있다. 이러한 유화에 대해서는 고구려 건국신화가 참고된다. 5세기 주몽신화로 확립되는 고구려 건국신화는 부여의 동명신화를 차용한 것[3]이라고 한다. 이로 보아 5세기 이전 고구려 건국신화는 동명신화와 차이가 없었을 것으로 생각된다. 그렇다면『논형』·『삼국지』 등에 보이는 부여 건국신화는 고구려 초기 건국신화에 대응시킬 수 있을 것이다. 고구려 건국신화는 「광개토왕릉비」 등의 비문 자료와 『위서』 등의 중국 사서, 다음으로 『구삼국사』 등

---

1) 국모란 '임금의 아내 또는 임금의 어머니'를 말한다. 본 글에서는 '임금의 어머니', 특히 국조의 어머니를 국모라 한다.

2) 일반적으로 주몽의 어머니를 유화라고 한다. 후술되겠지만, 유화라는 이름은 고구려 건국신화 중 가장 마지막 시기, 〈표 1〉의 Ⅲ에 나오지만, 본 글에서도 편의상 유화라는 이름을 처음부터 사용한다.

3) 이종태, 「삼국시대의 시조인식과 그 변천」, 국민대학교 박사학위논문, 1996, 45쪽 및 조현설, 「한국건국신화의 형성과 재편」,『동아시아 건국신화의 역사와 논리』, 문학과지성사, 2003, 244~255쪽. 동명설화는 부여계 시조설화로서 고구려 시조설화의 성립에 영향을 미쳤다. 고구려도 역시 부여족의 一支派로서 그러한 전승을 지니고 있었을 것인데, 왕실을 비롯한 지배 세력은 동명시조전승의 기본적인 구조에 여러 가지 시조전승을 흡수하여 고구려 건국설화를 재구성시킨 것이다. 따라서 동명설화와 주몽설화는 공통의 구조적 특징을 지니게 되었다. 양 설화의 주인공이 태어나는 경위라든가 그가 겪게 되는 출생 후의 고난, 태어난 땅에서의 出奔 후 새로운 나라를 건설하는 것 등이 바로 구조적 공통점으로 지적할 수 있다(이종태, 위의 논문, 1996, 53쪽).

고려시대 이후 역사서에서 그것을 살펴볼 수 있다. 지금까지 여기에 대한 연구 성과⁴⁾를 토대로 고구려의 시조와 시조의 父와 母 등을 〈표 1〉⁵⁾로 제시하면 다음과 같다.

〈표 1〉 고구려 건국신화에 나타나는 고구려의 시조와 시조의 父와 母 등

	서명	시조명	출신국	부	모	출생에 대한 표현
I	論衡(1세기말) 吉驗篇	동명	橐離	氣	侍婢	産子
	三國志(3세기 중엽) 부여전 분주 魏略 인용의 舊志	동명	高(槁藁)離	氣	侍婢	生子
	양서(629-636) 고구려전	동명	橐離	氣	侍兒	生男
II	광개토왕릉비(414)	추모왕	북부여	天帝	河伯女	剖卵降出
	모두루묘지(5세기 초)	추모성왕	북부여	日月	하백녀	
	위서(551-554) 고구려전	주몽	부여	日	하백녀	生一卵
	주서(636) 고려전	주몽	부여	日影	하백녀	
	수서(636) 고려전	주몽	부여	日光	하백녀	生一大卵
	북사(627-649) 고구려전	주몽	부여	日	하백녀	生一卵
	통전(801) 고구려전	주몽	부여	日	하백녀	生一卵
III	신집(600)	(동명=주몽)	(동부여)	(天帝子 解慕漱)	(하백녀 유화)	(生一卵)
	동국이상국집 소인 구삼국사(고려초)	동명=주몽	동부여	天帝子 解慕漱	하백녀 유화	生一卵
	삼국사기(1145)	동명=주몽	동부여	天帝子 解慕漱	하백녀 유화	生一卵
	삼국유사(1281-1283)	동명=주몽	동부여	天帝子 解慕漱	하백녀 유화	生一卵

〈표 1〉에 따르면 고구려 건국신화는 시기에 따라 시조의 이름뿐만 아니라 그 구성요소들이 다르게 나타나고 있다. 이러한 변화는 신화가 성립된 시기의 정치 사회상과 깊은 연관을 지니고 있었을 것이다. 이로 말미암아 신화의 구성요소에 대한 인식은 각 시기마다 달라졌을 것이다.⁶⁾ 유화의 경우 I 에는

---

4) 고구려 건국신화에 관련된 연구성과는 이종태, 위의 논문, 1996, 45쪽 및 박승범, 「삼국의 국가제사 연구」, 단국대학교 박사학위논문, 2002, 12쪽 참고.

5) 〈표 1〉은 여러 문헌 자료와 이종태, 위의 논문, 1996, 53쪽·78쪽·85쪽을 참고하여 재정리한 것이다.

6) 주몽 전승의 단계를 『논형』류의 동명전승을 차용한 주몽전승단계(『양서』), 주몽의 신성성을 추가한 주몽전승단계(『위서』), 부계=天, 모계=地·水로 연결되는 천(지)손 관념이 확립된 단계(광개토왕비·모두루묘지), 동부여가 전승의 구성요소로 삽입되고 주몽이 동명과 동일시되면서 각 귀족의 족조전승이 통합된 단계(『삼국사기』), 주몽전

'시비·시아', Ⅱ에는 '하백녀', Ⅲ에는 '하백녀 유화'로 나온다. 이것은 각 시기에 따라 유화에 대한 인식이 달라졌음을 말하는 것이라 할 수 있다. 그녀는 태후묘, 수신제, 부여신묘에서 '태후', '수신', '부여신'으로 고구려 국가제사의 대상이었다.

지금까지 연구에 따르면 유화는 고구려 국모로 그 성격은 대체로 지모신, 농업신으로 이해되어 왔다.[7] 그런데 유화는 고구려 건국신화나 국가제사에서 시기에 따라 각각 다르게 표현되어 있다. 이것은 유화의 성격이 각 시기마다 다르다는 것을 말하여주는 것이 아닐까 한다. 지금까지의 연구에서는 여기에 대한 이해가 부족하였다. 이에 본 글에서는 유화가 고구려 국가제사와 건국신화에 어떻게 반영되고 있는지를 각 시기별로 살펴보고자 한다.

이를 위해 태후묘 제사, 수신제, 부여신묘 제사에서 숭배된 '태후', '수신', '부여신'과 건국설화에 보이는 '시아', 그리고 '하백녀', '하백녀 유화'를 비교, 검토할 것이다. 이를 통해 유화가 국모로 되어가는 과정과 각 시기별로 그녀에 대한 인식이 어떻게 변화되었는지를 살필 수 있을 것이다. 그리고 유화가 고구려 건국신화에서 차지하는 의미와 고구려 국모신앙의 특징도 알 수 있을 것이다.

승이 민간에까지 수용되어 새롭게 구성되는 단계(『동국이상국집』)로 보고 있는 것이 그것이다. 이같은 단계를 거치면서 첫째, 부여시조 동명의 후손 둘째, 불명확한 부계와 수신의 모계를 둔 신성한 존재 셋째, 신성한 천손으로서 시조 넷째, 모계의 위상이 더욱 강화되어 왕실의 시조 단계를 벗어난 전 고구려인의 시조라는 시조관이 성립되었다고 한다(박승범, 「제의를 통해서 본 고구려의 정체성」, 『고구려의 정체성』 (고구려연구회창립10주년 제10회고구려 국제학술대회발표문), 2004, 213~218쪽). 필자는 이 견해에 대해 대체로 수긍하나, 주몽이 마지막 단계에서는 고구려인의 시조를 넘어 부여족 전체의 시조로 되는 것으로 파악한다.

7) 三品彰英, 『古代祭政と穀靈信仰』, 平凡社, 1973, 159~172쪽 ; 김철준, 「동명왕편에 보이는 신모의 성격」, 『한국고대사회연구』, 일지사, 1975 ; 김화경, 「고구려 건국신화의 연구」, 『진단학보』 86, 1998, 35~36쪽.

1. 태후묘의 '태후'

고구려 태후묘와 관련된 사료는 다음과 같다.

A. 1) 가을 8월에 王母 柳花가 東扶餘에서 죽었다. 부여왕 金蛙가 太后禮로 유화를 장사지내고 마침내 神廟를 세웠다. 겨울 10월에 사신을 扶餘에 보내어 方物을 보내고 그 德에 보답하였다. (『삼국사기』 13, 고구려본기1, 시조동명성왕 14년)8)

   2) 겨울 10월에 왕이 부여에 행차하여 太后廟에 제사지내고, 백성 중 빈곤한 자를 存問하고 물건을 내렸는데 차등이 있었다. … 11월에 왕이 부여에서 돌아왔다.9) (『삼국사기』 15, 고구려본기3, 태조대왕 69년)10)

   3) 古記에 이르길, "동명왕 14년 가을 8월에 王母 柳花가 동부여에서 죽자 그 왕 금와가 太后禮로 유화를 장사지내고 마침내 신묘를 세웠다. 태조왕 69년 겨울 10월에 부여에 행차하여 太后廟에 제사지냈다"고 하였다. (『삼국사기』 32, 잡지1, 제사)11)

A에 따르면 동명왕 14년(서기전 24) 8월에 동명왕의 어머니가 동부여에서 죽자 금와왕이 태후의 예로 장례를 지내고 신묘12)를 세웠다고 한다. 태조왕은 왕 69년(121) 10월에 부여에 순행하여 태후묘에 제사지냈다고 한다.

우선 A-1)에서 관심을 끄는 것은 동부여의 금와왕이 동명왕의 어머니를 태후13)의 예로 장사지내고 태후묘를 건립하였다는 것이다. 금와왕이 태후묘

---

8) "秋八月 王母柳花薨於東扶餘 其王金蛙以太后禮葬之 遂立神廟 冬十月 遣使扶餘饋方物 以報其德."

9) "冬十月 王幸扶餘 祀太后廟 存問百姓窮困者 賜物有差 … 十一月 王至自扶餘."

10) "冬十月 王幸扶餘 祀太后廟 存問百姓窮困者 賜物有差 … 十一月 王至自扶餘."

11) "古記云 東明王十四年秋八月 王母柳花薨於東扶餘 其王金蛙以太后禮葬之 遂立神廟 太祖王六十九年冬十月 幸扶餘 祀太后廟."

12) 박승범은 "'신묘'라는 관념은 부여의 시조전승에서 이미 형성되었던 것이고 후대 고구려 시조전승이 동명시조전승을 대체함에 따라 유화의 태후묘와 신묘가 동일시되었던 것이다."라고 하였다(앞의 논문, 2002, 60~61쪽). 그러나 필자는 후술되는 『주서』와 『북사』에 보이는 부여신묘가 부회된 것으로 본다.

를 건립한 것은 단순히 죽은 자에 대한 예우차원을 넘어선 것이다. 아마도 동명왕이 고구려를 건국한 사실을 의식하여 태후의 예로 장사지내고 태후묘를 건립한 것이 아닐까 한다.[14]

　태후묘는 고구려 영역 밖에 있는 것이었고 동명왕이 아닌 금와왕이 세웠다. 그렇다고 하더라도 이것은 동명왕의 어머니를 모신 사당이기 때문에 고구려에서도 중시하였을 것이다. 동명왕이 A-1)에서 사신을 보내 그 덕에 보답하였고 A-2)에서 태조왕이 그곳에 제사지낸 것은 그것을 말한다. 그렇지만 고구려에서 태후묘에 정기적으로 제사하기는 힘들었을 것이다.[15] 따라서 고구려에서도 그녀에 대한 사당을 세워 그곳에서 제사지내지 않았을까 한다. 이와 관련해서 온조왕 13년 2월 왕모 소서노가 죽자, 왕 17년 4월에 묘를 세워 국모를 제사하였다[16]는 점에서 그것을 생각해 볼 수 있다. 아마도 고구려도 백제의 국모묘와 유사한 사당을 동명왕의 어머니가 죽고 나서 얼마 있지 않아 건립하였을 것으로 짐작된다.

---

13) 『삼국사기』에 나오는 태후의 용례는 현왕의 모후를 의미한다. 신라 진흥왕, 혜공왕의 경우에서 찾아볼 수 있다.

14) 고구려 건국자인 주몽이 남하하는 과정에서 부여와의 갈등이 있었다고 전하는데, 이러한 점을 전제하고 본다면 금와왕은 주몽의 어머니가 죽자 그 갈등을 해소하기 위해 태후의 예로 장사지내고 신묘를 건립하지 않았을까 한다. 이로 말미암아 유리와 그의 모친이 고구려로 돌아올 수 있는 정치적 계기가 마련되기도 하였을 것이다.

15) 동명왕이 신묘를 세워준 것에 대해 감사의 사신을 보내고 태조왕이 제사지낸 시기가 10월이기 때문에 태후묘 제사를 정기적인 제사로 보면서 동맹제의 일환으로 보기도 한다(한상호, 「고구려 전통신앙연구」, 연변대 박사학위논문, 1998, 69쪽 ; 서영대, 「고구려의 국가제사」, 『한국사연구』 120, 2003, 16쪽에서 재인용). 그러나 동맹제는 國都에서 행해진 것이고 동맹제 때 함께 제사지냈던 수신 역시 후술하겠지만, 국도에 있는 '국동대혈'에 모셔져 있다. 그리고 태후묘가 고구려 영역 밖에 있었던 것으로 보아 태후묘에 대한 제사는 정기적으로 이루어지기는 힘들었을 것이다.

16) 『삼국사기』 23, 백제본기1, 온조왕 13년, "春二月 王母薨 年六十一歲." ; 『삼국사기』 23, 백제본기1, 온조왕 17년, "夏四月 立廟以祀國母." 그런데 제사지에는 국모묘를 세웠다는 기사가 보이지 않는데, 이것은 고구려와는 다른 점이다. 소서노가 국모로 제사된 것은 그녀가 국가를 통치하는데 있어 무시할 수 없는 위치에 있었음을 의미한다(강영경, 「한국고대사회의 여성−삼국시대 여성의 사회활동과 그 지위를 중심으로−」, 『숙대사론』 11·12, 1982, 158쪽).

시조묘 제사도 관심을 끈다. 『삼국사기』 제사지를 보면 시조묘에 대한 국왕들의 배알이 8차례 확인된다. 신대왕 4년(168) 9월, 고국천왕 2년(180) 9월, 동천왕 2년(228) 2월, 중천왕 13년(260) 9월, 고국원왕 2년(332) 2월, 안장왕 3년(521) 4월, 평안왕 2년(560) 2월, 건무왕 2년(619) 4월이 그것이다.[17] 이러한 시조묘 제사[18]의 주신은 주몽이라고 한다.[19]

그렇다면 주몽을 시조로 하는 시조묘는 언제 설치되었을까. 앞에서 보았듯이, 태후묘는 동명왕의 어머니가 죽고 얼마 있지 않아 건립되었다. 반면 시조묘는 그러하지 못하였다. 그 이유는 잘 알 수 없으나, 신대왕대 처음으로 시조묘에 대한 제사를 지낸 점[20]으로 미루어 그 이전 어느 시기에 시조묘는

---

17) 시조묘제사가 왕의 즉위 2·3년에 행해진 것으로 보아 신왕의 즉위의례로 거행된 것으로 보고 있다(井上秀雄, 『古代朝鮮史序說－王者と宗敎』, 寧樂社, 1978, 109~110 쪽 ; 노명호, 「백제의 동명신화와 동명묘－동명신화의 재생성 현상과 관련하여－」, 『역사학연구』 10, 1981 ; 신종원, 『신라초기불교사연구』, 민족사, 1992, 67쪽 ; 최광식, 『고대한국의 국가와 제사』, 한길사, 1994, 180~183쪽 ; 이종태, 앞의 논문, 1996). 한편 박현숙은 모든 왕들이 다 시조묘에서 제사를 드린 것도 아니며 즉위 초에 시조묘 제사가 행해진 경우도 드물기 때문에 시조묘 의례를 즉위의례로 행해진 것으로 보기 어렵다고 하였다(「삼국시대 조상신 관념의 형성과 그 특징」, 『사학연구』 58·59, 1999, 112쪽). 박승범은 시조묘 제사는 "고구려의 건국시조 주몽을 모신 사당에 대한 비정기적인 제의"로 보고 있다(위의 논문, 2002, 28~43쪽).

18) 대무신왕 3년 춘3월 "立東明王廟"라고 나오는데, 대무신왕 본기에 보이는 동명왕묘 기사를 후대의 삽입, 조작 기사라고 하기도 한다(井上秀雄, 「高句麗の祭祀儀禮」, 『古代東アジア史論集』 上, 1978, 128쪽 및 신종원, 앞의 책, 1992). 한편 동명왕묘와 시조묘를 같은 것으로 보기도 하나(노명호, 앞의 논문, 1981 ; 신종원, 앞의 책, 1992 ; 최광식, 앞의 책, 1994 ; 전미희, 「고구려초기의 왕실교체와 오부」, 『박영석박사화갑기념한국 사학논총』, 1992, 173쪽 ; 박현숙, 앞의 논문, 1999, 112쪽 ; 한영화, 「고구려 지모신신 앙과 모처제」, 『사학연구』 58.59, 1999, 212쪽), 동명왕묘와 시조묘는 다른 것으로 보는 견해(조법종, 「광개토왕릉비문에 나타난 수묘제연구」, 『한국사의 시대구분』, 1995, 192쪽 ; 이종태, 앞의 논문, 1996, 23쪽 ; 강경구, 「고구려 동명왕묘의 성립과정」, 『한국고대사연구』 18, 2000, 194~196쪽 ; 박승범, 앞의 논문, 2002, 30~31쪽)가 있다. 전덕재, 「신라 초기 농경의례와 공납의 수취」, 『강좌한국고대사 2』, 2003, 362~363쪽, 주 57)도 참고.

19) 井上秀雄, 앞의 책, 1978, 109쪽.

20) 신대왕과 고국천왕대의 시조묘 기사는 허구라는 견해가 있다(田中通彦, 「高句麗の信仰と祭祀」, 『酒井忠夫先生古稀祝賀記念論集－歷史における民衆と文化』, 圖書刊行會, 1982, 734쪽 ; 武田幸男, 「始祖廟記事と高句麗王系」, 『東方學會立50周年記念東方學論集』, 東

건립되지 않았을까 한다. 태조왕대 주몽을 국조로 하는 의식이 성립되었고 이후 시조묘가 건립되었다는 견해[21]는 참고할 만하다. 아마도 주몽을 국조로 하는 의식이 태조왕대 성립되면서 시조묘는 건립되었을 것이다. 더불어 동명왕의 어머니는 국조의 어머니, 국모로 인식되었을 것이다. 주몽을 국조로 하고 그의 어머니를 국모로 하는 건국설화도 성립되었을 것으로 짐작된다. 이와 관련해서는 다음이 주목된다.

B. 1) 北夷 橐離國王을 모시던 侍婢가 임신했다. 王이 侍婢를 죽이려고 하니 侍婢가 말하였다. "크기가 달걀만한 기운이 하늘에서 나에게 내려와서 아이를 임신했습니다." 나중에 아이를 낳았다. … 동명이라 이름 짓고 소와 말을 돌보게 했다. 동명은 활을 잘 쐈다. 王은 동명에게 그 나라를 빼앗길까 두려워해 동명을 죽이려고 하였다. 동명이 남쪽으로 달아나 掩滯水에 이르러 활로 물을 치니 물고기와 자라가 떠올라 다리를 만들었다. … 그리하여 夫餘를 서울로 정하고 王이 되었다. 때문에 北夷에 부여국이 있게 되었다. (『논형』 2, 吉驗篇)[22]

2) 魏略 : 옛 기록에 또 다음과 같은 말이 있다. 옛날 북방에 高離라는 나라가 있었는데, 그 王의 시녀가 임신을 하였다. 王이 그녀를 죽이려 하자, 시녀는, "달걀만한 크기의 신령스러운 기운이 나에게 떨어졌기 때문에 임신을 하였습니다." 하였다. 그 뒤에 그녀는 아들을 낳았다. … 이름을 東明이라 하고 항상 말을 사육토록 하였다. 東明이 활을 잘 쏘자, 王은 자기 나라를 빼앗길까 두려워하여 죽이려 하였다. 이에 東明은 달아나서 남쪽의 施掩水에 당도하여 활로 물을 치니, 물고기와

方學會, 1997, 817~820쪽).

21) 시조로서 주몽에 대한 의식과 숭배가 태조왕대 이루어졌다고 하였다. 때문에 고구려의 주몽묘 건립은 태조왕대부터 차대왕에 이르는 기간에 이루어졌을 것이나 차대왕대에 반태조왕 세력에 의해 정국이 주도되었으므로 차대왕을 시해하고 신대왕을 옹립한 친태조왕 세력이 집권하자 시조묘 봉사가 이루어졌을 것으로 보았다(이종태, 앞의 논문, 1996, 80~84쪽).

22) "北夷橐離國王侍婢有娠 王欲殺之 婢對曰 有氣大如雞子 從天而下我 故有娠 後産子 … 名曰東明 令牧牛馬 東明善射 王恐奪其國也 欲殺之 東明走南 至掩滯水 以弓擊水 魚鼈浮爲橋 … 因都王夫餘 故北夷有夫餘國焉."

자라가 떠올라서 다리를 만들어 주었다. … 그리하여 東明은 부여 지역에
도읍하여 王이 되었다. (『삼국지』 30, 위서30, 오환선비동이전30, 부여)23)

3) 高句驪는 그 선조가 東明으로부터 나왔다. 東明은 본래 北夷 藁離王의
아들이다. 離王이 出行한 사이에 그의 시녀가 後宮에서 임신하였다.
離王이 돌아와 그녀를 죽이려 하자 시녀는, "앞서 하늘 위에 큰 달걀만한
氣가 떠 있는 것을 보았는데, 이것이 저에게 내려와서 임신이 되었습니
다."라고 하였다. 왕이 그녀를 가두어 두었더니, 마침내 사내 아이를
낳았다. … 장성하면서 활을 잘 쏘니, 왕은 그의 용맹함을 꺼리어 다시
죽이고자 하였다. 이에 東明이 도망하여 남쪽의 淹滯水에 이르러, 활로
물을 치니 고기와 자라들이 모두 떠올라 다리를 놓아 주었다. … 夫餘에
이르러 그 나라의 왕이 되었는데, 그 후손의 支派가 句驪의 종족이
되었다. (『양서』 54, 열전48 諸夷, 고구려)24)

B-1)과 B-2)의 내용은 부여 건국설화, 동명설화를 전하고 있다. B-3)은
동명신화를 고구려전에 둔 최초의 사서로25) B-1)과 B-2)의 동명신화를 받아
들인 것으로 파악하고 있다.26) 여기에 따르면 부여의 시조는 동명이고

23) "魏略曰 舊志又言 昔北方高離之國者 其王者侍婢有娠 王欲殺之 婢云 有氣如雞子 來下我
故有娠 後生子 … 名曰東明 常令牧馬 東明善射 王恐奪其國也 欲殺之 東明走南 至施掩水
以弓擊水 魚鼈浮爲橋 … 東明因都王夫餘之地."

24) "高句驪 其先出自東明 東明本北夷藁離王之子 離王出行 其侍兒於後姙娠 離王還 欲殺之 侍兒
曰 前見天上有氣 如大鷄子 來降我 因以有娠 王囚之 後遂生男 … 長而善射 王忌其猛 復欲殺之
東明乃奔走 南至掩滯水 以弓擊水 魚鼈皆浮爲橋 … 至夫餘而王焉 其後支別爲句驪種也."

25) 『양서』에서 동명신화를 고구려전에 기록한 것은 고구려가 부여에서 나온 종족임을
설명하기 위한 것이었다. 이것은 B-3)에서 '其後支別爲句驪種也'라 하여 동명은 부여의
시조이고 고구려는 부여의 지파이며 '高句驪者 其先出自東明'이라고 하여 고구려의
조상이 동명에서 나왔다고 전하고 있는 데서 알 수 있다.

26) 이종태, 앞의 논문, 1996, 50~51쪽. 『양서』 동명신화는 『삼국지』 부여전에 실려 있는
宋代의 裵松之에 의해 『위략』에서 인용된 동명신화와 거의 일치한다(李成市, 「梁書高句
麗傳と東明王傳說」, 『古代東アジアの民族と國家』, 1998, 74~78쪽). 이것은 梁代에 부여전
의 동명신화를 고구려 출자에 덧붙인 것(임기환, 「4~6세기 중국사서에 나타난 한국고
대사상」, 『한국고대사연구』 14, 1998, 169쪽), 즉 고구려 출자를 동명에서 구한 것이다.
『양서』 고구려전의 내용은 『삼국지』 고구려전을 저본으로 하여 저술되었다고 한다(전
해종, 「중국정사의 외국열전－조선전을 중심으로」, 『동아교섭사연구』, 1970, 29쪽).
『양서』 고구려전의 사회상에 대한 서술은 대부분 『삼국지』에 의거하고 있는 부분이

그 아버지는 '氣', 어머니는 고리국의 '시비'로 나온다.

동명신화는 부여의 건국신화지만, 고구려 왕실은 동명신화를 받아들여 고구려 건국신화를 만들었을 것이다. 이 시기 고구려 건국신화는 동명신화와 큰 차이가 없었을 것이다. 아마도 부여의 동명이 고리국에서 출자한 것은 주몽이 부여에서 출자한 것으로, 어머니는 고리국의 '시비'가 아닌 부여의 '시아'로 여길 수 있을 것이다.[27]

그런데 B-3)에서 주몽의 부는 '하늘에서 내려온 달걀만한 기운'으로 구체적 신격을 지칭하지 못하고 있다. 주몽의 출생과 관련해서는 '生男'하였다는 표현에서도 짐작할 수 있듯이, 주몽이 신화화되지 않은 모습을 엿볼 수 있다. 주몽의 어머니는 '시비'로 설정되어 있다. 이 역시 신화화되지 않은 사실 그대로를 일정하게 반영한 것이라고 이해할 수 있다.[28] 그렇지만 여기에는 신성성이 부여되어 갔을 것인데, 그중 하나의 방법은 제사를 통해서 일 것이다. 시조묘 제사를 통해 주몽이 국조라는 의식은 구체화되었을 것이고 시조에 대한 신성성은 부여되었을 것이다.

앞에서 살펴본 바와 같이, 동명왕의 어머니에 대한 제사로 태후묘가 있었다. 그리고 고구려 내에 동명왕의 어머니에 대한 사당이 있었을 것이다. 태후는 '황제의 嫡母, 황태후', '황제의 생존한 모후', '선제의 생존한 모후'를 뜻하며『삼국사기』태후의 용례는 '현왕의 모후'로 사용되고 있다.[29] 이로 볼 때 동명왕 14년에 설립된 태후묘는 '동명왕의 모후'를 모신 사당으로 볼 수 있다. 그런데 동명왕의 어머니는 태조왕대 이후 국모로 인식되었다. 그렇다면 A-2)에서 태조왕 69년 태후묘에 대한 제사[30]는 국조의 어머니,

---

적지 않은데, 이것은 당시 양이 갖고 있던 고구려에 대한 정보가 매우 부실하였음을 보여준다고 한다(임기환, 위의 논문, 1998, 168~169쪽).

27) 서대석, 「백제신화연구」, 『백제논총』 1, 1985, 30쪽 ; 주승택, 「북방계 건국신화의 문헌적 재검토」, 『한국학보』 70, 1993년 봄호, 211쪽 ; 권태효, 「동명왕신화의 형성과 정에 대한 일고찰」, 『구비문학연구』 1, 1994, 255쪽.
28) 조현설, 앞의 책, 2003, 252쪽.
29) 신라 진흥왕·혜공왕의 경우에서 찾아볼 수 있다.

국모에 대한 제사로 여길 수도 있을 것이다. 그러나 태후묘가 '동명왕의 모후'를 모시는 사당이라는 점에서 국모인 주몽의 어머니를 모시기에는 적합하지 않았을 것이다. 이것은 고구려 내 사당에 모셔진 동명왕의 어머니에 대한 제사 역시 마찬가지였다고 생각된다.

그렇다면 주몽의 어머니가 국모로 인식되면서 그녀에 대한 제사 형태와 신앙 형태도 달라졌을 것으로 짐작된다. 그리고 이 제사를 통해 건국신화에 '시아'로 표현된 주몽의 어머니에게 신성성이 부여되었을 것이다.

2. 수신제의 '수신'

다음 사료는 수신제와 관련된 것이다.

C. 1) 10월에 지내는 祭天行事는 國中大會로 이름하여, 東盟이라 한다. ···
그 나라의 동쪽에 큰 굴이 있는데, 그것을 隧穴이라 부른다. 10월에
온 나라에서 크게 모여 隧神을 맞이하여 나라의 동쪽 강가에 모시고
제사지내는데, 나무로 만든 隧神을 神의 좌석에 둔다. (『삼국지』 30, 위서30,
오환선비동이전30, 고구려)31)

2) 10월에 하늘에 제사지내는 큰 모임이 있으니 그 이름을 '東盟'이라
한다. 그 나라 동쪽에 큰 굴이 있는데 隧神이라 부르며, 또한 10월에
그 神을 맞이하여 제사지낸다. (『후한서』 85, 동이열전75, 고구려)32)

3) 魏略에서 말하였다. "10월에 모여 제사지냈는데 祭天을 이름하여 東盟이
라고 하였다. ··· 나라의 동쪽에서 隧穴神을 맞이하여 물가에서 그것을

---

30) 이종태는 태후묘는 국조왕의 태후를 모시는 곳이라고 하였는데(「고구려 태조왕계의
등장과 주몽국조의식의 성립」, 『북악사론』 2, 1990, 89쪽), 이에 대한 비판은 강경구,
「고구려 신묘에 대하여」, 『고구려의 건국과 시조숭배』, 학연문화사, 2001, 310~313쪽.

31) "以十月祭天 國中大會 名曰東盟 ··· 其國東有大穴 名隧穴 十月 國中大會 迎隧神還于國東上
祭之 置木隧于神坐."

32) "以十月祭天大會 名曰東盟 其國東有大穴 號隧神 亦以十月迎而祭之."

제사지냈다. (『한원』 30, 번이부 고구려)33)

C-1)에 따르면 10월 동맹을 행할 때 국도34) 동쪽에 있는 큰 굴에서 수신을 맞이하여 나라 동쪽에 모셔두고 이를 제사하는데, 수신은 木隧로 신좌에 모셔졌다고 한다.

수신제의 대상은 C-1)에는 '隧神', C-2)에는 '襚神'으로 표현되어 있다.35) 『辭海』에 의하면 "산봉우리나 하류 또는 지면 이하의 통로를 隧라고 한다"고 하였다. 『左傳』 隱公 元年의 기록에 따르면 "땅을 파니 샘이 보였고 지하통로가 자세히 보였다(闕地及泉 隧而相見)"라는 데서, '隧'는 지하로 통하는 통로를 말하는 것임을 알 수 있다. 그렇다면 C-1)에서 '수혈'이라는 용어를 사용한 것은 수혈이 지하로 통로가 뚫린 동굴임을 표현하기 위한 것이라고 할 수 있다.36) 수신이 모셔져 있는 곳은 나라 동쪽에 있는 대혈인 '수혈'로,37) 현재

---

33) "魏略曰 以十月會祭 祭天名曰東盟 … 迎襚穴神於國東 水上祭之."

34) 여기에서 '國'을 국가전체로 볼 수도 있지만, 國都로 풀이한다(서영대, 앞의 논문, 2003, 10쪽).

35) 『한원』에 인용된 『위략』에는 수신이 '襚穴神'으로 나오며 『통전』에는 '襚神'으로 나온다. 한편 『후한서』의 수신은 '수'는 원래 없던 글자로, 『삼국지』와 『통전』에 보이는 수신의 오기로 보기도 한다(서영대, 위의 논문, 2003, 8쪽 주 15)).

36) 김인희, 「고구려의 지모신신앙과 성적제의」, 『동아시아여성신화』, 집문당, 2003, 252쪽. 隧는 흔히 구멍신(동굴신) 또는 여성상징의 신 또는 천신으로 해석하기도 한다. 그런데 隧는 火神으로 해석하기도 한다. 즉 隧는 『사원』에 의하면 燧와 통하는 것으로 隧神은 燧神이라고 할 수 있다. 隧는 다음과 같은 의미를 가지고 있는데 ① 불을 일으키는 도구 ② 횃불 ③ 불을 취하다 또는 불로 굽다 ④ 봉화 ⑤ 적에 대하여 경계하다 ⑥ 隧와 통하는 글자 등이다. 여기에서 '불을 일으키는 도구'라는 첫 번째의 뜻을 염두에 둘 때 燧神은 불을 일으키는 신으로 볼 수 있는 것이다. 『대한화사전』에 의하면 木燧는 불을 일으키는 도구이다. 『예기』 內則편에 "오른쪽에 玦, 捍, 管遰, 大觿, 목수를 찬다."라는 구절이 있는데, 여기에서 '목수'는 바로 불을 일으키는 것이다. 정현은 이에 대해 "목수는 불을 일으키는 것이다."라고 주석을 달았고 공영달은 "날이 개이면 금수로 해에서 불을 취하고 날이 흐리면 목수로 불을 일으킨다."라고 했고 『백호통』에는 "목수로 불을 일으키는 것을 백성들에게 가르친다."는 것이 보인다. 이와 관련해서 최원오, 「한국신화에 나타난 여신의 위계전변과 윤리의 문제」, 『동아시아여성신화』, 집문당, 2003, 368~369쪽이 참고된다.

37) 『삼국지』에서는 나라 동쪽의 큰 굴의 이름은 隧穴이고 여기에 모신 신의 이름이

集安縣 太王鄕 上解放村 天洞子溝里 소재의 通天洞이란 동굴이다.[38]

동굴은 성속의 경계인 동시에 신들의 좌정처, 생명력의 발원처, 곧 모태이
자 여성상징이라고 한다.[39] 혹은 동굴은 지모신의 자궁 등 여성원리와
통한다[40]고 한다. 이러한 점 등을 염두에 둘 때 수혈은 수신이 거주하는
지모신의 세계와 인간의 세계를 연결하는 통로이고 수신은 바로 수혈의
현현인 지모신이라고 할 수 있다.[41]

수신은 곡물신, 농업신으로 보기도 한다. 『송사』 열전, 고구려전[42]에
나오는 歲神을 곡신이라 해석하고, 수신상은 『위략』에 따라 '木檖'로 보고
이를 나무로 다듬어 만든 穀穗(이삭) 또는 穀穗를 묶은 나무로 보고 있다.[43]
그것을 동굴에 안치한 것은 가을에 수확한 곡식을 창고에 잘 보관하여
둔다는 관념과 통한다. 동쪽은 태양을 상징하며 봄과 여름의 계절이다.
수신이 동쪽에 모셔진 이유는 봄과 여름, 즉 곡물신을 상징하는 방향에
모셔진 것으로 볼 수 있다. 수신제를 거행하는 가을철은 수확의 계절인
동시에 곡물신의 죽음의 계절이기도 한 것이다.[44]

隱神이라 한데 비해, 『후한서』·『통전』·『태형환우기』·『통지』에서는 큰 굴 이름 자체
를 수신이라 했다. 나아가 굴 이름을 수신이라 한 것은 이상하기 때문에 『구당서』와
『신당서』·『성경통지』에서는 신수, 『책부원귀』에서는 수신혈로 고친 것도 있다(서영
대, 앞의 논문, 2003, 7쪽).

38) 길림성문물지편위회, 『집안현문물지』, 1984, 52쪽 ; 정영호, 「고구려의 동맹과 그
유적」, 『권태원교수정년기념논총 민족문화의 제문제』, 논총간행위원회, 1994, 1~15
쪽 ; 윤철중, 「국동대혈고」, 『陶南學報』, 1999, 124~129쪽 ; 서영대, 위의 논문, 2003,
11쪽.

39) 조희웅, 「성숭배와 성상징 2」, 『어문논총』 제14집, 1985, 89쪽.

40) J. C. Cooper, 이윤기 옮김, 『그림으로 보는 세계문화상징사전』, 까치, 1994, 55쪽.

41) 김인희, 앞의 논문, 2003, 253쪽.

42) 『송사』 487, 열전246, 고려, "歲以建子月祭天 國東有穴 號襚神 常以十月望日迎祭 謂之八
關齋." ;『고려도경』 17 祠宇, "其國東有穴 號襚神 亦以十月 迎而祭之." 위의 자료들은
고려시대에 동맹이 거행되었음을 전하는 것으로 나오는데, 이것은 고구려에 관한
자료를 무비판적으로 옮겨 놓았기 때문이다(서영대, 앞의 논문, 2003, 6쪽 주 12)).

43) 三品彰英, 앞의 책, 1973, 164~167쪽 ; 권오영, 「한국 고대의 새관념과 제의」, 『역사와
현실』 32, 1999, 100~101쪽.

44) 김인희, 앞의 논문, 2003, 254쪽.

이상과 같이 수신은 나라 동쪽에 있는 수혈에 거하는 자연신적인 성격을 지니고 있는 지모신이며 곡물신임을 알 수 있다. 한국 고대 지모신은 단독으로 존재하는 것이 아니라 대부분 천신의 배우자로 등장한다. 단군신화의 웅녀가 천신인 환웅의 짝으로 나오고 신라의 알영부인이 박혁거세의 부인으로 등장하며 가야의 허황옥이 수로왕의 부인으로 등장하고 있는 것이 그러한 것이다.[45]

고구려에서는 10월에 동맹을 행하는데, 이때 제천이 중요하고 그와 더불어 '공회', 수신제, 재판 등이 함께 행해졌다고 한다.[46] 수신제는 곡신, 농업신적인 성격이 강한 수신을 동굴에서 '國東水上'에 모셔 와서 햇빛으로 상징되는 일신, 즉 천과 결합시킨 것이라고 한다.[47] 이로 볼 때 隧神은 천과 짝하고 있다. 이러한 수신을 고구려인들은 형상화하였는데, C-1)의 木隧가 그것이다. 그러나 수신은 후술되는 부여신과는 달리, 그 구체적인 모습은 알 수 없다.

C-1)에서 수신이 수혈 속에 있다는 것은 B-3)에서 '시아'가 방에 갇힌 상태(王囚之), '유폐상태'인 주몽의 어머니를 상징하는 것으로 생각해 볼 수 있다.[48] 수신제를 지낸 장소는 C-1)에는 '國東上', C-3)에는 '國東水上'이라

---

45) 이것은 天父地母의 원리에 따른 것이며 이때 여신은 상대격인 남신을 필요로 하는 배우신이다. 건국신화의 이러한 원리는 건국의 신성성과 정통성을 창달하는데 기여한다(나경수, 『한국의 신화연구』, 교문사, 1993, 181쪽).

46) 이와 관련해서 이정빈, 「고구려 동맹의 정치의례적 성격과 기능」, 『한국고대사연구』 41, 2006, 172~177쪽.

47) 노태돈, 앞의 책, 1999, 364쪽 ; 전덕재, 앞의 논문, 2003, 360~361쪽 및 362~363쪽 주 57)도 참고.

48) 대체로 수신을 유화로 보고 있다. 이와 관련해서 三品彰英, 앞의 책, 1973, 166쪽 ; 金戊祚, 『한국신화의 원형』, 정음문화사, 1988, 194쪽 ; 한상호, 『고구려전통신앙연구』, 연변대 박사학위논문, 1998, 194쪽 ; 서영대, 앞의 논문, 2001, 12쪽 ; 장지훈, 「한국고대의 지모신신앙」, 『사학연구』 58·59, 1999, 83쪽 ; 김재용·이종주 공저, 「동북아시아의 성모 유화」, 『왜 우리 신화인가』, 동아시아, 1999, 258쪽 ; 윤성용, 「고구려 건국신화와 제의」, 『한국고대사연구』 39, 2005, 24쪽. 한편 이병도는 동굴신은 웅녀신이고 동쪽 물가에서 제사지내는 신은 하백 여신이라고 추정하여 이 기록을 두 명의 여신을 섬기는 형태로 해석하였다(『한국사』, 250~251쪽). 그리고 수신이 남성신을 뜻하는 '수금'의 한자 음사라고도 한다(양주동, 『古歌研究』, 1965, 10쪽).

한다. '수상'은 水邊 또는 강변을 가리킨다.[49] 수신을 수상에서 제사지낸 이유는 무엇일까. 이것은 B-3)에서 주몽이 부여에서 도망할 때 "魚鼈皆浮爲橋"에서 알 수 있듯이, 어별의 도움을 받은 것과 관련있어 보인다. 신화적 관념으로 볼 때 대지는 생산력과 풍요의 원천으로서 月·女子·水와 동일한 상징성을 지닌다.[50] B-3)에 따르면 주몽의 부는 '하늘에서 내려온 달걀만한 기운'으로 이미 천과 연결되어 있었다. 이러한 점들을 염두에 둔다면 수신으로 대표되는 지모신적인 요소가 주몽의 어머니에게 투영되었을 것으로 여겨진다.

『삼국지』동이전은 2세기 말~3세기 전반의 상황을 전하는 것이고 『위략』의 편찬시기는 250~260년대로 보는 설이 유력하다.[51] 수신제는 국내성 시기에 행해진 고구려의 국가제사이고,[52] 주몽 어머니의 주몽잉태와 출산의 신화를 압록강변[53]에서 재현한 의례라고 한다.[54] 이것은 건국신화에도 일정하게 반영되었을 것이다. 그 내용은 알 수 없지만, 앞 단계의 건국신화보다는 주몽과 그 부모에게 신성성이 부여되었을 것이다. B-3)의 '하늘에서 내려온 달걀만한 기운'은 天인 동명으로,[55] B-3)의 '시아'에게는 수신의 성격

---

49) 강경구, 「수신고」, 『고구려의 건국과 시조숭배』, 학연문화사, 2001, 223쪽. 한편 隧神은 水神으로도 해석한다(노태돈, 앞의 책, 1999, 159~160쪽). 이것은 수신에 대한 제사가 물가에서 이루어졌기 때문에 그렇게 본 것으로 여겨진다. 그렇지만 필자는 유화가 본격적으로 수신적인 모습을 보이는 것은 건국설화의 하백녀, 그리고 부여신 단계라고 생각한다.

50) 장지훈, 앞의 논문, 1999, 92쪽.

51) 津田資久, 「魏略の基礎的研究」, 『史朋』31, 北海道大, 1988, 10~12쪽 ; 윤용구, 「3세기 이전 중국사서에 나타난 韓國古代史像」, 『한국고대사연구』14, 1998, 137쪽.

52) 서영대, 앞의 논문, 2003, 26~28쪽.

53) 길림성문물지편위회, 앞의 책, 1984, 52쪽. 고구려의 수도였던 집안현 지역은 압록강변에 위치하고 있으며 수혈로 비정되는 집안현의 통천굴이란 동굴은 압록강에서 북쪽으로 400m 떨어진 거리에 있었다.

54) 三品彰英, 앞의 책, 1973, 169쪽 ; 서영대, 「한국 고대 신관념의 사회적 의미」, 서울대 박사학위논문, 1991, 190쪽 ; 서영대, 앞의 논문, 2003, 15쪽.

55) 대체로 동명=주몽으로 보고 있다(서영대, 앞의 논문, 2003, 15~16쪽). 그러나 주몽과 동명왕은 별개의 인물로, 그것이 일체화되기 시작한 것은 고구려 멸망 이후 내지

이 투영되었을 것이다. 아직 이 단계에서 주몽의 어머니는 구체적인 모습을 띄고 있지 않지만, 고구려 시조인 주몽의 어머니, 국모로서 그 역할을 하였을 것이다.

다음은 5세기 고구려 건국신화에 대한 내용이다.

D. 1) 옛날에 始祖 鄒牟王이 나라를 세웠는데 王은 北夫餘에서 태어났으며, 天帝의 아들이었고 어머니는 河伯의 딸이었다. 알을 깨고 세상에 나왔는데, 태어나면서부터 聖스러운 덕이 있었다. 길을 떠나 남쪽으로 내려가는데, 부여의 奄利大水를 거쳐가게 되었다. 王이 나룻가에서, "나는 皇天의 아들이며 어머니는 河伯의 딸인 鄒牟王이다. 나를 위하여 갈대를 연결하고 거북이 무리를 짓게 하여라"라고 하였다. 말이 끝나자마자 곧 갈대가 연결되고 거북떼가 물위로 떠올랐다. 그리하여 강물을 건너가서, 沸流谷 忽本 서쪽 山上에 城을 쌓고 都邑을 세웠다. (「광개토왕릉비」)56)

2) "河伯의 孫子이며 日月의 아들인 鄒牟聖王이 北夫餘에서 나셨으니, 天下四方이 이 나라 이 고을의 가장 성스러움을 알지니. (「모두루묘지」)57)

3) 高句麗는 夫餘에서 나왔는데, 스스로 말하기를 선조는 朱蒙이라 한다. 주몽의 어머니는 河伯의 딸로, 夫餘王에게 잡혀 방에 갇혀 있던 중 햇빛이 비치는 것을 몸을 돌려 피하였으나 햇빛이 다시 따라왔다.

고려때로 보는 견해도 있다(池内宏, 「高句麗の開國傳說と史上の事實」, 『東洋學報』 8-2, 1941, 181쪽 ; 이복규, 「주몽신화의 뜻풀이(Ⅰ)」, 한서대, 1996, 169쪽 ; 이종태, 앞의 논문, 1996, 85쪽 ; 神岐勝, 「夫餘~高句麗の建國傳承と百濟王家の始祖傳承」, 『佐伯有淸 紀念論叢 日本古代の傳承と東アジア』, 1995, 289쪽 ; 강경구, 앞의 논문, 2000, 178쪽도 참고)는 점에서 동맹제의 동명은 주몽이기 보다는 범부여계의 시조인 동명으로 생각해 보아야 하지 않을까 한다. 동맹제는 제천의례인 동시에 고구려의 건국자 동명, 국조신에 대한 제의 즉 하늘의 자손인 동맹에 대한 제사의례(노태돈, 「고구려 금석문에 보이는 고구려인의 천하관」, 『한국사론』 19, 1988, 31쪽 ; 최광식, 「한국고대의 제천의례」, 『국사관논총』 13호, 1989, 58쪽과 「고대 국가의 왕권과 제의」, 『강좌 한국고대사 3』, 2003, 148~150쪽)라고 한다.

56) "惟昔始祖鄒牟王之創基也 出自北夫餘 天帝之子 母河伯女郎 剖卵降世 生而有聖德 … 巡幸 南下 路由夫餘奄利大水 王臨津言曰 我是皇天之子 母河伯女郎 鄒牟王 爲我連葭浮龜 應聲即 位連葭浮龜 然後造渡 于沸流谷忽本西城山上而建都焉."

57) "河伯之孫日月之子鄒牟聖王 元出北夫餘 天下四方知此國郡最聖."

얼마 후 잉태하여 알 하나를 낳았다. … 그가 성장하여 字를 朱蒙이라고
하니, 그 나라 풍속에 '주몽'이란 활을 잘 쏜다는 말이다. … 부여의
신하들이 또 그를 죽이려 모의를 꾸미자, 주몽의 어머니가 알아차리고
주몽에게 말하기를, "나라에서 너를 해치려 하니, 너 같은 재주와 경략을
가진 사람은 멀리 사방으로 가는 것이 옳을 것이다." 하였다. … 주몽이
강에 고하기를, "나는 태양의 아들이요, 河伯의 외손이다. 오늘 도망길에
추격하는 군사가 쫓아오니, 어떻게 하면 건널 수 있겠는가?" … 紇升骨城
에 이르러 마침내 정착하고 살면서 나라 이름을 高句麗라 하고 인하여
성을 高氏라 하였다. (『위서』 105, 열전88, 고구려)58)

D-1)과 D-2)는 고구려 당대 기록이고, D-3)은 고구려 당대의 자료와 견문
등의 정보를 통해 고구려전을 기술한 것으로 이해되고 있다.59) 여기에
따르면 주몽의 어머니는 '하백의 딸'로 나온다. 하백은 황하의 水神으로
殷商 이래로 주나라 말엽까지 계속해서 제사를 받던 신격이라고 한다.60)
『晏子春秋』內篇諫 上에서는 "하백은 물을 나라로 하고 물고기와 자라 등을
백성으로 하였다."61)라고 하여 魚鱉의 통치자로, 『한비자』內儲說 上에는
하백을 대어로, 『搜神記』에서는 하백을 鼋이라고 하듯이 하백을 물고기의
통치자나 혹은 물고기 자체를 가리키고 있다.62) 앞서 살펴보았듯이, B-3)에서

---

58) "高句麗者 出於夫餘 自言先祖朱蒙 朱蒙母河伯女 爲夫餘王閉於室中 爲日所照 引身避之
日影又逐 旣而有孕 生一卵 … 及其長也 字之曰朱蒙 其俗言朱蒙者善射也 … 夫餘之臣又謀
殺之 朱蒙母陰知 告朱蒙曰 國將害汝 以汝才略 宜遠適四方 … 朱蒙告水曰 我是日子 河伯外
孫 今日逃走 追兵垂及 如何得濟 … 至紇升骨城 遂居焉 號曰高句麗 因以爲氏焉."

59) 특히 북위 태조의 대연 원년(435) 고구려에 사신으로 간 李敖에 의해 고구려에
관한 1차정보가 수집되어 이것이 『위서』고구려전의 시조출자와 왕실계보 작성에
이용되었을 것이다(임기환, 앞의 논문, 1998, 171쪽).

60) 袁軻, 『中國神話通考』, 巴蜀書社, 1993, 230쪽 ; 조현설, 앞의 책, 2003, 259쪽. 宣釘奎는
「하백신화고」, 『중국문학연구』 10, 2004, 7쪽에서 "하백이 갖는 의미는 일반적인
河神이라는 의미와 황하의 신, 하수를 관리하고 관장한다는 현실세계의 질서가
신화에 투영된 복합적 의미를 갖는다."고 하였다.

61) "河伯以水爲國 以爲魚鱉爲民."

62) 宣釘奎, 앞의 논문, 2004, 13쪽.

주몽이 부여에서 도망할 때 어별의 도움을 받고 있다. 그런데 D에서는 어별을 백성으로 하는 수중 통치자인 하백을 설정하면서[63] 주몽의 어머니에게 水神의 딸이라는 신성성을 부여하고 있다.

이와 같이 주몽의 어머니에게 신성성이 부여된 것은 주몽의 탄생과정에 신성성이 강화되면서일 것이다. B-3)에서 달걀만한 크기의 기운이 하늘에서 내려온 것에서, D-3)에서는 햇빛이 비추어 결국 알을 낳았다고 하는 것으로 표현됨으로써 주몽의 탄생이 하늘의 의지에 의한 것으로 나타나고 있다. 또한 주몽이 도망하여 물을 건널 때 B-3)에서는 '以弓擊水', 활로 물을 치는 것으로 되어 있던 것이 D-1)에는 주몽 스스로 '皇天之子 母河伯女郎'이라 하여 부계와 모계가 각각 천계와 수계의 지배자인 천신과 水神임을 내세우고 있다.

주몽의 어머니가 하백녀로 되면서 그 역할 또한 커졌다. B-3)의 '東明乃奔走'에서 알 수 있듯이, 부여에서의 도주가 동명 스스로의 의지에 의한 것인데 비해 D-3)에서는 모친의 권고에 의한 것으로 되어 있다. 즉 부여의 신하들이 주몽을 죽이려고 꾀하자 주몽모는 몰래 이를 알아차리고 주몽에게 나라에서 장차 너를 해하려 하니 너의 재략을 가지고는 멀리 가는 것이 좋겠다고 말하여, 주몽이 부여로부터 출분하여 고구려를 건국하는 데 결정적인 역할을 한다.

D에 따르면 日神과 水神(하백녀)이 주몽의 아버지와 어머니로 고착화되어 나타났고, 두 신의 결합의 소산인 주몽은 현 왕실과 왕권의 초월적 권위와 위엄의 상징으로 강조되었다. 나아가 일신과 수신의 권능은 주몽과 그 어머니에게 투사되어, 두 사람이 두 신의 權化인 인격신의 모습을 지니게 되었다.[64]

---

63) D는 "『晏子春秋』, 『한비자』 등과 동일한 형태의 하백신화에서 파생되어 나와 고구려 건국신화의 일부를 이루었다고 할 수 있다. 이것은 하백과 연관된 후세의 모든 신화가 동북방이나 동방 남방을 가릴 것 없이 모두 『楚辭』를 중심으로 한 『竹書紀年』 『산해경』의 하백을 원류로 전승된 것이며, 또 「天問」 등에 나와 있는 모든 하백신화는 중국의 동북지방 바로 고구려 고토에서 발원하여 후세에 전승된 것임을 말해주는 것이다."고 하였다(宣釘奎, 위의 논문, 2004, 13쪽).

이처럼 5세기 건국신화에는 고구려 시조와 시조모가 새롭게 설정되고 있는 것이다.[65] 그렇다면 시조와 시조모에 대한 제사도 변화하였을 것이다.

고국원왕 때까지 행해졌던 시조묘 제사는 광개토왕·장수왕·문자명왕대에 걸쳐 약 200여 년간 보이지 않는다. 이것은 당시 시조에 대한 제사의 변화 내지는 재편과 관련있을 것이다.[66] 『梁書』·『魏書』·『南史』·『北史』에는 수신제의 모습이 보이지 않는다.[67] 이것은 수신제의 기능이 약화되었음을

---

64) 노태돈, 앞의 책, 1999, 364쪽. 『주서』·『북사』·『수서』 등 7세기에 편찬된 자료에서도 고구려의 시조를 주몽, 그 어머니를 하백녀라고 하고 있다. 『주서』 49, 열전41 이역(상), 고려, "高麗者 其先出於夫餘 自言始祖朱蒙 河伯女感日影所孕也 ….";『북사』 94, 열전82, 고구려, "高句麗 其先出夫餘 王嘗得河伯女 因閉於室內 爲日所照 引身避之 日影又逐 旣而有孕 生一卵 大如五升… 有一男破而出 及長 字之曰朱蒙 ….";『수서』 81, 열전46 동이, 고려, "高句之先 出自夫餘 夫餘王嘗得河伯女 因閉於室內 爲日光隨而照之 感而遂孕 生一大卵 有一男子破殼而出 名曰朱蒙…."

65) 이것은 5세기 고구려의 고구려 중심적인 천하관 밀접한 관련이 있을 것이다. 이에 대해서는 노태돈, 「5세기 금석문에 보이는 고구려인의 천하관에 대하여」, 『한국사론』 19.

66) 이와 관련해서 다음도 관심을 끈다. 『삼국사기』 18, 고구려본기6, 고국양왕 8년, "三月 下敎 崇信佛法求福 命有司 立國社 修宗廟.";『삼국사기』 32, 잡지1, 제사, "故國壤王九年春三月 立國社." 여기에 따르면 고국양왕대 종묘를 수리하고 국사를 수립했다고 한다. 여기에 보이는 종묘는 졸본에 있던 시조묘와 달리 도성에 있었던 것으로 계루부 왕실의 기존의 종묘를 국가적 제례의 격식에 맞도록 정비한 것이고 거기에는 계루부 출신의 초대왕인 태조왕을 주신으로 하여 차대왕·신대왕 등이 봉사되었을 것이라는 견해(노명호, 앞의 논문, 1981, 74~76쪽), 앞 견해에 동의하면서 여기의 종묘는 천자의 예인 칠묘를 봉사한 것이라고 추정한 견해(신종원, 앞의 책, 1992, 21쪽), 광개토왕을 전후한 시기에 왕실세계인식에 동명왕을 중시하는 변화가 있어서 이 종묘에는 동명왕을 주신으로 하여, 유리왕, 대무신왕 등이 모셔졌을 것이라는 견해(조인성, 「고구려 묘제고」, 한국고대사연구회회보 13, 1989, 4쪽) 등이 있다. 조인성은 '수종묘'는 종묘의 수리 외에도 종묘의 제도를 재편하여 왕실의 정통성과 신성성을 확보하기 위한 노력을 제도적으로 뒷받침하는 것으로 볼 수 있다고 하였다. 즉 '수종묘'를 통해 동명왕 곧 주몽에 대한 국가적 제사의 장소인 시조묘와는 별도의 왕실의 祭所를 갖게 되었다는 것이다(「4·5세기 고구려 왕실의 세계인식 변화」, 『한국고대사연구』 4, 72~73쪽).

67) 『주서』 등에 수신에 대한 내용이 생략된 것은 수신제가 거행되지 않았다는 것보다는 저자의 실수에 의해 내용이 빠진 것으로 보는 것이 타당하다. 문헌상 내용으로 볼 때 수신에 대한 제의가 유화나 주몽에 대한 제의와는 별도로 거행된 것이라고 한다(김인희, 앞의 논문, 2003, 255쪽).

알려준다고 생각된다. 『후한서』·『삼국지』, 『양서』에 10월 제천의례를 동맹(동명)으로 기록[68]한 것과 달리 『위서』를 시작으로 동맹에 대한 언급은 없어지고 단순히 10월에 제천을 하였다는 기록만 남기고 있다.[69] 이 역시 10월 제천이 어느 시점에서인가부터 국내성 시기에 이루어졌던 제사보다 상대적으로 약화되었음을 시사하는 것이 아닐까 한다.[70] 그렇다면 5세기 건국신화에 보이는 시조와 시조모에 대한 제사는 어디에서 행해졌을까.

3. 부여신묘의 '부여신'

다음은 신묘에 대한 것이다.

E. 1) 神廟가 두 군데 있는데, 하나는 夫餘神이라 하여 나무를 조각하여 婦人像을 만들었고, 하나는 高登神이라 하여 그들의 시조이며 夫餘神의 아들이라고 한다. 두 神廟에는 모두 官司를 설치하고, 관리를 파견하여 수호하는데, 그 두 神은 대체로 河伯의 딸과 朱蒙이라고 한다. (『북사』 94, 열전82, 고구려)[71]

2) 또 두 곳에 神을 모시는 사당이 있으니, 한 곳은 夫餘神이라 하여 나무를 조각하여 婦人의 형상을 만들고, 한 곳은 登高神이라 하여 그들의 시조이며 夫餘神의 아들이라고 하였다. 모두 官司를 두고 관리

---

68) 『양서』 54, 열전48 제이, 고구려, "以十月祭天大會 名曰 東明." 『양서』에는 10월 제천의 이름을 동명이라고 하였는데, 여기의 동명은 동맹의 오기라고 볼 수도 있겠지만 동명제의가 동명과 관련이 있다는 점이 반영된 것으로도 볼 수 있을 것이다. 따라서 동맹제의는 부여족의 공동시조인 동명을 천신과 결부시켜 제사한 것으로 볼 수 있을 것이다(임기환, 위의 논문, 1998, 169쪽).

69) 『위서』 100, 열전88, 고구려, "常以十月祭天 國中大會." ; 『남사』 79, 열전69 이맥 하, 고구려, "常以十月祭天大會." ; 『북사』 94, 열전82, 고구려, "常以十月祭天."

70) 박승범, 앞의 논문, 2002, 47~49쪽.

71) "有神廟二所 一曰夫餘神 刻木作婦人之象 一曰高登神 云是其始祖 夫餘神之子 並置官司 遣人守護 蓋河伯女朱蒙云."

를 파견하여 수호하는데, 대체로 河伯의 딸과 朱蒙이라고 한다. (『주서』
49, 열전41 이역(상), 고려)72)

E에 따르면 고구려에서는 부여신과 고등신73)을 모시는 신묘를 세우고
이를 수호케 하였다고 한다. 부여신은 나무를 조각하여 부인의 형상을 만들었
는데, 하백의 딸이고 고등신은 고구려의 시조로 부여신의 아들인 주몽이라고
한다.

부여신의 아들인 주몽은 고등신으로 나온다. 고등신이라는 이름 자체에
대해서는 잘 알 수 없으나,74) 고등신은 고구려족뿐 아니라 다양한 계통의
여러 종족들을 포괄하고 있는 고구려 국가의 신, 즉 초종족적인 신으로
되었을 것이다. 아마도 고등신 주몽은 부여계의 공동시조인 동명과 동일시되
었을 것이다. 이는 원고구려족인 5부의 주민이 집단적으로 점하였던 고구려
국가 내에서의 우월적 지위와 5부 자체의 자치력이 소멸되어 가고 피정복
지역을 중앙정부가 직접 통치하기 위한 지방제도가 확충되는 등 강력한
왕권을 정점으로 한 중앙집권적인 영역 국가체제가 진전되어가는 정치적
상황의 전개와 연관되어 진전된 변화라 하겠다.75) 아마도 고등신은 범부여계
를 아우르는 존재가 아니었을까 한다. 여기에는 이미 복속된 부여뿐만 아니라
백제까지도 염두에 둔 것으로 생각되는 것이다. 이와 관련해서 범부여족의
결속을 다지고 동명의 정통 계승자임을 표방하는 백제왕실의 동명묘 제사가

---

72) "又有神廟二所 一曰夫餘神 刻木作婦人之象 一曰登高神 云是其始祖 夫餘神之子 竝置官司
遣人守護 蓋河伯女與朱蒙云."

73) 『주서』의 등고신은 『북사』에는 고등신이라고 되어 있다. 고등신, 등고신 어느 쪽이든
시조 주몽을 가리킨다는 점에서 같은 것으로 여길 수 있을 것이다. 한편 강경대는
앞의 책, 2001, 293쪽 에서 평양에서 고구려 관련 전승을 토대로 고등이 바른 표기이며
주몽의 별호라고 하였다.

74) 「광개토왕릉비문」에는 동명왕이 승천하였다 하였다(… 鄒牟王 … 履龍頁(首)昇天
…)고 한 연유로 동명왕을 고등신으로 부른 것이 아닐까 한다(정구복 외 4인, 『역주
삼국사기 4 주석편(하)』, 정신문화연구원, 1997, 38~39쪽).

75) 노태돈, 앞의 책, 1999, 365쪽.

개로왕 24년(475) 고구려에게 한성을 빼앗김으로써 더 이상 지속할 수 없었다는 점[76]이 참고된다.

부여신은 하백녀이다. 하백녀를 부여신이라고 한 것은 그녀가 원래 부여와 관련이 있었기 때문일 것이다. 즉 그녀가 살고 죽은 곳이 동부여였고 거기에 태후묘가 있었다는 연유로 부여신이 되었을 가능성이 있다. 한편 동부여는 영락 20년(407) 원정으로 고구려에 복속되었다. 그런데 435년 무렵 평양성을 방문했던 북위 사신 이오의 보고에 따르면 고구려의 영역이 동으로 책성에 이르렀다고 한다.[77] 이에 407년 이후 얼마 있지 않아 동부여 지역이 고구려 영역이 되었음을 알 수 있다. 북부여의 경우 광개토왕대 모두루가 영북부여수사로 파견되었음에서 보이듯이, 4세기 후반 이후에는 고구려 영역으로 되었다.[78] 그렇다면 부여신은 부여지역에 대한 영역지배를 반영하는 것으로 생각된다. 그리고 부여 지역을 통합하는 구심적 역할도 하였을 것이다. 나아가 하백녀가 부여신으로 불려진 것은 부여를 건국한 동명=주몽을 낳았기 때문일 것이다.[79] 부여신이 되면서 하백녀는 고구려뿐만 아니라 부여족 전체의 어머니로 자리매김하지 않았을까 한다. 수신의 모습이 주몽의 어머니에게 투영되어 주몽을 잉태 출산하는 고구려의 국모로 그 역할을 하였다면, 부여신은 그에 더하여 부여족 전체의 어머니로 신앙되었던 것이다.

이러한 부여신과 고등신에 대한 제사는 부여신묘[80]와 고등신묘[81]에서

---

76) 노명호, 앞의 논문, 1981, 45~46쪽.

77) 『위서』 100, 고구려, 책성의 위치에 대해서. 노태돈, 앞의 책, 1999, 29쪽 참고.

78) 노태돈, 위의 책, 1999, 368~369쪽.

79) 박승범, 앞의 논문, 2002, 62~63쪽.

80) 부여신묘=태후묘라고도 한다(최광식, 앞의 논문, 2003, 167쪽). 이것은 태후묘를 신묘라고도 하는데서 그것을 찾고 있다. 그런데 제사지에 인용된 고기에 의하면 동명왕모의 묘인 태후묘는 동부여에 있었다. 부여신묘는 평양천도 이후 이곳으로 옮겨졌을 것으로 생각된다. 수신제를 부여신묘로 보는 입장은 나무로 그 형상을 만들었다는 점에서 그렇게 보고 있다(김두진, 「고구려 초기 동맹제의의 소도신앙적 요소」, 『한국고대의 건국신화와 제의』, 일조각, 1999, 104쪽 ; 김인희, 앞의 논문, 2003, 254~259쪽). 그러나 수신은 '국동대혈'에 모셔졌고, 『당서』에 수신제가 나오는 것으로 볼 때 이 제사는 부여신묘와는 구별해야 할 것이다. 수신제는 지신에 대한

이루어졌다. 『북사』는 당 태종 정관 원년~고종 현경 4년(627~659) 사이에 이연수가 사찬한 북조(북위·제·주·수) 233년간(386~618)의 통사이고,[82] 『주서』는 당 고조 무덕 연간에서 당 태종 정관 2년(618~628) 사이에 令狐德棻 등이 봉칙찬한 북주 5세(557~581) 25년간의 정사이다.[83] 『구당서』에 따르면 주거는 반드시 산골짜기에 있으며 모두 모초로 이엉을 엮어 지붕을 덮고 오직 불사, 신묘 및 왕궁, 관부만이 기와를 쓴다고 하였다.[84] 여기에서

제사인 반면 부여신묘의 주신은 인격신인 하백녀이다.

81) 지금까지의 연구에 따르면 고등신을 동맹제에서의 동명과 같은 것으로 보고 있다(김 두진, 위의 책, 1999, 108쪽 ; 한영화, 앞의 논문, 1999, 209~211쪽 ; 류현희, 「고구려 '국중대회'의 구조와 기능」, 『백산학보』 55, 2000, 120쪽 ; 김기흥, 앞의 논문, 2001, 18~19쪽). 이것은 동명을 주몽으로 보기 때문인데, 필자는 동맹제의 동맹은 범부여계 의 동명으로 본다. 고등신묘를 시조묘에 대응시키기도 한다(김두진, 위의 책, 1999, 109~110쪽 ; 김기흥, 위의 논문, 2001, 23쪽). 시조묘의 시조와 고등신묘의 주신이 같기 때문일 것이다. 고구려 시조묘 기사에서 주목되는 것은 "王如卒本 祀始祖廟."라는 기사이다. 유리왕이 왕 22년 국내 尉那巖城으로 천도(이와 관련해서 여호규, 「고구려 국내 천도의 시기와 배경」, 『한국고대사연구』 38, 2005 참고)한 후에도 여전히 졸본으 로 가서 시조묘 제사를 행하는 것으로 볼 수 있으며 또한 장수왕 15년 평양천도 후에도 안장왕, 평원왕, 영류왕 등이 모두 졸본으로 가서 제사를 행하는 모습이 보이고 있는 것이다. 이처럼 시조묘는 고구려 말까지 졸본에 있었다(최광식, 앞의 논문, 2003, 168쪽에서 졸본에는 시조묘가 있고, 종묘는 도읍을 옮김에 따라 함께 모신 사당이라고 보아야 할 것이다. 따라서 사시로 행해지던 제사는 종묘에서 행하고 왕의 즉위의례 등 특별한 경우에 시조묘에 가서 제사를 지냈다고 생각한다). 그렇지만 주몽을 모신 고등신묘는 평양으로 천도하면서 그 곳에 있지 않았을까 한다. 이와 관련해서 다음 기록이 참고된다. 『삼국사기』 17, 고구려본기5, 동천왕 21년, "春二月 王以丸都城經亂 不可復都 築平壤城 移民及廟社 平壤者本仙人王儉之宅也 或云王之都王 儉." 여기를 보면 수도를 옮길 때 묘사, 종묘와 사직을 함께 옮기고 있는 것이 주목된다. 고구려가 평양천도하고 난 이후에도 마찬가지였을 것이다. 평양천도 이전에 신묘를 세웠다해도 평양천도 이후 이것은 옮겨졌을 것이다.

82) 국사편찬위원회, 『중국정사조선전 역주 2』, 1988, 67쪽.

83) 고병익, 「중국정사의 외국열전」, 『동아교섭사의 연구』, 1970 및 박성봉, 「동이전 고구려관계기사의 정리」, 『한국연구자료총간』 6, 경희대전통문화연구소, 1981 ; 국 사편찬위원회, 『중국정사조선전 역주 1』, 1987, 602쪽.

84) 『구당서』 199상, 열전 제149상 동이, 고려, "其所居必依山谷 皆以茅草葺舍 唯佛寺神廟及 王宮 官府乃用瓦." ; 『신당서』 220, 열전145 동이, 고려에는 "居依山谷 以草茨屋 惟王宮官 府佛廬以瓦"로 나온다.

신묘는 『북사』·『주서』 고구려전의 "神廟二所"일 것이다. 이로 볼 때 부여신과 고등신을 모신 신묘가 세워진 상한선은 4세기 후반, 그 하한선은 7세기까지로 볼 수 있고 이 시기 부여신과 고등신은 국가의 중요한 신앙 대상이었음을 알 수 있다.[85]

한편 〈표 1〉에서 볼 수 있듯이, 『구삼국사』를 포함한 고려시대 역사서의 고구려 건국신화에 따르면 시조 주몽=동명, 시조의 부는 천제의 아들인 해모수, 시조의 모는 '하백녀 유화'로 나타나고 있다. 주몽의 출자는 북부여에서 동부여로 되어 있는데, 이것은 『신집』에서 공식화되었다고 한다.[86] 동명왕이라는 칭호도 『신집』 이후 사서의 영향을 받았다고 한다.[87] 그렇다면

---

85) 고등신(주몽신)이 고구려의 건국과 더불어 새로 등장한 신격이었다면 부여신은 이전부터 존재했던 신격으로 보고 있다. 즉 '부여신'이라는 이름에서 그것이 원래 부여에 있었으며 고구려로 분기하는 과정에서도 보존되어 온 신격이라는 것을 추정하기는 어렵지 않다. 물론 부여신이 부여에서도 하백의 딸이라는 이름으로 존재했는지는 확인하기 힘들지만 부여 건국신화에서 '시비'라고 한 여성이 고구려의 시조모로 인식되었으며 그것이 '하백의 딸'이라는 수신의 신격과 결부되면서 시조모로 등장하게 되었다고 볼 수 있다(조현설, 앞의 책, 2003, 256쪽).

86) 능비가 세워진 414년과 『신집』이 편찬된 600년 사이에 주몽의 북부여출자설이 동부여출자설로 변개되었다고 한다. 이 기간 중 6세기 중반에 있었던 양원왕의 즉위를 둘러싼 분쟁은 고구려 내부에서 벌어진 가장 큰 정치적 사건이었고, 그 분쟁에서 승리한 측이 그 후 계속 집권하였다. 『신집』은 당시 집권층의 이해관계를 반영하였다고 볼 수 있다. 이로 볼 때 동부여출자설은 6세기 중반 이후 전면에 부상하였고 『신집』은 그것을 사서에 공식화한 것으로 여겨진다(노태돈, 「주몽설화와 고구려 초기의 왕계」, 『고구려사연구』, 사계절, 1999, 30~44쪽). 그러나 '출자'는 원래 출생지가 아니라 혈통의 연원, 주몽의 부친은 (북)부여에 나라를 연 천제(지)자인 해모수, 『삼국사기』 동명성왕본기나 「동명왕편」에 의하면 주몽은 동부여에서 태어났다. 이에 비문에 보이는 시조의 출자 및 출생에 대한 인식은 북부여 출자에 동부여 출생(김기흥, 「고구려 건국신화의 검토」, 『한국사연구』 113, 2001, 6~7쪽 및 11~12쪽 참고)이라고 하기도 한다.

87) 高寬民은 『삼국사기』원전에 대한 연구를 통하여 留記에서는 동명성왕, 유리명왕 등의 칭호가 성립되지 않았고, 『新集』에서 추증된 것이라고 보았다(『三國史記の原典的研究』, 웅산각, 1996, 138쪽). 고구려에서 초기 왕들에 대한 한식 칭호가 정식으로 채택되고 국가적으로 공인된 것은 영양왕대에 편찬된 『신집』 편찬 전후에서부터라고 생각된다. 고구려본기에서도 신집이 편찬된 뒤인 보장왕 5년조에 처음으로 시조왕에 대하여 '동명왕'이라는 호칭이 정식으로 나타난다. 이 시기에는 주몽왕을 동명왕이라고 호칭하는 것이 일반화되었고, 고구려본기 초기 기록의 '동명왕'은 부여 시조를

시조의 부가 천제의 아들인 해모수, 시조의 모가 하백녀 유화로 된 것 역시
『신집』이후 사서의 영향을 받은 것으로 볼 수 있다. 아마 『구삼국사』의
내용은 『신집』과 무관하지 않았을 것이다. 『삼국사기』와 『삼국유사』 역시
『구삼국사』의 영향을 받았다는 점을 생각할 때, 『신집』 단계의 건국신화가
고려시대 역사서에 보이는 것이 아닐까 한다. 이와 같이 『신집』 단계의
건국신화는 5세기 건국신화와 비교해 볼 때 보다 구체화되었음을 알 수
있다.

『신집』 단계의 건국신화에서 주몽의 어머니는 '하백녀 유화'로 등장하고
있다. 앞서 살펴본 C-1)에서 수신은 "置木隱于神坐" 하였다고 하고 E에서
부여신은 "刻木作婦人之象" 하였다 한다. 수신과 부여신은 그 모습을 나무에
의탁하고 있다. 이것은 동북아시아에서 일반적으로 보이는 聖樹, 聖林에
대한 신앙과 연결되고 있다.[88] 특히 동북아시아에서 신목은 버드나무인
경우가 많다.[89] 이로 볼 때 주몽의 어머니는 동북아시아 민족에게서 흔히
확인되는 신목숭배에서 그 이름이 연유되어 『신집』 단계의 건국신화에
'하백녀 유화'로 나오는 것이 아닐까 한다.

주몽의 어머니와 해모수가 만난 곳은 압록강가이고 쫓겨나서 살고 있는
곳도 우발수라고 되어 있다.[90] 이것은 5세기 건국신화보다 주몽 어머니의

가리키는 것으로 보고 있다. 즉 서기 5세기까지도 추모왕, 추모성왕이라고 불리던
시조왕이 동명성왕이라고 정착된 것이 7세기 초엽에 성립된 신집에서부터라고 한다
(강경구, 앞의 논문, 2000, 175~176쪽). 동명성왕이란 왕호는 영양왕(590~618) 때
『신집』 편찬을 계기로 나타났을 것으로 추측되고 있다(임기환, 「고구려 王號의 성격과
변천」, 『한국고대사연구』 28, 2002, 26~28쪽).

88) 聖樹는 보통 하늘과 지상을 연결하는 우주목으로 상징되는데 고구려에서 하늘은
천제 혹은 해모수라고 하는 인격신으로 나타나고 이 하늘신이 곧 시조를 탄생시킨
원인제공자로 인식되었다. 따라서 시조를 잉태하는 시조모는 하늘의 정기를 받게
되는 나무와 연결될 수 있었던 것이다. 이에 대해서 박원길, 「북방민족의 샤머니즘과
제사습속」, 국립민속박물관, 1998, 447~479쪽 및 나희라, 「고대 동북아 제민족의
신화, 의례, 군주관」, 『진단학보』 99, 2005, 4쪽.

89) 박원길, 『유라시아 초원제국의 샤머니즘』, 민속원, 2001, 82쪽.

90) 「동명왕편」, 詩, "河伯責厥女 挽吻三尺弛 乃貶優渤中 唯與婢僕二 漁師觀波中 奇獸行駃騠
乃告王金蛙 鐵網投淢淢 引得坐石女 恣貌甚堪畏 脣長不能言 三截乃啓齒." 注 "漁師强力扶

水神의 성격이 강화되고 있는 것을 보여주는 것이다. 주몽의 어머니는 오곡의 종자를 싸줄 뿐만 아니라 주몽이 보리종자를 두고 가자 신의 전령[91]인 한쌍의 비둘기를 통해 보리종자를 주몽에게 보내고 있다.[92] 이것은 주몽의 어머니가 농업적 성격을 갖고 있다는 것을 보여주고 있는 것[93]이다.

한편 「구삼국사」에는 주몽의 모친의 역할이 두드러지고 있다. 여기에 따르면 "어머니가 활과 화살을 만들어 주니, 그 활이 빗나가는 법이 없다."[94]고 하고 주몽이 말을 기르는 일이나 하고 있음을 탄식하자 그 어머니가 "이것은 내가 밤낮으로 고심하던 일이다. 장사가 먼 길을 가려면 반드시 준마가 있어야 한다. 내가 고를 수 있다."하여 목마장으로 가서 말을 고르는 모습을 보여준다.[95] 이처럼 주몽의 어머니는 주몽의 도주에 필요한 말을 고를 수 있게 해 주고 있다. 이와 같이 주몽에게 활과 화살을 만들어 주고 준마를 골라주는 장면은 그녀에게 신이한 능력이 있음을 보여주는 것이다.

이상에서 『신집』 단계의 건국신화에서 주몽의 어머니는 하백녀 유화로 불려졌고 수신적 성격뿐만 아니라 농업신적 성격도 보여주면서 그 신성성이 더하여졌다. 이러한 어머니를 주몽은 '신모'라고 하였다.[96]

鄒曰 近有盜梁中魚而將去者 未知何獸也 王乃使漁師以網引之 其網破裂 更造鐵網引之 始得 一女 坐石而出."

91) 신모의 사자인 비둘기는 땅에서 사는 인간들은 지면 위로 오를 수 없기에 자유스럽게 날고 어쩌면 신의 존재까지도 볼 수 있는 조류에 대해 존경이 깃든 찬탄의 상징이다. 새는 신들의 전령으로 생각되었고 모든 정신적 힘의 발현은 새의 날개들을 빌어 쓰게 되었다(뤽 느느와 저, 윤정선 역, 『징표, 상징, 신화』, 탐구당, 1988, 64쪽).

92) 「동명왕편」, 詩, "雙鳩含麥飛 來作神母使." 注 "朱蒙臨別 不忍睽違 其母曰 汝勿以一母爲念 乃裏五穀種以送之 朱蒙自切生別之心 忘其麥子 朱蒙息大樹之下 有雙鳩來集 朱蒙曰 應是神 母使送麥子 乃引弓射之 一矢具擧 開喉得麥子 以水噴鳩 更蘇而飛去云云."

93) 김철준, 앞의 책, 1975, 54~62쪽.

94) 「동명왕편」, 詩, "母爲作弓矢 其弓不虛掎." 注 "謂母曰 羣蠅噆目 不能睡 母爲我作弓矢 其母以篳作 弓矢與之 自射紡車上蠅 發矢卽中 扶餘謂善射曰朱蒙."

95) 「동명왕편」, 詩, "自思天之孫 廝牧良可恥 … 其母聞此言 … 士之涉長途 須必憑駿駬 相將往 馬閑 卽以長鞭捶 群馬皆突走 一馬騂色斐 跳過二丈欄 始覺是駿驥 …." 注 其母曰 … "吾聞士 之涉長途者 須憑駿足 吾能擇馬矣 遂往馬牧 卽以長鞭亂捶 群馬皆驚走 一騂馬跳過二丈之欄 …."

4. '신모' 유화

태후묘 제사에서 '태후'로, 수신제에서는 '수신'으로, 부여신묘 제사에서 '부여신'으로 나타나는 주몽의 어머니는 고구려 건국신화에는 '시아', '하백녀', '하백녀 유화'로 등장한다. 이로 볼 때 주몽의 어머니는 무명의 인격체, 무명의 신격체, 유명의 신격체로 변화 발전하였음을 알 수 있다.[97] 이러한 주몽의 어머니는 태조왕대 이전 '동명왕의 모후'로 태후묘와 그와 유사한 사당에 모셔졌고, 태조왕대 이후 주몽을 국조로 하는 국조의식이 성립되면서 국모로 여겨졌다. 이에 '동명왕의 모후'를 모신 태후묘와 그와 유사한 고구려 내의 사당과는 다른 제사체계가 필요했는데, 이것이 수신제가 아닐까 하였다.

수신제는 국내성 시기에 행해진 고구려 국가제사이다. 수신제의 隨神이 隨穴 속에 있다는 것은 앞 시기 건국신화에서 '侍兒'가 방에 갇힌 상태, '유폐상태'의 주몽의 어머니를 상징한다. 이에 수신제의 隨神은 주몽의 어머니이고, 隨神祭는 주몽 어머니의 주몽잉태와 출산의 신화를 압록강변에서 재현한 의례라고 할 수 있다. 이러한 모습은 이 시기 건국신화에 반영되었을 것인데, 그 내용은 알 수 없다. 그렇지만 隨神이 지닌 지모신적인 요소가 주몽의 어머니에게 투영되어 그녀는 주몽을 잉태 출산하는 고구려 국모로 그 역할을 하였다고 보았다. 주몽의 어머니는 5세기 건국신화에서는 '河伯女', 水神의 딸로 나온다. 하백녀는 부여신으로 불려졌는데, 그녀가 부여족의 공동시조인 동명=주몽을 낳았기 때문이다. 이러한 부여신은 木隨로 나타난 隨神보다는 구체적인 '刻木한 婦人像'으로 나오며, 고구려 국모뿐만 아니라

---

96) 주 92) 참고.

97) 건국신화에서 시조모되기란 여신이 자신의 신화를 상실하면서 이룬 영광스럽고도 신성한 지위이지만, 그것은 신성의 의상을 걸쳤음에도 불구하고 오히려 그 의상에 의해 실체가 가려진 타자화된 여신의 다른 표정이라고 한다. 이에 대해서 조현설, 「웅녀·유화 신화의 행방과 사회적 차별의 체계」, 『구비문학연구』 9, 1999, 9~10쪽 참고.

부여족 전체의 어머니로 추숭되었다.

한편 주몽의 어머니는 『신집』 단계의 건국신화에서 '하백녀 유화'로 나오며 水神의 성격뿐만 아니라 농업신적 성격도 띠면서 '신모'로 불려졌다. 주몽의 어머니를 '신모'로 부른 것은 고구려 말 도교의 유행[98]과 관련있지 않을까 한다.[99] 『梁書』·『魏書』·『南史』·『北史』에 보이지 않던 수신에 대한 제사가 『당서』에서 재등장하고 있다.[100] 다음도 관심을 끈다.

---

98) 『삼국유사』 3, 寶藏奉老조에 인용된 고려본기 ; 『삼국사기』 영류왕 8년 ; 『삼국사기』, 보장왕 2년과 개소문전에도 나온다. 이와 관련해서 차주환, 『한국도교사상연구』, 서울대출판부, 1978, 39~41쪽, 166~167쪽, 170~171쪽, 174쪽도 참고.

99) 도교가 지닌 여성숭배의 종교적 특징으로 말미암아 신화 속의 여신은 도교와 긴밀한 관련을 가지면서 여선이라는 숭배대상으로 거듭난다고 한다. 여신의 여선으로의 변화과정을 가장 잘 살펴볼 수 있는 것은 서왕모의 예이다. 서왕모가 처음 나오는 것은 『山海經』으로 모두 세 차례 등장하는데 반인반수의 외모에 위엄있는 여신의 이미지로 묘사되어 있는 것을 볼 수 있다. 그런데 『산해경』과 비슷한 시기에 쓰여진 『穆天子傳』으로 가면 서왕모는 반인반수의 외모에서 인격화된 형태로 변신하고 신적 이미지를 여전히 보존하고 있으나, 선적인 이미지도 공유한다. 또한 떠나가는 주목왕의 무사함을 기원하면서 부르는 노래에서 우리는 그녀의 不死 이미지를 찾아볼 수 있다. 『목천자전』과 동시대에 쓰여진 『장자』로 가면 서왕모는 신이라기 보다 득도한 여선의 이미지로 나타난다. 마찬가지로 한대 『회남자』에서도 서왕모는 불사약과 연결되어 仙化된다. 이처럼 원시단계에서는 신이었던 서왕모는 점차 불사 관념과 연결되어 여선으로 변화하는데, 이러한 과도적 양상을 『목천자전』, 『장자』, 『淮南子』를 통하여 살펴볼 수 있는 것이다(송정화, 「중국여신의 특징에 대한 소고」, 『동아시아 여성신화』, 집문당, 2003, 167~171쪽).

100) 『구당서』 199상, 열전149 동이, 고려, "國城東有大穴 名神隧 皆以十月王自祭之." ; 『신당서』 220, 열전145 동이, 고려, "國左有大穴 名神隧 皆以十月王自祭."
여기에서 10월에 왕이 수신에 대한 제사를 지낸다고 한 것으로 볼 때 왕이 직접 주관한 것으로 보이며, 이 기록은 『삼국지』 등의 기록을 전재한 것으로 파악하고 있다. 又 唐의 『통전』·『책부원귀』·『태평환우기』, 宋 陳暘의 『악서』, 남송 정초의 『통지』, 원 郝經의 『속후한서』, 淸 阿桂 등의 『성경통지』 등에도 보인다. 수신과 관련된 자료 검토는 서영대, 앞의 논문, 2003, 3~9쪽 참고. 한편 『당서』 수신제와 관련해서 다음도 참고된다. 『한원』 고구려전, "饗帝 列東盟之祠 延神 宗隧穴之醮." 『한원』은 唐 고종 현경 5년(660)경 장초금(?~689)이 찬술한 類書의 하나로, 본래 30권 분량이었지만 그 최종권으로 여겨지는 蕃夷部 1권만이 일본 복강현 태재부천만궁에 전해오는 것이다(윤용구, 「『한원』 번이부의 기초적 연구」, 동양사학회 2003년 추계학술대회 위진수당사부 발표요지, 2003, 1쪽). 위의 내용은 『한원』 찬자가 『위략』의 사료를 보고 적은 正文이다. 이것은 '천제에 흠향하여 동맹의 사당에 자리해

F. 東明王母의 塑像이 3일동안 피눈물을 흘렸다. (『삼국사기』 21, 고구려본기9, 보장왕 5년)101)

F에서 보장왕 5년(646) 동명왕모 소상이 3일이나 피를 흘렸다고 한다.102) 소상의 사전적 뜻은 '찰흙으로 만든 사람의 형상'으로 나무로 만들어진 부여신과는 다른 형태이다. 동명왕모의 소상은 주몽사와 마찬가지로 전국 주요 각지의 대성에 두어졌을 것으로 여겨진다.103)

이처럼 고구려 말 '신모'로 불려진 주몽의 어머니에 대한 숭배는 다양하게 이루어지고 있다.104) 이러한 숭배는 고구려 멸망 이후 신라에도 전승되었겠지만, 그것은 잘 알 수 없다. 그렇지만 고려시대에 유화는 '성모'로 숭앙받고

두며, 신을 맞아들여 수혈의 제사에서 핵심을 이루다'로 해석할 수 있다. 여기의 '宗隆穴之醮' 중 '醮'는 도교제사와 관련된 것인데, 이것은 당시 고구려의 상황이 반영된 것이 아닐까 한다. 『수서』 고구려조에 "매년 초에 패수 가에 모여서 놀이를 하는데, 왕의 腰輿를 타고 羽儀를 펼치고 관람한다"는 기록은 부여신 유화의 신혼을 신성모형으로 하는 제의로 보고 있다(윤철중, 「건국신화의 신모」, 『인문과학』 28, 1998, 169~170쪽).

101) "東明王母塑像 泣血三日."

102) 이것을 고구려 멸망을 예고하는 것으로 보기도 하며(최광식, 앞의 책, 1994, 183쪽), 국가 위난을 알려준다는 점에서 유화가 국가 수호신의 역할을 하였음을 알려준다.

103) 보장왕 4년(645) 당 태종이 요동성을 공격해 왔을 때 당시 성 안에는 주몽의 사당이 있었고 위급할 때 미녀를 단장하여 婦神으로 삼았는데, "주몽이 기뻐하니 성이 반드시 온전하리라."(『신당서』 220, 열전145 동이, 고려) 하였다고 한다. 즉, 당군이 요동성을 공격해 와서 성이 함락 위기에 처하였을 때 침공군의 격퇴를 주몽사에 기원하고 있는 것이다. 이로 볼 때 고구려인들은 주몽이 나라를 보호한다고 믿었다. 주몽사당은 여러 곳에 세워져 있었을 것인데, 고구려의 주요 大城들에 주몽묘가 세워져 있었다(『주서』 49, 열전41 이역(상), 고려 ; 『책부원귀』 369, 장수부 공취2, 이적)는 것은 이것을 말하여준다.

104) 고구려 말 시조에 대한 숭배 역시 국가제사뿐만 아니라 주몽사 등에서 다양하게 이루어지고 있다. 고등신에 대한 제사는 고구려 말까지 지속되었을 것으로 여겨지며, 광개토왕·장수왕·문자명왕대에 걸쳐 약 200여 년간 보이지 않던 시조묘 제사가 안장왕 3년, 평원왕 2년, 영류왕 2년에 나타나고 있다(안장왕 이후 평원왕, 영류왕의 시조묘 제사는 국내외 정세의 불안정 속에서 왕권의 안정을 도모하기 위한 정치적 조치였다고 한다(박승범, 앞의 논문, 2002, 41쪽)). 고구려 말기에 백두산 지역으로 여겨지는 馬多山에도 주몽과 연관된 설화가 있었다(『한원』 고려조 ; 노명호, 앞의 논문, 1981).

있다. 이와 관련해서 다음이 주목된다.

> G. 동신사는 宣仁門 안에 있다. 땅은 약간 평평하고 넓은데, 전각 건물은
> 낮고 누추하다. 廊廡 30칸은 황량하게 수리하지 않은 채로 있다. 정전에는
> '東神聖母之堂'이란 방이 붙어 있고 장막으로 가려 사람들이 神像을 보지
> 못하게 만들었다. 이는 나무를 깎아 여인상을 만들었기 때문인데, 어떤
> 사람은 그것이 夫餘의 처인 河神의 딸이라고 한다. 고구려 시조가 된
> 朱蒙을 낳았기 때문에 제사를 모시게 된 것이다. 舊例에는 사신이 오면
> 관원을 보내 奠祭를 마련하는데, 그 牲牢와 酌獻은 숭산신에 대한 禮式과
> 같다. (『고려도경』 17, 사우 동신사)105)

---

105) "東神祠 在宣人門內 地稍平廣 殿宇卑陋 廊廡三十間 荒涼不葺 正殿榜曰東神聖母之堂 以布
幕蔽之 不令人見神像 蓋刻木作女人狀 或云乃夫餘妻河神女也 以其生朱蒙 爲高麗始祖 故祀
之 舊例使者至則遣官設奠 其牲牢酌獻 如禮崇山神式." 이와 관련해서 다음도 참고된다.
『삼국사기』 12, 신라본기12, "論曰 … 1) 臣富軾以文翰之任輔行 詣佑神館 見一堂設女仙像
館伴學士王黼曰 此貴國之神 公等知之乎 遂言曰 古有帝室之女 不夫而孕 爲人所疑 乃泛海抵
辰韓生子 爲海東始主 帝女爲地仙 長在仙桃山 此其像也 2) 臣又見大宋國信使王襄祭東神聖
母文 有娠賢肇邦之句 乃知東神則仙桃山神聖者也 然而不知其子王於何時 …." 여기에서
김부식은 문한의 임무를 띠고 송에 갔다가 우신관에서 女仙像을 보았는데, 송인
왕보는 여선상을 선도산 성모라고 설명하고 있다. 김부식은 왕양의 「제동신성모문」의
동신성모를 仙桃山 神聖으로 이해하고 있다. 왕양이 고려에 온 것은 예종 5년(1110)
6월(『고려사』 13, 세가13)이다. 서긍이 송도를 다녀간 것은 선화 5년(고려 인종
1, 1123)이다. 이로 볼 때 왕양의 「제동신성모문」의 동신성모는 유화로 보는 것이
타당할 것이다. 그런데 김부식은 사신으로 간 경험(왕보의 설명)을 통해 왕양의
「제동신성모문」에 보이는 동신성모를 선도산 성모로 생각하였다. 김부식이 문한의
임무를 띠고 송에 간 것은 정화 연간은 1111~1117년이고, 『삼국사기』 편찬은 인종
23년(1145)이다. 이로 볼 때 그 시기가 왕양과 서긍이 고려에 온 시기와 그리 멀지
않은 시기이다. 그런데 김부식이 동신성모를 선도산 성모로 생각한 이유는 무엇일까.
동신성모라 함은 특정 나라를 떠나 예부터 전래되어 온 국모신을 지칭하는 것이
아닐까 한다. 즉 고구려 유화를 비롯하여 시조를 낳은 모신에 대한 숭배가 고려시대에
이어져 내려왔고, 국모신으로서 동신성모가 고려시대에 구체화된 것이라 볼 수
있는 것이다(박상란, 『신라와 가야의 건국신화』, 한국학술정보(주), 2005, 184~185
쪽). 이에 김부식은 위 사료의 동신성모를 선도산성모로 생각한 것으로 짐작된다.
이것은 유화의 신모, 성모적인 성격이 다른 국모신에게도 일정한 영향을 미쳤음을
생각해 볼 수 있지 않을까 한다. 한편 김준기는 선도산 신모의 위치가 동신성모의
위치보다 상승한데서 그 원인을 찾고 있다(「고대신화에 나타난 신모신앙」, 『한국민속
학보』, 18~20쪽).

G에 따르면 '東神聖母之堂'에는 나무를 깎아 여인의 형상을 만들어 놓았는데, 이는 부여의 처인 河神의 딸로 고구려의 시조인 주몽을 낳았다고 한다. 그리고 사자가 오면 관원을 보내어 奠祭를 마련했다고 한다. 이로 볼 때 주몽의 어머니는 고려시대 동신성모로 추앙받았음을 알 수 있다. 그런데 서긍이 본 동신성모당은 정전이 누추하며 행랑과 월랑은 황량하며 수리하지 않은 채로 있었다고 한다. 서긍이 송도를 다녀간 것은 선화 5년(고려 인종 1, 1123)이다. 그렇다면 이 시기를 즈음해서 동신성모당에 대한 관심과 그 제사가 쇠락되지 않았을까 한다. 이것은 고려중기에 주몽이 평양의 신사에서 신으로 숭앙되고 있는 점[106]과 비교되지만, 고려초기까지 유화는 '신모', '성모'로 숭배되었다고 할 수 있다.[107]

---

106) 『고려사』 13, 예종 4년 4월 을유 ; 최자, 「三都賦」, 『동문선』 2 所收. 이와 관련해서 김창현, 「고려시대 평양의 동명숭배와 민간신앙」, 『역사학보』 188, 2005 참고.
107) 유화는 고려왕실에서 왕권을 생성하는 원리를 실현하면서 서긍이 『고려도경』에 기록하였듯이, 고려초기까지 '신모', '성모'의 역할을 수행하였다고 한다. 이와 관련해서 서대석, 「구비문학의 비교문학적 연구과제」, 『구비문학연구』 제1집, 1994 ; 서대석, 「동북아시아 무가의 비교연구」, 『무가연구의 새로운 방향과 과제』, 제3회동아시아 국제학술심포지움, 경기대학교 주최, 1996 ; 서대석, 「한국 신화의 역사적 전개」, 『구비문학연구』 5, 1998, 22~25쪽 ; 이수자, 「설화에 나타난 '버들잎 화소'의 서사적 기능과 의의」, 『구비문학연구』 2, 1995, 16쪽 ; 이종주, 「동북아시아의 성모 유화」, 『구비문학연구』 4, 1997, 61~64쪽 및 『고려사』 88, 열전1, 후비1, 태조신혜왕후 유씨 ; 『고려사』 88, 열전1, 후비1, 헌정왕후 ; 『고려사절요』 12년 7월조 ; 『고려사』 88, 열전1, 후비1, 장화왕후 오씨 ; 『연려실기술』 1, 所引 閑骨董 참조.

제2절 한국 고대 神母와 國家祭儀
-유화와 선도산 신모를 중심으로-

건국신화는 초현실적, 초자연적인 내용을 전함과 동시에 국가의 창업이라는 역사적 사건도 포함하고 있다. 한국 고대 건국신화 역시 신화적 요소와 역사적 요소가 있다. 이러한 한국 고대 건국신화와 관련해서 지금까지 다양한 연구들이 있어왔다.[1] 이중 신모[2]는 건국 영웅을 낳고 그들을 기르며 새로운 국가를 건설 내지는 건설하기 위해 떠나는데 결정적인 도움을 주거나 시조의 조력자로 나온다. 이와 같은 신모로는 고조선의 웅녀와 고구려의 유화, 백제의 소서노, 신라의 선도산 신모[3]와 알영, 금관가야의 허왕후, 대가야의 정견모주가 있다. 그리고 이들 신모는 죽은 후 국가제의의 대상이기도 하였다.

지금까지 신모에 대한 이해는 한국 고대 건국신화를 분석하면서 다루어져

---

1) 한국 고대 건국신화, 특히 신모와 관련된 연구성과는 채미하, 「고구려의 국모신앙」, 『북방사논총』 12, 2006 ; 나희라, 「대가야의 신화와 의례」, 『대가야의 정신세계』, 2009 ; 김선주, 「신라 선도성모 전승의 역사적 위상」, 『사학연구』 99, 2010 ; 강영경, 「단군신화에 나타난 웅녀의 역할」, 『여성과 역사』 16, 2012 ; 채미하, 「신라의 건국신화와 국가제의」, 『한국사학보』 55, 2014 등 참고.
2) 건국신화의 시조모 내지는 시조비는 地母·聖母·神母 등 다양하게 불린다. 이중 지모는 천신과 대응되는 地神을 말한다. 성모는 신의 배우자 혹은 어머니로서만이 아니라 자체 신격을 가지고 있다. 본 글에서는 시조의 어머니와 시조의 비를 신모라고 하였다.
3) 선도산 신모는 서술성모·선도성모도 불렸으나, 본 글에서는 선도산 신모로 통일하였다.

왔고[4] 국가제의를 통해서도 살펴졌다.[5] 하지만 시조와 비교해 볼 때 신모는 부수적이었다. 때문에 건국신화에 보이는 신모의 변화상에 크게 주목하지 못하였다. 그리고 신모는 죽은 후에 국가제의의 대상이기도 하였는데, 이를 통해서는 한국 고대 신모의 위상을 알 수 있을 것이다. 다음으로 유화와 선도산 신모는 고려시대 동신성모로 전한다. 그런데 선도산 신모가 고려시대 동신성모로 전하는 이유에 대해서는 관심이 부족하였다. 또한 한국 고대 신모가 고려시대 이후 역사에서 어떤 작용을 하였는지에 대해서도 마찬가지였다.

따라서 본 글에서는 우선 신모의 유형을 검토하고 건국신화에 나타나는 신모를 통해 한국 고대 신모의 역사성을 생각해 볼 것이다. 그리고 유화와 선도산 신모를 중심으로 한국 고대 신모의 추숭을 국가제의와 연결하여 살펴 볼 것이다. 다음으로 고려시대 동신성모에 대한 인식에서 한국 고대 신모의 變移를 검토할 것이다.

1. 神母의 유형 : 시조모와 시조비

한국 고대 각국의 건국신화에 나타나는 시조의 어머니와 시조의 비는 신모였다. 우선 시조의 어머니, 시조모로는 고조선 건국신화에 보이는 웅녀가 있다. 웅녀는 『삼국유사』에 따르면 곰이었으나 신의 아들 환웅에게 사람되기를 빌어 환웅의 시험을 통과한 후에 사람이 되었고 또 아이를 낳기를

---

4) 고조선·고구려·백제의 건국신화를 天父地母型, 신라·가야의 건국신화를 부부중심의 天男地女形으로 이해하기도 하였다(이지영, 『한국신화의 神格 유래에 대한 연구』, 태학사, 1995, 160쪽).

5) 신모에 대한 신앙은 한국 고대 사회에 天父신앙과 함께 널리 퍼져 있었는데, 이와 관련해서 김상기, 「國史上에 나타난 건국설화의 검토」, 『학술지』 5-1, 건국대학교 학술연구원, 1964, 22~23쪽 ; 김철준, 「동명왕편에 보이는 신모의 성격」, 『한국고대사회연구』, 서울대학교출판부, 1990 등 참고.

간절히 원하여 인간으로 변한 환웅과의 결합을 통해 단군을 낳았다.[6] 고구려 건국신화의 유화는 하백의 딸로 해모수와 사통하여 주몽을 낳았다. 이후 주몽에게 弓矢를 만들어 주었으며 기마하기에 좋은 말을 가려내어 키우는 법도 가르쳐 주었다. 그리고 다른 형제들의 박해를 피해 떠나는 주몽에게 오곡의 종자와 보리종자를 보내주었다.[7]

이처럼 웅녀와 유화는 천신의 배우자이자 시조의 어머니였다. 이와 관련해서 다음도 주목된다.

A. 1) ① 최치원의 釋利貞傳을 살펴보면, 가야산신 正見母主는 천신 夷毗訶之에 응감한 바 되어, 대가야왕 惱窒朱日과 금관국왕 惱窒靑裔 두 사람을 낳았는데, 뇌질주일은 이진아시왕의 별칭이고 청예는 수로왕의 별칭이라 하였다. 그러나 가락국 옛 기록의 '六卵의 전설'과 더불어 모두 허황한 것으로써 믿을 수 없다. ② 또 釋順應의 전기에는 대가야국의 月光太子는 正見의 10대손이요, 그의 아버지는 異腦王이며, 신라의 迎夷粲 比枝輩의 딸에게 청혼하여 태자를 낳았으니, 이뇌왕은 뇌질주일의 8대손이라 하였다. 그러나 그것도 참고할 것이 못된다. (『신증동국여지승람』 29, 경상도 고령현 건치연혁)[8]

   2) 正見天王祠는 해인사 안에 있다. 속설에는 "대가야국 왕후 정견이 죽어서 산신이 되었다"고 한다. (『신증동국여지승람』 30, 경상도 합천군 사묘)[9]

A-1)①을 보면 최치원이 쓴 釋利貞傳을 인용하여 가야산신 정견모주는 천신 이비가지에 감응되어 대가야왕 뇌질주일과 금관국왕 뇌질청예를 낳았

---

6) 『삼국유사』 1, 기이2, 고조선.

7) 고구려 건국신화와 관련된 문헌과 그 연구성과는 채미하, 앞의 논문, 2006 참고.

8) "1) ① 按崔致遠釋利貞傳云 伽倻山神正見母主 乃爲天神夷毗訶之所感 生大伽倻王惱窒朱日金官國王惱窒靑裔二人 則惱窒朱日爲伊珍阿豉王之別稱 靑裔爲首露王之別稱 ② 又釋順應傳 大伽倻國月光太子 乃正見之十世孫 父曰異腦王 求婚於新羅 迎夷粲比枝輩之女 而生太子 則異腦王 乃惱窒朱日之八世孫也." 이와 관련해서 『삼국사기』 34, 잡지3 지리1, 고령군조도 참고.

9) "正見天王祠(在海印寺中 俗傳大伽倻國王后正見 死爲山神)."

다고 한다. A-2)에서 해인사의 정견천왕사에 모셔진 정견은 본래 대가야의 왕후로 죽어서 가야산 산신이 되었다고 한다.[10] 『삼국유사』 가락국기를 보면 하늘에서 내려온 알에서 나온 수로가 금관가야를 건국했으며 바다를 건너온 허왕후와 결혼함으로써 건국을 완결하는 것으로 되어 있다.[11] 그런데 A-1)①에서는 정견모주가 천신에 감응되어 금관가야와 대가야의 시조를 낳았다는 것이다.[12] 다음은 신라의 선도산 신모에 대한 내용이다.

B. 1) 따라서 이름을 혁거세왕이라고 했다(아마도 鄕言일 것이다. 혹은 弗矩內 王이라고도 하며 光明으로 세상을 다스린다는 말이다. ① 說者가 말하기를 "이는 西述聖母가 낳은 것이다. 때문에 중국 사람이 仙桃聖母를 찬미하는 글에 '어진 인물을 배어 나라를 창건하라'는 말이 있는데, 이것이다. ② 이에 이르러 雞龍이 상서를 나타내어 알영을 낳았으니, 또한 西述聖母가 현신한 바가 아니겠는가"라고 하였다). (『삼국유사』 1, 기이2, 신라시조혁거세왕)[13]

2) ① 신모는 본래 中國帝室의 딸이다. 이름은 娑蘇이다. 일찍이 神仙의 술법을 배워 海東에 와서 머물러 오랫동안 돌아가지 않았다. 아버지인 황제는 서신을 발에 매어 말하기를, "鳶이 머무는 곳을 따라 집을 삼거라"고 하였다. 사소는 서신을 보고 매를 놓아 보냈는데, 매는 이 산에 날아와 멈추었다. 마침내 가서 살며 地仙이 되었다. 때문에 西鳶山이라고 이름하였다. ② 신모는 오랫동안 이 산에 據하면서 나라를 鎭祐하였는데, 靈異함이 아주 많았다. 나라가 건립된 이래로 항상 三祀의 하나였고 秩은 群望의 위에 있었다. … ③ 그가 처음 진한에 와서 聖子를 낳아 東國의 처음 임금이 되었다. 아마도 혁거세와 알영 二聖을 낳았을 것이

---

10) 천혜숙은 「'父性 不在'의 신화학과 聖母신앙의 문제」, 『역사민속학』 15, 2002, 12~13쪽에서 정견모주를 신라의 선도산 신모와 같은 유형으로 분석하기도 하였다.

11) 『삼국유사』 2, 기이2, 가락국기.

12) 가야의 신화와 그 의례에 대해서 나희라, 앞의 논문, 2009 참고. 정견모주 설화는 금관가야와 대가야의 연맹이라는 역사적 사실을 반영하고 있는 것이다.

13) "因名赫居世王(蓋鄕言也 或作弗矩內王 言光明理世也 ① 說者云 是西述聖母之所誕也 故中華人讚仙桃聖母 有娠賢肇邦之語是也 ② 乃至雞龍現瑞 産閼英 又焉知非西述聖母之所現耶)."

다. 그러므로 雞龍·雞林·白馬 등으로 일컬으니, 닭은 西쪽에 속하기 때문일 것이다. (『삼국유사』 5, 감통7, 선도성모수희불사)14)

B-1)① ·②에서 說者는 서술성모가 혁거세를 낳았고 계룡이 상서를 나타내어 낳은 알영을 서술성모의 현신이라고 하였으며 B-2)③에서는 신모가 성자를 낳았고 동국의 처음 임금이 되었다고 하면서, 혁거세와 알영의 유래를 선도산 신모에서 찾고 있다.15)

이처럼 선도산 신모는 신라의 시조 혁거세와 그의 비 알영의 등장에 일정한 역할을 한 시조모로 나타나지만, 웅녀·유화·정견모주와는 달리 천신의 배우자는 아니었다. 알영과 허왕후는 시조의 조력자인 시조비로, 시조모와 마찬가지로 신모로 여겨졌다. 다음은 알영 관련 내용이다.

C. 1) ① 봄 정월, 용이 閼英井에서 나와 右脇에서 女兒를 낳았다. 老嫗가 보고 그것을 이상하게 여겨 거두어 길렀다. 우물 이름으로 이름하였다. ② 성장함에 德容이 있었다. 시조가 듣고 맞아서 妃로 삼았다. 賢行이 있고 內輔가 能하였다. ③ 이때 사람들이 二聖이라 일렀다. (『삼국사기』 1, 신라본기1, 시조혁거세거서간 5년)16)

  2) ① 이 날, 沙梁里의 알영정(娥利英井이라고도 한다)가에 雞龍이 나타나 左脇에서 童女(용이 나타나 죽자 그 배를 갈라서 얻었다고도 한다)를 낳았다. ② 姿容이 수려하였으나, 입술이 닭의 부리와 비슷하여 月城의 北川에서 목욕시켰더니 그 부리가 떨어졌다. 따라서 그 川 이름을 撥川이

---

14) "① 神母本中國帝室之女 名娑蘇 早得神仙之術 歸止海東 久而不還 父皇寄書繫足云 隨鳶所止爲家 蘇得書放鳶 飛到此山而止 遂來宅爲地仙 故名西鳶山 ② 神母久據玆山 鎭祐邦國 靈異甚多 有國已來 常爲三祀之一 秩在群望之上 … ③ 其始到辰韓也 生聖子爲東國始君 蓋赫居閼英二聖之所自也 故稱雞龍雞林白馬等 雞屬西故也."
15) 『삼국유사』에는 선도산 신모가 혁거세와 알영을 낳았다고 하여 『삼국사기』와는 달리 혁거세와 알영이 남매로 나온다. 이것은 선도산 신모에 대한 인식의 변화와 관련있다고 생각한다.
16) "① 春正月 龍見於閼英井 右脇誕生女兒 老嫗見而異之 收養之 以井名之 ② 及長有德容 始祖聞之 納以爲妃 有賢行 能內輔 時人謂之二聖."

라 했다. (『삼국유사』 1, 기이2, 신라시조혁거세왕)[17]

　C-1)①과 2)①을 보면 알영정에서 용(계룡)이 나타나 알영을 낳았다고
한다. 이와 같이 출생한 알영은 C-2)②를 보면 용모가 아름다웠으나, 입술이
닭의 부리와 같아 월성 북천에 목욕시키자 떨어졌다고 한다. 알영은 C-1)②를
보면 성장 후 혁거세와 혼인하여 시조를 잘 보필하였다고 한다. 이로 볼
때 알영은 혁거세 재위기간 동안 중요한 파트너였음을 알 수 있다.[18] 이러한
알영은 C-1)③에서 시조와 함께 二聖으로 여겨졌는데, '이때[時]'는 신라 중대
이후로 알영은 시조와 함께 여전히 추숭되었음을 알 수 있다.[19]

　허왕후는 아유타국의 공주로 후한 광무제 건무 24년(48)에 배를 타고
김해 가락국에 도착하였고, 가락국의 시조인 수로왕은 이를 미리 알고 그녀를
기다려 왕비로 맞이하였다.[20] 그 후에 허왕후는 태자 거등왕을 출산하고
후한 靈帝 中平 6년(189)에 죽었다고 하는데, 그 공은 도산씨가 하나라를
돕고 요임금의 딸들이 순임금의 요씨를 일으킨 것과 같다고 하였다.[21]
이로 볼 때 허왕후 역시 알영과 마찬가지로 시조의 조력자로 수로왕과의
혼인 이후 시조비로서 그 역할을 하였음을 알 수 있다.

　한편 백제 건국신화에 나오는 소서노는 시조비이자 시조모였다. 『삼국사
기』에 따르면 시조의 어머니 소서노는 졸본 사람 연타발의 딸로 처음에는

---

17) "① 是日 沙梁里閼英井(一作娥利英井)邊 有雞龍現 而左脇誕生童女(一云龍現死而剖其腹
　　得之) ② 姿容殊麗 然而唇似雞觜 將浴於月城北川 其觜撥落 因名其川曰撥川."
18) 이와 관련해서 혁거세 17년(서기전 41)에 혁거세가 육부를 巡撫할 때 알영이 함께
　　따라갔다고 한 것도 참고된다.
19) 채미하, 앞의 논문, 2014, 187~188쪽 참고. 이와 같이 생각할 수 있다면 혁거세
　　38년(서기전 20) 마한에 간 호공이 두 사람을 이성이라고 한 것, 남해차차웅 원년(4)의
　　두 사람을 지칭한 二聖, 『삼국유사』 신라시조 혁거세왕조의 이성과 선도산성모수희불
　　사조에 보이는 이성 역시 중대 이후의 인식이 반영된 것이라고 할 수 있다.
20) 『삼국유사』 2, 기이2, 가락국기.
21) 『삼국유사』 2, 기이2, 가락국기, "… 況與王后而居也 比如天之有地 日之有月 陽之有陰
　　其功也塗山翼夏 唐媛興嬌 頻年有得熊羆之兆 誕生太子居登公 靈帝中平六年己巳三月一日
　　后崩 壽一百五十七 …."

북부여에 가서 우태와 혼인하여 비류와 온조 두 아들을 두었다고 한다. 우태가 죽자 소서노는 두 아들을 데리고 졸본에 와서 살았는데, 주몽이 부여에서 남하하여 졸본에 오자 소서노는 주몽의 비가 되어 고구려를 건국하는데 경제적인 도움도 주었다. 이후 주몽이 부여에서 온 유리를 태자로 삼자 소서노는 비류·온조와 함께 남쪽으로 내려와 백제를 세웠다.[22]

이상에서 신모는 시조모와 시조비로 크게 대별되며, 이 중 시조모는 천신과 혼인하거나 배우자 없이 아들을 낳아 기르는 존재였다. 시조모이자 시조비이기도 한 소서노가 있었다. 시조모와 시조비의 선후 관계는 잘 알 수 없지만, 한 집단의 근원이 되는 시조가 여성에 있다는 시조모에 대한 관념은 대체로 부계 중심 신화 이전에 모계 중심으로 서술하는 신화적 전통에 있었다고 한다.[23] 즉 시조모에 대한 전승은 시조와 시조비 이전 단계에 형성되어 있었다고 할 수 있는 것이다. 소서노 관련 전승은 부계출계 사회가 확립되었음을 보여주는 것이라고 한다.[24]

인간이 대지에서 태어난다는 믿음은 동서를 막론하고 보편적으로 유포되어 있는 신앙이다. 대지는 살아 있는 형태를 자신의 본질로부터 끌어내어 발생시킨다. 대지는 비옥하기 때문에 살아있다. 대지에서 비롯된 모든 것은 생명이 부여되며, 대지로 돌아간 모든 것은 다시 생명이 주어진다.[25] 동·서양의 고대 신화와 의례의 유형을 보면 대지는 우주의 기초를 구성하는 것으로 무엇보다도 만물을 낳고 열매를 맺는 무한한 능력으로 인해 가치가 부여되었고 숭배의 대상이 되었다.[26] 농경사회에서 대지는 어머니로 이해되었으며 점차 지모신은 경작과 수확 즉 농경의 여신으로 대체되어갔다.[27] 이것은

22) 『삼국사기』 23, 백제본기1, 온조왕 즉위년.
23) 조현설, 『동아시아 건국신화의 역사와 논리』, 문학과 지성사, 2003, 257~258쪽. 천혜숙은 선도산 신모 신화의 '不夫而孕' 요소는 모권제 또는 모계제의 흔적이라고 하였다(앞의 논문, 2002, 23~24쪽).
24) 천혜숙, 위의 논문, 2002, 28쪽.
25) 멀치아 엘리아데, 『종교사개론』, 1993, 55쪽.
26) 멀치아 엘리아데, 위의 책, 1993, 230쪽 및 249~250쪽.

한국 고대 신모 역시 마찬가지로 지모신인 어머니는 농업신, 곡모신의 성격을 띠었다.[28]

이와 같은 성격을 지닌 신모, 이 중 시조모는 비범한 시조를 낳고 기르며 시조를 도와 건국에 일조했지만, 시조의 활동 시기에 시조모는 보이지 않는다. 유화는 자신의 신분을 밝히고 자신의 아이를 지켜서 키워내는 역할까지 수행하였고 선도산 신모가 낳은 혁거세와 알영은 6촌장과 밀접한 관련이 있었다. 웅녀 역시 단군을 낳았지만, 그 양육과 관련된 내용은 보이지 않는다. 게다가 『제왕운기』에는 환웅의 손녀로 웅녀가 나오며 그녀에게 약을 먹도록 명령하고 단수신과 혼인을 시킨 주체가 환웅이라고 하였다. 권근의 『응제시』에는 환웅과 웅녀의 존재는 보이지 않고 단군이 신인으로서 직접 신단수에 내려왔다고 하였다(檀君降樹邊位臨). 권람의 『응제시주』에는 환웅이 모든 것을 주도한 주체로 되어 있는데, 곰과 호랑이가 환웅에게만 기도하고 쑥과 마늘을 준 것도 환웅이며 환웅이 사람으로 변해서 단군이 태어났다고 하였다. 『세종실록지리지』에는 단웅천왕이 손녀에게 약을 먹여 사람의 모습을 이루게 한 후 단수신과 혼인시켜 남성인 단군이 태어난다고 하였다.[29]

이에 대해 웅녀를 '남성중심 사회의 문화규범',[30] '주체적 존재를 상실한 타의에 의하여 존재여부를 의지하고 있는 연약한 존재',[31] '자신의 이야기를 잃어버린 존재 … 소외된 존재, 즉 타자화된 존재'[32] 등으로 이해하였다. 이것은 웅녀에만 해당하는 것이 아니라 다른 신모도 마찬가지로, 신모는

27) 멀치아 엘리아데, 위의 책, 1993, 235쪽.
28) 장지훈, 「한국 고대의 지모신 신앙」, 『사학연구』 58·59, 1999, 81쪽 ; 한영화, 「고구려 지모신신앙과 母處制」, 『사학연구』 58·59, 1999, 208~215쪽 및 앞의 주 1) 참고.
29) 강영경, 앞의 논문, 2012, 58~62쪽도 참고.
30) 신은희, 「그 신비한 춤 단군신화에 나타난 성 상징주의」, 『단군학연구』 6, 2002, 14~15쪽.
31) 최문형, 「단군신화의 여성상과 여성원리에 나타난 통일이념」, 『단군학연구』 4, 2000, 137~139쪽.
32) 조현설, 「웅녀·유화 신화의 행방과 사회적 차별의 체계」, 『구비문학연구』 9, 1999 : 『고전문학과 여성주의적 시각』, 소명출판사, 2003, 11쪽.

신화의 뒤편으로 소외되었다고 한다. 그 이유는 사회 권력이 여성 중심에서 남성 중심으로 변해가고 집단 간 투쟁의 결과 선주 집단이 이주 집단에 종속되는 과정에서 비롯된 것이라고 한다.[33]

고구려 건국신화는 5세기에 주몽신화로 확립되는데, 이것은 부여의 동명신화를 차용한 것[34]이라고 한다. 그렇다면 5세기 이전 고구려 건국신화는 동명신화와 차이가 없었을 것으로 생각되는데, 『논형』·『삼국지』 등에 보이는 부여 건국신화는 고구려 초기 건국신화에 대응시킬 수 있을 것이다. 여기에 따르면 동명의 어머니는 '侍婢·侍兒'로 나온다. 5세기 「광개토왕릉비」 등의 비문 자료와 『위서』 등의 중국 사서에는 주몽의 어머니는 '하백녀'로, 水神의 딸로 나온다. 하백녀는 부여신으로 불렸는데, 그녀가 부여족의 공동시조를 낳았기 때문이다. 다음으로 고려시대 이후 역사서인 『구삼국사』 등에는 '하백녀 유화'로 나오며, 수신의 성격뿐만 아니라 농업신적 성격도 띠면서 '신모'로 불려졌다.[35]

B-2)①을 보면 선도산 신모는 중국 帝室의 딸인 사소로 해동에 와서 오래 머물다 마침내 서연산에 와서 살고 地仙이 되었다고 하였는데, 여기에는 일정한 역사적 경험이 반영되어 있다고 할 수 있다.[36] 우선 『삼국사기』와 『삼국유사』에 따르면 6촌 세력이 갓 태어난 혁거세·알영을 발견하고 양육하

---

33) 최원오, 「한국 신화에 나타난 여신의 위계 전변과 윤리의 문제」, 『비교민속학』 24, 2003, 298~299쪽 및 281쪽 ; 서대석, 「일본신화에 나타난 新婚과 神誕生의 성격─한국의 신화 및 농경의례와의 對比를 중심으로」, 『고전문학연구』 14, 1998 : 『한국 신화의 연구』, 집문당, 2001 ; 조현설, 앞의 논문, 1999, 5~10쪽 : 앞의 책, 2003 ; 조현설, 『우리신화의 수수께끼』, 한겨레출판, 2006, 19~20쪽.

34) 이종태, 「삼국시대의 시조인식과 그 변천」, 국민대학교 박사학위논문, 1996, 45쪽과 53쪽 및 조현설, 「한국건국신화의 형성과 재편」, 『동아시아 건국신화의 역사와 논리』, 문학과지성사, 2003, 244~255쪽 참고.

35) 이상과 관련해서 채미하, 앞의 논문, 2006 참고.

36) 신라의 시조 박혁거세를 낳았다고 전해지는 선도산 신모는 본래 도교의 女仙으로 한반도에 건너와 선도산에 정착한 이른바 도래신(정재서, 「도교 설화의 정치적 專有와 민족 정체성」, 『도교문화연구』 31, 2009, 16~19쪽)이라고 하였다. 한편 김선주는 앞의 논문, 2010, 13~15쪽에서 시조모 전승에서 시조모와 관련이 있는 시조는 혁거세가 아닌 시조비로 알려진 알영으로 보았다.

는데 주체적으로 등장하였다.[37) 선도산 신모가 중국에서 진한에 도래한 시기는 대체로 6촌의 시조들이 사로국에 등장할 때와 비슷한 시기가 아니었을까 한다.[38) 선도산 신모가 웅거한 곳은 서연산·서술로, 모량 지역이었다. 모량은 6촌의 하나인 무산대수촌의 근거지이기도 하였다. 그렇다면 무산대수촌, 모량부 세력과 선도산 신모가 어느 시기에 연합한 것으로 보아도 좋을 것이다.[39) 이것은 신라 중고기를 전후한 시기로 여겨지는데, 신라 중고기 모량부 박씨 왕비족의 등장은 이와 관련있지 않을까 한다.[40) B-2)①에서 선도산 신모는 중국 제실의 딸이라고 한다.[41) 이것은 중대왕실이 자신의 시조를 소호금천씨에서 찾고 있는 것과 같은 맥락으로 보여진다.[42)

이와 같이 고구려와 신라의 건국신화에서 유화와 선도산 신모는 시기에 따라 그 인식에 변화가 있었지만, 웅녀와는 달리 건국신화에서 소외되지는 않았다. 그리고 각 시기에 따라 그녀들의 고유한 역할인 시조모로서의 역할을 다하였다. 이로 볼 때 유화와 선도산 신모는 건국신화에서 소외되었다기보다는 한국 고대 사회에서 일정한 역할을 함으로써 그 역사성을 나타냈다고 할 수 있을 것이다.

---

37) 『삼국사기』 1, 신라본기1, 시조 혁거세거서간 원년 ; 『삼국유사』 1, 기이2, 신라시조혁거세왕.

38) 채미하, 「신라의 6촌과 산악제사」, 『신라사학보』 23, 2011, 90~92쪽.

39) 임재해는 6촌 신화는 단군신화의 부계인 환웅신화를 계승하고 선도산 신모신화는 모계인 곰 신화를 계승한 것이라고 하였다. 즉 모계신화는 선도산 신모가 혁거세를 낳은 출생신화로, 부계신화는 혁거세를 발견한 난생신화로 분화되고 발전되어 전승되고 기록되었다(「맥락적 해석에 의한 김알지신화와 신라문화의 정체성 재인식」, 『비교민속학』 33, 2007, 590쪽).

40) 채미하, 앞의 논문, 2011, 95~96쪽.

41) 이에 대해 이병도는 『국역 삼국사기』, 을유문화사, 1977, 211쪽에서 고유의 산신신화가 모화사상가 혹은 한국인으로 중국에 이주한 자에 의하여 중국과의 관계를 부회한 것으로 추정하기도 하며, 이지영은 앞의 책, 1995, 161쪽에서 중국의 색으로 윤색된 북방 무조적 이야기로 건국신화의 논의에서 제외시키고 있다. 반면 조동일은 「시조도래 건국신화의 시조인식」, 『하나이면서 여럿인 동아시아문학』, 지식산업사, 1999, 141~142쪽에서 선도산 신모 전승은 시조도래계 신화로 중세 의식을 덧씌운 것이라고 하였다.

42) 채미하, 앞의 논문, 2014, 186쪽.

2. 國家祭儀와 신모의 추숭

한국 고대 건국신화의 신모는 죽은 이후 국가제의의 대상이 되기도 하였다. 이와 관련해서 우선 다음이 주목된다.

> D. 1) 가을 8월 王母 柳花가 東扶餘에서 죽었다. 그 왕 金蛙가 太后의 禮로써 그녀를 장사지냈고 마침내 神廟를 세웠다. 겨울 10월 사신을 부여에 보내 方物을 바치고 그 덕에 보답하였다. (『삼국사기』13, 고구려본기1, 시조동명성왕 14년)[43]
>
> 2) 겨울 10월 왕이 부여에 行幸하여 太后廟에 제사지내고 백성 중 곤궁한 자를 묻고 물건을 차등있게 내려주었다. (『삼국사기』15, 고구려본기3, 태조대왕 69년)[44]
>
> 3) 古記에 말하였다. ① 동명왕 14년 가을 8월 王母 柳花가 동부여에서 죽었다. 그 왕 金蛙가 太后의 예로써 그녀를 장사지냈고 마침내 神廟를 세웠다. ② 태조왕 69년 겨울 10월 부여에 行幸하여 太后廟에 제사지냈다. (『삼국사기』32, 잡지1, 제사)[45]

D는 고구려 태후묘와 관련된 것으로, 동명왕 14년(서기전 24) 8월에 동명왕의 어머니가 동부여에서 죽자 금와왕이 '태후'의 예로 장례를 지내고 神廟를 세웠다고 한다(1)과 3)①). 이처럼 유화를 모신 태후묘는 금와왕이 세운 것으로 고구려 영역 밖에 있었다. 그렇지만 D-1)에서 동명왕은 사신을 보내 그 덕에 보답하였고, D-2)와 D-3)②에서 태조왕은 왕 69년(121) 10월에 부여에 순행하여 태후묘에 제사지내고 있다. 이로 볼 때 고구려에서는 유화가 죽은 후 그에 대한 추숭을 태후묘에서 행하였음을 알 수 있다.[46]

---

43) "秋八月 王母柳花薨於東扶餘 其王金蛙以太后禮葬之 遂立神廟 冬十月 遣使扶餘 饋方物 以報其德."

44) "冬十月 王幸扶餘 祀太后廟 存問百姓窮困者 賜物有差."

45) "古記云 ① 東明王十四年秋八月 王母柳花薨於東扶餘 其王金蛙以太后禮葬之 遂立神廟 ② 太祖王六十九年冬十月 幸扶餘 祀太后廟."

이와 관련해서 백제에서는 온조왕 13년(서기전 6) 2월 왕모 소서노가 죽자 온조왕 17년 4월에 묘를 세워 국모를 제사하였다고 한다.[47] 이로 볼 때 백제도 고구려 태후묘와 유사한 사당을 소서노가 죽고 나서 4년 뒤에 건립하였음을 알 수 있다. 온조왕은 왕모 소서노가 죽은 지 3개월 후에 국모가 나라를 지켜주지 않으니 국세가 안전하지 못해 반드시 나라를 옮겨야겠다고 하였다.[48] 아마도 이때부터 소서노는 국모로 여겨졌고 국모묘에 대한 건립 논의가 이루어지지 않았을까 한다. 국모묘를 건립한 이후 국모묘에 대한 제사 기록은 보이지 않지만, 고구려와 마찬가지로 소서노를 국모묘에서 제사지냈을 것이다.[49]

유화는 태후묘뿐만 아니라 隧神祭, 扶餘神廟에서 '태후', '수신', '부여신'으로 고구려 국가제사의 대상이었다. 태후묘가 '동명왕의 모후'에 대한 제사였다고 한다면 태조왕대 이후 주몽을 국조로 하는 국조의식이 성립되면서 유화는 국모로 여겨졌고 그녀에 대한 제사는 수신제에서 이루어졌다.[50] 수신제는

---

46) 이상은 채미하, 앞의 논문, 2006, 342~344쪽 참고.

47) 『삼국사기』 23, 백제본기1, 온조왕 13년, "春二月 王母薨 年六十一歲." ; 『삼국사기』 23, 백제본기1, 온조왕 17년, "夏四月 立廟以祀國母." 그런데 『삼국사기』 제사지에는 백제에서 국모묘를 세웠다는 기사가 보이지 않는다. 이것은 고구려와는 다른 점이지 만, 소서노가 국모로 제사된 것은 그녀가 국가를 통치하는데 중요한 역할을 하였음을 알려주는 것이라고 할 수 있다(강영경, 「한국고대사회의 여성－삼국시대 여성의 사회활동과 그 지위를 중심으로－」, 『숙대사론』 11·12, 1982, 158쪽).

48) 『삼국사기』 21, 백제본기1, 시조 온조왕 13년, "夏五月 王謂臣下曰 國家東有樂浪 北有靺鞨 侵軼疆境 少有寧日 況今妖祥屢見 國母棄養 勢不自安 必將遷國 予昨出巡 觀漢水之南 土壤膏腴 宜都於彼 以圖久安之計."

49) 백제에서는 온조왕 20년(2), 온조왕 38년, 다루왕 2년(29), 고이왕 10년(243), 비류왕 10년(313)에 '祠(祀)天地'했다고 하며, 고이왕 5년, 고이왕 14년, 근초고왕 2년(347), 아신왕 2년(393), 전지왕 2년(406)에 '祭天地'하였다고 한다. 중국 고대 농경사회에서 자연적으로 발생한 地제사는 社제사라는 국가의례로 발전하였고, 漢代에 郊社체계로 개편되었다. 이런 과정에서 지신은 北郊에서의 地神과 사직에서의 토신이라는 이중성 을 지닌다. 전자는 대지 전체를 상징하는 지모신으로, 后土·皇地祇·崑崙大地 등이, 후자는 특정한 지역에 한정되는 영토신의 상격을 지니는 것으로 사직과 神州 등이 여기에 속한다(박미라, 「중국 祭地儀禮에 나타난 地神의 이중적 성격」, 『도교문화연구』 25, 2006, 59~60쪽). 이와 같은 점을 염두에 둔다면 백제의 태후묘 제사는 천지제사와 관련지어 이해해 볼 수도 있다.

유화의 주몽 잉태와 출산 신화를 압록강 가에서 재현한 의례였다. 유화는 부여족의 공동시조를 낳았기 때문에 부여신으로도 불려졌고, 부여신묘에서 그 제사가 행해졌다.[51] 부여신은 '刻木한 부인상'으로 나타나며 木隧로 나타난 수신보다는 구체적인 것으로 고구려 국모뿐만 아니라 부여족 전체의 어머니로 추숭되었다.[52]

이처럼 유화는 죽은 이후 국가제사의 대상이 되었고 고구려 말에는 주몽[53]과 마찬가지로 유화에 대한 신앙은 전국적으로 퍼져 있었다.[54] 이러한 추숭은 금관가야의 허왕후에서도 찾아진다. 허왕후는 영제 중평 6년(189) 3월 1일에 죽었다(崩). 이후 나라사람들이 龜旨의 동북쪽 언덕에 장사지냈고, 그녀를 잊지 못하여 왕후가 처음 배에서 내려 배를 매어둔 나룻가의 마을을 주포촌이라고 이름하고 비단바지를 벗은 산마루를 綾峴이라 하고 꼭두서니 빛 깃발이 나타나 들어온 바닷가를 旗出邊이라고 하였다.[55] 8대 질지왕은 452년에 수로왕과 허왕후의 혼례 장소에 王后寺를 창건하기도 하였다.[56] 이로 볼 때 허왕후는 죽은 이후 금관가야인에게 신앙의 대상이었고, 그녀에 대한 추숭은 지속되었음을 알 수 있다.[57] 이 중 질지왕이 수로왕과 합혼한 곳에 세웠다는 왕후사는 이전부터 존재했던 首露王夫人祠를 절로 바꾼 것으

---

50) 수신제와 관련된 기록은 『삼국지』·『후한서』·『구당서』·『신당서』·『한원』에 보인다.
51) 부여신묘과 관련해서는 『북사』·『주서』를 통해 알 수 있다.
52) 이상은 채미하, 앞의 논문, 2006, 363~364쪽 참고.
53) 『신당서』 220, 열전145 동이, 고려 및 『주서』 49, 열전41 이역(상), 고려 ; 『책부원귀』 369, 장수부 공취2 이적 참고.
54) 『삼국사기』 21, 고구려본기9, 보장왕 5년, "東明王母塑像 泣血三日." 및 『신당서』 220, 열전145 동이, 고려 참조. 이상은 채미하, 앞의 논문, 2006, 365쪽.
55) 『삼국유사』 2, 기이2, 가락국기, "… 靈帝中平六年己巳三月一日后崩 壽一百五十七 國人 如嘆坤崩 葬於龜旨東北塢 遂欲忘子愛下民之惠 因號初來下纜渡頭村曰主浦村 解綾袴高岡 曰綾峴 茜旗行入海涯曰旗出邊 媵臣泉府卿申輔 …." 이와 관련된 현재 위치에 대해서는 김태식, 「가락국기 소재 허왕후설화의 성격」, 『한국사연구』 102, 1998, 26~27쪽 참고.
56) 『삼국유사』 2, 기이2, 가락국기, "銍知王 一云金銍王 元嘉二十八年卽位 明年爲世祖許黃 玉王后 奉資冥福於初與世祖合御之地 創寺曰王后寺."
57) 김태식, 앞의 논문, 1998, 31~32쪽.

로 이해하기도 하였다.[58]

한편 고구려와 달리 신라에는 박·석·김 3성의 시조신화가 있었고 이들과 관련된 제사 역시 이루어졌다. 남해왕 3년(6)에 설치된 시조묘[59]에는 박씨집 단의 族祖인 혁거세를 모셨다가 아달라왕대 신라연맹체의 제천이 사로국의 시조묘를 중심으로 통합되면서 혁거세는 국조가 되었고, 신라 상고기 내내 시조묘의 주신이 될 수 있었다. 소지왕 9년(487)에 설치된 신궁의 주신은 혁거세로,[60] 혁거세는 全 국가적 시조왕의 성격을 지녔다. 이와 같이 시조묘 와 신궁에서 혁거세가 그 제사의 주신이었지만, 신라 중대에 오묘제[61]가 성립되면서 국조인 혁거세를 모신 신궁제사는 김성시조를 모시는 오묘제 보다 그 격에 변화가 있었다.[62] 석씨집단의 족조인 탈해의 소상은 궐 안에 있다가 동악에 안치되는데, 그 시기는 문무왕 20년(682)으로 나온다.[63] 동악은 토함산으로 탈해와 밀접한 관련을 가진 장소이며 고려시대에는 동악대왕으로 불리기도 하였다.[64] 이로 볼 때 시조신이었던 탈해는 신라 중대 이후 산신으로 그 신격이 변화되었음을 알 수 있다.[65]

『삼국사기』 제사지 신라조에는 삼산·오악 이하의 명산대천제사가 대·중· 소사에 편제되어 있다.[66] 산에 대한 제사는 단순한 산신에 대한 숭배가 아니라 그 지역을 수호하는 신에 대한 숭배였고[67] 조상신이기도 하였다.[68]

---

58) 권주현, 「왕후사와 가야의 불교전래문제」, 『대구사학』 95, 2009, 55쪽. 한편 사당에서 절로 전환된 것은 신라 중대로 추정하기도 하였다(권주현, 「삼국사기에 보이는 4~5세 기의 가야와 삼국과의 관계」, 『신라문화』 38, 2011, 66쪽).

59) 『삼국사기』 1, 신라본기1, 남해차차웅 3년.

60) 『삼국사기』 3, 신라본기3, 소지마립간 9년 ;『삼국사기』 32, 잡지1, 제사.

61) 『삼국사기』 8, 신라본기8, 신문왕 7년 ;『삼국사기』 32, 잡지1, 제사.

62) 채미하, 『신라 국가제사와 왕권』, 혜안, 2008 ; 앞의 논문, 2014 참고.

63) 『삼국유사』 1, 기이2, 제4탈해왕.

64) 『삼국유사』 1, 기이2, 제4탈해왕 ;『삼국유사』 1, 왕력1, 제4탈해이질금.

65) 채미하, 앞의 논문, 2014, 186~187쪽.

66) 『삼국사기』 32, 잡지1, 제사. 채미하, 「신라 명산대천의 사전 편제 이유와 특징」, 『민속학연구』 20, 2007 ; 앞의 책, 2008, 311~314쪽도 참고.

67) 명산대천제사의 대상은 자연적인 산악 자체이기 보다는 산악의 주재자라고 믿고

56 제1장 건국신화와 國家祭儀

고대인들은 높은 산을 하늘과 인간의 교섭처로 생각하였다. 즉 천신이 높은 산에 내려와 인간과 교통한다고 믿었던 것이다. 따라서 산은 天祭를 지내는 제사장소이기도 하였다.[69] 신라의 大祀에 편제된 삼산은 원래의 성읍국가 사로가 고대국가 신라로 발전하는 과정에서 발생한 것으로, 왕경 중심의 지배집단의 제사대상이었다가 통일을 전후하여 護國女三神[70]의 활약으로 최고의 신성 산악으로 대사의 대우를 받았다.[71]

  통일 이전에 신라에는 경주평야를 둘러싸고 오악이 있었는데,[72] 선도산은 오악의 하나로 서악이었다. 『삼국사기』 제사지 신라조에 서술, 선도산은 牟梁에 있었다고 한다.[73] 모량은 茂山大樹村이 있었던 곳으로, 무산대수촌의 시조는 이산(개비산)에 내려왔다고 한다.[74] 무산대수촌의 시조가 내려온 이산(개비산)과 촌명에 보이는 무산과 대수촌의 위치는 알 수 없지만, 무산대수촌은 대체로 경주 서편의 모량에 비정하고 있다.[75] 특히 무산대수촌의 대수(촌)는 태백산 정상의 신단수가 연상되는데, 신단수는 고조선 건국신화를 보면 환인의 아들 환웅이 내려와 神市를 펼친 장소이다.[76] 이러한 신단수는

있는 산신에 대한 제사였다(이기백, 『신라정치사회사연구』, 일조각, 1974, 207쪽 ; 문경현, 「신라의 산악숭배와 산신」, 『신라사상의 재조명』, 신라문화제학술발표회논문집 제12집, 1992, 21~26쪽).

68) 산신은 대체로 각 지역의 조상신이라고 한다(문경현, 위의 논문, 1992, 26~28쪽). 이와 관련한 연구성과는 채미하, 앞의 논문, 2007 : 앞의 책, 2008, 303~330쪽 참고.

69) 『서경』 순전, "至于岱宗柴."

70) 『삼국유사』 1, 기이1, 김유신.

71) 이기백, 「신라 삼산의 의의」, 『한국고대사론-증보판』, 일조각, 1995, 147쪽.

72) 『신증동국여지승람』 21 경주부 산천조에는 토함산을 동악, 금강산을 북악, 함월산을 남악, 선도산을 서연산(서악)이라고 하고 있다. 『삼국사기』 41, 열전1, 김유신(상)에는 중악 단석산이 보인다.

73) 『삼국사기』 32, 잡지1, 제사, "三山五岳已下 名山大川 分爲大中小祀 … 小祀 … 西述(牟梁)."

74) 『삼국유사』 1, 기이2, 신라시조혁거세왕, "辰韓之地 古有六村 … 三曰茂山大樹村 長曰俱禮馬 初降于伊山(一作皆比山) 是爲漸梁部 又牟梁部孫氏之祖 今云長福部 朴谷村等西村屬焉 …."

75) 『삼국유사』 1, 기이2, 智哲老王조의 冬老樹는 무산대수촌과 연관있어 보인다. 무산대수촌은 숨羅里 일대의 목관묘와 목곽묘를 연결지을 수 있다(채미하, 앞의 논문, 2011, 87쪽).

천·지·지하계의 접합점에 있는 성역이고 만물이 생성되며 太儀를 재현하는 聖壇을 상징한다고 한다.[77] 세계의 신화에서 나무와 여신은 매우 밀접한 관계가 있다.[78] 웅녀는 신단수 아래에서 아이를 잉태하게 해 주기를 빌었고, 동맹제 때 신체로 모셔지는 나무상 즉 목수는 하백녀를 상징한다.[79] 따라서 무산대수촌과 여신과의 관련성을 생각해 볼 수 있다.

이와 같이 무산대수촌과 밀접한 관련을 지닌 선도산은 B-2)②에서 鎭祐邦國하는 靈異가 많아 나라가 건립된 이래 언제나 三祀의 하나였고, 그 서열은 群望의 위에 있었다고 한다. 삼사는 대·중·소사로 파악하기도 하지만,[80] 국가제사체계 즉 祀典[81]을 말하기도 한다. 군망은 '오악·사진·사독'을 말하며[82] 국가의 鎭山이다. 선도산은 西薦·西述·西兄이라고도 불렸는데,[83] 이들

---

76) 『삼국유사』 1, 기이2, 고조선, "古記云 昔有桓因庶子桓雄 數意天下 貪求人世 … 雄率徒三千 降於太伯山頂神壇樹下 謂之神市 …."

77) 황패강, 「단군신화의 연구」, 『단군신화론집』, 새문사, 1988, 78쪽.

78) 장지훈, 앞의 논문, 1999, 83~84쪽.

79) 수신과 부여신이 나무에 의탁한 것은 동북아시아에서 일반적으로 보이는 聖樹·聖林에 대한 신앙과 연결되고 있다고 하였다(채미하, 앞의 논문, 2006, 361쪽). 이와 관련해서 박원길, 『북방민족의 샤마니즘과 제사습속』, 국립민속박물관, 1998, 447~479쪽 및 나희라, 「고대 동북아 제민족의 신화, 의례, 군주관」, 『진단학보』 99, 2005, 4쪽도 참고.

80) 신종원, 『신라초기불교사연구』, 민족사, 1992, 95쪽.

81) 『禮記』 祭義篇을 보면 "夫聖王之制 祭祀也 法施於民則祀之 以死勤事則祀之 以勞定國則祀之 能禦大菑則祀之 能捍大患則祀之 … 非此族也 不在祀典."이라고 나온다. 『國語』 魯語 (상)에는 "凡禘·郊·祖·宗·報 此五者 國之典祀也 … 非是 不在祀典"이라고 되어 있다. 그렇다면 祀典은 일반 제사가 아니라 국가제사의 의례나 그에 대한 기록을 가리키는 것이라고 할 수 있지 않을까 한다. 즉 사전은 '제사의 의례' 또는 '제사 의례를 적은 典籍'으로 풀이된다(羅竹風 主編, 『漢語大詞典』 7, 1991, 836쪽). 채미하, 『삼국사기』 제사지 신라조의 분석 – 신라 국가제사체계의 재검토와 관련하여」, 『한국고대사연구』 13, 1998, 217~230쪽 : 앞의 책, 2008, 51쪽 참고.

82) 『예기』 곡례에 따르면 천자는 천지, 사방[사망], 산천, 五祀에 대한 제사를 지내고 제후는 산천과 오사에 대한 제사를 지낸다고 한다(『禮記』 曲禮 下, 天子祭天地·祭四方·祭山川·祭五祀 歲徧 諸侯方祀祭山川·祭五祀 歲徧). 사방[사망]은 『주례』 小宗伯 '兆五帝於四郊四望[四類亦如之]'의 鄭玄의 註에 '五嶽·四鎭·四瀆'이라고 되어 있다. 이러한 사방 [사망]제도가 성립할 때 海 역시 종교의례의 대상이었다는 점에서 사방[사망]에는 사해도 포함된다고 할 수 있다(池田末利, 「四望·山川考」, 『中國古代宗敎史硏究 – 制度と

이름은 최고라는 뜻을 가진 '수리'에서 파생된 것이며 '서쪽'에 이르는 방위를 가리키는 접두어가 붙어진 것이다.[84] 이로 볼 때 선도산은 신라가 나라를 세운 이래로 국가제사의 대상이었고 진평왕을 전후한 시기까지는 최고의 신성산악이었다.[85]

그런데 문무왕 말년 혹은 신문왕대에 오악은 국토의 사방과 중앙에 있는 산악으로 변하였고,[86] 선도산은 소사의 하나로 편제되었다. 이러한 변화는 대가야의 정견모주를 통해서도 생각해 볼 수 있다. A-1)②에서 대가야 마지막 왕자의 세계를 정견모주로부터 기억한 것은 정견모주가 조상신으로의 권능을 대가야 멸망 직전까지도 유지했던 것을 말해주는 것이다.[87] 하지만 대가야가 신라에 통합된 이후 통일 이후 신라의 명산대천제사 중 소사에 가량악이 편제되었던 것이다.[88] 선도산 신모는 신라 경명왕대 왕의 잃어버린 매를 찾아주어 봉작받기도 하였다.[89] 이로 볼 때 선도산 신모는 신라말까지

思想』, 東海大學出版會, 1981, 142~143쪽). 이러한 사방(사망)제사는 隋代에는 중사에, 唐代에는 악, 진, 해, 독으로 중사에 편제되어 있다. 채미하, 「신라의 사해와 사독」, 『역사민속학』 26, 2008, 22~26쪽 참고.

83) 홍순욱, 「신라 삼산·오악에 대하여」, 『신라문화제학술발표회논문집』 4, 신라문화선양회, 1991, 46쪽 ; 최광식, 『고대한국의 국가와 제사』, 한길사, 1994, 317쪽.

84) 김선주, 앞의 논문, 2010, 21~22쪽.

85) 강영경은 앞의 논문, 2012, 57쪽에서 신라의 국가성장이 6촌장의 합의체에서 시작하였고 이후 신라 왕은 박·석·김 3성의 교립으로 이어졌기 때문에 선도산 신모는 국모신으로서의 확고한 위치를 점하거나 고구려와 백제처럼 거국적인 숭배를 받은 것으로 나타나 있지 않다고 하였다. 그리고 신라사회에서 박씨왕계의 사회적 위치와 비중의 변화에 따라 시기적으로 선도산 신모의 위치는 변화되었을 것이라고 하였다.

86) 이기백, 앞의 책, 1974, 207쪽. 『삼국사기』 32, 잡지1, 제사, "三山五岳已下 名山大川 分爲大中小祀 … 中祀 五岳 東吐含山(大城郡) 南地理山(菁州) 西雞龍山(熊川州) 北太伯山(奈已郡) 中父岳(一云公山 押督郡) …."

87) 서철원, 「대가야 건국신화와의 비교를 통해 본 백제 건국신화의 인물 형상과 그 의미」, 『인문학연구』 36, 조선대학교 인문학연구소, 2008. 이와 관련해서 나희라, 앞의 논문, 2009, 126~127쪽도 참고.

88) 김태식, 「대가야의 세계와 道設智」, 『진단학보』 81, 1996, 11쪽과 16쪽. 김태식은 16~17쪽에서 대가야군 소재 推心의 主神은 대가야시조 伊珍阿豉王으로 보는 것이 타당하다고도 하였다.

89) 『삼국유사』 5, 감통7, 선도성모수희불사, "第五十四景明王好使鷹 嘗登此放鷹而失之

그 역할을 다하였다고 볼 수 있는 것이다.

이상에서 한국 고대 신모는 건국신화에서 시조를 낳거나 양육하고 이후 그와 관련된 기록은 보이지 않지만, 신모가 죽은 이후 국가제의의 대상으로 추숭되었다. 이와 같이 국가제의에서의 신모에 대한 추숭은 신모신앙의 흐름이 지속된 것과 상응하는 것이었다.[90] 뿐만 아니라 신라에는 시조모와 시조비인 신모 외에도 운제산성모, 치술령 신모 등이 있었다. 운제산성모는 남해차차웅의 비로, 죽어서 영일현 서쪽에 있는 운제산의 성모가 되어 가뭄 때 기원하면 응함이 있다고 하였다.[91] 치술령 신모는 제상의 부인으로 왜에 간 제상이 돌아오지 않자 치술령에 올라 왜를 바라보며 통곡하다가 죽었는데, 치술신모가 되었다고 한다.[92] 앞에서 살펴본 '호국삼여신' 역시 신모신앙과 연결지어 이해할 수 있을 것이다.

이처럼 한국 고대 신모에 대한 숭배의 형태는 다양하였고 이들은 국가제의를 통해 추숭되기도 하였다. 그렇다면 웅녀를 숭배한 유적이나 유물 등 구체적인 자료는 보이지 않지만, 후대의 신모 숭배 전통에서 웅녀 역시 신모로 추숭받았을 것으로 생각되어진다.[93]

3. 한국 고대 신모의 變移

한국 고대 신모에 대한 추숭은 한국 고대에만 머물지 않았다. 이와 관련해서 우선 다음이 관심을 끈다.

禱於神母曰 若得鷹 當封爵 俄而鷹飛來止机上 因封爵大王焉."
90) 천혜숙, 앞의 논문, 2002, 31~33쪽.
91) 『삼국유사』 1, 기이2, 제이남해왕.
92) 『삼국유사』 1, 기이2, 나물왕 김제상. 제상의 부인은 제상이 죽은 이후 국대부인으로 책봉되었으며, 『삼국유사』 1, 왕력1, 제18실성마립간조에는 실성이 바로 치술의 아버지라고 하였다(王卽鵶迩之父)로 나온다.
93) 강영경, 앞의 논문, 2012, 54~58쪽.

E. 논하여 말한다. … 1) 政和 연간(1111~1117)에 우리 조정은 尚書 李資諒을 宋에 보내 조공하였다. 臣 富軾이 文翰의 임무를 띠고 보좌하여 갔다. 佑神館에 이르러 한 집에 선녀 상이 모셔져 있는 것을 보았다. 館伴學士 王黼가 말하기를, "이것은 당신 나라의 신인데, 공들은 이를 아는가"라고 하였다. 마침내 말하기를, "옛날 帝室의 딸이 남편 없이 잉태를 하여 사람들에게 의심을 받자 바다에 배를 띄워 辰韓으로 가서 아들을 낳아, 海東의 시조왕이 되었다. 황제의 딸은 地仙이 되어 오래도록 仙桃山에 있는데, 이것이 그녀의 像이다."라고 하였다. 2) 신은 또 송의 사신 王襄이 東神聖母에게 제사지내는 글을 보았는데, "賢人을 잉태해 나라를 처음 세웠다."는 구절이 있었다. 이에 東神이 곧 선도산 聖母임을 알았다. 그러나 그의 아들이 어느 때 왕 노릇을 한 것인지는 알지 못한다. (『삼국사기』 12, 신라본기12, 경순왕 말미)94)

E-1)에서 김부식은 문한의 임무를 띠고 송에 갔다가 우신관에서 女仙像을 보았는데, 宋人 王黼는 여선상을 선도산 성모라고 설명하고 있다. E-2)에서 김부식은 王襄의 「祭東神聖母文」의 동신성모를 선도산 신모로 이해하고 있다. 그런데 다음이 주목된다.

F. 동신사는 宣仁門 안에 있다. 땅이 좀 편평하고 넓은데, 정전의 집이 낮고 누추하며 행랑과 월랑 30칸은 황량하게 수리하지 않은 채로 있다. 정전에는 '東神聖母之堂'이란 방이 붙어 있고 장막으로 가려 사람들이 神像을 보지 못하게 만들었는데, 이는 나무를 깎아 여인의 형상을 만들어 놓았기 때문이다. 어떤 사람은 그것이 夫餘의 처인 河神의 딸이라고 한다. 그녀가 朱蒙을 낳아 고려의 시조가 되었기 때문에 제사를 모시는 것이다. 전부터 사자가 이르면 관원을 보내어 奠祭를 마련하는데 그 牲牢와 酌獻은 숭산신에 대한 법식과 같다. (『선화봉사고려도경』 17, 사우 동신사)95)

---

94) "論曰 … 1) 臣富軾以文翰之任輔行 詣佑神館 見一堂設女仙像 館伴學士王黼曰 此貴國之神 公等知之乎 遂言曰 古有帝室之女 不夫而孕 爲人所疑 乃泛海抵辰韓生子 爲海東始主 帝女爲 地仙 長在仙桃山 此其像也 2) 臣又見大宋國信使王襄祭東神聖母文 有娠賢肇邦之句 乃知東 神則仙桃山神聖者也 然而不知其子王於何時 …."

F에 따르면 동신사, '東神聖母之堂'에는 나무를 깎아 여인의 형상을 만들어 놓았는데, 이는 부여의 처인 河神의 딸로 고구려 시조인 주몽을 낳았다고 한다. 이로 볼 때 동신성모는 곧 주몽의 어머니로 보고 있다. 다음도 관심을 끈다.

G. 壓兵祭, 醮, 南海神, 城隍神祠, 川上祭, 老人星, 五溫神, 名山大川, 箕子祠, 東明聖帝祠, 藝祖廟, 禳祭, 蠱祭, 天祥祭, 東神祠, 松嶽廟, 木覓神祠, 道哲, 嵒梯淵 (『고려사』 63, 지17, 예5 길례 잡사)

G는 『고려사』 예지 길례에 보이는 잡사를 연대기 자료를 바탕으로 열거한 것이다. 이 중 동신사는 동신성모를 모신 사당으로 다른 신사들과 함께 고려의 국가제사체계 중 잡사에 편제되어 있다.[96] 다음은 동신사의 구체적인 내용이다.

H. 1) ① 禮部에서 "초여름부터 비가 제때에 내리지 않고, 또 廣州에서는 田野가 타들어가 올 해 농사를 거의 포기할 지경이라는 보고가 올라왔습니다. 松岳·東神堂, 모든 사당, 山川·朴淵 등 다섯 곳에서 이레마다 한 번씩 기우제를 지내고, 또 광주 등 여러 주군들도 각자 기우제를 지내게 하십시오."라고 건의하였다. 왕이 그렇게 하라고 했다. (『고려사』 8, 세가8, 문종 11년 5월 戊寅)[97] ② 大廟·八陵 및 松嶽·東神祠에서 기우제를

---

95) "東神祠 在宣人門內 地稍平廣 殿宇卑陋 廊廡三十間 荒涼不葺 正殿榜曰東神聖母之堂 以布幕蔽之 不令人見神像 蓋刻木作女人狀 或云乃夫餘妻河神女也 以其生朱蒙 爲高麗始祖 故祀之 舊例使者至則遣官設奠 其牲牢酌獻 如禮崇山神式."

96) 『고려사』 예지 길례의 잡사는 대·중·소사와는 달리 의례에 대한 내용은 없고 단지 연대기만 남아 있다. 연대기 자료는 제사 거행 사실, 祠廟의 건립, 祀典에 대한 언급 등을 그 내용으로 한다. 잡사는 『삼국사기』 제사지, 『세종실록』 오례나 『국조오례의』에는 없는 항목으로, 고려 국가제사체계의 특징이라 할 수 있으며 그 내용은 고려의 국가제사를 이해하는데 중요한 요소라고 한다(김철웅, 「고려시대 잡사연구」, 고려대학교 박사학위논문, 2001, 3~4쪽 및 『한국 중세의 길례와 잡사』, 경인문화사, 2007).

97) "禮部奏 自孟夏 雨澤愆期 又廣州報 田野乾焦 殆失歲望 請於松岳·東神堂·諸神廟·山川·朴

지냈다. (『고려사』 11, 세가11, 숙종 5년 6월 을묘)98) ③ 松嶽·東神祠에서 기우제를
지냈다. (『고려사』 12, 세가12, 예종 2년 3월 갑신)99)

2) ① 숙종 4년(1099) 8월 丙子 祈晴于松岳·東神·川上·諸神廟·朴淵 등 5곳에
서 祈晴祭를 지냈다. (『고려사』 54, 지 8, 오행 2 목)100) ② 숙종 5년(1100) 6월
乙卯 大廟·八陵 및 松嶽·東神祠에서 기우제를 지냈다. (『고려사』 54, 지8, 오행2
금)101) ③ 예종 2년(1107) 4월에 가물었다. 戊辰에 朴淵에서 기우제를
지냈다. 甲申에 松岳·東神祠에서 기우제를 지냈다. (『고려사』 54, 지8, 오행2
금)102) ④ 예종 11년(1116) 4월 丁卯 사신을 上京의 川上·松岳·東神·諸神廟·
朴淵 및 西京의 木覓·東明祠·道哲嵒梯淵에 보내 기우제를 지냈다. (『고려사』
63, 지17, 예5 길례 잡사)103) ⑤ 인종 8년(1130) 戊子 조서를 내려 거듭 기우제를
지내 비를 빌려고 하니, 태사가 다음과 같이 아뢰었다. "반드시 먼저
川上·松岳·東神祠·神廟·栗浦·朴淵에 기도하고 나서 뒤에 거듭 기우제를
지내야 할 것입니다. 또한 兩京을 비롯해 전국에서 행해지는 공·사의
모든 토목공사를 중지시켜야 마땅합니다." 왕이 그 말을 따랐다. (『고려사』
54, 지8, 오행2 금)104)

H-1)①에 따르면 고려 문종 11년(1057) 예부의 건의 중에 동신당이 언급되
고 있음을 알 수 있다. 이로 보아 동신당은 고려초부터 존재했을 것으로
여겨진다. 문종대의 堂(H-1)①은 숙종대부터 祠로 나오며(H-1)②·③과 H-2)
②), 인종 8년(1130)(H-2)⑤)까지 동신사와 관련된 기록이 보인다. 하지만

淵等五所 每七日一祈 又令廣州等州郡 各行祈雨 制可."『고려사』 54, 지8, 오행2 금,
"文宗 十一年 五月戊寅 禮部奏 謹按 今自孟夏 雨澤愆期 又廣州牧報 田野乾焦 殆失歲望
請於松岳·東神堂·諸神廟·山川·朴淵等五所 每七日一祈 又令廣州等州郡 各行祈雨 制可."

98) "禱雨于大廟八陵及松嶽東神祠."
99) "禱雨于松嶽東神祠."
100) "肅宗四年 八月丙子 祈晴于松岳東神川上諸神廟朴淵等五所."
101) "肅宗五年 六月乙卯 禱雨于大廟·八陵 及松嶽·東神祠."
102) "睿宗二年 四月 旱 戊辰 禱雨于朴淵 甲申 禱于松岳·東神祠."
103) "睿宗十一年 四月丁卯 遣使祈雨於上京川上松岳東神諸神廟朴淵及西京木覓東明祠道哲嵒
梯淵."
104) "仁宗八年 戊子 詔再雩祈雨 太史奏 必先祈川上·松岳·東神·諸神廟·栗浦·朴淵而後 再雩
可也 宜當兩京內外公私 罷土木興作之役 從之."

여기에서는 주신에 대해서 언급하고 있지 않다.

F의 『고려도경』을 보면 사자가 오면 관원을 보내어 奠祭를 마련했다고 한다. 이 점에서 E-2)에 보이는 왕양은 동신사에서 제사를 지냈을 것이고 그와 관련된 제문이 「제동신성모문」으로 생각된다. 이것을 보면 "현인을 잉태해 나라를 처음 세웠다"고 하였는데, 왕양은 동신성모라고만 하였고 그것이 누구인지는 밝히지 않았다. 그런데 E-1)에서 김부식은 사신으로 간 경험(왕보의 설명)을 통해 E-2)에 보이는 왕양의 「제동신성모문」의 동신성모를 선도산 신모로 여겼다.[105]

C를 보면 『삼국유사』에는 선도산 신모와 혁거세·알영을 적극적으로 연결시켰다. 하지만 E-2)에서 김부식은 그 왕이 누구인지에 대해서는 의문을 품는다.[106] 아마도 이것은 선도산 신모에 앞서 서술된 3성 시조에 대한 전승[107]과 선도산 신모에 대한 전승이 달랐기 때문이 아니었을까 한다. 동신사는 宣人門 안에 있는데, 선인문은 개경으로 들어오는 문 중의 하나였다.[108] 유화와 짝하는 주몽을 모신 사당인 동명성제사는 서경에 있었다. 따라서 김부식은 동신사의 동신성모는 유화라기보다는 선도산 신모로 생각하지 않았을까 한다. 이와 같이 김부식은 선도산 신모 전승이 3성 시조 전승과 차이가 있었고 유화와 짝하는 주몽의 사당이 서경에 있었기 때문에,

---

105) 김선주는 앞의 논문, 2010, 8~9쪽에서 신라에는 공식화된 혁거세의 천강담을 중심으로 하는 건국신화와는 다른 계통의 시조모가 시조를 낳았다는 전승이 전해지고 있었고 이것을 알고 있던 김부식은 시조모로서의 의미를 가진 선도산 신모 이야기를 신라본기 말미에 소개하는 형식으로 실은 것으로 보았다.

106) 김부식은 선도산 신모가 낳은 '해동의 시조가 된 아들'이 어느 때 왕 노릇했는지 알지 못하겠다고 하였다. 이로 인해 선도산 신모 전승은 신라의 건국신화로 그 의미가 부정되기도 하였다(서대석, 『한국신화의 연구』, 집문당, 2001, 101~102쪽).

107) 『삼국사기』 12, 신라본기12, 경순왕 말미.

108) 『고려사』 56, 지10, 지리1, 왕경개성부조에 羅城에 축조된 성문에 대하여 大門 4, 中門 8, 小門 13 등 전체 25개를 기술하고 있다. 이 중 선인문은 황성 동문으로 여겨지는데(신안식, 「고려시대 개경의 나성」, 『명지사론』 11·12, 2000 ; 「고려전기의 축성과 개경의 황성」, 『역사와 현실』 38, 2000), 『고려도경』에서 선인문을 나성의 정동문으로 기재한 것은 착오로 보인다(김창현, 『고려 개경의 구조와 그 이념』, 신서원, 2002, 157~158쪽).

인종 23년(1145)에 편찬된『삼국사기』에 선도산 신모를 동신성모로 채록한 것으로 여겨진다.

E-2)에 보이는 왕양이 고려에 온 것은 예종 5년(1110) 6월이고[109] 7월에 돌아갔다.[110] F에서 서긍이 송도를 다녀간 것은 선화 5년(고려 인종 1, 1123)이다. H에서 동신사에 대한 제사는 문종 11년(1057)부터 인종 8년(1130)까지 기록되어 있다. E-1)의 정화 연간은 1111~1117년이며 김부식이 문한의 임무를 띠고 송에 간 것은 1116년이다. 이처럼 왕양과 서긍이 고려에 온 시기, 동신사에 대한 제사가 시행된 시기, 김부식이 송에 간 시기는 그리 멀지 않다. 이로 볼 때 당시 동신성모에 대한 전승은 유화와 선도산 신모 2가지가 있었을 것이다.[111] 이와 같이 생각할 수 있다면 E에 보이는 동신성모는 특정 나라를 떠나 예부터 전래되어 온 신모를 지칭한 것이 아닐까 한다. 아마도 동신성모는 한국 고대 신모가 고려시대에 구체화되어 나타난 것으로,[112] 한국 고대 신모의 통칭으로 여겨진다.[113]

---

109) 『고려사』 13, 세가13, 예종 5년 6월 辛巳(14), "宋遣王襄張邦昌來 以衆知政事李瑋 殿中少監左承宣韓皦如爲館伴." ;『고려사』 13, 세가13, 예종 5년 6월 癸未(16) 및 『고려사』 65, 지19, 예7, 빈례 예종 5년 辛巳·癸未도 참고.

110) 『고려사』 13, 세가13, 예종 5년, "秋七月 戊戌朔 王襄等還 …."

111) 김준기는『한국의 신모신화연구』, 경희대학교 박사학위논문, 1995, 67~71쪽에서 본래 독립된 산신 유래담으로 전승되던 신모계 신화가 고려 이후 민간층에서 형성되어 유포되면서 기존의 건국신화를 잠식하여 국조신화로 역변이화된 것으로 이해하였다. 즉 부여와 고구려에서 신봉되던 동신성모 유화는 신라의 삼국통일을 거쳐 고려 때까지 계속 신앙의 대상으로 남아 있기 어려워 선도성모로 대체된 것으로 이해하였다. 천혜숙은 우신관에 있는 동신성모는 주몽의 어머니인 유화이며 선도성모를 동신성모로 본 것은 김부식의 지나친 방증 의욕이라고 하였다(「서술성모의 신화적 정체」,『동아시아고대학』16, 2007, 183쪽). 한편 김선주는 앞의 논문, 2010, 9쪽에서 고려는 고구려 의식을 계승하였기 때문에 유화가 고려시대 신앙의 대상으로 남아 있었다고 하면서 김부식이 동신성모를 선도성모로 한 것은 단지 시조를 낳은 시조모로서의 의미였다고 보았다.

112) 박상란,『신라와 가야의 건국신화』, 한국학술정보(주), 2005, 184~185쪽.

113) 김선주, 앞의 논문, 2010, 10쪽에서 신라에는 혁거세를 비롯하여 탈해·알지 등 왕계를 형성한 3성의 시조전승이 있었지만, 시조모는 이들 3성 시조와는 무관한 독립적인 존재였다. 따라서 김부식은 시조모 관련 전승을 소개하면서 특정 시조와 관련하여 구체적인 연결을 피했다고 보았다.

한편 고려초기에 건립된 동명성제사는 고려말까지 그 기록이 보이며[114]
조선 세종 11년(1429)에는 동명왕이 기사자 남쪽 인근의 단군사에 단군과
함께 모셔지게 된다.[115] 반면 동신사와 관련된 기록은 고려초기까지만 등장
한다. F를 보면 동신성모당은 정전이 누추하며 행랑과 월랑은 황량하며
수리하지 않은 채로 있었다고 한다. 그렇다면 이 시기를 즈음해서 동신사에
대한 관심과 그 제사가 쇠락하지 않았을까 한다. 한국 고대 신모는 조선시대에
각 지역의 수호신으로 머물렀다.[116] 유화는 고려왕실에서 왕권을 생성하는
원리를 실현하기도 하였다.[117] 선도산 신모와 관련해서는 다음이 주목된다.

I. 1) … 어느덧 聖子 낳고 聖智聖母(智異山의 天王이다) 道詵시켜 明堂이라
       일러주며 帝王基地 분명하니, 이로써 王姓 삼다. …(『제왕운기』 본조군왕세계연대
       선대기)[118]

    2) 聖母祠(사당이 둘이다. 하나는 지리산 천왕봉 위에 있고, 하나는 군
       남쪽 엄천리에 있다. 고려 이승휴의 帝王韻記에 "성모는 태조의 모친
       威肅王后라 한다"고 하였다)(『신증동국여지승람』 31, 함양 사묘)[119]

---

114) 김창현, 「고려시대 평양의 동명숭배와 민간신앙」, 『역사학보』 188, 2005 ; 채미하,
    「고려시대 東明에 대한 인식-국가제사를 중심으로」, 『동북아역사논총』 24, 2009
    참고.

115) 『세종실록』 지리지 평양부, "檀君祠在箕子祠南(今上十一年己酉始置 與高麗始祖東明王
    合祠 檀君在西 東明在東 皆南向 每春秋 降香祝致祭."; 『신증동국여지승람』 51, 평양부
    사묘, "東明王祠(在箕子祠傍二祠 同宇 檀君在西 東明在東 俱南向 每春秋降香祝祭以中祀
    本朝世宗十一年始置)". 이와 관련해서 김태영, 「국가제사」, 『한국사』 26, 1995, 238~243
    쪽 ; 김창현, 위의 논문, 2005, 126쪽 ; 김영관, 「고구려 동명왕릉에 대한 인식변화와
    동명왕릉 중수기」, 『고구려연구』 20, 2005, 314~318쪽 ; 채미하, 위의 논문, 2009,
    170쪽 참고.

116) 김지영, 「지리산 성모에 대한 조선시대 유학자들의 인식과 태도」, 『역사민속학』
    34, 2010, 333~334쪽.

117) 유화는 고려왕실에서 왕권을 생성하는 원리를 실현하면서 서긍이 『고려도경』에
    기록하였듯이, 고려초기까지 '신모', '성모'의 역할을 수행하였다(채미하, 앞의 논문,
    2006, 367쪽).

118) "… 於焉誕 聖智聖母(智異山天王也) 命詵師 指此明堂 謂斯爲種穆田 因以爲王氏 …."

119) "聖母祠有二 一在智異山天王峰頂 一在郡南嚴川里 高麗李承休帝王韻紀 太祖之母威肅王后
    也."

3) … 내가 일찍이 이승휴의 제왕운기를 읽어보니 聖母가 詵師에게 명하였다[聖母命詵師]는 구절의 註에 "지금의 智異天王이다"라고 하였으니, 바로 고려 태조의 어머니[妣] 威肅王后를 가리킨다. 고려 사람들이 仙桃聖母의 說을 익히 듣고서 그 임금의 계통을 신성시하고자 하여 지어낸 것이 이 이야기이다. 승휴가 그것을 믿고 그것을 제왕운기에 기록한 것이다. 그러나 이 또한 증명할 수 없다. … (『점필재집』 2, 유두류록)120)

I-1)을 보면 『제왕운기』의 聖智聖母는 고려 태조의 비인 위숙왕후를 가리키는데, 성지성모는 智異山天王이라고 하였다. 김관의의 『편년통록』에 의하면 왕륭이 일찍이 꿈에 한 미인을 만나 부인을 삼기로 약속하였다고 한다. 후에 송악으로부터 영안성121)으로 가다가 길에서 한 여인을 만나 드디어 혼인하였다. 어디에서 왔는지를 몰라 세상에서는 몽부인이라 부르고 혹은 그 부인이 삼한의 어머니라 하여 그 성을 한씨라 하였다고도 한다.122) 이처럼 『편년통록』에서는 위숙왕후가 어디에서 왔는지 알 수 없다고 하였다. 하지만 『제왕운기』를 보면 위숙왕후는 지리산과 연결되어 있다. 다음은 『고려사』에 기록되어 있는 지리산 관련 내용이다.

J. 1) 본래는 백제의 古龍郡이다. … 智異山이 있다(地理라고도 하며 頭流이라고도 하고 方丈이라고도 한다. 신라 때 南嶽이었고 中祀에 올랐다. 고려에서 그것을 그대로 따랐다). (『고려사』 57, 지11, 지리2, 전라도 남원부)123)

   2) (현종) 11년(1020) 5월 戊辰(18) 智異山이 무너졌다. (『고려사』 55, 지9, 오행3 토)124)

---

120) "… 余嘗讀李承休帝王韻記 聖母命詵師 註云 今智異天王 乃指高麗太祖之妣威肅王后也 高麗人習聞仙桃聖母之說 欲神其君之系 創爲是談 承休信之 筆之韻記 此亦不可徵 …."
121) 예성강 입구 동쪽 강안에 위치한 평산성으로, 9세기 경에 축성한 토성이다.
122) 『고려사』 序文 高麗世系, "(隆) 貌魁偉美鬚髥 器度宏大 有幷呑三韓之志 嘗夢見一美人 約爲室家 後自松嶽 往永安城 道遇一女惟肖 遂與爲婚 不知所從來 故世號夢夫人 或云 以其爲三韓之母 遂姓韓氏 是爲威肅王后."
123) "本百濟古龍郡 … 有智異山(一云地理 一云頭流 一云方丈 新羅爲南嶽 躋中祀 高麗仍之)."
124) "(顯宗)十一年 五月戊辰 智異山頹."

3) 명종 17년(1187) 4월 癸酉(2) 智異山 神像의 머리가 홀연히 없어져 왕이 中使를 보내 그것을 찾게 하였다. 수개월 후에 찾았다.(『고려사』 55, 지9, 오행3)125)

4) (충렬왕 원년(1275) 6월) 洪子藩에게 명하여 智異山에 제사지내게 하였 다.(『고려사』 28, 세가28)126)

J에 따르면 지리산은 신라 때 남악으로 중사의 하나였는데, 고려시대에도 마찬가지라고 하였고(1)) 그 곳에서 제사를 지냈음(4))을 알 수 있다. 그리고 지리산이 무너졌다는 기록이 보이며(2)), 지리산 신상의 머리가 홀연히 사라지는 변고가 생겼는데 그것을 찾기 위해 왕이 친히 관리로 보냈다고 하였다(3)).127)

이처럼 지리산은 고려시대 중사의 하나로, 여기에는 J-3)을 보면 신상이 모셔져 있었다. 이 신상은 지리산천왕으로, 지리산천왕은 당시 위숙왕후로 인식되고 있지 않았을까 한다. 이와 같이 생각할 수 있다면 지리산과 위숙왕 후와의 결합은 고려 명종을 전후한 시기로 볼 수 있을 것이다. 따라서 이승휴는 『제왕운기』에서 성지성모, 즉 위숙왕후를 지리산천왕으로 기록한 것으로 생각된다. I-2)의 『신증동국여지승람』에서 성모는 태조의 모친 위숙 왕후라고 하였고 I-3)에서 김종직은 일찍이 이승휴의 『제왕운기』를 읽었더니 '聖母命詵師'의 주에 이르기를 '지금의 지리산 천왕'으로, 고려 태조의 비인 위숙왕후를 가리키는 것이라고 하였다. 특히 김종직은 고려 사람들이 선도성 모의 이야기를 익히 듣고 그들 임금의 계통을 신이하게 하고자 지어낸 것이라고도 하였다.

앞에서 살펴보았듯이 선도산 신모는 중국에서 이동하여 선도산에 정착하 여 왕조의 시조를 낳아 나라를 열었으며 나라에 큰 난이 일어났을 때 나라를 진호하고 도와주었다. 위숙왕후는 어디에서 왔는지는 알 수 없지만, 이동하

---

125) "明宗十七年 四月癸酉 智異山神像頭忽亡 王遣中使索之 數月乃得."
126) "(忠烈王元年 六月) 命洪子藩 祠智異山."
127) 김지영, 앞의 논문, 2010, 323쪽.

여 지리산과 연결되어 천왕으로 그 역할을 수행하였다. 이로 볼 때 위숙왕후를 지리산천왕으로 본 것은 선도산 신모를 모방하여 이식한 것으로 이해할 수 있다.[128] 이와 같은 이식은 고려 왕조의 건국 기반을 확고히 하고자 했던 의도였다. 뿐만 아니라 이것은 한국 고대 신모가 지닌 왕권생성원리가 고려시대에도 여전히 작용하였음을 보여주는 것이라고 할 수 있는 것이다.

본 글은 한국 고대 건국신화에 보이는 신모를 살펴보고, 유화와 선도산 신모를 중심으로 한국 고대 신모의 추숭을 국가제의와 연결하여 이해하였다. 그리고 고려시대 동신성모를 통해 한국 고대 신모의 변이를 생각해 보았다.

우선 신모는 시조모와 시조비로 대별된다. 이 중 시조모는 천신과 혼인하거나(웅녀·유화·정견모주) 배우자 없이 아들을 낳은 존재(선도산 신모)였다. 시조비로는 알영과 허왕후가 있으며, 소서노는 시조모이자 시조비이기도 하였다. 그런데 건국신화를 보면 신모 중 시조모는 시조를 낳고 양육하고는 건국 이후 그 기록이 보이지 않는다. 따라서 이들 신모가 한국 고대 건국신화에서 소외되었다고 볼 여지도 있었다. 하지만 유화는 시기에 따라 변화되는 고구려 건국신화에서 시비·시아ー하백녀ー하백녀 유화로 나오며 그 성격도 수신적 성격뿐만 아니라 신모로 자리잡았다. 선도산 신모 역시 6촌장 세력과 연합하면서 신모로써 자리매김하였고 신라 중대 이후에도 마찬가지였다. 이와 같이 한국 고대 건국신화가 시기에 따라 변하여도 유화와 선도산 신모가 지닌 시조모로서의 역할은 변하지 않았다고 하였다. 이를 통해 한국 고대 신모가 지니고 있는 역사성을 알 수 있다고 하였다.

한국 고대 신모 중 유화는 태후묘, 수신제, 신묘에서 '태후', '수신', '부여신'으로 국가제사의 대상으로 고구려 내내 추숭받았다. 선도산 신모 역시 신라 국가제사의 대상이었다. 이와 같이 국가제의에서 신모에 대한 추숭은 한국 고대 신모신앙의 흐름과 관련있다고 하였다. 선도산 신모는 신라 중고기까지

---

128) 천혜숙, 앞의 논문, 2002, 34쪽 ; 송화섭, 「地異山의 老姑壇과 聖母天王」, 『한국도교문화』 27, 2007, 247~249쪽 및 263쪽 ; 김지영, 앞의 논문, 2010, 333~334쪽.

는 신라 최고의 제사 대상이었지만, 통일 이후 그 격에 변화가 있었다. 고구려가 주몽신화를 중심으로 건국신화가 완성되었다고 한다면 신라는 3성 시조신화가 있었다. 그리고 3성 시조와 관련된 국가제사는 시대적 상황에 따라 변하였다. 게다가 통일을 전후하여 '호국삼여신'을 모시는 삼산이 대사의 자리를 차지하였다. 이와 같은 상황에서 선도산 신모는 국가제사에서 차지하는 위상에 변화가 있었다고 하였다. 하지만 선도산 신모는 유화와 마찬가지로 신라말까지 신모로서의 역할을 다하였다고 보았다.

유화와 선도산 신모는 고려시대 동신성모로 전승되었는데, 이를 통해 당시의 동신성모는 한국 고대 신모를 통칭한 것이 아닐까 하였다. 특히 김부식이 선도산 신모를 동신성모라 한 이유는 3성 시조 전승과 선도산 신모 전승이 차이가 있었고 유화와 짝하는 주몽의 사당이 서경에 있었기 때문이었다. 한편 고려시대 동신성모를 모신 동신사에 대한 기록은 고려중기 이후부터는 보이지 않으며 조선시대에는 한국 고대 신모는 각 지역의 수호신으로 물러났다. 이것은 고려와 조선에서 역대 시조를 국가제사의 하나로 중시한 것과는 비교되는 것이었다. 하지만 한국 고대 신모의 왕권생성원리는 여전하였으며, 이 중 선도산 신모는 고려 태조의 어머니인 위숙왕후와 연결되었다. 이를 통해 한국 고대 신모의 변이를 알 수 있다고 하였다.

제3절 신라의 건국신화와 국가제의

건국신화는 초현실적, 초자연적인 내용을 전함과 동시에 국가의 창업이라는 역사적 사건을 포함하고 있다. 이와 같이 신화적 요소와 역사적 요소가 복합되어 있는 한국 고대 건국신화에는 단군·주몽·혁거세·탈해·알지·수로왕신화 등이 있다. 이러한 한국 고대 건국신화와 관련해서 다양한 연구들이 있어왔다. 그리고 국가제의는 건국신화를 기반으로 이루어졌기 때문에 건국신화와 국가제의는 불가분의 관계에 있었다. 때문에 연구자들은 한국 고대 건국신화와 국가제의를 연결지어 살펴보았다.[1] 이를 통해 한국 고대 건국신화와 국가제의에 대한 이해는 더욱 깊어졌고 넓어졌다.

신라의 건국신화인 혁거세신화와 알영·알지·탈해신화 등은 독자적으로 서술되어 있다. 이 중 혁거세 신화에는 6촌장뿐만 아니라 알지와 알영과 관련된 내용도 들어가 있다. 그리고 혁거세·알지·탈해는 서로 연결되어 있다. 이처럼 신라의 건국신화는 복잡한 양상을 보인다. 이것은 신라의 건국신화가 각 시조 전승을 근간으로 형성되었지만, 다른 시조 전승을 포용하고 있었기 때문이다.[2] 혁거세와 관련된 전승에는 혁거세가 알에서 태어났다는 것과는 달리 선도산 신모가 혁거세와 알영을 낳았다는 것도 보인다. 하지만

---

1) 김두진, 『한국고대의 건국신화와 제의』, 일조각, 1999 ; 윤성용, 「고구려 건국신화와 제의」, 『한국고대사연구』 39, 2005 ; 나희라, 「신라의 건국신화와 의례」, 『한국고대사연구』 39, 2005 등.
2) 김두진, 「신라 건국신화의 신성족 관념」, 『한국학논총』 11, 1989 : 위의 책, 1999, 259쪽.

지금까지 신라의 건국신화에 대한 연구는 개별적으로 접근되었고, 종합적인 분석은 부족하다. 이에 본 글에서는 여기에 대해 생각해 보려고 한다.

신라 건국신화의 복잡한 양상과 서로 다른 전승은 일시에 이루어진 것이 아니라 점진적으로 갖추어졌다.[3] 하지만 그 시기와 관련해서는 알기가 어렵다. 왜냐하면 신화의 내용은 절대 연대를 명시하기 어렵기 때문이다. 따라서 신화의 내용은 객관적인 역사적 사실로서 그 의미는 다소 떨어진다고 할 수 있다. 그렇지만 신화의 변화와 사회상의 맥락은 서로 유기적인 관련을 가지고 있다. 때문에 신화의 변화는 역사적 단계를 반영한다고 할 수 있는 것이다.

신라의 건국신화를 재현한 것은 신라의 국가제의이다. 신라 상고기 시조묘와 중고기 이후 신궁의 주신은 혁거세였다. 혁거세가 국가제의의 대상이 된 것은 당시의 시대적 상황 속에서 이해할 수 있으며 건국신화에도 이것은 반영되어 있었을 것이다. 그리고 중대 이후 혈연을 중시하는 오묘제가 성립되면서 혁거세에 대한 제사와 건국신화는 변하였다고 생각된다. 이에 본 글에서는 신라 건국신화의 변화를 국가제의를 통해 살펴볼 것이다.

우선 시조묘 단계에서는 6촌장과의 관계에서 시조로 모셔진 혁거세가 신라 상고기에 시조묘의 제향대상이 될 수 있었던 이유를 당시의 여러 정황과 혁거세신화에서 찾아 볼 것이다. 다음으로 신궁단계의 건국신화에서는 알지뿐만 아니라 탈해·알영 등이 혁거세와 긴밀한 관계를 맺고 있었음을 신궁이 설치된 장소가 가지고 있는 의미와 연결지어 생각해 볼 것이다. 그리고 신라 중대 김씨왕실 중심의 오묘제가 성립되면서 김씨왕실의 시조뿐만 아니라 신라의 건국신화는 크게 변하였다. 이것은 당시 국가제의의 변화와도 관련이 있었을 것이다. 따라서 여기에 대해서도 살펴볼 것이다. 이러한

---

3) 혁거세신화가 재구성되는 시기를 이사금기로 보기도 하며(나희라,『신라의 국가제사』, 지식산업사, 2003, 94쪽), 중고기 진흥왕대 『국사』를 편찬할 당시 기본 골격이 이루어졌다고 하기도 하고(전덕재,『신라육부체제연구』, 일조각, 1996, 15쪽), 신라 하대라고도 하였다(三品彰英,『三國遺事考証』上, 塙書房, 1975, 415쪽).

검토를 통해 건국신화와 국가제의는 긴밀하게 연결되어 있었음을 생각해 볼 수 있으며 건국신화가 당시의 시대적 상황에서 변해가는 모습도 알 수 있을 것으로 기대한다.

1. 건국신화와 始祖廟

신라의 시조묘 건립은 다음과 같이 전한다.

A. 1) 봄 정월 始祖廟를 세웠다. (『삼국사기』 1, 신라본기1, 남해차차웅 3년)
   2) 제2대 남해왕 3년 봄에 시조혁거세묘를 세워 四時로 제사지내고 親妹인 阿老에게 主祭하게 하였다. (『삼국사기』 32, 잡지1 제사)

A에 따르면 남해왕 3년 봄에 '시조' 혁거세묘를 세웠고, 四時에 제사지냈는데 남해왕의 친누이동생인 아로가 제사를 담당하였다고 한다. 이처럼 남해왕이 설립한 시조묘에는 '시조' 혁거세왕[4]을 모셨다. 시조묘의 주신인 혁거세의 등장은 다음과 같다.

B. 1) ① 시조의 姓은 박씨이고 이름은 혁거세이다. 前漢 孝宣帝 五鳳 元年(서기 전 57) 甲子 四月 丙辰(혹은 正月 15일이라도 한다)에 즉위하였다. 號는 居西干이다. 이때 나이는 13세이다. 국호는 徐那伐이다. … ② 高墟村長 蘇伐公이 楊山 기슭을 바라보니 蘿井 옆 숲 사이에서 말이 무릎을 꿇고 울고 있었다. 이에 가서 보니 갑자기 말이 보이지 않았다. ③ 다만 大卵이 있었는데, 그것을 가르니 갓난아이가 나왔다. 거두어 길렀다. ④ 나이 10여세에 미쳐 재주가 특출나고 夙成하였다. 6부인이 그 태어남

---

4) 시조묘의 주신과 관련해서는 채미하, 「신라의 시조묘제사」, 『민속학연구』 12, 2003 ; 『신라 국가제사와 왕권』, 혜안, 2008, 63~65쪽 참조. 김선주는 혁거세의 주신을 알영으로 보았다(「알영 전승 의미와 시조묘」, 『역사와현실』 76, 2010, 174~189쪽).

이 神異하여 그를 推尊하였는데, 이때에 이르러 임금으로 세웠다. (『삼국사기』 1, 신라본기1, 시조 혁거세거서간 원년)

2) ① 전한 地節 元年(서기전 69) 壬子 3월 초하루 6部祖가 각각 자제를 데리고 모두 알천 언덕 위에 모여 의논하기를, "우리들이 위로는 백성을 다스릴 만한 君主가 없어 백성들이 모두 放逸하고 제멋대로 놀고 있으니, 어찌 덕이 있는 사람을 찾아 그를 군주로 삼아 나라를 세우고 도읍을 정하지 않을 것인가?"라고 하였다. ② 이때 높은 데 올라가 남쪽을 바라보니 양산 아래 나정 옆에 이상한 기운이 번개처럼 땅에 드리우더니, 흰말 한 마리가 무릎을 꿇고 절하는 형상을 하고 있었다. ③ 그곳을 찾아 살펴보니, 紫卵(青大卵이라고도 한다) 1개가 있고 말은 사람을 보자 길게 울며 하늘로 올라갔다. 그 알을 깨어 보니, 형용이 단정한 남자아이가 있었다. 놀랍고 이상하게 여겨 東泉(東泉寺는 詞腦野 북쪽에 있다)에 목욕시키니, 몸에는 광채가 나고 새와 짐승들이 따라서 춤추고 天地가 진동하였으며 日月이 맑게 빛났다. 따라서 혁거세왕(아마도 鄕言일 것이다. 혹은 弗矩內王이라고도 한다. 光明으로 세상을 다스린다는 말이다)이라고 이름하였다. … ④ 이때 사람들이 다투어 축하하며 "지금 天子가 이미 내려왔으니, 마땅히 덕이 있는 女君을 찾아 배필을 정해야 하겠다"고 하였다. … 二聖의 나이 13세에 이르러 오봉 원년 갑자에 남자아이를 세워서 왕으로 삼고, 이에 여자아이는 后로 삼았다. 국호는 徐羅伐이다. (『삼국유사』 1, 기이2, 신라시조혁거세왕)

B-2)①에 따르면 6촌장들이 閼川 언덕 위에 모여 우리들이 위로 백성들을 다스릴 만한 임금이 없어 백성들이 모두 방종하여 제멋대로 놀고 있으니 덕이 있는 사람을 찾아내어 그를 임금으로 삼아 나라를 창건하고 도읍을 정하는 것에 대한 회의를 하였음을 볼 수 있다. 이때 B-1)②를 보면 고허촌장 소벌공이 혁거세를 맞이한 것으로 나온다. B-2)에서는 그 주체가 나오지 않는다. 하지만 B-2)①의 6촌장 회의와 B-2)④에서 사람들이 다투어 경하하기를 천자가 이미 내려왔다고 한 점에서 혁거세를 맞이하는데 6촌장들이 모두 개입하였다고 할 수 있다. B-1)④와 B-2)④에서 6촌장들은 혁거세가 10여세(13세)가 되자 왕으로 세운다.[5]

6촌장들이 혁거세를 왕으로 追尊한 이유는 B-1)④를 보면 "그 출생이 신이했기 때문"이었다. 혁거세의 출생에 대해 우선 B-1)②에서는 "나정 옆 수풀 사이에서 말이 무릎을 꿇고 울고 있었다. 이에 가서 보니 갑자기 말이 보이지 않았다"라고 하였으며 B-2)②에서는 "양산 나정 옆에 이상한 기운이 번개처럼 땅에 드리우더니, 흰 말 한 마리가 무릎을 꿇고 절하는 형상을 하고 있었다"고 하였다. 이와 같은 혁거세의 출생에는 우선 백마가 등장하는데, 백마는 신령스럽고 상서로운 동물로 고대 동·서양의 여러 나라에서 숭배되었다. 뿐만 아니라 말은 성스러운 인물의 降臨을 알리는 사자 즉 天馬로 보았다.[6] B-2)③에서 "말은 사람을 보자 길게 울며 올라갔다"고 한데서도 알 수 있다.

혁거세는 B-1)③에서 큰 알[大卵], B-2)③에서는 '자줏빛 알[紫卵]' 혹은 '푸른색의 큰 알[靑大卵]'로 태어난다. 주몽·탈해·수로 등의 건국신화에서도 알 수 있듯이, 알은 생명의 원천 혹은 태양을 상징하는 것으로 여겨졌다. 알에서 태어난 혁거세는 B-2)③에서 형용이 단정하였으며 東泉에서 목욕을 시키니 몸에서는 광채가 나고 새와 짐승들이 춤을 추며 천지가 진동하고 해와 달이 밝게 빛났다고 하였다.

이처럼 혁거세의 출생은 신이하였고 하늘과 연결되어 있었다. 따라서 B-2)④에서 알 수 있듯이, 6촌장들은 그를 天子로 생각하였던 것이다. 『삼국사기』를 보면 6촌은 朝鮮遺民들이 구성하였는데, 여기에는 6촌의 시조명이 보이지 않는다.[7] 반면 『삼국유사』에는 6촌명과 6촌의 시조명, 그들이 하강한 장소가 나온다. 즉 閼川楊山村 村長인 謁平은 瓢嵓峰, 突山高墟村의 촌장인 蘇伐都利는 兄山, 茂山大樹村 촌장인 俱(仇)禮馬는 伊山(皆比山), 觜山珍支村

5) 6촌장 신화와 관련해서 김두진, 「신라 六村長神話의 모습과 그 의미」, 『신라문화』 21, 2003 ; 채미하, 「신라의 6촌과 산악제사」, 『신라사학보』 23, 2011 등 참조.
6) 혁거세의 출생에 말이 관련되는 점에서 박씨족을 기마술에 익숙한 北方 유이민 계통으로 파악하기도 한다(김철준, 「신라 상고세계와 그 기년」, 『한국고대사회연구』, 지식산업사, 1975, 72~73쪽).
7) 『삼국사기』 1, 신라본기1, 시조혁거세거서간 원년.

촌장인 智伯虎는 花山, 金山加里村 촌장인 祗沱(只他)는 明活山, 明活山高耶村 촌장인 虎珍은 금강산에 내려왔다고 한다.[8]

일연은 6촌의 조상들이 모두 하늘에서 내려온 것 같다고 하였지만, 6촌의 시조들은 峰 또는 山에 내려왔다고만 되어 있고 어디에서 왔는지에 대해서는 전하지 않는다. 이것은 혁거세가 등장하면서 천과 연결되어 있었던 6촌의 시조 전승이 혁거세 신화 속으로 흡수되었다고 생각된다. 즉 혁거세의 신이한 출생을 통해 6촌장들은 혁거세를 천자로 여겼고 이후 왕으로 삼았으며, 죽은 후 시조로 모시면서 하늘과 연결되어 있었던 그들의 신성성은 보이지 않게 되었다고 여겨지는 것이다.

남해왕 3년 '시조' 혁거세묘가 세워진 이후 소지왕대까지 신왕들은 시조묘에 親祀(謁)하고 있다. 신라 상고기, 특히 이사금기는 3성집단의 연맹을 토대로 전개되었고, 당시 이들 집단은 자신들의 족조에 대한 제사를 지냈다. 그런데 신라 상고기 내내 박씨왕의 족조인 혁거세가 시조묘에서 친사(알)받고 있다. 그 이유는 무엇일까.

  C. 2월 國祖廟에 親祀하였다. (『삼국사기』 2, 신라본기2, 미추이사금 2년)

C에 따르면 미추왕 2년(263)에 국조묘에 친사하였다고 한다. 국조는 국가의 시조인 건국조를 말하며, 사로국의 건국조는 혁거세이다. 이로 볼 때 미추왕이 친사했던 국조묘는 혁거세묘, 곧 시조묘라고 할 수 있다. 이것은 박씨왕들의 족조이기도 하였고 사로국의 건국조인 혁거세가 신라 상고기 어느 시점부터 신라 연맹체의 국조로 자리잡게 되었을 것으로 여겨지는 것이다.[9]

  D. 봄 2월에 시조묘를 重修하였다. (『삼국사기』 2, 신라본기2, 아달라이사금 17년)

---

  8) 『삼국유사』 1, 기이2, 신라시조혁거세왕.
  9) 채미하, 앞의 책, 2008, 65~66쪽.

D에 따르면 아달라왕 17년(170)에 시조묘를 '중수'하였다고 한다. '중수'는 낡은 것을 새로 고친다는 뜻이므로, 아달라왕은 남해왕이 설립한 '시조' 혁거세묘를 보수하였다고 할 수 있다. 이때의 시조묘 '중수'는 시조묘의 단순한 보수가 아닌 시조묘와 제사대상이었던 혁거세의 위상 제고와 관련 있었을 것이다.[10] 이와 관련해서 연오랑·세오녀 설화가 관심을 끈다.[11]

우선 연오랑·세오녀 부부의 일본 도래는 아달라왕대 신라 연맹체에 소속되어 있었던 일부 정치세력집단의 이탈과 관련 있다고 한다. 연오랑·세오녀 부부의 이탈로 신라의 일월이 빛을 잃게 되었다는 것은 신라 연맹체에 소속된 각 소국들이 독자적인 제사체계를 유지하면서 연맹체의 맹주국인 사로국의 祭天과 공존하였음을 알려주는 것이다. 그런데 세오녀가 짠 비단으로 하늘에 제사지내자 일월이 원상 복구되었다는 것은 각 소국의 제천이 아달라왕대에 사로국의 제천에 흡수되는 것으로 이해할 수 있다. 이것은 하늘에 제사지낸 비단을 어고에 두고 국보로 삼았다는 데서도 생각해 볼 수 있다. 이로써 아달라왕대 하늘에 대한 제사권은 신라 연맹체의 연맹장이 장악하게 되었다고 할 수 있다.[12]

이와 같이 생각할 수 있다면 아달라왕대 각 소국의 제천은 사로국을 중심으로 통합되었는데, 그 역할을 한 것이 당시의 국가제사였던 시조묘가 아니었을까 한다. 따라서 박씨집단의 족조인 혁거세는 신라 연맹체의 국조로 자리잡았고, 이러한 혁거세의 위상 변화는 아달라왕 17년 시조묘 중수로 이어졌다고 여겨진다. 시조묘는 혁거세릉이거나 능 부근에 있는 제사처를 말하는 것으로, 혁거세가 묻힌 장소와 관련있는 곳에 두어졌다. 이와 관련해서 다음이 주목된다.

---

10) 채미하, 위의 책, 2008, 70~71쪽. 아달라왕 17년의 "重修始祖廟"를 신라에 병합된 진한 제국의 제천행사가 신라 왕실의 제천행사에 흡수된 사실을 반영한 것이라고 보기도 한다(신종원, 『신라초기불교사연구』, 민족사, 1992, 73~74쪽).

11) 『삼국유사』 1, 기이2, 연오랑·세오녀.

12) 이상은 채미하, 앞의 책, 2008, 67~70쪽.

E. 1) 봄 3월 居西干이 승하하자, 蛇陵에 장사지냈다. 曇巖寺 북쪽에 있다.
   『삼국사기』 1, 신라본기1, 시조혁거세거서간 61년)

   2) ① 나라를 다스린 지 61년에 왕이 天에 올랐다. 7일 후 遺體가 땅에
      떨어졌다. ② 后 또한 죽었다. 國人이 혁거세와 合葬하고자 하였으나,
      大蛇가 쫓아와 禁하였다. ③ 五體를 각각 장사지냈는데, 五陵이라 했다.
      또한 사릉이라고도 한다. 담엄사 北陵이 그것이다. (『삼국유사』 1, 기이2, 신라시
      조혁거세왕)

E-1)에서는 거서간이 승하하자 사릉에 묻혔다고 한다. 이에 대해 E-2)에서
는 보다 자세하게 전하고 있는데, 우선 E-2)③에 따르면 혁거세의 5체를
묻어 오릉이라 하였는데 사릉이라고도 한다고 하였다. 『삼국사기』에는 혁거
세의 비인 알영, 2대 남해·3대 유리·5대 파사의 陵墓로 전하고 있다. 아달라왕
대의 오릉은 『삼국사기』에 전하는 그것이었을 것이다. 하지만 사료 E-2)①에
서 혁거세가 승천하였다가 7일 후 유체가 땅에 떨어졌고, E-2)③에서는
이것을 각각 묻었다고 하였다.[13] 이러한 혁거세의 죽음과 오릉 관련 전승은
아달라왕대 시조묘 중수 때 재조명되지 않았을까 한다.

  앞에서 살펴보았듯이, 혁거세는 신이하게 출생하였고 당시 혁거세는 하늘
의 아들(天子)로 여겨졌다. 혁거세의 또 다른 이름인 弗矩內王은 광명으로써
세상을 다스린다는 뜻이다. 혁거세는 나라를 다스린 지 61년에 승천하였다.
이처럼 혁거세는 출생뿐만 아니라 죽음 역시 천과 연결되어 있었다.[14]
이를 통해 혁거세의 천신적 신성성은 더욱 부각되었을 것이다. 이러한 혁거세
의 신성성은 오릉 관련 전승을 통해 더욱 강조되지 않았을까 한다. 따라서
아달라왕대 시조묘가 중수된 이후 혁거세가 묻힌 곳은 오릉으로 여겨졌으며,

---

13) 이와 관련해서 김선주는 앞의 논문, 2010, 186~187쪽에서 오릉의 주인공은 알영이었
   지만, 후대 혁거세를 중심으로 건국신화가 재정비되면서 알영의 죽음이 혁거세
   신화에 부회되었다고 하였다. 하지만 혁거세 신화를 보면 뱀의 방해로 알영은 혁거세
   와 합장하지 못하였다는 점에서, 오릉과 알영을 연결짓는 것은 무리라고 생각한다.
14) 혁거세의 천신적 성격과 관련하여 신종원, 앞의 책, 1992, 71~72쪽과 98쪽 ; 김두진,
   앞의 논문, 1989, 40쪽 ; 나희라, 앞의 책, 2003, 70~73쪽 참조.

혁거세릉=오릉이라는 인식은 후술되는 K-1)④에서 알 수 있듯이, 후대까지 지속되었다고 할 수 있다.

한편 E-2)②를 보면 나라 사람들이 알영과 합장하려고 하였지만, 뱀의 방해로 할 수 없었다고 한다. 다음은 알영신화이다.

F. 1) ① 봄 정월, 용이 閼英井에서 나와 右脇에서 女兒를 낳았다. 老嫗가 보고 그것을 이상하게 여겨 거두어 길렀다. 우물 이름으로 이름하였다. ② 성장함에 德容이 있었다. 시조가 듣고 맞아서 妃로 삼았다. 賢行이 있고 內輔가 能하여, 이때 사람들이 二聖이라 일렀다. (『삼국사기』 1, 신라본기1, 시조혁거세거서간 5년)

2) ① 이 날, 沙梁里의 알영정(娥利英井이라고도 한다)가에 雞龍이 나타나 左脇에서 童女(용이 나타나 죽자 그 배를 갈라서 얻었다고도 한다)를 낳았다. ② 姿容이 수려하였으나, 입술이 닭의 부리와 비슷하여 月城의 北川에서 목욕시켰더니 그 부리가 떨어졌다. 따라서 그 川 이름을 撥川이라 했다. (『삼국유사』 1, 기이2, 신라시조혁거세왕)

F-1)①과 2)①을 보면 알영정에서 용(계룡)이 나타나 알영을 낳았다고 한다. 이와 같이 출생한 알영은 F-2)②를 보면 용모가 아름다웠으나, 입술이 닭의 부리와 같아 월성 북천에 목욕시키자 떨어졌다고 한다. 이것은 혁거세가 태어나면서 동천에서 목욕한 모티브와 유사하다. F-1)②를 보면 알영은 혁거세의 비가 된 이후 혁거세를 잘 보필하였다고 한다. 이로 볼 때 알영은 혁거세 재위기간 동안 중요한 파트너였음을 알 수 있다.[15] 그런데 E-2)②에서는 이와는 상반되는 모습을 보여주고 있다. 이것은 아달라왕대 시조묘 중심으로 제천이 통합되고 혁거세의 위상이 고조되는 과정에서 다른 세력, 특히 알영 세력을 배타시한 내용이 혁거세 신화에 반영된 것이라고 할 수 있는 것이다.

---

15) 이와 관련해서 혁거세거서간 17년에 혁거세가 육부를 巡撫할 때 알영이 함께 따라갔다고 한 것도 참고된다.

2. 건국신화와 神宮

신라의 신궁 설치는 다음과 같이 전한다.

G. 1) 봄 2월, 神宮을 奈乙에 설치(置)했다. 나을은 始祖의 初生한 곳이다.
(『삼국사기』 3, 신라본기3, 소지마립간 9년)

　2) 제22대 智證王이 시조가 誕降한 땅인 나을에 신궁을 創立함으로써, 그
곳에서 제사지냈다. (『삼국사기』 32, 잡지1, 제사)

　G-1)에 따르면 소지왕 9년(487)에 '始祖가 初生한 곳'인 '奈乙'에 신궁을
설치('置')하였다고 하고, G-2)에는 지증왕이 '시조가 誕降한 땅'인 '나을'에
신궁을 '創立'하였다고 되어 있다.

　우선 신궁이 설치된 시기에 대해 G-1)에서는 소지왕 9년이라고 하고,
G-2)에서는 지증왕이라고 하여 다르게 나온다.[16] 그런데 소지왕 17년과
지증왕 3년(502)에 왕은 신궁에서 친사하고 있다.[17] 이로 볼 때 시조를
모신 신궁은 소지왕 9년에 설치되었다고 할 수 있다. 소지왕대 설치된
신궁은 지증왕이 처음으로 신궁에서 친사한 이후 중고기 대부분의 왕들은
여기에서 친사하였다. 신궁에 모신 시조와 관련해서는 다음이 주목된다.

H. 겨울 10월 羣臣들이 아뢰었다. "始祖가 創業한 이래 나라 이름이 정해지지
않아 혹은 斯羅라고 하고 혹은 斯盧라고 하며 혹은 新羅라고도 하였다.
臣等이 생각하기를 新者는 德業日新이고 羅者는 網羅四方의 뜻인 즉 그것을
국호로 삼는 것이 마땅합니다. 또 옛부터 국가를 가진 자는 모두 帝나
王을 칭했는데, 우리 시조가 나라를 세운 이후 지금의 22世에 이르기까지
단지 方言으로 칭하고 尊號를 정하지 않았으니, 지금 군신은 한 뜻으로

---

16) 신궁 설치시기와 관련해서 채미하, 「신라의 신궁제사」, 『전통문화논총』 2, 2004 ; 앞
　　의 책, 2008, 80~82쪽.
17) 『삼국사기』 3, 신라본기3, 소지마립간 17년 ; 『삼국사기』 4, 신라본기4, 지증마립간
　　3년.

삼가 新羅國王이라는 호를 올립니다". 왕이 그것을 따랐다. (『삼국사기』 4,
신라본기4, 지증마립간 4년)

H에서 지증왕은 여러 신하들의 건의에 따라 국호를 '新羅'로 하고 중국식
'王'호를 사용하였다고 하는데, 여기에서 "始祖가 創業한 이래"와 "우리 시조가
나라를 세운 이후 지금의 22世에 이르기까지"가 눈에 띈다. 『삼국사기』와
『삼국유사』에 따르면 지증왕은 혁거세로부터 따질 때 제22대 왕이다. 이로
볼 때 지증왕대 시조는 혁거세가 되며, 신궁의 시조 역시 혁거세라 할 수
있다.[18] H는 시조 혁거세로부터 시작되는 새로운 왕의 계보가 이때 확정되었
음을 보여주는 것이라고 할 수 있다. G에 보이는 시조 출현과 관련된 표현
중 '初生' 보다는 '誕降'했다는 것이 보다 본질적인 것이라고 한다.[19] 그렇다면
신궁 설치 기사에서 '誕降'이라는 표현은 시조로부터 시작되는 새로운 왕계를
반영한 것이라고 할 수 있다. 이와 관련해서 다음도 관심을 끈다.

I. 2월, 歷代園陵을 修葺하였다. 여름 4월, 始祖廟에 제사지냈다. (『삼국사기』 3,
신라본기3, 눌지마립간 19년)

I에 따르면 눌지왕 19년(435) 2월에 역대원릉을 修葺하고 있음을 알 수
있다. 여기에서 '園陵'은 왕릉을 말하는 것으로,[20] '역대원릉'은 혁거세 이후의
박·석·김씨 왕들의 陵이라고 할 수 있다. '修葺'은 '집을 손질하고 지붕을
새로 잇는'다는 뜻이다. 이로 볼 때 눌지왕 19년에 역대원릉을 수즙하였다는
것은 역대왕릉에 딸린 건물들을 보수·정화하였음을 의미한다. 역대왕릉을
정비하면서 눌지왕은 역대 왕의 계보를 정리하였다. 그리고 이 사실을 알리기

---

18) 신궁의 시조에 대해서는 혁거세설과 김씨 시조설로 대별된다. 김씨 시조로는 알지·미
   추·내물 등으로 보고 있다. 특히 신궁의 주신을 자연신, 천지신으로 보기도 하며
   혁거세와 알영 2인이라고도 한다. 이와 관련해서 채미하, 앞의 책, 2008, 82~85쪽.
19) 나희라, 앞의 책, 2003, 149쪽 주 47) 참조.
20) 園陵은 陵, 곧 왕릉을 뜻한다(諸橋轍次, 『大漢和辭典』 3, 大修館書店, 1957, 93쪽).

위해 그 해 4월에 시조묘에 갔다. 이것은 눌지왕이 시조인 혁거세로부터 그것을 인정받기 위한 상징적인 의미로 파악된다.[21]

이처럼 김씨왕실은 혁거세를 시조로 생각하였고, 신궁의 주신으로 모셨다. 김씨왕실의 시조는 알지이다.[22] 그럼에도 불구하고 당시 김씨왕실이 혁거세를 시조로 모신 이유는 무엇일까. 삼국의 시조묘와 신라의 신궁은 특정 왕계의 혈연적 계보관념에 의한 직계 조상이 아니라 全 국가적 '시조'왕을 제사한다는 점에서 공통점을 지니고 있다. 이것은 당시 연맹체적 질서를 극복하지 못한 정치 상황을 반영한 것으로 이해되며, '시조'왕은 하늘의 자손으로 천신과 연결되어 있었다.[23] 이로 볼 때 신라의 시조묘제사와 신궁제사에서 시조는 혈연적 계보를 초월한 성격을 지니고 있다고 할 수 있다.[24] 신궁단계의 혁거세신화와 관련해서는 다음이 주목된다.

J. 1) … 位號는 居瑟邯이라고 한다(혹은 居西干라고도 한다. 처음 입을 열었을 때 스스로 칭하기를 閼智居西干이 一起한다고 말하였다. 따라서 그 말로 칭했으니, 이후로부터 王者의 존칭이 되었다.). … 2) ① 국호는 徐羅伐 또는 徐伐 혹은 斯羅 또는 斯盧라고 한다. 처음에 왕이 雞井에서 태어났다. 때문에 혹은 雞林國이라고 하였고 그 雞龍으로써 상서로움을 나타냈다. ② 一說에 脫解王 때 김알지를 얻었는데, 수풀 속에서 닭의 울음이 있어 이에 국호를 계림으로 고쳤고, 후세에 드디어 신라라는 號를 정했다고 한다. (『삼국유사』 1, 기이2, 신라시조혁거세왕)

J-1)을 보면 혁거세의 位號는 거슬한(거서간)인데, 혁거세가 처음 말할 때 스스로 일컫기를 알지거서간이 한번(크게) 일어난다고 하였기 때문에 칭했다고 하며, 그 후로는 왕자의 존칭이 되었다고 한다. J-2)①에서 국호는

---

21) 사료 I에 대한 해석은 채미하, 앞의 책, 2008, 92쪽 참조.
22) 『삼국사기』 1, 신라본기1, 탈해이사금 9년 ; 『삼국유사』 1, 기이2, 김알지 탈해왕대.
23) 이와 관련해서 이은봉, 「천신의 대리자로서의 시조신신앙」, 『한국고대종교사상-천신·지신·인신의 구조』, 집문당, 1984.
24) 채미하, 「한국 고대의 죽음과 상·제례」, 『한국고대사연구』 65, 2012, 62쪽.

서라벌 또는 서벌, 사라 또는 사로라고 하는데 처음에 왕이 雞井에서 났기 때문에 혹은 雞林國이라고도 한다고 하였다.

J-1)에서 거슬한이라는 위호는 알지와 연결되어 있다.[25] 국명인 계림국은 왕이 계정에서 태어났기 때문이라고 하였지만, 계림국은 알지와 관련된 국명이다.[26] 이것은 알지신화뿐만 아니라 J-2)②의 一說에서 탈해왕 때에 김알지를 얻으면서 숲속에서 닭이 울었으므로, 나라 이름을 鷄林으로 했다는 데서도 알 수 있다.[27] 이처럼 혁거세신화에는 김씨왕실의 시조인 알지의 내용이 들어가 있다.

이와 같이 김씨왕실은 혁거세에 대한 제사를 새로 설치하였고 혁거세를 시조로 하는 왕계를 확립하였으며, 자신의 시조인 알지는 혁거세신화에 부회하였다. 이를 통해 혁거세의 신성성은 더욱 부각되었을 것이다. 이와 관련해서 진평왕이 즉위 원년(579) 上皇이 보낸 天使로부터 옥대를 받고 이것을 "凡郊廟大祀皆服之"했다고 한 것이 관심을 끈다. 여기에서 '郊廟'는 神宮이며 '郊廟大祀'는 '교묘와 같은 큰 제사'로 해석된다.[28] 천사옥대는 신라 삼보의 하나로, 진평왕은 上皇에게서 받은 천사옥대를 큰 제사인 신궁제사 때 착용하였다. 이를 통해 왕의 권위는 직접적으로 상황, '천'에 의해 보증받고 있음을 나타냈다고 할 수 있다.[29]

---

25) 서철원은 「朴·昔·金 시조신화의 대비를 통해 본 新羅 始祖 관념의 형성 단서」, 『신라문화』 40, 2012, 8~9쪽에서 박혁거세가 처음으로 했던 말은 알지거서간의 출현을 예언한 것으로 보았다. 하지만 이것은 알지가 혁거세와 같음을 강조하기 위한 것이다. 『삼국유사』 제4탈해왕조에서 탈해왕이 시림에 가서 궤를 열고 보니 그 속에 童男 하나가 누워 있다가 일어났는데, 마치 혁거세의 고사와 같았다고 한 표현에서 생각해 볼 수 있다.

26) 김선주, 앞의 논문, 2010, 178~179쪽에서 계림국이라는 국호를 알영과 관련지어 이해하였다. 하지만 필자는 이 기사는 알영과 알지의 내용이 혼용되어 있는 것으로, 국호는 알지와 연결되어 있는 것으로 파악하였다.

27) 서철원은 앞의 논문, 2012, 8~9쪽에서 '계림'이라는 국호를 통해 박혁거세와 김알지가 연결될 가능성이 있다고 하였다.

28) 교묘대사와 관련된 제견해는 채미하, 앞의 책, 2008, 101~102쪽.

29) 한편 東泉寺는 박혁거세가 알에서 나왔을 때 목욕한 동천에 건립한 사찰이다. 『삼국유사』 원성대왕조에 따르면 경주에는 세 마리의 護國龍이 살고 있는 우물이 셋 있었는데,

한편 혁거세를 모신 신궁은 始祖가 初生(誕降)한 장소인 奈乙에 설치되었다. 혁거세가 初生(誕降)한 장소에 대해 B-1)②에서는 '양산 기슭 나정 옆의 숲 사이', B-2)②에서는 '양산 아래 나정 옆'이라고 전한다. 여기에서 관심을 끄는 것은 양산과 나을이다. 양산은 경주 남산의 일부로, 경주 남산은 신라의 왕도였던 경주의 남쪽에 솟아 있는 金鰲山과 高位山 두 봉우리를 비롯하여 도당산·양산 등으로 이루어져 있다. 나을은 시조가 초생(탄강)한 장소로, 혁거세가 양산 기슭(아래) 나정 옆에서 출생하였다는 점에서 나정은 나을로 여길 수 있다.[30]

산(숲과 나무)은 고대인들에게 신들이 하강하거나 거주하는 곳으로 생각되었으며 생명력의 상징으로 신성성을 나타내었다. 단군신화에서 천제의 아들 환웅이 하늘로부터 신단수 아래에 하강하였다든가,[31] 알지신화에서 始林 숲에 빛이 비치며 나뭇가지에 하늘에서 내려온 황금 궤가 걸려있고 그 나무 아래에서 백계가 울고 있다는 것에서 잘 알 수 있다. 井(淵, 泉, 川), 江(河, 海)은 물을 담고 있는 공간이다. 물은 인간의 생명을 유지하는 가장 기본적인 것이며 생명 자체도 근원적으로는 물에서 발생한 것이다. 따라서 井, 淵, 泉(川), 江(河), 海의 물은 생명의 원리를 상징하는 것이다. 주몽신화에서 하백의 딸이 웅심산 아래 압록강에서 살며, 여기서 천제의 아들을 만났다는 것이나,[32] F에서 알영이 알영정에서 나온 계룡으로부터 출생하였다든가, 탈해가 바다에서 왔고[33] 후술되는 O에서 '葬疏川丘中', '水葬末召疏井丘中' 했다는 데서 그것을 알 수 있다.

이와 같은 산 그리고 물과 관련된 다양한 장소는 제사를 지내는 장소,

동천사에 있는 淸池와 東池, 芬皇寺의 우물이 그것이라고 한다. 동해의 용왕이 동천사에 자주 와서 법문을 들었고, 진평왕이 五百聖衆의 봉안과 함께 오층탑을 세웠으며 전답을 헌납하였다고도 한다.

30) 채미하, 앞의 책, 2008, 84~85쪽.
31) 『삼국유사』 1, 기이2, 고조선.
32) 『삼국유사』 1, 기이2, 고구려.
33) 『삼국사기』 1, 신라본기1, 탈해이사금 즉위년 및 『삼국유사』 1, 기이2, 제4탈해왕.

제장이 되기도 하였다. 『삼국유사』 제사지 신라조를 보면 '三山·五岳已下名山大川 分爲大·中·小祀'라고 하였는데, 그 구체적 제사대상이면서 제장으로 대사인 3산, 중사인 오악·사진·사해·사독과 기타 6곳, 소사인 24개 제산천이 나온다. 그리고 문열림은 일월제와 사천상제의 제장 중 하나였고, 박수는 사천상제의 제장 중 하나였다. 혜수는 기우제의 제장이었고 첨병수는 사대도제의 남쪽 제장이었다. 대정문은 사성문제의 제장 중 하나였고, 청연은 사천상제의 제장 중 하나였다. 탁저는 우사제의 제장이었고 견수는 사천상제의 제장 중 하나로, 이곳은 지형상 '곡'이면서 '천'이 인접하고 있다.[34]

이로 볼 때 신궁단계의 혁거세는 다양한 문화 요소를 포함하고 있었으며 그 성격 역시 천신적인 모습뿐만 아니라 산신·수신적 성격도 지니고 있었다고 할 수 있다. 이를 통해 김씨 왕실은 6촌장의 후손을 위시하여 알지와 알영, 탈해와 신라에 병합된 다양한 세력들을 포용할 수 있지 않았을까 한다. 신궁이란 神을 제사하는 곳을 말한다.[35] 이러한 신궁은 郊廟라고도 하였다. 郊는 원래 중국에서 천지신을 제사하는 장소이고, 郊祀는 그 제사를 의미한다. 신궁의 宮은 廟와 동일한 의미로[36] 묘는 조상을 제사하는 장소이다. 이처럼 신궁의 명칭에서도 신궁이 다양한 문화 요소를 가지고 있음을 생각해 볼 수 있다.

신궁단계에서 혁거세가 다양한 세력을 포용하였음은 건국신화에서도 알 수 있다. 앞에서 살펴보았듯이 혁거세신화에 알지와 관련된 내용이 부회되어 있다. 알지신화를 보면 알지는 탈해왕대 천강하며 탈해왕의 태자로 책봉되었다고 한다. 탈해는 혁거세왕의 해척모인 아진의선에 의해 봉양되었으며 남해왕의 장공주와 결혼한다.[37] 이와 같이 신라의 건국신화에는 혁거세·알

---

34) 이와 관련해서 채미하, 「신라의 농경제사와 '별제'」, 『국사관논총』 108, 2006 : 앞의 책, 2008, 286~293쪽 참조.

35) 신종원, 앞의 책, 1992, 82쪽 註 76) 참조.

36) 池田末利, 「附釋廟」, 『中國古代宗教史硏究－制度と思想』, 東海大學出版會, 1981, 328~329쪽 ; 서영대, 「서평－『고대한국의 국가와 제사』, 최광식 저」, 『한국사연구』 98, 1997 ; 나희라, 앞의 책, 2003, 157쪽.

제3절 신라의 건국신화와 국가제의 85

지·탈해가 서로 유기적으로 연결되어 있다. 이것은 각각의 시조전승이 신라의 건국신화 속에 흡수되었음을 말하는 것이다.[38]

뿐만 아니라 F-1)①을 보면 알영은 혁거세거서간 5년(서기전 53)에 태어났고, F-2)①에는 前漢 地節 元年(서기전 69) 壬子 三月朔, 즉 혁거세와 같은 해에 알영이 출생한 것으로 전해진다. 이처럼 알영의 출생 시기에 대해서 다른 전승이 보인다. J-2)①에서 혁거세는 나정이 아닌 雞井에서 태어났고, 태어날 때 계룡이 상서를 나타냈다고 한다.[39] 이것은 F에서 알 수 있듯이 알영 출생과 관련된 내용으로, 여기서 계정은 알영이 태어난 알영정으로 여길 수 있다. 이로 볼 때 혁거세신화에는 알영의 전승도 투영되어 있었다고 할 수 있을 것이다. 그렇다면 알영이 혁거세와 같은 해 출생하였다는 전승은 신궁단계의 혁거세가 알영을 포용하였음을 보여주는 또 다른 예로 여길 수 있을 것이다.

3. 건국신화와 五廟

다음은 오묘 관련 기사이다.

K. 1) 36대 혜공왕대 大曆 14년 己未 4월 … ① 未鄒의 靈이 아니었다면 金公의 노여움을 막지 못했을 것인데, 미추왕이 나라를 보호함은 크지 않음이 없다. ② 이 때문에 邦人이 그 德을 사모하여 ③ 三山과 同祀하고 떨어뜨리지 않았고 ④ 秩을 五陵의 위에 놓았으며 ⑤ 大廟라고 칭했다고 한다.
（『삼국유사』 1, 기이2, 미추왕 죽엽군）

---

37) 『삼국유사』 1, 기이2, 제4탈해왕과 김알지 탈해왕대 참조. 김두진, 앞의 책, 1999, 323쪽 ; 앞의 논문, 2003, 6쪽에서 탈해와 알지신화는 사로국 개국신화와 직접적으로로 연결되지는 않았으나, 신라 건국신화 속에 흡수되었을 것이라고도 하였다.
38) 김두진, 위의 책, 1999, 326쪽.
39) 앞에서 필자는 이 전승을 김알지와 연결시키고 있는데, 이것은 '닭'이 지닌 상징성 때문이었을 것이다(서철원, 앞의 논문, 2012, 9쪽).

2) 신라의 종묘제를 살펴보니 … 제36대 혜공왕대에 이르러 五廟를 始定하였는데, 미추왕을 김성시조로 삼고 태종대왕·문무대왕은 백제·고구려를 평정한 큰 功德이 있어 함께 대대로 不毁之宗으로 삼고 親廟 둘을 겸하여 오묘로 하였다. (『삼국사기』 32, 잡지1, 제사)

K-1) ③은 "삼산과 동격으로 (미추왕을) 제사하고 (그 격을) 떨어뜨리지 않았다"라고 해석된다. K-1) ④는 "(미추왕의) 격을 오릉[40]의 위에 놓았다"로 해석할 수 있다.[41] 그렇다면 위의 내용은 미추왕에 대한 제사가 삼산에 대한 제사와 동격이고, 미추왕은 오릉보다 상위에 두어졌다는 의미로 볼 수 있다.

오릉은 앞에서도 보았듯이 아달라왕대 혁거세가 신라 연맹체의 국조, 건국시조로 인식되면서 혁거세릉=오릉으로 여겨졌다고 하였다. 미추왕은 K-2)를 보면 혜공왕대 오묘가 '시정'되면서 김성시조가 되었다고 한다. 혜공왕대 '시정'된 오묘는 개정된 오묘제로, 다음은 신라의 오묘제 시정 기사이다.

L. 여름 4월에 대신을 祖廟에 보내어 치제하며 말하기를, "王某는 머리를 조아리고 再拜하면서 太祖大王·眞智大王·文興大王·太宗大王·文武大王의 靈에게 삼가 말씀을 올립니다. …" 하였다. (『삼국사기』 8, 신라본기8, 신문왕 7년)

L에 따르면 신문왕 7년(687) 4월 당시 '祖廟'(이하 五廟라 함)에 태조대왕과 신문왕의 고조인 진지대왕, 증조인 문흥대왕, 祖인 태종대왕, 考인 문무대왕의 신위가 모셔졌음을 알 수 있다. 이러한 오묘 구성은 『예기』 왕제편의

---

40) 최광식은 김씨왕실에서 오묘제를 시행하자, 박씨들도 오묘를 만들었는데, 무덤에 사당을 만들어 오릉을 오묘로 한 것이라고 파악하고 있다(「신라 상대 왕경의 제장」, 『신라왕경연구』(신라문화제학술발표회논문집 16), 1995, 75~76쪽 및 「신라의 건국신화와 시조신화」, 『한국사』 7, 국사편찬위원회, 1997, 18쪽). 하지만 당시 박씨세력이 왕실과 같은 오묘를 구성하였다고는 여겨지지 않는다.

41) 채미하, 「신라 혜공왕대 오묘제의 개정」, 『한국사연구』 108, 2000 : 앞의 책, 2008, 177~178쪽.

"諸侯五廟 二昭二穆與太祖之廟而五"라고 한 규정에 맞는다. 이로 볼 때 신라에서는 '제후오묘'의 원칙에 입각한 오묘제가 신문왕 7년 4월 이전에 이루어졌다고 할 수 있을 것이다.[42] 이와 관련해서 다음도 주목된다.

M. 2월에 有司에게 명하여 諸王陵園에 民을 옮겼는데, 각 20호이다. (『삼국사기』
6, 신라본기6, 문무왕 4년)

M에서 '諸王陵園'의 '諸王'은 문무왕 이전의 왕들을 가리키며 '陵園'은 왕릉의 뜻이다.[43] 이로 볼 때 M에서 문무왕 이전의 왕릉에 백성 20호씩을 사민한 것은 이전의 王陵을 보존하고 지키기 위한 일련의 조처였다고 짐작된다. 여기에는 박씨왕릉, 석씨왕릉도 포함되었을 것이다. 그렇지만 문무왕은 역대 왕릉 중에서 김씨왕, 그중에서도 자신의 직계 왕의 능인 무열왕릉과 진지왕릉, 대왕으로 추봉된 문흥대왕의 능에 관심을 가졌을 것이다.[44]

김씨왕실은 김성 칭성 이유와 관련해서 이미 계보를 가지고 있었다. 하지만 중대왕실은 그것을 중국 上古 전승에 나오는 少昊金天氏에서 찾았다.[45] 오묘제가 시정된 후 종묘의 首位인 태조대왕에 少昊金天氏에 연원을 둔 星漢[46]을 모셨다. 이러한 변화는 김성의 시조에만 국한된 것이 아니었을 것이다. 이와 관련해서 다음이 주목된다.

N. 1) 따라서 이름을 혁거세왕이라고 했다(아마도 鄕言일 것이다. 혹은 弗矩內

---

42) 오묘제 시정과 관련해서 채미하, 「신라 종묘제의 수용과 그 의미」, 『역사학보』 176, 2002 ; 「신라의 오묘제 '시정'과 신문왕권」, 『백산학보』 70, 2004 : 앞의 책, 2008.
43) 陵園은 天子의 陵이라고 한다(諸橋轍次, 『大漢和辭典』 11, 大修館書店, 1956, 899쪽).
44) 채미하, 앞의 책, 2008, 127~128쪽.
45) 소호금천씨와 관련해서 『삼국사기』 28, 백제본기6, 의자왕 20년 사론 및 『삼국사기』 28, 백제본기6, 의자왕 30년 사론과 『삼국사기』 41, 열전1, 김유신(상) ; 이문기, 「신라 김씨 왕실의 소호김천씨 출자 관념의 표방과 그 변화」, 『역사교육논집』 23·24, 1999, 669~672쪽 ; 채미하, 앞의 책, 2008, 132쪽 참조.
46) 태조에 대한 해석과 태조=성한에 대해서 채미하, 앞의 책, 2008, 129~132쪽 참조.

王이라고도 하며 光明으로 세상을 다스린다는 말이다. ① 說者가 말하기를 "이는 西述聖母가 낳은 것이다. 때문에 중국 사람이 仙桃聖母를 찬미하는 글에 '어진 인물을 배어 나라를 창건하라'는 말이 있는데, 이것이다. ② 이에 이르러 雞龍이 상서를 나타내어 알영을 낳았으니, 또한 西述聖母가 현신한 바가 아니겠는가"라고 하였다). (『삼국유사』 1, 기이2, 신라시조혁거세왕)

  2) ① 神母는 본래 中國帝室의 딸이다. 이름은 娑蘇이다. 일찍이 神仙의 술법을 배워 海東에 와서 머물러 오랫동안 돌아가지 않았다. 아버지인 황제는 서신을 매의 발에 매어 말하기를, "鳶이 머무는 곳을 따라 집을 삼거라"고 하였다. 사소는 서신을 보고 매를 놓아 보냈는데, 매는 이 산에 날아와 멈추었다. 마침내 가서 살며 地仙이 되었다. 때문에 西鳶山이라고 이름하였다. ② 神母는 오랫동안 이 산에 據하면서 나라를 鎭祐하였는데, 靈異함이 아주 많았다. 나라가 건립된 이래로 항상 三祀의 하나였고 秩은 群望의 위에 있었다. … ③ 그가 처음 진한에 와서 聖子를 낳아 東國의 처음 임금이 되었다. 아마도 혁거세와 알영 二聖을 낳았을 것이다. 그러므로 雞龍·雞林·白馬 등으로 일컬으니, 닭은 西쪽에 속하기 때문일 것이다. (『삼국유사』 5, 감통7, 선도성모수희불사)

  N-1)①에서 說者가 말하기를 西述聖母가 혁거세를 낳았다고 전하는데, N-2)①에서 신모는 중국 제실의 딸인 사소로, 진한에 와서 성자를 낳았고 동국의 처음 임금이 되었다고 하며, N-1)②을 보면 雞龍이 祥瑞를 나타내어 알영을 낳았으며 이것을 서술성모의 현신으로 보았다. N-2)③에서는 혁거세와 알영의 유래를 신모에서 찾고 있다. 이것은 혁거세가 양산 기슭에 내려온 큰 알에서 태어났으며 알영이 계룡에서 태어났다는 것과는 다른 전승이다.

  한 집단의 근원이 되는 시조가 여성에 있다는 시조모에 대한 관념은 대체로 부계 중심 신화 이전에 모계 중심으로 서술하는 신화적 전통에 있었다고 한다.[47] 이것은 부여의 侍婢나 고구려의 유화, 대가야의 정견모주 등에서 알 수 있다. 신라의 경우도 N에서 알 수 있듯이, 선도산 신모로

---

47) 조현설, 『동아시아 건국신화의 역사와 논리』, 문학과 지성사, 2003, 257~258쪽.

대표되는 시조모에 대한 전승이 시조와 시조비 이전 단계에 형성되어 있었다. N-2)②에서 신모가 웅거한 산인 서연산(선도산)은 나라가 건립된 이래 언제나 三祀의 하나였고 그 차례도 여러 望祭의 위에 있었다고 한다. 이 점에서 서연산(선도산)은 진평왕대를 전후한 시기에[48] 최고의 신성산악으로 숭앙받았음을 알 수 있다. 하지만 『삼국사기』 제사지를 보면 서술=서연산(선도산)은 소사에 편제되어 있다.

이와 같은 서연산(선도산)=서술이 국가제사에서 차지하는 위상의 변화는 시조모 전승의 변화와도 관련 있었을 것으로 생각된다. N-2)①을 보면 신모는 中國帝室의 딸이라고 한다. 이것은 중대왕실이 자신의 시조를 소호금천씨에서 찾고 있는 것과 같은 맥락으로 보여진다. 신모는 地仙이라고 하였는데, 부여의 侍婢나 고구려의 유화, 대가야의 정견모주는 천신과 결합되어 있다. 그렇다면 천신과 결합되지 않은 시조모=신모에서 유래하였다고 하는 혁거세는 그가 지닌 천신적 성격이 중대 이후 탈각되었다고 여겨진다.

N-2)③에서는 신모에게서 혁거세와 알영의 유래를 찾으면서 "계룡, 계림, 백마 등으로 부르는 것은 닭이 서쪽에 속하기 때문이다"고 하였다. 닭=酉方=서방, 백마의 백=서방으로 서연산과 연결된다. 알영의 출생에는 계룡이 등장하며, 알지가 태어난 곳은 계림이며 혁거세의 탄생에는 백마가 나온다. 이로 볼 때 N-2)③에서 계룡, 계림, 백마를 서쪽과 연결시킨 것은 알영, 알지, 혁거세 탄생의 유사성을 말하는 것으로 이해된다. 다음도 주목된다.

O. 1) ① 재위 23년 建初 4년 己卯에 죽었다. 疏川丘 속에 장사지냈다. 후에 신의 명령이 있어 "내 뼈를 조심히 묻으라"고 하였다. … 뼈를 부셔 塑像을 만들어 대궐 안에 두었다. ② 신이 또 말하기를 "내 뼈를 東岳에 안치하라"고 하였다. 따라서 그 곳에 모셔졌다(혹은 왕이 죽은 뒤 27대 문무왕 때인 調露 2년 庚辰 3월 15일 辛酉 밤에 太宗의 꿈에 몹시 사나운 노인이 나타나 말하기를 '나는 탈해이다. 내 뼈를 소천구에서 파내

48) 『삼국유사』 5, 감통7, 선도성모수희불사.

소상을 만들어 토함산에 안치하라'고 하였다. 왕을 그 말을 따랐다. 때문에 지금까지 國祀가 끊이지 않았으니, 동악신이라고 한다).(『삼국유사』 1, 기이2, 제4탈해왕)

2) ① 왕이 죽었다. 未召疏井丘 안에 水葬하였다. ② 塑骨을 동악에 두었는데, 지금의 동악대왕이다. (『삼국유사』 1, 왕력1, 제4탈해이질금)

O-1)①에서는 탈해왕이 세상을 떠나자 처음에는 소천구에 장사지냈으며 후에 신의 명령으로 뼈를 묻었고, 뼈를 부셔 소상을 만들어 대궐 안에 두었다고 한다. O-1)②에서는 다시 신이 말한대로 뼈(소상)를 동악에 안치하였다고 하였는데, O-2)②에서도 알 수 있다.

탈해의 소상이 궐 안에 있다가 동악에 안치된 시기와 관련해서 O-1)의 주를 보면 문무왕 2년(662)으로 나온다. 동악은 토함산으로, 탈해와 밀접한 관련을 가진 장소이다.[49] 탈해의 뼈가 동악에 안치된 후 O-2)를 보면 탈해는 지금의 동악대왕이라고 말한다고 하였다. 이로 볼 때 중대왕실은 탈해신화를 산신신앙과 연결시켜 이해하였음을 알 수 있다.

이처럼 중대왕실은 소호금천씨 후손인 성한을 태조로 하면서 새로운 세계를 구축하였고 혁거세, 알영뿐만 아니라 탈해신화도 변화시켰으며 혁거세=알영=알지의 탄생을 동일시하였다. 하지만 여전히 중대왕실은 신궁제사를 지속적으로 지냈다. 다음도 관심을 끈다.

P. 權近이 말하였다. … 알영이 시조의 妃가 되자, 국인이 아름다움을 칭송하였으니, 반드시 그 德은 국인의 마음을 복종케 하였을 것이다. 그러나 시조와 더불어 아울러 二聖이라 칭한 것은 잘못된 것이다. 이성의 칭호는 唐 高宗·武后의 때로, 고종이 무후에 빠져서 왕후로 세웠고 무후가 교활하고 사나워서 大政에 간여하여 簾을 드리우고 聽斷했으므로, 그 때 사람들이 이성이라 불렀다. 신라시대 초에 민속이 순박하여 그 임금을 일컫는데도 방언을 사용하였으니, 마땅히 이성이라고는 하지 않았을 것이다. 이것은 필시 신라 사람들

---

49) 『삼국유사』 1, 기이2, 제4탈해왕.

이 당 고종을 섬긴 뒤에 이성의 칭호를 익숙히 들어서 그 그릇됨을 알지 못하고 이를 본받아 追稱한 것이 아니겠는가? (『삼국사절요』 1, 신라 혁거세거서간 5)

P는 F-1)에 기술되어 있는 권근의 史論이다. 여기에 따르면 二聖이라는 칭호는 당나라 高宗이 武后에게 빠져서 황후로 세웠고 무후가 교활하고 사나워서 大政에 간여하여 발을 드리우고 함께 聽斷했으므로 그 때 사람들이 이성이라고 일컬었다고 한다. 이로 볼 때 중대왕실에서부터 혁거세와 알영을 二聖으로 여겼음을 알 수 있다.[50] 신라 중대 김씨왕실은 국가제사, 대·중·소사를 산천을 중심으로 편제하였는데 이것은 기왕의 세력과 밀접한 관련을 가진 것이었다.[51] 경덕왕이 나라를 다스린 지 24년에 오악·삼산의 신들이 간혹 나타나 殿庭에서 왕을 모셨다고 한데서도 생각해 볼 수 있다.[52]

이상에서 중대왕실은 비록 자신들의 왕실 계보를 오묘제를 통해 확립하였지만, 여전히 건국시조인 박혁거세와 여러 세력들을 염두에 두었음을 알 수 있다. 그런데 J-1) ④에서 미추왕이 오릉보다 위라고 하였다. 이러한 미추왕은 K-2)를 보면 '金姓 始祖'라고 하고 있다. 그 이유는 다음과 같다.

Q. 제13대 未鄒尼叱今(혹은 未祖 또는 未古라고도 한다)은 김알지의 7世孫이다. 대대로 현달하였으며 더하여 聖德이 있었다. 理解로부터 선위를 받아 비로소 왕위에 올랐다(지금 세상에서 왕의 陵을 始祖堂이라고 하는데, 아마도 김씨로써 처음으로 왕위에 올랐기 때문일 것이다. 후대에 김씨왕들이 모두 미추를 시조로 삼은 것은 당연하다). 재위 23년에 죽었다. 陵은 興輪寺 동쪽에 있다. (『삼국유사』 1, 기이2, 미추왕 죽엽군)

---

50) 이와 같이 생각할 수 있다면 혁거세거서간 38년 마한에 간 호공이 두 사람을 이성이라고 한 것, 남해차차웅 원년 두 사람을 지칭한 이성, 『삼국유사』 신라시조혁거세왕조의 이성과 선도산성모수희불사조에 보이는 이성 역시 중대 이후의 인식이 반영된 것이라고 할 수 있다.

51) 채미하, 「신라 명산대천의 사전 편제 이유와 특징」, 『민속학연구』 20, 2007 : 앞의 책, 2008, 311~317쪽.

52) 『삼국유사』 2, 기이2, 경덕왕·충담사·표훈대덕.

Q 중 일연의 註인 "지금 세상에서 왕의 陵을 始祖堂이라고 하는데, 아마도 金氏로써 처음으로 왕위에 올랐기 때문일 것이다"는 미추왕이 김씨로써 최초로 왕위에 올랐기 때문에 고려후기에 미추왕릉을 시조당이라고 불렀다고 한다. 그렇다면 K-2)에서 미추를 '金姓 始祖'라고 한 것은 미추가 김씨로써 처음으로 왕위에 올랐기 때문이었다. 그리고 미추는 혜공왕대 오묘제가 개정되면서 오묘의 수위에 모셔졌다.[53]

그런데 미추왕을 시조가 아닌 김성 시조라 한 이유는 무엇일까. 이것은 건국시조인 혁거세를 염두에 두었기 때문이 아닐까 한다. 이로 볼 때 건국시조로서 혁거세의 위상은 신라 사회에서 변함이 없었다고 여길 수 있다. 이때 신라의 시조는 건국시조인 혁거세와 김성으로 처음으로 왕위에 오른 김성 시조, 즉 국조인 혁거세와 왕실의 시조인 미추로 정리되었다고 생각된다. 하지만 혜공왕대 이후 미추가 오릉 위에 있었다는 것은 건국시조 보다는 김씨 왕실의 실질적인 시조인 미추가 우위에 두어졌음을 말한다.

한편 K-1) ⑤에 "(미추왕릉을) 大廟라고 칭하였다"고 한다. 대묘는 太廟라고도 하는데, 종묘의 시조묘(태조묘)를 가리킨다.[54] 이것은 미추가 오묘의 시조로 정해졌다는 의미뿐만 아니라 오묘를 대표한다고도 할 수 있다. 이로 볼 때 미추에 대한 제사는 오묘이고 혁거세에 대한 당시의 제사는 신궁이었다. 그렇다면 오묘제사 역시 신궁제사 보다 우위를 점하였다고 할 수 있다.[55] 이것은 한국 고대 실질적인 시조와 직계 조상을 모시는 제사가 시행되면서 오묘 단계에서는 시조묘·신궁 단계와는 달리 혈연적 계보가 무엇보다 중시되었기 때문이라고 생각된다.[56]

이상에서 오묘제 개정을 전후하여 신라에는 건국시조와 김씨왕실의 실질적인 김성 시조가 구분되었다고 하였다. 혜공왕대 건국시조인 혁거세의

---

53) 시조에 대한 해석과 미추왕이 혜공왕대 김성 시조가 된 이유와 관련해서 채미하, 앞의 책, 2008, 170~177쪽 참조.
54) 諸橋轍次, 『大漢和辭典』 3, 444쪽.
55) 채미하, 앞의 책, 2008, 184~194쪽.
56) 채미하, 앞의 논문, 2012, 62쪽.

위상은 오묘제가 개정되면서 미추 아래에 설정되었고 그 제사 역시 마찬가지였다. 그럼에도 불구하고 혁거세는 건국시조로 신라 왕실과 긴밀한 관계를 맺고 있었다. 신라 하대의 신궁제사라든가 54대 경명왕이 매를 잃어버리자 신모에게 빌었는데 그것을 찾을 수 있었고 따라서 경명왕이 신모를 대왕으로 봉했다는데서 생각해 볼 수 있다.[57] 경애왕은 왕 4년(927) 겨울 11월에 포석정에 가서 연회를 베풀다가, 후백제의 견훤에게 사로잡혔고 자살하였다고 한다. 포석정에서는 남산의 산신이 헌강왕의 앞에서 춤을 추기도 하였다.[58] 이로 볼 때 포석정은 왕과 신이 만나는 공간이었다고 생각된다. 그렇다면 경애왕은 포석정에서 연회를 베풀었다기 보다는 국가적 어려움을 극복하기 위해 가을 9월 왕건에게 구원 요청을 한 다음 겨울 11월에 남산신에게 제사지냈다고 여길 수 있을 것이다. 남산은 앞에서 살펴보았듯이 양산으로, 혁거세가 탄생한 곳이었다. 이로 볼 때 남산신은 혁거세와 연결지어 이해해 볼 수 있으며, 신라말까지 혁거세는 건국시조로서 그 역할을 하였다고 생각된다.[59]

본 글에서는 시조묘, 신궁, 오묘 단계의 건국신화를 국가제의와의 상관관계 속에서 살펴보았다. 남해왕 3년에 설치되는 시조묘는 시조혁거세묘이다. 혁거세신화에 따르면 혁거세의 출생은 신이하였고 하늘과 연결되어 있었다. 따라서 6촌장들은 그를 왕에 추존하였다. 이러한 혁거세의 등장으로 6촌장들 역시 하늘과 연결되어 있었으나, 그 기록은 전하지 않았다. 신라 상고기, 특히 이사금기의 3성 집단은 각각 자기 족조를 제사지내는 독자적인 제사체계를 가지고 있었다. 그런데 박씨집단의 족조인 혁거세는 신라 상고기 내내 시조묘의 시조로 모셔졌다. 이것은 아달라왕대 신라연맹체의 제천이 사로국의 시조묘를 중심으로 통합되면서 혁거세가 국조로 여겨졌기 때문이었다.

---

57) 『삼국유사』 5, 감통7, 선도성모수희불사.
58) 『삼국유사』 2, 기이2, 처용랑 망해사.
59) 경애왕은 원년 10월에 친사신궁하기도 하였다.

시조묘는 혁거세가 묻혔다고 여겨진 장소에 설치되었다. 혁거세는 죽은 후 승천하였다가 7일 후 유체가 떨어졌으며, 이에 그것을 각각 장사지냈는데 이를 오릉이라고 하였다. 이처럼 혁거세는 출생뿐만 아니라 죽음 역시 천과 연결되어 있었다. 오릉 관련 전승을 통해 그의 신성성은 더욱 강조되었으며, 혁거세릉=오릉으로 인식하였다. 이와 같은 혁거세의 죽음과 오릉 전승은 아달라왕대 사로국이 신라 연맹체의 제천을 통합하는 과정에서 시조묘 중수가 이루어지면서 재조명된 것이었다. 이에 혁거세는 다른 세력에 대해 배타적일 수밖에 없었는데, 알영이 죽자 혁거세와 합장하려 하였지만 뱀의 방해로 하지 못하였다는 전승에서 알 수 있었다.

신궁은 소지왕 9년에 설치되었다. 여기에 모신 시조는 혁거세였으며 중고 김씨왕실은 이때 시조 혁거세로부터 시작되는 새로운 왕의 계보도 확정하였다. 이처럼 중고 김씨왕실이 자신의 직접 시조가 아닌 혁거세를 모신 이유는 아직까지 연맹체적 질서를 극복하지 못한 정치 상황 때문이었다. 따라서 신궁에는 혈연적 계보 관념에 의한 직계조상이 아닌 全 국가적 시조왕을 모셨다. 그리고 자신의 시조인 알지는 혁거세신화에 부회하였는데, 혁거세가 처음 말할 때 알지거서간이 일어난다고 한 것이라든지 국호인 계림국을 혁거세와 연결시키고 있는 것이 그것이었다. 한편 시조로부터 당대에 이르는 왕계의 정리는 시조의 신격화 작업과도 관련있는 것이었다. 이로써 시조의 천신적 성격은 더욱 강조되었고 신궁제사 때 왕은 天이 내려 준 천사옥대를 착용하였다. 시조가 初生(誕降)한 장소인 양산과 나을을 통해 혁거세는 天뿐만 아니라 山·井과도 연결되어 있었으며 그 성격 역시 복합적이었다고 하였다. 이를 통해 중고왕실은 다양한 세력을 포용할 수 있었다. 이것은 건국신화에서 혁거세·알지·탈해가 서로 연결되어 있는 것에서도 알 수 있었다. 혁거세가 계정에서 태어났다고 한 점과 알영이 혁거세와 같은 해에 태어났다는 점을 통해서는 신궁단계에서 알영 역시 혁거세신화에 포용되었다고 하였다.

오묘제는 자기 世系 조상을 제사하는 가묘제로, 왕실의 직계 조상을 모시는 제사제도이다. 신라 중대 오묘제 성립을 전후하여 김씨왕실은 중국 상고 전승에 나오는 소호금천씨에서 김성 칭성 이유를 찾고 있으며 오묘의 수위에 그의 후손인 성한을 태조로 모셨다. 이러한 변화는 김성 시조에만 해당하는 것이 아니었다. 기왕의 혁거세·알영·탈해신화의 내용과는 달리 혁거세와 알영은 서술성모가 낳았다고 하였으며 탈해는 동악대왕으로 불려졌다. 게다가 계정=계림=백마가 서쪽과 관련있다고 하면서 알영=알지=혁거세 탄생의 유사성을 강조하였다. 혜공왕대 오묘제가 개정되면서 미추는 김성 시조가 되었다. 이때 미추를 시조가 아닌 김성 시조라 한 것은 건국시조인 혁거세를 염두에 두었기 때문이었다. 그리고 혜공왕대 이후 신라의 시조는 국조인 혁거세와 왕실의 시조인 미추였다. 하지만 혜공왕대 이후 미추가 오릉 위에 있었다는 것은 건국시조 보다는 김씨왕실의 실질적인 시조인 미추가 우위를 점하였다는 것을 말하는 것이었다. 따라서 미추를 수위에 모시는 오묘제사 역시 혁거세에 대한 제사보다 그 위상이 높아졌다. 이것은 시조묘·신궁단계 의 시조가 자연신적인 성격이었다고 한다면 오묘에서는 혈연적 계보가 그 무엇보다 중시되었기 때문이었다. 이처럼 혁거세는 신라의 건국신화와 국가제사에서 그 격에 변화를 겪었다. 하지만 신라 하대 신궁제사와 경명왕대 神母의 활약, 경애왕이 포석정에서 제사지냈다는 점에서 혁거세는 여전히 건국시조로서 그 역할을 하였음을 알 수 있었다.

제2장

———

'祭天地'와 城제사

제1절 666년 고구려의 唐 封禪儀禮 참여와 그 의미

  660년 백제의 멸망과 668년 고구려가 멸망한 7세기 중반은 동아시아
사회가 격변한 시기이다. 이 시기에 대해 지금까지 당과 삼국과의 관계뿐만
아니라 삼국의 대내외적인 상황에 대한 연구가 있어왔다. 이를 통해 7세기
중반에 대한 이해는 넓고 깊어졌다. 특히 이 시기 국제질서와 관련해서
주목되는 것은 666년 당의 봉선의례이다.

  封禪의 封은 둔덕을 만들기 위하여 흙을 쌓아 올리는 것이고, 禪은 평평한
제단을 만들기 위하여 흙을 쓸어내리거나 어느 지역을 깨끗하게 치우는
것이다. 원시적인 封-禪 의식은 하늘과 땅뿐만 아니라 산과 하천 및 여러
신들에 대한 것으로, 하늘과 땅이 연결되고 봉과 선이 결합하여 태산이
중심이 된 것은 秦이나 漢 초기부터였다고 한다.[1]

  666년 당의 봉선의례와 관련해서 지금까지 당시의 국내외 상황에서 신라
와 백제, 고구려가 태산의 봉선의례에 참여한 사실과 그 이유를 간략하게
언급하였다. 특히 고구려 복남이 봉선의례에 참여한 이유와 관련해서 기왕
연구에서는 664년 7월 봉선조처를 반포한 이후부터 보장왕 또는 구귀족
세력을 상대로 공작을 벌인 결과 복남이 봉선을 위해 입조하였고, 이를
통해 고구려 내부의 갈등을 획책하였다고 보았다.[2] 하지만 봉선과 불안정은

---

  1) 하워드 J. 웨슬러 지음, 임대희 옮김, 「제9장 봉선의식」, 『비단 같고 주옥같은 정치』,
     고즈윈, 2005, 368~370쪽.
  2) 김영하, 「고구려 내분의 국제적 배경－당의 단계적 전략변화와 관련하여」, 『한국사연

상극이라고 하면서, 당 측천무후는 연개소문의 사망으로 고구려의 내분이 있었음에도 불구하고 자신의 집권을 세계에 천명할 수 있는 봉선에만 집중하였다고도 보았다.[3]

　이처럼 기왕의 연구에서는 당이 고구려의 보장왕 등 구귀족을 상대로 봉선 참여를 유도하였다고 하는데, 그와 관련된 기록은 보이지 않는다. 복남의 입조를 통해서 당이 고구려의 내분을 종용하였다든가, 당이 연개소문 사망 후 있었던 고구려 내분에도 봉선의례에만 집중했다는 것 역시 의문이다. 따라서 당시 당과 고구려와의 관계뿐만 아니라 신라의 동향, 고구려 내부 상황도 살펴보아야 할 것이다. 이와 관련해서 주목되는 것이 취리산회맹과 연개소문의 사망이다.

　취리산회맹에 대해서는 회맹이 이루어진 장소[4] 및 백제와 신라의 동향, 당이 그것을 주도한 이유 등에 대한 언급이 있었다.[5] 하지만 취리산회맹과 고구려의 봉선 참여를 직접적으로 연결짓지는 않았다. 고구려가 봉선의례에 참여한 대내적인 배경으로 대체로 연개소문의 사망으로 인한 노선 변화를 지적하였다. 그런데 연개소문의 사망에 대해 각 기록은 달리 전한다.[6] 따라서

구』110, 2000 :『신라중대사회연구』, 일지사, 2007, 109~113쪽 ; 김영하,「일통삼한의 실상과 의식」,『한국고대사연구』59, 2010, 304쪽.

3) 서영교,「건봉 원년(666) 봉선문제와 당의 대고구려 정책」,『대구사학』120, 2015, 89~95쪽.

4) 池內宏,「百濟滅亡後の動亂及び唐羅日三國の關係」,『滿鮮地理硏究報告』14, 東京大, 1934 :『滿鮮史硏究』上世2, 吉川弘文館, 1960 ; 지헌영,「웅령회맹·취리산회맹의 築壇 위치에 대하여」,『어문연구』3, 어문연구학회, 1967 ; 이한상·신영호,「연미산석단과 취리산축단」,『공주박물관기요』창간호, 2001 ; 이현숙,「취리산 유적의 고고학적 검토」,『선사와 고대』3, 2009 ; 양종국,「웅진도독 부여륭과 신라 문무왕의 취리산회맹지 검토」,『선사와 고대』3, 2009.

5) 布山和南,「新羅文武王五年の會盟にみる新羅唐關係」,『駿大史學』99, 1996 ; 박찬흥,「665년 신라·백제·당나라의 취리산회맹문」,『내일을 여는 역사』26, 신서원, 1996 ; 김영관,「취리산 동맹과 당의 백제 고토 지배 정책」,『선사와 고대』3, 2009 ; 정운용,「취리산회맹 전후 신라의 대백제 인식」,『선사와 고대』31, 2009, 46쪽.

6) 金一出,「春秋會盟論考」,『歷史學研究』1, 歷史學會, 1949 ; 池內宏, 앞의 논문, 1915 : 앞의 책, 1960 ; 김영하, 앞의 논문, 2000 : 앞의 책, 2007 ; 노태돈,『고구려사연구』, 사계절, 1999 ; 노태돈,『삼국통일전쟁사』, 서울대출판부, 2009 ; 서영교, 앞의 논문,

여기에 대한 재검토가 필요한데, 고구려의 봉선의례 참여 배경이 취리산회맹과 관련있다는 점에서 연개소문의 사망 시점 역시 취리산회맹과 연결지어이해해 볼 수 있을 것이다. 봉선의례는 당 중심으로 국제 질서를 편제하려는것으로, 지금까지 연구에서는 의례를 통한 동아시아 국제질서에 대한 이해도부족하였다.

따라서 본 글에서는 이와 같은 점들을 염두에 두면서 666년 봉선의례가지니고 있는 역사성을 검토해 보고자 한다. 이를 위해 우선 666년 봉선의례와관련된 기록을 검토할 것이다. 다음으로 고구려가 봉선의례에 참여한 배경을대내외적인 측면에서 살펴 볼 것이다. 특히 취리산회맹과 연개소문의 사망시점에 대한 검토를 통해 고구려의 대내외변화를 알아 볼 것이다. 그리고666년 봉선의례가 당시의 국제질서와 어떤 관련성이 있는지도 검토해 볼것이다. 이것은 고구려가 멸망하고 난 이후 행해진 당과 신라의 개선의례에서생각해 볼 것이다.

1. 666년 당 봉선의례 기록 검토

666년 당의 봉선의례는 『天地瑞祥志』, 『당서』 등 다양한 기록을 통해서알 수 있는데, 다음은 『천지서상지』의 내용이다.

> A. 대당 인덕 3년 歲次 景寅 正月 戊辰 朔에 황제는 元日에 圜丘의 제단에서예를 갖추어 땔나무를 태워 하늘에 고했고, 2일에 芥兵山의 정상에 올라봉제사를 지냈으며 3일에 내려와 社首山에서 선제사를 지내고 建封 元年으로 개원하였다. (『천지서상지』20, 封禪)[7]

2015.

[7] "大唐麟德三年歲次景寅正月戊辰朔 皇帝以元日備禮於圜丘之壇 焚柴告天 二日登封於芥兵之頂 三日降禪於社首之山 更爲建封元年也."

A를 보면 인덕 3년(666) 정월 초하루와 3일에 걸쳐 봉선하고 건봉으로 개원하였다고 한다. 이와 같은 666년 봉선의례에 앞서 당에서는 659년 6월 허경종에게 봉선 준비를 지시하여, 662년 10월에 고종은 용삭 4년(664) 정월로 날짜를 결정지었고 이를 위해 용삭 3년 정월에 동도 낙양으로 행차할 것이라고 하였다. 그런데 662년 12월에 용삭 4년 정월에 예정된 봉선의례는 중지되었는데, 그 이유는 고구려와 백제와의 전쟁으로 하북 지방 사람들이 피폐했다는 것이다.[8] 하지만 무엇보다 고구려·백제에 대한 군사원정과 부담으로 말미암아 취소하였던 것이다.[9]

이후 봉선의례에 대한 논의와 관련해서『신당서』에 따르면 인덕 원년, 664년 7월 정미에 조서를 내려 666년 정월 태산에서 제사지낼 것이라고 하였고,[10] 봉선조서에서 주변제국의 諸王도 665년 10월에 동도 낙양으로 집합하도록 명시하였다.[11] 이 봉선의례는 664년 봉선의례처럼 번복되지 않았는데, 이것은 武則天의 권력이 확립되는 것과 관련 있었다고 한다.[12]

666년 봉선의례를 위해 당 고종은 인덕 2년(665) 2월에 장안을 출발하였고, 윤 3월에 東都인 낙양에 도착하였다.[13] 낙양행차는 봉선 준비를 위한 전단계였다. 그리고 10월에 주변국에서 온 사절과 함께 낙양을 출발하였고 12월에 태산 아래에 도착하였다. 이와 관련해서는 다음이 참고된다.

B. 1) ① 인덕 2년 10월 병인일(27)에 황상이 東都를 출발하였는데, 車駕를

8)『자치통감』201, 唐紀17, 고종 용삭 2년 12월 무신(23).
9) 하워드 J. 웨슬러 지음, 임대희 옮김, 앞의 책, 2005, 391쪽 ; 서영교,「당 고종 백제철병 칙서의 배경」,『동국사학』57, 2014, 342쪽.
10)『신당서』3, 본기3, 고종, "麟德元年 七月丁未 詔以三年正月有事于泰山."
11)『책부원귀』36, 제왕부37, 봉선2, 인덕 원년, "七月丁未朔 詔宜以三年正月 式遵故實有事 於岱宗 所司詳求茂典 以從折衷 其諸州都督刺史以二年十二月便集嶽下 諸王十月集東都."
12) 서영교, 앞의 논문, 2014, 344~345쪽.
13)『자치통감』201, 唐紀17, 고종, "麟德二年 春二月壬午 車駕發京師 丁酉 至合璧宮 … 三月辛未 東都乾元殿成 閏月壬申朔 車駕至東都. …" ; 하워드 J. 웨슬러 지음, 임대희 옮김, 앞의 책, 2005.

따르는 문무의 儀仗이 수 백리를 끊이지 않았다. 營寨와 天幕을 벌려 놓은 것이 들에 가득 펼쳐져 있었다. 동쪽으로는 고려에서부터, 서쪽으로는 波斯(이란 고원)와 烏長(인도 서북부)의 여러 나라에 이르기까지 朝會하고자 모인 사람은 각기 그 속한 扈從을 거느리고 양탄자로 천막을 쳤고 소·양·낙타가 도로를 메웠다. 이때에는 매년 풍년이 들어서 쌀은 한 말에 5錢에 이르렀고 보리와 콩은 시장에 들여놓지도 못하였다. (『자치통감』 201, 唐紀17, 고종)14)

2) ① 인덕 2년 10월 정묘일(28)에 황제가 동도를 출발하여 東嶽으로 갔는데, 御駕를 따르는 문무신하와 병사들 및 儀仗과 法物이 수 백리나 서로 이어졌으며, 군영과 설치한 장막이 들판에 죽 늘어서 있었다. 突厥·于闐·婆娑·天竺國·闐賓·烏萇·崑崙·왜국 및 신라·백제·고구려 등 諸藩의 酋長들이 각각 그 족속을 거느리고 호종하였다. 穹廬와 氈帳 및 소와 양과 낙타와 말이 길을 꽉 메웠다. 이때 자주 풍년이 들어 쌀 한 말 값이 5전이었으며, 콩이나 보리 등은 시장에 내놓지 조차 못하였다. 의논하는 자들은 예로부터 제왕들이 封禪함에 있어서 이와 같이 성대한 적은 없었다고 하였다. (『책부원귀』 36, 帝王部36, 봉선2)15)

② 인덕 2년 겨울 10월 정묘일(28)에 泰山에서 封제사를 지내려고 東都로부터 출발했다. 이 해는 풍년이 들어 쌀 한 말 값이 5전이었으며, 콩이나 보리는 시장에 내놓지 않았다. (『구당서』 4, 본기4, 고종 상)16)

3) 11월 戊子일에 황제가 濮陽에 이르렀고 竇德玄이 騎從하였다. … 12월 丙午일에, 황제의 수레가 齊州에 이르렀고 10일간 머물렀다. 丙辰일에 靈岩頓을 출발하여 泰山 아래에 이르렀다. 有司가 산 남쪽에 圓壇을 만들었고, 산 위에 登封壇을 만들었으며 社首山의 위에 禪이 降하는

---

14) "麟德二年 冬十月丙寅 上發東都 從駕文武儀仗 數百里不絶 列營置幕 彌亘原野 東自高麗 西至波斯烏長諸國 朝會者 各帥其屬扈從 穹廬氈幕 牛羊駝馬 塡咽道路 時比歲豊稔 米斗至五 錢 麥豆不列于市."

15) "麟德二年 十月丁卯 帝發東都赴東嶽 從駕文武兵士及儀仗法物相繼數百里 列營置幕彌亘郊 原 突厥於闐波斯天竺國闐賓烏萇崑崙倭國及新羅百濟高麗等諸蕃酋長 各率其屬扈從 穹廬 氈帳及牛羊馬塡候道路 是時頻歲豊稔斗米至五錢 豆麥不列於市 議者以爲古來帝王封禪 未 有若斯之盛者也."

16) "麟德二年 冬十月丁卯 將封泰山 發自東都 是歲大稔 米斗五錢 麰麥不列市."『신당서』 3, 본기3, 고종, "麟德二年 十月丁卯 如泰山."

方壇을 만들었다. (『자치통감』 201, 당기17, 고종)17)

B를 보면 낙양을 출발한 거대한 행렬이 태산을 향했는데, 여기에 참가한 나라는 B-1)에서는 동쪽으로는 고려에서부터, 서쪽으로는 波斯(이란 고원)와 烏長(인도 서북부) 등 諸國이었고 B-2)를 보면 突闕·于闐·婆娑·天竺國·罽賓·烏萇·崑崙·왜국 및 신라·백제·고구려 등 諸藩이었다. 이들 諸國·諸藩의 사절이 낙양에 모인 것은 봉선조서에 따른 것으로, 낙양을 떠난 행렬은 B-3)을 보면 11월에 濮陽에 이르렀고 12월에 태산에 도착하였다. 다음은 신라와 백제가 666년 봉선의례에 참여한 것과 관련된 사료이다.

C. 1) ① (가을 8월) 이에 인궤는 우리 사신 및 백제·탐라·왜 등 네 나라의 사신을 거느리고 바다를 건너 서쪽으로 돌아가 마침내 태산에서 제사지냈다. (『삼국사기』 6, 신라본기6, 문무왕 5년)18)

② (인덕 2년) 8월 임자일(13) 熊津城에서 동맹하였다. 劉仁軌는 신라·백제·耽羅·倭國의 사신과 바다에 배를 띄우고 서쪽으로 돌아와, 마침내 泰山에서 제사지내는 일에 모이게 했다.19) 고려도 太子 福男을 보내와서 제사지내는데 시중들게 하였다. (『자치통감』 201, 당기17, 고종)20)

2) 인문은 또 당에 들어갔다. 건봉 원년에 황제의 수레를 따라 태산에 올라가 封禪 의식에 참여하였고 더하여 우효위대장군과 식읍 4백 호를 받았다. (『삼국사기』 44, 열전4, 김인문)21)

---

17) "十一月戊子 上至濮陽 竇德玄騎從 … 十二月丙午 車駕至齊州 留十日 丙辰 發靈岩頓 至泰山下 有司於山南爲圓壇 山上爲登封壇 社首山上爲降禪方壇." 『구당서』 4, 본기4, 고종 상,"麟德二年 十一月丙子 次于原武 以少牢祭漢將紀信墓 贈驃騎大將軍 … 十二月丙午 御齊州大廳 乙卯 命有司祭泰山 丙辰發巖頓."

18) "(秋八月) 於是 仁軌領我使者及百濟耽羅倭人四國使 浮海西還 以會祠泰山."

19) 『당회요』 95, 신라, "(麟德二年 八月壬子(13)) 高麗亦遣太子 福男來侍祠." ; 『구당서』 84, 열전34, 유인궤, "(麟德二年 八月) 于是帶方州刺史劉仁軌領新羅百濟耽羅倭人四國使 浮海西還 以赴大山之下." ; 『책부원귀』 981, 외신부 26, 盟誓, "(唐高宗 麟德二年 八月) 於是 仁軌領新羅百濟耽羅倭人四國使 浮海西還 以赴太山之下."

20) "(麟德二年) 八月壬子(13) 同盟于熊津城劉仁軌以新羅百濟耽羅倭國使者浮海西還 會祠泰山."

3) 인덕 2년(665), 隆이 신라 왕과 웅진성에서 만나 흰 말을 잡아 맹세하였다. 인궤가 맹세하는 글을 지었으며, 이것을 금으로 새기고, 무쇠로 책을 만들어 신라 종묘 안에 두었는데, 이 맹세의 글은 신라본기에 보인다. 유인원 등이 귀국하니, 융은 무리가 흩어질 것을 염려하여 그 또한 京師로 돌아갔다. (『삼국사기』 28, 백제본기6, 의자왕 20년)22)

C-1)은 웅진성에서 동맹한 이후 신라를 비롯하여 백제, 탐라, 왜국이 유인궤와 함께 태산에 갔다고 한다. 웅진성에서의 동맹은 후술되듯이 취리산 회맹이다. 신라에서는 C-2)를 보면 김인문이 봉선의례에 참여하였다. C-3)을 보면 부여융은 취리산회맹 이후 신라의 위협을 두려워하여 유인궤가 본국으로 돌아갈 때 함께 중국으로 갔다고 한다. 하지만 그가 신라와 취리산에서 회맹한 직후 당 고종의 태산 봉선의식에 참여하기 위해 유인궤를 따라 중국으로 넘어가 활동했던 일을 기록하는 과정에서 나타나게 된 표현으로 이해된다.23) 후술되는 E에서 태산에서 봉선의례를 마친 당 고종은 정월 19일에 태산을 출발하여 정월 24일에 산동성 곡부에 도착하였다고 한다. 이때 부여융은 곡부에 있는 공자묘에서 제사를 주관하였다.24)

이와 같이 신라의 김인문, 백제의 부여융은 유인궤를 따라 봉선의례에 참가하였다. 우선 김인문과 부여융은 봉선조서에 따라 낙양에 도착하여, 다른 제국의 사절과 함께 당 고종의 행렬을 따라 태산으로 향하였을 것이다. 이것은 C-2)에서 김인문이 황제의 수레를 따라갔다는 점에서 알 수 있다. 고구려 복남의 봉선의례 참여는 C-1)②『자치통감』기사에서 알 수 있으며,

---

21) "仁問又入唐 以乾封元年 扈駕登封泰山 加授右驍衛大將軍 食邑四百戶."

22) 『삼국사기』28, 백제본기6, 의자왕 20년, "麟德二年 與新羅王會熊津城 刑白馬以盟 仁軌 爲盟辭 乃作金書鐵契 藏新羅廟中 盟辭見新羅紀中 仁願等還 隆畏衆携散 亦歸京師."

23) 양종국, 「백제 부흥운동과 웅진도독부의 역사적 의미」, 『백제문화』35, 2006, 134~135쪽.

24) 부여융은 고종의 태산 봉선의식에 참가한 뒤 고종의 명을 받아 곡부에 있는 공자묘에서 제사를 주관 하는 등 당과의 관계를 더욱 돈독히 하였다(양종국, 『백제 멸망의 진실』, 도서출판 주류성, 2004, 111~195쪽 참고.

다음도 참고된다.

D. 1) 인덕 2년(665) 겨울10월 계해일(24)에 고려왕 高藏이 그 아들 福南을
　　 보내 와서 조회하였다. (『구당서』 4, 본기4, 고종 상)25)

　 2) ① 왕이 태자 복남(신당서에는 男福이라고 한다)을 보내어 당에 들어가
　　　태산 제사에 참여하게 하였다. (『삼국사기』 22, 고구려본기10, 보장왕 25년)26)

　　　② 건봉 원년(666)에 高藏이 그 아들을 보내어 조정에 들어가 太山
　　　아래에 배석하게 하였다. (『구당서』 199상, 열전149상 동이, 고구려)27)

　　　③ 건봉 원년 藏이 아들 男福을 보내어 천자를 따라서 태산에 封禪하고
　　　돌아갔다. ⋯ (『신당서』 220, 열전145 동이, 고구려)28)

D-1)을 보면 복남은 당 황제가 태산으로 출발하기 전에 황제를 알현하였고
D-2)에서는 천자를 따라서 666년 봉선의례에 참여하였다고 한다. 보장왕
21년(662) 당의 평양공격이 실패로 끝난 이후 666년 복남의 봉선의례 참여까
지 당과 고구려의 관계는 소강상태였다. 그럼에도 불구하고 복남은 낙양
조정에 들어갔고 황제를 따라서 다른 제국의 사절과 함께 태산으로 향했다.
고구려가 당의 봉선조서를 받았는지에 대한 기록은 보이지 않지만, 봉선조서
내용을 알고 있었을 것이다.

　중국 역대 황제가 봉선의례를 지낸 기록을 보면 진시황 28년 이후 진2세
원년, 한 무제 元封 원년·2년·5년, 太初 원년·3년, 天漢 3년, 太始 4년, 征和
4년, 광무제 건무 32년, 章帝 元和 2년, 安帝 延光 3년, 수문제 개황 15년에
이루어졌다. 666년 당 고종 건봉 원년의 봉선의례는 595년 수문제 개황
15년 이후에 시행된 것으로, 지금까지 행한 봉선의례 중 가장 성대하였다.
B-1)과 B-2)에서 御駕를 따르는 문무 신하와 병사들 및 儀仗과 法物이 수

---

25) "麟德二年 冬十月癸亥 高麗王高藏遣其子福南來朝."
26) "王遣太子福男(新唐書云男福)入唐 侍祠泰山."
27) "乾封元年 高藏遣其子入朝 陪位於太山之下."
28) "乾封元年 藏遣子男福從天子封泰還而 ⋯."

백리나 서로 이어졌으며, 군영과 설치한 장막이 들판에 죽 늘어서 있었다고 하였고, 의논하는 자들은 예로부터 제왕들이 封禪함에 있어서 이와 같이 성대한 적은 없었다고 하였다는 데서 알 수 있다. 이와 같은 봉선의례는 666년 4월까지 거행되었는데, 다음과 같다.

E. 건봉 원년 봄 정월 초하루 무진일에 황제가 태산의 남쪽에서 昊天上帝에게 제사를 지냈다. 기사일(2)에 태산에 올라가서 玉牒을 바치고, 上帝冊은 玉匱에 넣고 配帝冊은 金匱에 넣었는데, 모두 금으로 된 줄로 묶고 金泥로 봉함하고 玉璽로 도장을 찍어 돌로 된 상자에 넣었다. 경오일(3)에 社首山에서 禪을 하였는데, 皇地祇에게 제사지냈다. 황제가 초헌을 마치니, 執事가 모두 따라서 내려갔다. 宦者가 휘장을 잡으니, 황후가 단에 올라가서 아헌하였는데, 휘장과 장막은 모두 비단에 수놓은 것으로 만들었다. 술잔에 술을 따르고 俎豆를 가득채우며 단에 올라가 노래하는 것은 모두 宮人을 사용하였다. 임신일(5)에 황제가 朝覲壇에 나아가서 朝賀를 받고 天下를 사면하고 改元하였다. 文武官 3품 이상에게 爵 1등급씩 하사하고, 4품 이하에게는 한 계급을 더하였다. … 병술일(19)에 車駕는 태산을 출발하였고 신묘일(24)에 曲阜에 이르러 孔子에게 太師를 추증하고 少牢로 제사를 지냈다.[29] 계미일에 亳州에 이르러 老君廟를 배알하고 尊號를 올려 太上玄元皇帝라고 하였다. 정축일에 東都에 이르러 엿새동안 머물렀고 갑신일에 合璧宮에 행차하였다. 4월 갑진일(8)에 京師에 이르러 太廟를 배알하였다. (『자치통감』 201, 당기17, 고종)[30]

29) 『구당서』 5, 본기5, 고종 하, "麟德三年 春正月戊辰朔 車駕至泰山頓 是日親祀昊天上帝於封祀壇 以高祖太宗配饗 己巳 帝升山行封禪之禮 庚午 禪於社首 祭皇地祇以太穆太皇太后文德皇太后配饗 皇后爲亞獻 越國太妃燕氏爲終獻 辛未 御降禪壇 壬申 御朝覲壇受朝賀 改麟德三年爲乾封元年 諸行從文武官及朝覲華戎岳牧 致仕老人朝朔望者 三品已上賜爵二等 四品已下七品以上加階 八品已下加一階 勳一轉 諸老人百歲已上版授下州刺史 婦人郡君 九十八十節級 齊州給復一年半 管嶽縣二年 所歷之處 無出今年租賦 乾封元年正月五日已前 大赦天下 賜酺七日 癸酉 宴群臣 九部樂 賜物有差 日昳而罷 丙子 皇太子弘設會 丁丑 以前恩薄 進爵及階勳等 男子賜古爵 兗州界置紫雲仙鶴萬歲觀 封禪非煙重輪三寺 天下諸州置觀寺一所 丙戌 發自泰山 甲午 次曲阜縣 幸孔子廟 追贈太師 增修祠宇 以少牢致祭 其褒聖侯德倫子孫 並免賦役."

30) "乾封元年 春正月戊辰朔 上祀昊天上帝於泰山南 己巳 登泰山 封玉牒 上帝冊藏以玉匱 配帝冊藏以金匱 皆纏以金繩 封以金泥 印以玉璽 藏以碱 庚午 降禪於社首 祭皇地祇 上初獻畢

E를 보면 666년 정월에 봉선행사를 거행하고 4월에 장안에 돌아와서 태묘에 謁함으로써 그것을 마쳤다고 한다.[31] 666년 정월 1일 당 고종은 태산 남쪽에서 호천상제에게 제사를 지냈고 다음 날 태산으로 올라갔다. 3일에는 태산에서 내려와 사수산에서 禪을 하였는데, 당 고종이 초헌을 하였고 아헌은 측천무후였으며 5일에는 朝覲壇에 나아가 신하들에게 朝賀를 받았다. 19일에 태산을 출발한 황제의 행렬은 24일 산동성 곡부에 도착하였다. 계미에는 박주에 도착하였는데, 『구당서』와 『신당서』에는 그 해 2월 기미라고 한다.[32] 황제의 행렬은 정축에 동도에 도착하고 여기에 6일간 머물렀는데, 『책부원귀』에는 3월 11일로 나온다.[33] 이후 황제는 4월 8일에 장안으로 돌아와 태묘에 배알하였다.[34]

이처럼 666년 봉선의례는 주변 국가의 왕족과 사신이 다수 참석한 유례없는 대규모의 의식이었고 봉선과정에서 이례적으로 황후인 측천무후가 아헌으로 참여하였다.[35] 이와 같은 봉선의례에 고구려와 신라, 백제가 참여하였고 고구려는 신라·백제와는 달리 태산으로 출발하기 전에 황제를 알현하였다. 고구려의 복남은 666년 정월에서 4월까지 행해진 봉선의례에 참여하고 돌아왔으며, 신라의 김인문은 우효위대장군과 식읍 4백호를 받고 당에 머물다가 668년에 돌아왔다. 반면 부여융은 당에 머물렀다. 그렇다면 고구려 복남이 665년 10월부터 666년 4월까지 당의 봉선의례에 참여한 대내외적인

執事者皆趨下 宦者執帷 皇后升壇亞獻 帷帟皆以錦繡爲之 酌酒 實俎豆 登歌 皆用宮人 壬申 上禦朝覲壇 受朝賀 赦天下 改元 文武官三品已上賜爵一等 四品已下加一階 … 丙戌 車駕發泰山 辛卯 至曲阜 贈孔子太師 以少牢致祭 癸未 至亳州 謁老君廟 上尊號曰太上玄元 皇帝 丁丑 至東都 留六日 甲申 幸合璧宮 夏四月 甲辰 至京師 謁太廟."

31) 하워드 J. 웨슬러 지음, 임대희 옮김, 앞의 책, 2005, 392~398쪽.

32) 『구당서』 5, 본기5, 고종 하, "麟德三年 二月己未 次亳州 幸老君廟 追號曰太上玄元皇帝 創造祠堂 其廟置令 丞各一員 改谷陽縣爲眞源縣 縣內宗姓特給復一年."；『신당서』 3, 본기3, 고종, "(乾封元年) 二月己未 如亳州 祠老子 追號太上玄元皇帝 縣人宗姓給復一年."

33) 『책부원귀』 113, 제왕부114, 순행2, "(乾封元年) 二月己未 次亳州謁老君廟 三月丁丑 至東都 甲申 發東都 還京師 幸合璧宮 四月甲辰還京師."

34) 『구당서』 5, 본기5, 고종 하, "麟德三年 夏四月甲辰 車駕至自泰山 先謁太廟而後入."

35) 하워드 J. 웨슬러 지음, 임대희 옮김, 앞의 책, 2005, 392~398쪽.

배경은 무엇일까.

2. 고구려의 당 봉선의례 참여 배경

신라의 김인문, 웅진도독부의 부여융은 봉선의례에 참여하러 가기 직전인 665년 8월 13일에 당이 주선하여 취리산회맹을 맺었다. 취리산회맹과 관련된 기록 중 가장 상세한 것은『책부원귀』이며[36]『삼국사기』문무왕 5년(665) 8월조는『책부원귀』에 근거한 것으로, 이들 기록에는 맹문만 나온다. 그런데 『천지서상지』에는 맹문뿐만 아니라 서문도 있어 회맹문 형식이 가장 잘 정돈되어 있다. 따라서『천지서상지』는 맹문의 글자들이 빠져 있음에도 불구하고 회맹문의 원본에 가장 가깝다고 한다.[37]

『천지서상지』맹문에 따르면 維大唐麟德二年歲次己丑八月庚子朔十三日壬 子, 665년 8월 13일에 신라왕과 웅진도독부 부여융, 칙사 유인원이 취리산에 서 '盟'하였는데, 당은 백제의 마지막 왕인 의자왕의 아들 부여융에게 신라와 서로 화친하고 우호관계를 맺게 하였다.[38] 이에 앞서 당은 백제 땅에 당의 사직을 세우고 정삭과 묘휘를 반포함으로써,[39] 명목상의 백제를 설정하였으

---

36) 『책부원귀』 981, 외신부26, 맹서.

37) 布山和南,「新羅文武王五年の會盟にみる新羅唐關係」,『駿大史學』99, 1996, 32쪽. 취리산 동맹과『삼국유사』1, 기이2, 태종춘추공조에는 '新羅別記云 文虎王卽位 五年乙丑 秋八月庚子(1)'이라고 나오고,『삼국사기』6, 신라본기6, 문무왕 5년조에는 8월로 나오며,『구당서』199上, 열전149上 동이, 백제조와『당회요』95, 신라조 및『신당서』 220, 열전145 동이, 백제조에는 인덕 2년으로 나온다.

38) 布山和南은 부여융에게 제사지내게 하고 신라와 회맹을 맺게 한 것이 당이 실질적으로 백제의 부흥, 백제의 재건을 인정한다는 사실을 뜻한다고 하였다. 양종국은 취리산회 맹을 통해 당은 한반도 내에서 백제의 존재를 신라와 마찬가지로 인정해줌으로써 신라를 압박하고 중국 중심의 국제질서를 재확립시킬 목적이 있었다고도 한다(양종 국, 앞의 논문, 2009, 90쪽). 하지만 대부분의 연구자들은 백제의 존재를 인정한다기 보다는 백제 땅을 기미주로 한 것으로 보았다(김영관, 앞의 논문, 2009 ; 정운용, 앞의 논문, 2009).

39) 『삼국사기』 28, 백제본기6, 문무왕 20년.

며 663년 4월에는 신라를 당의 기미주로 선포하여 신라를 계림대도독부로 삼고 문무왕을 계림주대도독으로 임명하였다.40) 다음도 주목된다.

F. (麟德 원년에 이르러) 또한 就利山에 제단을 쌓고 勅使 유인원을 맞아 피를 마시고 서로 맹세하여 산과 강으로 서약하였고, 경계를 긋고 푯말을 세워 영원히 국경으로 삼아 백성을 머물러 살게 하고 각각 생업을 꾸려나가도록 하였습니다. (『삼국사기』 7, 신라본기7, 문무왕 11년 가을 7월 26일 '大王報書云')41)

F를 보면 '畫界立封 永爲疆界', 경계를 긋고 푯말을 세워 영원히 국경으로 삼는 것이 취리산회맹의 목적임을 알 수 있다. 이와 같은 취리산회맹은 664년의 웅령맹약이 그 토대였다.42) 그 내용은 다음과 같다.

G. 1) (2월) 金仁問·이찬 天存이 唐 勅使인 劉仁願·백제 夫餘隆과 熊律에서 함께 맹약을 맺었다. (『삼국사기』 6, 신라본기6, 문무왕 4)43)
　　2) 인덕 원년에 이르러 다시 엄한 칙령을 내려 盟誓하지 않은 것을 꾸짖었으므로 바로 熊嶺에 사람을 보내 제단을 쌓고 함께 서로 맹세하고 그대로 맹세한 곳을 마침내 양국의 경계로 하였습니다. 모여 맹세한 일이 비록 원하는 바는 아니었지만 감히 칙명을 어길 수 없었습니다. (『삼국사기』 7, 신라본기7, 문무왕 11년(671) 가을 7월 26일 '大王報書云')44)

G에 따르면 문무왕 4년(664) 2월에 김인문과 이찬 천존, 당 칙사 유인원, 백제 부여융이 웅진, 웅령에서 단을 쌓아 함께 '盟', '盟會'하였다고 한다. 취리산

---

40) 『삼국사기』 6, 신라본기6, 문무왕 3년.
41) "(至麟德元年) … 又於就利山築壇 對勅使劉仁願 歃血相盟 山河爲誓 畫界立封 永爲疆界 百姓居住 各營産業."
42) 지헌영은 웅령맹약을 '제1차 웅진동맹', 취리산회맹을 '제2차 웅진동맹'이라고 하였다 (앞의 논문, 1967, 1쪽).
43) "(二月) 角干金仁問伊湌天存與唐勅使劉仁願百濟夫餘隆 同盟于熊律."
44) "至麟德元年 復降嚴勅 責不盟誓 卽遣人於熊嶺 築壇共相盟會 仍於盟處 逐爲界 盟會之事 雖非所願 不敢違勅."

회맹에 참여한 사람은 칙사 유인원, 신라왕 및 웅진도독 부여융으로, 웅령맹약과는 차이가 보인다. 부여융이 웅진도독부에 귀환한 시기는 손인사가 7천의 병사를 이끌고 웅진에 도착한 663년 7월 경이었다고 한다.[45] 그런데 664년 10월에 유인원을 웅진도독부로 보냈는데, 이때 부여융이 귀환하였다고도 한다.[46] 따라서 부여융이 신라와 웅령맹약을 맺은 것은 G-1)대로 664년 2월이 아니라 664년 12월이라고도 한다.[47] 하지만 다음이 주목된다.

> H. 용삭 3년에 이르러서 … 신라가 곧 돌아오려 할 때 杜大夫가 '칙명에 따르면 평정을 마친 뒤에 함께 모여 맹서의 모임을 가지라고 하였으니, 임존성 한 성이 아직 항복하지 않았지만 곧바로 함께 맹세를 하여야 한다.'고 말하였습니다. 신라는 '칙명에 따르면 이미 평정한 뒤에 서로 함께 맹세를 맺으라고 하였는데, 임존성이 아직 항복하지 않았으므로 이미 평정되었다고 할 수 없고, 또한 백제는 간사하고 속임수가 끝이 없어서 이랬다 저랬다 함이 언제나 변하지 않으니, 지금 비록 함께 맹세를 맺는다 하여도 뒷날 반드시 배꼽을 깨물 근심이 생길 것이다.'고 하여 맹세를 맺는 일을 중지할 것을 요청하였습니다. (『삼국사기』 7, 신라본기7, 문무왕 11년 가을 7월 26일 '大王報書云')[48]

H에 따르면 용삭 3년, 663년에 당의 대부인 杜爽이 칙명에 따라 신라에게 백제와의 맹약을 강요하고 있는데, 이에 대해 신라는 백제가 매우 奸詐하여 배반을 끊임없이 하는 집단이기 때문에 맹약을 맺을 수 없다고 하였고 설사 맹약을 맺는다 할지라도 그것이 결국은 후환이 될 것이라고 주장하였다. 이 시점에 신라군은 663년 10월 21일까지 당군과 함께 임존성을 공격하였으

---

45) 『삼국사기』 28, 백제본기6, 의장왕 20년. 김영관, 앞의 논문, 2009, 75쪽.

46) 노중국, 『백제부흥운동사』, 일조각, 2003, 297~299쪽.

47) 노중국, 위의 책, 2003, 302쪽 ; 정운용, 앞의 논문, 2009, 46쪽.

48) "至龍朔三年 … 新羅卽欲廻還 杜大夫云 準勅 旣平已後 共相盟會 任存一城 雖未降下 卽可共相盟誓 新羅以爲準勅 旣平已後 共相盟會 任存未降 不可以爲旣平 又且百濟 姦詐百端 反覆不恒 今雖共相盟會 於後恐有噬臍之患 奏請停盟."

나, 함락시키지 못하게 되자 11월 4일 철군하고자 하였다.[49] 이때 당의 杜大夫가 당 고종의 칙명을 따를 것을 종용하였던 것이다.

이와 같이 신라는 663년 당의 강압에 의해 백제와 664년 2월에 웅령맹약을 맺었는데, 웅령맹약의 목적은 G-1)에서는 그 내용이 보이지 않지만, G-2)에서 '仍於盟處 遂爲界 盟會之事', 그대로 맹세한 곳을 마침내 양국의 경계로 하였다고 한다. 즉 신라와 웅진도독부 부여융과의 웅령맹약에서 제1차적인 목적은 疆界를 확립하기 위한 것이었다.

당군이 직접 전투에 참여하여 점령한 백제 고토는 웅진도독부가 있던 웅진성을 제외하고는 662년 7월 신라군과의 합동작전으로 탈취한 웅진 동쪽의 지라성과 사비로 이어지는 통로에 있던 진현성을 비롯하여 663년 가을과 겨울에 함락시킨 주류성과 임존성 정도였다.[50] 신라군은 백제 수도였던 사비성 주변의 이례성·왕흥사잠성 등을 직접 함락시켜 점령하였고 백제 남방의 거열성·거물성·사평성을 비롯하여 동방의 득안성·웅진성을 둘러싼 지역인 윤성·사정책·대산책·내사지성 등을 점령하였으며 백강 입구의 설리 정도 신라군이 차지하고 있었다. 결국 당군이 점령하고 있던 곳은 모두 신라군에게 둘러싸인 곳이었고 실제 점령지역은 일부에 불과하였다.[51]

당이 선택한 백제 고토 지배전략은 신라와 군사적 충돌을 막는 것뿐만 아니라 백제 고토에서 신라군이 철군하도록 유도하는 것이었다. 그렇게 된다면 당은 백제 고토를 직할영토로 편입하여 웅진도독부를 이용해 신라를 견제하고 제어할 뿐만 아니라 고구려 경략의 전초기지로 이용할 수 있는 이점이 있었다.[52] 당은 백제를 멸망시킨 후 고구려와의 전쟁으로 전사자의 증가와 백성의 경제적 사정이 곤란함 등을 이유로 백제 지역에 도독부를 두어 지배하는 가운데 둔전을 설치하여 고구려 공략을 위한 보급기지로

---

49) 『삼국사기』 6, 신라본기6, 문무왕 3년, "··· 獨遲受信據任存城不下 自冬十月二十一日 攻之不克 至十一月四日 班師至舌利停 ···."

50) 노중국, 앞의 책, 2003, 329쪽.

51) 김영관, 앞의 논문, 2009, 73~74쪽.

52) 이도학, 「웅진도독부의 지배 조직과 대일본정책」, 『백산학보』 34, 1987, 85~86쪽.

삼으려 했다.[53] 하지만 뜻대로 되지 않자, 웅령맹약을 통해 그것을 확고히 하려고 했던 것이다

신라는 웅령맹약을 맺은 이후 664년 7월 김인문 등이 일선주·한산주 군사를 이끌고 웅진부성의 당군과 함께 고구려 돌사성을 공격하여 승리하였다.[54] 하지만 G-2)에서 모여 맹세하는 것이 비록 원하는 바는 아니었지만 엄한 칙령에 어쩔 수 없이 백제와 맹세하였다는 데서 알 수 있듯이, 신라는 백제와 웅령맹약을 맺는 것을 강하게 거부하였다. 이로 볼 때 웅령맹약은 당의 강력한 요구와 압력으로 인해 가능했던 것이다. 이에 신라는 웅령맹약에 수동적이지 않았을까 한다. 이와 관련해서 유인궤의 다음 표문이 관심을 끈다.

I. (인덕 원년) … 폐하께서 만약 고구려를 멸망시키고자 한다면 백제 땅을 버려서는 안 됩니다. 부여풍이 현재 북쪽에 있고 부여용이 남쪽에 있으며 고구려와 백제는 예전부터 서로를 성원하였고 왜인들은 비록 멀리 떨어져 있으나 역시 백제와 서로 호응하고 있습니다. 그러니 만약 백제에 군사를 남겨두지 않는다면 백제는 도로 한 나라가 될 것입니다. 또 백제를 진압하고 屯田을 설치한 것은 군사들도 한 마음 한 뜻이 되어 일한 데에 힘입는 것입니다.[55] … 삼가 생각건대 폐하께서는 이미 백제를 평정하였고 다시 고구려를 취하려고 하십니다. … (『구당서』 84, 열전34, 유인궤)

I 내용은 『資治通鑑』에 인덕 원년(664) 겨울 10월 경진일(6)로 나온다.[56] 여기에 따르면 유인궤는 당 고종에게 만약 고구려를 멸망시키고자 한다면 백제 땅을 버려서는 안 된다고 하였다. 이에 당은 웅령맹약을 더욱 확고하게

---

53) 김진한, 앞의 논문, 2011, 117쪽.

54) 『삼국사기』 6, 신라본기6, 문무왕 4년 7월.

55) "陛下若欲殄滅高麗 不可棄百濟土地 餘豐在北 餘勇在南 百濟高麗 舊相黨援 倭人雖遠 亦相 影響 若無兵馬 還成一國."

56) 『자치통감』 201, 당기 17, 고종. 이외 『책부원귀』 366, 장수부27, 機略6 劉仁軌와 『全唐文』 158, 劉仁軌 陳破百濟軍事表도 참고.

하기 위해 회맹의 형식을 통해서 김인문이 아닌 문무왕을 참석하게 하여 양국의 경계를 확정짓지 않았을까 한다.[57]

당은 웅령맹약을 통해 백제의 명맥을 유지시켜 주면서 신라를 견제하고 고구려 침략의 전초 기지를 마련하려고 하였다. 이것은 취리산회맹 역시 마찬가지였다. 그런데 취리산회맹은 664년 7월 봉선의례 조서가 내려진 이후에 이루어졌으며, 취리산회맹 직후 신라의 김인문과 백제의 부여융이 봉선의례에 참여하기 위해 유인궤와 함께 당에 들어갔다. 이로 볼 때 취리산회맹은 당의 봉선의례와도 불가분의 관계에 있었다고 할 수 있다. 그렇다면 당은 취리산회맹을 통해 재차 고구려를 압박하면서 고구려의 봉선의례 참여도 유도하지 않았을까 한다.

당시 당과 고구려의 관계는 662년 당이 평양에서 회군한 이래 고구려와 당 사이의 전투기사는 보이지 않는다.[58] 보장왕 후기(658~668) 고구려와 당의 관계는 당의 내부갈등이 마무리되고, 阿史那賀魯의 반란도 진압되면서 양국간 마찰로 이어졌다. 당은 백제를 멸망시킨 여세를 몰아 661년 8월 고구려 평양성을 포위하며 압박하였다. 하지만 661년 10월 철륵의 침입으로 고구려 원정에 나섰던 지휘관이 차출되었고,[59] 662년 2월에 연개소문은 蛇水 전투에서 당군을 대파하였으며, 소정방은 평양의 포위를 풀고 회군하였다.[60] 당 고종은 663년 8월 조서를 내려 원정군을 파하기로 결정했지만, 663년 토욕혼·토번의 전쟁으로 중단되었다.[61]

---

57) 布山和男은 취리산회맹이 당 고종이 주체가 되어 유인원에게 전권을 위임하여 시행한 것이지만, 맹문에 당이 적극적으로 등장하지 않은 것은 회맹의 성립과 계약 사항의 주요 참석자가 신라와 백제이기 때문이라고 하였다(布山和男, 앞의 논문, 1996, 44쪽). 하지만 취리산회맹의 서문을 통해 당의 의도가 보인다고 하였다.

58) 이호영, 『신라삼국통합과 려·제패망원인연구』, 서경문화사, 1997, 202~207쪽 ; 김진한, 「보장왕대 고구려의 대당관계 변화와 그 배경」, 『고구려발해연구』 39, 2011, 117쪽.

59) 『삼국사기』 22, 고구려본기10, 보장왕 20년.

60) 『삼국사기』 22, 고구려본기10, 보장왕 21년.

61) 『자치통감』 201, 당기17, 고종 용삭 3년. 이와 관련해 서영교, 『나당전쟁사연구』, 아세아문화사, 2007, 61~63쪽 참고.

이와 같이 고구려원정에 나섰던 지휘관이 차출되면서 잠시 소강국면을 맞고 있는 사이 당이 봉선의례를 추진하는 과정에서 고구려의 봉선의례 참여는 666년 봉선의례의 완결성을 위해서는 필요충분한 조건이었을 것이다. 周王을 대신하여 패자의 역할을 수행하였던 제환공이 기원전 651년 葵丘會盟에서 자신의 업적을 3대의 왕들이 천명을 받은 것처럼 과신하면서 봉선례를 거행하려고 하였다. 이에 관중은 一茅三脊의 藉, 동해의 比目魚, 서해의 比翼鳥와 같은 먼 지방의 瑞祥物과 15가지 이상 주변 이민족의 특산물이 와야만 봉선이 가능하다고 하면서 제환공의 봉선을 제지하였다.[62] 이로 볼 때 당시 중원 제후들은 패자인 제환공을 따르고 있었지만, 주변 이민족은 그렇지 않았다. 따라서 관중은 제환공의 봉선을 저지하였던 것이다.[63]

이상과 같이 볼 때 취리산회맹은 당이 백제 고토를 지배함으로써 신라를 견제하고 고구려 원정의 전진기지로 삼으려는 전략의 일환이었을 뿐만 아니라 고구려의 봉선의례 참여도 유도한 것이었다. 여기에 대해 신라는 암묵적으로 동의하였을 것인데, 다음이 주목된다.

J. 문무왕 11년(671) 대왕이 報書하기를, 선왕이 정관 22년(648)에 입조하여 태종문황제를 만나 받든 恩勅에서 "짐이 이제 고구려를 치려는 것은 다른 까닭이 아니라 너희 나라가 양국에 끼어서 매번 침입을 받아 편안할 때가 없음을 가엽게 여김이니, … 내가 두 나라를 평정하면 평양 이남의 백제 토지는 너희 나라에게 주어 길이 편안하게 하려 한다"하고 계책을 내리고 군기를 주었다. (『삼국사기』 7, 신라본기7, 문무왕 11년 가을 7월 26일 '大王報書云')

J를 보면 648년에 김춘추와 당 태종이 만났을 때, 당 태종은 고구려와 백제를 평정하면 평양 이남의 백제 땅을 신라가 갖는다는 밀약을 김춘추와 맺었음을 알 수 있다. 그렇다면 신라 문무왕은 이 밀약을 염두에 두고

---

62) 『史記』 32, 齊太公世家2 ; 『管子』 16, 封禪篇50.
63) 박준형, 『고조선사의 전개』, 서경문화사, 2014, 109~110쪽.

취리산회맹에 참여하지 않았을까 한다. 666년 당의 봉선의례에 참여한 김인문은 668년 당의 고구려 정벌군과 연합할 신라 군사를 징발하기 위하여 대총관 유인궤에 앞서 귀국하였고 이 해 6월 12일 당항진에 도착한 유인궤의 군사를 맞이하였다. 김인문은 신라 대당 총관으로서 당 군대와 합세하여 9월 21일 고구려를 멸망시켰다.

고구려는 국제정세에 밝아 취리산회맹의 내용과 666년 봉선의례를 행한다는 사실을 알고 있었을 것이다. 따라서 고구려는 고립과 전쟁의 위험을 견제할 필요성으로, 당과 4국이 유인궤와 함께 봉선의례에 참여하기 위해 떠나자 고구려 역시 당에 들어갔을 것으로 생각된다. 이와 같은 고구려의 봉선의례 참여는 지금까지 당에 대한 강경대응에서 旋回한 것이다. 그렇다면 고구려가 봉선의례에 참여한 것은 대외적인 이유 외에 고구려의 대내적인 상황과도 밀접한 관련을 가졌을 것이다. 이와 관련해서 연개소문의 사망이 관심을 끈다.

K. 1) (겨울 10월) 이 달에 고려의 大臣 蓋金이 그 나라에서 죽었다. 자식들에게 유언하여 말하였다. "너희 형제는 화합하기를 고기와 물과 같이하고 爵位를 다투지 말라. 만약 이렇게 하지 않는다면 반드시 이웃나라의 웃음거리가 될 것이다"라고 하였다. (『일본서기』 27, 天智紀)[64]

2) … 32세 때 太莫離支로 더하여 軍國을 총괄하는 阿衡元首가 되었다. 先祖의 遺業을 이으니 선비들의 마음이 悅服하였으며, 위태로운 나라의 권력을 잡아 사람들의 논란이 없었다. 이때 唐 天子의 치세는 文治를 위주로 하여 楛矢는 襄期하였다. 그런데 당시 公은 형제간의 情을 살펴보아 안으로 없애기 어려운 잡풀이 있었고, 나라의 근본을 세우려 함에 밖으로 엎어지려는 나무가 있었으니, 마침내 桃海之濱으로 하여금 禮讓에서 8條의 가르침이 어그러지게 하였고, 蕭墻 안에서는 干戈에 四羽가 떨어지게 하였다. 따라서 公은 내심 內款을 생각하였으나 일이 중앙에서

---

(64) "(冬十月) 是月 高麗大臣蓋金終於其國 遺言於兒等曰 汝等兄弟 和如魚水 勿爭爵位 若不知 是 必爲隣笑."

116 제2장 '祭天地'와 城제사

집권적으로 되지 않아, 바야흐로 나가 邊境의 백성들을 어루만져 달래려고 하여 밖으로 荒甸을 巡征하였으니, 고조선의 옛 땅을 다스려 東方을 통치하는 새로운 官職을 당에 요청하고자 하였던 것이다. 그런데 이 外征의 틈을 타서 두 아우 泉男産과 泉男建은 하루 아침에 兇悖하여져서 능히 無親의 차마 못할 짓을 하여 병사를 내어 안에서 저항하였다. 金環 幼子는 갑자기 살륙당하였고, 玉膳과 長筵은 멀지않아 顧復을 辭하였다. 公은 형제간의 관계가 소원함으로써 눈물을 머금고 檄文을 사방으로 보내니 同盟 세력이 많이 모여 마침내 단단한 각오로 창을 들었다. 장차 평양을 함락시켜 惡의 근원을 사로잡으려고, 먼저 烏骨의 교외에 이르러 곧 瑟堅의 壘를 깨뜨리려 하여, 그 도둑질을 밝히며 북을 울리면서 나아갔다. 이에 大兄 弗德 등을 보내어 表를 받들고 入朝하여 그 일들을 알리려 하였는데 마침 離反이 있어 弗德은 그 곳에 머무를 수밖에 없었다. 公은 이로 인하여 遼東으로 깃발을 돌려 군사를 海北으로 옮기고, 그 마음을 천자의 궁궐로 달려 玄菟城에서 修身하면서, 다시 大兄 冉有를 보내 정성스러운 效命을 거듭 알렸다. 曠林에 쌓인 형제간의 怨望에서 먼저 閼伯의 창을 찾으니, 洪池가 가까이에서 노닐며 어찌 虞叔의 칼을 탐내겠는가. 황제께서 靑丘를 밝혀 보시어, 그 천남생의 진실한 간절함을 헤아리시며 男建과 男産의 죄를 살피시고, 번개와 천둥 같은 위엄을 내셨다. 丸山에 아직 새기지 않았으나 得來는 먼저 깨달음을 드러내시고, 梁水에 재앙이 없지만 仲謀는 그것이 반드시 망하리라고 걱정하였음과 같은 것이다. … (「泉男生墓誌銘」)65)

3) ① 개소문이 죽고 장자인 남생이 대신 막리지가 되었다. 처음 국정을 맡고 여러 성에 나아가 순행하면서, 그의 동생 남건과 남산에게 남아서

---

65) "… 卅二(665) 加太莫離支 摠錄軍國 阿衡元首 紹先疇之業 士識歸心 執危邦之權 人無駁議 于時蘿圖御寓 楛矢褰期 公照花照芎 內有難除之草 爲幹爲楨 外有將顯之樹 遂使桃海之濱 隳八條於禮讓 蕭墻之內 落四羽於干戈 公情思內款 事乖中執 方欲出撫邊甿 外巡荒甸 按嵎夷之舊壤 請義仲之新官 二弟産建 一朝兇悖 能忍無親 稱兵內拒 金環幼子 忽就鯨鯢 玉膳長筵 俄辭顧復 公以共氣星分 旣飮涙而飛檄 同盟雨集 遂銜膽而提戈 將屠平壤 用擒元惡 始達烏骨之郊 且破瑟堅之壘 明其爲賊 鼓行而進 仍遣大兄弗德等奉表入朝 陳其事迹 屬有離叛 德遂稽留 公乃反旆遼東 移軍海北 馳心丹鳳之闕 飭躬玄菟之城 更遣大兄冉有重申誠効 曠林積怨 先尋閼伯之戈 洪池近遊 豈貪虞叔之劍 皇帝照彼靑丘 亮其丹懇 覽建産之罪 發雷霆之威 丸山未銘 得來表其先覺 梁水無孼 仲謀憂其必亡 …."

뒷일을 맡게 하였다. 어떤 사람이 두 동생에게 일러 말하기를, "남생이 두 아우가 핍박하는 것을 싫어하여 도리어 제거하려고 하니 먼저 계책을 세우는 것만 못하다."고 하였다. 두 동생은 처음에 이를 믿지 않았다. 또 어떤 사람이 남생에게 알려 말하기를, "두 동생은 형이 돌아와 그 권력을 빼앗을까 두려워하여 형을 막고 들이지 않으려 합니다."고 하였다. 남생이 몰래 친한 사람을 보내 평양에 가서 그들을 살피게 하였는데, 두 아우가 그를 붙잡아 엿보았다. 이에 왕명으로 남생을 불렀으나, 남생은 감히 돌아오지 못하였다. 남건이 스스로 막리지가 되어 군사를 내어 그를 토벌하였다. 남생이 달아나 국내성에 웅거하면서 그 아들 헌성으로 하여금 당에 나아가 구원을 청하게 하였다. (『삼국사기』22, 고구려본기 10, 보장왕 25년)66)

② 연개소문은 건봉 원년에 죽었다. 아들 남생이 … 三軍大將軍을 겸하였고 大莫離支를 더하였다. 나가서 여러 部를 살펴보았고 동생 남건과 남산이 국사를 맡았다. 어떤 이가 말하였다. "남생은 그대들이 자기를 핍박한다고 미워하여 장차 제거하고자 합니다." 남건과 남산은 이를 믿지 않았다. 또한 남생에게, "장차 그대를 들어오지 못하게 하려고 합니다."고 말하는 자가 있었다. 남생이 첩자를 보내 가게 하였는데, 남건이 첩자를 체포하였고, 곧바로 왕명이라고 속여 남생을 불렀다. 남생은 두려워 감히 들어가지 못하니, 남건은 남생의 아들 獻忠을 죽였다. 남생은 國內城으로 달아나 지키면서 그 무리를 이끌고 거란·말갈 군사와 당에 투항하였다. 아들 헌성을 보내어 호소하니, 高宗은 헌성을 右武衛將軍에 제수하고, 수레·말·고급 비단·보배로운 칼을 내려 주고, 돌아가 보고하게 하였다. (『삼국사기』49, 열전9, 개소문)67)

4) ① (건봉 원년) 이 해에 蓋蘇文이 죽었고, 그의 아들 남생이 대신하여

---

66) "蓋蘇文死 長子男生代爲莫離支 初知國政 出巡諸城 使其弟男建男産 留知後事 或謂二弟曰 男生惡二弟之逼 意欲除之 不如先爲計 二弟初未之信 又有告男生者曰 二弟恐兄還奪其權 欲拒兄不納 男生潛遣所親 往平壤伺之 二弟收得之 乃以王命召男生 男生不敢歸 男建自爲 莫離支 發兵討之 男生走據國內城 使其子獻誠詣唐求哀."

67) "蘇文至乾封元年死 子男生 … 兼三軍大將軍 加大莫離支 出按諸部 而弟男建男産 知國事 或曰 男生惡君等逼己 將除之 建産未之信 又謂男生 將不納君 男生遣諜往 男建捕得 卽矯王命召之 男生懼不敢入 男建殺其子獻忠 男生走保國內城 率其衆 與契丹靺鞨兵附唐 遣子獻誠訴之 高宗拜獻誠右武衛將軍 賜乘輿馬瑞錦寶刀 使還報."

막리지가 되었다. 그의 아우 남건·남산과 화목하지 못하여 각자 朋黨을 만들어 서로 공격하였다. 남생이 두 아우에게 쫓겨 달아나 국내성에 웅거하여 死守하였고 그 아들 헌성이 궁궐에 나아와 구원을 요청하였다. 조서를 내려 左驍衛大將軍 契苾何力에게 군사를 이끌고 맞아보게 하였다. 남생이 몸을 빼 도망오자, 조서를 내려 特進 遼東大都督 兼平壤道安撫大使 를 제수하고, 玄菟郡公에 封하였다. (『구당서』 199上, 열전149上 동이, 고구려)68)

④ (건봉 원년) 개소문이 죽고, 아들 남생이 대신하여 막리지가 되었다. 아우 남건·남산 두 아우가 있어 서로 원망하였다. 남생이 국내성에 웅거하고 아들 헌성을 보내어 조정에 들어가 구원을 청하였다. 개소문의 아우 淨土도 땅을 베어 항복하기를 청했다. 이에 조서로 계필하력을 遼東道安撫大使로 삼고, 左金吾衛將軍 龐同善과 營州都督 高侃을 行軍總管 으로 삼았으며, 左武衛將軍 薛仁貴와 左監門將軍 李謹行을 후미부대로 가게 했다. (『신당서』 220, 열전145 동이, 고구려)69)

⑤ (건봉 원년 5월) 고려의 천개소문이 죽었고 장자 남생이 대신 막리지 가 되었다. 처음 국정을 처리하게 되자 나가서 여러 성을 순시하면서 그 동생 남건과 남산으로 하여금 후사를 처리하게 하였다. 어떤 사람이 두 동생에게 말하였다. "남생은 두 동생이 압박하는 것을 싫어하여 속으로 제고하려고 하니 먼저 계책을 세우는 것만 못하다." 두 동생이 이를 믿지 않았다. 또 어떤 사람이 연남생에게 알렸다. "두 동생은 형이 돌아와서 그들의 권력을 빼앗을까 두려워하여 형을 막고 받아들이 지 않으려고 한다." 남생은 몰래 가까이 하는 사람을 파견하여 평양에 가서 이를 살펴보게 하였는데, 두 동생이 잡아서 이를 알고 마침내 왕명으로 남생을 불렀다. 남생이 두려워서 감히 돌아가지 못하였다. 남건은 스스로 막리지가 되어 군사를 내어 그를 토벌하였다. 남생은 달아나서 別城을 지키면서 그 아들 獻誠으로 하여금 궁궐에 와서 구원해

---

68) "(乾封元年) 其年 蓋蘇文死 其子男生 代爲莫離支 與其弟男建男産不睦 各樹朋黨 以相攻擊 男生爲二弟所逐 走據國內城死守 其子獻誠詣闕求哀 詔令左驍衛六將軍契苾何力率兵應接 之 男生脫身來奔 詔授特進遼東大都督兼平壤道安撫大使 封玄菟郡公."

69) "(乾封元年) 蓋蘇文死 子男生代爲莫離支 有弟男建男産相怨 男生據國內城 遣子獻誠入朝求 救 蓋蘇文弟淨土亦請割地降 乃詔契苾何力爲遼東道安撫大使 左金吾衛將軍龐同善營州都 督高侃爲行軍總管 左武衛將軍薛仁貴左監門將軍李謹行殿而行."

주기를 요청하였다. (『자치통감』 201, 당기17, 고종)70)

K-1)의 『일본서기』에는 664년 10월에 '高麗大臣 蓋金 終於其國'하였다고
한다. K-2)의 「천남생묘지명」에는 천남생이 32살인 665년 고구려 보장왕
24년, 당 고종 麟德 2년에 태막리지가 되었다고 한다. K-3)의 『삼국사기』와
중국 사서에는 666년 5월에 연개소문이 죽고 천남생이 대막리지가 되었다고
한다.

이와 같이 연개소문의 사망 시점과 관련해서 각 기록은 달리 전한다.
따라서 연개소문은 K-2)의 「천남생묘지명」에 따라 665년에 죽었고 K-1)
『일본서기』의 기록을 근거로 삼아 그가 사망한 달을 10월로 추정하기도
하였다.71) 그런데 연개소문 사망 시점을 665년 10월 이전이라고 하면서,
연개소문 사망 이후 왕권을 회복한 보장왕이 당과의 적대관계를 개선하기
위해 복남을 파견하였고 남생은 국내의 정세 변화에 따라 보장왕의 온건책에
동조하였으며, 내전은 666년 6월로 보기도 하였다.72) 665년에 연개소문이
사망하였고 666년 초에 고구려의 내전이 발발하였다고 하였는데, 연개소문
의 자리를 이은 장남 남생이 지방 여러 성을 순시 나가면서 평양에서 동생들인
남산과 남건이 반란을 일으켰다고 하기도 하였다.73) 「천남생묘지명」을 분석
하면서 연남생이 아들 헌성을 보내 당 조정에 보내 구원을 요청했다는
것이 666년으로 앞선 내전기사와 해를 달리한다는 점에서, 연개소문의 사망
을 664년 10월로 기록한 『일본서기』가 비교적 정확한 것으로 보기도 하였

---

70) "(乾封元年 五月) 高麗泉蓋蘇文卒 長子男生代爲莫離支 初知國政 出巡諸城 使其弟 男建男
   産 知留後事 或謂二弟曰 男生惡二弟之逼 意欲除之 不如先爲計 二弟初未之信 又有告
   男生者曰 二弟恐兄還奪其權 欲拒兄不納 男生潛遣所親往平壤伺之 二弟收掩 得之 乃以王命
   召男生 男生懼不敢歸 男建自爲莫離支 發兵討之 男生走保別城 使其子獻誠詣闕求救."

71) 池內宏, 앞의 책, 1960, 278~280쪽.

72) 김영하, 앞의 책, 2007, 109쪽.

73) 노태돈, 앞의 책, 2009, 211쪽. 그리고 노태돈은 어떠한 분란에 따른 호구의 이산이
   665년에 비열홀 지역에 있었다고 하였다(앞의 책, 1999, 54쪽). 서영교, 앞의 논문,
   2015, 85~87쪽도 참고.

다.74)

K-2) 「천남생묘지명」에 의하면 남생은 665년에 태막리지에 올랐다. 이로 보아 연개소문은 남생이 막리지에 오르기 전에 사망하였을 것이다. 복남은 665년 10월에 봉선의례에 참여하기 위해 당에 들어가 황제를 알현하였는데, 이것은 665년 8월 13일에 있었던 취리산회맹과 관련있다고 하였다. 그렇다면 복남을 당에 보내기로 결정한 것은 8월 13일을 전후한 시점이며, 연개소문이 살아 있었다면 가능하지 않았을 것이다. 이로 볼 때 연개소문은 취리산회맹 이전에 사망하였고 당은 취리산회맹을 준비하는 과정에서 연개소문의 죽음을 알고 있었을 것이다.

연개소문이 죽고 대막리지에 새로 취임한 남생이 국정을 관장할 때 형제는 K-1)『일본서기』를 보면 연개소문의 유언에 따라 협력하였을 것이다. 이것은 K-2) 「천남생 묘지명」의 先祖의 遺業을 이으니 선비들의 마음이 悅服하였으며, 위태로운 나라의 권력을 잡아 사람들의 논란이 없었다는 데서도 알 수 있다. 연개소문 사망 후 막리지에 오른 남생은 당에 우호적이었는데, K-2) 「천남생 묘지명」의 "公情思內款 事乖中執 方欲出撫邊甿 外巡荒甸 按嵎夷之舊壤 請義仲之新官", "公은 내심 內款을 생각하였으나 일이 중앙에서 집권적으로 되지 않아, 바야흐로 나가 邊境의 백성들을 어루만져 달래려고 하여 밖으로 荒甸을 巡征하였으니, 고조선의 옛 땅을 다스려 東方을 통치하는 새로운 官職을 당에 요청하고자 하였던 것이다"에서 알 수 있다.

보장왕은 연개소문이 살아있을 때 현안에 따라 왕자 고임무 등을 당에 보내 사죄 또는 조문함으로써 대당관계에서 신축성을 보이기도 하였다.75) 이로 본다면 보장왕은 대막리지에 새로 취임한 남생과 함께 대당 온건책의 하나로 아들인 복남을 당에 보내 봉선의례에 참여하게 하였다고 볼 수 있다.76)

---

74) 서영교, 앞의 논문, 2015, 77~80쪽.
75) 김영하, 앞의 책, 2007, 108쪽.
76) 김영하, 앞의 책, 2007, 109쪽 ; 김진한, 앞의 논문, 2011, 118~119쪽.

복남의 봉선의례 참여는 대당강경노선을 견지해오던 고구려 대외정책의 변화로,[77] 이후 국정 운영이 분열되었고 당에 대한 강경파와 온건파의 갈등은 심화되었다. 남건은 대당강경책을 고수하는 대표적인 세력으로, 남생이 남건과 남산에게 평양을 맡기고 전국을 순행하는 가운데 형제간의 갈등이 발생하였다.[78] 그 과정에서 연남건은 조카인 헌충을 죽였으며 후술되는 M에서 알 수 있듯이 666년 6월에 연남생은 국내성을 기반으로 당에 투항하였다.

이상에서 고구려는 당시 국제 관계의 위기를 타개하기 위해 봉선의례에 참여하였는데, 이것은 대내적인 상황변화와 밀접한 관련을 지니고 있었음을 알 수 있었다. 즉 복남의 봉선의례 참여 배경은 취리산회맹과 연개소문의 사망과 연동되어 있었다.

3. 봉선의례의 의미

5세기 고구려인은 고구려가 천하의 중심이라는 천하관을 가지고 있었다. 이것은 주몽신화에 바탕을 둔 것이었다. 천하관은 중국의 제도에서 비롯된 것이지만, 5세기 고구려인의 천하관의 천은 자연현상이나 이법이 아닌 인격신인 천제였고 그 천제는 왕실인 조상신이었다. 이러한 인식을 바탕으로 고구려인은 중국과 대등한 국제관계를 맺었다. 대표적으로 장수왕이 죽고 문자명왕이 즉위하자 492년에 북위조정은 새로 등극한 고구려왕의 親朝나 왕자의 입조를 요구하였다. 그러나 고구려 조정은 이를 묵살하고 대신 從叔을 보냈다. 그러자 북위 효문제는 고구려왕의 동생이라도 보내라고 재차 요구하

---

77) 김수태는 연남생이 당으로부터 자신의 정통성을 인정받아 권력기반을 강화하려는 의도에서 대당관계 개선을 도모한 것으로 이해하였다(「통일기 신라의 고구려유민지배」, 『이기백선생고희기념한국사학논총』(상), 일조각, 1994).

78) 김영하는 앞의 논문, 2000, 51쪽에서 666년 고구려 태자의 봉선의식 참여에 내분을 획책하는 당의 공작이 있었음을 지적하였다.

면서 만일 그렇지 않으면 군사적 응징을 하겠다고 위협하였으나, 고구려 조정은 이를 거절하였다.[79]

하지만 고구려인의 천하관은 6세기 말 중국을 통일한 수가 중국 중심의 일원적인 세계 질서를 구축하려 하면서 도전을 받게 되었다. 이것은 다원적인 국제질서 하에서 독자적인 세력권을 유지하려는 고구려의 천하관을 근본적으로 부정하는 것이었다.[80] 봉선의례는 그중의 하나였다. 고대 중국의 봉선은 '受命王者'만이 할 수 있었고, 그것을 입증하는 현실적인 功業과 이에 상응하는 符瑞도 필요하였으며 장소도 반드시 태산에 국한한 특별한 聖典으로 인식되었다.[81] 때문에 태산에서 행한 봉선의례는 종교적·정치적 의식, 즉 天命에 대한 통치자의 감사뿐만 아니라 하늘 아래 유일자로서의 최고의 지위를 표현하는 유력한 상징적 수단이었다.[82]

666년 봉선의례는 중국 역사상 가장 화려한 것으로, 664년 7월 봉선조서를 반포하는 것을 시작으로, 665년 2월에 당 고종이 장안을 출발하여 낙양에 도착한 후, 10월에 낙양을 출발하여 12월 태안에 도착하여 666년 정월에 봉선을 행하고 4월에 장안으로 돌아오면서 마무리되었다. 이때의 봉선의례는 후한 광무제의 '受命告天'이라는 성격을 이어받고 있지만,[83] 이것은 한층 더 공적인 것으로[84] 외국 사신까지도 포함되었다. 당 고종은 고구려까지 참석한 태산 봉선의 국내외적 의미를 "國家無事 天下泰平 華夷乂安 遠近輯睦"으로 자부하였다.[85] 이것은 비록 관용적 표현일지라도 당의 고구려에 대한 전략이 종래의 전쟁보다는 외교에 의한 복속으로 전환했을 가능성을 배제할

---

79) 『문관사림』 664, 後魏孝文帝與高句麗王雲詔一首. 주보돈, 「문관사림에 보이는 한국고대사 관련 외교문서」, 『경북사학』 15, 1992 ; 노태돈, 앞의 책, 1999, 315쪽.

80) 노태돈, 앞의 책, 2009, 155~156쪽 및 178~179쪽.

81) 石芳令, 『中國歷代帝王泰山封禪秘聞』, 經濟日報出版社(北京), 1989, 18~20쪽.

82) 하워드 J. 웨슬러 지음, 임대희 옮김, 앞의 책, 2005, 372~373쪽.

83) 하워드 J. 웨슬러 지음, 임대희 옮김, 앞의 책, 2005, 374~375쪽.

84) 봉선의례는 이전의 은밀한 것에서 공개적인 것으로 변모되었다(김상범, 「당 전기 봉선의례의 전개와 그 의의」, 『역사문화연구』 17, 2002).

85) 『책부원귀』 36, 제왕부37, 봉선2, 건봉 원년.

수 없다고 보았다.[86]

그렇다면 고구려는 봉선의례 참여로 당 중심의 세계질서에 편제되었다고 여길 수 있다. 고구려가 당의 세계질서에 편제하기에 앞서 백제와 신라는 이미 당 중심의 세계질서에 편제되었다. 당은 백제가 멸망하고 여기에 웅진도독부를 설치하였고, 663년 4월에는 일방적으로 신라를 당의 기미주로 선포하여 신라를 계림대도독부로 삼고 문무왕을 계림주대도독으로 임명하였으며[87] 665년에 김유신을 奉常正卿 平壤郡 開國公 食邑 2천 戶에 책봉하였다.[88] 취리산회맹은 춘추시대부터 있어왔던 질서로,[89] 당은 춘추전국시대의 패자와 마찬가지로 회맹이라는 형태를 통해서 당 중심으로 국제 질서를 유지하려고 하였다.[90] 특히 웅령맹약의 김인문이 취리산회맹 때 문무왕으로 교체된 것도 이와 관련지어 이해해 볼 수 있을 것이다.

이와 같이 당은 당 중심의 국제질서를 확립하기 위해 노력하였고 고구려까지 참여한 666년 봉선의례는 그 절정이었다. 봉선의례는 당시 동아시아 정치의 현안문제를 해결하는 정치의 장이기도 하였다. 고구려 복남은 황제를 알현하고 봉선의례 과정에서 취리산회맹과 관련된 일련의 내용을 논의하였을 것이고 당은 고구려에 대한 무력도발을 철회하려고 하지 않았을까 한다. 이와 관련해서 다음이 주목된다.

L. 여름 4월 天存의 아들 漢林과 庚信의 아들 三光이 모두 奈麻의 관등으로 당에 들어가 宿衛하였다. 왕은 이미 백제를 평정하였으므로 고구려를 없애고자 하여 당에 군사를 요청하였다. (『삼국사기』 6, 신라본기6, 문무왕 6년)

L을 보면 문무왕은 고구려를 멸망시키기 위해 당에 청병하였는데, 이때는

---

86) 김영하, 앞의 책, 2007, 109쪽 주 69) 참고.
87) 『삼국사기』 6, 신라본기6, 문무왕 3년.
88) 『삼국사기』 43, 열전3, 김유신下.
89) 布山和男, 앞의 논문, 1996.
90) 박찬홍, 앞의 논문, 2006, 240~241쪽 ; 정운용, 앞의 논문, 2009, 63쪽.

당의 봉선의례가 끝나는 시점이었다. 그런데 신라의 청병 요구에 당의 반응이 없다는 점에서 아마도 당은 신라의 청병요구에 주저한 것이 아닐까 한다. 그렇다면 복남의 봉선의례 참여는 소기의 목적을 달성했다고 할 수 있다. 하지만 다음이 주목된다.

M. 1) (건봉 원년) 6월 임인일(7)에 고려 천남생이 内附를 요청하였다. 우효위 대장군 계필하력을 遼東安撫大使로 삼아 군사를 이끌고 돕게 하였고 左金吾衛將軍 龐同善과 營州都督 高侃을 遼東道行軍總管으로 삼았으며, 左武衛將軍 薛仁貴와 左監門衛將軍 李謹行에게 뒤에서 돕게 했다. (『신당서』 3, 본기3, 고종)91)

2) (건봉 원년) 6월 임인일(7)에 고려의 막리지 개소문이 죽었다. 그 아들 남생이 그 아버지의 자리를 이었다.92) 그 동생인 남건에게 쫓겨나 그 아들 헌성을 보내어 궁궐에 나아가 항복을 요청하였다. 조서로 左驍衛大將軍 契苾何力에게 군사를 이끌고 그를 맞이하게 하였다. (『구당서』 5, 본기5, 고종 하)93)

3) (건봉 원년) 公은 또 아들 獻誠을 入朝시켰다. 황제가 嘉賞히 여겨 멀리서 공에게 特進, 예전과 같은 太大兄, 平壤道行軍大摠管兼使持節按撫大使를 拜授하여, 본래 蕃兵을 거느리고 大摠管 계필하력 등과 함께 經略을 책임지게 하였다. 公은 國內 등 6城의 10여 萬戶의 書籍과 轅門을 이끌었을 뿐만 아니라 木底 등 3城이 교화를 바라 정성을 함께 하니, 당에 저항하던 조무래기들은 위태로워지고 날로 달로 궁박해졌다. (「泉男生墓誌銘」)94)

4) 6월에 고종이 좌효위대장군 계필하력에게 명령하여 군사를 거느리고

---

91) "(乾封元年) 六月壬寅 高麗泉男生請内附 右驍衛大將軍契苾何力爲遼東安撫大使 率兵援之 左金吾衛將軍龐同善 營州都督高侃爲遼東道行軍總管 左武衛將軍薛仁貴 左監門衛將軍李謹行爲後援."

92) 이 내용은 5월의 내용이다.

93) "(乾封元年) 六月壬寅 高麗莫離支蓋蘇文死 其子男生繼其父位 爲其弟男建所逐 使其子獻誠 詣闕請降 詔左驍衛大將軍契苾何力率兵以應接之."

94) "(乾封元年) 公又遣子獻誠入朝 帝有嘉焉 遙拜公特進 太大兄如故 平壤道行軍大摠管兼使持節按撫大使 領本蕃兵 共大摠管契苾何力等相知經略 公率國內等六城十餘万戶書籍轅門 又有木底等三城希風共款 葅尒危矣 日窮月蹙."

그를 맞아들이니, 남생이 몸을 빠져 나와 당으로 달아났다. (『삼국사기』
22, 고구려본기10, 보장왕 25년)95)

M에서 666년 6월에 천남생이 당에 내부함을 알 수 있다. 앞서 살펴보았듯
이, 복남의 봉선의례 참여로 고구려 내부의 갈등을 야기시켰고 복남이 봉선의
례를 마치고 고구려에 돌아왔을 때 내분이 더욱 심화되어, 666년 6월에
연남생이 당에 투항하면서 내전 상태가 되었다. 남생의 당 투항은 헌성의
역할이 컸을 것이다.96) 헌성은 6월에 당에 입조하여 향도가 되어 당군과
함께 출발하고, 9월 당군은 연남생과 합류하였으며, 10월에 당의 고구려
공격이 본격화되면서97) 12월에 당 고종은 대고구려 원정군을 꾸렸다.98)
666년 12월에는 연정토가 신라에 귀부하기도 하였다.99)
이상과 같이 복남의 봉선의례 참여로 고구려는 위기를 타개한 듯하지만,
고구려의 내분은 심화되었고 신라는 이 기회를 노려 당에 청병하였던 것이
다.100) L에서 문무왕은 이미 백제를 평정하였으므로 고구려를 없애고자
당에 청병하였으나,101) 당은 고구려에 대한 출정을 주저하였다. 하지만
남생의 국내성 탈출을 계기로 신라와 함께 고구려를 공격하였고, 고구려는
나당연합군의 침입으로 668년 멸망하였다.
봉선의례는 통치자가 천명을 받았음을 표현하는 것이었을 뿐만 아니라

---

95) "六月 高宗命左驍衛大將軍契苾何力 帥兵應接之 男生脫身奔唐."
96) 김진한, 앞의 논문, 2011, 119쪽.
97) "(乾封元年) 冬十月己酉 命司空英國公勣爲遼東道行軍大總管 以伐高麗."(『구당서』 5, 본
   기5, 고종 하)
98) 『삼국사기』 22, 고구려본기10, 보장왕 25년 ; 『삼국사기』 6, 신라본기6, 문무왕 6년.
99) 『삼국사기』 6, 신라본기6, 문무왕 6년.
100) 서영교, 앞의 논문, 2015, 81쪽
101) 김영하는 당의 관심을 고구려로 돌림으로서 백제를 통합하려는 신라의 전략일 수
   있었다고 하였다(앞의 논문, 2010, 306~310쪽). 한편 김수태는 백제 멸망 이후 신라는
   고구려 멸망을 주도적으로 이끌었다고 한다. 이와 관련해서 신라는 황산벌에는
   5만을 보냈지만, 고구려를 멸망시키기 위해 20만을 보냈다(김수태, 「신라의 천하관과
   삼국통일론」, 『신라사학보』 32, 2014).

천하를 통일하여 세상에 평화를 가져왔음을, 즉 하늘이 부여한 임무를 완수했음을 천지에 알리는 것이었다. 주 武王은 商을 정복하고 그것을 하늘에 알리기 위해 태산을 여행하였다고 한다. 이와 같이 태산으로 가는 것은 강력한 정치적 의미를 갖고 있는데, 그것은 온 천하를 점유하였다는 뜻이다.[102] 666년의 봉선의례 역시 이와 같은 정치적인 의미가 있었다. 따라서 당이 고구려를 멸망시킨 후 행한 개선의례는 봉선의례의 연장선상에서 이해해 볼 수 있지 않을까 한다.

『수서』예의지에 수 문제 개황 9년에 陳을 평정한 후 宣露布禮가 보이며[103] 『구당서』태종기 상 무덕 4년(621)에 천하를 大定하고 개선례를 행하였다고 한다.[104] 이와 같은 수 문제와 당 태종의 개선의례는 천하를 평정하고 전쟁이 끝났음을 알리는 것으로, 郊勞·告奠天地祖先·露布告捷·獻俘·飮至·封賞을 하였다.[105] 당이 고구려 멸망 후 행한 개선의례는 다음과 같다.[106]

O. 1) ① 겨울 10월에 이적이 돌아오려고 하니, 고종이 명령하여 먼저 왕 등을 昭陵에 바치고 군대의 위용을 갖추어 개선가를 연주하면서 서울에 들어가 大廟에 바치게 하였다. (『삼국사기』 22, 고구려본기10, 보장왕 27년)[107]
② (총장 원년 10월) 이적이 이르려고 하니, 황제가 명령하여 먼저 고장 등을 소릉에 바치고 군대의 위용을 갖추어 개선가를 연주하면서 서울에 들어가 태묘에 바치게 하였다. (『자치통감』 201, 당기17, 고종)[108]

---

102) 하워드 J. 웨슬러 지음, 임대희 옮김, 앞의 책, 2005, 365쪽.

103) 『수서』8, 지3, 예의3. 『자치통감』 개황 9년 4월조에 개선의례가 적기되어 있는데, 遣使迎勞 – 親勞旋師 – 獻俘于太廟 등이 보인다.

104) 『구당서』2, 본기2, 태종 상, "四年 … 六月 凱旋 太宗親披黃金甲 陳鐵馬一萬騎 甲士三萬人 前後部鼓吹 俘二僞主及隋氏器物輦輅獻于太廟 高祖大悅 行飮至禮以享焉 高祖以自古舊官 不稱殊功 乃別表徽號 用旌勳德."

105) 胡戟 撰, 『中華文化通志 – 禮儀志』, 上海人民出版社, 1998, 397쪽.

106) 당의 개선의식과 관련해서 「개원례」에는 보이지 않지만, 胡戟 撰, 『中華文化通志 – 禮儀志』, 上海人民出版社, 1998, 393~400쪽에 따르면 군례의 하나로 征伐之禮가 있는데, 그 종류로 1) 出師祭祀 2) 命將誓師 3) 凱旋之禮 4) 師不功與京觀을 들고 있다.

107) "冬十月 李勣將還 高宗命先以王等獻于昭陵 具軍容奏凱歌 入京師獻于大廟."

2) ① 12월에 황제가 함원전에서 포로를 받았다. 왕은 정치를 자신이 한 것이 아니므로 용서하여 사평태상백 원외동정을 삼고, 천남산은 사재소경을, 승려 신성은 은청광록대부를, 천남생은 우위대장군을 삼았다. 이적 이하의 사람들은 책봉하고 상을 주었는데, 차등이 있었다. 천남건은 黔州로 유배를 보냈다. (『삼국사기』 22, 고구려본기10, 보장왕 25년)109)

② (총장 원년) 12월 정사일(7)에 황제가 포로를 含元殿에서 받았다. 고장은 스스로 정치한 것이 아니므로 용서하여 司平太常伯 員外同正을 삼고, 천남산은 司宰少卿을, 승려 신성은 銀靑光祿大夫를, 천남생은 右衛大將軍을 삼았다. 이적 이하는 책봉하고 상을 주었는데, 차등이 있었다. 천남건은 黔中으로 유배를 보냈고 扶餘豊은 嶺南에 유배를 보냈다. (『자치통감』 201, 당기17, 고종)

3) ① (총장 원년 12월) 정묘일(17)에 南郊에서 제사지냈다. (『신당서』 3, 본기3, 고종)110)

② (총장 원년 12월) 정묘일(17)에 황제가 南郊에서 제사지내 고구려를 평정한 사실을 알렸는데, 李勣을 亞獻으로 삼았다. 기사일(19)에 太廟를 배알하였다. (『자치통감』 201, 당기17, 고종)111)

O-1)을 보면 황제가 명령하여 먼저 고장 등을 昭陵에 바치게 하였고 군용을 갖추어 개선가를 연주하고 서울로 들어와 太廟에 바쳤다고 한다. 昭陵은 당 태종 이세민과 그의 원비인 장손씨 부부를 합장한 능이다. 이처럼 고종이 소릉에 고장 등을 바치게 한 것은 당 태종의 통일 의지를 반영한 것이다. O-2)에서는 당 고종이 포로를 받고 있으며 O-3)에서는 상제에 대한 제사와 태묘에 대한 제사가 이루어지고 있음을 알 수 있다.112)

---

108) "(總章元年 十月) 李勣將至 上命先以高藏等獻于昭陵 具軍容奏凱歌 入京師獻于太廟."

109) "十二月 帝受俘于舍元殿 以王政非己出 赦以爲司平太常伯員外同正 以泉男産爲司宰少卿 僧信誠爲銀靑光祿大夫 泉男生爲右衛大將軍 李勣已下封賞有差 泉男建流黔州."

110) "(總章元年 十二月) 丁卯 有事于南郊."

111) "(總章元年 十二月) 丁卯 上祀南郊 告平高麗 以李勣爲亞獻 己巳 謁太廟.";『책부원귀』 12, 제왕부 13, 告功, "(唐高宗 總章元年) 十二月 帝親祠南郊 以高麗平告上帝."

112) 『당회요』에는 이와 같은 일련의 일이 12월에 이루어지는 것으로 기록되어 있다. 『당회요』 95, 고구려, "總章元年 十二月 至新豐 詔取便道俘於昭陵 乃備軍容奏凱樂 獻於太

이와 같은 당의 개선의례는 백제 멸망 후 행해진 것과는 비교된다. 당은 660년 7월 18일 백제가 멸망 한 후 소정방이 8월 2일 승전축하연과 의자왕의 항복식을 가진 뒤 9월 3일에 의자왕과 왕족 및 그 신하 93명과 백성 1만 2천명을 데리고 당으로 돌아갔으며,[113] 11월 1일에 고종은 낙양의 측천문루에서 그를 받아들인 후 의자왕 이하 모두를 풀어주었다고 한다.[114]

이처럼 고구려 멸망 후 당이 행한 개선의례는 백제 멸망 후 이루어진 항복식과는 달리 천하의 평정을 선포한 것이었다. 봉선의례가 고구려의 외교적 복속 만을 의미하는 것이라고 한다면 개선의례는 실제적인 고구려의 복속이라고 할 수 있다. 한편 신라에서도 고구려 멸망 후 개선의례를 행했는데, 다음이 그것이다.

P. 1) 11월 5일에 왕이 포로로 잡힌 고구려 사람 7천 명을 거느리고 서울에 들어왔다. 2) 6일에 文武 관료를 거느리고 先祖廟를 찾아 뵙고 아뢰어 말하였다. "삼가 선조들의 뜻을 이어 당과 의로운 군사를 같이 일으켜 백제와 고구려에게 죄를 묻고서 원흉에게 죄를 물어 나라의 앞날이 크게 안정되게 되었습니다. 이에 감히 아뢰니, 신이시여 들으소서." 3) 18일에 전쟁에서 죽은 자에게 물건을 주어 위로하였는데, 少監 이상에게는 10□□ 필, 從者에게는 20필을 주었다. (『삼국사기』 6, 신라본기6, 문무왕 8년)[115]

P-1)에 따르면 문무왕 8년 11월 5일에 왕이 고구려 사람을 사로잡아왔고

廟 詔以高藏政不由己 赦其罪 授司平太常伯 男産授司宰少卿 男建配流黔州 分其地置都督府九 州四十二 縣一百 又置安東都護府以統之 移其戶二萬八千於內地."

113) 『삼국사기』 5, 신라본기5, 태종무열왕 ;『삼국사기』 28, 백제본기6, 의자왕 20년.

114) 『구당서』 4, 본기4, 고종 상, "(顯慶五年) 八月庚辰(2) 蘇定方等討平百濟 面縛其王扶餘義慈 國分爲五部 郡三十七 城二百 戶七十六萬 以其地分置熊津等五都督府 曲赦神丘·嵎夷道總管已下 賜天下大酺三 … 十一月戊戌朔 邢國公蘇定方獻百濟王扶餘義慈·太子隆等五十八人俘於則天門 責而宥之". 양종국, 「의자왕과 백제 멸망의 역사적 의미 – 의자왕에 대한 재평가(2)」,『호서사학』 36, 2003, 7~8쪽 참고.

115) "1) 十一月五日 王以所虜高句麗人七千入京 2) 六日 率文武臣僚 朝先祖廟 告曰 祇承先志 與大唐同擧義兵 問罪於百濟高句麗 元凶伏罪 國步泰靜 敢玆控告 神之聽之 3) 十八日 賚死事者 少監已上十□□匹 從者二十匹 …."

6일에 왕은 문무신료와 함께 '先祖廟'를 배알하여 당과 합력하여 백제와 고구려를 멸망시킨 사실을 고하고 있음을 알 수 있다. P-3)에서는 11월 18일에 죽은 자를 추증하였다고 한다. 이것은 문무왕 8년 왕이 親臨한 고구려 토멸전에 대한 개선의식의 하나로 여길 수 있다.[116]

그런데 신라의 개선의례는 당이 상제에 대한 제사를 지낸 후 태묘에 대한 제사를 지낸 것과는 달리 선조묘에만 알렸다. 신라는 진덕왕대 이후 중국 제도를 수용하고 운용[117]하는 과정에서 당 중심의 일원적인 세계질서에 편제되어갔는데, 개선의례 역시 이와 마찬가지라고 할 수 있다. 하지만 고구려 멸망 후 행한 개선의례는 의자왕이 660년 7월 18일에 항복하자 신라에서 천복을 보내 백제를 멸망시켰음을 알린 것[118]과는 비교된다. 따라서 신라의 개선의례는 당을 중심으로 하는 국제 질서에 신라가 편제되어 갔음을 보여주는 측면도 있지만, 신라가 백제뿐만 아니라 고구려를 평정하였음을 대내외적으로 보여준 것이 아닐까 한다.

이상에서 고구려 복남의 봉선의례 참여는 지금까지 고구려 주도의 질서체계가 무너지고 당 중심으로 고구려가 편제되었다는 보여주는 것이었다고 하였다. 그리고 복남의 봉선의례 참여는 소기의 목적은 달성하였으나, 고구려의 내분과 신라의 청병 등으로 결국 고구려는 멸망하였다. 이후 거행된 당의 개선의례는 당이 천하를 평정하였음을 선포한 것이라고 한다면 신라의 개선의례는 백제·고구려를 평정하였음을 대내외적으로 표방한 것이라고 하였다.

본 글은 7세기 동아시아 역사 속에서 고구려가 666년의 봉선의례에 참여한

---

116) 채미하, 「신라의 군례 수용과 왕권」, 『한국사연구』 149, 2010 : 『신라의 오례와 왕권』, 혜안, 2015, 117~118쪽.
117) 이와 관련해서 채미하, 「신라 중대 오례와 왕권-오례 수용을 중심으로-」, 『한국사상사학』 149, 2006 : 앞의 책, 2015, 30~37쪽.
118) 『삼국사기』 5, 신라본기5, 태종무열왕 7년, "王聞義慈降 (七月)二十九日 自今突城至所夫里城 遣弟監天福 露布於大唐."

목적과 의미를 당시의 국제정세뿐만 아니라 의례를 통해 살펴본 것이다. 이를 통해 당시 고구려의 대내외적인 상황에 대한 이해뿐만 아니라 국제적인 위상에 한 걸음 더 나갈 수 있었다.

건봉 원년(666) 봉선의례는 당 고종이 664년 7월 봉선조서를 반포하는 것을 시작으로, 665년 2월에 장안을 출발하여 낙양에 도착한 후, 10월에 낙양을 출발하여 12월 태안에 도착하여 666년 정월에 봉선을 행하고 4월에 장안으로 돌아오면서 마무리되었다. 이와 같은 666년 봉선의례는 주변 국가의 왕족과 사신이 다수 참석한 유례없는 대규모의 의식이었고 봉선과정에서 이례적으로 황후인 측천무후가 아헌으로 참여하였다. 여기에 고구려와 신라·백제도 참여하였는데, 신라·백제는 함께 갔으나 고구려는 단독으로 갔으며 태산으로 출발하기 전에 황제를 알현하였다.

신라의 김인문, 웅진도독부의 부여융은 봉선의례에 참여하러 가기 직전인 665년 8월 13일에 당이 주선하여 취리산회맹을 맺었다. 취리산회맹은 당의 강압에 의해 신라가 백제와의 영토를 확정지은 것으로, 664년 2월의 웅령맹약이 그 토대였다. 당은 웅령맹약을 통해 백제의 명맥을 유지시켜 주면서 신라를 견제하고 고구려 침략의 전초 기지를 마련하려고 하였다. 하지만 신라의 수동적인 태도로 웅령맹약이 잘 지켜지지 않자, 회맹이라는 형식을 구성하고 문무왕을 회맹에 참석하게 함으로써 양국의 경계를 확정지었다. 이와 같은 취리산회맹은 당의 봉선의례 과정에 있었던 것으로, 이를 통해 당은 신라와 백제뿐만 아니라 고구려의 봉선의례 참여를 유도하였다고 보았다.

당시 국제정세에 밝은 고구려는 앞서 행해진 취리산회맹을 저지할 필요가 있었을 것이다. 이에 복남은 665년 10월에 당에 들어가 황제를 알현하였다. 복남을 당에 보내기로 결정한 것은 8월 13일을 전후한 시점이며, 연개소문이 살아 있었다면 가능하지 않았을 것이다. 따라서 연개소문의 사망은 취리산회맹 이전으로, 연개소문의 사망으로 고구려의 봉선의례 참여는 탄력을 받았다고 하였다.

봉선의례는 당시 동아시아 국가들의 정치의 현안문제를 해결하는 정치의 장이기도 하였다. 당은 고구려 멸망의 뜻을 분명히 하였지만, 취리산회맹을 통해 고구려의 봉선 참여를 유도하였다. 고구려의 봉선의례 참여로 당은 고구려에 대한 무력도발은 철회하려고 하였다고 보았다. 이것은 봉선의례가 끝나는 시점에서 신라의 청병 요구에 주저하면서 반응을 보이지 않은 데서 알 수 있다고 하였다. 이로 볼 때 복남의 봉선의례 참가는 소기의 목적을 달성했다고 하였다. 하지만 복남의 봉선 참여로 고구려는 내분이 일어났고 내전으로 발전하면서 남생이 당에 귀부하였으며 이로 말미암아 나당연합군의 공격으로 고구려는 멸망하였다.

당의 봉선의례가 고구려에 대한 외교적인 복속의 의미를 지녔다고 한다면 고구려 멸망 후 행해진 당의 개선의례는 실제적인 복속의 의미를 지닌 것이었다. 이것은 백제 멸망 이후 행한 개선의례와 비교되는 것이며, 고구려 멸망 후 개선의례를 행함으로써 천하의 평정을 만방에 선포한 것이라고 하였다. 신라의 개선의례가 조고묘에 대한 제사만을 행한 반면 당의 개선의례는 남교에서도 행하였다. 이를 통해 당은 개선의례에서도 봉선의례와 마찬가지로 중국 중심의 세계질서에 신라를 편제하려는 것이었다고 하였다. 하지만 신라의 개선의례는 백제 멸망 후 당에게 알린 것과는 비교되는 것으로, 신라의 백제·고구려 평정의 의미도 반영되어 있다고 하였다.

제2절 웅진시기 백제의 국가제사
—'祭天地'를 중심으로—

한성시기 동명묘 제사는 사비시기에는 구태묘 제사로, '祭天地'는 '祭天及五帝之神'으로 변하였다. 이로 본다면 웅진시기 국가제사는 한성시기의 그것과 비슷하지 않았을까 한다. 그런데 웅진시기 동명묘에 제사를 지낸 기록은 보이지 않고 '제천지'만 동성왕대 나온다. 그렇다면 웅진시기 국가제사를 어떻게 이해해야 할까. 이와 관련해서 다음이 관심을 끈다.

A. 蘇我卿이 말하였다. 1) "옛날 大泊瀬天皇 때 그대의 나라가 고구려로부터 침략을 받아 위험하기가 鷄卵을 쌓아놓은 것보다 더했습니다. 이에 천황이 神祇伯에게 명하여 공경히 神祇로부터 계책을 받도록 하였습니다. 祝者가 이에 신의 말에 의탁하여 '나라를 세운 신을 請해 모셔와 장차 망하려는 임금을 가서 구하면 나라는 반드시 평온해지고 사람들은 잘 다스려져 편안해질 것이다'라고 보고했습니다. 이로 말미암아 神을 청하여 가서 구원하였으므로 社稷이 평안해졌습니다. 무릇 나라를 세운 신이란 하늘과 땅이 나뉘어 구분되고 풀과 나무가 말을 할 때 하늘에서 내려와 나라를 만들어 세운 신입니다. 2) 지난 번에 그대 나라에서는 祠堂을 돌보지 않고 제사를 지내지 않는다고 들었는데, 지금이라도 앞의 잘못을 뉘우치고 神宮을 수리하여 神靈을 받들어 제사지내면 나라가 크게 번성할 것입니다. 그대는 나의 말을 잊지 마십시오." (『일본서기』 19, 흠명천황 16년 춘2월)[1]

---

1) "蘇我卿曰 1) 昔在天皇大泊瀬之世 汝國爲高麗所逼 危甚累卵 於是 天皇命神祇伯 敬受策於

A-2)에서 건방지신의 묘를 훼철한 것을 '前過'라고 하고 있다. 이 '前過'를 5세기에 백제가 고구려의 공격을 받은 배경으로 해석하여, 한성시기 말 국가제사체계에 변동이 있었다고 하기도 하고,[2] '頃聞'과 연결시켜 건방지신의 묘를 훼철한 것이 시간적으로 그다지 오래지 않은 성왕대에 해당하는 것으로 보기도 한다.[3] 건방지신에 대해서는 여러 견해가 있지만,[4] A를 보면 한성시기 말 이후 내지는 성왕 초기에 백제의 국가제사체계에 변화가 있었음을 말하는 것으로 여길 수 있는 것이다.

웅진시기 동명묘 제사는 보이지 않고, 동성왕대 '제천지'만 보인다. 이로 볼 때 웅진시기 국가제사체계의 변화를 엿보기에는 무리가 있을 것이다. 그렇지만 한성시기와는 달리 사비시기에 구태묘에 대한 제사, '제천급오제지신'에 대한 제사가 갑작스럽게 등장하였다고는 여겨지지 않는다. 그 변화의 주된 시기는 웅진시기가 아니었을까 하는 것이다. 다시 말하자면 웅진시기에 백제 국가제사에 대한 어떤 변화가 있었다고 생각되는 것이다.

본 글은 동성왕대의 '제천지'를 통해 웅진시기 백제 국가제사의 변화를 검토하려고 한다. 이를 위해 우선 동성왕대 '제천지'가 지니고 있는 의미를 한성시기 '제천지'와의 비교를 통해 살펴볼 것이다. 다음으로 웅진시기 중국과의 교류를 통해 '제천지'가 변화되었을 가능성을 생각해 보려고 한다. 여기에는 사비시기의 '제천급오제지신'에 대한 설명도 덧붙여질 것이다. 이를 통해 백제 국가제사의 하나인 '제천지'의 변화가 가지는 의미를 알 수 있을 것으로 기대한다.

神祇 祝者酒託神於報曰 屈請建邦之神 往救將亡之主 必當國家謠靖 人物又安 由是 請神往救 所以社稷安寧 原夫建邦神者 天地割判之代 草木言語之時 自天降來 造立國家之神也 2) 頃聞 汝國輒而不祀 方今悛悔前過 修理神宮 奉祭神靈 國可昌盛 汝當莫忘."

2) 김창석, 「한성기 백제의 국가제사 체계와 변화양상」, 『서울학연구』 22, 2004, 22~23쪽.

3) 노중국, 「백제의 제의체계 정비와 그 변화」, 『계명사학』 15, 2004, 160~161쪽.

4) 이와 관련된 제견해는 노중국, 위의 논문, 2004, 160쪽 참고.

1. '제천지'와 동성왕

웅진시기 '제천지'와 관련해서 다음이 주목된다.

B. 겨울 10월에 왕이 壇을 설치하여 天地를 祭하였다. (『삼국사기』 26, 백제본기4, 동성왕 11년)5)

B를 보면 동성왕은 '단'을 설치하고 '제천지'하였는데, 그 시기는 왕 11년 (489) 10월이다. 이러한 동성왕의 '제천지'는 한성시기 '제천지'와 밀접한 관련을 가지고 있지 않았을까 한다. 한성시기 '제천지'와 관련해서는 다음이 관심을 끈다.

C. 1) 봄 2월에 왕이 大壇을 설치하여 天地를 親祠하였다. (『삼국사기』 23, 백제본기1, 온조왕 20년)6)

2) 겨울 10월에 왕이 大壇을 쌓아 천지를 祠하였다. (『삼국사기』 23, 백제본기1, 온조왕 38년)7)

3) 봄 2월에 始祖東明廟를 謁하였다. 2월에 왕이 南壇에서 天地를 祀하였다. (『삼국사기』 23, 백제본기1, 다루왕 2년)8)

4) 봄 정월에 鼓吹를 사용하여 천지를 祭하였다. (『삼국사기』 24, 백제본기2, 고이왕 5년)9)

5) 봄 정월에 大壇을 설치하여 天地山川을 祀하였다. (『삼국사기』 24, 백제본기2, 고이왕 10년)10)

6) 봄 정월에 남단에서 천지를 祭하였다. (『삼국사기』 24, 백제본기2, 고이왕 14년)11)

---

5) "冬十月 王設壇祭天地."
6) "春二月 王設大壇 親祠天地."
7) "冬十月 王築大壇 祠天地."
8) "春正月 謁始祖東明廟 二月 王祀天地於南壇."
9) "春正月 祭天地用鼓吹."
10) "春正月 設大壇 祀天地山川."
11) "春正月 祭天地於南壇."

7) 봄 정월에 南郊에서 천지를 祀하고 왕이 친히 희생을 베었다. (『삼국사기』 24, 백제본기2, 비류왕 10년)12)

8) 봄 정월에 天地神祇를 祭하였다. (『삼국사기』 24, 백제본기2, 근초고왕 2년)13)

9) 봄 정월에 東明廟를 謁하고 또 남단에서 천지를 祭하였다. (『삼국사기』 25, 백제본기3, 아신왕 2년)14)

10) 봄 정월에 왕이 東明廟를 謁하고 남단에서 천지를 祭하였다. (『삼국사기』 25, 백제본기3, 아신왕 2년)15)

C를 보면 온조왕 20년(2), 온조왕 38년, 다루왕 2년(29), 고이왕 10년(243), 비류왕 10년(313)에 '祠(祀)天地'했다고 하며, 고이왕 5년, 고이왕 14년, 근초고왕 2년(347), 아신왕 2년(393), 전지왕 2년(406)에 '祭天地'하였다고 한다. 우선 祀와 祠는 같은 것으로 여길 수 있다.16) 예제에 따르면 '사'는 天神에 대한 제사, '제'는 地祇에 대한 제사라고 한다.17) 그렇다면 '제천지'는 天에 대한 제사의 성격이, '사천지'는 地에 대한 제사의 성격이 보다 강하다고 여길 수도 있을 것이다.18) 그렇지만 사전적 의미에 따르면 祀는 '제사'의 뜻을 가지고 있는데, 천신에 대한 제사와 지신에 대한 제사에 모두 사용하고 있다.19) 다루왕 2년과 비류왕 10년에는 '사천지어남단(교)'으로, 고이왕 14년

---

12) "春正月 祀天地於南郊 王親割牲."
13) "春正月 祭天地神祇."
14) "春正月 謁東明廟 又祭天地於南壇."
15) "春正月 王謁東明廟 祭天地於南壇."
16) 『大漢和辭典』 8, 420쪽. 祀事는 祠事로 보고 있다.
17) 以雷鼓鼓神祀 (疏) 天神稱祀 地祇稱祭(『周禮』 地官 鼓人).
18) 최광식, 『고대한국의 국가와 제사』, 한길사, 1994, 189쪽에서 천지에 대한 제사가 祭 또는 祀로 표기되는 것에 근거하여 대단을 천신에 대한 제단으로, 남단을 지기에 대한 제단으로 구별하여 보기도 하였으나, 따르지 않는다. 한편 서영대, 「백제의 천신숭배」, 『백제의 제의와 종교』, 충청남도역사문화연구원, 2007, 152쪽에서 대단이란 명칭에서 백제의 국가제사 중 천지를 제사하는 제단이 가장 컸다는 것을 짐작할 수 있으며 노천에서 제사가 이루어졌다고 볼 수 있다고 하였다. 대단은 남단으로도 불렸는데, 그것이 국도의 남쪽에 위치하고 있었기 때문이라고 한다.
19) 『大漢和辭典』 8, 420쪽.

과 아신왕 2년, 전지왕 2년에는 '제천지어남단'으로 나오고 있다. 남단은 남교에 있는 단으로 이해할 수 있으며, 후술되겠지만 중국의 경우 여기에서는 천에 대한 제사를 지내고 있다. 이로 볼 때 '祠(祀)'와 '제'는 같은 것으로 여겨지며 '사천지'와 '제천지'는 굳이 구별하여 볼 필요는 없을 것이고 기왕의 연구에서 사용한 '제천사지'[20]는 '제천지'라 하여도 큰 무리는 없지 않을까 한다.

예제에 따르면 천에 대한 제사는 남교에서, 지에 대한 제사는 북교에서 이루어지고 있다.[21] B에 따르면 비류왕 10년 '남교'에서 '제천지'했다고 한다. '교'는 國邑 外를 말하다가,[22] 점차 태평지세를 상징하는 瑞物이 머물고 깃드는 신비롭고 상서로운 장소로 이미지화되어 제사와 깊은 관련을 가지게 되었다.[23] 郊는 중국에서 천지를 제사하는 장소이고, 교사는 교에서 지내는 제천의식을 말한다.[24] 백제의 제천지는 남단 내지는 남교에서 이루어지고 있다. 그렇다면 백제의 '제천지'는 국읍 남쪽 교외에서 이루어진 천지에 대한 제사라고 할 수 있다.[25]

지금까지 백제 '제천지'에 대한 연구 성과를 보면 그 계보는 부여, 고구려, 예, 마한으로 이어지는 범부여족의 공통된 본질에서 나타난 것으로[26] 부여와

20) 차용걸, 「백제의 祭天祀地와 정치체제의 변화」, 『한국학보』11, 1978 ; 차용걸·성주탁, 「백제 의식고―제의·전렵·순무·열병·습사의식에 관한 검토」, 『백제연구』12, 1981 ; 서영대, 앞의 논문, 2007.

21) 『大漢和辭典』2, 590쪽. 『禮記』月令, "立夏之日 天子親帥三公九卿大夫 以迎夏於南郊 立冬之日 天子親帥三公九卿大夫 以迎冬於北郊." ; 『한서』교사지 하, "祭天於南郊 就陽之 義也 瘞地於北郊 即陰之象也 … 宜於長安定南北郊 爲萬世基."

22) 『說文』, "踞國百里爲郊."

23) 문정희, 「중국 고대 교사의 성격과 변화」, 연세대학교 석사학위논문, 1996, 6~7쪽.

24) 『사기』봉선서, "古者天子夏親郊 祀上帝於郊 故曰郊." 문정희, 위의 논문, 1996, 9~10쪽 에서『尙書』周書 召誥의 '郊'에 대한 해석에 대해 채침은 교를 천지에 대한 제사로 보아 천과 지를 병칭하고 있다고 보고, 당 공영달은 천지를 겸한 제사가 아니라 제천의 의례로서 교사를 정의하고 있다고 하였다.

25) 남교에서 이루어진 천지신에 대한 제사는 교사로서의 위치가 확립되었음을 보여주는 것이라고 한다(吉岡完祐, 「中國郊祀の周邊國家への傳播」, 『朝鮮學報』108, 1983, 40~44 쪽).

고구려의 문화적 전통을 보유한 백제의 제천과 마한 농경토착민의 신앙관인 소도신앙이 혼합된 것으로 보았다.[27] 다만, 차용걸은 제천과 소도가 어떤 관계인지는 불분명하고 제천이 소도와 처음부터 동일한 것은 아니었다고 하면서 농경토착민의 신앙관이 체계화된 것을 소도라고 하였다. 이에 비해 김두진은 국읍의 제천과 별읍 소도에서의 신앙을 명확히 구별하고, 소도신앙을 지신계 신앙으로 보아 삼한사회의 특수한 사회체계와 부합되어 나타난 것이 백제의 '제천사지'라고 보았다.[28] 중국 諸國을 대표하는 魯의 교사는 원래 農神이었다가 周의 시조신이 된 후직을 제사한다는 점에서 기곡제적 성격을 가진 제사로, 기본적으로는 천에 기원하는 성격을 지닌 제사라고 한다.[29] 이와 같은 기왕의 연구성과와 중국의 경우를 염두에 둘 때 한성시기 '제천지'의 성격은 기본적으로는 天에 대한 제사이면서 祈穀祭로 여길 수 있지 않을까 한다.

그렇다면 이러한 '제천지'를 행한 이유는 무엇일까. '제천지'의 제사시기와 동명묘제사 시기를 B를 참조하여 〈표 1〉로 제시하면 다음과 같다.

〈표 1〉 백제의 동명묘제사와 '제천지'

왕명	연월	동명묘제사	'제천지'
1대 온조왕	원년(서기전18) 5월	立東明王廟	
	20년(2) 2월		王設大壇 親祠天地
	38년(20) 10월		王築大壇 祠天地
2대 다루왕	2년(29) 정월	謁始祖東明廟	
	2년(29) 2월		王祀天地於南壇
6대 구수왕	14년(227) 4월	大旱 王祈東明廟 乃雨	
8대 고이왕	5년(238) 정월		祭天地用鼓吹
	10년(243) 정월		設大壇 祀天地山川
	14년(247) 정월		祭天地於南壇
9대 책계왕	2년(287) 정월	謁東明廟	
10대 분서왕	2년(299) 정월	謁東明廟	

26) 차용걸, 앞의 논문, 1978, 73쪽.
27) 차용걸, 위의 논문, 1978, 58~61쪽.
28) 김두진, 「백제 건국신화의 복원시론」, 『국사관논총』 13, 1990.
29) 문정희, 앞의 논문, 1996, 65쪽.

11대 비류왕	9년(312) 4월	謁東明廟	
	10년(313) 정월		祀天地於南郊 王親割牲
12대 계왕	2년(345) 4월	謁始祖東明廟	
13대 근초고왕	2년(347) 4월		祭天地神祇
17대 아신왕	2년(393) 정월	謁東明廟	又祭天地於南壇
18대 전지왕	2년(406) 정월	王謁東明廟	祭天地於南壇
24대 동성왕	11년(489) 10월		王設壇 祭天地

〈표 1〉에 따르면 동명묘 배알은 비류왕 9년 4월을 제외하고는 대체로 왕이 즉위하고 나서 얼마 있지 않은 시기인 2년 정월임을 알 수 있다. 이에 동명묘제사의 성격을 즉위의례의 하나로 보고 있다.[30] '제천지'를 행한 시기가 동명묘 배알과 같은 왕 2년인 경우를 보면 다루왕(2월), 근초고왕(4월), 아신왕(정월), 전지왕(정월)이다. 그것을 행한 달은 정월과 2월, 4월이다. 정월과 2월의 경우는 거의 같은 시기라고 해도 무방하나, 근초고왕이 4월에 제사지낸 것은 어떤 정치적인 이유와 연관지어 이해할 수 있다.[31] 그렇지만 이것이 왕 2년이라는 점에서 즉위의례의 하나로 보아도 무방하지 않을까 한다. '제천지'와 같은 시기에 동명묘 배알이 이루어지는 점으로 미루어 '제천지' 역시 신왕의 즉위의례적인 성격의 하나로 볼 수 있는 것이다.[32]

일반적으로 '제천지'는 백제 국가제사 중 최고의 제사로 여겨지고 있다. 그런데 '제천지'가 동명묘제사 보다 뒤에 이루어지고 있는 이유는 무엇일까.

30) 최광식, 앞의 책, 1994, 185~186쪽. 한편 박승범은 「삼국의 국가제의 연구」, 단국대학교 박사학위논문, 2002, 89쪽에서 동명묘의례는 기본적으로 신년의례의 성격을 지니는 것으로 보았다. 이처럼 동명묘의례의 성격이 기존의 선행연구에서 이를 즉위의례로 보는 견해와는 다르지만, 지배의 정당성을 담보하는 이념적 상징행위로 보았다는 점에서는 선행연구와 이해를 같이 한다고 하였다.

31) 근초고왕의 경우 방계로 왕위를 계승하였기에 4월에 제사지냈고 전지왕의 경우 비록 방계는 아니지만, 왕위계승 분쟁 끝에 즉위했다고 한다. 따라서 친사는 국가적 위기나 왕위계승에 문제가 있을 경우 위기 극복과 왕권의 합법성을 뒷받침하기 위해 친사가 거행되었던 것이라고 한다(서영대, 앞의 논문, 2007, 151쪽).

32) 井上秀雄,「高句麗·百濟 祭祀儀禮」,『古代朝鮮史序說』, 寧樂社, 1978, 130~131쪽 ; 이기동,「백제국의 정치이념에 대한 일고찰－특히 '주례' 주의적 정치이념과 관련하여」, 『진단학보』 69, 1990, 5쪽 :『백제사연구』, 일조각, 1996 ; 노중국, 앞의 논문, 2004, 136~137쪽.

동명묘제사는 왕족과 일부의 동명계 지배층의 단결을 강화하는 것이었으며 '天'에 대한 제사는 제부여계인 여러 유이민 집단의 결속을 강화하는 것이고 '地'에 대한 제사는 농업에 종사하는 피지배층까지를 결속하는 것이었다고 한다.[33] 이와 같이 생각할 수 있다면 동명묘제사보다 '제천지'가 뒤에 기술되어 있는 이유를 알 수 있을 것이다. 즉 동명묘제사를 통해서는 우선 지배집단 내의 왕위계승을 확인하고 '제천지'를 통해서는 백제국의 군주로서 복속민에 대한 지배의 당위성을 보장받기 위한 것으로 생각되어지는 것이다.[34]

한편 동성왕은 왕 11월 10월에 제사지내고 있으며 '제천지'에 앞서 '단'을 설치하고 있다. 온조왕 20년, 온조왕 38년, 고이왕 5년, 고이왕 10년, 고이왕 14년과 비류왕 10년에는 앞서 살펴본 것처럼 왕 2년이 아닌 다른 해에 '제천지'를 행하고 있는 것이다. 여기에는 어떤 정치적인 이유가 있었다고 한다.[35] B를 보면 온조왕 20년, 온조왕 38년, 고이왕 10년에 '설(축)대단'하고 있음을 알 수 있다. 秦의 교사에서 제단을 만드는 것은 遷都나 대전쟁에서의 승리 등 국가의 大事 때 조성되고 있다.[36] 이러한 점들을 염두에 둘 때 동성왕이 왕 11년 '단'을 설치하고 '제천지'한 것은 당시의 정치적 상황과 밀접한 관련을 가지고 있었다고 생각된다. 동성왕이 '제천지'를 행한 이유는 무엇일까.

---

33) 차용걸, 앞의 논문, 1981, 75~76쪽.
34) 차용걸은 「백제의 숭천사상」,『백제의 종교와 사상』, 충청남도, 1994, 12~20쪽에서 백제의 제천행사는 백제의 발전과정과 밀접한 관련을 가지고 있었다고 하였다.
35) 차용걸, 앞의 논문, 1994, 13~17쪽 및 박승범, 위의 논문, 2002, 103~109쪽도 참고. 서영대는 앞의 논문, 2007, 150~151쪽에서 온조왕 시기는 국가의 초창기이며 고이왕 시기는 국가의 제도가 새롭게 정비되는 시기로, 천지제사가 2회이상 기록에 보인다는 것은 천지제를 통해 왕권이 천지로부터 부여받은 것임을 선양함으로써 이 시기 왕권의 정당화를 도모했다고 할 수 있다고 하였다. 비류왕의 경우는 방계이기에, 고이왕 역시 방계로서 왕위를 계승하였기 때문에 왕권의 정당성과 합법성을 주장해야 했고 천지와의 관계 갱신 및 새로운 질서의 수립을 선포하는 천지합사를 여러 차례 거행했다고 한다.
36) 문정희, 앞의 논문, 1996, 65쪽 ; 서영대는 위의 논문, 2007, 152~153쪽에서 천지합사에서 제단을 새로 설치하는 것은 국가 질서를 주기적으로 갱신함으로써, 국가에 활력을 불어넣고 새 출발을 하기 위한 것으로 보고 있다.

백제는 개로왕 21년(475) 고구려의 침공으로 왕이 피살되고 수도 한성이 함락되자 웅진으로 천도하였다.[37) 그렇지만 물길과 공모하여 고구려 협공을 꾀하는 등[38)] 세력의 만회를 위해 노력했다. 그러나 문주왕이 해구에게 피살되는[39)] 등 왕권의 불안정이 계속되었으며, 귀족세력간의 갈등도 끊이지 않았다. 문주왕을 살해하고 삼근왕을 옹립한 해구는 군국정사 일체를 장악하지만,[40)] 그 후 그는 연신과 더불어 대두성에서 반란을 일으켰다가 덕솔 진로에 의해 평정된다.[41)] 이 과정에서 삼근왕도 재위 3년만에 죽어 문주계의 왕통은 끊어지게 되었다.

해구의 반란을 평정하는 데 결정적 공을 세운 덕솔 진로는 동성을 왕으로 옹립하는데, 그 이유는 그가 왜국에 체류하고 있어서 국내에 정치적 기반이 없었다는 점, 그의 아버지인 개로왕의 동생 곤지가 죽었기 때문에 그의 후견인이 될 사람이 없었다는 점 등을 들고 있다.[42)] 동성왕이 즉위하고 나서 실권을 장악한 것은 진씨 세력이었다.[43)] 진로가 동성왕 4년(482) 병관좌평으로 내외병마사를 겸지한 데서, 그것을 알 수 있다.[44)]

이처럼 동성왕은 당시 실권 귀족인 진씨 세력의 옹립에 의해 왕이 되었지만, 왕 6년 이후부터 점차 자신의 세력기반을 확대하기 시작하였다. 왕 6년 부여 지역을 기반으로 한 사약사,[45)] 왕 8년 웅진지역을 기반으로 한 위사

---

37) 『삼국사기』 25, 백제본기3, 개로왕 21년.

38) 『위서』 100, 열전88, 물길.

39) 『삼국사기』 26, 백제본기4, 문주왕 4년, "秋八月 兵官佐平解仇 擅權亂法 有無君之心 王不能制 九月 王出獵 宿於外 解仇使盜害之 逐薨."

40) 『삼국사기』 26, 백제본기4, 삼근왕 즉위년, "三斤王 文周王之長子 王薨 繼位 年十三歲 軍國政事 一切委於佐平解仇."

41) 『삼국사기』 26, 백제본기4, 삼근왕 2년, "春 佐平解仇與恩率燕信聚衆 據大豆城叛 王命佐平眞男 以兵二千討之 不克 更命德率眞老 帥精兵五百 擊殺解仇 燕信奔高句麗 收其妻子 斬於熊津市."

42) 노중국, 「웅진도읍기의 정치사~동성왕대를 중심으로」, 『백제문화』 24, 1995, 124쪽 ; 정재윤, 「웅진시대 백제사 연구의 성과와 과제」, 『백제문화』 33, 2004, 25쪽.

43) 노중국, 앞의 논문, 1995, 124쪽.

44) 『삼국사기』 26, 백제본기4, 동성왕 4년, "春正月 拜眞老爲兵官佐平 兼知內外兵馬事."

좌평 백가,[46] 왕 12년 연기지역을 기반으로 한 달솔 연돌의 등용[47]이 그것이다. 『남제서』 백제전에는 동성왕 12년대의 신진인물로 사법명, 찬수류, 조근, 모유, 왕무, 장새, 진명 등이 보인다.[48]

동성왕은 11년 10월에 '제천지'하고 있다. 한성시기 '제천지'를 행한 왕들은 '제천지'를 통해 왕권이 천지로부터 부여받은 것임을 내세움으로써 왕권의 정당화를 도모하려 했을 것이다. 특히 왕위계승에 문제가 있을 경우는 '제천지'를 통해 자신이 처한 위기를 극복하려고 하였을 것이고 왕권의 합법성을 뒷받침하려했을 것이다.

앞에서 살펴본 바와 같이, 동성왕의 왕위 즉위는 순탄하지 않았다. 이로 볼 때 동성왕이 '제천지'를 행한 것은 우선 자신의 왕위 즉위가 정당했음을 내세우기 위한 것으로 보여진다. '제천지'를 행한 시기가 왕 11년인 점을 염두에 둔다면 동성왕은 '제천지'를 통해 자신의 위상을 확립했을 뿐만 아니라 정국운영에도 어떤 자신감을 표출하지 않았을까 한다. 왜냐하면 동성왕은 즉위 초기 국내에 정치적 기반이 없어 어려움을 겪었지만, 왕 6년 이후 그 세력 기반을 확대해 나가는 과정 속에서 '제천지'를 행했다는 점에서 그러하다. 그런데 왜 동명묘에 대한 제사가 아닌 '제천지'였을까.

한성시기 지배세력은 왕족인 부여씨를 비롯하여 진씨·해씨 등 부여계가 정치의 중심을 이루었다. 따라서 이 시기에 백제 왕실은 범부여계의 공통조상인 동명을 국가제사의 대상으로 삼아 결속을 담보할 수 있었을 것이다.[49]

---

45) 『삼국사기』 26, 백제본기4, 동성왕 6년, "秋七月 遣內法佐平沙若思 如南齊朝貢 若思至西海中 遇高句麗兵 不進."

46) 『삼국사기』 26, 백제본기4, 동성왕 8년, "春二月 拜苩加爲衛士佐平."

47) 『삼국사기』 26, 백제본기4, 동성왕 12년, "九月 王田於國西泗沘原 拜燕突爲達率."

48) 『남제서』 58, 열전39 동이, 백제국, "建武二年 牟大遣使上表曰 臣自昔受封 世被朝榮 忝荷節鉞 剋攘列辟 往姐瑾等竝蒙光除 臣庶咸泰 去庚午年, 獫狁弗悛 擧兵深逼 臣遣沙法名 等領軍逆討 宵襲霆擊 匈梨張惶 崩若海蕩 … 今邦宇謐靜 實名等之略 尋其功勳 宜在襃顯 今假沙法名行征虜將軍·邁羅王 贊首流爲行安國將軍·辟中王 解禮昆爲行武威將軍·弗中侯 木干那前有軍功 又拔臺舫 爲行廣威將軍·面中侯 伏願天恩特愍聽除 又表曰 臣所遣行龍驤 將軍·樂浪太守兼長史臣慕遺 行建武將軍·城陽太守兼司馬臣王茂 兼參軍·行振武將軍·朝鮮太守張塞 行揚武將軍陳明 在官忘私 唯公是務 見危授命 蹈難弗顧 … 詔可 竝賜軍號."

그러나 고구려의 공격에 의해 한성이 함락됨으로써, 이제 동명은 고구려의 천하관을 나타내는 대표적인 상징이 되었으며[50] 이로 말미암아 백제는 동명왕의 정통성을 내세울 수 없었을 것이다.[51] 반면 웅진천도 이후 백제 왕실이 안고 있었던 가장 시급한 과제는 정치적·경제적 안정과 더불어 사회적 통합이 아니었을까 한다. 10월은 마한시기 이래 전통적으로 수확제가 행해진 달로, 금강유역권의 지역에서도 10월에 수확제를 지냈을 것이다. 이에 동성왕은 이 지역에서 행해오던 농경의례의 하나인 수확제 시기에 맞추어 10월에 천지에 대한 제사를 드린 것이 아닌가 하는 것이다.[52]

이처럼 동성왕이 '제천지'한 것은 당시의 정치·경제·사회적 상황과 밀접한 관련을 가지고 있음을 알 수 있다. 그런데 무엇보다도 동성왕은 '제천지'를 통해 자신의 위상을 확립하였을 뿐만 아니라 정국 운영에도 자신감을 가졌다. 이것은 '제천지'를 행한 이후 동성왕이 신진 귀족세력을 중심으로 정치운영을 도모하고 있는 데서, 그것을 생각해 볼 수 있다.

앞에서 살펴보았듯이, 『남제서』 백제전에 보이는 인물의 상당수가 신진귀족들이고 이들의 성명표기가 구귀족보다 앞서고 있다든가, 沙井城을 쌓은 후 신진귀족의 하나인 한솔 毗陀로 하여금 지키게 한 것[53] 등은 정치운영의 변화에서 나온 것이라 할 수 있다.[54] 동성왕 19년(497)에 병관좌평 진로가 죽자 달솔 연돌을 병관좌평으로 삼았다는 것도 주목된다.[55] 진로는 동성왕 초기에 병마권을 관장한 실권귀족으로 구귀족들을 대변하는 존재였는데, 그가 죽자 동성왕은 신진 귀족세력의 하나인 연돌을 병관좌평으로 삼았던

---

49) 노명호, 「백제의 동명신화와 동명묘」, 『역사학연구』X, 전남대학교사학회, 1981.
50) 박순발, 『한성백제의 탄생』, 서경문화사, 2001, 211~214쪽.
51) 노중국, 앞의 논문, 2004, 146~147쪽.
52) 노중국, 위의 논문, 2004, 146쪽.
53) 『삼국사기』26, 백제본기4, 동성왕 20년, "設熊津橋 秋七月 築沙井城 以扞率毗陀鎭之."
54) 노중국, 앞의 논문, 1995, 127쪽.
55) 『삼국사기』26, 백제본기4, 동성왕 19년, "夏五月 兵官佐平眞老卒 拜達率燕突爲兵官佐平."

것이다.[56] 이것은 동성왕이 강화된 왕권을 기반으로 하여 점차 신진귀족에게 정치적 무게를 실어주었음을 보여주는 것이다. 그렇지만 동성왕의 측근 귀족세력의 형성은 기존 귀족세력들과 마찰을 일으키게 되었고, 결국 동성왕은 피살되었다.[57]

2. 웅진시기 '제천지'의 변화

온조왕 이래의 '제천지'는 동성왕 11년(490)을 끝으로 보이지 않고, 위덕왕대(554~589)의 사실을 중심으로 서술한 『주서』를 비롯한 중국측 자료에 '祭天及五帝之神'이 보이는데, 다음이 그것이다.

> D. 그 나라의 왕은 매 계절의 仲月에 하늘과 五帝의 神에게 제사지내고, 또 해마다 네 번씩 그의 시조 仇台의 사당에 제사드린다.(『주서』 49, 이역상 백제)[58]

D를 보면 사비시기 천과 오제신에 대한 제사가 행해졌음을 알 수 있다. 기왕의 연구에서는 『주서』 등에 보이는 천과 오제신에 대한 제의와 국초 이래의 '제천사지'와의 관계에 대해서 전자가 후자의 발전되고 정례화된

---

56) 동성왕은 연돌을 병관좌평으로 임명한 직후 적극적인 남방정책을 추진하게 되는데 (정재윤, 「동성왕의 즉위와 정국 운영」, 『한국고대사연구』 20, 2000, 522~524쪽), 이는 사비천도 계획과 밀접한 관련이 있는 것으로 파악하고 있다(노중국, 「백제 왕실의 남천과 지배세력의 변천」, 『한국사론』 4, 1978, 93~94쪽).

57) 『삼국사기』 26, 백제본기4, 동성왕 23년, "冬十一月 獵於熊川北原 又田於泗沘西原 阻大 雪 宿於馬浦村 初王以苩加鎭加林城 加不欲往 辭以疾 王不許 是以怨王 至是使人刺王 至十二月乃薨 諡曰東城王." 동성왕 23년 정변을 주도한 세력은 동성왕 정권에서 배제된 남래귀족과 왕족이라고 한다(정재윤, 위의 논문, 2000, 113~119쪽).

58) "其王以四仲之月 祭天及五帝之神 又每歲四祠其始祖仇台之廟." 이외 『수서』 81, 동이, 백제 ; 『북사』 94, 열전, 백제 ; 『책부원귀』 959, 외신부 사풍1, 백제 ; 『한원』 30, 번이부 백제 ; 『삼국사기』 32, 잡지1, 제사 등.

상태를 기록한 것으로 보기도 하였다.[59] 그리고 백제의 '제천사지'는 한성시기의 '제천사지'와 주로 사비시기의 천과 오제신에 대한 제의로 구분되지만, 기본적으로는 마한사회의 전통적인 제천의례가 백제의 영역확장과정에서 흡수되어 재편되었고, 중국의 오제신앙을 토착적인 문화전통에 따라 구성한 것으로도 이해하였다.[60] 그렇지만 전통적인 천지합제가 천과 오제신에 대한 제천으로 대체한 것으로 보기도 한다.[61]

이와 같이 기왕의 연구성과를 보면 한성시기 '제천지'가 중국 제사제도의 영향을 받아 '제천급오제지신'으로 변화된 것으로 이해하고 있다.[62] 이것의 변화 시기는 대체로 성왕이 사비로 천도한 이후로 보고 있다.[63] 이와 관련해

---

59) 차용걸, 앞의 논문, 1994, 17쪽.
60) 박승범, 앞의 논문, 2002, 119쪽.
61) 서영대, 앞의 논문, 2000, 116쪽 및 132쪽.
62) 이것은 사비시기 '천' 및 '오제신'의 제사 시기가 한성시기의 '제천지'와는 달리 '사중지월'이라는 데서 알 수 있고 '오제'라는 중국 신관념의 도입에서 생각해 볼 수 있다고 한다(노중국, 앞의 논문, 2004, 150쪽). 백제가 오제의 제일을 사중지월이라고 한 원인이 무엇인지 분명하지 않다. 다만 제천이 행해진 제일도 사중지월인 것에서 미루어 볼 때 제천행사 때 오제에 대한 제사도 함께 드리지 않았을까 한다(노중국, 위의 논문, 2004, 154쪽). 한편 중국의 경우 오제에 대한 제일은 왕조와 시대에 따라 달랐지만, 사중지월로 고정된 것은 없었다고 하면서 사중지월이라는 제일은 백제가 중국으로부터 오제신앙을 받아들였다고 하더라도 백제적으로 변용한 것을 보여주는 것이라 하기도 한다(서영대, 위의 논문, 2000, 113쪽).
63) 웅진도읍기에는 한성도읍기 때의 제의체계와는 다른 변화양상이 나타났다. 그러나 천도 이후 일어난 정치적 불안으로 백제왕실은 국가체제를 재정비할 여력이 없었기 때문에 이러한 변화를 아직 체계화하지 못하였다. 그래서 제의체계의 정비는 성왕의 사비천도 단행과 더불어 이루어지게 되었다. 이것은 중국제도의 수용과 밀접한 관련을 가지고 있었을 것이다(노중국, 위의 논문, 2004, 149쪽). 井上秀雄은 백제가 372년 동진과 통교한 이후 중국 문화를 활발히 도입하고 정치제도를 중국풍으로 고치는 가운데 중국의 제사의례를 형식적으로 도입하게 되었지만, 5세기 말에 이르러 이 같은 제사의례가 차츰 권위를 잃게 되었다고 보고 있는데, 그 원인은 백제가 이 시기에 들어와 정치기구의 확충에 중점을 두는 등 종교적인 의례보다도 정치·경제적인 실무를 중시하는 경향을 취했기 때문인 것으로 보았다(『古代朝鮮史序說-王者と宗教』, 1978, 134~135쪽). 또한 井上秀雄은 「百濟の律令體制への變遷」, 『律令制』, 1986, 152쪽에서 백제의 제사제도가 5세기 후반 어느 시기에 마한시대 이래의 제사습속을 버리고 중국풍의 제사제도를 채용했을 것이라는 견해를 제시하기도 하였다(이와 관련해서 이기동, 앞의 논문, 1990, 13~14쪽도 참고).

서 다음도 주목된다.

E. 왕이 사신을 梁나라에 보내 조공하고 겸하여 표문을 올려 毛詩박사와
涅槃 등의 의미를 풀이한 책과 기술자 등을 보내 주기를 요청하니, 양나라에
서 이를 허락하였다. (『삼국사기』 26, 백제본기4, 성왕 19년)[64]

E에 따르면 성왕 19년(541) 양에 사신을 보내어 모시박사와 열반 등의
經義에 밝은 자를 보내주기를 청하자, 양이 이를 수락하였다고 한다. 그런데
『陳書』를 보면 백제가 양에 강례박사를 청하자, 陸詡가 황제의 명에 의해
백제에 파견되었다고 한다.[65]

우선 E를 보면 모시박사를 청하고 있다. 毛詩는 詩傳=시경을 일컫는 것으로
오경, 시경·서경·역경·예기·춘추의 하나이다. 한성시기에 아직기·왕인 등
이 왜에 건너가 한학과 유학을 전하였는데,[66] 특히 왕인은 왜에『논어』와
『천자문』을 전하였다. 웅진시기 무령왕 13년(513)에도 오경박사 단양이를
왜에 보내고 왕 16년에는 오경박사 고안무로 교대하였다.[67] 이처럼 백제가
왜에 오경박사 등을 보내고 있는 것으로 볼 때 당시 백제는 유학에 조예가
깊었음을 알 수 있다. 그럼에도 불구하고 성왕이 모시박사를 청하고 있는
이유는 무엇일까. 이와 관련해서 다음이 관심을 끈다.

---

64) "王遣使入梁朝貢 兼表請毛詩博士 涅槃等經義 幷工匠畵師等 從之." 이외『양서』무제본기
대동 7년, "高麗百濟滑國 各絹絲獻方物."；『양서』백제전, "中大通六年大同七年 累遣使
獻方物 幷請涅槃等經義 毛詩博士 幷工匠畵師等 勅幷給之" 참조.

65) 『陳書』33, 鄭灼傳 附, "陸詡少習崔靈恩三禮義宗 梁世百濟國 表求講禮博士 詔令詡行
還除給事中定陽令 天嘉初 侍始興王伯茂讀遷 尙書祠部郞中.";『남사』7, 鄭灼傳 附, "陸詡
少習崔靈恩三禮義 梁時百濟國表求講禮博士 詔令詡行 天嘉中 位尙書祠部郞中."

66) 『일본서기』10, 응신천황 15년, "秋八月壬戌朔丁卯 百濟王遣阿直伎 … 阿直岐亦能讀經典
卽太子菟道稚郎子師焉 於是 天皇問阿直岐曰 如勝汝博士亦有耶 對曰 有王仁者 是秀也
時遣上毛野君祖 荒田別巫別於百濟 仍徵王仁也.";『일본서기』10, 응신천황 16년, "春二
月 王仁來之 則太子菟道稚郎子師之 習諸典籍於王仁 莫不通達."

67) 『일본서기』17, 계체천황 7년, "夏六月 百濟遣姐彌文貴將軍 州利卽爾將軍 副穗積臣押山
貢五經博士段楊爾.";『일본서기』17, 계체천황 10년, "秋九月 百濟遣州利卽次將軍 副物
部連來 謝賜己汶之地 別貢五經博士漢高安茂 請代博士段楊爾 依請代之."

F. 唐에 사신을 보내 禮記와 文章에 관한 책을 요청하였다. 測天武后는 담당 관청에 명하여 吉凶要禮를 베껴 쓰게 하고, 아울러 文館詞林 가운데 규범이 될 만한 글들을 채택하여 50권으로 만들어 주었다. (『삼국사기』 8, 신라본기8, 신문왕 6년)[68]

F에 따르면 신문왕 6년(686) 신라에서 당에 『예기』와 문장을 요청하자, 당 측천무후가 '길흉요례'와 아울러 '사섭규계'를 보냈다고 한다. 신문왕이 『예기』와 문장을 요청한 이유는 새로운 국가질서의 정비와 더불어 신라 중대 왕권의 안정과 강화를 꾀하기 위해서였다고 하며 당에서 보내온 '길흉요례'와 '사섭규계'를 통해서 지배체제의 정비가 이루어졌을 것으로 이해하였다.[69] 그렇다면 백제 성왕이 모시박사를 청한 것도 이와 마찬가지로 여길 수 있지 않을까 한다.

E를 보면 백제에서 모시박사를 청하였으나, 『陳書』에는 강례박사를 보내고 있다. 모시=시경의 내용은 周 초부터 춘추시대까지의 詩 311편으로, 國風·小雅·大雅·頌의 4부로 구성되어 있다. 국풍은 여러 나라의 민요이고, 아는 공식 연회에서 쓰는 儀式歌이며, 송은 종묘제사에서 쓰는 樂詩이다. 이로 볼 때 시경의 내용은 樂과 관련되어 있음을 알 수 있다. 樂과 禮는 상호 밀접한 관련을 지니고 있는 것이다. 이와 관련해서 신라에서 악의 정비와 예의 정비가 함께 이루어지고 있는 것이 참고된다. 진덕왕 5년(651) 음성서와 전사서가 함께 설치되었을[70] 뿐만 아니라 신문왕 7년(687) 음성서의 長이

---

68) "遣使入唐 奏請禮記幷文章 則天令所司 寫吉凶要禮 幷於文館詞林 採其詞涉規誡者 勒成五十卷 賜之."

69) 신라가 당에 『예기』와 문장을 요청한 이유에 대한 여러 견해는 채미하, 「신라의 '오묘제'시정과 신문왕권」, 『백산학보』 70, 2004, 272쪽 참고.

70) 『삼국사기』 38, 잡지7, 직관(상), "音聲署 屬禮部 景德王改爲大樂監 惠恭王復故 長二人 神文王七年改爲卿 景德王又改爲司樂 惠恭王復稱卿 位與他卿同 大舍二人 眞德王五年置 景德王改爲主簿 後復稱大舍 位自舍知至奈麻爲之 史四人." ;『삼국사기』 38, 잡지7, 직관(상), "典祀署 屬禮部 聖德王十二年置 監一人 位自奈麻至大奈麻爲之 大舍二人 眞德王五年置 位自舍知至奈麻爲之 史四人."

변경되면서 오묘제가 정비되고 있는 데서,[71] 그것을 알 수 있는 것이다. F를 보면 신라가 『예기』를 요청하였으나, 당에서는 '길흉요례'를 보내고 있다. 이것은 백제가 모시박사를 청하였으나, 진에서 강례박사를 보낸 것과 다르지 않은 것이다. 그렇다면 성왕이 청한 모시박사나 진에서 보낸 강례박사는 같은 것으로 여겨도 무방할 것이다.[72]

중국에서는 한대에 오경박사가 설치된 후 오랜 기간 보이지 않다가, 양 무제 天監 4년(505)에 다시 설치된다. 양의 오경박사는 오례, 즉 吉·凶·賓·軍·嘉의 의례를 주관한 자로서, 오례박사·강례박사로도 불렸다고 한다.[73] 백제에 온 강례박사 육후는 양나라 최영은에게서 삼례의종[74]을 배웠다고 한다. 이로 볼 때 육후는 예제에 밝았을 것임을 알 수 있다. 그는 귀국하여 給事中과 定陽令을 제수받고 天嘉 연간(560~566)에는 始興王 伯茂의 시독으로 尙書祠部 郎中에 임명되었다.[75] 이처럼 육후가 상서사부 낭중에 임명되는 것으로 볼 때, 그는 국가의 예제, 특히 제례의 전문가가 아니었을까 한다. 이러한 점을 염두에 둔다면 육후는 예제를 통해 백제의 제사제도 정비에 일정 정도 관여하였을 것이다. 육후가 백제에서 활동한 연대는 성왕 19년(541)에서 성왕 30년 사이라고 한다.[76] 그렇다면 성왕대의 제사제도, 길례의 정비는 육후와 관련 있지 않았을까 한다.[77] 이로 볼 때 한성시기의 '제천지' 대신

---

71) 『삼국사기』 8, 신라본기8, 신문왕 7년, "夏四月 改音聲署長爲卿 遣大臣於祖廟 致祭曰 王某稽首再拜 謹言太祖大王·眞智大王·文興大王·太宗大王·文武大王之靈 …."

72) 『진서』에 육후가 스승인 최영은에게서 삼례(주례, 의례, 예기)를 배웠다고 나와 있지만, 스승 최영은은 삼례뿐만 아니라 『집주모시이십권』을 지을 정도로 모시에도 정통했다. 따라서 육후도 스승에게서 모시를 배웠다고 생각되며 사서에 따라 모시박사 또는 강례박사로 불린 것으로 보았다(조경철, 「백제 성왕대 유·불정치이념-육후와 겸익을 중심으로-」, 『한국사상사학』 15, 2000, 13쪽).

73) 신종원, 「삼국 불교와 중국의 남조문화」, 『강좌 한국고대사9-문화의 수용과 전파』, 2002, 109쪽.

74) 삼례의종의 삼례를 조경철, 위의 논문, 2000, 10쪽과 13쪽에서 주례·의례·예기로 보고 있다.

75) 조경철, 위의 논문, 2000, 10쪽.

76) 이기동, 앞의 논문, 1990, 12쪽 ; 조경철, 위의 논문, 2000, 13쪽.

백제에서 천 및 오제신에 대한 제사가 시작된 하한은 육후가 백제에서 활동한 시기로 여길 수 있을 것이다.

그렇다면 천 및 오제신에 대한 제사가 시작된 상한은 언제일까.[78] 이것은 '제천지'의 변화와 밀접한 관련을 가지고 있지 않았을까 한다. 한성시기 온조왕 38년(20)을 제외하고 '제천지'는 정월에 행해졌다. '제천지'의 정월 제사는 기풍제적인 성격을 띠고 있다고 하며[79] 10월 제사는 수확제적인 성격이 강하다고 한다.[80] 동성왕의 '제천지'는 한성시기의 '제천지'와는 달리 동명묘에 배알한 기사도 보이지 않을 뿐만 아니라 정월 제사가 아닌 10월 제사이다. 뿐만 아니라 '대단'이 아닌 '단'을 설치하였는데, 이것은 그 전보다는 그 규모가 작아진 것을 반영하는 것으로 여길 수 있을 것이다. 이처럼 동성왕의 '제천지'는 한성시기의 '제천지'와는 다른 모습을 보여준다. 이것은 기왕의 '제천지'에 변화가 있었음을 보여주는 것으로 생각되어지는 것이다. 이러한 '제천지'는 이후에도 계속해서 그 변화가 이루어졌을 터인데, 이것은 당시의 지배체제 정비와 맞물려 진행되지 않았을까 한다. 이와 관련해서 다음이 관심을 끈다.

G. 가을 7월에 나이가 15세 이상인 북부 사람들을 징발하여 沙峴城과 耳山城

---

77) 노중국, 앞의 논문, 2004, 170~171쪽 ; 조경철, 위의 논문, 2000, 13쪽 ; 서영대, 앞의 논문, 2000, 111쪽.

78) 백제가 오제신앙을 수용한 것은 무령왕 후반기~성왕 전반기라고 한다(서영대, 앞의 논문, 2000, 116~121쪽).

79) 최광식, 앞의 책, 1994, 185쪽 ; 서영대, 앞의 논문, 2007, 150~151쪽에서 '제천지'의 정월제사는 신년의례로서의 의미, 나아가 봄을 맞이하여 그 해의 풍년은 물론, 재위기간 중의 풍년을 미리 기원하는 의미를 지닌 것이라 할 수 있다고 하였다.

80) 최광식, 위의 책, 1994, 185~186쪽 ; 이기동, 앞의 논문, 1990, 5쪽. 한편 박승범은 앞의 논문, 2002, 103쪽에서 온조왕 38년의 제천사지는 마한의 '수확제'와 밀접한 관련이 있을 뿐만 아니라 마한의 전통적인 제천의례를 계승한 것이라고 하였다. 즉 유이민으로서의 지배의 당위성을 확보하기 위해 선주 토착세력이 전통적으로 행하고 있던 농경의례로서의 제천을 백제 국가권력이 장악한 것이 온조왕대 제천사지의 의의라고 하였다.

두 성을 쌓았다. (『삼국사기』 26, 백제본기4, 동성왕 12년)81)

G에 따르면 동성왕은 왕 12년에 사현·이산성을 축성하고 있다고 한다. 동성왕대 축성이 본격화된 것은 동성왕 8년(486) 우두성을 설치82)하면서 부터이다. 성은 대체로 지방의 전략적 요충지에 축조되는데, 이것은 수도 주변의 방어망을 정비하는 것은 물론 당시 고구려나 신라에 대비하는 것이었다. 이와 같은 축성에 필요한 많은 역부를 징발하기 위해서는 역역 동원체제의 정비가 불가피하였을 것이다. 이를 통해 백제 중앙정부의 통치력과 왕권은 신장되었을 것이다. 왕 20년에는 사정성을 축조하고83) 왕 23년에는 탄현책과 가림성을 축조하였는데,84) 이때 중앙의 관리를 지방에 파견하고 있다. 중앙 귀족을 지방의 요지에 보낸 것은 지방지배를 강화하려는 것일 뿐만 아니라 동시에 중앙 귀족세력들을 재편성한다는 의미도 있는 것으로, 왕권강화와 밀접한 관련을 가지고 있는 것이다.

G를 보면 동성왕은 왕 12년 9월에 사비원에서 전렵하고 있음을 알 수 있다. 동성왕의 전렵기사는 총 8건으로,85) 동성왕 5년 2건을 제외하고는 모두 왕 12년 이후이다. 고대사회에서 전렵행사는 국왕의 고유한 통치권 행사의 일환으로, 국가의 모든 구성원들 사이에 결속을 다지는 중요한 국가의 식이었다. 동성왕이 빈번하게 전렵행사를 실시한 이유는 한성에서 웅진으로의 남천 이후 지배세력들의 동요를 극복하고 통수권을 확인하기 위한 행사로

---

81) "秋七月 徵北部人年十五歲已上 築沙峴耳山二城 九月 王田於國西泗沘原 拜燕突爲達率."
82) 『삼국사기』 26, 백제본기4, 동성왕 8년, "秋七月 重修宮室 築牛頭城."
83) 주 53) 참고.
84) 『삼국사기』 26, 백제본기4, 동성왕 23년, "七月 設柵於炭峴 以備新羅 八月 築加林城 以衛士佐平苩加鎭之."
85) 『삼국사기』 26, 백제본기4, 동성왕 5년, "春 王以獵出 至漢山城 撫問軍民 浹旬乃還 夏四月 獵於熊津北 獲神鹿." ; 『삼국사기』 26, 백제본기4, 동성왕 14년, "冬十月 王獵牛鳴谷 親射鹿." ; 『삼국사기』 26, 백제본기4, 동성왕 22년, "夏四月 田於牛頭城 遇雨雹乃止." ; 『삼국사기』 26, 백제본기4, 동성왕 23년, "冬十月 王獵於泗沘東原 十一月 獵於熊川北原 又田於泗沘西原 阻大雪 宿於馬浦村."

왕권 강화를 위한 것이었다고 할 수 있다. 특히 12년의 사비원 전렵과 23년 2차례의 사비전렵은 천도를 위한 예비단계로 보기도 하지만 그것과는 무관하다고도 한다.[86] 그렇지만 사비원 전렵을 통해 동성왕은 사비지역의 지역세력과 결합하려고 하지 않았을까 한다. 20년에는 웅진교를 설치하였다.[87] 이것은 통치구획에 대한 정비를 단행한 것으로, 왕도를 정비하여 통치에 효율을 꾀하기 위한 조치로 파악된다.[88]

이처럼 동성왕은 대내적인 지배체제 정비를 통해 왕권의 안정과 그것의 강화를 꾀하였다. 뿐만 아니라 기왕의 국가제사체계에 변화를 꾀하려고도 하였을 것이다. 그것이 왕 11년의 '제천지'에서 그 단초가 보이며 이것은 이후에도 계속 진행되었을 것으로 짐작된다. 그렇지만 동성왕의 피살로, 여기에는 어느 정도 타격이 있었을 것이다. 하지만 무령왕과 성왕대의 지배체제정비 등을 염두에 둘 때 동성왕대 이후에도 제사제도 정비에 대한 노력은 이루어졌을 것으로 짐작된다.

한편 '제천급오제지신'의 '오제신'은 중국의 신 관념이다.[89] 이 점을 염두에 둘 때 한성시기 '제천지'의 변화는 웅진시기 중국 제사제도의 수용과도 밀접한 관련을 가지고 있었을 것이다. 문주왕 2년(476) 웅진으로 천도한 백제는 국제적인 연계를 위하여 송에 사신을 파견하였지만, 고구려가 이들의 해로를 막은 까닭에 도달하지 못하고 돌아왔다.[90] 동성왕 6년(484)에는 내법좌평 사약사를 남제에 보내 조공하려 하였다. 이때 고구려의 방해로 사행은 실패하였다.[91] 그럼에도 불구하고 동성왕대는 남제와 활발한 교류를

---

86) 전자의 견해로는 노중국,『백제정치사연구』, 1988, 일조각, 166쪽 ; 심정보,「백제 사비도성의 축조시기에 대하여」,『사비도성과 백제의 성곽』, 2000, 91~92쪽. 후자의 견해로는 이도학,「백제 사비 천도의 재검토」,『동국사학』39, 2003이 참고된다.
87) 주 53) 참고.
88) 이도학, 앞의 논문, 2003, 36쪽.
89) 이와 관련해서 서영대, 앞의 논문, 2000, 95~108쪽 참고.
90) 『삼국사기』26, 백제본기4, 문주왕 2년, "三月 遣使朝宋 高句麗塞路 不達而還."
91) 주 45) 참고.

하였다. 동성왕 8년 사신을 남제에 다시 파견하고,[92] '제천지'한 다음해인 12년과 17년에 남제에 사신을 보냄으로써 통교할 수 있었다.[93] 이와 같이 웅진시기 초 중국과의 관계는 고구려의 방해로 어려움이 있었지만, 동성왕 8년 이후 남조와의 관계 속에서 중국제도 및 문물의 수용이 이루어졌을 것이다. 무령왕 12년(512)과 21년에는 사신을 양에 보냈고 양 고조는 무령왕 을 책봉하였다.[94] 또한 성왕 2년(524) 양 고조가 성왕을 책봉하였고 성왕 6년과 12년에는 양에 조공하였다.[95]

특히 무령왕대와 성왕대의 대중국관계의 특색은 문화적인 측면이 강하였 다. 이것을 가장 잘 보여주는 것이 무령왕릉이다. 무령왕릉은 기존의 백제 묘제에 적지 않은 영향을 끼쳤고 이를 통해 당대 백제인들의 문화 소화역량까 지 유추 짐작할 수 있다고 한다.[96] 무령왕릉의 전체적 구조 및 부장품은 남조 양의 그것과 흡사함이 지적되고 있다.[97] 다음도 주목된다.

H. 을사년 8월 12일 영동대장군 백제 사마왕은 상기의 금액으로 賣主인 土王, 土伯, 土父母, 天上天下의 二千石秩의 여러 관리들에게 문의하여 南西 방향의 토지를 매입해서 陵墓를 만들었다. (「무령왕비지석」)[98]

---

92) 『삼국사기』 26, 백제본기4, 동성왕 8년, "四月 遣使南齊朝貢."
93) 동성왕대 중국과의 대외관계에 대해서는 정재윤, 앞의 논문, 2004, 27~28쪽 참고.
94) 『삼국사기』 26, 백제본기4, 무령왕 12년, "夏四月 遣使入梁朝貢." ; 『삼국사기』 26, 백제본기4, 무령왕 21년, "冬十一月 遣使入梁朝貢 … 十二月 高祖詔冊王曰 行都督百濟諸 軍事鎭東大將軍百濟王餘隆 守藩海外 遠修貢職 迺誠款到 朕有嘉焉 宜率舊章 授玆榮命 可使持節都督百濟諸軍事寧東大將軍."
95) 『삼국사기』 26, 백제본기4, 성왕 2년, "梁高祖詔 冊王持節都督百濟諸軍事綏東將軍百濟 王." ; 『삼국사기』 26, 백제본기4, 성왕 12년, "春三月 遣使入梁朝貢." 무령왕과 성왕대 의 대외 관계에 대해서는 유원재, 「웅진시대의 사비경영」, 『백제문화』 24, 1995, 33~36쪽 및 정재윤, 앞의 논문, 2004, 32쪽과 36쪽도 참고.
96) 이남석, 「백제 묘제의 전개에서 본 무령왕릉」, 『백제문화』 31, 2002, 79쪽.
97) 권오영, 「상장제를 중심으로 한 무령왕릉과 남조묘의 비교」, 『백제문화』 31, 2002.
98) "乙巳年八月十二日 寧東大將軍百濟斯麻王 以前件錢 詢土王土伯土父母上下衆官二千石 買申地爲墓."

H에 보이는 토왕·토백 등의 지신은 백제를 제외하고는 한국 고대사회에 보이지 않으나, 중국의 경우 그것이 보인다. 이것은『주서』백제전 단계 이전에 중국의 신관념을 수용한 사실을 엿볼 수 있는 것이다.[99] 백제는 한성의 함락과 웅진천도로 인한 왕권의 실추를 극복하기 위해 주례적 정치이념을 채택하였다고 한다.[100]『주례』춘관 대종백조를 보면 至上神으로서의 天神과 토지신으로서의 地示(地祇), 조상신으로서의 人鬼 세 가지 종류로 분류하고 있다.[101] 이 중 천신에 대한 제사는 禘와 郊로 대표되고 있다.[102] 『주례』에는 오제에 대한 제사가 보이는데,[103] 이는 호천상제와 마찬가지로 禋祀의 대상이기 때문에 본래 천신에 속하는 것으로 생각되고 있다.[104]

이상에서 웅진시기 동성왕의 '제천지'가 한성시기의 '제천지'와 다른 모습을 가졌다는 점에 주목하여 동성왕대부터 '제천지'에 대한 변화가 있었다고

---

99) 서영대, 앞의 논문, 2000, 109~110쪽.

100) 이기동, 앞의 논문, 1990, 1~15쪽. 특히 좌평은 이와 밀접한 관련을 가지고 있다고 하기도 한다(이기동, 앞의 논문, 1990, 2~4쪽 및 13쪽 ; 문동석, 「5~6세기 백제의 지배세력 연구」,『역사와 현실』55, 2005). 그런데 북주 주례적 국가제도의 영향으로 22부사가 성립되었다고 보기는 어려울 것 같고, 오제 신앙 역시 이와 같은 맥락으로 이해해야 한다고 하였다(서영대, 위의 논문, 2000, 123쪽). 한편『일본서기』에는 5세기 중엽 이래 왜국에 파견된 백제의 왕족 혹은 귀족들이 거의 예외없이 酒君, 軍君 등 某君으로 표기되어 있는데, 이는 백제 국왕의 봉건제후 내지 경대부라는 의미로서 당시 백제 지배층 내부에서 君號가 사용되었음을 암시해 주는 것이다. 『송서』97, 백제국전에 보면 개로왕 4년(458)에 중국 남조의 송에 대하여 우현왕 여기 등 11명에게 관작의 賜與를 요청하는 등 자신의 지체를 대왕으로 비의하고 있는 백제왕의 자세가 보인다. 이는 백제왕이 왕궁 남단에서 교사를 지낸다든지 혹은 자국의 지배영역을 매양 사방사지로 표현하는 세계 四分觀的 영역의식을 통해서도 엿볼 수 있는 것이다(이기동, 앞의 책, 1996, 4~5쪽).

101)『주례』춘관 대종백, "大宗伯之職 掌建邦之天神人鬼地示之禮 以佐王建保邦國."

102) 일부에서는 천시·지시·인귀의 三祭를 포괄적으로 禘祭로 해석하기도 한다. 이 체와 교의 문제는 중국 예학사상 가장 논란이 분분한 것이라고 하거니와 기록에 의하면 백제왕실에서는 조상신인 동명왕(혹은 구태)에 대한 제사와 함께 특히 천신·지지에 대한 국가적 제사가 매우 중시되었던 점이 중시된다(이기동, 앞의 논문, 1990, 4쪽).

103)『주례』天官 太宰·掌次, 地官 大司徒·牧人, 春官 小宗伯·司服, 秋官 大司寇·小司寇·士師에 나온다.

104) 이기동, 앞의 논문, 1990, 6쪽. 서영대 역시 앞의 논문, 2000, 98쪽에서 오제가 상제와는 별도의 천신으로 제사의 대상이었다고 한다.

보았다. 그리고 무령왕과 성왕대 중국과의 활발한 교류 과정에서 중국 제사제도는 수용되었는데,[105] 늦어도 웅진시기 말에는 한성시기의 '제천지'를 대신하는 '제천급오제지신'에 대한 제사가 시행되었다고 하였다.[106]

3. '제천지' 변화의 의미

사비시기의 오제신은 천신으로 하늘에 있으면서 동·서·남·북과 중앙을 주재하는 동방 창제, 남방 적제, 서방 백제, 북방 흑제, 중앙 황제로 보는 견해가 있으며[107] 천제로서 오제신을 신앙대상으로 한 것[108]으로 보기도 한다. 한편 오제신을 지신으로 보기도 한다.[109]

---

105) 『삼국사기』 백제본기 개로왕 21년조와 『남제서』 백제전에 동성왕이 남제에 보낸 상표를 보면 개로왕과 동성왕이 사직이라는 용어를 사용한 것은 사직이 무엇이며 그 의미가 무엇인가를 이미 알고 있었다는 것을 말하는 것이라고 하기도 하고(노중국, 앞의 논문, 2004, 170쪽) 개로왕이나 동성왕이 말한 사직은 제의체계로서의 사직이 아니라고 하기도 한다(김창석, 앞의 논문, 2004, 14쪽).

106) 서영대, 앞의 논문, 2000, 121쪽에서 백제에서 오제 신앙을 수용한 것은 성왕 전반기 내지 사비천도를 전후한 시기라고 하고 126~127쪽에서 그것은 천신(천 및 오제), 지기(삼산, 오악), 인귀(구태묘) 전반에 걸친 것이라고 하였다.

107) 이병도, 『국역삼국사기』, 을유문화사, 1977, 503쪽의 주 9) ; 이기동, 앞의 책, 1996, 168쪽 ; 양기석, 「백제 위덕왕대의 왕권의 존재형태와 성격」, 『백제연구』 21, 1990, 45쪽 ; 정구복외, 「역주삼국사기」 4(주석편(하)), 한국정신문화연구원, 1997, 46쪽. 한편 井上秀雄, 「百濟의 律令體制への變遷」, 『律令制』, 1986, 138쪽에서 『주서』 백제전에 보이는 천신과 오제의 신에 대한 제사를 모두 도가의 천신·오제로 파악하고(138쪽), 나아가 6세기 백제의 국가제사가 도교를 수용하여 중국화된 것이라면 이 새로운 국가제사에 불교가 참가하는 것은 당연한 일이라고 주장하였다(147~148쪽). 정경희는 한 고조 때 확립된 백제·청제·황제·염제·흑제의 이른바 五色帝였을 것으로 보았다 (「삼국시대 사회와 유교경전의 연구」, 『한국고대사회문화연구』, 1990, 394~395쪽).

108) 서영대, 앞의 논문, 2000, 92~95쪽

109) 이와 관련해서 김두진은 토착부족 집단이 가졌던 지신계 신앙으로 이해했으며(「백제 건국신화의 복원시론」, 『국사관논총』 13, 1990 ; 『한국고대의 건국신화와 제의』, 일조각, 1999, 179~180쪽), 유원재는 백제 오악의 신을 중국인의 관점에서 서술한 것으로 파악하였고(「사비시대의 삼산숭배」, 『백제의 종교와 사상』, 충청남도, 1994, 79~80쪽), 최광식은 오방의 방위신으로(「백제의 토착신앙」, 『한국사8』(삼국의 문화),

이와 같이 오제신을 천신으로 보는 견해는 오제를 천신으로 인식하는 중국의 전통 관념이 수용된 양의 오제신앙이 백제에 수용된 것이고, 지신으로 보는 견해는 백제의 전통적인 '제천사지'가 '천'과 '오제지신'에 대입된 것으로 본 것이다. 앞에서도 살펴본 바와 같이 '제천지'는 '교사'적 성격이 강하였다. 중국 교사는 한 무제 때 太一(태일사 ; 甘泉 泰畤祀 ; 춘정월)→ 陰(지제사 ; 汾陰 后土祀 ; 춘3월)·陽(천제사 ; 雍 五畤祀 ; 동10월)→ 四時(명산대천제사 ; 五嶽祭祀)로 분화된다고 한다.[110] 이 점을 염두에 둔다면 한성시기의 '제천지'는 천과 지로 분리되었고, 이 중 천은 '천'과 '오제신'으로 분화된 것이 아닐까 한다. 그렇다면 한성시기의 '천'이 '천'과 '오제신'으로 분화된 이유는 무엇일까.

웅진으로 천도한 이후 동성왕 5년(483)까지의 지배세력은 남래귀족들이 중심이 되었으나, 동성왕 6년 이후부터 한성시기에는 거의 알려져 있지 않던 성씨들이 지배세력 속에 다수 등장하였다. 웅진 천도 이후 신흥한 세력들 중에서 가장 중심이 되는 성씨는 대성 8족 중 사씨·연씨·백씨이다.[111] 동성왕은 한성시기 이래 계속되는 진씨와 해씨 등 남래귀족의 전횡을 방지하려 하였다. 이에 새로운 귀족세력과 결탁하였고 백제 왕실은 새로운 귀족세력과 타협 내지는 공존하기 위해 이들을 예우해 줄 필요가 있지 않았을까 한다. 이러한 배려는 정치·경제적인 측면에서도 있었겠지만, 사상적인 측면에서도 이루어졌다고 생각되는 것이다. 이에 기왕의 '천'이 '천'과 '오제신'으로 분화되었고 왕실은 '천'에, 귀족은 '오제'에 대응되었다고 여겨진다.[112] 이것

국사편찬위원회, 1998 ;「한국고대의 천신관」,『사학연구』58, 1999, 59쪽) 이해하고 있다.

110) 문정희, 앞의 논문, 1996, 66쪽.

111) 노중국, 앞의 책, 1988, 184쪽.

112) 차용걸은 앞의 논문, 1994, 18~19쪽에서 천신과 오제는 왕도와 五方에 대응함으로써, 왕의 휘하에서 오방의 지배권을 위임받은 방령과 천신 혹은 천제가 각각의 방위신을 거느린 것과 동일한 사유체계를 보여준다고 하였다. 왕성의 5부제도 지방을 오방으로 편제한 것과 같은 천신과 오제신의 관계로 파악될 수 있다고 하였다. 박승범은 앞의 논문, 2002, 109쪽에서 천신설의 입장에서 보았을 때 천 - 왕 : 오제 - 신하의

은 신라 왕실이 불교를 수용하면서 왕즉불, 귀족들은 용화향도(미륵불)에 대응시킨 것과 비교된다. 성왕 16년(538) 사비천도 후에도 백제왕실은 사비 지역의 귀족세력과 공존 내지는 타협을 모색하였을 것이다. 이것은 사비시기 구태묘와 더불어 '제천급오제지신'이 국가 최고의 제사로 자리매김하고 있는 데서 알 수 있다.[113]

이상에서 한성시기의 '제천지'는 웅진시기 특히 동성왕대 이후 변화의 움직임이 있었고, 웅진시기 중국과의 활발한 문화 교류를 통해 중국 제사제도 가 수용되었다고 하였다. 이에 한성시기의 '제천지'는 늦어도 웅진시기 말에 는 '천'과 '지'로 분리되었으며 '천'은 다시 '天'과 '오제신'으로 분화되었다고 하였다. '천'이 '天'과 '오제신'으로 분화된 것은 웅진시기 왕실세력과 신진 귀족세력과의 타협의 산물이라고 하였다. 한편 웅진시기 백제의 시조에 대한 변화도 있지 않았을까 한다. 그리고 웅진시기 '제천지'에서 분화된 '지'에 대한 제사는 사비시기 삼산-오악-제산체계와 관련있어 보인다.[114]

관계가 성립될 수 있는 동시에, 지신설의 입장에서 봤을 때는 이것이 중앙-왕 : 사방 -신하·피지배민의 관계로 전환될 수 있다고 한다. 천신과 지기를 합사하는 백제 제천사지의 전통이 사비시대 무렵 나타나는 백제 지배체제의 동요 속에서 천과 오제에 대한 합사로 재편될 수 있었다고 한다. 서영대는 앞의 논문, 2000, 129쪽에서 귀족세력과 그 위에 군림하는 왕권이란 사회관계를 상징적으로 표현한 것이 호천상제 와 오제로 이루어진 천상의 구조이며 이를 통해 현실의 사회관계가 정당화될 수 있다고 하였다. 그렇지만 천의 유일성을 강조하고 못하고 오제라는 또 다른 천신들의 존재를 인정한 것은 귀족세력의 특권적 신분을 보장하는 이데올로기로서도 가능했다 고 한다.

113) 이와 관련해서 서영대, 위의 논문, 2000, 130쪽에서 사비천도 전후에 추진된 일련의 개혁, 즉 16관등제, 22부사, 5부·5방제의 실시는 왕권에 의해 일방적으로 추진된 것이 아니라, 귀족세력과의 타협의 산물이라고 하였다.

114) 이도학, 「사비시대 백제의 四方界山과 호국사찰의 성립」, 『백제연구』 20, 1989 ; 『백제 불교문화의 연구』, 충남대학교, 1994 ; 노중국, 「사비 도읍기 백제의 산천제의와 백제금동대향로」, 『계명사학』 14, 2003 및 앞의 논문, 2004.

제3절 백제 加林城考
—『삼국사기』 제사지 신라조의 명산대천제사를 중심으로—

가림성, 성흥산성은 부여에서 남방 7km에 위치하고 있는 林川에 있다. 임천에는 山頂式 石築의 산성이 있으며 그 내부에는 백제시대의 토기 파편들이 수 없이 산재하고 있다. 이로 볼 때 가림성은 백제의 산성이라고 할 수 있다.[1] 이러한 가림성과 관련해서 발굴조사가 이루어졌으며 그 연구성과도 제출되었다.[2] 이에 여기에 대한 이해를 깊이 있게 할 수 있었다.

그렇지만 관심이 부족한 부분도 있었다. 『삼국사기』 32, 잡지1, 제사조(이하 제사지 신라조)에 加林城(加林縣 一本有靈嵒山·虞風山 無加林城)이 나오며, 이것은 소사에 편제되어 있다. 우선 여기에서 가림성은 "가림현에 있다"고 한다. 그런데 가림성의 소재지명인 가림현은 『삼국사기』 지리지에는 백제의 加林郡으로 나오며 경덕왕 16년에 嘉林郡으로 바뀌었다고 한다.[3] 가림성은 "一本에는 영암산·우풍산이 있고, 가림성은 없다"고 한다. 이것은 가림성 대신에 영암산·우풍산이 소사에 포함됨을 전하는 다른 기록이 있었음을

---

1) 유원재, 「삼국사기 축성기사의 분석」, 『호서사학』 12, 1984 ; 「백제 가림성 연구」, 『백제논총』 5, 백제문화개발연구원, 1996.

2) 안승주·서정석, 『성흥산성 – 문지발굴조사보고서』, 충남발전연구원·충청남도, 1996 ; 유원재, 위의 논문, 1996 등.

3) 『삼국사기』 36, 잡지5, 지리3, 웅주, "嘉林郡 本百濟加林郡 景德王改加爲嘉 今因之 領縣二 馬山縣 本百濟縣 景德王改州郡名及 今並因之 翰山縣 本百濟大山縣 景德王改名 今鴻山縣." ; 『삼국사기』 37, 잡지6, 지리4, 고구려·백제, "熊川州(一云熊津) … 加林郡."

말하여 준다.[4] 그렇지만 여기에 대한 구체적인 분석이 이루어지지 않았다. 백제의 가림성이 신라 중대 명산대천제사의 하나로 편제된 이유에 대한 이해도 부족하다. 이에 본 글에서는 여기에 대해 생각해 보려고 한다.

이를 위해 우선 가림성과 관련된 제사지 신라조의 사료를 검토할 것이다. 이를 통해 가림성이 신라 국가제사에 편제되었다가 제외되었음을 알 수 있을 것이다. 그리고 가림성의 소재지명인 가림현의 존속 시기를 살펴봄으로써 가림성이 신라 국가제사에 편제되고 혁파된 시기를 검토할 것이다. 다음으로 사비지역과 밀접한 관련을 지닌 가림성이 신라의 국가제사로 편제된 이유와 혁파된 이후의 모습을 생각해 볼 것이다. 이상의 논의를 통해 백제 가림성이 신라 국가제사에서 어떤 의미를 갖고 있는지를 알 수 있을 것으로 기대한다.

1. '一本'과 加林城

다음은 제사지 신라조 명산대천제사와 관련된 기록이다.

A. 1) 大祀 三山 一奈歷(習比部) 二骨火(切也火郡) 三穴禮(大城郡)

   2) 中祀 五岳 東吐含山(大城郡) 南地理山(菁州) 西雞龍山(熊川州) 北太伯山(奈巳郡) 中父岳(一云公山 押督郡), 四鎭 東溫沫懃(牙谷停) 南海耻也里(一云悉帝 推火郡) 西加耶岬岳(馬尸山郡) 北熊谷岳(比烈忽郡), 四海 東阿等邊(一云斤烏兄邊 退火郡) 南兄邊(居柒山郡) 西未陵邊(屎山郡) 北非禮山(悉直郡), 四瀆 東吐只河(一云槧浦 退火郡) 南黃山河(歃良州) 西熊川河(熊川州) 北漢山河(漢山州), 俗離岳(三年山郡) 推心(大加耶郡) 上助音居西(西林郡) 烏西岳(結巳郡) 北兄山城(大城郡) 淸海鎭(助音島)

   3) 小祀 霜岳(高城郡) 雪岳(浚城郡) 花岳(斤平郡) 鉗岳(七重城) 負兒岳(北漢山

4) 채미하, 「『삼국사기』 제사지 신라조의 분석 – 신라 국가제사체계의 재검토와 관련하여」, 『한국고대연구』 13, 1998 ; 『신라 국가제사와 왕권』, 혜안, 2008, 56~57쪽.

州) 月奈岳(月奈郡) 武珍岳(武珍州) 西多山(伯海郡 難知可縣) 月兄山(奈吐郡
沙熱伊縣) 道西城(萬弩郡) 冬老岳(進禮郡 丹川縣) 竹旨(及伐山郡) 熊只(屈自
郡 熊只縣) 岳髮(一云髮岳 于珍也郡) 于火(生西良郡 于火縣) 三岐(大城郡)
卉黃(牟梁) 高墟(沙梁) 嘉阿岳(三年山郡) 波只谷原岳(阿支縣) 非藥池(退火
郡) 加林城(加林縣 一本有靈嵒山·虞風山 無加林城) 加良岳(菁州) 西述(牟梁)

(『삼국사기』 32, 잡지1, 제사)

A에 따르면 대사에는 삼산이, 중사에는 오악·사진·사해·사독과 속리악
이하 6곳이, 소사에는 24개의 산천 등이 편제되어 있는데, 가림성은 A-3)에서
볼 수 있듯이 신라 명산대천제사 중 소사의 하나로 나온다. 여기에서 가림성
은 "一本에는 영암산·우풍산이 있고, 가림성은 없다"고 한다. '一本'은 '다른
책'5) 또는 '어떤 기록'6)을 가리키며,7) 제사와 관련된 기록이 아닐까 한다.
이로 볼 때 제사지 찬자는 저본자료에 전하는 명산대천제사의 제사대상을
비교할 수 있는 또 다른 자료를 갖고 있었다고 할 수 있다.8)

명산대천제사는 총 50의 제사대상이 대사·중사·소사로 나누어져 서술되
어 있다는 점에서 비교적 자세하고 체계적이라고 할 수 있다. 이것은 제사지
찬자가 해당 자료를 일일이 수집하여 정리하였다기보다는, 이미 정리된
자료에 의거하였을 가능성이 높다. 명산대천제사의 소재지명에 대한 주기에
서 그것을 생각해 볼 수 있는 것이다. 그렇다면 명산대천제사에 대한 기록인
'一本'은 기타 자료를 참고한 것이 아니라, 저본자료인 祀典에 있었던 것이라
고 여길 수 있다. '一云'9) 역시 마찬가지가 아니었을까 한다. 찬자가 굳이

---

5) 정구복 외 4인, 『역주 삼국사기2(번역편)』, 1997a, 558쪽.
6) 과학원 고전연구실 옮김, 『삼국사기』하, 1958, 119쪽.
7) '일본'과 관련해서 『삼국사기』에 다음 예도 있다. 『삼국사기』 47, 열전7, 설계두,
   "薛(一本作薩)罽頭 …."
8) 가림성 대신 영암산·우풍산이 소사에 포함된 것은 시기에 따라 제사 대상이 변하였음
   을 말하여 주는 것일 수 있다. 그렇다면 후대에 중사에 편입된 청해진 등에 대한
   정보는 혹 '一本'에서 얻은 것일 가능성도 있지 않을까 한다(채미하, 앞의 논문,
   1998 ; 앞의 책, 2008, 56~60쪽).
9) 中祀 五岳 中父岳(一云公山 押督郡).

'一云'이라고 하여 다른 이름을 주기하였을 필요성이 없기 때문이다.[10] 이렇게 볼 때 명산대천제사 자료는 찬자가 어떤 일괄 자료에 의거한 것임을 추정할 수 있는 것이다.[11]

명산대천제사에 주기되어 있는 소재지명을 보면 성덕왕 34년(735) 정식으로 唐으로부터 영유를 인정받고, 경덕왕 7년(748)·동 21년에 군현을 설치한 대동강 이남, 북한강 이북 지역의 것은 없다. 그렇다면 제사지 신라조에 나오는 명산대천제사는 九州의 창설이 끝난 신문왕 5년(685) 이후부터 성덕왕 34년 이전에 대·중·소사에 편제되었다고 할 수 있다.[12] 중사의 속리악 이하 청해진 등 6곳은 그후 중사에 편입되었던 것으로 여겨진다.[13]

四鎭 南海恥也里(一云悉帝 推火郡)
四海 東阿等邊(一云斤烏兄邊 退火郡)
四瀆 東吐只河(一云槧浦 退火郡)
小祀 岳髮(一云髮岳 于珍也郡)
一云은 '한편 이와 같이도 말한다'(남풍현, 「국어사 사료로서의 삼국사기에 대한 검토」, 『삼국사기의 원전검토』, 한국정신문화연구원, 1995, 65쪽), '또는 ~라고도 하였다'고 해석하고 있다(정구복 외 4인, 앞의 책, 1997a, 558쪽).

10) 『삼국사기』에 보이는 주는 대체로 찬자의 주였을 것으로 판단되고 있다(이강래, 「삼국사기 분주의 성격-신라본기를 중심으로」, 『전남사학』 3, 1989 ; 「삼국사기 분주의 유형적 검토-신라본기를 중심으로」, 『삼국사기전거론』, 민족사, 1996 및 김태식, 「『삼국사기』 지리지 신라조의 사료적 검토」, 『삼국사기의 원전 검토』, 한국정신문화연구원, 1995, 219쪽 참고). 하지만 위와 같은 이유에서 명산대천제사에 보이는 소재지명은 저본자료에 따른 것이라고 본다.

11) 채미하, 앞의 논문, 1998 ; 앞의 책, 2008, 56~60쪽.

12) 井上秀雄, 「新羅の律令制の收容とその國家·社會との關係」, 『中國律令制の展開と國家社會との關係』, 1984, 163~164쪽 ; 「祭祀儀禮の受容-新羅の律令制と祭祀制度」, 『古代東アジアの文化交流』, 溪水社, 1993, 84쪽 ; 노중국, 「통일기 신라의 백제고지지배」, 『한국고대사연구』 1, 1988, 137쪽 ; 최광식, 『고대한국의 국가와 제사』, 한길사, 1994, 309쪽 ; 이종태, 「삼국시대의 「시조」인식과 그 변천」, 국민대학교 박사학위논문, 1996, 148쪽 ; 이기동, 「신라인의 신앙과 종교」, 『경주사학』 16, 1997, 67~68쪽. 한편 신종원은 지증왕대에 중국의 제사제도를 받아들여 명산대천과 악·진·해·독을 중심으로 사전이 정비되었다고 보고, 이 시기의 사전 정비는 기존의 제신들에게 등급을 부여하는 제도화 작업이었다고 파악하고 있다(신종원, 「삼국사기 제사지 연구-신라사전의 연혁·내용·의의를 중심으로」, 『사학연구』 38, 1984 : 『신라 초기불교사연구』, 민족사, 1992, 94~95쪽).

13) 중사에 포함되어 있는 6곳의 산·성·진은 중사의 원칙, 곧 중사가 신라의 동·서·남·북

우선 기타 6곳 중 속리악은 三年山郡에 있었다고 하는데, 삼년산군은 삼년군의 옛 지명이다.[14] 추심은 大加耶郡에 있었다고 하는데, 대가야군은 고령군의 옛 지명이다.[15] 오서악은 結巳郡에 있었다고 하는데, 결이군은 결성군의 옛 지명이다.[16] 북형산성은 大城郡에 있었다고 하는데, 대성군은 경덕왕 16년에 구도성 등 3성이 합쳐진 것이라고는 하나,[17] 경덕왕 16년 이전 명칭으로 볼 수 있다.[18] 이처럼 속리악·추심·오서악·북형산성의 소재

4변을 원칙으로 하고, 때로는 거기에 中이 끼기도 한다는 것에서 벗어나는 것이다. 따라서 소사에 들어갈 것이 중사에 잘못 끼인 것이 아닌가 하는 의심을 갖기도 한다(이기백, 「신라 오악의 성립과 그 의의」, 『진단학보』 33, 1972 ; 『신라정치사회사연구』, 일조각, 1974, 195쪽 ; 신종원, 위의 책, 1992, 97쪽 ; 노중국, 위의 논문, 1988, 132쪽). 이와 달리 『동국여지승람』 등에서는 이들을 신라 때의 중사로 인정하고 있으므로 간단하지 않다(정구복 외 4인, 『역주 삼국사기』 4(주석편(하)), 한국정신문화연구원, 1997b, 20쪽). 濱田耕策는 대·중·소사제의 기본은 「길흉요례」를 얻은 익년에 오묘제가 정립된 경부터 아마도 전사서가 설치된 성덕왕 12년(713)경까지는 만들어졌고, 그후 군현에 기반을 둔 집단의 정치적 성장에 대응하여 거기에서 奉祀된 산신이 제2기 사전의 수회 수정 과정에서 중사 말미의 6개 산악과 같이 중사 혹은 소사에 추가·편입되었다고 보고 있다. 곧 중사는 본래 오악·사진·사해·사독으로 구성되어 있는데, 아마도 청해진이 설치된 흥덕왕 3년(828)까지는 군현의 제사 집단의 정치적 성장을 반영하여, 그것이 제사하는 개개의 산신을 중사로 새롭게 편제한 것으로 파악하고 있다(「新羅の祀典と名山大川の祭祀」, 『呴末集』 4, 1984, 157쪽). 최광식은 성덕왕 12년 전사서가 설치되면서 대사·중사·소사에 대한 사전체제가 이루어진 후, 신라의 국가적 필요에 따라 하나씩 보입되었으며 청해진이 중사의 맨 마지막에 기재된 것을 볼 때 신라 사전은 청해진이 설치된 시기에 마지막으로 정비된 것으로 보았다(위의 책, 1994, 309쪽).

14) 『삼국사기』 34, 잡지3, 지리1, 상주, "三年郡 本三年山郡 景德王改名 今保齡郡 領縣二 淸川縣 本薩買縣 景德王改名 今因之 耆山縣 本屈縣 景德王改名 今靑山縣."

15) 『삼국사기』 34, 잡지3, 지리1, 강주, "高靈郡 本大加耶國 自始祖伊珍阿豉王(一云內珍朱智)至道設智王 凡十六世 五百二十年 眞興大王侵滅之 以其地爲大加耶郡 景德王改名 今因之 領縣二 冶爐縣 本赤火縣 景德王改名 今因之 新復縣 本加尸兮縣 景德王改名 今未詳."

16) 『삼국사기』 36, 잡지5, 지리3, 웅주, "潔城郡 本百濟結巳郡 景德王改名 今因之 領縣二 新邑縣 本百濟新村縣 景德王改名 今保寧縣 新良縣 本百濟沙尸良縣 景德王改名 今黎陽縣."

17) 『삼국사기』 34, 잡지3, 지리1, 강주, "大城郡 本仇刀城 境內 率伊山城·茄山縣(一云鷲山城)·烏刀山城等三城 今合屬淸道郡 約章縣 本惡支縣 景德王改名 今合屬慶州 東畿停 本毛只停 景德王改名 今合屬慶州."

18) 대성군은 여·제통합 이후부터 경덕왕 16년 이전에 이미 대성군으로 불렸다고 한다. 이와 관련해서 채미하, 「신라 명산대천의 사전 편제 이유와 특징」, 『민속학연구』

지명이 경덕왕 16년 이전의 것이라는 점에서 이들은 경덕왕 16년 이전에 신라 국가제사에 편제되었다고 할 수 있다. 상조음거서는 西林郡에 있었다고 하는데, 서림군은 본래 백제 설림군이었고 경덕왕 16년에 서림군으로 되었다고 한다.[19] 그렇다면 상조음거서는 경덕왕 16년 이후에 편제되었다고 할 수 있다.[20] 청해진은 흥덕왕 3년(828)에 설치되고 문성왕 13년에 혁파된다.[21] 그렇다면 청해진은 흥덕왕 3년 이후에 편제되었을 것이고 문성왕 13년(851) 이후에 혁파되었을 것으로 여겨진다.[22] 소사 중 상악과 동로악은 그 소재지명으로 볼 때 경덕왕 16년 이후에 신라 국가제사에 편제되는 것으로 여겨진다.[23]

이로 볼 때 명산대천제사의 제사대상은 시기, 상황에 따라 변하였다고 짐작된다.[24] 명산대천제사 작성에 참고된 자료는 주로 신문왕 5년 이후부터 성덕왕 34년 이전까지의 사정을 반영하고 있으며, 경덕왕 16년 이후부터 문성왕 13년 이전까지의 사정을 반영하는 것이라고 할 수 있다.[25]

한편 제사지 신라조의 명산대천은 산과 천(海 ; 4해 중 북해 제외, 4독), 이외에도 城(북형산성, 도서성, 가림성), 진(청해진), 기타명(동진 온말근, 남진 해취야리, 중사의 표제명이 없는 기타 6곳 중 추심과 상조음거서) 등이 나온다. 제사지 신라조의 명산대천제사 대상은 대부분 산천이 그 제사대상이지만, 城에 대한 제사도 이루어지고 있다. 가림성 외에 A에서 성에

20, 2007 : 앞의 책, 2008, 306~307쪽 참고.

19) 『삼국사기』 36, 잡지5, 지리3, 웅주, "西林郡 本百濟舌林郡 景德王改名 今因之 領縣二 藍浦縣 本百濟寺浦縣 景德王改名 今因之 庇仁縣 本百濟比衆縣 景德王改名 今因之."

20) 정구복 외 4인, 앞의 책, 1997b, 27~28쪽.

21) 『삼국사기』 10, 신라본기10, 흥덕왕 3년, "夏四月 淸海大使弓福 姓張氏(一名 保皐) 入唐徐州爲軍中小將 後歸國謁王 以卒萬人鎭淸海(淸海 今之莞島)." ; 『삼국사기』 11, 신라본기11, 문성왕 13년, "春二月 罷淸海鎭 徙其人於碧骨郡."

22) 채미하, 「청해진의 사전편제와 해양신앙」, 『진단학보』 99, 2005 : 앞의 책, 2008, 357~358쪽.

23) 정구복 외 4인, 앞의 책, 1997b, 29쪽 및 32쪽.

24) 채미하, 앞의 논문, 2007 : 앞의 책, 2008, 303~311쪽.

25) 채미하, 앞의 논문, 1998 : 위의 책, 2008, 54~55쪽.

대한 제사를 추출하면 다음과 같다.

B. 1) 中祀 기타 北兄山城(大城郡)
   2) 小祀 道西城(萬弩郡)

  B에 따르면 북형산성은 중사에, 도서성은 소사에 편제되어 있음을 알
수 있다. 기타 6곳 중의 하나인 북형산성은 그 소재지명이 대성군으로
나온다. 대성군은 여·제통합 이후부터 경덕왕 16년 이전에 이미 대성군으로
불렸다고 한다. 이로 볼 때 북형산성은 성덕왕 34년 이후부터 경덕왕 16년
이전에 편제된 것으로 보여진다. 이러한 북형산성은 여러 성과 더불어 문무왕
13년에 축성되었다고 하지만,[26] 이것은 6세기 무렵에 성곽이 축조되었던
것으로 추측하고 있다.[27] 북쪽에 높이 솟은 산이라는 뜻에서 북형산이라고
하였다고 한다.[28] 『신증동국여지승람』 경주부 산천조에 따르면 형산은 안강
현 동쪽 21리 지점에 있으며 신라는 북형산이라 칭하고 중사로 삼았다고
한다.[29]
  소사에 편제되어 있는 도서성은 만노군에 있다고 하는데, 만노군은 물내군
의 옛 지명이다.[30] 도서성은 그 소재지명으로 볼 때 성덕왕 34년 이전에

---

 26) 『삼국사기』7, 신라본기7, 문무왕 13년, "二月 增築西兄山城 八月 增築沙熱山城 九月
    築國原城(古蘱長城)·北兄山城·召文城·耳山城·首若州走壤城(一名迭巖城)·達舍郡主岑
    城·居烈州萬興寺山城·歃良州骨爭峴城."
 27) 박방룡, 「신라 왕도의 수비」, 『신라문화』9, 1992, 4쪽 ; 「신증동국이상국집 21 경주부
    역주－산천~교량」, 『신라문화』 13, 1996, 110쪽.
 28) 박방룡, 위의 논문, 1996, 111쪽. 한편 『동국이상국집』38의 「북형산에 올리는 제문(北
    兄山祭文)」도 관심을 끈다. "云云 愚等非禦捍之才 受將帥之寄 鑿凶門而出 統義兵而至
    捐生赴戰 凡爲國耳 神食玆土 亦國之賜 義等吾儕 職當振救 宜與三軍 應響奔赴 其於旗尾所
    指 馬足所遡 一進一退 一行一步 神具趁追 是衛是護 俾掃頑民 旋馳露布 方玆未陣 先以此告
    神之聽之 副我攸懇 云云."
 29) 『신증동국여지승람』21, 경주부 산천, "兄山 在安康縣東二十一里 新羅稱北兄山爲中祀."
 30) 『三國史記』35, 잡지4, 지리2, 한주, "黑壤郡(一云黃壤郡) 本高句麗今勿奴郡 景德王改名
    今鎭州 領縣二 都西縣 本高句麗道西縣 景德王改名 今道安縣 陰城縣 本高句麗仍忽縣
    景德王改名 今因之." ; 『삼국사기』37; 잡지6, 지리4, 고구려·백제, "漢山州…今勿內郡

편제되었다고 할 수 있다. 道西城은 대체로 고구려의 도살성으로 보고 있는데, 『삼국사기』 지리지 '삼국유명미상지분'에 수록되어 있고[31] 백제가 고구려의 도살성을 함락시킨 사실은 고구려 양원왕 6년과 백제 성왕 28년조에 보인다.[32] 신라 선덕왕 3년과 백제 의자왕 9년, 김유신전(중)에 의하면 도살성 아래에서 주둔하여 유신 등이 진격하여 크게 이겼다고 한다.[33] 『신증동국여지승람』 진천현 산천조나 사묘조에는 보이지 않는다. 현재의 충북 괴산군 도안면, 즉 고구려 도서현성인 니성산성과 두타산성 일대로 추정된다.[34] 혹은 충남 천안지방으로 비정하는 견해도 있다.[35]

가림성은 '一本'에는 없다고 한다. '一本'에 있는 영암산은 A-3)의 명산대천

一云萬弩）道西縣(一云都盆）."

31) 『삼국사기』 37, 잡지7, 지리4.

32) 『삼국사기』 4, 신라본기4, 진흥왕 11년, "春正月 百濟拔高句麗道薩城."; 『삼국사기』 19, 고구려본기7, 양원왕 6년, "春正月 百濟來侵陷道薩城."; 『삼국사기』 26, 백제본기4, 성왕 28년, "春正月 王遣將軍達己 領兵一萬 攻取高句麗道薩城."; 『삼국사기』 44, 열전4, 이사부, "異斯夫(或云苔宗) … 眞興王在位十一年 太寶元年 百濟拔高句麗道薩城 高句麗陷 百濟金峴城 王乘兩國兵疲 命異斯夫 出兵擊之 取二城增築 留甲士戍之 時高句麗遣兵來攻金 峴城 不克而還 異斯夫追擊之大勝."

33) 『삼국사기』 5, 신라본기5, 진덕왕 3년, "秋八月 百濟將軍殷相率衆來 攻陷石吐等七城 王命大將軍庾信·將軍陳春·竹旨·天存等出拒之 轉鬪經旬不解 進屯於道薩城下 庾信謂衆曰 今 日必有百濟人來諜 汝等佯不知 勿敢誰何 乃使徇于軍中曰 堅壁不動 明日待援軍 然後決戰 諜者聞之 歸報殷相 相等謂有加兵 不能不疑懼 於是 庾信等進擊大敗之 殺虜將士一百人 斬軍卒 八千九百八十級 獲戰馬一萬匹 至若兵仗 不可勝數."; 『삼국사기』 28, 백제본기6, 의자왕 9년, "秋八月 王遣左將殷相 帥精兵七千 攻取新羅石吐等七城 新羅將庾信·陳春·天存·竹旨等 逆擊之 不利收散卒 屯於道薩城下 再戰 我軍敗北."; 『삼국사기』 42, 열전2, 김유신(중), "(太和)二年 秋八月 百濟將軍殷相 來攻石吐等七城 王命庾信及竹旨·陳春·天存等將軍 出禦之 分三軍爲五道 擊之 互相勝負 經旬不解 至於僵屍滿野 流血浮杵 於是屯於道薩城下 歇馬餉士 以圖再擧 時有水鳥東飛 過庾信之幕 將士見之 以爲不祥 庾信曰 此不足怪也 謂衆曰 今日必有百 濟人來諜 汝等佯不知 勿敢誰何 又使徇于軍中曰 堅壁不動 待明日援軍至 然後決戰 諜者聞之 歸報殷相 殷相等謂有加兵 不能不疑懼 於是庾信等一時奮擊 大克之 生獲將軍達率正仲·士卒一 百人 斬佐平殷相·達率自堅等十人及卒八千九百八十人 獲馬一萬匹·鎧一千八百領 其他器械 稱是 及歸還 路見百濟佐平正福與卒一千人來降 皆放之."

34) 민덕식, 「高句麗 道西縣城考」, 『사학연구』 36, 1983 및 「진천 대모산성의 분석적 연구」, 『한국사연구』 29, 1980 등.

35) 이병도, 『국역삼국사기』, 을유문화사, 1977, 57쪽.

제사 중 소사의 月奈岳(月奈郡)에, 우풍산은 于火(生西良郡 于火縣)로 볼 수 있다.[36] 월나악이 있었던 월나군은 경덕왕 16년에 영암군으로,[37] 우풍산이 있었던 우화현은 경덕왕대 우풍으로 그 이름이 바뀌었다.[38] 이러한 소재지명의 변화로 미루어 경덕왕 16년 이후에 월나악은 영암산으로, 우화는 우풍산으로 불려지지 않았을까 한다. 그렇다면 '일본'은 가림성이 경덕왕 16년 이후에는 신라 국가제사의 대상이 아니었음을 전하는 기록이라 할 수 있는 것이다.

이상에서 제사지 신라조의 명산대천제사를 기록한 자료는 청해진이 혁파되기 이전 신라의 명산대천제사를 망라한 기록이라고 할 수 있고, '一本'은 경덕왕 16년 이후의 기록이라 할 수 있다. 가림성은 '一本'의 기록을 볼 때 경덕왕 16년 이후에는 신라 국가제사의 대상이 아니었음을 알 수 있었다.

2. 가림성과 加林縣

제사지 신라조에 따르면 가림성은 加林縣에 있다고 한다. 이와 관련해서 A에서 소재지명이 현으로 나오는 것을 살펴보면 다음과 같다.

C. 小祀 西多山(伯海郡 難知可縣)
　　　月兄山(奈吐郡 沙熱伊縣)
　　　冬老岳(進禮郡 丹川縣)
　　　熊只(屈自郡 熊只縣)
　　　波只谷原岳(阿支縣)

C에 따르면 서다산, 월형산, 동로악, 웅지는 군현을 소재지명으로, 파지곡

---

36) 정구복 외 4인, 앞의 책, 1997b, 34~35쪽.

37) 『삼국사기』 35, 잡지4, 지리2, 무주, "靈巖郡 本百濟月奈郡 景德王改名 今因之."

38) 『삼국사기』 34, 잡지3, 지리1, 강주, "東安郡 本生西良郡 景德王改名 今合屬慶州 領縣一 虞風縣 本于火縣 景德王改名 今合屬蔚州."

원악의 소재지명으로는 현이 사용되고 있다. 서다산의 소재지명인 백해군 난지가현은 지리지에는 백해군 난진아현으로 나오며 경덕왕대 백계군 진안현으로 바뀌었다고 한다.[39] 월형산의 소재지명인 나토군 사열이현은 나제군 청풍현의 옛 지명이고,[40] 동로악이 있었던 진례군 단천현의 옛 지명은 진잉을군 적천현이었으며, 웅지의 굴자군 웅지현은 의안군 웅신현의 옛 지명이라고 한다.[41] 파지곡원악의 아지현은 지리지에는 보이지 않는다. 아지현은 아혜현을 가리키는 듯하지만, 명주 유린군 해아현의 옛 지명이라고도 한다.[42]

그런데 가림성의 소재지명인 가림현은 지리지에는 加林郡으로 나오며 경덕왕 16년에 嘉林郡으로 바뀌었다고 한다. 이것은 제사지 찬자의 착오이거나 가림군이 군에서 현으로 된 시기가 있었던 것의 반영이 아닐까 한다.[43] 경덕왕 16년에 加林郡이 嘉林郡으로 변화되는 것으로 볼 때 경덕왕 16년을 전후한 시기는 아닌 듯하다. 그렇다면 가림성의 소재지명이 가림현으로 불렸던 시기는 언제일까. 이와 관련해서는 다음이 관심을 끈다.

D. 1) 所夫里州를 설치하고 아찬 眞王을 都督으로 삼았다. (『삼국사기』 7, 신라본기7, 문무왕 11년)[44]

2) 2월에 泗沘州를 郡으로 삼고 熊川郡을 州로 삼았으며 發羅州를 郡으로 삼고 武珍郡을 州로 삼았다. (『삼국사기』 8, 신라본기8, 신문왕 6년)[45]

---

39) 『삼국사기』 36, 잡지5, 지리3, 전주, "壁谿郡 本百濟伯伊(一作海)郡 景德王改名 今長谿縣 領縣二 鎭安縣 本百濟難珍阿縣 景德王改名 今因之 高澤縣 本百濟雨坪縣 景德王改名 今長水縣."

40) 『삼국사기』 35, 잡지4, 지리2, 삭주, "奈隄郡 本高句麗奈吐郡 景德王改名 今隄州 領縣二 淸風縣 本高句麗沙熱伊縣 景德王改名 今因之 赤山縣 本高句麗縣 景德王因之 今丹山縣."

41) 『삼국사기』 34, 잡지3, 지리1, 양주, "義安郡 本屈自郡 景德王改名 今因之 領縣三 漆隄縣 本漆吐縣 景德王改名 今漆園縣 合浦縣 本骨浦縣 景德王改名 今因之 熊神縣 本熊只縣 景德王改名 今因之."

42) 『삼국사기』 35, 잡지4, 지리2, 명주, "有鄰郡 本高句麗于尸郡 景德王改名 今禮州 領縣一 海阿縣 本高句麗阿兮縣 景德王改名 今淸河縣."

43) 정구복 외 4인, 앞의 책, 1997b, 34쪽.

44) "置所夫里州 以阿飡眞王爲都督."

45) "二月 以泗沘州爲郡 熊川郡爲州 發羅州爲郡 武珍郡爲州."

3) 扶餘郡은 본래 백제의 所夫里郡이다. 唐 장군 蘇定方과 김유신이 그것을 평정하였다. 문무왕 12년에 摠管을 설치하고 景德王이 이름을 고쳐 지금도 그것을 따른다. 領縣은 2개로, 石山縣은 본래 백제의 珍惡山縣이고 경덕왕이 이름을 고쳤고 지금의 石城縣이다. 悅城縣은 본래 백제의 悅已縣으로 경덕왕이 이름을 고쳤으며 지금의 定山縣이다. (『삼국사기』 36, 잡지5, 지리3, 웅주)46)

D-1)에 따르면 문무왕 11년에 소부리주를 두었고 D-2)을 보면 신문왕 9년 소부리주를 군으로 격하하고 있음을 알 수 있다. D-3)에는 문무왕 11년에 소부리주가 되었다는 기록은 보이지 않고 경덕왕대 소부리군이 부여군으로 되었다고 한다.

D-1)을 보면 문무왕 11년에 소부리주가 두어졌다고 한다. 『삼국사기』 지리지에 따르면 주는 현을 거느리고 있다.47) 그렇다면 소부리주도 현을

---

46) "扶餘郡 本百濟所夫里郡 唐將蘇定方與庾信平之 文武王十二年置摠管 景德王改名 今因之 領縣二 石山縣 本百濟珍惡山縣 景德王改名 今石城縣 悅城縣 本百濟悅已縣 景德王改名 今定山縣." 이외 『삼국사기』 7, 신라본기7, 문무왕 17년, "春三月 觀射於講武殿南門 始置左司祿館 所夫里州獻白鷹." ; 『삼국사기』 9, 신라본기9, 효성왕 2년, "夏四月 唐使臣 邢璹 以老子道德經等文書 獻于王 白虹貫日 所夫里郡河水變血."도 참고.

47) 『삼국사기』 34, 잡지3, 지리1, "尙州 沾解王時取沙伐國爲州 法興王十一年梁普通六年 初置軍主爲上州 眞興王十八年 州廢 神文王七年 唐垂拱三年 復置 築城周一千一百九步 景德王十六年 改名尙州 今因之 領縣三 靑驍縣 本音里火縣 景德王改名 今靑理縣 多仁縣 本達已縣(或云多已) 景德王改名 今因之 化昌縣 本知乃彌知縣 景德王改名 今未詳." ; 『삼국사기』 34, 잡지3, 지리1, 양주, "良州 文武王五年 麟德二年 割上州·下州地 置歃良州 神文王七年 築城 周一千二百六十步 景德王改名良州 今梁州 領縣一 巘陽縣 本居知火縣 景德王改名 今因之." ; 『삼국사기』 34, 잡지3, 지리1, 강주, "康州 神文王五年唐垂拱元年 分居陁州 置菁州 景德王改名 今晉州 領縣二 嘉壽縣 本加主火縣 景德王改名 今因之 屈村縣 今未詳." ; 『삼국사기』 35, 잡지4, 지리2, 한주, "漢州 本高句麗漢山郡 新羅取之 景德王改 爲漢州 今廣州 領縣二 黃武縣 本高句麗南川縣 新羅幷之 眞興王爲州 置軍主 景德王改名 今利川縣 巨黍縣 本高句麗駒城縣 景德王改名 今龍駒縣." ; 『삼국사기』 35, 잡지4, 지리2, 삭주, "朔州 賈耽古今郡國志云 句麗之東南 濊之西 古貊地 盖今新羅北朔州 善德王六年 唐貞觀十一年 爲牛首州 置軍主(一云 文武王十三年 唐咸亨四年 置首若州) 景德王改爲朔州 今春州 領縣三 綠驍縣 本高句麗伐力川縣 景德王改名 今洪川縣 潢川縣 本高句麗橫川縣 景德王改名 今復故 砥平縣 本高句麗砥峴縣 景德王改名 今因之." ; 『삼국사기』 35, 잡지4, 지리2, 명주, "溟州 本高句麗河西良(一作何瑟羅) 後屬新羅 賈耽古今郡國志云 今新羅北界

거느리고 있었을 것으로 짐작된다. 소부리주의 영현 중 하나가 가림현이 아니었을까 한다. 가림현은 소부리주에 편제되어 있었던 현이라는 것이다. 소부리주가 소부리군으로 격하되면서 가림현은 웅주 소속의 가림군이 되었다고 생각되는 것이다. 다시 말하자면 소부리주에는 여러 현이 있었고, 소부리주의 영현 중의 하나였던 가림현은 소부리주가 소부리군으로 격하되면서 웅주의 가림군으로 되었다고 여겨지는 것이다. 그렇다면 가림성의 소재지명이 가림현이었던 시기는 문무왕 11년부터 신문왕 6년 이전이라고 할 수 있을 것이다.

신라 중대왕실이 편제한 백제의 산천제사와 관련해서는 우선 다음이 관심을 끈다.

E. 1) 雞山은 동쪽에 우뚝 솟아 있고 4序를 꿰뚫음이 華와 같다(括地志에서 말하였다. "烏山은 나라의 北界로 大山이며 草木鳥獸가 중국과 같다. 또 國東에는 鷄藍山이 있는데, 산의 남쪽에는 또 祖粗山이 있으며 또 國의 南界에는 霧五山이 있는데 그 산의 초목은 여름이나 겨울이나 항상 우거져 있었다. 또 旦那山은 國의 西界에 있으며 또 山旦山, 禮母山이 있고 아울러 石山은 國南에 있다.") (『한원』 백제)48)

_____

溟州 蓋濊之古國 前史以扶餘爲濊地 蓋誤 善德王時爲小京 置仕臣 太宗王五年唐顯慶三年 以何瑟羅地連靺鞨 罷京爲州 置軍主以鎭之 景德王十六年改爲溟州 今因之 領縣四 旌善縣 本高句麗仍買縣 景德王改名 今因之.";『삼국사기』35, 잡지4, 지리2, 웅주, "熊州 本百濟 舊都 唐高宗遣蘇定方平之 置熊津都督府 新羅文武王取其地有之 神文王改爲熊川州 置都督 景德王十六年 改名熊州 今公州 領縣二 尼山縣 本百濟熱也山縣 景德王改名 今因之 淸音縣 本百濟伐音支縣 景德王改名 今新豊縣.";『삼국사기』36, 잡지5, 지리3, 전주, "全州 本百濟完山 眞興王十六年爲州 二十六年 州廢 神文王五年 復置完山州 景德王十六年改名 今因之 領縣三 杜城縣 本百濟豆伊縣 景德王改名 今伊城縣 金溝縣 本百濟仇知只山縣 景德王改名 今因之 高山縣 本百濟縣 景德王改州郡名及今 因之.";『삼국사기』36, 잡지5, 지리3, 무주, "武州 本百濟地 神文王六年 爲武珍州 景德王改爲武州 今光州 領縣三 支雄縣 本百濟未冬夫里縣 景德王改名 今南平郡 龍山縣 本百濟伏龍縣 景德王改名 今復故 祁陽縣 本百濟屈支縣 景德王改名 今昌平縣."

48) "雞山東峙 貫四序以同華(括地志曰 烏山在國北界 大山也 草木鳥獸 與中夏同 又國東有鷄藍山 山南又有祖粗山 又國南界有霧五山 其山草木 冬夏常榮 又有旦那山在國西界 又有山旦山 禮母山 並石山在國南之也."

2) 中祀 五岳 南地理山(菁州) 西雞龍山(熊川州)

　　　기타 烏西岳(結巳郡)

　　　小祀 月奈岳(月奈郡) 西多山(伯海郡 難知可縣)

　　E-1)의 『翰苑』에 인용된 『括地志』에 의하면 백제의 북계에는 烏山, 국동에
는 鷄藍山, 계남산 남쪽에는 祖粗山, 남계에는 霧五山, 서계에는 旦那山,
그 밖에 山旦山, 禮母山이 국남에 있다고 한다. 『한원』에 인용된 괄지지에서
말하는 백제의 四方界는 E-2)를 보면 통일신라 때 국가제사의 대상이 되고
있다. 즉 東界 鷄藍山은 중사 서악인 계룡산, 서계 단나산은 소사의 하나인
월나악, 남계 무오산은 중사 남악인 지리산,[49] 북계 오산은 중사 기타 6곳의
하나인 오서악, 山旦山은 소사의 하나인 서다산이다.[50] 다음도 주목된다.

F. 1) 中祀 四鎭 西加耶岬岳(馬尸山郡)

　　　　　四海 西未陵邊(屎山郡)

　　　　　四瀆 西熊川河(熊川州)

　　　　　기타 上助音居西(西林郡)

　　2) 小祀 武珍岳(武珍州) 冬老岳(進禮郡 丹川縣)

　　F에 따르면 구백제 지역의 명산대천들이 중사의 서진·서해·서독 등과
소사에 편제되어 있음을 알 수 있다. 이들은 백제 때부터 중시되었던 곳으로,
백제 산천제사의 하나였다고 여겨도 무방할 것이다. 다음 〈표 1〉은 신라
국가제사에 편제된 구백제 지역의 명산대천이다.

---

49) 남악 지리산의 소재지명이 구신라 지역의 하나인 菁州로 되어 있다. 제사지 신라조에
　　서 지리산을 청주 소속이라 한 것은 신라에서 지리산을 백제쪽 보다는 가야와 연결시
　　켜 생각한 결과라고 할 수 있을 것이다(이기백, 앞의 책, 1974, 202~203쪽).

50) 이도학, 「사비시대 백제의 4方界山과 호국사찰의 성립－法王의 불교이념 확대시책과
　　관련하여」, 『백제연구』 20, 1989, 122~123쪽 ; 노중국, 「사비 도읍기 백제의 산천제의
　　와 백제금동대향로」, 『계명사학』 14, 2003 및 「백제의 제의체계 정비와 그 변화」,
　　『계명사학』 15, 2004도 참고. 『한원』에 인용된 『괄지지』에 보이는 계남산 남쪽의
　　祖粗山과 국남에 있는 예모산은 신라 국가제사에 보이지 않는다.

〈표 1〉 제사지 신라조에 보이는 구백제 지역의 명산대천제사

			祭祀志		地理志		주치	
			祭 祀 對 象	所 在 地	改 稱 前	改 稱 後		
中祀	五岳	南 地理山		菁州	菁州	康州	*강주	개칭전
		西 雞龍山		熊川州	熊川州	熊州	웅주	개칭전
	四鎭	西 加耶岬岳		馬尸山郡	馬尸山郡	伊山郡	(웅주)	개칭전
	四海	西 未陵邊		屎山郡	屎山郡	臨陂郡	(전주)	개칭전
	四瀆	西 熊川河		熊川州	熊川州	熊州	웅주	개칭전
	其他	上助音居西		西林郡	舌林郡	西林郡	(웅주)	개칭후
		烏西岳		結已郡	結已郡	潔城郡	(웅주)	개칭전
		淸海鎭		助音島			(무주)	
小祀	月奈岳			月奈郡	月奈郡	靈巖郡	(무주)	개칭전
	武珍岳			武珍州	武珍州	武州	무주	개칭전
	西多山			伯海郡 難知可縣	伯伊(海)郡 難珍阿縣	壁谿縣 鎭安縣	(전주)	개칭전
	冬老岳			進禮郡 丹川縣	進仍乙郡 赤川縣	進禮郡 丹川縣	(전주)	개칭후
	加林城			加林縣	加林郡	嘉林郡	(웅주)	개칭전

〈표 1〉을 보면 제사지 신라조의 중사에 편제되어 있는 구백제 지역의 명산대천이 웅주지역에 편중되어 있다. 구백제 지역의 명산대천이 웅주지역에 편중된 이유는 백제부흥군의 활동이 가장 심하였기 때문에[51] 이 지역에 대한 지배를 확고하게 하기 위한 신라 중대왕실의 조처가 아니었을까 한다.[52] 이것은 중사의 기타 6곳 중 하나인 오서악이 오악·사진·사해·사독이 편제된 이후부터 경덕왕 16년 이전에 편제되고 있는 것에서도 알 수 있다. 오서악이 있었던 결이군은 웅주의 한 현으로 현재의 홍성군 결성면이다. 오서악은 『신증동국여지승람』 홍주목과 『신증동국여지승람』 결성현·보령현의 각 산천조에 烏栖山으로 나오는데,[53] 현재 충남 홍성군 장곡면과 보령시 청소면

---

51) 노중국은 이 지역 주민들의 반신라적 감정을 완화 내지 위무하기 위해 祀典 편제시 많은 산천을 배치하였다고 한다. 이같은 사실은 중사에 속한 산천이 공주·예산·옥구·서천·홍천 등 충청도 일원에 두루 분포되어 있다는 점에서 입증이 된다고 하였다(앞의 논문, 1988, 137~138쪽).

52) 채미하, 앞의 논문, 2007 ; 앞의 책, 2008, 316~321쪽.

53) 『신증동국여지승람』 19, 홍주목 산천, "烏栖山(一作烏聖山 在州南十八里 又見保寧結城二縣)." ; 『신증동국여지승람』 20, 결성현 산천, "烏栖山(在縣東二十八里 亦見保寧縣)." ; 『신증동국여지승람』 20, 보령현 산천, "烏栖山(在縣北十七里)."

·청라면 사이에 있는 五西山이다.

이처럼 웅주지역에 백제의 산천제사가 편중되어 있다. 반면 사비지역의 산천제사는 어떠한가? 이와 관련해서 다음이 주목된다.

G. 또 군 안에는 세 개의 산이 있는데 日山·吳山·浮山이라고 한다. 백제가 전성하던 때에는 각각 神人이 그 산 위에 살았는데, 날아서 서로 왕래하기를 아침 저녁으로 끊이지 않았다. (『삼국유사』 2, 기이2, 남부여·전백제·북부여)[54]

G는 백제 왕도였던 부여군에 3산이 존재하였음을 알려주는 것이다. 이러한 3산은 사비천도 이후에 설정되었을 것이다.[55] 그런데 이것은 신라 국가제사에 편제되지 않았다. 사비지역의 명산대천은 가림성을 제외하고는 대·중·소사 어디에도 보이지 않는다. 아마도 사비지역의 명산대천이 신라 국가제사에 편제되지 않은 것은 문무왕대 사비에 소부리주를 두었으나, 신문왕 6년 9주를 정비할 때 소부리주를 군으로 격하하고 웅천군을 주로 승격시킨 것과 궤도를 같이하는 것[56]으로 여길 수 있지 않을까 한다. 사비지역의 많은 명산대천이 대·중·소사에 보이지 않는 것은[57] 사비가 경주와 같은 왕도였기 때문에 이 지역의 명산대천이 배제된 것으로 짐작되어진다.[58]

이처럼 신라 국가제사에 편제된 구백제 지역의 산천제사는 웅주지역에 편제되어 있고 사비지역은 배제되었다. 특히 사비지역의 삼산이 신라 국가제사에 편제되지 않은 것은 그것을 잘 보여주는 것이다. 그런데 사비지역과 밀접한 관련을 가진 가림성은 신라 국가제사에 편제되었던 것이다. 그렇다면 가림성이 신라 국가제사에 편제된 이유는 무엇이며 국가제사에서 제외된

---

54) "又郡中有三山 日日山吳山浮山 國家全盛之時 各有神人居其上 飛相往來 朝夕不絶."

55) 이도학, 앞의 논문, 1989, 124쪽.

56) 노중국, 앞의 논문, 1988, 138쪽.

57) 노중국은 위의 논문, 1988, 138쪽에서 사비지역의 산천을 제외한 것은 사비가 더 이상 백제인의 정신적 지주가 되지 못하도록 하기 위해 의도적으로 사비의 위치를 격하시키려고 한 조처로 보았다.

58) 채미하, 앞의 논문, 2007 : 앞의 책, 2008, 326~327쪽.

이후 그것은 어떻게 되었을까.

3. 국가제사에 편제된 이유와 이후의 가림성

가림성이 신라 국가제사에 편제된 이유와 관련해서 청해진이 관심을 끈다. 통일신라기의 진은 주로 변경지대의 방어를 목적으로 설치된 것으로 북진(현재의 강원도 삼척)[59]이나 패강진(현재의 황해도 평산)[60]이 그것이다. 또한 해상에서 해적들의 활동이 심해지자 이에 대비하기 위하여 해상의 요충지에 청해진, 당성진(경기도 화성군 남양만),[61] 혈구진(강화도),[62] 장구진(황해도 장연군 장산곶 근처)[63] 등이 차례로 설치되었다. 그런데 다른 진들과는 달리 청해진만이 신라 국가제사, 중사에 편제되어 있다. 청해진이 신라 중사에 편제될 수 있었던 것은 백제뿐만 아니라 신라 해로의 요충지에 자리잡고 있어 군사적으로 뿐만 아니라 경제적으로도 중요한 지역이었고 새로 대두한 장보고라는 지방세력의 편제로도 볼 수 있다고 하였다.[64]

고대의 산성은 주요 교통로에서 가까우며, 사방이 관망되는 험준한 지형을 택하여 최소한의 공력으로 수성과 공성에 유리하도록 하였다.[65] 성은 산과 밀접한 관련을 가진 곳이었다. 산천에 대한 제사는 단순한 산천에 대한 숭배가 아니라 그 지역을 수호하는 산천신에 대한 숭배였다.[66] 각 지역의

---

59) 『삼국사기』 5, 신라본기5, 태종무열왕 5년, "三月 王以何瑟羅地連靺鞨 人不能安 罷京爲 州 置都督以鎭之 又以悉直爲北鎭."
60) 『삼국사기』 9, 신라본기9, 선덕왕 3년, "二月 王巡幸漢山州 移民戶於浿江鎭."
61) 『삼국사기』 10, 신라본기10, 흥덕왕 4년, "春二月 以唐恩郡爲唐城鎭 以沙飡極正往守之."
62) 『삼국사기』 11, 신라본기11, 문성왕 6년, "秋八月 置穴口鎭 以阿飡啓弘爲鎭頭."
63) 『신당서』 43하, 지33하, 지리, 기미주·하북도 등주조에 보인다. 그 위치에 대해서는 今西龍, 「慈覺大師入唐求法巡禮行記を讀みて」, 『新羅史硏究』, 國書刊行會, 1933 참조.
64) 채미하, 앞의 논문, 2005 : 앞의 책, 2008, 330~343쪽.
65) 박방용, 「도성, 성지」, 『한국사론』 15, 국사편찬위원회, 1985.
66) 명산대천제사의 대상은 자연적인 산악 자체이기보다는 산악의 주재자라고 믿고

산천신은 특정인물과도 관련되어 있다.[67) 이와 같은 산천신에 대한 숭배는 이를 거행하는 여러 방식에 의해 그것을 매개로 지역민들을 하나의 단위로 묶을 수 있었을 것이다.[68) 따라서 신라 중대왕실은 명산대천제사를 매개로

있는 산신에 대한 제사였다(이기백, 앞의 책, 1974, 207쪽 ; 문경현, 「신라의 산악숭배와 산신」,『신라사상의 재조명』(신라문화제학술발표회논문집 제12집), 1992, 21~26쪽). 산신은 기본적으로 어느 특정 지역의 수호신으로 신앙되고 있었다. 산신의 수호신적 기능은 동시에 외적의 침입과 같은 국가적인 위기에는 지역신적 속성에서 벗어나 국가전체의 수호를 위한 호국신으로 나타나고 있다. 산신의 호국적 기능은 주로 戰亂과 관련하여 나타나고 있을 뿐 아니라 내전의 경우도 똑같이 적용되고 있다(박호원, 「고려의 산신신앙」,『민속학연구』 2, 1995, 196~197쪽). 신라의 경우도 三山(『삼국유사』 1, 기이2, 김유신)이 호국적인 성격을 가지고 있는 것은 널리 알려진 사실이고 선도산성모는 '鎭祐邦國'하였다(『삼국유사』 5, 감통7, 선도성모수희불사)고 한다. 이들 역시 각각 그 지역의 수호신이었다.

67) "한국 巫에서 산신은 정확히 말하여 本鄕 산신을 가리킨다. 집안의 조상들이 죽어 묻힌 본향산의 신령이 곧 산신인 것이다. 따라서 산신은 집안의 조상신의 성격을 갖는다."(조홍윤, 「한민족의 기원과 샤머니즘(巫)」,『한국 민족의 기원과 형성(하)』, 소화, 1996, 46쪽)고 한다. 이로 볼 때 산신은 대체로 각 지역의 조상신이라 할 수 있다(문경현, 앞의 논문, 1992, 26~28쪽). 이것은 이들 산신이 인격신으로 존재하고 있는데서, 그것을 알 수 있다. 그 대표적인 것으로 동악 토함산신이 있는데, 상고기 대표적인 정치세력이었던 석씨집단의 시조인 탈해와 관련이 있다. 경덕왕을 시위한 오악·삼산신(『삼국유사』 2, 기이2, 경덕왕 충담사 표훈대덕), 헌강왕 앞에 나타난 남산신과 북악신(『삼국유사』 2, 기이2, 처용가·망해사), 설인귀와 관련있는 소사의 감악산, 소사의 推心(김태식, 「대가야의 세계와 道設智」,『진단학보』 81, 1996, 17쪽)과 加良岳(김태식, 위의 논문, 1996, 16쪽)은 대가야와 관련된 인물이다. 그렇다면 신라의 대·중·소사의 모든 제사가 일정한 씨족 혹은 세력의 연고지와 관련되어 있다든가(신종원, 앞의 책, 1992, 95쪽), 대·중·소사로 체계화된 명산대천제사는 대체로 각 지역의 조상신을 섬기는 것이었다(김두진, 「신라 김알지신화의 형성과 신궁」,『이기백선생고희기념한국사학논총(상)』(고대편·고려시대편), 일조각, 1994, 78쪽 : 「신라 알지신화의 형성과 신궁」,『한국고대의 건국신화와 제의』, 일조각, 1999)고 할 수 있다. 『삼국사기』 제사지에 보이는 신라의 대·중·소사는 성읍국가 이래로 차례로 신라에 편입된 지역의 지배세력이 받들던 조상신에 대한 제의가 연맹단계를 거치면서 왕족 중심의 귀족 국가단계에 이르러 국가적 제의체계에 편입된 것이라 할 수 있다(이종태, 앞의 논문, 1996, 148~149쪽).

68) 고려 왕실의 시조인 虎景은 산신으로서 平那郡人들에 의해 제사되었다는 설화가 전하고 있는데(『고려사』 1, 세기1, 고려세계), 이는 실제의 사실이 아니더라도 평나산 산신이 평나군 전체를 하나의 단위로서 관할하였던 사정을 말해주는 것이라고 한다(박호원, 앞의 논문, 1995, 177~179쪽). 신라 대·중·소사의 모든 제사는 일정한 씨족 혹은 세력의 연고지와 관련되어 있는데, 이것은 국가의 필요에 따라서 단순한

하여 그 지역에 대한 지배권을 행사하였다고 하였다.

가림성과 관련해서 우선 다음이 주목된다.

H. 8월에 加林城을 쌓고 衛士佐平 苩加에게 그것을 鎭하게 하였다. (『삼국사기』
   26, 백제본기4, 동성왕 23년)[69]

H에 따르면 동성왕은 왕 23년에 가림성을 축조하고 위사좌평 백가를
보내 그것을 지키게 하였다고 한다. 동성왕대 축성이 본격화된 것은 동성왕
8년(486) 우두성을 설치하고[70] 왕 12년에 사현·이산성을 축성하면서이고[71]
왕 20년에는 사정성을 축조하였으며[72] 왕 23년에는 탄현책과 가림성을
축조하였다.[73]

성은 대체로 지방의 전략적 요충지에 축조되는데, 이것은 수도 주변의 방어망
을 정비하는 것은 물론 당시 고구려나 신라에 대비하는 것이었다.[74] 특히

제사상의 문제를 넘어서 신라 사회의 중앙집권화를 수반하는 것이며 다시 말하여
종교의 정치화 현상이라고 할 수 있다고 한다(신종원, 앞의 책, 1992, 95쪽). 濱田耕策은
신라의 명산대천제사는 왕경과 지방의 지배조직을 근거로 편제되었는데, 그것은
고정적인 것이 아니었고 지역집단의 정치적 힘의 성장을 제사편제를 통해 인정하였
다고 한다. 즉 대·중·소사재는 군현을 단위로 한 제사집단과 중앙과의 정치적 관계를
반영하고 있다고 한다(앞의 논문, 1984, 157쪽).

69) "八月 築加林城 以衛士佐平苩加鎭之."
70) 『삼국사기』 26, 백제본기4, 동성왕 8년, "七月 重修宮室 築牛頭城."
71) 『삼국사기』 26, 백제본기4, 동성왕 12년, "秋七月 徵北部人年十五歲已上 築沙峴耳山二城
   九月 王田於國西泗沘原 拜燕突爲達率."
72) 『삼국사기』 26, 백제본기4, 동성왕 20년, "設熊津橋 秋七月 築沙井城 以扞率毗陀鎭之."
73) 『삼국사기』 26, 백제본기4, 동성왕 23년, "七月 設冊於炭峴 以備新羅."
74) 이 같은 축성에 필요한 많은 역부를 징발하기 위해서는 역역 동원체제의 정비가
   불가피하였을 것이다. 이를 통해 백제 중앙정부의 통치력과 왕권은 신장되었을
   것이다. 그리고 왕 20년과 왕 23년에는 중앙의 관리를 지방에 파견하고 있다. 중앙귀족
   을 지방의 요지에 보낸 것은 지방지배를 강화하려는 것일 뿐만 아니라 동시에 중앙
   귀족세력들을 재편성한다는 의미도 있는 것으로, 왕권강화와 밀접한 관련을 가지고
   있는 것이다. 이와 관련해서 채미하, 「웅진시기 백제의 국가제사—'제천지'를 중심으
   로」, 『백제문화』 38, 2008 참고. 그런데 동성왕은 가림성주 백가에 의해 피살되었다.
   『삼국사기』 26, 백제본기4, 동성왕 23년, "十一月 獵於熊川北原 又田於泗沘西原 阻大雪

가림성은 금강으로부터 오는 적을 방비하기 위한 군사적 요충지로[75] 백제의 도읍이 있던 부여를 수호하기 위해 금강 하류 대안에 축조한 산성이다.[76]

이러한 가림성은 현재의 성흥산성으로 보고 있다. 금강 하구에서 금강을 이용하여 부여 읍내로 들어가기 위해서는 반드시 이 성흥산성 앞쪽을 지나야 하는데, 산성은 이러한 길목의 요충에 자리하고 있다. 즉 성흥산성은 서쪽을 제외한 동·남·북쪽이 모두 발아래에 내려다보이는 곳으로 주변 지역에 대한 감시에 더 없이 좋은 지역이다.[77]

가림성은 난공불락의 요해처였다. 나·당군이 주류성을 치기 위해 공격방향을 논의하게 되는데, 가림성이 수륙의 요충이니 먼저 공격하자고 누군가가 제의하고 있다. 그러나 유인궤는 "실한 곳은 피하고 허한 곳을 공격하라"는 병법의 내용을 말하면서 가림성 공격의 부당함을 거론하고 있다. 이에 가림성이 수륙의 요충이기 때문에 그곳을 피하고 바로 부흥군의 왕성인 주류성을 치러가고 있다.[78] 가림성은 금강의 흐름이 잘 조망되며 멀리 부여 시가지가

宿於馬浦村 初王以苫加鎭加林城 加不欲往 辭以疾 王不許 是以怨王 至是使人刺王 至十二月 乃薨 諡曰東城王." 동성왕 23년 정변을 주도한 세력은 동성왕 정권에서 배제된 남래귀 족과 왕족이라고 한다(정재윤, 「동성왕의 즉위와 정국 운영」, 『한국고대사연구』 20, 2000, 113~119쪽).

75) 이와 관련해서 자세한 논의는 서정석, 「사비도성의 방비체제와 금강」, 『백제와 금강』, 서경문화사(백제사연구회), 2008, 119~120쪽. 가림성 축조의 일차적인 목적은 기벌포를 통한 도성 방비였으며, 가림성은 금강 주변 및 그 서쪽의 방비를 가림성이 책임지고 있었다고 한다. 유사시에는 가림성에서 기벌포 쪽으로 군사를 보내 일차적으로는 상륙을 못하도록 저지하는 것이 목적이었고, 이것이 여의치 않을 때에는 좀 더 상류쪽으로 군사를 보내 금강을 거슬러 올라오는 적을 요격하고자 했다. 이 두 가지 군사작전을 모두 구사할 수 있는 요충지가 바로 가림성이었다. 말 그대로 "水陸之衝"이었던 셈이다.

76) 반영환, 『한국의 성곽』, 세종기념사업회, 1978 ; 이원근, 「삼국시대 성곽연구」, 단국대학교 박사학위논문, 1980.

77) 안승주·서정석, 앞의 책, 1996, 21쪽.

78) 『삼국사기』 28, 백제본기6, 의자왕 20년, "… 於是 諸將議所向 或曰 加林城水陸之衝 合先擊之 仁軌曰 兵法避實擊虛 加林嶮而固 攻則傷士 守則曠日 周留城百濟巢穴 群聚焉 若克之 諸城自下 於是 仁師·仁願及羅王金法敏帥陸軍進 …." 다음도 주목된다. 『삼국사기』 7, 신라본기7, 문무왕 11년, "六月 遣將軍竹旨等 領兵踐百濟加林城禾." ;『삼국사기』 7, 신라본기7, 문무왕 12년, "二月 攻百濟加林城 不克."

관측되고 있어 육로와 수로를 감시할 수 있는 요충지로, 『신증동국여지승람』 임천군 형승조의 水陸之衝[79]은 가림성이 갖는 입지적인 특징을 잘 표현한 것이다. 이로 볼 때 가림성은 군사적 요충지로 신라 국가제사에 편제된 것이었고 신라 중대왕실은 이 지역을 국가제사에 편제함으로써 그 지역에 대한 지배권을 내세웠을 것이다.

그런데 가림성은 '一本'의 기록을 볼 때 경덕왕 16년 이후에는 국가제사의 대상이 아니었다. 아마도 소부리주가 소부리군으로 격하된 신문왕 6년 이후부터 경덕왕 16년 이전에 혁파되지 않았을까 한다. 이것은 백제의 삼산이 신라 국가제사에 편제되지 않은 것과 같은 맥락에서 이해할 수 있을 것이다. 신라 중대왕실이 안정되면서 사비지역이라는 상징성을 지닌 가림성은 혁파되었던 것이다.

가림성이 혁파되면서 신라 중대왕실은 백제 지역의 산천을 새로 편입하고 있다. 우선 중사의 기타 6곳 중 하나인 상조음거서가 경덕왕 16년 이후에 편제되고 있다. 상조음거서가 소재한 서림군은 웅주 소속으로 현재의 충남 서천군이며, 상조음거서는 경덕왕 16년 이후 신라 중사에 편제된 津으로, 현재의 충남 서천군 장항읍 창선동의 渡船場 부근이다.[80] 『신증동국여지승람』 서천군 사묘조에 용당신사가 군의 남쪽 24리에 있어서 고려 때에는 웅진명소로 삼아 향축을 내려 제사케 하였다가 조선에서는 읍에서 제사지낸다는 기록이 있다.[81] 용당신사의 위치는 현재의 서천군 장항읍 창선동 용당마을이다.[82] 이처럼 웅주지역의 상조음거서가 경덕왕 16년 이후 편제되고 있는 것으로 미루어 신라 중대왕실은 여전히 웅주지역에 관심을 가지고 있었음을 알 수 있다.

제사지 신라조의 소사 편제를 보면 구신라 지역과 구고구려 지역은 각각 9곳, 구백제 지역은 5곳이다.[83] 이처럼 구신라·구고구려 지역은 같으나,

---

79) 『신증동국여지승람』 17, 임천군 형승.

80) 정구복 외 4인, 앞의 책, 1997b, 28쪽.

81) 『신증동국여지승람』 19, 서천군 사묘, "龍堂津祠 在郡南二十四里 高麗時爲熊津溟所 降香祝今則本邑致祭."

82) 정구복 외 4인, 앞의 책, 1997b, 28쪽.

구백제 지역이 구고구려 지역에 비해 그 수가 적다. 가림성이 소사에서 혁파되자, 신라 중대왕실은 경덕왕 16년 이후 전주의 동로악을 국가제사에 편제하고 있다. 동로악이 소재한 진례군 단천현은 전주 소속으로[84] 현재의 무주군 무주읍이다. 동로악은 현재의 전북 무주군 안성면·설천면과 경남 거창군 북상면에 걸쳐 있는 덕유산이다. 현재의 덕유산 정상 근처에 冬葉嶺이 있는데, 이것은 옛 지명의 편린이 아닐까 한다.[85] 이처럼 경덕왕 16년 이후 구백제 지역의 명산대천인 동로악이 소사에 편제된 것은 가림성이 혁파되자 그것을 대신하기 위해 두어졌던 것으로 보인다.

한편 신라 국가제사에서 경덕왕 16년 이후 혁파된 가림성은 어떻게 되었을까. 가림성이 혁파된 이후 그 모습을 잘 알 수 없으나, 그 지역 세력이 가림성에 대한 제사를 지내는 형태로 유지되지 않았을까 한다.[86] 『호서읍지』

---

83) 소사에 속한 산천을 보면 구신라 지역의 산천은 왕도를 제외하면 4개소, 구백제 지역이 5개소, 구고구려 지역이 9개소로 소사에 속한 산천의 수는 구고구려 지역이 타지역에 비해 배 정도 되며 구신라 지역과 구백제 지역은 비슷하지만, 중사에 속한 것으로 되어 있는 표제없는 6개의 산·성·진 가운데 3개는 구백제 지역에, 나머지 3개는 구신라 지역에 위치하고 있어 구백제 지역은 8개소, 구신라 지역은 7개소가 되므로 소사에 편입된 산천의 수는 세 지역이 모두 비슷하다고 한다(노중국, 앞의 논문, 1988, 133쪽 및 136쪽). 그러나 필자는 소사의 우화는 양주에, 그리고 중사에 포함되어 있는 표제없는 6곳은 중사에 편제된 것으로 보았다. 그리고 왕도 역시 구신라 지역에 포함시켜, 위에서 말한 바와 같이 구백제 지역이 구신라·구고구려 지역의 산천 수보다 적다고 보았다. 한편 아지현에 있는 파지곡원악은 그 위치를 알 수 없어 미상으로 두었다(채미하, 앞의 논문, 2007 : 앞의 책, 2008).

84) 『삼국사기』 36, 잡지5, 지리3, 전주, "進禮郡 本百濟進仍乙郡 景德王改名 今因之 領縣三 伊城縣 本百濟豆尸伊縣 景德王改名 今富利縣 淸渠縣 本百濟勿居縣 景德王改名 今因之 丹川縣 本百濟赤川縣 景德王改名 今朱溪縣."

85) 정구복 외 4인, 앞의 책, 1997b, 32쪽. 한편 『신증동국여지승람』 39, 무주군 산천조를 보면 동로악은 보이지 않고 爐山이 있는데, 이것은 현 북쪽 1리에 있는 진산이라 하였고 『대동지지』 13, 무주 단유조에 동로악은 진례군 단천현에 있으며 명산으로 소사에 실려 있다.

86) 이와 관련해서 다음이 관심을 끈다. 『신증동국여지승람』 40, 순천도호부 산천, "海龍山 在府南十里." ; 『신증동국여지승람』 40, 순천도호부 인물, "朴英規 後百濟王甄萱之女壻 也 … 死爲海龍山神." 여기에 따르면 해룡산은 부의 남쪽 10리에 있으며, 박영규가 죽어 해룡산신이 되었다고 한다. 따라서 해룡산 지역은 박영규의 근거지였으며 그의 사후 해룡산 지역을 수호하는 신으로 모셔졌음을 알 수 있다(채미하, 앞의

임천조에 따르면 현재의 성흥산성 안의 제당에 庾黔弼이 봉안되어 있다고 하는데,[87] 유금필은 태조 왕건을 도와서 고려를 개국한 공신 중의 한명으로 그의 전적은 화려하다. 그러나 『신증동국여지승람』 임천군 성곽조의 성흥산성에 대한 기록에는 유금필 사당에 대한 내용은 보이지 않는다.[88] 이로 볼 때 유금필사당은 1600년대부터 1870년의 270년간의 어느 시기에 건립되었을 것으로 여겨지며[89] 성흥산성 안에는 지금도 유금필 사당이 있다.

본 글에서는 백제의 가림성이 신라 국가제사에 편제되고 그것이 혁파되는 과정을 검토하면서 신라 국가제사의 대상이었던 백제의 가림성이 지니고 있는 의미를 살펴본 것이다. 제사지 신라조에 따르면 가림성은 소사의 하나로 편제되어 있으나, 주기되어 있는 '一本'에는 가림성은 없다고 하였다. 제사지 신라조의 명산대천제사를 기록한 자료는 청해진이 혁파되기 이전 신라의 명산대천제사를 망라한 기록이고, '一本'은 경덕왕 16년 이후의 기록이라고 하였다. 이러한 '一本'의 기록을 볼 때 가림성은 경덕왕 16년 이후에는 신라 국가제사의 대상이 아니었다고 하였다.

가림성의 소재지명인 가림현은 지리지에는 가림군으로 나온다. 이러한 가림현의 존속시기는 소부리주가 존속하였던 시기와 같다. 소부리주는 문무왕 11년부터 신문왕 6년까지 존속하였고 다른 주와 마찬가지로 현을 거느리고 있었다. 가림현은 소부리주의 영현 중 하나라고 보았다. 소부리주가

논문, 2005 : 앞의 책, 2008, 360쪽 참고).

87) 『호서읍지』(1871년 간행) 17책 임천 성지조와 『호서읍지』(1895년 간행) 7책 임천읍지 성지조에 동일한 내용이 기록되어 있다.

88) 『신증동국여지승람』 17, 임천군 산천조에 가림성이 보이지 않으며 성흥산이 기재되어 있는데, 군 북쪽 2리에 있으며 진산이라 하였다. 성곽조에는 성흥산성에 대해 돌로 쌓았으며 주위가 2,705척, 높이가 13척으로 험준하게 막혀 있으며 성 안에는 3개의 우물이 있고 또 군창이 있다고 하였다.

89) 김효경, 「한국 마을신앙의 인물신 연구」, 충남대학교 석사학위논문, 1997, 133~134쪽. 유금필은 평산 유씨와 무안 유씨의 시조로써 추앙되고 있으며, 충남 부여군 임천면 성흥산성과 장암면 장하리에서 마을신으로 숭배되고 있다.

소부리군으로 격하되면서 이것은 웅주 소속의 가림군이 되었다고 하였다. 이로 볼 때 가림성의 소재지명인 가림현이 있었던 시기는 문무왕 11년부터 신문왕 6년 이전까지라고 하였다.

신라 국가제사에 편제된 구백제 지역의 산천제사는 웅주지역에 편중되어 있고 사비지역은 배제되어 있다. 이것은 사비지역의 삼산이 신라 국가제사에 편제되지 않은 것에서 알 수 있다고 하였다. 그런데 사비지역과 밀접한 관련을 가진 가림성은 신라 국가제사에 편제되었는데, 이것은 이곳이 군사적 요충지였기 때문이라고 하였다. 이에 신라 중대왕실은 가림성을 국가제사에 편제하였다고 보았다. 그런데 가림성은 '一本'의 기록을 볼 때 경덕왕 16년 이후에는 국가제사의 대상이 아니었다. 아마도 소부리주가 소부리군으로 격하된 신문왕 6년 이후부터 경덕왕 16년 이전에 그것은 혁파되지 않았을까 하였다. 이것은 부여의 삼산이 신라 국가제사에 편제되지 않은 것과 같은 맥락으로 이해하였다.

가림성을 혁파한 이후 신라 중대왕실은 가림성을 대신하여 웅주의 상조음 거서와 전주의 동로악을 중사와 소사에 편제하였다. 이것은 사비지역의 소사로 있었던 가림성을 대신하는 것으로 보았다. 한편 가림성이 혁파된 이후 가림성은 지역민들과 밀접한 관련을 가지면서 그 전통이 이어졌을 것으로 파악하였다.

제4절 신라의 城제사와 그 의미
—성황신앙의 수용배경을 중심으로—

　성황신앙은 산악신앙과 함께 우리나라 대표적인 토착신앙의 하나이다. 이러한 성황신앙과 관련해서 연구성과가 축적되어 오고 있고[1] 이로 말미암아 성황신앙에 대한 우리의 이해의 폭은 넓어지고 깊어질 수 있었다. 이 중 우리나라에 중국의 성황신앙이 수용되는 것과 관련해서 그것이 수용된 시기와 그것을 받아들인 주체세력에 대해서는 많은 관심을 가져왔다.[2] 그렇지만 지금까지 우리나라에 중국의 성황신앙이 수용될 수 있었던 배경이 무엇인지에 대해서는 크게 주목하지 못하였다. 이에 본 글에서는 『삼국사기』 제사지 신라조(이하 제사지 신라조) 명산대천제사에 보이는 성에 대한 제사

---

1) 성황신앙과 관련된 연구 논저는 한국종교사연구회편, 『성황당과 성황제』, 민속원, 1998 부록에 실려 있는 '성황 연구 논저목록'(서영대 정리) 및 변동명, 「성황신 소정방과 대흥」, 『역사학연구』 30, 2007, 주 3) 참고. 이외 서영대, 「한국과 중국의 성황신앙 비교」, 『중국사연구』 12, 2001 ; 정순모, 「당 후반기 성황신 신앙과 강남개발」, 『중국사연구』 31, 2004 ; 김철웅, 「조선시대의 성황제」, 『사학지』 35, 2002 ; 최종석, 「조선초기 성황사의 입지와 치소」, 『동방학지』 131, 2005 등 참고.
2) 이와 관련해서 본 글의 3. 참고. 고려시대 성황신앙에 대한 연구성과와 관련해서는 김갑동, 「고려시대의 성황신앙과 지방통치」, 『한국사연구』 74, 1991 ; 서영대, 「민속 종교」, 『한국사』 16, 국사편찬위원회, 1994 ; 김갑동, 「고려시대 순창의 지방세력과 성황신앙」, 『한국사연구』 97, 1997 ; 김갑동, 「고려시대 순창의 성황신앙과 그 의미」, 『성황당과 성황제』, 민속원, 1998 ; 김기덕, 「고려시대 성황신에 대한 봉작과 순창의 성황대신사적 현판의 분석」, 『성황당과 성황제』, 민속원, 1998 ; 변동명, 「고려시대 순천의 산신·성황신」, 『역사학보』 174, 2002 ; 김철웅, 「고려시대의 잡사—고려의 성황제」, 『한국 중세의 길례와 잡사』, 경인문화사, 2007 참고.

를 통해 그것을 생각해 보려고 한다.

제사가 드려지는 장소는 공간적으로 타 장소와는 달리 질적 차이를 내포하며 신성성을 갖는다. 따라서 제장은 신성성이 내포될 수 있는 특수한 지역이 선택된다.[3] 한국 고대인들은 산림·천택·구릉·계곡에는 모두 신적인 존재가 거주하는 것으로 믿었고 그 곳이 곧 제장으로서 가장 적합한 곳이라고 생각하였다.[4] 신라의 삼산·오악 이하 명산대천제사는 그것을 가장 잘 보여주는 것이다.

지금까지 신라 명산대천제사에 대한 연구성과를 보면 산악과 산신에 대한 숭배를 한민족 또는 신라의 특징인 신앙형태로 파악하여 제사지 신라조의 명산대천에 대한 위치를 비정하였고, 명산대천제사를 신라사회의 체제 확립·피정복민을 위무하기 위한 사상적 목적·군사적 목적 등과 연관시켰으며, 당 祀典의 영향에 의해 각 지역의 명산대천이 大·中·小祀에 편제되었다고 하고, 諸神의 성격이나 제사의 주체를 파악하기도 하였다. 이러한 연구성과들을 통해 신라시대 명산대천제사가 가지고 있는 여러 의미를 알 수 있었다.[5]

그런데 신라 명산대천제사에는 산천뿐만 아니라 城도 포함되어 있다. 지금까지의 연구성과에 따르면 성을 제사대상으로 삼은 이유에 대해서는 심도있게 다루지 않았다. 이것은 성이 산에 위치하고 있기 때문에 성에 대한 제사가 산에 대한 제사와 크게 다르지 않다고 여겼기 때문일 것이다. 그렇지만 성에 대한 제사가 지니고 있는 나름의 의미가 있지 않을까 한다. 본 글은 여기에 대해 생각해 보려고 하는 것이다.

이를 위해 우선 신라 국가제사에 편제되어 있는 산에 대한 제사와 성에 대한 제사가 구분되어 있음을 살펴볼 것이다. 다음으로 성에 대한 제사가 신라 국가제사에 편제된 이유와 그것이 어떠한 모습으로 전개되는지를

---

3) 금장태, 『유교사상과 종교문화』, 서울대학교출판부, 1994, 85~86쪽.

4) 금장태, 위의 책, 1994, 218~220쪽.

5) 신라 명산대천제사와 관련된 연구사 정리는 채미하, 「신라 명산대천의 祀典 편제 이유와 특징」, 『민속학연구』 20, 2007, 235쪽 : 『신라 국가제사와 왕권』, 혜안, 2008, 20~21쪽.

고찰할 것이다. 그리고 신라 국가제사에 편제되어 있는 성에 대한 제사가 우리나라에 중국의 성황신앙이 수용될 수 있었던 하나의 배경이 되었음을 생각해 볼 것이다. 이상의 논의를 통해 신라 국가제사에 성에 대한 제사가 편제되어 있는 의미를 알 수 있을 것으로 기대한다.

1. 신라 국가제사에 편제된 城

『삼국사기』제사지 신라조에서 城에 대한 제사를 추출하면 다음과 같다.

A. 1) 中祀 기타 北兄山城(大城郡)
   2) 小祀 道西城(萬弩郡) 加林城(加林縣 一本有靈嵒山·虞風山 無加林城)

A를 보면 북형산성은 중사에, 도서성과 가림성은 소사에 편제되어 있음을 알 수 있다. 이 중 북형산성은 대성군에 있다고 하는데, 현재의 경북 경주시 강동면 국당리에 있는 兄山에 있다. 『신증동국여지승람』(이하『승람』) 경주부 산천조에 따르면 형산은 안강현 동쪽 21리 지점에 있으며 신라는 북형산이라 칭하고 중사로 삼았다고 한다.[6] 도서성은 만노군에 있다고 했는데, 대체로 고구려의 도살성으로 현재의 충북 괴산군 도안면, 즉 고구려 도서현성인 니성산성과 두타산성 일대로 추정하고 있다.[7] 가림성은 가림현에 있는

---

6) 『승람』 21, 경주부 산천, "兄山(在安康縣東二十一里 新羅稱北兄山爲中祀)." 고려시대 이규보의 「北兄山祭文」도 관심을 끈다. 『동국이상국집』 38, 北兄山祭文, "云云 愚等非禦 捍之才 受將帥之寄 鑿凶門而出 統義兵而至 捐生赴戰 凡爲國耳 神食玆土 亦國之賜 義等吾 儕 職當振救 宜與三軍 應響奔赴 其於旗尾所指 馬足所遡 一進一退 一行一步 神具趁追 是衛是護 俾掃頑民 旋馳露布 方玆未陣 先以此告 神之聽之 副我攸愬 云云."

7) 민덕식, 「高句麗 道西縣城考」, 『사학연구』 36, 1983 및 민덕식, 「진천 대모산성의 분석적 연구」, 『한국사연구』 29, 1980 등. 혹은 충남 천안지방으로 비정하는 견해도 있다(이병도, 『국역삼국사기』, 을유문화사, 1977, 57쪽). 『승람』 진천현 산천조나 사묘조에는 보이지 않는다. 『승람』 진천현 산천조에는 만노군 태수 김서현이 김유신의 태를 묻었다는 길상산이 나오고, 사묘조에는 김유신사가 나온다. 『승람』 16,

것으로, 현재의 충남 부여군 임천면의 성흥산성에 비정하고 있다.[8]『승람』임천군 사묘조에 성황사가 있는데, 산성 안에 있다고 한다.[9] 여기에서 산성은 『승람』임천군 성곽조에 보이는 성흥산성이다.[10]

이러한 성에 대한 제사는 명산대천제사와 함께 신라 국가제사에 편제되어 있다. 성이 산에 위치하고 있다는 점에서 산에 대한 제사와 성에 대한 제사는 구분하지 않았을 것으로 여길 수도 있겠지만, 이것은 구분되었을 것으로 생각된다. 이와 관련해서 다음이 주목된다.

B. 1) 중사 기타 6곳 俗離岳(三年山郡)
   2) 小祀 鉗岳(七重城) 嘉阿岳(三年山郡)

B-1)과 B-2)를 보면 중사에 편제되어 있는 기타 6곳의 하나인 속리악과 소사에 편제되어 있는 가아악이 삼년산군에 있다고 하며 소사에 편제되어 있는 겸악은 칠중성에 있다고 한다. 속리악은 현재의 충북 보은군 내속리면과 경북 상주시 화북면 사이에 걸쳐 있는 속리산이다.『승람』보은현 사묘조를 보면 大自在天王祠가 속리산 마루에 있어 매년 10월 인일에 제사지냈다고 한다.[11] 겸악은 현재의 경기도 파주시 적성면과 양주군 남면, 전곡읍에 걸쳐 있는 감악산이다.『승람』적성현 사묘조에 감악사가 있는데, 신라에서 당나라 장수 설인귀를 산신으로 삼았다고 하고 조선에서도 중사로 제사지냈다고 한다.[12] 가아악은 현재 그 위치를 알 수 없다.『승람』보은현조와

진천현 산천, "吉相山(一名胎靈山) … 新羅眞平王時 萬弩郡太守金舒玄妻萬明姙身 二十月 生子曰庾信 藏胎於此山因號吉祥.";『승람』16, 진천현 사묘, "金庾信祠(在吉祥山 新羅時 置祠宇 春秋降香祝行祭 高麗仍之 至本朝 太祖八年始停之 令所在官致祭)."

8) 유원재,「삼국사기 축성기사의 분석」,『호서사학』12, 1984 ; 유원재,「백제 가림성 연구」,『백제논총』5, 백제문화개발연구원, 1996.

9)『승람』17, 임천군 사묘, "城隍祠(在山城內)."

10)『승람』17, 임천군 성곽, "聖興山城(石築周二千七百五尺 高十三尺 險阻 內有三井 又有軍倉)."

11)『승람』16, 보은현 사묘, "大自在天王祠(在俗離山頂 其神每年十月寅日下降于法住寺山中 人設築迎神以祠之 留四十五日而還)."

그 주위의 군현에서도 그것은 보이지 않는다.

그런데 가아악·속리악, 겸악이 있는 삼년산군과 칠중성에는 城도 있었다. 삼년산성은 충북 보은군 보은읍에 있는 산성으로, 자비왕 13년(470)에 축조되었으며 소지왕 8년(486) 일선군 장정 3,000명으로 이 성을 개축하였다고 한다.[13] 『세종실록지리지』에는 烏項山石城이라 하였고,[14] 『승람』 보은현 고적조에 보이는 烏項山城은 삼년산성으로 현 동쪽 5리에 있으며 쌓은 지 3년만에 완성했기 때문에 삼년산성이라 이름지었다 한다.[15] 칠중성은 현재의 파주시 적성면 일대에 있는 감악산 주변의 산성으로, 원래 고구려 땅이었으나 신라 진흥왕이 탈취하였다. 그러나 무열왕 7년(660) 11월에 고구려에게 빼앗겼다가 문무왕 7년(767)에 신라가 다시 이를 차지하였다.[16] 그 후 나·당전쟁 중 문무왕 15년(675) 2월에 당의 유인궤에게 빼앗겼으나, 그 해 9월 당나라 군사와의 매초성 전투에서 승리함으로써 그 곳에서 당병을 몰아내었다.[17]

이처럼 삼년산군과 칠중성 지역에 성이 있음에도 불구하고 성이 아닌 이 지역의 산을 국가제사에 편제하고 있는 것이다. 이것은 신라가 성과 산을 구분하여 국가제사에 편제하였음을 보여주는 것으로 여겨진다. 이것은 이들

---

12) 『승람』11, 적성현 사묘, "紺岳祠(諺傳新羅以唐將薛仁貴爲山神 本朝以名山載中祀 春秋降香祝以祭)."

13) 『삼국사기』3, 신라본기3, 자비마립간 13년, "築三年山城(三年者 自興役 始終三年訖功故名之." ; 『삼국사기』3, 신라본기3, 소지마립간 8년, "春正月 拜伊飡實竹爲將軍 徵一善界丁夫三千 改築三年屈山二城." 성주탁, 「신라 삼년산성 연구」, 『백제연구』7, 1976에서 보은 지방으로 알려져 있는 신라와 백제의 공방전이 수 없이 벌어졌던 와산성이 삼년산성의 전신이라고 보기도 한다. 그리고 7~9쪽에서 삼년산성은 오정산의 능선을 따라서 만든 포곡식 산성으로, 성의 둘레는 1,680m로 실측되었다고 한다.

14) 『세종실록지리지』충청도 청주목 보은현, "烏項山石成 在縣東五里(周回一千二百二十步 險阻 內有泉六 冬夏不渴 有軍倉)."

15) 『승람』16, 보은현 고적, "烏項山城(在縣東五里 卽三年山城也 築之三年訖功故名 石築周三千六百九十九尺 高十八尺 內有五井 今牛頹圮)."

16) 『삼국사기』5, 신라본기5, 태종무열왕 7년, "十一月一日 高句麗侵攻七重城 軍主匹夫死之."

17) 『삼국사기』7, 신라본기7, 문무왕 15년, "二月 劉仁軌破我兵於七重城 … 秋九月 … 二十九日 李謹行率兵二十萬 屯買肖城 我軍擊走之 得戰馬三萬三百八十四 其餘兵仗稱是 … 唐兵與契丹靺鞨兵來 圍七重城 不克 小守儒冬死之."

제사가 편제된 시기에서도 그것을 생각해 볼 수 있지 않을까 한다.

『삼국사기』 제사지 신라조의 명산대천제사에 註記되어 있는 소재지명[18]은 삼국시대 신라 것으로부터 경덕왕 16년(756) 전국적인 주·군·현의 개명 이후의 것까지 다양하다.[19] 이것은 명산대천제사의 변천 과정을 일정하게 반영하는 것이라고 한다.[20] 그리고 명산대천제사에 주기되어 있는 소재지명을 보면 각각의 제사대상들이 대·중·소사에 편제된 것은 신문왕대 새로 정비되는 주·군·현제와 관련이 있으며[21] 중사 중 속리악 이하 청해진 등 6곳[22]과 소사 중 상악과 동로악을 제외하고는 신문왕 5년 이후부터 성덕왕 34년 이전에 제사지 신라조의 명산대천들은 대·중·소사에 편제되었다고 한다.[23]

A-1)의 북형산성은 중사 중 기타 6곳 중의 하나로 그 소재지명이 대성군으

18) 명산대천제사와 관련된 註記를 소재지명으로 본다는 것과 관련해서 채미하, 「『삼국사기』 제사지 신라조의 분석 – 신라 국가제사체계의 재검토와 관련하여」, 『한국고대사연구』 13, 1998 : 앞의 책, 2008, 56쪽.

19) 경덕왕 16년 주·군·현의 개명을 기준으로 명산대천제사의 소재 지명을 개명 이전과 개명 이후로 나누어 볼 수 있다. 개명 이후의 명칭은 7개, 미상이 2개이다. 그리고 개명 이전의 명칭은 41개인데, 이 중에는 삼국시대부터 사용되었던 것도 있다. 이것은 저본자료에 있었던 내용으로 생각된다. 이와 관련해서 채미하, 위의 논문, 1998 : 위의 책, 2008, 57쪽 참고.

20) 浜田耕策은 명산대천 所在名은 삼국통일 이후부터 경덕왕 16년 전국적 규모의 주·군·현의 개칭까지와 그 이후의 것으로 나누어지는데, 이것은 신라 祀典의 변천과정이 거기에 투영되어 있는 것이라고 하였다(「新羅の祀典と名山大川の祭祀」, 『呴末集』 4, 1984, 157쪽). 정구복 외 4인, 『역주 삼국사기』 4, 주석편(하), 한국정신문화연구원, 1997b, 29쪽과 32쪽에 따르면 霜岳과 冬老岳의 위치가 경덕왕대 이후의 지명으로 표기된 것으로 보아, 이들의 小祀 지정 시기는 경덕왕 16년(757) 이후일 가능성이 있다고 한다.

21) 浜田耕策은 명산대천의 소재지의 표기가 주·군명인 것이 대부분이고 소사에는 縣名까지 표기되어 있는데 착안해서 대·중·소사의 편성은 군현제와 관련이 있을 것이라 하였다(앞의 논문, 1984, 155쪽).

22) 속리악 이하 청해진 등 6곳이 중사라고 하는 견해에 대해서는 채미하, 앞의 논문, 1998 : 앞의 책, 2008, 54~55쪽 참고. 『승람』에 따르면 북형산이 신라 때 중사였다고 한다. 이로 볼 때 조선시대에 기타 6곳은 중사로 인식되었다고 여길 수 있을 것이다.

23) 채미하, 「신라의 사해와 사독」, 『역사민속학』 26, 2008a, 16~17쪽.

로 나온다.『삼국사기』지리지(이하 지리지)를 보면 대성군은 경덕왕 16년에 구도성을 개칭한 것이었다고 기록되어 있지만,[24] 대성군은 경덕왕 16년 이전 명칭이었다고 한다.[25] A-2)의 소사에 편제되어 있는 도서성은 만노군에 있다고 한다. 지리지에 따르면 만노군은 금물내군(금물노군)이라고도 했으며 黑壤郡 또는 黃壤郡의 옛 지명이라고 한다.[26] 가림성은 제사지에는 가림현에 있다고 하는데, 지리지에는 가림군으로 나온다.[27] 이러한 가림성의 소재지명이 가림현이었던 시기는 문무왕 11년(671)부터 신문왕 6년(686) 이전이라고 보았다.[28] 이로 볼 때 중사의 기타 6곳에 편제되어 있는 북형산성은 성덕왕 34년 이후부터 경덕왕 16년 이전에 편제되었고,[29] 소사에 편제된 도서성과 가림성은 성덕왕 34년 이전에 신라 국가제사에 편제되었다고 할 수 있다.

B의 속리악과 가아악의 소재지명인 삼년산군은 지리지를 보면 삼년군의 옛 지명으로,[30] 지금의 충북 보은군 보은읍이다. 칠중성은 지리지에는 보이

---

24) 『삼국사기』 34, 잡지3, 지리1, 양주, "大城郡 本仇刀城 境内率伊山城·茄山縣(一云鷲山城)·烏刀山城等三城 今合屬淸道郡 約章縣 本惡支縣 景德王改名 今合屬慶州 東畿停 本毛只停 景德王改名 今合屬慶州."

25) 대성군은 여·제통합 이후부터 경덕왕 16년 이전에 이미 대성군으로 불렸다고 한다. 채미하, 앞의 논문, 2007 : 앞의 책, 2008, 306~307쪽 참고.

26) 『삼국사기』 37, 잡지6, 지리4, 고구려·백제, "漢山州 … 今勿内郡(一云萬弩) 道西縣(一云都盆)." ;『삼국사기』 35, 잡지4, 지리2, 한주, "黑壤郡(一云黃壤郡) 本高句麗今勿奴郡 景德王改名 今鎭州 領縣二 都西縣 本高句麗道西縣 景德王改名 今道安縣 陰城縣 本高句麗 仍忽縣 景德王改名 今因之."

27) 『삼국사기』 36, 잡지5, 지리3, 웅주, "嘉林郡 本百濟加林郡 景德王改加爲嘉 今因之 領縣二 馬山縣 本百濟縣 景德王改州郡名 及今並因之 翰山縣 本百濟大山縣 景德王改名 今鴻山縣." ;『삼국사기』 37, 잡지6, 지리4, 고구려·백제, "熊川州(一云熊津) … 加林郡."

28) 가림성의 소재지명인 가림현은 지리지에는 가림군으로 나온다. 이러한 가림현의 존속시기는 소부리주가 존속하였던 시기와 같다. 소부리주는 문무왕 11년부터 신문왕 6년까지 존속하였고 다른 주와 마찬가지로 현을 거느리고 있었다. 가림현은 소부리주의 영현 중 하나라고 보았다. 소부리주가 소부리군으로 격하되면서 이것은 웅주 소속의 가림군이 되었다. 이로 볼 때 가림성의 소재지명인 가림현이 있었던 시기는 문무왕 11년부터 신문왕 6년 이전까지라고 하였다. 이와 관련해서 채미하, 「백제 가림성고」,『백제문화』 39, 2008b, 89~92쪽 참고.

29) 채미하, 앞의 논문, 2007 : 앞의 책, 2008, 306~307쪽 참고.

지 않지만, 『승람』 적성현 군명조에 '칠중성'과 '중성'이 나온다.[31] 이에 칠중성은 지리지에 보이는 한주 내소군 중성현의 옛 지명인 칠중현으로 생각된다.[32] 이로 볼 때 소사에 편제되어 있는 삼년산군을 소재지명으로 하는 가야악과 칠중성을 소재지명으로 하는 겸악은 도서성·가림성과 마찬가지로 성덕왕 34년 이전에 신라 국가제사에 편제되었다고 할 수 있다. 앞서 살펴보았듯이, 북형산성은 성덕왕 34년 이후부터 경덕왕 16년 이전에 편제되었다. 속리악이 신라 국가제사에 편제된 것도 이와 비슷한 시기가 아닐까 하는데, 속리악은 중사의 기타 6곳 중 가장 먼저 기록되어 있다. 이로 볼 때 속리악은 중사의 기타 6곳 중 가장 먼저 편제되었다고 여겨진다. 이것은 흥덕왕 3년(828)에 설치되었다가 문성왕 13년(851)에 혁파되는 청해진이[33] 중사의 기타 6곳 중 가장 뒤에 기록되어 있는 데서도 생각해 볼 수 있는 것이다.

신라는 통일 이전부터 州를 정비하였고 통일 후인 신문왕 5년(685)에서 왕 7년에 걸쳐 완산주를 신설하였으며 거열주·사비주·발라주·일선주 등의 주치를 이동함으로써 9주를 완성하였다.[34] 이러한 9주는 신라·백제·고구려 3국을 기준으로 각각 그 옛 땅에 3주를 설치하였는데, 상주·양주·강주는

---

30) 『삼국사기』 34, 잡지3, 지리1, 상주, "三年郡 本三年山郡 景德王改名 今保齡郡 領縣二 淸川縣 本薩買縣 景德王改名 今因之 耆山縣 本屈縣 景德王改名 今靑山縣."

31) 『승람』 11, 적성현 군명.

32) 『삼국사기』 35, 잡지4, 지리2, 한주, "來蘇郡 本高句麗買省縣 景德王改名 今見州 領縣二 重城縣 本高句麗七重縣 景德王改名 今積城縣 波平縣 本高句麗波害平吏縣 景德王改名 今因之."; 『삼국사기』 37, 잡지6, 지리4, 고구려·백제, "漢山州 … 七重縣(一云難隱別)."

33) 『삼국사기』 10, 신라본기10, 흥덕왕 3년, "夏四月 淸海大使弓福 姓張氏(一名 保皐) 入唐徐州爲軍中小將 後歸國謁王 以卒萬人鎭淸海(淸海 今之莞島)."; 『삼국사기』 11, 신라본기11, 문성왕 13년, "春二月 罷淸海鎭 徙其人於碧骨郡.". 청해진의 사전 편제시기와 그 혁파에 대해서는 채미하, 「청해진의 사전편제와 해양신앙」, 『진단학보』 99, 2005 : 앞의 책, 2008, 330~343쪽 참고.

34) 『삼국사기』 8, 신라본기8, 신문왕 5년, "春 復置完山州 以龍元爲摠管 挺居列州 以置菁州 始備九州 以大阿湌福世爲摠管."; 『삼국사기』 8, 신라본기8, 신문왕 6년, "二月 置石山馬山孤山沙平四縣 以泗沘州爲郡 熊川郡爲州 發羅州爲郡 武珍郡爲州."; 『삼국사기』 8, 신라본기8, 신문왕 7년, "三月 罷一善州 復置沙伐州 以波珍湌官長爲摠管."

구신라·구가야 지역이고(이하에서는 구신라 지역으로 한다), 웅주·전주·무주는 구백제 지역이며 한주·삭주·명주는 구고구려 지역이다.[35]

성덕왕 34년 이전까지 신라 국가제사에 편제된 성은 가림성(웅주)과 도서성(한주)으로 이들은 각각 구백제·구고구려 지역에 있었다. 이로 볼 때 당시 구신라 지역에는 성이 편제되어 있지 않았다. 앞에서 살펴본 바와 같이, 삼년산군에 있는 가아악(상주)의 현재 위치는 알 수 없다. 당시 산과 성에 대한 관념에 차이가 없었다고 한다면 구신라 지역에 있는 삼년산성이 가아악(상주)을 대신할 수도 있지 않았을까 한다. 그런데 신라는 삼년산성 대신 가아악을 국가제사에 편제하고 있다. 성덕왕 34년 이후에도 삼년산군에 있는 속리악(상주)을 국가제사에 편제하고 구신라 지역의 성에 대한 제사는 북형산성(양주)으로 하고 있다. 이처럼 신라 국가제사에 성에 대한 제사가 편제된 시기를 염두에 둘 때도 당시 신라 중대왕실은 산과 성을 구분하여 이해하고 있었음을 생각할 수 있는 것이다.

이상에서 비록 성에 대한 제사가 명산대천제사와 함께 신라 국가제사에 편제되었지만, 신라에서는 성에 대한 제사와 산에 대한 제사를 구분하였음을 알 수 있었다. 그렇다면 성에 대한 제사가 신라 국가제사에 편제된 이유는 무엇이며 그것은 어떻게 전개되었을까.

2. 城 제사의 전개와 변화

6~7세기 고구려의 지방편제 단위는 '성'이었고[36] 이들 성은 治所가 위치한

---

35) 『삼국사기』 34, 잡지3, 지리1, "始祖已來處金城 至後世多處兩月城 始與高句麗·百濟 地錯犬牙 或相和親 或相寇鈔 後與大唐侵滅二邦 平其土地 遂置九州 本國界內 置三州 王城東北當唐恩浦路曰尙州 王城南曰良州 西曰康州 於故百濟國界 置三州 百濟故城北熊津 口曰熊州 次西南曰全州 次南曰武州 於故高句麗南界 置三州 從西第一曰漢州 次東曰朔州 又次東曰溟州 九州所管郡縣 無慮四百五十(方言所謂鄕·部曲等雜所 不復具錄) 新羅地理之 廣袤 斯爲極矣 及其衰也 政荒民散 疆土日蹙 末王金傅 以國歸我太祖 以其國爲慶州."

성이었다. 사비시대 백제의 지방편제 단위는 방-군-성이었고[37] 각 지방단위
에는 치소가 위치한 성을 두고 있었다. 신라의 경우 통일 이후 주-군-현제가
성립되기 이전에는 주-군-성·촌제가 운영되고 있었다.[38] 당시 성·촌뿐만
아니라 주·군에도 치소가 위치한 성은 존재하였다. 이로 볼 때 치소가
위치한 성이면서 행정단위를 지칭한 성이 삼국에 모두 존재하였음을 알
수 있다. 삼국통일 이후 신라에서 주·군·현제가 시행되면서 행정단위를
지칭한 '성'은 주·군·현으로 개편되었지만, 치소가 위치한 성은 여전히 해당
군·현의 치소역할을 하는 성으로 존속하였다고 한다.[39] 이와 같은 삼국-통일
신라시기 치소가 위치한 성은 산성이었다.[40]

『삼국사기』 신라본기와 열전에는 북한산성(한양군), 칠중성(중성현), 술천
성(기천군) 등과 같이 군현명을 띤 성이 나오는데, 이들은 '군현성'이라고
부를 수 있다고 한다.[41] 이 중 칠중성은 중성현의 현성으로,[42] 여기에서는
고구려 유물도 출토되었지만 신라 유물이 많이 출토되어 주로 신라가 사용한
것으로 밝혀졌다.[43] 삼년산성은 삼년군의 군성으로 추정하고 있는데,[44] 삼년

---

36) 노태돈, 「5~7세기 고구려의 지방제도」, 『한국고대사논총』 8, 1996 및 김현숙, 『고구려
　　의 영역지배방식연구』, 모시는 사람들, 1996 참고.
37) 김영심, 「백제 지방통치체제 연구－5~7세기를 중심으로」, 서울대 박사학위논문,
　　1997.
38) 강봉룡, 「신라 지방통치체제 연구」, 서울대 박사학위논문, 1994.
39) 최종석, 「고려시대 '治所城' 연구」, 서울대학교 박사학위논문, 2007, 101~102쪽.
40) 6~8세기 신라 '군현성'으로 비정되는 성들은 산성으로 조선시대의 읍지·고읍·폐읍으
　　로부터 10리 이내의 지점에 위치하고 있다고 한다(박성현, 「6~8세기 신라 한주
　　'군현성'」, 『한국사론』 47, 2002, 134~144쪽). 그리고 신라 '군현성'의 입지적인 특징은
　　고려 치소성과 정확히 일치한다. 고려 치소성은 산성이었고 조선시기 치소 인근에
　　위치하고 있었다. 신라 '군현성'과 고려 치소성 사이에 입지적 특성이 일치한 점은
　　후자가 전자를 활용·계승하였을 가능성을 암시한다(최종석, 「고려전기 축성의 특징
　　과 치소성의 형성」, 『진단학보』 102, 2006, 110쪽).
41) 박성현, 위의 논문, 2002, 156쪽.
42) 박성현, 위의 논문, 2002, 154쪽.
43) 박경식·서영일·방유리·김호준·이동준, 『파주 칠중성 지표조사 보고서』, 단국대학교
　　매장문화재연구소·파주시, 2001.
44) 박성현, 앞의 논문, 2002, 182쪽.

산성 서문지 제2문지의 문지방돌에서 수레바퀴 자국이 발견되었다.[45]

이처럼 칠중성과 삼년산성은 '군현성'으로 그 지역의 치소로서 기능하였다. 이 점을 염두에 둘 때 신라 국가제사에 편제되어 있는 가림성·도서성·북형산성도 마찬가지가 아니었을까 한다. 도서성의 경우는 도서현의 현성, 가림성은 가림현(군)의 현(군)성, 북형산성은 대성군의 군성이 아니었을까 하는 것이다. 이와 같이 신라 국가제사에 편제된 성 역시 '군현성'으로 그 지역의 치소역할을 하였다면 칠중성·삼년산성과는 달리 이들이 신라 국가제사에 편제된 이유는 무엇일까.

도서성은 제사지에는 만노군에 있다고 한다. 그런데 지리지를 보면 흑양군(만노군) 영현의 하나로 도서현이 나온다. 가림성은 제사지에는 가림현으로 나온다. 가림성이 가림현이었던 시기는 앞에서도 보았듯이, 문무왕 11년부터 신문왕 6년 이전이었고 그 전후에는 지리지를 보면 가림군임을 알 수 있다. 통일전 신라 경주를 사방으로 방어한 것은 명활산성(동), 서형산성(서), 남산성(남), 북형산성(북)이었다. 지리지를 보면 상성군의 옛 이름은 서형산군이라고 한다.[46] 이로 볼 때 서형산성[47]은 서형산군(상성군)의 군성으로 여길 수 있다. 그렇다면 서형산성에 對하는 북형산성은 그것이 축성되었을 때[48] 북형산성이 있는 지역의 치소로서 기능하였을 것이다. 그런데 북형산성

---

45) 차용걸, 「삼년산성 문지유구의 검토」, 『충남사학』 1, 1986, 29쪽.

46) 『삼국사기』 34, 잡지3, 지리1, 양주, "商城郡 本西兄山郡 景德王改名 今合屬慶州."

47) 현재 경북 경주시 서악동에 있는 선도산성을 말한다. 진평왕 15년(593)에 명활성과 함께 개축한 것으로 보아, 그 이전에 축조되었던 것으로 보인다. 경주문화재연구소에서 실시한 서악지역 지표조사에 따르면 서악지역의 범위를 지형 등을 고려하여 서악동, 충효동, 효현동, 광명동, 율동, 석장동으로 보고 있다. 이 지역의 문화유적으로 선사유적이 12개소, 왕릉 6개소, 분묘 6개소, 고분 23개소, 산성 1개소, 봉수지 1개소 등 고고유적이 51개소, 불교유적 6개소 등의 유적이 있다고 조사보고하였다(경주문화재연구소, 「경주서악지역지표조사」, 『연보』 제5호, 1995).

48) 북형산성은 여러 성과 더불어 문무왕 13년에 축성되었다고 하지만(『삼국사기』 7, 신라본기7, 문무왕 13년), 이것은 6세기 무렵에 성곽이 축조되었던 것으로 추측하고 있다(박방룡, 「신라 왕도의 수비」, 『신라문화』 9, 1992, 4쪽 ; 「신증동국여지승람 권21 경주부 역주—산천-교량」, 『신라문화』 13, 1996, 110쪽).

은 제사지를 보면 대성군에 있다고 하는데, 대성군 지역은 명활산성 일대이다.[49] 이처럼 신라 국가제사에 편제된 성들이 있던 지역은 그 전과 비교해 볼 때 그 위상에 변화가 있었음을 알 수 있다.

고대의 산성은 주요 교통로에서 가까우며, 사방이 관망되는 험준한 지형을 택하여 최소한의 공력으로 수성과 공성에 유리하도록 하였다.[50] 특히 백제 동성왕 23년(501)에 축조된 가림성은[51] 금강으로부터 오는 적을 방비하기 위한 군사적 요충지로[52] 금강 하류 대안에 축조한 산성이라고 한다.[53] 가림성은 현재의 성흥산성이다. 성흥산성은 서쪽을 제외한 동·남·북쪽이 모두 발아래에 내려다보이는 곳으로 주변 지역에 대한 감시에 더 없이 좋은 지역이다. 그리고 금강 하구에서 금강을 이용하여 부여 읍내로 들어가기 위해서는 반드시 이 성흥산성 앞쪽을 지나야 하는데, 산성은 이러한 길목의 요충에 자리하고 있다.[54] 이처럼 가림성은 금강의 흐름이 잘 조망되며 멀리 부여 시가지가 관측되고 있어 육로와 수로를 감시할 수 있는 요충지였다. 『승람』임천군 형승조의 水陸之衝은 가림성이 갖는 입지적인 특징을 잘 표현하고 있는 것이다.[55]

49) 김윤우, 「신라시대 대성군에 관한 고찰 – 신라왕도 주위의 소재 군현에 대한 일고찰」, 『신라문화』 3·4합집, 1987, 10~11쪽.

50) 박방용, 「도성, 성지」, 『한국사론』 15, 국사편찬위원회, 1985.

51) 『삼국사기』 26, 백제본기4, 동성왕 23년, "八月 築加林城 以衛士佐平苩加鎭之." 동성왕 대 축성이 본격화된 것은 왕 8년(486) 우두성을 설치하고 왕 12년에 사현·이산성을 축성하면서이고 왕 20년에는 사정성을 축조하였으며 왕 23년에는 탄현책과 가림성을 축조하였다. 채미하, 「웅진시기 백제의 국가제사 – '제천지'를 중심으로」, 『백제문화』 38, 2008c, 14쪽 참고.

52) 서정석, 「사비도성의 방비체제와 금강」, 『백제와 금강』, 서경문화사, 2008, 119~120쪽.

53) 반영환, 『한국의 성곽』, 세종기념사업회, 1978 ; 이원근, 「삼국시대 성곽연구」, 단국대학교 박사학위논문, 1980.

54) 안승주·서정석, 『성흥산성 – 문지발굴조사보고서』, 충남발전연구원·충청남도, 1996, 21쪽.

55) 『승람』 17, 임천군 형승, "水陸之衝(唐劉仁願與孫仁師 擊扶餘豊諸將議所向 或曰 加林城 水陸之衝 合先擊之 劉仁軌曰 兵法避實擊虛 加林嶮而固 攻則傷士 守則曠日 遂趣周留城)."

가림성은 나·당군이 주류성을 치기 위해 공격방향을 논의할 때, 수륙의 요충이니 먼저 공격하자고 누군가가 제의하고 있다. 그러나 유인궤는 "실한 곳은 피하고 허한 곳을 공격하라"는 병법의 내용을 말하면서 가림성 공격의 부당함을 거론하고 있다. 그 이유는 가림성이 수륙의 요충이었기 때문이었다.[56] 이처럼 가림성은 난공불락의 요해처로 삼국통일 과정에서 중요한 역할을 하였다. 이러한 모습은 가림성과 함께 신라 국가제사에 편제되어 있는 북형산성과 도서성도 마찬가지였을 것이다.[57]

이와 같이 신라 국가제사에 편제된 성은 군사적 요충지였다. 특히 삼국통일 전쟁을 경험한 신라는 성에 대한 중요성을 인식하고 있었을 것이다. 그런데 지방제도를 재편하는 과정에서 신라 국가제사에 편제된 성은 그 전과 비교할 때 그 위상에 변화가 있었다. 이에 신라 중대왕실은 이들 성을 국가제사에 편제한 것이 아닐까 하는 것이다.

기왕의 연구에 따르면 대사인 삼산은 경주를 중심으로 한 경기에 위치하고 있어 왕경을 보호하고, 중사는 국토를 방호하는 것으로, 소사의 24곳은 각 지역을 방호하는 것으로 이해하고 있다.[58] 그런데 필자는 신라 중대왕실이

---

56) 『삼국사기』 28, 백제본기6, 의자왕 20년, "… 於是 諸將議所向 或曰 加林城水陸之衝 合先擊之 仁軌曰 兵法避實擊虛 加林嶮而固 攻則傷士 守則曠日 周留城百濟巢穴 群聚焉 若克之 諸城自下 於是 仁師·仁願及羅王金法敏帥陸軍進 …." 다음도 주목된다. 『삼국사기』 7, 신라본기7, 문무왕 11년, "六月 遣將軍竹旨等 領失踐百濟加林城禾.";『삼국사기』 7, 신라본기7, 문무왕 12년, "二月 攻百濟加林城 不克."

57) 북형산성은 관문성과 함께 경주에 침입하는 길목인 영일만과 울산만에 상륙한 왜적을 방어하였다고 한다. 형산강 아랫줄기와 포항 일대가 한눈에 들어와 북쪽에서 쳐들어 오는 적들과 특히 동해안으로 침입하여 오는 왜적을 막는 장소로는 가장 적당한 입지조건을 갖춘 곳이다. 현재 남아 있는 유구를 보면 건물지 2개, 성문지 2개가 있고 조선시대에 만든 것으로 보이는 봉화대와 사각형의 연못이 있다. 도서성은 『삼국사기』 지리지 '삼국유명미상지분'에 수록되어 있고(『삼국사기』 37, 잡지7, 지리 4), 백제가 고구려의 도살성을 함락시킨 사실은 고구려 양원왕 6년과 백제 성왕 28년조에 보인다. 신라 선덕왕 3년과 백제 의자왕 9년, 김유신전(중)에 의하면 도살성 아래에서 주둔하여 유신 등이 진격하여 크게 이겼다고 한다.

58) 이기백, 「신라오악의 성립과 그 의의」, 『진단학보』 33, 1972 :『신라정치사회사연구』, 일조각, 1974, 195쪽 ; 노중국, 「통일기 신라의 백제고지지배」, 『한국고대사연구』 1, 지식산업사, 1988, 133쪽 및 136쪽 ; 최광식, 『고대한국의 국가와 제사』, 한길사,

명산대천만으로 대·중·소사를 편제한 이유는 신라에 강고하게 자리잡고 있었던 지역세력을 편제하기 위한 것이라고 하였다. 즉, 각 지역에서 행해졌던 명산대천제사는 그 지역의 수호신에 대한 제사였고 또한 그 지역세력과도 밀접한 관련을 가지고 있었다. 이에 신라 중대왕실은 중앙집권적 지배체제를 확립하기 위해 각 지역에서 행한 명산대천제사를 당의 국가제사체계를 수용하여 정비하였던 것이다. 이를 통해 신라 중대왕실은 각 지역에 대한 지배권을 행사하였을 것으로 보았다.[59]

『삼국사기』 제사지 신라조의 명산대천제사는 9주에 분포되어 있다.[60] 이 중 중사의 기본인 오악·사진·사해·사독은 동·서·남·북이라는 방위관념이 전제되어 있고 신라가 구백제 지역을 3주로, 구고구려 지역을 3주로 고루 편제한 데서 나온 조처라고 한다.[61] 신라 국가제사에 편제된 성은

1994, 319쪽.

59) 채미하, 앞의 논문, 2007, 240~242쪽 : 앞의 책, 2008. 신라 대·중·소사의 모든 제사는 일정한 씨족 혹은 세력의 연고지와 관련되어 있는데, 이것은 국가의 필요에 따라서 단순한 제사상의 문제를 넘어서 신라 사회의 중앙집권화를 수반하는 것이며 다시 말하여 종교의 정치화 현상이라고 할 수 있다고 한다(신종원,『신라초기불교사연구』, 민족사, 1992, 95쪽). 浜田耕策은 신라의 명산대천제사는 왕경과 지방의 지배조직을 근거로 편제되었는데, 그것은 고정적인 것이 아니었고 지역집단의 정치적 힘의 성장을 제사편제를 통해 인정하였다고 한다. 즉 대·중·소사제는 군현을 단위로 한 제사집단과 중앙과의 정치적 관계를 반영하고 있다고 한다(앞의 논문, 1984, 157쪽). 사해와 사독 역시 이와 마찬가지였으리라고 생각한다(채미하, 앞의 논문, 2008a). 한편 신라 사해의 성립은 국가성장과 발전과정에서 영역확장과 영토의식의 확립에 따른 사방 교통로의 설치와 불가분의 관계에 있다고 하기도 한다(김창겸, 앞의 논문, 2007, 169~180쪽).

60) 지금까지 연구에 따르면 대사에는 구신라 지역의 명산대천만이 분포되어 있다. 중사에는 구신라 지역이 8곳, 구고구려 지역과 구백제 지역이 각각 4곳, 미상이 1곳이고 구백제 지역은 웅주에 편중되어 있다. 소사에는 구신라 지역과 구고구려 지역이 각각 9곳, 구백제 지역은 5곳이다. 이와 관련해서 채미하, 앞의 논문, 2007 : 앞의 책, 2008, 322~323쪽 참고.

61) 노중국, 앞의 논문, 1988, 133쪽 및 136쪽. 그런데 중사에 속한 명산대천 중 오악에는 구신라 지역이 3곳, 구고구려·구백제 지역은 각각 1곳, 사진·사해·사독의 경우 구신라 지역에는 각각 2곳, 구고구려·구백제 지역은 각각 1곳이 포함되어 있다. 즉, 중사에는 구신라 지역이 9곳, 구고구려 지역과 구백제 지역은 각각 4곳으로, 구신라 지역의 명산대천이 구고구려·구백제 지역의 것에 비해 배가 된다. 이로 볼 때 중사의 경우

각각 양주(북형산성), 한주(도서성), 웅주(가림성)에 속해 있는데, 구신라·구백제·구고구려 지역에 1곳씩 편제되어 있다. 북형산성은 구신라 지역, 도서성은 구고구려 지역, 가림성은 구백제 지역으로 신라 중대왕실은 이들 지역을 국가제사에 편제함으로써 그 지역에 대한 지배권을 보다 확고히 한 것으로 여겨진다. 비록 지방제도가 재편되면서 그 지역의 위상에 변화는 있었지만, 통일 전쟁을 경험한 신라 중대왕실은 그 지역에 대한 중요성을 인식하고 있었던 것이다. 이에 그 지역을 국가제사에 편제하였던 것으로 생각되는 것이다.

신라 국가제사에 편제된 명산대천에는 산(천)신을 모시는 사당이 설치되었다.[62] 이와 마찬가지로 가림성·북형산성·도서성에도 사당이 두어졌을 것인데, 그것은 산에 위치한 산성 내에 있었다.[63] 이와 관련해서 한국 고대 산성에 있는 제사 관련 건물지가 관심을 끈다. 현재 확인된 건물지로는 집안의 고구려 환도산성에서 발굴된 팔각건물지 2기와 하남 이성산성,[64]

　　실제적으로는 원신라 중심적 인식이 내재되어 있었다고 볼 수 있지 않을까 한다. 이것은 당시 지배층의 한계라고 하였다(채미하, 앞의 논문, 2008a, 17쪽).

[62] 이기백, 앞의 책, 1974, 209쪽. 오악에는 각기 산신이 있었고, 이 산신들을 影像하여 모시는 사당이 있었다. 산신을 모시는 聖母祠가 언제부터 있었는지 확인할 수 없으나, 적어도 신라의 오악이 성립할 때는 있었다고 보아야 할 것이다(이기백, 위의 책, 1974, 208~209쪽). 신라의 山川神祠로 仙桃山 神母祠, 中國 帝室王女 婆蘇, 雲梯山 聖母祠, 南解王妃 雲梯夫人, 伽倻山 聖母祠, 伽倻國王妃 正見王后, 地理山 聖母祠, 高麗 太祖 太祖母, 雉述嶺 神母祠, 朴堤上 妻, 東岳 神祠, 脫解王, 胎靈山 神祠, 金庾信이 있는데, 산신이 인격신일 때 신사를 세웠다고 한다(김영진, 『한국자연신앙연구』, 민속원, 1985, 68~69쪽). 한편 중국에서 공식적으로 祠廟에서 제사지내는 것에 대한 관심을 기울인 것은 北魏 시대 이후로 추정하고 있고, 당대에 국가제사 차원에서 사묘에서 드리는 산천제사가 처음으로 채택되는 것은 무측천정권의 성립과정과 관련이 있다고 한다(김상범, 『당대 국가권력과 민간신앙』, 신서원, 2005, 46쪽 및 48쪽). 『위서』 예지의 기록에 의하면 泰常 3년(418)에 수도 부근의 祭地에 5악4진을 제사하는 廟宇가 국가주도로 건립되었고 지방에도 현지 자연신을 제사드리는 324개소의 묘우가 지정되었다. 太延 원년(435)에 이르면 국가의 명의로 恒嶽·華嶽·嵩嶽 등 5악신의 소재지에도 사묘가 세워졌다고 한다(『魏書』 108, 禮志1).

[63] 김윤우, 앞의 논문, 1987, 61쪽 ; 최광식, 앞의 책, 1994, 320쪽도 참고.

[64] 한양대학교 박물관, 『이성산성 - 2차발굴조사 중간보고서』, 1988.

안성 망이산성,[65] 이천 설봉산성[66] 등지에서 확인된 팔각건물지 또는 팔각제단 등이 있다.[67] 이 중 이성산성의 팔각 건물지나 구각 건물지 내의 출토유물은 신라의 것으로, 이것의 축조 연대는 신라가 한강유역을 점유한 이후로 보고 있다.[68] 망이산성 건물의 축조시기는 출토유물이 거의 없어 추정하기 어렵지만, 대체로 나말여초에 만들어진 것으로 보고 있다.[69] 이들 산성 역시 군사적 요충지였다.[70]

A-2)를 보면 "一本에는 영암산·우풍산이 있고, 가림성은 없다"고 한다. '一本'은 '다른 책'[71] 또는 '어떤 기록'[72]을 가리킨다.[73] 이것은 가림성 대신에 영암산·우풍산이 소사에 포함됨을 전하는 다른 기록이 있었음을 말하여 주는 것이다.[74] '一本'에 있는 영암산은 명산대천제사 중 소사의 月奈岳(月奈

---

65) 단국대학교 매장문화재연구소·안성시, 『안성 망이산성 3차 발굴조사 보고서』, 매장문화재연구소 학술조사총서 제39책, 2006.

66) 단국대학교 중앙박물관, 『이천 설봉산성 1차 발굴조사 보고서』, 고적조사보고 제24책, 단국대출판부, 1999. 설봉산성은 경기도 이천시 관고동과 사음동 일원에 축조된 包谷式 산성으로, 이천시는 물론 멀리 장호원과 양평·안성 등의 주변 지역을 한눈에 바라볼 수 있다.

67) 이외 순천 검단산성에서 전체적으로 12각으로 추정되는 건물지가 나왔고 공주 공산성에서도 12각 건물지가 발굴되었다. 경주 나정 발굴의 팔각 건물지, 풍납토성에서도 다각형 건물지가 확인되고 있다. 이와 관련해서 최광식, 「한·중·일 고대의 제사제도 비교연구-팔각건물지를 중심으로-」, 『선사와 고대』 27, 2007 참고.

68) 한양대학교 박물관, 앞의 책, 1988.

69) 단국대학교 매장문화재연구소·안성시, 앞의 책, 매장문화재연구소 학술조사총서 제39책, 2006.

70) 이성산성은 경기도 하남시 이성산 중턱에 축조된 것으로 한강과 주변 지역을 한눈에 내려다볼 수 있는 지리적 위치에 있었다. 망이산성은 경기도 안성시 일죽면 금산리 일대에 있는 마이산 정상부에 축조된 것으로, 산성 꼭대기에서 음성군 삼성면 양덕리와 멀리는 진천군 일대의 평원이 내려다보이며 남쪽의 산세는 절벽으로 험준하고 북쪽은 낮은 평원이 전개되는 것을 보아, 남쪽의 적군을 대비하여 쌓았음을 알 수 있다.

71) 정구복 외 4인, 앞의 책, 1997a, 558쪽.

72) 과학원 고전연구실 옮김, 『삼국사기』하, 1958, 119쪽.

73) '일본'과 관련해서 『삼국사기』에 다음 예도 있다. 『삼국사기』 47, 열전7, 설계두, "薛(一本作薩)罽頭 …."

74) 채미하, 앞의 논문, 1998 : 앞의 책, 2008, 56~57쪽.

郡)에, 우풍산은 于火(生西良郡 于火縣)로 볼 수 있다.[75] 월나악이 있었던
월나군은 경덕왕 16년(757)에 영암군으로,[76] 우풍산이 있었던 우화현은
경덕왕대 우풍으로 그 이름이 바뀌었다.[77] 이러한 소재지명의 변화로 미루어
경덕왕 16년 이후에 월나악은 영암산으로, 우화는 우풍산으로 불려지지
않았을까 한다. 이로 볼 때 가림성은 경덕왕 16년 이후에는 신라 국가제사의
대상이 아니었음을 알 수 있는 것이다.[78] 이처럼 가림성은 북형산성·도서성
과는 달리 신라 국가제사에서 혁파되었다.[79]

한편 산(천)에 대한 제사는 단순한 산(천)신에 대한 숭배가 아니라 그
지역을 수호하는 산(천)신에 대한 숭배였다. 산신은 그 지역의 수호신이었고
호국신적인 성격을 띠고 있었다.[80] 산은 산신으로 숭배도 되며 天祭를 지내는
제사장소도 된다.[81] 고대인들은 높은 산을 하늘과 인간의 교섭처로 생각하였
다. 즉 천신이 높은 산에 내려와 인간과 교통한다고 믿었던 것이다. 이처럼

---

75) 정구복 외 4인, 앞의 책, 1997b, 34~35쪽.
76) 『삼국사기』 35, 잡지4, 지리2, 무주, "靈巖郡 本百濟月奈郡 景德王改名 今因之."
77) 『삼국사기』 34, 잡지3, 지리1, 강주, "東安郡 本生西良郡 景德王改名 今合屬慶州 領縣一
    虞風縣 本于火縣 景德王改名 今合屬蔚州."
78) 채미하, 앞의 논문, 2008b, 89쪽 참고.
79) 가림성이 신라 국가제사에서 혁파된 것은 당시 신라의 정치적인 이유 때문이었다고
    보았다. 신라 국가제사에 편제된 구백제 지역의 산천제사는 웅주지역에 편중되어
    있고 사비지역은 배제되어 있다. 이것은 사비지역의 삼산이 신라 국가제사에 편제되
    지 않은 것에서 알 수 있다고 하였다. 사비지역과 밀접한 관련을 가진 가림성은
    신라 국가제사에 편제되었는데, 이것은 이곳이 군사적 요충지였기 때문이라고 하였
    다. 이에 신라 중대왕실은 가림성을 국가제사에 편제하였다고 하였다. 가림성은
    '一本'의 기록을 볼 때 경덕왕 16년 이후에는 국가제사의 대상이 아니었다. 아마도
    소부리주가 소부리군으로 격하된 신문왕 6년 이후부터 경덕왕 16년 이전에 그것은
    혁파되지 않았을까 하였다. 이것은 부여의 삼산이 신라 국가제사에 편제되지 않은
    것과 같은 맥락으로 이해하였다. 가림성을 혁파한 이후 신라 중대왕실은 가림성을
    대신하여 웅주의 상조음거서와 전주의 동로악을 중사와 소사에 편제하고 있다.
    이것은 사비지역의 소사로 있었던 가림성을 대신하는 것으로 보았다. 이와 관련해서
    채미하, 위의 논문, 2008b, 97~100쪽 참고.
80) 이와 관련한 여러 연구성과와 견해는 채미하, 앞의 논문, 2007 : 앞의 책, 2008,
    303~330쪽 및 앞의 논문, 2008a 참고.
81) 『서경』 순전, "至于岱宗柴."

산신숭배는 천신숭배와도 통한다.[82] 성은 산과 불가분의 관계에 있었다. 이에 성에 대한 제사는 산에 대한 제사로 여길 수도 있을 것이다.

그런데 城의 사전적인 뜻은 적을 막기 위하여 흙이나 돌 따위로 높이 쌓아 만든 담 또는 그런 담으로 둘러싼 구역을 말한다. 성을 축조하는 이유 중 하나는 외적을 방어하기 위한 것이었고 이것은 성의 기능 중 가장 중요한 것이었다. 즉 성은 외적으로부터 그 지역을 방어하고 그 지역민을 보호하기 위해서 구축한 방어물이었다. 그렇다면 그 지역과 지역민이 외적으로부터 보호되기를 바라는 마음에서 성과 관련된 신앙이 있었을 것이다. 이것은 신라 국가제사에 편제된 성 제사에서도 마찬가지였을 것이다. 그리고 중국에서 수용되는 성황신앙도 관심을 끈다.[83]

3. 城 제사의 의미 – 성황신앙 수용의 端初

城隍에서 성은 성벽을, 황은 성벽을 둘러싸고 파 놓은 물 없는 도랑, 空濠를 뜻한다.[84] 이처럼 성황은 성벽과 공호로 둘러싸인 일정지역의 거주지라는 의미를 가지고 있는 것으로, 일종의 방어시설에 대한 명칭이었다. 성황은 神에 대한 칭호이기도 하였다.[85] 중국에서는 일찍부터 한 해의 수확을 마친 뒤에 8신에 대한 제사를 지냈는데,[86] 그것의 신체는 先嗇(=神農), 司嗇(=

---

82) 산은 하늘과 땅이 만나는 곳이며 '세계의 중심, centre monde'으로서의 상징적 의미도 포함하고 있다. 금장태, 앞의 책, 1994, 192쪽 참고.

83) 성황신앙은 원래 城과 그에 부속된 방어시설에 대한 신앙에서 비롯된 것으로 우리나라는 산성이 많고 그 신의 기능이 우리 고유의 산신과 같은 수호신이었기 때문에 정치적으로 혼합된 것이라고 한다(김갑동, 「고려시대의 산악신앙」, 『진산한기두박사 화갑기념 한국종교사상의 재조명(상)』, 1993, 53쪽).

84) 『說文解字』 14편 하, 隍隍, "城池也 有水曰池 無水曰隍矣." ; 『辭源』 城隍, "城隍 城壕 有水爲池 無水爲隍."

85) 김갑동, 앞의 논문, 1991, 2~3쪽.

86) 『통전』 44, 예4, 연혁4, 길례3, 1235쪽, "禧之義(禧字亦從蜡 今取祭義 故從示) 自伊耆之代 而有其禮 古之君子 使之必報之 是報田之祭也 其神神農 初爲田事 故以報之." 蜡祭의 기원

후직), 百種, 農(농사에 功이 있는 관리, 즉 田畯), 郵表畷(전준의 居所), 猫虎, 坊, 水庸이다.[87] 이 중 水庸, 도랑의 신은 성황신이라고도 하며[88] 성황의 기원을 여기에서 찾기도 한다.[89]

우리나라의 성황사에 대한 처음 기록과 관련해서는 다음이 관심을 끈다.

C. … 왕욱은 文辭가 정교하고 또 地理에도 정통하였다. 일찍이 몰래 金한 주머니를 현종에게 남기면서 말하기를, "내가 죽거든 이 금을 術師에게 주어서 이 고을 서낭당[城隍堂]의 남쪽 歸龍洞에 장사지내게 하되 반드시 엎어서 묻게 하여라."라고 하였다. 성종 15년(996) 왕욱이 유배지[貶所]에서 죽으니 현종은 그의 말처럼 장차 장사지낼 때 엎어 묻어달라고 요청하였는데, 술사가 말하기를, "뭐가 그리 조급하십니까?"라고 하였다. … (『고려사』 90, 열전3, 종실1, 安宗郁)[90]

C는 고려 성종 때(981~997) 泗水縣(경남 泗川)에 유배된 안종 郁이 자신을 縣 성황당 남쪽에 묻어 달라고 유언하고 있는 것이다. 안종 욱은 성종 15년 (966) 7월에 사망했다.[91] 이로 볼 때 우리나라에 성황신앙이 수용된 시기는

과 성격에 대해서는 池田末利,「蜡·臘考－古代中國の農耕祭祀」,『中國古代宗敎史硏究－制度と思想』, 東海大學出版會, 1981 참고.

87) 이병도, 앞의 책, 1977, 497쪽 주 8) ; 정구복 외 4인, 앞의 책, 1997b, 14쪽.

88)『辭源』城隍, "城隍 … 神名 禮郊特牲 '天子大蜡八' 中所說的蜡祭八神 其七爲水庸 相傳就是後來的城隍."

89) 唐 文宗 開成 연간에 睦州 자사를 지낸 呂述은 성황신은 八蜡 가운데 방과 수용을 제사한 데서 나왔다고 한다(宋 趙與時『賓退錄』8). 여기에서 방은 제방을 말하고 수용은 수로를 뜻한다. 말하자면 수리시설, 배수시설을 뜻한다고 할 수 있다. 다른 한편으로 방은 성벽을 의미하고 황은 성벽을 둘러싸고 있는 해자를 의미하기도 했다(최갑순,「중국의 성황신앙」,『외대사학』7, 1997, 445쪽). 서영대는 앞의 논문, 2001, 174~176쪽에서 성황신앙이 6세기를 전후하여 양자강 유역에서 발생한 것으로 이해하고 성황은 도시신인데 반해 수용은 농촌의 신이라 하여 유교경전에서 구하는 설은 따르기 어렵다고 하였으나, 후술되듯이 성황신의 원형으로 보기에는 무리가 없을 것이다.

90) "… 郁工文辭 又精於地理 嘗密遺顯宗金一囊曰 我死以金贈術師 令葬我縣城隍堂 南歸龍洞 必伏埋 成宗十五年 郁卒于貶所 顯宗如其言將葬 請伏埋 術師曰 何大忙乎 …."

10세기 후반 이전으로 생각된다. 이에 고려 광종대,[92] 성종대,[93] 신라말·고려초 무렵에[94] 성황신앙이 수용되었다고 이해하고 있다. 이 시기 중국에서 수용된 성황신앙은 성(곽)의 수호신이 그 지역을 방어해 준다는 거주민의 신앙체계를 말한다.[95] 고려시대 성황제사가 국가제사에 편제된 시기와 관련해서는 다음이 주목된다.

> D. 1) 靖宗 10년(1044)에 金令器·王寵之에 명령하여 長州·定州 및 元興鎭에 성을 쌓게 하였다. 長州城은 575칸이고, 戍는 6개소로, 靜北·高嶺·掃兇·掃蕃·壓川·定遠이다. 定州城은 809칸이고, 수는 5개소로, 防戍·押胡·弘化·大化·安陸이다. 元興鎭城은 683칸이고 수가 4개소인데, 來降·壓虜·海門·道安이다. (『고려사』 82, 지36, 병2, 城堡)[96]
>
> 2) 문종 9년(1055) 3월 임신 宣德鎭의 새로 수축한 성에 城隍神祠를 마련하여 崇威라는 이름을 내리고 봄·가을로 제사지내게 하였다. (『고려사』 63, 지17, 예5, 길례 소사, 잡사)[97]

D-1)에서 볼 수 있듯이, 선덕진(지금의 함경남도 정평군 선덕면)은 정종 10년(1044) 金令器·王寵之가 長州城·定州城·元興鎭城을 쌓을 때 함께 축조하였던 것이다. D-2)를 보면 문종 9년(1055) 그곳에 성황신사를 설치하고

---

91) 『고려사절요』 2, 성종 15년 7월.
92) 김갑동, 앞의 논문, 1991, 11쪽. 고려의 후삼국 통일 이후부터 각 군·현에 성황당이 세워지기 시작했다고 보았는데, 이것은 성황사에 배향된 인물들이 대부분 고려의 후삼국 통일 과정에서 공로를 세운 자들이었기 때문이라고 하였다. 후삼국시기 인물들이 거의 모두 죽고 송과의 외교관계가 성립되는 광종대 이것이 수용되었다고 한다.
93) 박호원, 「한국공동체 신앙의 역사적 연구」, 한국정신문화연구원 박사학위논문, 1997.
94) 서영대, 앞의 논문, 2001, 184~185쪽.
95) 박호원, 「중국 성황의 사적 전개와 신앙 성격」, 『민속학연구』 3, 1996, 87쪽 ; 서영대, 「한국·중국의 성황신앙사와 순창의 성황대신사적」, 『상황당과 성황제』, 민속원, 1998 ; 서영대, 앞의 논문, 2001, 174쪽.
96) "靖宗十年 命金令器王寵之 城長州定州及元興鎭 長州城五百七十五閒 戍六所曰靜北高嶺掃兇掃蕃壓川定遠 定州城八百九閒 戍五所曰防戍押胡弘化大化安陸 元興鎭城六百八十三閒 戍四所曰來降壓虜海門道安 城宣德鎭."
97) "文宗九年三月壬申 宣德鎭新城 置城隍神祠 賜號崇威 春秋致祭."

춘추로 제사를 지냈다고 한다. 선덕진은 東界에 속한 군사지역으로[98] 이곳에
는 토착적인 지방세력이 약해 성황사가 없었다.[99] 이러한 곳에 국가에서는
성황사를 건립하고 성황신에게 숭위라는 봉호를 하사하고 있다. 이로 볼
때 성황제사가 고려 국가제사의 대상이 되었던 것은 11세기 중엽 이전부터라
고 할 수 있을 것이다.

이처럼 우리나라에 성황신앙이 수용된 것은 신라말이나 고려초로 볼
수 있고 11세기 중엽 이전에 성황제사가 고려 국가제사에 편제되었다고
할 수 있다. 중국에서 성황신앙은 늦어도 6세기 경 양자강 유역에서 출현했고,
당대에는 지방관의 致祭가 상당히 보편화되었으며 송대에는 국가차원에서
그것에 대한 제사가 행해지기는 하지만, 국가제사체계에는 편입되지는 못하
였다.[100] 그러다가 명대에 정식으로 국가제사에 편제되었다. 우리나라의
경우 고려시대에는 '잡사'의 하나로 '성황신사'에 대한 치제가 이루어지고
있고, 조선시대에는 성황신이 풍운뇌우·산신과 합사되었으며 각 읍치마다
성황사를 두고 있다.[101] 이로 볼 때 중국과 우리나라의 성황제사에 대한
국가적인 태도는 달랐음을 알 수 있다. 그렇다면 이러한 차이는 어디에서
비롯된 것일까.

고려시대 성황사가 위치한 곳은 '치소가 위치한 성'이라고 한다.[102] 고종대

---

98) 『고려사』 58, 지12, 지리3, 東界, "… 前此 朔方道 以都連浦爲界 築長城 置定州宣德元興三
    關門 …."
99) 후술되지만, 성황사 설치는 지방세력과 밀접한 관련을 가지고 있다.
100) 김갑동, 앞의 논문, 1991, 12쪽 ; 최갑순, 앞의 논문, 1997, 445~447쪽 ; 서영대, 앞의
    논문, 1998 및 서영대, 앞의 논문, 2001, 174~177쪽 ; 이윤석, 「명청시대 강남의
    문묘와 성황묘」, 『명청사학회』 17, 2002 ; 정순모, 앞의 논문, 2004 참고.
101) 조선은 예제를 정비하면서 고려시대에 성황신에게 주어졌던 봉작이 제거되었고
    신상도 철거되어 신주로 대신하였다. 성황신은 고려말에 이르러『홍무예제』의 영향으
    로 풍운뇌우·산신과 합사되었다. 이러한 사정은 『세종실록』 오례에서도 마찬가지였
    다. 『국조오례의』를 보면 성황제는 厲祭의 發告祭가 되었다. 『승람』을 보면 각 군현마
    다 사직단, 문묘, 여단과 함께 성황사가 기록되어 있다. 이것은 성황제가 군현에서
    소재관의 관할하에 행해진 제사였음을 의미한다(김철웅, 앞의 논문, 2002, 48쪽).
102) 최종석, 앞의 논문, 2005 참고. 성황사는 중국에서 기원한 것으로 성황신앙은 치소가
    위치한 성을 신앙화한 것이다. 고려시기에 건립된 성황사는 중국과 같이 치소가

축조된 승천부성 안에는 성황사가 위치하고 있다.[103] 승천부성은 조선초에
폐기된 채 昇天浦城으로 불려졌고[104] 당시 치소로부터 약 15리 떨어진 곳에
위치하고 있다.[105] 이처럼 승천포성 안에 있었던 성황사는 조선초기 성황사
와 달리 치소로부터 비교적 먼 곳에 위치하고 있다. 그 이유는 승천포성이
치소가 위치한 성으로 기능할 당시에 건립된 성황사가 치소가 다른 곳으로
이동[106]한 이후에도 이전 위치에 여전히 있었기 때문이었다.[107] D-2)를
보면 선덕진의 성황사는 신성 내에 있었는데, 신성은 선덕성이었다.[108]
이처럼 선덕진 신성에 성황신사를 두고 춘추로 제사를 지냈다는 기록은
치소성 내에 성황사를 두고 있음을 보여주는 것이다.[109] 이러한 선덕진은
여진의 군사적 위협에 대항하기 위해서 설치하였고[110] 의종 때 이곳의
병고 300여간 및 민가 300호가 불탔다고 한다.[111] 이로 볼 때 선덕진은
국경지대의 중요한 군사 거점인 군사요충지로 그 규모도 상당하였다는

　　　위치한 성 안 혹은 인근에 입지하였는데, 고려 치소성은 산성이어서 당시 건립된
　　　성황사는 산성 안 혹은 그러한 성이 위치한 산에 입지하고 있었다. 성황사가 위치한
　　　치소성은 여말선초 시기를 지나면서 치소 역할을 상실하였다(최종석, 앞의 논문,
　　　2006, 112~113쪽). 한편 조선시기에는 '치소가 위치한 성', 곧 읍성 안에 성황사가
　　　자리한 경우는 희소하였다고 한다. 그 이유와 관련해서는 최종석, 「조선시기 성황사
　　　입지를 둘러싼 양상과 그 배경」, 『한국사연구』 143, 2008 참고.
103) 『고려사』 82, 지36, 병2 城堡 고종 39년, "始營昇天府城廊." ; 『승람』 13, 경기도 풍덕군
　　　사묘, "城隍祠(在昇天浦城)."
104) 『대동지지』 2, 경기도 개성 城池, "昇天古城 一云 白馬山 南四十里 昇天浦邊 高麗高宗三十
　　　九年築."
105) 『승람』 13, 경기도 풍덕군 산천, "昇天浦(在郡南十五里)."
106) 치소 이동과 관련해서 『승람』 13, 경기도 풍덕군 고적 古貞州조 참고.
107) 최종석, 앞의 논문, 2007, 49쪽.
108) 『고려사』 58, 지12, 지리3, 덕주, "德州 文宗九年 始築宣德城 爲鎭 後稱德州防禦使."
109) 최종석, 앞의 논문, 2007, 88쪽
110) 『고려사』 6, 세가6, 정종 10년 동11월 을해, "兵馬使金令器奏 今築長定二州及元興鎭城
　　　不日告畢 勞效甚多 … 且三城之地 元是賊巢 侵擾可慮 兵馬軍吏 分屯要害 水陸捍禦 賊不得
　　　近." ; 『고려사』 13, 세가13, 예종 4년 5월 경술, "行營兵馬奏 女眞寇宣德鎭 殺掠人物."
111) 『고려사』 53, 지7, 오행1, 화, "毅宗十五年 三月乙丑 東界宣德鎭 兵庫三百餘間 及民家三百
　　　戶火."

것을 알 수 있다. 게다가 선덕진 신성의 성황신에게 봉해진 '숭위'라는 호칭은 '군대의 위엄을 높인다'는 뜻이다.[112] 이러한 점에서 선덕진 신성의 성황신은 변방 방어를 위한 수호신적 의미를 지니고 있다고 할 수 있다.

고려시대 성황신은 전쟁의 승패와 가장 밀접한 관련을 가지고 있었다고 한다.[113] 인종 14년(1136) 김부식이 서경을 함락한 후 여러 성황신묘에 제사하였다거나,[114] 고종 23년(1236) 溫水郡에 침입한 몽고군을 물리친 것이 군의 성황신 도움이라 하여 신의 작호를 더한 것,[115] 공민왕 9년(1360) 홍건적을 물리친 후 여러 신묘에서 諸道州郡의 성황에게 제사하였다는 데서[116] 알 수 있다. 신종 6년(1203) 경주에서 민란을 일으킨 利備 부자가 성황사를 찾아가 기원하였고[117] 충렬왕 7년(1281) 일본 정벌에 앞서 사전에 실려 있는 중외의 성황에 덕호를 더해 주었다는 것은[118] 전쟁에 앞서 성황신에게 가호를 빌었음을 알 수 있다.

이처럼 고려말 이전 성황사는 고려 치소성 안 혹은 그 인근에 위치하였다. 이것은 중국 성황사 역시 마찬가지였다. 그렇지만 중국과는 달리[119] 고려의 성황사는 산성 안 혹은 그러한 성이 위치한 산에 입지하고 있다.[120] 고려시대

---

112) 김철웅, 앞의 책, 2007, 130~131쪽.
113) 이와 관련해서 김철웅, 위의 책, 2007, 133~135쪽 및 서영대, 앞의 논문, 2001, 192~193쪽 참고. 이외 성황신은 천후를 조절한다든가, 미래를 예언하는 능력 등도 있었다. 김철웅, 위의 책, 2007, 136~138쪽 및 서영대, 위의 논문, 2001, 192~193쪽 참고.
114) 『고려사』 98, 열전11, 김부식.
115) 『고려사』 23, 세가23, 고종 23년 9월 정사.
116) 『고려사』 63, 지17, 예5, 잡사 공민왕 9년 3월 갑오.
117) 『고려사』 100, 열전13, 丁彦眞.
118) 『고려사』 29, 세가29, 공민왕 7년 정월 병오.
119) 중국의 도시는 평원을 중심으로 발달했고 따라서 평지성이 많았기 때문에 중국의 성황사는 평지에 위치하고 있다. 우리나라는 산을 배경으로 취락이 발달했기 때문에 성곽도 산성을 중심으로 이루어졌다. 읍성이 평지에 축조되는 것은 조선초기 이후이며 대부분은 평지와 산기슭을 함께 감싸면서 돌아가도록 축조하였다(반영환, 『한국의 성곽』, 대원사, 1991, 27~29쪽).
120) 고려 우왕 1년(1385) 명 사신이 고려의 성황을 보여달라고 하자 淨事色이란 도교

성황신에 대한 제사는 전쟁의 승패와 밀접한 관련을 가진 것이었다. 앞에서 살펴보았듯이, 신라 국가제사에 편제된 성은 산성으로 '군현성'이었고 군사적 요충지였다. 이로 볼 때 고려시대 성황사 내지는 성황신에 대한 제사는 신라 국가제사에 편제된 성과 그것에 대한 제사와 비교되어지는 것이다.

한편 신라 중대는 중국 제도에 대한 깊은 관심을 가졌고 중국의 국가제사뿐만 아니라 국가제사체계도 받아들이고 있다. 특히 농경제사 중 팔자가 관심을 끄는데, 신라의 팔자제사의 제일과 제장의 위치는 중국의 정관령, 영휘령과 같다.[121] 이와 관련해서 "성황은 고대의 물둑 혹은 개울신에서 기원하였는데, 그중 성황신의 전신인 수용신은 곧 물을 저장하고, 물을 터는 신이라고 할 수 있다. 이는 즉 그 신이 원래는 논도랑의 물을 관장하는 신이었다는 것을 말해준다. 이후 농경이 발전하고 촌락이 점점 크게 형성되면서, 촌민들은 물도랑을 깊게 파 그 주변에 둑을 쌓아 올림으로써 짐승 및 외적의 침입으로부터 자신의 마을을 방어하고자 하였으니, 여기서 곧 후대 성황신의 가장 직접적인 원형을 찾을 수 있다"는 견해도 관심을 끈다.[122] 이러한

관청을 보여주면서 성황이라고 속인 일이 있었는데, 이곳은 국도가 훤히 내려다 보이는 곳이었다(『고려사』 135, 열전48, 신우3, 11년 8월). 이로 볼 때 개경의 성황사는 산 위에 있었다고 할 수 있다. 조선시대에도 성황사가 산 위에 있는 경우가 많았다. 태조 1년(1392) 개국공신들이 왕자들과 합심할 것을 송악성황에 대고 맹세한 것이라든가(『태조실록』 2, 태조 원년 9월 병오, 태조 2년), 송악성황을 진국공에 봉한 것(『태조실록』 2, 태조 2년 정월 정묘)에서도 알 수 있다. 조선의 경우 태종 12년 이직이 성황은 높은 산에 있다고 한 것이라든가(『태종실록』 24, 태종 12년 11월 을사), 『승람』에 따르면 성황사가 산에 위치한 군현이 79개소에 달한다. 이와 관련해서 서영대, 앞의 논문, 2001, 218쪽 ; 최종석, 앞의 논문, 2005도 참고.

121) 채미하, 앞의 책, 2008 참고.
122) "다시 말해, 촌락 보호를 위한 물둑이 바로 성황신의 초기 원형인 것이다. 더구나 고고학적 자료에 따르면 신석기 말부터 이러한 물둑이 있었다고 하는데, 그 물둑은 북방에 비해 吳越, 湘楚 등의 남방 지역에서 현저하게 드러난다고 하니, 여기서 남조 민가 神弦歌에서 노래되고 있는 신이 대개 물의 신이라는 점이 주목된다. 이러한 고대 성황신은 한대 이후 도시경제의 발전에 따라 그 규모가 커져 이제는 작은 물둑이 아닌 성 전체를 아우르는 강을 에워싼 성벽의 모양으로 변해갔다. 그러한 변화와 함께 또한 성황신의 모습도 변하였는데, 즉 막연히 물을 관장하고 마을을 보호하는 자연신의 모습에서 인간신의 모습으로 탈바꿈하였던 것이다. 이러

점들을 염두에 둘 때 신라 중대에는 팔자제사의 대상이었던 수용, 도랑신에 대해서 알고 있었다고 생각되는 것이다. 앞에서 살펴보았듯이, 삼국통일 전쟁을 경험한 신라는 방어시설인 성에 대한 중요성을 인식하여 가림성·도서성·북형산성을 국가제사에 편제하였다. 그리고 이 제사를 통해 그 지역과 지역민들이 외적으로부터 보호되기를 기원하였을 것이다. 그렇지만 신라 중대가 안정기였다는 점과 성이 산에 위치하였다는 점에서 신라 국가제사에서 성에 대한 제사가 그 역할을 다하기에는 한계가 있지 않았을까 한다.

그런데 신라말 국가의 공권력이 와해되면서 지방사회에는 지역공동체가 출현하였고, 이것은 城을 거점으로 하였다.[123] 당시 城은 지방을 주도한 호족층의 지배와 방어의 거점임과 동시에 지역민들이 안위를 의지하는 곳이었다. 이 시기 지방 호족세력들은 그 지역을 군사적으로 수호해 준다는 중국의 성황신앙을 수용하고 있다.[124] 이와 같이 성황신앙이 우리나라에 수용된 것은 당시 시대적 상황 속에서 이루어졌지만, 이미 신라 국가제사의 하나인 팔자제사를 통해 성황신을 알고 있었을 것이다.

그리고 이들은 성에 대한 제사도 지내고 있었다.[125] 신라 국가제사에

한 성황신은 당·송 이후에는 마을 단위를 넘어 또 다시 변모하여 명대에 이르면 주원장의 제창에 의해 성황신을 제사지내는 것이 국가의 중요 연례행사가 되기까지 하였다."고 한다(박정숙, 「南朝樂府 '神弦歌'와 城隍神仰」, 『동양학』 41, 2007, 13~14쪽).

123) 후삼국시기 성주·장군은 城을 거점으로 하면서 성장하였다. 최종석, 「라말려초 성주·장군의 정치적 위상과 성」, 『한국사론』 50, 2004 참고.

124) 중국의 성황신앙은 나말려초 지방 호족세력과 그 후신인 지방 향리층에 의해 수용되었다고 한다. 이것은 성황사가 후삼국 통일 과정에서 공로를 세운 인물들의 사후에 그 후손들이 자신의 가문을 빛내기 위하여 건립하였는데, 일부 지역에서 모셔지는 성황신의 존재가 그 지역 土姓의 시조라는 데서 찾고 있다(김갑동, 앞의 논문, 1991, 17~19쪽). 한편 서영대는 고려시대 성황신은 그 기원이 다양하다고 하였다. 이와 관련해서 앞의 논문, 2001, 185~186쪽 참고. 그리고 당의 영향을 받았던 신라시대부터 성황당이 있었고 처음에는 국가였다가 고려중기 이후 지방 토호세력도 가세했다는 견해도 있다(정승모, 「성황사의 민간화와 향촌사회의 변동」, 『태동고전연구』 7, 1991, 4~7쪽).

125) 김갑동은 위의 논문, 1991, 11쪽에서 신라말·고려초의 전란 상황 속에서 성황당이나 성황사에 대한 기록은 전혀 발견할 수 없고 성황신이 성읍의 수호신이라는 측면에서 볼 때 잘 이해할 수 없다고 하였다. 그렇지만 당의 영향을 받았던 신라시대부터

편제되어 있는 성에 대한 제사는 소재지명의 지방관이 主祭하였다.126) 그런데 가림성이 신라 국가제사에서 혁파된 이후 가림성에 대한 제사는 지역민들에 의해 유지되었을 것이다.127) 신라 중대 중앙집권적 지배체제가 붕괴되고 신라 하대 귀족연립체제가 진행되면서 국가제사에 편제되어 있었던 성에 대한 제사는 명산대천제사와 마찬가지로 각 지역의 지역민들과 연결되었을 것이다.128) 이처럼 지방 호족세력들은 중국의 성황신앙을 수용하기 이전부터 성에 대한 제사를 지내고 있었던 것이다. 그리고 이 제사를 통해 지역민들

성황사가 있었을 것이라는 견해가 있다(정승모, 위의 논문, 1991, 4쪽).

126) 浜田耕策은 小祀 諸山岳에 대한 제사를 지방관이 주제하는 것으로 추측하였다(앞의 논문, 1984, 159~160쪽). 한편 중국 또는 고려나 조선의 경우를 보면, 명산대천에 대해서 황제나 국왕의 친제는 거의 이루어지지 않았다. 이로 본다면 신라의 경우도 실제 왕이 친제하는 경우는 드물었을 것이다. 하지만 왕의 대리자로 有司가 그것을 섭행하였을 것이다. 지방관이 행한 명산대천제사의 경우 역시 왕의 대리자로서 지방관이 제사지내는 것이었다. 채미하, 앞의 논문, 2007 ; 앞의 책, 2008, 320~321쪽도 참고.

127) 『호서읍지』 임천조에 따르면 현재의 성흥산성 안의 제당에 고려 태조 왕건을 도와서 고려를 개국한 공신 중의 한명인 庾黔弼이 봉안되어 있다고 한다(『호서읍지』(1871년 간행) 17책 임천 성지조와 『호서읍지』(1895년 간행) 7책 임천읍지 성지조에 동일한 내용이 기록되어 있다). 『승람』 임천군 사묘조에 성황사가 있는데, 산성 안에 있다고 한다. 여기에서 산성은 『승람』 임천군 성곽조에 보이는 성흥산성으로, 이 기록에는 유금필 사당에 대한 내용은 보이지 않는다. 그렇다면 유금필 사당은 1600년대부터 1870년의 270년간의 어느 시기에 건립되었을 것으로 여겨진다. 지금도 성흥산성 안에는 유금필 사당이 있다(김효경, 「한국 마을신앙의 인물신 연구」, 충남대학교 석사학위논문, 1997, 133~134쪽. 유금필은 평산 유씨와 무안 유씨의 시조로써 추앙되고 있으며, 충남 부여군 임천면 성흥산성과 장암면 장하리에서 마을신으로 숭배되고 있다).

128) 신라 중대 중앙집권적 지배체제가 붕괴되고 신라 하대 귀족연립체제가 진행되면서 명산대천제사는 각 지역의 지역민들과 연결되어 그 지역의 수호신에게 제사지내는 것으로 변하였을 것이고(井上秀雄, 「祭祀儀禮の受容－新羅の律令制と祭祀制度」, 『古代東アジアの文化交流』, 溪水社, 1993, 88~89쪽), 각 지역세력이 명산대천에 대한 제사를 지내는 형태로 유지되었을 것이다. 이와 관련해서 다음이 관심을 끈다. 『승람』 40, 순천도호부 산천, "海龍山 在府南十里."; 『승람』 40, 순천도호부 인물, "朴英規 後百濟王甄萱之女壻也 … 死爲海龍山神." 여기에 따르면 해룡산은 부의 남쪽 10리에 있으며, 박영규가 죽어 해룡산신이 되었다고 한다. 따라서 해룡산 지역은 박영규의 근거지였으며 그의 사후 해룡산 지역을 수호하는 신으로 모셔졌음을 알 수 있다(채미하, 앞의 논문, 2005 ; 앞의 논문, 2007 ; 위의 책, 2008, 330쪽 및 360쪽 참고).

이 외적으로부터 보호되기를 기원하였을 것이다.

이와 같이 생각할 수 있다면 신라 국가제사에 편제된 성에 대한 제사는 신라말 지방 호족세력이 중국의 성황신앙을 수용할 수 있었던 하나의 배경이 되었다고 할 수 있을 것이다. 신라말 지방 호족세력에 의해 수용된 성황신앙은 고려초 향리층과 중앙정부에 의해 확산되어갔고 성황신을 모시는 성황사 또한 각지에 건립되었다. 이것은 고려의 국가제사에 편제되었다.[129] 성황신은 각 지역과 밀접한 관련을 가지고 있었다. 이러한 성황신에 대한 제사를 국가제사에 편제한 것은 고려 역시 그 지역에 대한 지배권을 확고히 하기 위한 목적도 있었기 때문이었다. 이것은 신라 중대왕실이 국가제사에 성에 대한 제사를 편제한 것과 비교되는 것이다.

이상에서 신라 국가제사에 편제된 성에 대한 제사는 우리나라에 중국의 성황신앙이 수용되고 성황신에 대한 제사가 중국과는 달리 비교적 일찍 국가제사에 편제될 수 있었던 하나의 배경이 되었음을 알 수 있었다. 즉 우리나라에 중국의 성황신앙이 수용되고 그것이 고려의 국가제사에 편제될 수 있었던 端初는 신라 국가제사에 편제된 城에서 찾을 수 있다고 할 수 있는 것이다.

본 글은 신라 국가제사에 편제되어 있는 성에 대한 제사가 우리나라에 성황신앙이 수용될 수 있었던 하나의 배경이 되었다는 점을 생각해 본 것이다. 신라 국가제사에는 성이 제사대상으로 나오는데, 북형산성·가림성·도서성이 그것이다. 이들 성은 신라의 악·진·해·독을 비롯한 여러 산(천)제사와 함께 편제되어 있다. 성은 산에 위치하고 있다. 이에 성에 대한 제사는 산에 대한 제사와 크게 다르지 않다고 여길 수 있겠으나, 신라는 성에 대한 제사와 산에 대한 제사를 구분하였음을 알 수 있었다. 이것은 삼년산군과 칠중성 지역에는 산과 성이 있음에도 불구하고 산을 국가제사에 편제하고

---

129) 고려시대 성황제사와 관련된 보다 자세한 논의는 김갑동, 앞의 논문, 1991 ; 서영대, 앞의 논문, 1994 ; 서영대, 앞의 논문, 2001 ; 김철웅, 앞의 책, 2007 참고.

있는데서 생각해 볼 수 있었다. 이들 제사가 편제된 시기에서도 그것을 알 수 있었다.

신라 국가제사에 편제된 성들은 삼국시기 治所로서 역할을 하였는데, 통일 후 지방제도가 정비되면서 그 위상에 변화가 있었다. 삼국통일 전쟁을 경험한 신라는 군사적 요충지로서의 성의 역할을 중시하였다. 이에 구고구려·구백제·구신라 지역에 성에 대한 제사를 하나씩 편제하였다. 이를 통해 신라는 그 지역에 대한 지배권을 확고히 하려고 하였다. 성은 외적으로부터 그 지역을 방어하기 위해 구축한 방어물이었다. 이에 비록 신라 국가제사에 성에 대한 제사가 산에 대한 제사와 함께 편제되어 있었지만, 산과는 다른 신앙형태가 있었을 것이라고 하였다. 성황신앙도 관심을 끄는데, 중국의 성황신앙은 신라말 우리나라에 수용되었다. 이것이 수용될 수 있었던 배경의 하나는 신라 국가제사에 편제된 성에 대한 제사에서 찾아볼 수 있었다.

신라 국가제사에 편제된 북형산성·가림성·도서성 중 가림성은 신라 국가제사에서 혁파되었는데, 그 제사는 지역세력에 의해 이루어졌다고 하였다. 이것은 신라말 지방 호족세력이 중국의 성황신앙을 수용할 수 있는 기반이 되었을 것이라고 하였다. 신라 국가제사에 편제된 성은 '군현성'이었다. 고려시대 성황사는 치소가 있는 성에 위치하였다. 가림성·북형산성·도서성은 군사적 요충지였다. 고려시대 성황사 역시 군사적 거점지였고 성황신은 전쟁의 승패를 좌우할 수 있는 능력을 가지고 있었다. 이로 볼 때 고려시대 성황제사가 중국과는 달리 비교적 일찍 국가제사에 편제될 수 있었던 역사적 배경은 신라 국가제사에 편제된 성에 대한 제사에서 찾을 수 있다고 하였다. 고려시대 성황신에 대한 제사를 국가제사에 편제한 것은 그 지역에 대한 지배권을 확고히 하기 위한 것이었다. 이것은 신라 중대왕실이 국가제사에 성에 대한 제사를 편제한 것과도 비교되는 것이라고 하였다.

제3장

―――――

山川祭와 정치

제1절 신라의 6村과 山嶽祭祀

『삼국사기』와 『삼국유사』를 보면 신라사의 첫 머리에 6촌 신화가 나온다. 이에 연구자들은 여기에 대해 많은 관심을 가졌다. 이를 통해 6촌의 위치라든가 그 사회의 성격, 그리고 6촌과 신라 6부와의 관계 등[1]에 대해 알 수 있었다.

그런데 지금까지의 연구를 보면 6촌의 위치를 후대의 6부 범위까지를 포함시켜 이해하고 있다. 6촌과 6부의 관계에 대해서는 연구자들의 다양한 견해가 있지만, 현재 6촌과 6부의 계기성은 어느 정도 인정하고 있다. 6촌과 6부의 성격이 다르다는 것도 대부분의 연구자들은 동의하고 있다. 이러한 점을 염두에 둘 때 6촌의 범위와 6부의 범위는 구분해 보아야 하지 않을까 한다.

6촌 신화를 후대에 부회되었다고 보기도 하지만, 신화는 사회적 경험이 객관화된 것으로 여기에는 일정한 역사적 경험이 반영되어 있다고 할 수 있다. 대부분의 연구자들 역시 6촌 사회의 기반과 그 기반의 변화에 대해 언급하였다. 하지만 6촌이 6부로 변하면서 6촌 안에는 6촌 세력 외에 새로운 세력이 들어왔다. 6촌 세력과 새로 들어온 다른 세력과의 관계 속에서 6촌 세력은 그 기반이 변하였을 것이다. 이에 여기에 대한 검토도 필요하다.

6촌과 관련된 기록이 신라 역사의 첫머리에 등장하는 이유도 궁금하다. 이것은 6촌 사회의 견고성, 공고성과 관련있지 않을까 한다. 신라 사회에서

---

1) 이와 관련된 諸견해는 본문의 내용과 각주 참고.

공동체의 공고성을 뒷받침해주는 가장 대표적인 것은 산악과 관련 있는 신앙이었다. 신라는 고대국가로 성장하면서 산악들을 대·중·소사체계라는 국가제사에 편제하였다. 그렇다면 6촌과 관련 있는 산악들도 신라 국가제사에 편제되었을 것인데, 이들 산악이 신라 국가제사에 편제된 의미가 무엇인지에 대해서도 생각해 보아야 할 것이다.

이를 위해 『삼국사기』와 『삼국유사』에 보이는 6촌과 관련된 사료를 비교·검토하고 6촌장의 初降地와 村名을 통해 6촌의 위치를 생각해 볼 것이다. 다음으로 6촌 세력의 기반이 다른 세력들과의 관계 속에서 어떻게 변화되어 가는지를 검토해 볼 것이다. 6촌과 관련 있었던 산악이 신라의 국가제사에 편제된 의미가 무엇인지에 대해서도 살펴볼 것이다. 이를 통해 신라 6촌 사회의 여러 모습을 알 수 있을 것으로 기대한다.

1. 6村과 6村長의 初降地

다음은 『삼국사기』와 『삼국유사』에 보이는 6촌과 관련된 사료이다.

A. 1) ① 이보다 앞서 朝鮮 유민들이 산곡 사이에 나뉘어 살아 6촌을 이루었다. 첫째는 閼川楊山村, 둘째는 突山高墟村, 셋째는 觜山 珍支村(干珍村이라고도 한다), 넷째는 茂山大樹村, 다섯째는 金山加利村, 여섯째는 明活山高耶村이다. 이것이 辰韓 6부이다. (『삼국사기』 1, 신라본기1, 시조 혁거세거서간 즉위년)[2]
② 9년 봄에 6部의 이름을 고치고 姓을 하사했다. 楊山部는 梁部가 되었으니 성은 李였다. 高墟部는 沙梁部가 되었으니 성은 崔였다. 大樹部는 漸梁部(牟梁이라고도 한다)가 되었으니 성은 孫이었다. 干珍部는 本彼部가 되었으니 성은 鄭이었다. 加利部는 漢祇部가 되었으니 성은 裵였다. 明活部는 習比部가 되었으니 성은 薛이었다. (『삼국사기』 1, 신라본기1,

---

2) "先是 朝鮮遺民分居山谷之間 爲六村 一曰閼川楊山村 二曰突山高墟村 三曰觜山珍支村(或云干珍村) 四曰茂山大樹村 五曰金山加利村 六曰明活山高耶村 是爲辰韓六部."

2) ① 진한 땅에는 옛날 6村이 있었다. 첫째는 閼川 楊山村이니, 그 남쪽이
지금의 曇嚴寺이다. 村長은 謁平이라 하여 처음에 瓢嵒峰에 내려왔으니,
이가 及梁部 이씨의 조상이 되었다. 노례왕 9년에 部를 두어 이름을
급량부라 하였는데 본조의 태조 天福 5년 庚子年(940)에 이름을 고쳐
中興部라 하였다. 波潛·東山·彼上·東村이 여기에 속한다. 둘째는 突山
高墟村이니, 촌장은 蘇伐都利라 하여 처음에 兄山에 내려왔으니 이가
사량부(양을 도로 읽고 혹은 탁으로 쓰니 음은 역시 도이다) 정씨의
조상이 되었다. 지금은 일러서 南山部라 하니 仇良伐·麻等烏·道北·廻德
등 南村이 여기에 속한다.(지금은 일러서라고 말한 것은 태조가 설치함
을 말함이다. 아래도 마찬가지이다.) 셋째는 茂山 大樹村이니, 촌장은
俱(俱를 仇로도 쓴다)禮라고 하여, 처음에 伊山(皆比山이라고도 한다)
에 내려왔으니 이가 漸梁(梁을 涿으로도 쓴다)部 또는 牟梁部 손씨의
조상이 되었다. 지금은 長福部라고 하니 朴谷村 등 西村이 여기에 속한다.
넷째는 觜山珍支村(賓之 또는 賓子·氷之라고도 한다)이니, 촌장은 智伯虎
라 하여 처음 花山에 내려왔다. 이가 本彼部 최씨의 조상이 되었다.
지금은 通仙部라고 하니 柴巴 등 東南村이 여기에 속하였다. 최치원은
즉 본피부 사람이니 지금도 皇龍寺 남쪽과 味呑寺 남쪽에 옛날 집터가
있어 이것이 崔侯의 옛 집이라고 하니 아마도 명백한 것 같다. 다섯째는
金山 加里村(지금의 金剛山 栢栗寺 북쪽 산이다)이니, 마을 어른은 祗沱(只
他라고도 쓴다)라고 하여 처음에 明活山에 내려왔다. 이가 漢歧部(또는
韓歧部) 배씨의 조상이 되었다. 지금은 加德部라고 하니 上下西知·乃兒
등 東村이 여기에 속한다. 여섯째는 明活山 高耶村이니, 마을 어른은
虎珍이라 하여 처음에 금강산에 내려왔으니 이가 習比部 설씨의 조상이
되었다. 지금은 臨川部라고 하니 勿伊村·仍仇彌村·闕谷(葛谷)이라고도
한다) 등 東北村이 여기에 속한다. 위에 쓴 글로 보건대 이 6부의 조상들이
모두 하늘로부터 내려온 것 같다. ② 노례왕 9년에 처음으로 6부의
이름을 고치고 또 6성을 주었다. 지금 풍속에서 중흥부를 어머니로

---

3) "春 改六部之名 仍賜姓 楊山部爲梁部 姓李 高墟部爲沙梁部 姓崔 大樹部爲漸梁部(一云牟
梁) 姓孫 干珍部爲本彼部 姓鄭 加利部爲漢祇部 姓裵 明活部爲習比部 姓薛."

삼고 장복부를 아버지로 삼고 임천부를 아들로 삼고 가덕부를 딸로 삼으니 그 까닭은 자세치 않다. (『삼국유사』1, 기이2, 신라시조혁거세왕)4)

A-1)①에 따르면 朝鮮遺民들이 山谷 사이에 나뉘어 살아 6村을 이루었는데, 첫째는 關川楊山村, 둘째는 突山高墟村, 셋째는 觜山珍支村(干珍村), 넷째는 茂山大樹村, 다섯째는 金山加利村, 여섯째는 明活山高耶村이라 하였으며 이것은 辰韓 6部가 되었다고 한다. A-1)②에는 유리왕 9년 봄에 6部의 이름을 고치고 姓을 내렸는데, 楊山部는 梁部로 성은 李, 高墟部는 沙梁部로 성은 崔, 大樹部는 漸梁(牟梁)部로 성은 孫, 干珍部는 本彼部로 성은 鄭, 加利部는 漢祇部로 성은 裴, 明活部는 習比部로 성은 薛이라고 하였다.

이러한 내용은 A-2)①의 『삼국유사』에도 보이는데, 진한 땅에는 옛날 6村이 있었다(辰韓之地 古有六村)고 한다. 첫째는 關川楊山村, 村長은 謁平이고 瓢嵓峰에 내려왔으며 及梁部 이씨의 조상이다. 둘째는 突山高墟村, 촌장은 蘇伐都利이고 兄山에 내려왔으며 사량부 정씨의 조상이다. 셋째는 茂山大樹村, 촌장은 俱(仇)禮馬이고 伊山(皆比山)에 내려왔으며 漸梁部 또는 牟梁部 손씨의 조상이다. 넷째는 觜山珍支村, 촌장은 智伯虎이고 花山에 내려왔으며 本彼部 최씨의 조상이다. 다섯째는 金山加里村, 촌장은 祇沱이고 明活山에 내려왔으며 漢歧部(韓歧部) 배씨의 조상이다. 여섯째는 明活山高耶村, 촌장은

---

4) "① 辰韓之地 古有六村 一曰閼川楊山村 南今曇嚴寺 長曰謁平 初降于瓢嵓峰 是爲及梁部李氏祖(弩禮王九年置 名及梁部 本朝太祖天福五年庚子 改名中興部 波潛東山彼上東村屬焉) 二曰突山高墟村 長曰蘇伐都利 初降于兄山 是爲沙梁部(梁讀云道 或作涿 亦音道) 鄭氏祖 今曰南山部 仇良伐麻等烏道北廻德等南村屬焉(稱今曰者 太祖所置也 下例知) 三曰茂山大樹村 長曰俱(一作仇)禮馬 初降于伊山(一作皆比山) 是爲漸(一作涿)部 又牟梁部孫氏之祖 今云長福部 朴谷村等西村屬焉 四曰觜山珍支村(一作賓之 又賓子 又氷之) 長曰智伯虎 初降于花山 是爲本彼部崔氏祖 今曰通仙部 柴巴等東南村屬焉 致遠乃本彼部人也 今皇龍寺南味呑寺南有古墟 云是崔侯古宅也 殆明矣 五曰金山加里村(今金剛山栢栗寺之北山也) 長曰祇沱(一作只他) 初降于明活山 是爲漢歧部 又作韓歧部裴氏祖 今云加德部 上下西知乃兒等東村屬焉 六曰明活山高耶村 長曰虎珍 初降于金剛山 是爲習比部薛氏祖 今臨川部 勿伊村仍仇㫱村闕谷(一作葛谷)等東北村屬焉 按上文 此六部之祖 似皆從天而降 ② 弩禮王九年 始改六部名又賜六姓 今俗中興部爲母 長福部爲父 臨川部爲子 加德部爲女 其實未詳."

虎珍이고 금강산에 내려왔으며 習比部 설씨의 조상이다. 그리고 A-2)②를 보면 노례왕 9년에 6부의 이름을 고치고 성을 하사했다고 한다.

이상의 A 내용을 살펴보면 辰韓에 6촌[5]이 있었고 이것은 유리왕 9년 진한의 6部[6]가 되었으며 각 부에 姓[7]이 하사되었음을 알 수 있다. 그런데 A-1)①과 A-2)①에 보이는 6촌 중 자산진지촌과 무산대수촌의 순서와 돌산고허촌과 자산진지촌의 姓이 바뀌어 기록되어 있다. A-2)①에는 금산가리촌의 촌장이 初降한 곳은 명활산이며 명활산고야촌의 촌장이 초강한 장소는 금강산이라고 되어 있지만, 이것은 서로 뒤바뀐 것으로 여겨진다.

이처럼 A-1)①과 A-2)①에 보이는 6촌과 관련된 자료에는 차이가 있다. 이것은 자료의 문제인지 아니면 편찬자의 착오인지는 잘 알 수 없다. A-2)①의 내용에는 불명확한 점도 발견된다. 그렇지만 A-2)①의 내용은 A-1)①에는 보이지 않는 6촌장의 이름과 시조의 초강지를 알 수 있다. A-2)①에는 고려 6부에 대한 내용도 반영되어 있는데, 여기에서 신라의 6부가 고려 6부로 재편된 사실과 고려 6부의 범위를 알 수 있다. 고려 6부의 시점은 '稱今曰者 太祖所置也 下例知'로 보아 고려 태조 천복 5년(940)이다. 이때 급량부는 중흥부, 사량부는 남산부, 점량부(모량부)는 장복부, 본피부는 통선부, 한기부는 가덕부, 습비부는 임천부라고 하였다.[8]

---

5) 우리나라에서 촌이라는 용어를 사용한 시기는 3세기말의『삼국지』단계이기 때문에 6촌의 존재를 부정하기도 한다(전덕재,『신라6부체제연구』, 일조각, 1996).

6) 6촌과 6부의 관계를 계기적으로 이해하는 견해(이종욱,『신라국가형성사연구』, 일조각, 1982, 222~225쪽), 후대의 부회로 보는 견해(주보돈,「삼국시대의 귀족과 신분제」,『한국사회발전사론』, 일조각, 1992, 10~11쪽 ; 전덕재,「상고기 신라6부의 성격에 대한 고찰」,『신라문화』12, 1995 : 1996, 위의 책, 10~13쪽 ; 강종훈,『신라상고사연구』, 서울대학교출판부, 2001, 218쪽 참고)가 있다. 그리고 6촌에서 6부로 발전한 시점에 대해서 기록을 신빙하여 유리이사금대로 보기도 하고(이종욱, 위의 책, 1982, 222~225 쪽), 일부는 그 시기를 뒤로 늦추어 파악하기도 한다.

7) 신라에서의 성씨 사용은 6세기 중엽 혹은 6세기 후반 무렵이라고 보기도 하고(이순근,「신라시대 성씨취득과 그 의미」,『한국사론』6, 서울대 국사학과, 1980, 11~21쪽) 통일기 이후 6부성과 6부를 연결시키기도 한다(전덕재, 위의 책, 1996).

8) 이 내용은『고려사』57, 지11, 지리2, 경상도 동경유수관 경주조에도 보인다.

A-2)②를 보면 일연은 '今俗'에서 중흥부를 어머니로 삼고 장복부를 아버지로 삼고 임천부를 아들로 삼고 가덕부를 딸로 삼는데, 그 까닭은 자세하지 않다고 하였다. 여기에서 '今俗'의 '今'은 일연이 살았던 당대를 말하는 것으로 생각된다. 이것은 A-2)①에서 알천양산촌의 남쪽에 지금(今) 담엄사가 있다고 한 것, 금산가리촌은 지금(今)의 금강산 백률사 북쪽 산이라는 것, 최치원은 본피부 사람이니 지금(今)도 皇龍寺 남쪽과 味呑寺 남쪽에 崔侯의 옛 집이 있다고 한 것도 마찬가지이다.

A-1)②를 보면 6촌은 신라 6부로 개칭되기 전에 알천양산촌은 양산부, 돌산고허촌은 고허부, 금산가리촌은 가리부, 자산진지촌은 간진부, 무산대수촌은 대수부로 불렸다. 이런 점에서 이들 촌은 시조의 초강지에서 그 범위가 확대된 것으로도 생각된다. 그러나 명활산고야촌의 경우는 명활부로 불렸다. 따라서 명활산고야촌은 시조의 탄강지인 명활산 주변을 넘지 못한 것으로 여겨진다. A-1)①을 보면 6촌은 알천양산촌, 돌산고허촌, 자산진지촌, 무산대수촌, 금산가리촌, 명활산고야촌 순서로 되어 있다. 하지만 A-1)②와 A-2)①에는 무산대수촌이 자산진지촌 앞에 기록되어 있다. 이것은 6촌 세력 간의 위상에도 변화가 있었음을 반영한 것으로 여겨진다.

이상에서 살펴본 6촌과 관련된 내용을 〈표 1〉로 정리하면 다음과 같다.

〈표 1〉 신라의 6촌

辰韓 六村	촌장	초강지	진한 6부	성	고려 6부	고려 촌(지명)
閼川楊山村	謁平	瓢嵓峰	양산부	(及)梁部	李	中興部(母)	波潛·東山·彼上·東村
突山高墟村	蘇伐都利	兄山	고허부	사량부	최(정)	南山部	仇良伐·麻等烏·道北·廻德 등 南村
觜山珍支村	智伯虎	花山	간진부	本彼部	정(최)	通仙部	柴巴 등 東南村
茂山大樹村	俱禮馬	伊山	대수부	漸梁部 (모량부)	손	長福部(父)	朴谷村 등 西村
金山加利村	祇沱	明活山	가리부	漢歧部 (韓歧部)	배	加德部(女)	上·下西知·乃兒 등 東村
明活山高耶村	虎珍	금강산	명활부	習比部	설	臨川部(子)	勿伊村·仍仇彌村·闕谷(葛谷) 등 東北村

한편 A-1)①에는 혁거세의 사로국 건국 이전에 고조선 유민이 山谷之間에 分居하여 6촌을 이루었으며 이것이 나중에 진한 6부로 발전하였다고 하였다. A-2)①에는 '辰韓之地 固有六村'하였다면서 6촌장을 '六部之祖'라고 하였다. 이러한 내용을 볼 때 6촌은 사로국보다는 진한과 관련있는 것으로 볼 수 있다. 이에 6촌의 위치를 경북·충북 일대에 분포되었다고 한다.9) 반면 6촌을 사로국의 모체10)로 보면서 6촌의 범위를 경주 내지는 경주 분지,11) 경주시와 월성군 일대로 보고 있다.12) 이러한 6촌13)의 위치에 대한 다양한 견해를 〈표 2〉로 제시하면 다음과 같다.

---

9) 末松保和, 「新羅六部考」, 『新羅史の諸問題』, 東洋文庫, 1936, 235~307쪽 ; 김철준, 「신라 상대사회의 Dual Organization(상)」, 『역사학보』 1, 1952, 15~47쪽 : 『한국고대사회연구』, 지식산업사, 1975 ; 천관우, 「삼한의 국가형성」(상), 『한국학보』 2, 1976, 21~24쪽 ; 문경현, 『신라사연구』, 경북대학교출판부, 1983, 76쪽 ; 서의식, 「'진한6촌'의 성격과 위치」, 『신라문화』 21, 2003, 161~166쪽.

10) 이에 6촌을 사로6촌이라 부른다. 그렇지만 '사로6촌'은 신조어로 보고(선석열, 「『삼국사기』 신라본기 초기기록 문제와 신라 국가의 성립」, 부산대학교 박사학위논문, 1996 : 『신라국가성립과정연구』, 혜안, 1997, 58~78쪽 ; 서의식, 「신라 6부에 대한 논의와 한국사의 체계적 이해」, 『역사와 현실』 24, 1997, 201쪽) 사로 6촌설에 대한 문제점을 지적하고 있다(서의식, 위의 논문, 2003, 142~152쪽).

11) 今西龍, 「新羅骨品考」, 『新羅史研究』, 1933 ; 이병도, 『한국사』 고대편, 진단학회, 1959, 365~369쪽 : 「신라의 기원문제」, 『한국고대사연구』, 박영사, 1976, 599~603쪽 ; 정중환, 「사로6촌과 6촌인의 출자에 대하여」, 『역사학보』 17·18, 1962 ; 김원룡, 「사로6촌과 경주고분」, 『역사학보』 70, 1976, 5~12쪽 ; 이기동, 「신라금입택고」, 『신라 골품제 사회와 화랑도』, 일조각, 1984, 194쪽 ; 김정배, 『한국고대의 국가기원과 형성』, 고려대학교출판부, 1986, 322~329쪽 ; 오영훈, 「신라왕경에 대한 고찰」, 동국대학교 박사학위논문, 1988, 16~19쪽 ; 이형우, 신라 초기국가 성장사 연구」, 건국대학교 박사학위논문, 1992, 17~18쪽 ; 권오영, 「사로6촌의 위치문제와 성격」, 『신라문화』 14, 1996, 7~10쪽 ; 이기봉, 「신라 왕경의 범위와 구역에 대한 지리적 연구」, 서울대학교 박사학위논문, 2002, 22~24쪽 ; 박홍국·정상주·김지훈, 「사로 6촌의 위치에 대한 시론」, 『신라문화』 21, 2003, 129~131쪽.

12) 현재의 경주시 安康邑과 陽南·陽北面을 제외한 경주시 일원으로 보았다(이종욱, 앞의 책, 1982, 22~23쪽).

13) 진한 6촌설과 사로6촌설에 대해 김수태, 「신라의 국가형성」, 『신라문화』 21, 2003, 57~59쪽도 참고.

〈표 2〉 신라의 6촌 위치

	알천양산촌	돌산고허촌	자산진지촌	무산대수촌	금산가리촌	명활산고야촌
末松保和	경주	상주	성주	?	?	?
김철준	경주	옥천·상주	?	제천-예천	김천-성주	경주-영천
천관우	경주	상주	영해·울진	의성-예천	개령-성주	경산-영천
今西龍	경주읍 남쪽	남천상류	남천 하류	모량천	?	남천 하류
이병도	남산북·남천남	남천북·북천남	인왕리	모량천	소금강산	명활산
김원룡	월성 남산 서북	서악동 일대 교동·노서동	인왕동 탈해왕릉	모량리 금척리	소금강산	보문동
이종욱	월성	오릉·산내면	외동면	모량천-서면	천북면(양남·양북면)	명활산
오영훈	월성 부근	남산 북록	조양동 부근	鵲城 부근	명활산 부근	황성동 일대
이형우	알천남쪽 남산북록지역(남천유역)	남산·남천의 서쪽 沙正里	월성·황룡사 부근	효현동·모량·건천 일대	천북면 일대	명활산 동북쪽 보문동 일대
권오영	·	·	경주 동남부 '조양동' 등	모량천-서면 '舍羅里'	경주 북부 '황성동'등	
이기봉	경주시내·見谷面	5릉 남쪽 내남면 및 울주군 두서면 남부	월성·낭산-명활산 남쪽 유역에서 入室 남쪽까지	서면·건천읍	감포읍·양북·양남면 및 북천 상류	천북면 일대
박홍국·정상주·김지훈	인왕·황남·황오동고분군 및 월성동 남방 하안단구	오릉과 포석정 사이의 하안단구·남산 서북록	형제봉의 남쪽·도지동 형산마을·조양동·구정동 서남부	금척리·건천리·천포리·조전리 일대	헌덕왕릉 서북편 평지·황성동 일대	명활산 서편단구 또는 구릉지대·낭산의 동편

※ 박홍국·정상주·김지훈, 「사로 6촌의 위치에 대한 시론」, 『신라문화』 21, 2003, 119~120쪽의 표 1과 131쪽의 표 3 참고.

〈표 2〉에 보이는 위치 비정은 문헌 자료, 금석문 자료, 고고학 자료에 의한 것이다. 그런데 앞에서도 살펴보았지만, 문헌 자료는 정확하지 않은 부분이 있었다. 게다가 6촌장의 초강지 중 화산과 이산(개비산), 무산이라든가 6촌의 촌명에 보이는 돌산·자산·금산 등의 산 이름은 다른 자료에도 보이지 않는다. 금산가리촌의 경우 일연은 지금의 금강산 백률사 북쪽 산이라고 하고 있다. 그런데 고려초의 지명을 보면 상·하서지촌이 보인다. 이곳은 지금의 양남면에 해당하는 곳이다. 돌산고허촌의 경우 구량벌[14]은 울주군

두서면에 해당한다. 이처럼 금산가리촌과 돌산고허촌은 고려 6부의 범위를 포함하고 있다. 자산진지촌의 범위와 관련해서 일연은 본피부 사람인 최치원의 옛 집터가 지금도 皇龍寺 남쪽과 味呑寺 남쪽에 있다고 하였다. 황룡사는 지금의 경상북도 경주시 月城 동쪽에 있었으며 미탄사는 지금의 경상북도 경주시 구황동 狼山 서쪽에 있었던 사찰이다.[15] 이로 볼 때 자산진지촌은 신라 6부의 하나인 본피부의 범위까지 포함하고 있음을 알 수 있다.

이상에서 살펴본 기왕의 위치 비정은 원래의 6촌이 아닌 이보다 확장된 신라 6부와 고려 6부의 범위까지를 포함시켜 이해하고 있음을 알 수 있었다. 그렇다면 원래의 6촌은 어디에 있었을까. 이에 6촌장의 초강지와 6촌의 촌명이 관심을 끈다. 촌명 중 알천양산촌은 알천과 양산 두 지역이 합쳐진 복합명사로 보여지며 앞의 것은 시조의 탄강지와 가까운 지역이 아니었을까 한다. 이것은 다른 촌들도 마찬가지였을 것으로 여겨진다.

알천양산촌의 시조가 초강한 곳은 표암봉으로, 표암봉은 현재의 경주 동천리에 있다. 촌명의 알천[16]은 『신증동국여지승람』(이하 『승람』이라고 함)에는 北川 혹은 東川이라고도 하며 府의 동쪽 5리에 있다고 한다.[17] 양산은 후술되는 D에 따르면 혁거세가 태어난 蘿井이 있었던 곳으로 나정은 『승람』에 부의 남쪽 7리에 있다고 한다.[18] 이로 볼 때 양산은 지금의 南山일 것이다. 일연은 알천양산촌 남쪽에 담엄사가 있다고 하였다.

돌산고허촌의 시조 탄강지는 형산이다. 『승람』 경주부 산천조에 따르면 형산은 안강현 동쪽 21리에 있으며 신라는 북형산이라 칭하고 중사로 삼았다

---

14) 『승람』 21 경주부 驛院에 보이는 仇良火村으로 지금의 경북 울산군 두서면 구량리에 해당한다.
15) 강인구 외, 『역주 삼국유사』 1, 이회문화사, 2002, 229쪽.
16) 현재의 알천과 6촌 당시의 알천은 같지 않는데, 이것은 流路의 변화 때문이라고 한다. 이와 관련해서 박홍국·정상주·김지훈, 앞의 논문, 2003, 123~125쪽 참고.
17) 『승람』 21, 경주부 산천. 알천을 현재 경주시 北川에 비정하는 견해(三品彰英, 『三國遺事考証』(上), 塙書房, 1975, 416쪽)와 경주시 南川에 비정하는 견해(김원룡, 앞의 논문, 1976) 등이 있다.
18) 『승람』 21, 경주부 고적.

고 한다.19) 북형산은 경북 경주시 강동면 국당리에 있는 형산이다. 경주 서쪽에 위치한 선도산을 형산으로 비정하는 견해도 있다.20) 왜냐하면 북형산이 고허촌과는 방향이 맞지 않기 때문이다. 그렇지만 『삼국사기』 제사지 신라조(이하 제사지 신라조라 함)를 보면 선도산, 서술은 모량에 있다고 한다. 이에 형산을 서형산으로 보기보다는 북형산으로 보아도 좋지 않을까 한다. 촌명에 보이는 돌산이 어디인지 알 수 없지만, 고허는 『삼국유사』 탑상 천룡사조에 남산의 남쪽에 고위산이 있고 거기에 천룡사가 있다고 한다.21) 돌산고허촌의 마등오촌과 천룡사 등의 관계 기사로 볼 때 고위와 고허는 같은 뜻으로 볼 수 있다.22)

자산진지촌의 시조는 화산에 내려왔다. 화산은 『동경통지』에 경주부 북 30리에 있다고 하며 현재의 경주시 천북면 화산리가 그 곳이 아닐까 한다. 촌명에 보이는 자산과 진지의 현재 위치는 알 수 없지만, 신라 금입택의 하나인 賓之宅이 反香寺 북쪽에 있다23)고 하는 점은 주목할 만하다. 무산대수촌의 시조가 내려온 이산(개비산)과 촌명에 보이는 무산과 대수촌의 위치는 알 수 없지만, 기왕의 위치 비정을 보면 무산대수촌은 대체로 경주 서편의 毛良에 비정하고 있다.24) 금산가리촌 시조는 금강산에 내려왔는데, 『승람』에는 경주부의 북쪽 7리에 있으며 北嶽이라고도 불렀다고 하며25) 현재 경주의 소금강산이다. 금산과 가리의 위치는 알 수 없지만, 일연이 금산가리촌은 지금의 金剛山 栢栗寺 북쪽 산이라고 한 것으로 미루어 소금강산 일대 지역으로 보아도 큰 무리는 없을 것이다. 명활산고야촌 시조가 내려온 명활산은

19) 『승람』 21, 경주부 산천, "兄山(在安康縣東二十一里 新羅稱北兄山爲中祀)."
20) 三品彰英, 앞의 책, 1975, 420~421쪽.
21) 『삼국유사』 3, 탑상 4, 천룡사, "東都南山之南 有一峰屹起 俗云高位山 山之陽有寺 俚云高寺 惑云天龍寺 … 俗傳云 逆水者 州之南 馬等烏村南流川是 又是水之宪 致天龍寺 …."
22) 박방룡, 「신라 – 도성·성지」, 『한국사론』 15, 1985, 379~381쪽.
23) 『삼국유사』 1, 기이2, 진한.
24) 舍羅里 일대의 목관묘와 목곽묘를 무산대수촌과 연결지어 이해하고 있다.
25) 『승람』 21, 경주부 산천.

경상북도 경주시 천군동과 보문동에 걸쳐 있는 산이고 고야의 현재 위치는 알 수 없다.

알천을 중심으로 6촌의 위치를 볼 때 알천양산촌과 자산진지촌, 금산가리촌의 경우는 알천 북쪽에 있었음을 알 수 있다. 명활산고야촌의 경우는 알천과 가까운 곳에 있었다. 이로 볼 때 4촌은 알천 북쪽 내지는 알천과 가까운 지역에 위치하였음을 알 수 있다. 돌산고허촌은 알천을 넘어 경주분지, 남산 쪽으로 이동하였다. 이로 볼 때 무산대수촌은 알천양산촌을 비롯한 5촌과는 지역적으로 구분되어 있었다고 보여진다.

이상에서 신라 6촌과 관련된 『삼국사기』와 『삼국유사』의 기록을 비교·검토하였고 시조의 초강지와 촌명으로 원래의 6촌 범위를 생각해 보았다. 그렇다면 이러한 6촌의 기반은 무엇이었으며 그것은 어떻게 변화되었을까.

2. 6촌의 基盤 변화

6촌의 기반과 관련해서 우선 A-1)①을 보면 朝鮮遺民들이 산곡 사이에 나뉘어 살아 6촌을 이루었다(朝鮮遺民分居山谷之間 爲六村)고 하는 것이 관심을 끈다. 6촌을 이룬 것이 朝鮮遺民이라는 점과 관련해서 다음 기록이 주목된다.

B. 辰韓은 馬韓의 동쪽에 위치하고 있다. 辰韓의 노인들은 代代로 傳하여 말하기를, "우리들은 옛날의 망명인으로 秦나라의 苦役을 피하여 韓國으로 왔는데, 馬韓이 그들의 동쪽 땅을 분할하여 우리에게 주었다."고 하였다. (『삼국지』 30, 위서30, 동이30, 한)[26)]

B를 보면 辰韓 耆老의 말을 빌어 秦나라의 고역을 피해 남하하는 유민들이

---

26) "辰韓 在馬韓之東 其耆老傳世 自言古之亡人 避秦役來適韓國 馬韓割其東界地與之."

밀려들자, 마한이 이들에게 동쪽 땅을 따로 내주어 독자적으로 살게 함으로써 진한이 성립되었다고 한다.[27] 그리고 진한 언어 중에 중국계 방언이 다수 포함되어 있다고 한다.[28] 이로 볼 때 B는 辰韓이 마치 중국의 秦나라에서 연유한 듯 서술되어 있지만, 다음이 관심을 끈다.

> C. 예전에 중국인들이 秦의 난리를 괴로워하여 동쪽으로 온 자들이 많았다. 이들 중 마한 동쪽에 자리잡고 辰韓과 뒤섞여 산 경우가 많았다.(『삼국사기』 1, 신라본기1, 시조혁거세거서간 38년)[29]

C에서는 이전에 중국인들이 秦의 난리를 괴로워하여 동쪽으로 온 자들이 많았는데, 이들 중 대부분은 마한 동쪽에 자리잡고 辰韓과 잡거하였다고 한다. 이것은 중국 유민이 많았으나, 마한 동쪽에서 진한과 뒤섞여 산 경우가 많았다는 것이다.[30]

위만조선의 성립과 더불어 한반도 남부로 유민들은 이동하였다.[31] 철기문화를 지닌 부여계의 백제와 위만조선 및 漢族 流民이 남하하기 이전에는 진한과 변한은 마한에 예속되어 있었다. 고고학 유물들에서도 청동기문화단계의 마한 소국연맹체가 진한이나 변한보다 선진집단이었음을 알 수 있다.[32] 6촌의 기반이 된 朝鮮遺民은 燕의 동방 경략부터 준왕이 남천할 때까지

---

27) 이와 관련해서 『진서』 97, 열전67, 진한 및 『양서』 54, 열전48, 신라도 참고.

28) 『삼국지』 30, 위서30, 동이30, 한, "相呼皆爲徒 有似秦人 非但燕·齊之名物也 名樂浪人爲 阿殘 東方人名我爲阿 謂樂浪人本其殘餘人 今有名之爲秦韓者 始有六國 稍分爲十二國."

29) "前此 中國之人 苦秦亂東來者衆 多處馬韓東 與辰韓雜居."

30) 이와 관련해서 『삼국지』 30, 위서30, 동이30, 한, "其十二國屬辰王 辰王常用馬韓人作之 世世相繼 辰王不得自立爲王." ; 『후한서』 85, 동이열전75, 한, "馬韓最大 共立其種爲辰王 都目支國 盡王三韓之地 其諸國王先皆是馬韓種人焉", 『삼국사기』 1, 신라본기1, 혁거세 거서간 38년 봄 2월에 瓠公을 馬韓에 보내 예를 갖추니 마한 왕이 호공을 꾸짖어 말한 "辰韓·卞韓은 우리의 속국인데 …."라는 기록도 참고된다.

31) 『삼국지』 30, 위서30, 동이30, 한, "魏略曰 初 右渠未破時 朝鮮相歷谿卿以諫右渠不用 東之辰國 時民隨出居者二千餘戶 … 桓·靈之末 韓濊彊盛 郡縣不能制 民多流入韓國."도 참고된다.

32) 이현혜, 『삼국사회형성과정연구』, 일조각, 1982, 37~45쪽.

유망한 세력으로 혁거세집단보다 먼저 경주일대에 정착했다. 전자는 비파형 동검과 이형 청동기를 지닌 유민이고 후자는 세형동검과 주조철부를 지닌 집단이었다고 한다.[33]

이러한 6촌은[34] 후술되는 D-2)를 보면 6촌장들이 關川 언덕 위에 모여 "우리들이 위로 백성들을 다스릴 만한 임금이 없어 백성들이 모두 방종하여 제멋대로 놀고 있으니 덕이 있는 사람을 찾아내어 그를 임금으로 삼아 나라를 창건하고 도읍을 정"하는 것을 의논하였다. D-1)에서는 6부인들이 새로운 세력인 혁거세를 받들어 왕으로 세우고 있음을 알 수 있다.

6촌의 시조들이 혁거세를 맞이하는 과정과 관련해서 가락국의 9간이 수로 왕을 맞이하는 것도 관심을 끈다. 그 내용을 보면 가락국에는 9간이 있었고 이들이 3월 계욕일에 구지봉에 모여 수로왕을 맞는 제의를 주관하였음을 알 수 있다.[35] 이것은 6촌장이 혁거세를 맞는 것과 다름이 없다. 6촌이 6부로 개편되는 것과 마찬가지로 수로왕은 9간들의 이름을 바꾸었다.[36]

6촌 중 혁거세를 맞이하는 데 있어 주도적인 역할을 한 세력과 관련해서는, 다음이 관심을 끈다.

D. 1) 高墟村長 蘇伐公이 양산 기슭을 바라보니, 蘿井 옆 수풀 사이에서 말이 무릎을 꿇고 울고 있었다. 이에 가보니 문득 말은 보이지 않고 큰

---

33) 이상은 김병곤, 「사로 6촌의 출자와 촌장의 사회적 성격」, 『한국고대사연구』 22, 2001, 132~140쪽 : 『신라 왕권 성장사 연구』, 학연문화사, 2003. 한편 고조선 유민의 남하는 위만정권의 수립과 漢 武帝의 고조선 침입이 주요한 계기가 되었는데, 고고학 자료에서도 입증된다고 한다(이종욱, 앞의 책, 1982, 16쪽 ; 이현혜, 앞의 책, 1982, 53~70쪽).

34) 6촌의 사회적 성격을 혈연과 지연으로 결합된 씨족사회(이병도, 앞의 책, 1976, 600쪽 ; 김병곤, 앞의 논문, 2001, 137쪽)로 계급(Rank)을 가진 혈연집단으로서의 氏族(Clan) 社會인 酋長社會(Chiefdom)(이종욱, 앞의 책, 1982, 17~47쪽), 촌락공동체인 소연맹국으로 보기도 한다(김두진, 「신라 6촌장신화의 모습과 그 의미」, 『신라문화』 21, 2003, 108쪽).

35) 『삼국유사』 2, 기이2, 가락국기.

36) 『삼국유사』 2, 기이2, 가락국기.

알이 있어, 이를 갈라보니 갓난아이가 나왔다. 아이를 거두어 길렀는데, 나이 10여 세가 되자 재주가 특출하고 숙성하였다. 6부인들은 그 출생이 신이하므로 이를 받들고 존경하였는데, 이때에 이르러 받들어 임금으로 삼은 것이다. 辰人은 박(瓠)을 朴이라 했고 처음에 혁거세가 태어났던 큰 알이 박과 같았기 때문에 朴으로 성을 삼았다. 거서간은 진한 사람들의 말로 왕을 가리킨다(혹은 귀인을 부르는 칭호라고 한다). (『삼국사기』
1, 신라본기1, 혁거세거서간 즉위년)37)

2) 前漢 地節 원년 壬子年(69)(古本에 이르기를 建武 원년(25)이니 建元 3년(138)이니 한 것들은 다 잘못이다) 3월 초하룻날 6부의 조상들이 각각 자제들을 데리고 다 함께 閼川 언덕 위에 모여 의논하기를, "우리들이 위로 백성들을 다스릴 만한 임금이 없어 백성들이 모두 방종하여 제멋대로 놀고 있으니 어찌 덕이 있는 사람을 찾아내어 그를 임금으로 삼아 나라를 창건하고 도읍을 정하지 않을 것이랴!" 하였다. 이때에 모두 높은 데 올라가 남쪽을 바라보니 楊山 밑 蘿井 곁에 이상한 기운이 번개처럼 땅에 드리우더니 웬 흰 말 한 마리가 무릎을 꿇고 절하는 시늉을 하고 있었다. 조금 있다가 거기를 살펴보니 보랏빛 알 한 개(또는 푸른 빛 큰 알이라고도 한다)가 있고 말은 사람을 보자 울음소리를 길게 뽑으면서 하늘로 올라갔다. 그 알을 쪼개 보니 형용이 단정하고 아름다운 사내아이가 있었다. 놀랍고도 이상하여 아이를 東泉(東泉寺는 詞腦野 북쪽에 있다)에서 목욕을 시키매 몸에는 광채가 나고 새와 짐승들이 모조리 춤을 추며 천지가 진동하고 해와 달이 맑게 빛났다. 따라서 이름을 혁거세왕이라고 하였다(아마도 鄕言일 것이다. 혹은 弗矩內王이라고도 하니 광명으로써 세상을 다스린다는 말이다. 설명하는 사람이 말하기를 "이는 西述聖母가 낳은 것이다. 그러므로 중국 사람의 仙桃聖母를 찬미하는 글에 '어진 인물을 배어 나라를 창건하라.'라는 구절이 있으니 이것을 두고 하는 말일 것이다."라고 하였다. 또는 鷄龍이 祥瑞를 나타내어 閼英을 낳았으니, 또한 서술성모의 현신이 아니겠는가!) (『삼국유
사』 1, 기이2, 신라시조혁거세왕)38)

---

37) "高墟村長蘇伐公望楊山麓 蘿井傍林間 有馬跪而嘶 則往觀之 忽不見馬 只有大卵 剖之 有嬰
兒出焉 則收而養之 及年十餘歲 岐嶷然夙成 六部人以其生神異 推尊之 至是立爲君焉 辰人謂
瓠爲朴 以初大卵如瓠 故以朴爲姓 居西干 辰言王(或云呼貴人之稱)."

D-1)에서는 혁거세를 맞이하고 그를 기른 것은 고허촌장 소벌공으로 나오지만, D-2)에서는 6촌의 촌장이 모두 개입되어 있는 것으로 기록되어 있다. 하지만 알천양산촌은 6촌 중 제일 먼저 나온다. 새로운 임금을 맞이하기 위한 6촌의 촌장 회의가 알천에서 이루어지고 있으며 혁거세가 발견된 장소는 楊山麓 蘿井傍 林間(D-1)), 楊山下 蘿井傍(D-2))이다. 혁거세는 알의 형태로 처음 발견되었는데 알평이 박에서 나왔다고 하는 표암, 박바위 전설[39]은 알에서 나온 박혁거세와 거의 유사하다. 즉 표암봉의 표는 박을 뜻하며 혁거세의 알 또한 박으로 인식된다.[40] 다음은 알영설화이다.

E. 1) 봄 정월에 용이 關英井에 나타나 오른쪽 옆구리로 여자아이를 낳았다. 할멈이 발견하여 기이하게 여기고 거두어 길렀는데 우물 이름을 따서 아이 이름을 지었다. (『삼국사기』 1, 신라본기1, 혁거세거서간 5년)[41]

2) 당시 사람들이 다투어 축하하여 말하기를 "이제 천자가 이미 이 땅에 내려왔으니 마땅히 덕이 있는 女君을 찾아서 배필을 정해야 하겠다."고 하였다. 이날 沙梁里 關英井(또는 娥利英井이라고도 한다)에서 계룡이 나타나서 왼쪽 옆구리로부터 童女(혹은 용이 나타나 죽으매 그 배를 가르고 얻었다고도 한다)를 낳으니 자색이 뛰어나게 고왔다. 그러나 입술이 닭의 부리 같은지라 月城 北川에 가서 목욕을 시켰더니 그 부리가 퉁겨져 떨어졌으므로 그 천의 이름도 따라서 撥川이라 하였다. 宮室을 남산 서쪽

---

38) "前漢地節元年壬子(古本云建虎元年 又云建元三年等 皆誤) 三月朔 六部祖各率子弟 俱會於 閼川岸上 議曰 我輩上無君主臨理蒸民 民皆放逸 自從所欲 盍覓有德人 爲之君主 立邦設都乎 於時乘高南望 楊山下蘿井傍 異氣如電光垂地 有一白馬跪拜之狀 尋撿之 有一紫卵(一云青 大卵) 馬見人長嘶上天 剖其卵得童男 形儀端美 驚異之 浴於東泉(東泉寺在詞腦野北) 身生光 彩 鳥獸率天地振舞動 日月清明 因名赫居世王(盖鄉言也 或作弗矩內王 言光明理世也 說者 云 是西述聖母之所誕也 故中華人讚仙桃聖母 有娠賢肇邦之語是也 乃至雞龍現瑞産關英 又焉知非西述聖母之所現耶)."

39) 『東京雜記』에 따르면, 신라 때 이 바위가 국도에 해를 끼친다고 하여 박씨를 심어 이 바위를 덮었으므로 이 이름이 생겼다고 한다.

40) 임재해, 「맥락적 해석에 의한 김알지 신화와 신라 문화의 정체성 재인식」, 『비교민속학』 33, 2007, 580~581쪽.

41) "春正月 龍見於關英井 右脇誕生女兒 老嫗見而異之 收養之 以井名名之."

기슭(지금의 昌林寺이다)에 지었다. (『삼국유사』 1, 기이2, 신라 시조혁거세왕)42)

E-1)·2)를 보면 알영이 알영정에서 용(계룡)의 오른쪽(왼쪽) 옆구리에서 태어났다고 하는데, E-2)에서는 알영정의 위치를 사량리로 밝히고 있다. E-1)에서 老嫗43)가 알영을 발견하였다고 하는데, 노구는 사량리의 노구였을 것이다.

이처럼 혁거세와 알영을 맞이한 세력은 알천양산촌과 돌산고허촌 세력이었다. E-2)에서 혁거세와 알영을 키운 곳은 남산 서록으로, 알천양산촌과 돌산고허촌의 영역 내에 있었던 것이다. 이로 볼 때 사로국이 형성되기 이전 알천양산촌과 돌산고허촌 안에는 이들 세력 외에도 다른 세력들이 있었음을 알 수 있다. 알천양산촌과 돌산고허촌은 사로국에 편제되면서 보다 다양한 세력이 이 지역에 들어왔을 것이다. 이와 같은 모습은 금산가리촌에서도 찾아진다.

금산가리촌은 사로국 건국 후 그 이름이 한지부로 바뀌었다. 한지부는 탈해 집단과 관련있는데, 탈해가 처음 도착한 곳은 『삼국사기』에는 진한의 阿珍浦口라고 하며 『삼국유사』에는 계림의 동쪽 하서지촌 아진포[지금도 상서지와 하서지촌명이 있다]라고 한다.44) 아진포의 위치는 경북 영일 지방45) 혹은 감포로 보기도 하나,46) 지금의 경주시 양남면 나아리와 하서리 일대47)로 여겨진다. 지마이사금 즉위년조를 보면 파사왕과 태자가 한기부를

---

42) "時人爭賀曰 今天子已降 宜覓有德女君配之 是日沙梁里閼英井(一作娥利英井)邊 有雞龍現 而左脇誕生童女(一云龍現死 而剖其腹得之) 姿容殊麗 然而唇似雞觜 將浴於月城北川 其觜 撥落 因名其川曰撥川 營宮室於南山西麓(今昌林寺)."

43) 노구와 관련해서 최광식, 「삼국사기 소재 老嫗의 성격」, 『사총』 25, 1981, 7~12쪽 참고.

44) 『삼국사기』 1, 신라본기1, 탈해이사금 즉위년과 『삼국유사』 1, 기이2, 제4대 탈해왕 참고.

45) 이병도, 앞의 책, 1977.

46) 천관우, 『고조선사·삼한사연구』, 일지사, 1989, 283쪽 ; 정중환, 『가라사연구』, 혜안, 2000, 68쪽.

47) 三品彰英, 앞의 책, 1975, 488쪽 ; 이형우, 『신라초기국가형성사연구』, 영남대학교출

지날 때 허루가 잔치를 베풀어 그들을 대접하였다고 한다. 이로 볼 때 허루는 한기부 내에 거주하고 있었고 지마왕의 왕비 간택 때에 경쟁한 마제 또한 거기에 거주하였음을 알 수 있다.[48]

한편 A-2)①을 보면 6촌(부)의 시조들은 모두 峰 또는 山에 내려왔는데, 일연은 6부의 조상들이 모두 하늘에서 내려온 것 같다(按上文 此六部之祖 似皆從天而降)고 하였다. 고조선 건국신화를 보면 환인의 아들 환웅이 태백산 정상 神檀樹에 내려와 神市를 펼치는데,[49] 이러한 단군신화의 내용과 같은 천손강림의 신화를 6촌장들은 지니고 있었을 것이다.[50]

고대인들은 높은 산을 하늘과 인간의 교섭처로 생각하였다. 즉 천신이 높은 산에 내려와 인간과 교통한다고 믿었던 것이다. 산은 天祭를 지내는 제사장소이기도 하였다.[51] 무산대수촌의 대수(촌)는 신단수를 생각하게도 하는데, 신단수는 천·지·지하계의 접합점에 있는 성역이고 만물이 생성되며 太儀를 재현하는 聖壇을 상징한다고 한다.[52]

이처럼 6촌의 시조는 천강설화를 가지고 있었다. 그런데 6촌의 시조들은

판부, 2000, 58~62쪽.

48) 『삼국사기』 1, 신라본기1, 지마이사금 즉위년, "祇摩尼師今立(或云祇味) 婆娑王嫡子 母史省夫人 妃金氏愛禮夫人 葛文王摩帝之女也 初婆娑王獵於楡湌之澤 太子從焉 獵後過韓 歧部 伊湌許婁饗之 酒酣 許婁之妻携少女子出舞 摩帝伊湌之妻亦引出其女 太子見而悅之 許婁不悅 王謂許婁曰 此地名大庖 公於此置盛饌美醞 以宴衎之 宜位酒多在伊湌之上 以摩帝 之女配太子焉 酒多後云角干."

49) 『삼국유사』 1, 기이2, 고조선, "古記云 昔有桓因庶子桓雄 數意天下 貪求人世 … 雄率徒三 千 降於太伯山頂神壇樹下 謂之神市 …."

50) 6촌장의 천신하강 내용은 고조선에서 이주해 온 천신족으로서 자부심을 내세운 것으로 해석(조동일, 『한국문학통사』, 지식산업사, 1982, 9쪽), 고조선계 유이민이 경주에 정착하면서 자신들의 신화를 꾸몄는데, 이주민이기 때문에 천신하강 구조로 하였다는 해석(이지영, 『한국신화의 神格 유래에 관한 연구』, 태학사, 1995, 62쪽), 고조선 유민들이 진한 지역에 밀려와 정착하면서 북방에서 가져온 자기 신화를 되살려낸 것이라는 해석(조현설, 「건국신화의 형성과 재편에 관한 연구」, 동국대학교 박사학위논문, 1997, 137~138쪽) 등이 있다. 한편 6촌장의 천강설화는 후대에 꾸며진 것이라고 한다(이병도, 앞의 책, 1976, 598쪽).

51) 『서경』 순전, "至于岱宗柴."

52) 황패강, 「단군신화의 연구」, 『단군신화론집』, 새문사, 1988, 78쪽.

"처음에 峰 또는 山에 내려왔다"고 기록되어 있다. 6촌의 시조가 하늘에서 내려온 것이 峰 또는 山에 내려온 것으로 기록된 것은 혁거세신화를 창출하는 과정에서 정리된 것으로 생각된다. 이것은 앞에서 살펴 본 가락 9간의 시조전승이 6촌의 시조와는 달리 천과 연결되어 있지 않지만, 9간의 시조 전승 역시 천강신화였을 것이고 수로왕 신화가 성립할 때 배제되었을 것이다.

D-2)에서 혁거세는 서술성모가 낳았고 계룡이 알영을 낳았다는 것도 서술성모의 현신이라고 한다. 이와 관련해서 다음도 주목된다.

F. 1) 진평왕대에 智惠라는 비구니가 있었는데 어진 행실이 많았다. 安興寺에 살면서 새로 佛殿을 닦고자 하였으나 힘이 모자랐다. 꿈에 한 女仙이 외양이 아름답고 구슬로 쪽머리를 장식하였는데 와서 위로하여 말하였다. "나는 仙桃山神母이다. 네가 불전을 닦고자 하는 것이 가상하여 금 10근을 보시하여 돕고자 하니 마땅히 나의 자리 밑에서 금을 취하여 主尊과 三像을 장식하고, 벽 위에 53부처와 六類聖衆 및 여러 天神, 五岳神君(신라시대의 오악은 동쪽 吐含山, 남쪽 智異山, 서쪽 雞龍山, 북쪽 太白山, 중앙 父岳(또는 公山이라고 한다)을 그리고 매해 봄과 가을 두 계절 10일 동안 선남선녀를 다 모아 널리 일체 중생을 위하여 점찰법회를 여는 것을 항규로 삼아라(본조의 屈弗池 용이 꿈에 가탁하여 황제에게 영취산에 藥師道場을 길게 열어서 바닷길을 편안하게 해달라고 청했는데 그 일과 또한 비슷하다)." 지혜가 곧 놀라 깨어 무리를 이끌고 神祠의 자리 밑에 가서 땅을 파서 황금 160량을 얻었고 잘 따라서 곧 완성하였으니, 모두 신모가 이끈 대로 하였다. 그 사적은 오직 남아 있으나 불사는 폐지되었다.

2) 신모는 본래 중국 황실의 딸이다. 이름은 娑蘇이고 일찍이 신선의 술법을 얻어 해동에 와서 오래 머물고 돌아가지 않았다. 아버지 황제가 솔개의 발에 묶어 서신을 보냈다. "솔개를 따라가서 멈춘 곳을 집으로 삼아라." 사소가 서신을 받고 솔개를 놓아주니 날아서 이 산에 이르러 멈췄다. 드디어 와서 살고 地仙이 되었다. 따라서 산 이름을 西鳶山이라 이름하였다. 신모는 오래 이 산에 살면서 나라를 지켰는데 신령한 이적이 매우 많아서 국가가 생긴 이래로 항상 三祀의 하나가 되었고 서열도 여러

望 제사 위에 있었다.

3) 제54대 景明王이 매사냥을 좋아하여 일찍이 이 산에 올라 매를 놓았으나 잃어버렸다. 신모에게 기도하여 말하기를 "만약 매를 찾으면 마땅히 작호를 봉하겠습니다"라고 하니 잠시 뒤 매가 날아와서 책상 위에 멈추었다. 이로 인하여 대왕으로 책봉하였다.

4) 그 처음 진한에 와서 聖子를 낳아 동국의 첫 임금이 되었으니 대개 혁거세와 알영 二聖이 나온 바이다. (『삼국유사』 5, 감통 7, 선도산성모수희불사)53)

F-2)를 보면 신모는 본래 중국 황실의 딸인 娑蘇로 해동에 와서 오래 머물고 돌아가지 않다가 마침내 西鳶山에 와서 살고 地仙이 되었다고 한다. F-4)에서는 처음 진한에 이르러 성자를 낳아 동국의 처음 임금이 되었다고 하니, 혁거세왕과 알영부인의 두 성인이 유래하였다고 한다.54)

D·E에서 살펴보았듯이, 알천양산촌과 돌산고허촌은 혁거세·알영과 깊은 관련이 있었다. 그런데 혁거세와 알영을 낳은 신모는 선도산성모로 나타난다. 선도산은 신라에서 西鳶·西述·西兄이라고도 불렸다.55) 이러한 선도산은

---

53) "1) 眞平王朝 有比丘尼名智惠 多賢行 住安興寺 擬新修佛殿而力未也 夢一女仙風儀婥約 珠翠飾鬘 來慰曰 我是仙桃山神母也 喜汝欲修佛殿 願施金十斤以助之 宜取金於予座下 粧點 主尊三像 壁上繪五十三佛 六類聖衆 及諸天神 五岳神君(羅時五岳 謂東吐含山 南智異山 西雞龍 北太伯 中父岳 亦云公山也) 每春秋二季之十日 叢會善男善女 廣爲一切含靈 設占察 法會以爲恒規(本朝屈弗池龍 託夢於帝 請於靈鷲山長開藥師道場□平海途 其事亦同) 惠乃 驚覺 率徒往神祠座下 堀得黃金一百六十兩 克就乃功 皆依神母所諭 其事唯存 而法事廢矣 2) 神母本中國帝室之女 名娑蘇 早得神仙之術 歸止海東 久而不還 父皇寄書繫足云 隨鳶所止 爲家 蘇得書放鳶 飛到此山而止 遂來宅爲地仙 故名西鳶山 神母久據玆山 鎭祐邦國 靈異甚多 有國已來 常爲三祀之一 秩在群望之上 3) 第五十四景明王好使鷹 嘗登此放鷹而失之 禱於神 母曰 若得鷹 當封爵 俄而鷹飛來止机上 因封爵大王焉 4) 其始到辰韓也 生聖子爲東國始君 盖赫居閼英二聖之所自也."

54) 신라의 시조 박혁거세를 낳았다고 전해지는 선도성모 혹은 선도신모는 본래 도교의 女仙으로 한반도에 건너와 선도산에 정착한 이른바 도래신이다(이와 관련해서 정재 서, 「도교 설화의 정치적 專有와 민족 정체성」, 『도교문화연구』 31, 2009, 16~19쪽 참고). 선도성모 설화의 도교적인 색채와 관련해서는 김태식, 「고대 동아시아 서왕모 신앙 속의 신라 선도산성모」, 『문화사학』 27, 2007도 참고.

55) 홍순욱, 「신라 삼산·오악에 대하여」, 『신라문화제학술발표회논문집』 4, 신라문화선 양회, 1991, 46쪽 ; 최광식, 『고대한국의 국가와 제사』, 한길사, 1994, 317쪽.

제사지 신라조에 모량에 있다고 한다. 모량은 무산대수촌이 있었던 곳으로 무산대수촌의 시조는 이산(개비산)에 내려왔고 촌명에는 무산도 보인다. 그렇다면 혁거세·알영과 밀접한 관련이 있는 성모가 선도산과 관련된 이유가 궁금하다.

이사금시기 박·석·김 3성의 왕위 교대로 박씨에서 석씨, 석씨에서 김씨로 왕위가 넘어가면서 혁거세와 알영 세력은 새로운 세력인 알지를 시조로 하는 김씨세력에게 그 기반을 넘겨주지 않았을까 한다. 이에 알천양산촌·돌산고허촌 세력과 관련이 있었던 혁거세·알영세력은 그 중심지를 옮겼을 것으로 여겨진다. 그 곳이 선도산이었을 것으로 생각되는 것이다. 앞에서 살펴보았듯이, 무산대수촌 지역은 다른 5촌과는 지역적으로 구분되어 있었다. 이에 혁거세·알영 세력은 무산대수촌, 모량부 세력과 연합하지 않았을까 한다. 신라 중고기 모량부 박씨 왕비족의 등장은 이러한 배경과 연결지어 이해해 볼 수 있다.

F-2)·4)에서 서술성모는 중국 황실의 딸인 지소가 진한에 와 혁거세와 알영을 낳고 성모로 숭앙받는 것을 알 수 있다. 서술성모가 중국에서 도래한 시기는 진한 때로 여기에는 일정한 역사적 경험이 반영되어 있다. 이것은 6촌의 시조들이 조선유민이라는 것과 연결지어 볼 수 있지 않을까 한다. 이와 같이 생각할 수 있다면 서연산의 서술성모 설화는 신라 중고기를 전후한 어느 시기에 혁거세·알영세력과 이전의 6촌 세력과의 관계를 새롭게 규정한 것으로 여겨도 좋을 것이다.[56) 이와 관련해서 다음도 관심을 끈다.

> G. 崔致遠의 釋利貞傳을 살펴보면, "伽倻山神 正見母主가 天神 夷毗訶之에 감응되어 大伽倻王 惱窒朱日[57)과 金官國王 惱窒靑裔 2명을 낳았다"고 하였다.

---

56) 임재해는 6촌신화는 단군신화의 부계인 환웅신화를 계승하고 선도성모신화는 모계인 곰녀신화를 계승한 것이라고 하였다. 즉 모계신화는 선도성모가 혁거세를 낳은 출생신화로, 부계신화는 혁거세를 발견한 난생신화로 분화되고 발전되어 전승되고 기록되었다고 한다(앞의 논문, 2007, 590쪽).

57) 『삼국사기』 34, 잡지3, 지리1, 고령군조에는 대가야국의 시조는 伊珍阿豉王(內珍朱智)

G는 최치원의『석이정전』에 기록되어 있었던 것으로 가야산신 正見母主는
천신 이비가지에 감응되어 대가야왕 뇌질주일과 금관국왕 뇌질청예를 낳았
다고 한다. 해인사 정견천왕사에 모셔진 정견은 본래 대가야의 황후로 죽어서
가야산 산신이 되었다고 한다.59)

『삼국유사』가락국기를 보면 하늘에서 내려온 알에서 수로가 나와 금관가
야를 건국했으며 바다를 건너온 허왕후와 결혼함으로써 건국을 완결하는
것으로 되어 있다. 그런데 G를 보면 정견모주가 천신에 감응되어 금관가야와
대가야의 시조를 낳았다는 것이다.60) 이 설화는 금관가야와 대가야의 연맹이
라는 역사적 사실을 반영하는 것이다. 서술성모를 6촌 세력과 연결지어
이해해 볼 수 있는 것과 마찬가지로 9간 세력이 가야산신 정견모주로 나타난
것이 아닐까 한다.

이상에서 6촌의 기반은 사로국이 건국되고 신라라는 고대국가로 발전하면
서 변화되었음을 생각해 볼 수 있었다. 특히 6촌은 산악과 밀접한 관련을
가지고 있었다. 그런데 이들 산악은 신라 국가제사에 편제된다. 그렇다면
이것이 지니는 의미는 무엇일까.

3. 山嶽祭祀의 편제와 그 의미

신라의 산악제사를 가장 잘 보여주는 것은 제사지 신라조의 대·중·소사에

이라고 한다.
58) "按崔致遠釋利貞傳云 伽倻山神正見母主 乃爲天神夷毗訶之所感 生大伽倻王惱窒朱日金官
國王惱窒靑裔二人."
59) 『승람』 30, 합천군 사묘, "正見天王祠(在海印寺中 俗傳大伽倻國王后正見 死爲山神)."
60) 가야의 신화와 그 의례에 대해서는 나희라,「대가야의 신화와 의례」,『대가야의
정신세계』, 2009, 참고.

편제되어 있는 三山·五嶽 이하의 名山大川이다.[61] 이 중 산은 나무나 숲과 함께 신이 하강하는 장소이자 하늘과 땅을 연결하는 통로였으며 후대에는 신의 거처이며 제사를 지내는 장소가 되었다.

　산에 대한 제사는 단순한 산신에 대한 숭배가 아니라 그 지역을 수호하는 신에 대한 숭배였다.[62] 그리고 산신은 대부분 조상신이었다.[63] 신라 국가제사에 편제되어 있는 삼산은 원래의 성읍국가 사로가 고대국가 신라로 발전하는 과정에서 발생한 것으로, 왕경 중심의 지배집단의 제사대상이었다고 하는 데서[64] 생각해 볼 수 있다.

　산신에 대한 숭배는 수렵문화단계부터 안으로는 사회 내부의 결속과 규범을 유지하게 했고 밖으로는 사회 단위집단들의 독자성과 폐쇄성을 뒷받침했다. 금속문화가 유입되고 농업생산으로 전환이 이루어져 생산력이 증가되고 사회통합이 진전된 단계에 와서도 산신 숭배는 여전히 읍락 중심의 사회질서를 뒷받침하는 기능을 발휘했다.[65] 이와 같은 산신에 대한 숭배는 이를 거행하는 여러 방식에 의해 그것을 매개로 지역민들을 하나의 단위로 묶을 수 있었을 것이다.[66]

---

61) 『삼국사기』 32, 잡지1, 제사. 이와 관련해서 채미하, 「신라 명산대천의 사전 편제 이유와 특징」, 『민속학연구』 20, 2007 : 『신라 국가제사와 왕권』, 혜안, 2008 참고.

62) 명산대천제사의 대상은 자연적인 산악 자체이기 보다는 산악의 주재자라고 믿고 있는 산신에 대한 제사였다(이기백, 『신라정치사회사연구』, 일조각, 1974, 207쪽 ; 문경현, 「신라의 산악숭배와 산신」, 『신라사상의 재조명』, 신라문화제학술발표회논문집 제12집, 1992, 21~26쪽).

63) 산신은 대체로 각 지역의 조상신이라고 한다(문경현, 위의 논문, 1992, 26~28쪽). 이와 관련한 여러 연구성과와 견해는 채미하, 앞의 논문, 2007 : 앞의 책, 2008, 303~330쪽 참고.

64) 이기백, 「신라 삼산의 의의」, 『한국고대사론 – 증보판』, 일조각, 1995, 147쪽.

65) 서영대, 「한국고대 신관념의 사회적 의미」, 서울대학교 박사학위논문, 1991, 89쪽 및 91쪽.

66) 고려 왕실의 시조인 虎景은 산신으로서 乎那郡人들에 의해 제사되었다는 설화가 전하고 있는데(『고려사』 1, 세기1, 고려세계), 이는 실제의 사실이 아니더라도 평나산 산신이 평나군 전체를 하나의 단위로서 관할하였던 사정을 말해주는 것이라고 한다 (박호원, 「고려의 산신신앙」, 『민속학연구』 2, 1995, 177~179쪽).

    6촌 세력들 역시 시조의 탄강지 내지는 그 지역의 산들이 신성시되었고 그 곳에 제사지내면서 그들의 공동체를 공고히 하였을 것이다. 그렇지만 신라가 고대국가로 발전하는 과정에서 이들 산악은 신라 국가제사에 편제되기도 하였고 국가제사의 제장이 되기도 하였다.[67]

    먼저 돌산고허촌(사량부)의 경우 시조의 탄강지인 형산과 촌명에 보이는 고허가 관심을 끈다. 제사지 신라조에는 중사 중 기타 6곳 중의 하나로, 북형산성이 포함되어 있다. 통일 전 신라 경주를 사방으로 방어한 것은 명활산성(동), 서형산성(서), 남산성(남), 북형산성(북)이었다. 이 중 북형산성은 형산강 아래 줄기와 포항 일대가 한 눈에 들어와 북쪽에서 쳐들어오는 적들과 특히 동해안으로 침입해 오는 왜적을 막는 장소로는 가장 적당한 입지조건을 갖춘 곳이다.[68]

    高墟는 沙梁에 있다고 한다.[69] 고허성은 남산의 고위산을 감싸고 있는 석성으로, 진평왕 48년(626)에 축조되었다.[70] 고허성은 7세기대 도성 방비를 위해 축조하였으나, 통일 이후 성곽으로서의 기능을 상실하였고 이후 그 기능이 외곽의 관문성으로 옮겨졌다고 한다.[71] 이로 볼 때 관문성 축조 이후 고허성은 그 전보다는 위상에 변화가 있었겠지만, 그 중요성으로 말미암아 소사에 편제된 것이 아닐까 한다.

    자산진지촌(본피부) 세력의 크기는 문무왕 2년 김유신과 김인문에게 전공을 따져 본피궁의 재물·전장·노복을 반으로 나누어 주었다고 한 것[72]에서 알 수 있다. 여기에서 본피궁은 본피부의 본궁(궁전)이었을 것이다.[73] 제사지

----

67) 6부에 있다고 여겨지는 祭場과 관련해서 김두진, 「신라 김알지신화의 형성과 신궁」, 『이기백선생고희기념 한국사학논총(상) - 고대편·고려시대편』, 2003, 8~14쪽 : 『한국고대의 건국신화와 제의』, 일조각 참고.
68) 신라에서 행한 城에 대한 제사와 관련해서 채미하, 「신라의 城제사와 그 의미」, 『역사민속학』 30, 2009 참고.
69) 『삼국사기』 32, 잡지1, 제사, "小祀 … 高墟(沙梁)."
70) 『삼국사기』 4, 신라본기4, 진평왕 48년, "築高墟城."
71) 국립경주문화재연구소, 『경주남산』(본문·해설편), 2002, 141쪽.
72) 『삼국사기』 6, 신라본기6, 문무왕 2년.

신라조를 보면 영성제를 본피유촌에서 지냈다고 하는 것도 관심을 끈다. 대체로 본피유촌은 낭산 남쪽의 神遊林으로 보고 있다.[74] 실성이사금 12년 (413)에 따르면 狼山에서 일어난 구름이 누각과 같았고 그 향기가 오랫동안 없어지지 않자, 왕은 신선이 하늘에서 내려와 노는 것이니 이곳은 복 받은 땅이라 하여, 이후부터 사람들이 그곳에서 나무 베는 일을 금하였다고 한다.[75] 이처럼 낭산을 성지로 한 전승을 볼 때 신유림은 신라초기부터 성지로 숭상되었음을 알 수 있다. 이러한 신유림은 전불칠처가람의 하나였으며[76] 신라에서 전통적으로 신성시되어온 성역이었다.[77] 아마도 자산진지촌과 관련된 신성한 지역의 하나였을 것으로 생각된다.

숲과 나무는 고대인들에게 신들이 하강하거나 거주하는 곳으로 생각되었으며 생명력의 상징으로 신성성을 나타내는 것이었다.[78] 단군신화에서 천제의 아들 환웅이 하늘로부터 신단수 아래에 하강하였다든가, 알지 신화에서 始林 숲에 빛이 비치며 나뭇가지에 하늘에서 내려온 황금 궤가 걸려있고

---

73) 이병도, 『국역 삼국사기』, 을유문화사, 1997.

74) 김원룡, 앞의 논문, 1970, 1~14쪽 ; 이병도, 위의 책, 1977, 497쪽, 주 11) ; 신종원, 앞의 책, 1992, 91쪽.

75) 『삼국사기』 3, 신라본기3, 실성이사금 12년, "秋八月 雲起狼山 望之如樓閣 香氣郁然 久而不歇 王謂 是必仙靈降遊 應是福地 從此後 禁人斬伐樹木."

76) 『삼국유사』 3, 흥법 3, 탑상 4, 阿道基羅, "此國于今不知佛法 爾後三千餘月 雞林有聖王出 大興佛敎 其京都內有七處伽藍之墟 一曰 金橋東天鏡林(今興輪寺 金橋謂西川之橋 俗訓呼 云 松橋也 寺自我道始基期而中廢 至法興王丁未草創 乙卯大開 眞興王畢成) 二曰 三川歧(今 永興寺 與興輪開同代) 三曰 龍宮南(今黃龍寺 眞興王癸酉始開) 四曰 龍宮北(今芬皇寺 善德王甲午始開) 五曰 沙川尾(今靈妙寺 善德王乙未始開) 六曰 神遊林(今天王寺 文武王己 卯開) 七曰 婿請田(今曇嚴寺) 皆前佛伽藍之墟 法水長流之地."

77) 삼한시대 소도로 불리었을 것으로 파악하기도 한다(이기백, 「삼국시대의 불교수용과 그 사회적 의의」, 『신라사상사연구』, 일조각, 1986, 29쪽 : 「불교의 수용과 고유신앙」, 『한국고대사론 증보판』, 일조각, 1995, 96~97쪽 참고). 전불칠처가람은 토착신앙의 제장이거나(최광식, 「신라 상대 왕경의 제장」, 『신라왕경연구』(신라문화제학술발표 회논문집16), 1995, 70~74쪽), 원시종교적 신성지역으로 보기도 한다(신동하, 「신라 불국토사상의 전개양상과 역사적 의의」, 서울대학교 박사학위논문, 2000, 9~41쪽).

78) 서영대, 앞의 논문, 1991, 271~273쪽 ; 금장태, 앞의 책, 1994, 77~78쪽 ; 나희라, 「고대 동북아 제민족의 신화, 의례, 군주관」, 『진단학보』 99, 2005, 3~4쪽도 참고.

그 나무 아래에서 백계가 울고 있다는 것[79]에서 알 수 있다. 숲이나 나무는 제사를 지내는 장소, 제장이 되기도 하였다. 제사지 신라조를 보면 문열림은 일월제와 사천상제의 제장 중 하나였고, 박수[80]는 사천상제의 제장 중 하나였으며, 혜수는 기우제의 제장이었고 첨병수는 사대도제의 남쪽 제장이었다.

무산대수촌(모량부)과 관련해서 제사지 신라조를 보면 모량에 있는 서술과 훼황이 소사에 편제되어 있다. 앞에서 살펴보았듯이 서술은 선도성모가 머무르고 있는 산으로, 통일 전 신라에서는 오악의 하나인 서악이었다. F-2)를 보면 선도산(서술)은 "有國已來 常爲三祀之一"로 삼국시대 신라에서는 최고의 신성 산악으로 숭앙받았으며, F-3)을 보면 선도산성모는 경명왕이 잃어버린 매를 찾아주어 봉작받기도 하였다.

금산가리촌(한기부) 시조의 초강지는 금강산인데, 금강산은 통일 이전 신라의 북악으로 오악의 하나였다. 한기부 안에는 여러 세력이 있었는데, 동악인 토함산은 석씨세력의 상징적 산이다.[81] 탈해는 동해에 상륙하여 토함산 위에 올라가서 石塚을 지어 7일을 머물다가 월성으로 진출했다.[82] 문무왕대 탈해 신의 현몽 부탁에 의해 그의 유골을 동악에 묻고 神祠를 지어 國祀를 지냈다고 한다.[83]

명활산고야촌(습비부)과 관련해서 제사지 신라조를 보면 대사의 하나인 나력은 습비부에 있는데,[84] 나력을 낭산에 비정하기도 한다.[85] 사성문제의 하나로 습비문이 있는데, 이것은 습비부와 관련된 성문으로 보고 있다.[86]

---

79) 『삼국사기』 1, 신라본기1, 탈해이사금 9년, "春三月 金城西始林樹間 有鷄鳴聲 遲明遣瓠公視之 有金色小櫝 掛樹枝 白雞鳴於其下…."
80) 박수를 혜수와 같은 것으로 보기도 한다(신동하, 앞의 논문, 2000, 27쪽).
81) 이기백, 「신라 오악의 성립과 그 의의」, 『신라정치사회사연구』, 일조각, 1974, 196~198쪽.
82) 『삼국사기』 1, 신라본기1, 탈해이사금 즉위년조와 『삼국유사』 1, 기이2, 탈해왕조 참고.
83) 『삼국유사』 1, 기이2, 제4탈해왕.
84) 『삼국유사』 1, 기이2, 김유신조에는 奈林으로 나온다.
85) 이병도, 앞의 책, 1977, 498~499쪽.

제사지 신라조를 보면 선농을 제사지낸 곳은 명활성 남쪽의 웅살곡이라고 한다. 이로 볼 때 웅살곡은 명활성 남쪽 일대 어느 지점으로 추정되는데, 『삼국사기』 지리지 서문의 기록에 의하면 명활성은 월성의 동쪽에 있고 그 둘레가 1,906보라고 하였다.[87]

이처럼 6촌(6부) 중 알천양산촌을 제외한 촌(부)과 관련된 산악 중에는 통일 전 경주 평야 중심으로 형성된 오악에 편제된 것도 있었고[88] 그 지역에 산성을 쌓아 산성이 국가제사의 대상이 되기도 하였다. 뿐만 아니라 이들 지역은 국가제사에 편제되지는 않았지만, 신라 국가제사의 제장이 되어 그 신성성을 유지하였음을 알 수 있다.

한편 알천양산촌(양부)은 다른 5촌(부)과는 달리 시조의 탄강지가 산이 아닌 峰이고 촌명에 川과 山이 동시에 보인다. 시조의 초강지인 표암봉뿐만 아니라 촌명인 알천과 양산은 신성한 장소의 하나였을 것이다. 이 중 알천은 북천으로, 김경신이 북천신에 제사를 지낸 결과 김주원이 북천을 건너지 못하여 김경신이 왕위에 오를 수 있었다고 한 것[89]이 관심을 끈다. 김경신은 꿈에서 천관사 우물로 들어갔고, 북천신에 대한 제사를 통해 왕위에 오를

---

86) 여호규, 「신라 도성의 공간구성과 왕경제의 성립과정」, 『서울학연구』 18, 2002, 72쪽.

87) 『삼국사기』 34, 잡지3, 지리1, 新羅疆界, "又新月城東有明活城 周一千九百六步." 명활산성은 『삼국사기』 실성왕 4년(405)에 처음 기록에 나타나고 그 후 자비왕 16년(473)에 성을 고쳐서 동왕 18년(475)부터 소지왕 10년(488)까지 국왕의 居城으로 사용했고, 진흥왕 15년과 진평왕 15년에 수축, 개축하였다는 기록이 있다.

88) 『승람』 21, 경주부, 산천조를 보면 통일 이전 신라에는 동쪽의 토함산, 남쪽의 함월산, 서쪽의 선도산, 북쪽의 금강산이 있다고 한다. 한편 오악은 북악(金剛嶺)·서악(仙桃山)·남악(남산)·중악·동악(토함산)으로 보인다는 견해도 있다(이기백, 앞의 책, 1974).

89) 『삼국유사』 2, 기이2, 원성대왕, "伊飡金周元 初爲上宰 王爲角干 居二宰 1) 夢脫幞頭 著素笠 把十二絃琴 入於天官寺井中 2) 覺而使人占之曰 脫幞頭者 失職之兆 把琴者 著枷之兆 入井 入獄之兆 王聞之甚患 杜門不出 3) 于時阿飡餘三[或本餘山來通謁 王辭以疾不出 再通曰 願得一見 王諾之 阿飡曰 公所忌何事 王具說占夢之由 阿飡與拜曰 此乃吉祥之夢 公若登大位而不遺我 則爲公解之 王乃辟禁左右 而請解之曰 脫幞頭者 人無居上也 著素笠者 冕旒之兆也 把十二絃琴者 十二孫傳世之兆也 入天官井 入宮禁之瑞也 王曰 上有周元 何居上位 阿飡曰 請密祀北川神可矣 從之 4) 未幾 宣德王崩 國人欲奉周元爲王 將迎入宮 家在川北 忽川漲不得渡 王先入宮卽位 上宰之徒衆 皆來附之 拜賀新登之主 是爲元聖大王."

수 있었다. 이것은 정치세력의 입장에서 물은 담고 있는 공간을 신성시
여겨 두려워했고, 또한 그러한 장소에서 제사를 지냄으로써 어떤 효과를
기대하였음을 알 수 있다.[90]

양산은 남산이다. 남산은 신라의 신성지역으로, 우선 남산 서북쪽 낮은
구릉지대에는 박혁거세가 탄생한 곳으로 전하는 나정이 있다. 헌강왕이 포석
정에 행차했을 때 남산신이 어전에 나타나 춤을 추었다고 한다.[91] 남산 주위에
는 천관사지[92]와 천은사지·사제사지가 있고[93] 남산 주변의 여러 지역은
국가제사의 제장이 되기도 하였다. 이와 관련해서 다음이 관심을 끈다.

> H. 1) 12월 寅日에 新城北門에서 八裸를 祭하였는데, 豊年에는 大牢를 사용하고
>   凶年에는 小牢를 사용하였다.
>   2) 立春後 亥日에 明活城 南 熊殺谷에서 先農을 祭하고 立夏 後 亥日에 新城北門
>   에서 中農을 祭하였으며 立秋後 亥日에 蒜園에서 後農을 祭하였다. (『삼국사
>   기』 32, 잡지1, 제사)[94]

H-1)에 따르면 신라에서는 12월 寅日에 신성 북문에서 팔자제를 드렸다고
한다. H-2)를 보면 신라에서는 입하 후 해일에 신성 북문에서 중농제를
지낸다고 한다. 이러한 팔자제와 중농제를 지낸 신성은 진평왕 13년(591)에

---

90) 채미하, 「신라의 四海와 四瀆」, 『역사민속학』 26, 2008, 30~31쪽.
91) 『삼국유사』 2, 기이2, 처용랑 망해사, "… 又幸鮑石亭 南山神現舞於御前 左右不見 王獨見之
    有人現舞於前 王自作舞 以像示之 神之名或曰祥審 故至今國人傳此舞曰御舞祥審 或曰御舞山神
    或云 旣神出舞 審象其貌 命工摹刻 以示後代 故云象審 或云霜髥舞 此乃以其形稱之 …."
92) 천관사지는 왕궁인 월성에서 월정교를 건너 포석정으로 가는 중간지점에 위치하고
    있다. 천관은 천운을 살피거나 국가차원을 제사를 주관하던 자 또는 女司祭로 이해하
    면서 천관사는 국가에서 직접 경영한 사원으로 보고 있다(이근직, 「경주 천관사지
    소고」, 『경주사학』 20, 2001, 79~84쪽).
93) 천은사와 사제사는 하늘 및 제사와 관련이 깊은 사찰이라고 한다(최광식, 앞의
    논문, 1995, 80쪽). 이상의 남산의 신성성과 관련해서 채미하, 「陶唐山과 그 성격-祭儀
    를 중심으로」, 『신라문화』 36, 2010, 44~45쪽 참고.
94) "1) 十二月寅日 新城北門祭八裸 豊年用大牢 凶年用小牢 2) 立春後亥日 明活城南熊殺谷祭
    先農 立夏後亥日 新城北門祭中農 立秋後亥日 蒜園祭後農."

축조된 남산성을 가리키며, 신성 북문은 왕성인 월성과 가장 근접해 있으면서 그 규모가 주변의 다른 성들과 비교할 때 가장 크다.[95]

남산신성 북문에서 이루어진 제사는 농경제사였다. 제사지 신라조에 나오는 농경제사는 중농제사와 후농제사를 제외하고는 모두 중국 예전에 나오는 것으로, 이들 제사 날짜는 당「정관례」및「개원례」의 祠令의 그것과 같다.[96] 이 중 팔자제사는 農作을 上帝에게 감사드리는 제사이면서 그 해의 12월에 드리는 歲祭도 된다.[97] 팔자제사의 희생은 사직의 그것과 같다.[98] 아마도 팔자제사는 당시 최고의 농경제사였을 것이다. 중농제사는 신라의 고유한 농경제사로, 중국에서 수용된 농경제사인 팔자제와 함께 신성 북문에서 그 제사가 이루어졌다.

이처럼 알천양산촌(양부) 지역은 신라 국가제사의 제장은 있었지만, 다른 5촌과는 달리 산악이 신라의 국가제사에 편제되지는 않았다. 앞에서 살펴본 바와 같이, 각 지역에서 행해졌던 산악제사는 그 지역의 수호신에 대한 제사였고 그 지역 세력과도 밀접한 관련을 가지고 있었다. 신라는 고대국가로 발전하면서 각 지역의 산악을 신라의 국가제사에 편제하여 각 지역에 대한 지배권을 행사하였다.[99] 그렇다면 5촌(부) 지역의 산악이 신라 국가제사에 편제되었다는 것은 이 지역이 신라의 지배를 받았다는 것을 상징적으로 표현한 것이라고 할 수 있겠다. 한편 알천양산촌(양부) 지역의 산악이 국가제사에 편제되지 않았다는 것은 다른 5촌(부)과는 다른 알천양산촌(양부)의 위상을 생각해 볼 수 있으며, 사로국 형성부터 왕실 집단과 밀접한 관련을 지니고 있었던 지역이었기 때문일 것이다. 제사지 신라조를 보면 양부에서 部庭祭를 지낸다고 한다. 부정제는 사로의 중핵을 차지해온 喙部의 터줏대감

---

95) 국립경주문화재연구소, 앞의 책, 2002, 140쪽.
96) 이와 관련해서 채미하,「신라의 농경제사와 '別祭'」,『국사관논총』108, 2006 : 앞의 책, 2008 참고.
97) 琴章泰, 앞의 책, 1994, 190~191쪽.
98) 『禮記』王制, "天子社稷 皆大牢 諸侯社稷 皆小牢."
99) 채미하, 앞의 논문, 2007, 240~242쪽 : 앞의 책, 2008.

신에 대한 제사[100]로 보기도 하지만, 6부 전체와 관련된 제사를 양부에서 지낸 것으로 볼 수도 있지 않을까 한다.

이상에서 6촌(부)의 산악들이 신라 국가제사의 제장 또는 국가제사에 편제되는 모습을 살펴보았다. 이들 산악이 신라 국가제사에 편제되었다는 것은 신라 국가가 그 지역에 대한 지배권을 행사한 것으로 보았다. 반면 알천양산촌(양부)의 경우 다른 5촌(5부)과는 달리 산악이 국가제사에 편제되어 있지 않다고 하였다.

본 글에서는 신라의 6촌과 관련있는『삼국사기』와『삼국유사』기사를 비교·검토하고 6촌장의 초장지 등을 통해 6촌의 원래 위치를 상정해 보았다. 그리고 6촌 세력의 기반이 새롭게 등장하는 세력들과의 관계 속에서 변화되었음을 살펴보았다. 다음으로 6촌과 관련 있는 산악들이 신라 국가제사에 편제된 의미에 대해서도 생각해 보았다.

『삼국사기』·『삼국유사』에서 6촌과 관련된 기록을 보면 자산진지촌과 무산대수촌의 순서와 돌산고허촌과 자산진지촌의 姓이 바뀌어 기록되어 있다.『삼국유사』내용에는 금산가리촌과 명활산고야촌의 촌장이 初降한 지역이 바뀌어 나온다. 그렇지만『삼국유사』에는『삼국사기』에 보이지 않는 6촌장의 이름, 시조의 초강지와 고려 6부에 대한 내용도 반영되어 있다. 이러한 6촌의 위치를 본 글에서는 6촌장의 초강지와 6촌의 촌명을 통해 생각해 보았다. 알천을 중심으로 6촌의 위치를 볼 때 알천양산촌을 비롯한 자산진지촌, 금산가리촌, 명활산고야촌은 알천 북쪽 내지는 알천과 가까운 지역에 위치하였다고 보았다. 돌산고허촌은 알천을 넘어 경주분지, 남산 쪽으로 이동하였다. 이로 볼 때 무산대수촌은 알천양산촌을 비롯한 5촌과는 지역적으로 구분되어 있었다고 하였다.

『삼국사기』·『삼국유사』에 따르면 6촌을 이룬 것은 朝鮮遺民이었고 이들

---

100) 정구복 외,『역주 삼국사기』4 주석편(하), 한국정신문화연구원, 1997, 35쪽.

조상들은 모두 하늘에서 내려왔다고 하였다. 이러한 6촌 사회는 발전해 나가는 과정에서 다양한 세력들이 6촌 지역 안에 존재하게 되었다. 즉 알천양산촌과 돌산고허촌에는 혁거세와 알영집단이, 무산대수촌에는 탈해 등의 집단이 들어와 6촌 사회의 인적 기반이 변하였던 것이다. 뿐만 아니라 혁거세 신화를 창출하는 과정에서 6촌 세력의 시조는 峰 또는 山과 연결되어 그 사상적 기반도 변하였다. 한편 선도산의 서술성모설화는 신라 중고기를 전후한 어느 시기에 혁거세와 알영세력과 이전의 6촌 세력과의 관계를 새롭게 규정한 것이라고 하였다.

6촌 관련 기록은 신라 역사의 첫머리에 등장한다. 이것은 6촌 사회의 공고성을 말해주는 것으로, 이러한 공동체의 공고성은 산악과 관련된 신앙이 뒷받침하였다고 보았다. 즉 6촌 사회는 시조의 탄강지 내지는 그 지역의 산들을 신성시하였고 그곳에 제사지내면서 그들의 공동체를 공고히 하였던 것이다. 그렇지만 신라가 고대국가로 발전하는 과정에서 이들 산악은 신라 국가제사에 편제되기도 하였고 국가제사의 제장이 되기도 하였다. 이들 산악이 국가제사에 편제되었다는 것은 신라가 각 지역에 대한 지배권을 행사한 것이라고 하였다. 하지만 다른 5촌과는 달리 알천양산촌(양부) 지역 은 신라 국가제사와 관련된 제장은 있었지만, 산악은 신라 국가제사에 편제되 지 않았다. 이것은 알천양산촌(양부)이 다른 5촌(부)과는 달리 신라 왕실집단 과 밀접한 관련을 지니고 있었던 지역이었기 때문이라고 하였다.

제2절 신라의 四海와 四瀆

『삼국사기』 32, 잡지1, 제사 신라조(이하 제사지 신라조라고 함)에 기록되어 있는 명산대천제사를 보면 산과 천(海 ; 4해 중 북해 제외, 4독), 이외에도 城(북형산성, 도서성, 가림성), 鎭(청해진), 기타명(동진 온말근, 남진 해취야리, 표제명이 없는 추심, 상조음거서) 등이 나온다. 이러한 명산대천제사는 제사지 신라조에 신라 국가제사에 대한 여러 기록 중 절반을 차지하고 있다. 그 동안 적지 않은 연구자들이 명산대천제사에 대해 깊은 관심을 보여 왔던 것도 바로 이러한 까닭에서였다.[1] 이로 말미암아 신라의 명산대천제사에 대한 우리의 지식은 보다 넓어지고 깊어질 수 있었다.

지금까지 名山大川제사에 대한 연구는 대체로 '名山'에만 치중하여 왔다. 그렇지만 명산대천에는 명산뿐만 아니라 '大川'[2]도 있다. 이러한 '대천'과 관련된 연구는 이병도의 연구가 선구적이다.[3] 그리고 물과 밀접한 관련을 가진 용왕 신앙에 대한 연구,[4] 최근에는 해신 제사 및 해양신앙과 관련된

---

1) 신라 명산대천제사와 관련된 연구사 정리는 채미하, 「신라 명산대천의 祀典 편제 이유와 특징」, 『민속학연구』 20, 2007, 235쪽 : 『신라 국가제사와 왕권』, 혜안, 2008.
2) 본 글에서 '大川'과 大川은 구분하는데, '대천'은 대천과 소천을 합친 것을 말하며, 대·소의 개념인 대천은 海·瀆을, 小川은 井(淵)·泉(川)을 말한다.
3) 이병도는 하천이나 정천신앙은 산악이 많은 한국의 지리적 조건과 농경민족이라는 사회적 조건, 주기적인 한발의 기상적 조건 등이 결합하여 생긴 것이라고 하였다(「한국 고대사회의 정천신앙」, 『한국고대사연구』, 박영사, 1987, 795쪽).
4) 용왕신앙과 관련된 논저 목록은 서영대·송화섭 엮음, 『용, 그 신화와 문화』, 민속원, 2002 참고.

연구들이 나오고 있다.[5] 그렇지만 이들 연구는 '대천'에서 이루어지고 있는 신라의 국가제사가 어떠한 의미를 지니고 있는지에 대한 이해는 부족하다고 생각한다.[6] 이에 본 글은 제사지 신라조의 사해와 사독을 통해 '대천' 제사가 지니고 있는 의미를 생각해 보려고 하는 것이다.

우선 大山川에 대한 제사를 대산과 대천으로 나누어 보면서, 대천제사인 사해와 사독제사가 신라 국가제사에 편제되어 있는 모습을 살펴볼 것이다. 그리고 사해와 사독제사가 신라 국가제사에 편제된 목적을 신라 중대왕실과의 관련성 속에서 생각해 볼 것이다. 이것들은 신라의 오악과 사진 등 여러 산천제사를 비롯한 국가제사뿐만 아니라 고려와 조선의 국가제사와의 비교를 통해서도 이루어질 것이다. 다음으로 물이 지니고 있는 기본 성질과 井(淵)·泉(川) 및 海·瀆에서 이루어진 각 제사의 성격과 그것의 의미에 대해 검토할 것이다. 이를 통해 한국 고대 '대천' 제사에 대한 이해에 한 걸음 더 나아갈 수 있을 것으로 기대한다.

1. 大山川 제사와 사해·사독

다음 사료는 제사지 신라조의 명산대천제사에 대한 것이다.

A. 1) 三山·五岳已下名山大川 分爲大·中·小祀

---

5) 해신제사 및 해양신앙과 관련된 대표적인 논문은 유병하, 「부안 죽막동유적의 해신과 제사-제사양상의 비교 검토를 중심으로」, 서울대 석사학위논문, 2002 ; 유병하, 「부안 죽막동유적에서 진행된 삼국시대의 해신제사」, 『부안죽막동제사유적연구』, 국립전주박물관, 2002 ; 채미하, 「청해진의 사전편제와 해양신앙」, 『진단학보』 99, 2005 : 앞의 책, 2008 ; 김창겸, 「신라 중사의 '사해'와 해양신앙」, 『한국고대사연구』 47, 2007. 민속학에서 해신 및 해양신앙과 관련된 논저는 목포대 도서문화연구소,『서해안의 해신신앙연구』, 2003와 『동아세아의 해양신앙과 해신 장보고』, 2006 참고.

6) 이와 관련해서 채미하, 「신라의 농경제사와 '별제'」, 『국사관논총』 108, 2006 : 앞의 책, 2008에서 간단하게 언급하고 있다.

2) ① 大祀 三山 一奈歷(習比部) 二骨火(切也火郡) 三穴禮(大城郡) ② 中祀
五岳 東吐含山(大城郡) 南地理山(菁州) 西雞龍山(熊川州) 北太伯山(奈巳郡)
中父岳(一云公山 押督郡), 四鎭 東溫沫懃(牙谷停) 南海恥也里(一云悉帝 推火
郡) 西加耶岬岳(馬尸山郡) 北熊谷岳(比烈忽郡), 四海 東阿等邊(一云斤烏兄
邊 退火郡) 南兄邊(居柒山郡) 西未陵邊(屎山郡) 北非禮山(悉直郡), 四瀆 東吐
只河(一云槧浦 退火郡) 南黃山河(歃良州) 西熊川河(熊川州) 北漢山河(漢山
州), 俗離岳(三年山郡) 推心(大加耶郡) 上助音居西(西林郡) 烏西岳(結巳郡)
北兄山城(大城郡) 淸海鎭(助音島) ③ 小祀 霜岳(高城郡) 雪岳(㳧城郡) 花岳
(斤平郡) 鉗岳(七重城) 負兒岳(北漢山州) 月奈岳(月奈郡) 武珍岳(武珍州)
西多山(伯海郡 難知可縣) 月兄山(奈吐郡 沙熱伊縣) 道西城(萬弩郡) 冬老岳
(進禮郡 丹川縣) 竹旨(及伐山郡) 熊只(屈自郡 熊只縣) 岳髮(一云髮岳 于珍也
郡) 于火(生西良郡 于火縣) 三岐(大城郡) 卉黃(牟梁) 高墟(沙梁) 嘉阿岳(三年
山郡) 波只谷原岳(阿支縣) 非藥岳(退火郡) 加林城(加林縣 一本有靈嵒山·虞
風山 無加林城) 加良岳(菁州) 西述(牟梁) (『삼국사기』 32, 잡지1, 제사)

A는 두 부분으로 나누어진다. '三山·五岳已下名山大川 分爲大·中·小祀'라
고 하고(1)), 이어서 그 구체적 대상이 대사·중사·소사로 나뉘어져 나온다
(2)). 대사에는 삼산이, 중사에는 오악·사진·사해·사독과 속리악 이하 6곳이,
소사에는 24개의 산천 등이 편제되어 있다. 우선 신라 명산대천이 대·중·소사
로 구분되어 있는 것과 관련해서 『禮記』 曲禮 下에 따르면 천자는 천지,
사방[사망],[7] 산천, 五祀에 대한 제사를 지내고 제후는 方祀하며 산천과
오사에 대한 제사를 지낸다고 한다.[8] 여기의 사방은 망제로 각 방향의
산천을 말하며[9] 문맥상 사방[사망]은 산천에 앞서 나오고 있다. 원래 사방[사
망]과 산천은 동일범주였다가 예제의 정비에 따라 후에 분할되었다고 한
다.[10] 그렇다면 사방[사망]은 대산천에 대한 제사라 할 수 있고[11] 산천은

---

7) 사방은 문맥상 천지 아래에 있고 산천 위에 위치하고 있으므로, 구체적인 제사
대상을 가리키는 것으로 여겨지는데, 사망이 아닐까 한다(池田末利, 「四方百物考」,
『中國古代宗敎史硏究－制度と思想』, 東海大學出版會, 1981, 124~127쪽).
8) 『禮記』 曲禮 下, "天子祭天地·祭四方·祭山川·祭五祀 歲徧 諸侯方祀祭山川·祭五祀 歲徧."
9) 『예기』 곡례 하, "呂氏曰 … 各望祭 其方之山川."

소산천에 대한 제사라 할 수 있을 것이다. 隋代에는 사망[사방]이 중사에, 제산천은 소사에, 唐代에는 악·진·해·독이 중사에, 산림·천택은 소사에 편제되어 있다. A에 보이는 명산대천은 대·중·소사에 편제되어 있다. 이 중 대사와 중사에 속한 것은 대산천, 소사에 속한 것은 소산천이라고 여길 수 있을 것이다.

대산천인 사방[사망]은 『주례』 춘관 小宗伯의 "兆五帝於四郊四望四類亦如 之"에 보이는데, 鄭玄은 '五嶽·四鎭·四瀆'이라고 풀이하고 있다.[12] 이로 볼 때 사방[사망]은 오악·사진·사독만을 말하는 것으로 여길 수 있으나, 사방사 망제도가 성립할 때 海 역시 종교의례의 대상이었다는 점에서 사방[사망]에 는 사해도 포함된다고 할 수 있다.[13] 사방[사망]인 오악·사진·사해·사독과 관련해서 우선 오악은 중국에서 9주의 鎭으로 된 대산 중에서 숭상하던 다섯 방위의 명산임을 알 수 있다.[14] 사진은 중국에서 구주의 진으로 된 대산 중에서 5주의 진, 즉 오악을 제외한 나머지 4주의 명산, 대산이다.[15] 사독은 대하, 대천으로 각각 발원해 바다로 흘러간다.[16] 사해는 四方을

---

10) 池田末利, 「四望·山川考」, 앞의 책, 1981, 147쪽. 四望은 정기적인 제사인 것임에 반하여 제산천은 부정기적인 제사였다(池田末利, 위의 책, 1981, 148쪽).

11) 池田末利, 위의 책, 1981, 142~143쪽.

12) 『주례』 춘관 대종백에는 "國有大故 則旅上帝及四望(鄭司農云四望日月星海 玄謂四望五 嶽四鎭四瀆)."이라고 하였다.

13) 池田末利, 앞의 책, 1981, 142~143쪽.

14) 『주례』 춘관 대종백, "以血祭祭社稷 五祀 五嶽 (玄謂 五嶽 東曰岱宗 南曰衡山 西曰華山 北曰恒山 中曰嵩高山)". 錢玄·錢興奇 編著, 『三禮辭典』, 江蘇古籍出版社, 1998, 171쪽 ; 華 夫主 編, 『中國古代 名物大典』(上), 濟南出版社, 186쪽.

15) 『주례』 춘관 대사악 注, "四鎭 山之重大者 謂揚州之會稽 靑州之沂山 幽州之醫無閭 冀州之 霍山 五嶽 岱在兗州 衡在荊州 華在豫州 嶽在雍州 恒在幷州(釋曰鄭知四鎭 山之重大者 以職方九州 州各有鎭山 皆曰其大者 以爲一州之鎭 故云山之重大者也 但五嶽五鎭 得入嶽名 餘四州 不得嶽名者 仍依舊爲鎭號 故四鎭也)". 錢玄·錢興奇 編著, 위의 책, 1998, 134쪽 ; 華 夫主 編, 위의 책, 187쪽.

16) 『釋名』釋水, "天下大水四 謂之四瀆 江河淮濟是也 瀆 獨也 各獨出其所而入海也." ;『爾雅』 釋水, "江河淮濟爲四瀆者 發源注海者也". 錢玄·錢興奇 編著, 위의 책, 1998, 283쪽 ; 華夫主 編, 위의 책, 224쪽.

말하는 것으로, 四夷를 포괄하기도 하고 그렇지 않기도 한다.[17]

이상에서 악·진·해·독은 각 방향을 대표하는 주요한 산, 강과 바다에 대한 제사로, 오악과 사진은 대산에 대한 제사이고 사해와 사독은 대천에 대한 제사임을 알 수 있다. 이로 볼 때 신라 중사에 포함되어 있는 오악과 사진, 사해와 사독은 각각 대산과 대천으로 볼 수 있다. 사해·사독이 대천이라면, 후술되는 井(淵)·川(泉)은 소천이라고 할 수 있다.[18]

대천제사인 사해와 사독 제사를 A에서 보면 사해는 동해 아등변, 남해 형변, 서해 미릉변, 북해 비례산, 사독은 동독 토지하, 남독 황산하, 서독 웅천하, 북독 한산하라고 한다. 사해의 현재 위치를 살펴보면 동해 아등변 혹은 근오형변[19]이 있는 퇴하군은 양주 의창군의 옛 지명으로,[20] 지금의 경북 포항시 흥해이며, 아등변은 이곳과 가까운 해변가로 여겨진다. 남해 형변[21]이 있는 거칠산군은 양주 동래군의 옛 지명으로,[22] 지금의 부산광역시 동래구이며 형변은 이곳과 가까이에 있는 해안가로 생각된다. 서해 미릉변[23]

---

17) 『詩』商頌(玄鳥), "邦畿千里 維民所止 肇域彼四海.";『爾雅』釋地, "九夷 八狄 七戎 六蠻 謂之四海." 華奧南,「歷史語境中的王朝中國疆域概念辨析－以天下·四海·中國·疆域·版圖 爲例」,『中國邊疆史地研究』16-2, 2006, 13쪽. 정구복 외 4인, 앞의 책, 1997, 24쪽에서는 중국에서 夷狄이 거주하는 지역을 포함하여 王化가 미치는 사방의 끝을 가리키는 말이라고 한다.

18) 이와 관련해서 『주례』 춘관 대종백, "以血祭祭社稷五祀五嶽 以貍沈祭山林川澤 以疈辜祭 四方百物.";『예기』제법, "四坎壇祭四方也 山林川谷丘陵 能出雲爲風雨 見怪物 皆曰神." 참고.

19) 『삼국사절요』 선덕왕 4년에는 近烏兄邊으로 되어 있다. 『신증동국여지승람』(이하 승람이라 함)22, 흥해군 고적, "阿等邊 一云斤烏兄邊 新羅祀東海神于此載中祀.";『대동 지지』7, 흥해 단유, "阿等邊 一云斤烏兄邊 新羅以東海載中祀 係退火郡."

20) 『삼국사기』34, 잡지4, 지리1(양주), "義昌郡 本退火郡 景德王改名 今興海郡 領縣六."

21) 『승람』23, 동래현 고적, "兄邊部曲 在縣南海岸 新羅祀南海神于此載中祀.";『대동지지』 7, 동래 단유, "兄邊部曲 新羅祀南海神于此載中祀 至高麗廢."

22) 『삼국사기』34, 잡지4, 지리1(양주), "東萊郡 本居漆山郡 景德王改名 今因之 領縣二 東平縣 本大甑縣 景德王改名 今因之 機張縣 本甲火良谷縣 景德王改名 今因之."

23) 『승람』34, 임피현조에는 보이지 않는다. 『대동지지』11, 임피 단유, "未陵邊 新羅以西海 載中祀 高麗廢." 『문헌비고』 단묘조에 來陵邊은 신라 때에 서해의 중사로 모셨는데 고려 때에 폐했다고 한다.

이 있는 시산군은 전주 임피군의 옛 지명으로,[24] 현재 전북 군산시이며 미릉변은 이곳과 가까운 해안가이다. 북해 비례산[25]이 있는 실직군은 명주 삼척군의 옛 지명으로,[26] 현재의 삼척시이나, 비례산의 정확한 위치는 알 수 없다.[27] 사독 중 퇴하군에 있는 동독 토지하는 참포라고도 하는데,[28] 현재의 포항시 흥해읍의 곡강이라고 한다.[29] 남독 황산하[30]가 있는 삽량주는 양주의 옛 지명으로,[31] 현재의 경남 양산시이며 황산하는 낙동강이다.[32] 서독 웅천하[33]가 있는 웅천주는 웅주의 옛 지명으로,[34] 웅천하는 현재

---

24) 『삼국사기』36, 잡지5, 지리3(전주), "臨陂郡 本百濟屎山郡 景德王改名 今因之 領縣三 咸悅縣 本百濟甘勿阿縣 景德王改名 今因之 沃溝縣 本百濟馬西良縣 景德王改名 今因之 澮尾縣 本百濟夫夫里縣 景德王改名 今因之." ;『승람』34, 임피현 건치연혁, "本百濟屎山郡(一云陂山 一云忻文 一云所島 一云失鳥出) 新羅改今名." ;『대동지지』11, 임피 연혁, "本百濟屎山 (一云陂山 一云所島) 新羅景德王十六年改臨陂郡(領縣三 沃溝澮尾咸悅) 隷全州."

25) 『승람』삼척도호부의 산천·고적·사묘에는 보이지 않는다. 『대동지지』16, 삼척 단유, "非禮山 新羅祀典云在悉直郡 以北海載中祀 今未詳."

26) 『삼국사기』35, 잡지4, 지리2(명주), "三陟郡 本悉直國 婆娑王世來降 智證王六年 梁天監 四年爲州 以異斯夫爲軍主 景德王改名 今因之 領縣四 竹嶺縣 本高句麗竹峴縣 景德王改名 今未詳 滿卿(一作鄕)縣 本高句麗滿若縣 景德王改名 今未詳 羽谿縣 本高句麗羽谷縣 景德王 改名 今因之 海利縣 本高句麗波利縣 景德王改名 今未詳."

27) 『승람』삼척도호부 사묘조에 보이는 大天王寺(近山祠)로 보기도 한다(정구복 외 4인, 앞의 책, 1997, 25쪽). 사해의 위치에 대한 자세한 검토는 김창겸, 앞의 논문, 2007, 162~167쪽 참고.

28) 『승람』22, 흥해군 고적, "塹浦 一云吐只河 新羅東瀆載中祀 疑卽曲江也 新羅神德王四年 塹浦水與東海水相擊浪高二十丈許 三日而止." ;『대동지지』7, 흥해 단유, "塹浦 一云吐只 河 新羅以東瀆載中祀 今曲江."

29) 『승람』22, 흥해군 산천, "曲江 在郡東七里 源出慶州神光縣馬北山 北流過郡北東流至孤靈 山下入海." ;『대동지지』7, 흥해 산수, "曲江 東七里 出慶州馬北山 南流至郡北爲北川東流 至孤靈山下爲曲江入于海."

30) 『승람』22, 양산군 사묘, "加耶津祠 祀典與公州熊津俱爲南瀆載中祀 每歲降香祝以祭 赤石龍堂 在郡南二十二里 高麗稱伽倻津衍所本邑致祭." ;『대동지지』7, 양산 단유, "加耶 津壇 南二十二里 新羅稱黃山河 高麗稱加耶津衍 而本朝土民稱亦石龍壇並以南瀆載中祀."

31) 『삼국사기』34, 잡지3, 지리1(양주), "良州 文武王五年 麟德二年 割上州·下州地 置歃良州 神文王七年 築城 周一千二百六十步 景德王改名良州 今梁州 領縣一 巚陽縣 本居知火縣 景德王改名 今因之."

32) 『승람』22, 양산군 산천, "黃山江 在郡西四十八里 新羅爲四瀆之一 載中祀." ;『대동지지』 7, 양산 산수, "黃山江 西二十里 卽洛東江下流 古稱黃山河 爲新羅加耶兩國之界."

충남 공주시 일대를 흐르는 금강이고,[35] 북독 한산하[36]가 있는 한산주는 한주의 옛 지명으로,[37] 한산하는 한강[38]이다.

사해·사독은 신라의 동·서·남·북 사변을 원칙으로 하고 있다.[39] 여기의 동·서·남·북은 삼국시대의 신라가 아니라 통일신라의 그것이다. 사해와 사독은 통일신라의 사방관념, 영역관념과 관련있다고 생각된다. 이것은 오악, 사진에서도 알 수 있는데, 오악은 서악인 계룡산 하나를 제외하고는 나머지 모두가 소백산맥 일대와 그 동남쪽에 있는 산악들이고,[40] 사진은 사해, 사독과 함께 신라 외곽지대로 국토의 주위를 둘러가며 국경을 이루고 있는 형상이다.[41] 이들이 신라 9주에 분포된 모습을 〈표 1〉로 제시하면 다음과 같다.

---

33) 『승람』17, 공주목 사묘, "熊津祠 在熊津南岸 新羅載西瀆 本朝爲南瀆載中祀 春秋降香祝致祭.";『대동지지』5, 공주 단유, "熊津壇 新羅以西瀆載中祀 高麗及本朝俱以南瀆載中祀."

34) 『삼국사기』36, 잡지5, 지리3(웅주), "熊州 本百濟舊都 唐高宗遺蘇定方平之 置熊津都督府 新羅文武王取其地有之 神文王改爲熊川州 置都督 景德王十六年 改名熊州 今公州 領縣二 尼山縣 本百濟熱也山縣 景德王改名 今因之 淸音縣 本百濟伐音支縣 景德王改名 今新豊縣."

35) 『대동지지』5, 공주 산수, "錦江 本熊川河 ⋯."

36) 『승람』3, 한성부 사묘, "漢江壇 在北岸 每春秋致祭.";『대동지지』1, 한성부 단유, "漢江壇 中瀆壇 新羅以北瀆載中祀 以上中祀."

37) 『삼국사기』35, 잡지4, 지리2(한주), "漢州 本高句麗漢山郡 新羅取之 景德王改爲漢州 今廣州 領縣二 黃武縣 本高句麗南川縣 新羅幷之 眞興王爲州 置軍主 景德王改名 今利川縣 巨黍縣 本高句麗駒城縣 景德王改名 今龍駒縣."

38) 『승람』3, 한성부 산천, "漢江 在木覓山南 古稱漢山河 新羅時爲北瀆在中祀."

39) 이것은 중국제사제도의 영향을 받은 것으로, 당의 사해와 사독, 오악과 사진의 명칭과 제사 장소를 제시하면 다음과 같다(『通典』예6, 연혁6, 길례5, 산천조 참고).

	東	南	中	西	北
五嶽	岱山(兗州)	衡山(衡州)	嵩山(洛州)	華山(華州)	恒山(定州)
四鎭	沂山(沂州)	會稽山(越州)		吳山(隴州)	無醫閭山(營州)
四海	東海(萊州)	南海(廣州)		大河(同州)	大濟(洛州)
四瀆	大淮(唐州)	大江(益州)		大河(同州)	大濟(洛州)

40) 이기동, 「신라의 풍토와 그 역사적 특성」, 『천관우선생환력기념한국사학논총』, 1997 :『신라사회사연구』, 일조각, 1985, 18쪽.

41) 최광식, 『고대한국의 국가와 제사』, 한길사, 1994, 318~319쪽.

<표 1> 오악, 사진, 사해, 사독의 9주 분포도

		新羅					高句麗				百濟				未詳	총계
		王都	尚州	良州	康州	합계	漢州	朔州	溟州	합계	熊州	武州	全州	합계		
中祀	五岳	1		1	1	3		1		1	1			1		5
	四鎮			1		1		1		1	1			1	1	4
	四海			2		2			1	1			1	1		4
	四瀆			2		2	1			1	1			1		4
총계		1		6	1	8	1	2	1	4	3		1	4	1	17

〈표 1〉을 보면 사해와 사독, 오악과 사진이 9주에 분포되어 있다. 9주는 삼국통일 이전부터 정비되다가, 삼국통일 후 신문왕 5년(685)에서 7년에 걸쳐 완산주를 신설하고 거열주·사비주·발라주·일선주 등의 주치를 이동함으로써 9주의 지방제도가 완성되었다고 한다.[42] 제사지 신라조의 제사대상들이 대·중·소사에 편제된 것은 신문왕대 새로 정비되는 주·군·현제와 관련이 있으며[43] 중사 중 속리악 이하 청해진 등 6곳과 소사 중 상악과 동로악을 제외하고는 신문왕 5년 이후부터 성덕왕 34년 이전에 제사지 신라조의 명산대천들은 대·중·소사에 편제되었다고 한다.[44] 특히 신문왕 6년 「길흉요례」의 수용은 이것의 정비와 밀접한 관련을 가진 것으로 짐작되며, 사해와 사독, 오악과 사진이 중사에 편제되어 완비된 것은 이 시기였을 것으로 여겨진다.

지금까지 연구에 따르면 중사의 기본인 오악·사진·사해·사독은 동·서·남·북이라는 방위관념이 전제되어 있고 또 신라가 구백제 지역을 3주로, 구고구려 지역을 3주로 고루 편제한 데서 나온 조처라고 보았다.[45] 그런데 중사에

---

42) 『삼국사기』 8, 신라본기8, 신문왕 5년, "春 復置完山州 以龍元爲摠管 挺居列州 以置菁州 始備九州 以大阿湌福世爲摠管." ; 『삼국사기』 8, 신라본기8, 신문왕 6년, "二月 置石山馬山孤山沙平四縣 以泗沘州爲郡 熊川郡爲州 發羅州爲郡 武珍郡爲州." ; 『삼국사기』 8, 신라본기8, 신문왕 7년, "三月 罷一善州 復置沙伐州 以波珍湌官長爲摠管."

43) 濱田耕策은 명산대천의 소재지의 표기가 주·군명인 것이 대부분이고 소사에는 縣名까지 표기되어 있는데 착안해서 대·중·소사의 편성은 군현제와 관련이 있을 것이라 하였다(「新羅の祀典と名山大川の祭祀」, 『呴沫集』 4, 1984, 155쪽).

44) 채미하, 앞의 논문, 2007, 238~240쪽 : 앞의 책, 2008.

45) 노중국, 앞의 논문, 1998, 133쪽 및 136쪽.

속한 명산대천 중 오악에는 구신라 지역이 3곳, 구고구려·구백제 지역은 각각 1곳, 사진·사해·사독의 경우 구신라 지역에는 각각 2곳,[46] 구고구려·구백제 지역은 각각 1곳이 포함되어 있다. 즉, 중사에는 구신라 지역이 9곳, 구고구려 지역과 구백제 지역은 각각 4곳으로, 구신라 지역의 명산대천이 구고구려·구백제 지역의 것에 비해 배가 된다. 이로 볼 때 중사의 경우 실제적으로는 원신라 중심적 인식이 내재되어 있었다고 볼 수 있지 않을까 한다. 이것은 당시 지배층의 한계라고 하였다.[47] 이러한 것을 염두에 둘 때 당시 신라 중대 지배층이 오악과 사진을 비롯하여 사해와 사독을 편제한 목적이 있었을 것이다.

2. 신라 중대왕실과 사해·사독 제사

명산대천은 각 지역의 鎭山으로, 신라가 명산대천을 대·중·소사로 편제한 것은 정치세력의 편제와 관련이 있다고 한다. 특히 오악은 신라에 새로 편입되는 어떤 세력을 상징하는 것으로, 신라가 주위의 여러 국가들을 흡수 정복해 가는 과정의 산물이었다고 한다.[48] 청해진은 장보고 세력과 관련을 갖고 있어 중사에 편제된 것으로 여겨진다.[49] 그렇다면 사해와 사독도 마찬가지가 아니었을까 한다. 사해 중 동해 아등변이 있는 퇴화군은 양주 의창군의 옛 지명인데, 양주 의창군의 영현의 하나로 음즙화현이 있다. 음즙화현은 음즙벌국과 관련이 있으며 음즙벌국은 파사왕대 신라에 편입되

---

46) 4진 중 東鎭 溫沫懃은 牙谷停에 있다고 하는데, 정확한 위치는 알 수 없다. 그렇지만 이곳은 구신라 지역이 아닐까 생각된다.

47) 채미하, 앞의 논문, 2007, 245~249쪽 : 앞의 책, 2008. 한편 김창겸은 앞의 논문, 2007, 168~169쪽에서 삼국통일을 완수하기 이전의 왕경 경주를 중심으로 한 사방의식에서 사해를 편제하였다고 보았으며, 그것의 편제는 교통로와 밀접한 관련을 가지고 있다고 하였다.

48) 이기백, 앞의 책, 1974, 204~205쪽.

49) 채미하, 앞의 논문, 2005c, 49~52쪽 : 앞의 책, 2008 참고.

었다.50) 남독 형변이 있는 거칠산군은 거칠산국과 관련있을 것이다. 거칠산
국은 탈해왕대 신라에 편입되었다고 한다.51) 북해 비례산은 실직군에 있는
것으로 보아, 실직국과 관련있는 것으로 여겨진다. 『문헌비고』에 보이는
갈야산이 실직국의 고성이 아닐까 하는데,52) 실직국은 파사왕 23년(102)과
25년에 신라에 병합되었다.53) 이로 볼 때 아등변과 형변, 비례산은 음즙벌국
과 거칠산국, 실직국과 관련된 지역세력의 편제로 여길 수 있을 것이다.
서해 미릉변은 현재 전북 군산시에 있다. 이것은 구백제 지역으로, 구백제세
력을 염두에 둔 것으로 생각된다.54) 사독 중 동독 토지하는 잘 알 수 없으나,
남독 황산하가 신라에 편제된 것은 금관가야가 신라에 편입된 시기가 아닐까
한다.55) 서독 웅천하는 통일 이후 신라에 편입된 것으로 구백제 세력을,
북독 한산하는 진흥왕 이후 신라 영토에 편제되어 구고구려세력의 편제로

---

50) 『삼국사기』 34, 잡지3, 지리1(양주), "義昌郡 本退火郡 … 音汁火縣 婆娑王時取音汁伐國
置縣 今合屬安康縣." ; 『삼국사기』 1, 신라본기1, 파사이사금 23년, "秋八月 音汁伐國與
悉直谷國爭疆 詣王請決 王難之 謂金官國首露王 年老多智識 召問之 首露立議 以所爭之地
屬音汁伐國 於是 王命六部 會饗首露王 五部皆以伊飡爲主 唯漢祇部以位卑者主之 首露怒
命奴耽下里 殺漢祇部主保齊而歸 奴逃依音汁伐主陁鄒干家 王使人索其奴 陁鄒不送 王怒
以兵伐音汁伐國 其主與衆自降 悉直·押督二國王來降."

51) 『승람』 23, 동래현 건치연혁, "古萇山國(或云萊山國) 新羅取之 置居漆山郡 景德王改今
名." ; 『대동지지』 7, 동래 연혁, "本居漆山國(一云萇山國古址在府東十里) 新羅脫解王二
十三年取之 置居漆山郡 景德王十六年改東萊郡(領縣二東平機張) 隸良州."

52) 『증보문헌비고』 14, 여지고2, 역대국계2(신라국·실직국), "悉直國 : 파사왕 23년에
실직국이 와서 항복하였다. 『輿地志』에 이르기를, '실직국은 지금의 三陟府이다.
부의 북쪽 葛夜山 위에 古城이 있고, 성주에 옛 우물이 있는데 실직국 때의 우물이라고
대대로 전해온다'고 하였다."

53) 『삼국사기』 1, 신라본기1, 파사이사금 25년, "秋七月 悉直叛 發兵討平之 徙其餘衆於南
鄙." ; 『승람』 44, 삼척도호부 건치연혁, "本悉直國 新羅婆娑王時來降 智證王六年置悉直
州軍主 景德王改今名郡." ; 『대동지지』 16, 삼척 연혁, "本辰韓之悉直國(一云悉直谷國)
新羅婆娑王二十三年來降 智證王六年置悉直州軍主(以金異斯夫爲軍主) 後置悉直停 武烈
王五年罷停爲北鎭 文武王元年改摠管 元聖王元年稱都督 景德王十六年改三陟郡."

54) 김창겸은 앞의 논문, 2007, 180쪽에서 신라 사해의 성립은 국가 성장과 발전과정에서
영역확장과 영토의식의 확립에 따른 사방 교통로의 설치와 불가분의 관계가 있다고
하였다.

55) 『삼국사기』 4, 신라본기4, 법흥왕 19년, "金官國主金仇亥 與妃及三子 長曰奴宗 仲曰武德
季曰武力 以國帑寶物來降 王禮待之 授位上等 以本國爲食邑 子武力仕至角干."

볼 수 있을 것이다.

기왕의 연구에 따르면 대사인 삼산은 경주를 중심으로 한 경기에 위치하고
있어 왕경을 보호하고, 중사는 국토를 방호하는 것으로, 소사의 24곳은
각 지역을 방호하는 것으로 이해하고 있다.[56] 특히 신라 사해의 성립은
국가성장과 발전과정에서 영역확장과 영토의식의 확립에 따른 사방 교통로
의 설치와 불가분의 관계에 있다고 한다.[57] 필자는 신라 중대왕실이 명산대천
만으로 대·중·소사를 편제한 이유는 신라에 강고하게 자리잡고 있었던
지역세력을 편제하기 위한 것이라고 하였다. 즉, 각 지역에서 행해졌던
명산대천제사는 그 지역의 수호신에 대한 제사였고 또한 그 지역세력과도
밀접한 관련을 가지고 있었다. 이에 신라 중대왕실은 중앙집권적 지배체제를
확립하기 위해 각 지역에서 행해졌던 명산대천제사를 당의 국가제사체계를
수용하여 정비하였던 것이다. 이를 통해 신라 중대왕실은 각 지역에 대한
지배권을 행사하였을 것으로 보았다.[58] 사해와 사독 역시 이와 마찬가지였으
리라고 생각한다.

유교의 산천제사 규범과 관련해서 『예기』 왕제에 따르면 천자는 천하의
명산대천을 제사하는데, 크기와 중요도에 따라 오악과 사독으로 구분해 삼공
과 제후에 비견하며, 제후는 경내의 산천에 제사한다는 것이다.[59] 『예기』
곡례에서는 천자는 천지·사방·산천·오사에 대한 제사를 지내고 제후는 方祀
하며 산천과 오사에 대한 제사를 지낸다고 한다.[60] 여기의 사방은 앞에서
살펴본 바와 같이, 오악·사진·사해·사독을 말한다. 方祀는 "非所居之方及山川
不在境內者 皆不得祭"인 것으로 미루어, 자기 영토내의 방향과 산천에만 제사

---

56) 이기백, 「신라오악의 성립과 그 의의」, 『진단학보』 33, 1972 : 『신라정치사회사연구』,
　　일조각, 1974, 195쪽 ; 노중국, 「통일기 신라의 백제고지지배」, 『한국고대사연구』
　　1, 지식산업사, 1988, 133쪽 및 136쪽 ; 최광식, 앞의 책, 1994, 319쪽.
57) 김창겸, 앞의 논문, 2007, 169~180쪽.
58) 채미하, 앞의 논문, 2007, 240~242쪽 : 앞의 책, 2008.
59) 『예기』 왕제, "天子祭天下名山大川 五嶽視三公 四瀆視諸侯 諸侯祭名山大川之在其地者."
60) 『예기』 곡례 하, "天子祭天地·祭四方·祭山川·祭五祀 歲徧 諸侯方祀祭山川·祭五祀 歲徧."

하는 것을 말한다.[61] 이로 볼 때 해·독과 악·진에 대한 제사는 천자국만이 행할 수 있는 것이고 제후국은 그것에 대한 제사를 삼가는 것으로 여길 수 있을 것이다.

중국에서 오악과 사독에 대한 제사가 정식으로 국가제사에 편입되어 상례화된 것은 漢 神爵 원년(서기전 61)으로, 태산과 황하의 제사는 매년 5차례, 江水는 매년 4차례, 그 밖의 것은 3차례 제사를 드리는 것으로 규정되었다.[62] 수대에는 사진·사해·사독에 대한 제사가, 당대에는 오악·사진·사해·사독에 대한 제사를 지내고 있다.[63] 신라의 경우 사해와 사독, 오악과 사진에 대한 제사가 중사에 편제되어 있다. 고려의 경우는 악·해·독에 대한 제사가 잡사에 편제되어 있다. 조선은 오악이 아닌 4악을 두고 사진을 두지 않았으며 3해와 7독을 설치하고 있다.[64] 이처럼 조선의 악·해·독은 4악·3해·7독체제로 되어 있다. 이것은 조선의 실정에 맞춰 그것을 두었던 것으로, 천자국의 산천규범에도 벗어나는 것이었다.[65]

그런데 신라는 조선과는 달리 사해와 사독은 물론이고 오악, 사진을 두어 천자국의 산천규범을 그대로 따르고 있다. 특히 신라의 사해 중 북해는

---

61) 『예기』 곡례 하, "方祀者 各祭其方之官而已 … 此蓋殷時制也." ; 『예기』 곡례 하, "呂氏曰 … 諸侯有國 國必有方 祭其所居之方而已 非所居之方及山川不在境內者 皆不得祭 故曰方祀."

62) 『漢書』 郊祀志(下). 김상범, 『당대 국가권력과 민간신앙』, 신서원, 2005, 44쪽도 참고.

63) 『통전』 예6, 연혁6, 길례5, 산천, "隋制 祀四鎭 東鎭沂山 西鎭吳山 南鎭會稽山 北鎭醫無閭山(在東夷中 遙祀) 冀州鎭霍山 並就山立祠 祀四海 東海於會稽縣界 南海於南海鎭南 並近海立祠 及四瀆 並就側近巫一人 主知灑掃 並令多植松柏 大唐武德貞觀之制 五嶽四鎭四海四瀆 年別一祭 各以五郊迎氣日祭之 東岳岱山祭於兗州 東鎭沂山祭於沂州 東海於萊州 東瀆大淮 於唐州 南岳衡山於衡州 南鎭會稽山於越州 南海於廣州 南瀆大江於益州 中岳嵩山於洛州 西岳華山於華州 西鎭吳山於隴州 西海及西瀆大河於同州 北鎭醫無閭山於 營州 北海及北瀆大濟於洛州 其牲皆用太牢 祀官以當界都督刺史充."

64) 『세종실록』 128, 오례, 길례서례(변사), "嶽海瀆(智異山全羅道南原南 三角山漢城府中 松嶽山開城府西 鼻白山永吉道定平北 東海江原道襄州東 南海全羅道羅州南 西海豊海道豊川西 熊津忠淸道燕歧 伽倻津慶尙道梁山 已上南 漢江漢城府中 德津京畿臨津 平壤江平安道 平壤府 鴨綠江平安道義州 已上西 豆滿江咸吉道慶源)."

65) 한형주, 「조선초기 국가제례 연구」, 고려대학교 박사학위논문, 2000, 145~146쪽.

나머지 3해와는 달리 산에 위치하고 있다. 조선의 경우 이 점을 염두에 두어 실용적으로 3해만을 설치하고 있다. 신라의 경우도 그렇게 할 수 있었을 것이다. 그럼에도 불구하고 신라는 사해와 사독, 오악과 사진이라는 천자국의 산천규범을 그대로 받아들이고 있는 것이다.

이러한 산천은 分封되었다. 분봉의 사상적 기원은 『書經』舜典에 "封十有二山"에서 알 수 있으며, 『예기』 왕제편의 "天子祭天下名山大川 五嶽視三公 四瀆視諸侯"라는 데서도 찾을 수 있다. 당 측천무후는 洛水神을 顯聖侯로, 嵩山神을 嶽天中王으로 봉하고 있다.[66] 이로 보면 산천에 대한 분봉은 당 측천무후로부터였던 것 같다.[67] 先天 2년(713)과 開元 13년(725)에 華岳神을 金天王으로 泰山神을 天齊王으로 봉하고, 天寶 5년(746)과 10년에는 오악과 사해의 신을 모두 王으로 봉하였고 사진·사독은 公으로 봉하였다. 당에서는 일찍부터 동해신을 廣德王, 남해신은 廣利王, 서해신을 廣潤王, 북해신을 廣澤王이라 하여 사해신으로 삼아 봉사하고 제관으로 그 곳의 도독이나 자사로 임명하기도 하였다.[68] 신라의 경우는 다음이 주목된다.

> B. 1) 재위 23년 만인 建初 4년 己卯年에 세상을 떠났다. 疏川丘 속에 장사를 지냈는데 그 후 神이 명령하기를 "내 뼈를 조심스럽게 묻어라." 했다. … 이것을 부수어서 塑像을 만들어 궐 안에 안치하자 신이 다시 말하기를, "내 뼈를 동악에 안치하라." 하였다. 그런 까닭에 영을 내려 그 곳에 모시게 하였다(한편 돌아가신 이후 제27세 문무왕대인 調露 2년 庚辰年

---

66) 『文獻通考』83, 郊社考16, 祀山川, "(則天)武后垂拱四年 封洛水神爲顯聖侯 享齊於四瀆 封嵩山爲神嶽天中王 …."

67) 김태영, 「조선초기 사전의 성립에 대하여」, 『역사학보』 58, 1973, 註39) 참고.

68) 『통전』예6, 연혁6, 길례5, 산천, "先天二年 封華岳神爲金天王 開元十三年 封泰山神爲天齊王 天寶五載 封中岳神爲中天王 南岳神爲司天王 北岳神爲安天王 六載 河瀆封爲靈源公 濟瀆封爲淸源公 江瀆封爲廣源公 淮瀆封爲長源公 會稽山爲永興公 岳山爲成德公 霍山爲應聖公 醫無閭山爲廣寧公 八載閏六月 封太白山爲神應公 其九州鎭山 除入諸岳外 並宜封公 十載正月 以東海爲廣德王 南海爲廣利王 西海爲廣潤王 北海爲廣澤王 分命卿監詣岳瀆及山 取三月十七日 一時備禮 兼冊祭 儀具開元禮.". 『文苑英華』879(『韓昌黎集』31, 南海神廟碑)도 참고.

3월 15일 신유일 밤에 태종의 꿈에 외모가 매우 위엄 있고 용맹한 노인이 나타나 "'내가 바로 탈해다.'라고 하며 소천구에서 내 유골을 파내어 소상을 만들어 토함산에 안치해 달라!" 하니 왕이 그 말을 따랐다. 그런 까닭에 지금까지 국가제사가 끊이지 않으며 바로 東岳神이라 부른다.). (『삼국유사』 1, 기이2, 제4탈해왕)[69]

2) 王이 崩하자 未召疏川의 丘中에 水葬하고 塑骨을 東岳에 안치하였는데, 지금의 東岳大王이다. (『삼국유사』 1, 왕력1, 제4탈해이질금)[70]

B에서 탈해의 소상이 토함산에 안치되어 동악신이라 불리었다고 한다(1)). 또 그것이 '동악대왕'이라 불리기도 하였다(2)). B-2)의 '至今', '今'으로 보아 고려시대에 '대왕'을 칭했을 가능성이 있다. 신라의 남악 지리산과 중악 공산의 산신도 고려시대 대왕으로 호칭되고 있다.[71] 그런데 「月光寺圓朗禪師塔碑」에서 월악산신을 月嶽神官이라 표현한 것은 월악산신에 대한 봉작의 사실을 말해주는 것이고 그것이 무열왕대로 나온다.[72] 이로 본다면 신라에서는 무열왕대 봉작을 행했을 것으로 여겨진다.[73] 그렇지만 중국에서는 당 측천무후 때부터 봉작이 시행되었다고 하였다. 신라의 대왕 봉작은 산신을 모시는 사당의 설치[74]와 함께 오악이 성립할 때 있었는데,[75] 오악의 성립은

---

69) "在位二十三年 建初四年己卯崩 葬疏川丘中 後有神詔 愼埋葬我骨 … 碎爲塑像 安闕內 神又報云 我骨置於東岳 故令安之[一云 崩後二十七世 文虎王代 調露二年庚辰三月十五日辛 酉 夜見夢於太宗 有老人貌甚威猛 曰我是脫解也 拔我骨於疏川丘 塑像安於土舍山 王從其言 故至今國祀不絶 卽東岳神也云]."

70) "王崩 水葬未召疏川丘中 塑骨安東岳 今東岳大王."

71) 고려시대 이규보가 지은 『동국이상국집』 38, 道場齋醮祭文에 智異山大王前願文·祭公山 大王文·獻馬公山大王文·公山大王謝祭文이 실려있다.

72) 「月光寺圓朗禪師塔碑」, 『譯註 韓國古代金石文』 제3권, "夏夜夢 月嶽神官來請 及曉 慈仁禪 師 致書云 月光寺者 神僧道證所刱也 昔我太宗大王 … 永除□□之災 別封此山 表元勳也 曾錄於金剛 又傳名於仙記."

73) 나희라, 『신라의 국가제사』, 지식산업사, 2003.

74) 이기백, 앞의 책, 1974, 209쪽.

75) 문경현, 「신라의 산악숭배와 산신」, 『신라사상의 재조명』(신라문화제학술발표회논 문집12), 1992, 35쪽. 한편 서술신모에게 대왕의 봉작을 한 사실도 있다. 『삼국유사』 5, 감통7, 선도성모수희불사, "第五十四代景明王好使鷹 嘗登此放鷹而失之 禱於神母曰

신라 영토가 확대되고 통일을 성취한 뒤인 문무왕 말년 혹은 신문왕대라고 한다.[76] 신라에서 오악과 사진·사해·사독으로 산천제사가 정비되는 것은 신문왕 6년(686) 길흉요례 수용 이후로 보여진다. 이와 같은 점을 염두에 둔다면 신라에서 산천에 대한 분봉은 신문왕 6년 이후부터 있었던 것으로 여길 수 있을 것이다.

각 산천신을 분봉한다는 것은 분봉을 하는 천자나 제후가 산천신보다 그 지위가 높음을 의미하는 것이다. 산천신을 분봉하는 이유는 각각 달랐다.[77] 고려의 경우 비록 명산대천이 잡사에 편제되어 있지만, 각 명산대천에 대해 봉호를 내리고 있다. 加號는 목종 즉위년(997) 국내 신들에게 勳號를 사여한 이래[78] 고려말까지 지속적으로 행해져 온 것이므로 국가적 차원에서의 신들에 대한 배려였다고 할 수 있다. 그런데 신들에 대한 가호가 성종대 유교의례의 정비를 거친 이후부터 집중적으로 나타나고 있다. 왜냐하면 경내 신들에게 가호한 것은 성종대 유교적 통치이념의 정비와 강화된 왕권을 바탕으로 전국토가 왕의 領地에 속한다고 하는 왕토의식의 관념과도 밀접한 관계를 이루는 것으로 보여지기 때문이다.[79] 고려후기에는 예제를 정비하는 과정에서 명산대천에 대한 봉작이 이루어지고 있다.[80]

이처럼 신라가 천자국의 산천규범을 그대로 따르고, 각 산천을 분봉한 이유는 무엇일까. 신라는 통일 이전 진덕왕대부터 당제에 깊은 관심을 가지고 있었다.[81] 통일 이후에는 중국제도를 더욱 적극적으로 수용하여 지배체제를

若得鷹 當封爵 俄而鷹飛來止机上 因封爵大王焉." 곧 경명왕은 西述神母의 영험으로
잃었던 매를 찾자, 서술신모에게 대왕의 봉작을 올리고 있다.
76) 이기백, 앞의 책, 1974, 207쪽.
77) 이와 관련해서 김철웅, 「고려시대 「잡사」연구」, 고려대학교 박사학위논문, 2001, 130~139쪽 :『한국 중세의 길례와 잡사』, 경인문화사, 2007에 봉작의 이유에 대해 적고 있다.
78) 목종은 즉위년 12월에 "國內神祇 皆加勳號", 7년 11월에 "加方嶽州鎭神祇勳號"하였다. 목종의 뒤를 이어 왕위에 오른 현종은 즉위년 4월에 "群望神祇 加勳號"하였다.
79) 박호원, 「고려의 산신신앙」, 『민속학연구』 2, 1995, 191쪽.
80) 김철웅, 앞의 논문, 2001, 146~147쪽.

정비하였다. 특히 제사제도와 관련해서는 진덕왕대 전사서를 설치하고 있다. 전사서는 그 명칭상 제사와 관련있는 관서로,[81] 주대의 典祀, 당 太常寺의 관할 관서인 郊社署에 비교되는 것으로 여길 수 있다.[83] 중국 제사제도인 오묘제의 수용은 무열왕대,[84] 문무왕대,[85] 신문왕대[86]로 보고 있다. 신문왕 6년 「길흉요례」의 수용은 신라의 예제 수용, 특히 오례 수용과도 밀접한 관련을 가지고 있다고 하였다.[87] 이러한 중국제도, 그중 예제의 수용은 신라 중대왕실의 유교적 지배체제 정비와 밀접한 관련이 있었으며, 유교적인 지배체제는 새로운 지배질서의 정비와도 맞물려 있었다.

　그렇다면 신라가 천자국의 산천규범을 그대로 따르고 그것을 분봉한

---

81) 이와 관련해서 채미하, 「신라 종묘제의 수용과 그 의미」, 『역사학보』 176, 2002 : 앞의 책, 2008 참고.

82) 『삼국사기』 38, 잡지7, 직관(상), "典祀署 屬禮部 聖德王十二年置 監一人 位自奈麻至大奈麻爲之 大舍二人 眞德王五年置 位自舍知至奈麻爲之 史四人."

83) 채미하, 앞의 논문, 2002, 43~44쪽 : 앞의 책, 2008.

84) 이병도, 『국역 삼국사기』, 을유문화사, 1977, 495~496쪽 ; 박순교, 「신라 중대 시조존숭 관념의 형성」, 『한국 고대의 고고와 역사』, 학연문화사, 1997, 387~388쪽 및 392~393쪽 ; 이문기, 「신라 종묘제의 성립과 그 배경」, 『한국고대사와 고고학(김정학박사미수기념고고학·고대사논총』, 2000.

85) 노명호, 「백제의 동명신화와 동명묘」, 『역사학연구』 10, 전남대학교사학회, 1981, 81쪽, 주 41) ; 황운용, 「신라 태종 묘호의 분규시말」, 『동국사학』 17, 1982, 11~13쪽 ; 채미하, 앞의 논문, 2002 및 「신라의 오묘제 '시정'과 신문왕권」, 『백산학보』 70, 2004, 267~275쪽 : 앞의 책, 2008.

86) 변태섭, 「묘제의 변천을 통하여 본 신라사회의 발전과정」, 『역사교육』 8, 1964, 68~69쪽 ; 浜田耕策, 「新羅の神宮と百座講會と宗廟」, 『東アジア世界における日本古代史講座-東アジアおける儀禮と國家』, 學生社, 1982, 241~242쪽 ; 신종원, 앞의 책, 1992, 87쪽 ; 米田雄介, 「三國史記に見える新羅の五廟制」, 『日本書紀研究』 15, 塙書房, 1987, 317쪽 ; 황선영, 「신라의 묘제와 묘호」, 『동의사학』 5, 1989, 6~7쪽 ; 강종훈, 「신궁의 설치를 통해 본 마립간시기의 신라」, 『한국고대사논총』 6, 1994, 190~191쪽 ; 나희라, 앞의 책, 2003, 173~175쪽. 그런데 신문왕 7년 4월 기사가 신라 오묘제 시정의 하한을 알려줄 뿐이라는 견해도 있다(이문기, 앞의 논문, 2000, 893쪽). 신라에서 오묘제가 시정된 것은 신문왕대가 처음이며, 제도화된 것은 혜공왕대로 보기도 한다(최광식, 앞의 책, 1994, 336쪽).

87) 채미하, 「신라 중대 오례와 왕권-오례 수용을 중심으로」, 『한국사상사학』 27, 2006b, 127~133쪽.

것은 신라 중대왕실의 유교적인 지배체제 정비의 하나로 여길 수 있지 않을까 한다. 제사지 신라조 찬자는 『예기』 왕제편을 들어 천자는 천하의 명산대천에, 제후는 그 땅의 명산대천에 제사지낸다고 하면서 신라는 제후국의 예에 벗어나지 않았다고 하였다. 비록 오악·사진·사해·사독이 천자국의 산천규범이라고 할지라도 여기에 포함되어 있는 것은 신라 경내의 산천이었다. 신라 중대왕실은 유교의 산천규범 수용이라는 측면에서 천자국의 산천규범인 오악·사진·사해·사독을 그대로 따르고 있는 것으로 이해할 수 있을 것이다. 이와 같이 생각할 수 있다면 신라 중대왕실은 유교적 지배체제 정비를 통해 새로운 지배질서를 꾀하려고 하였는데, 그중의 하나가 유교의 산천규범을 따른 것이라고 헤아려지는 것이다.

3. '大川' 제사의 의미

제사가 드려지는 장소는 공간적으로 다른 장소와는 달리 질적 차이를 내포하며 신성성을 갖는 것이다. 따라서 제장은 신성성이 내포될 수 있는 특수한 지역이 선택된다.[88] 고대인들은 산림·천택·구릉·계곡이 모두 신적인 존재가 거주하는 곳으로 믿었고, 그 곳이 곧 제장으로서 가장 적합한 곳이라고 생각하였다.[89] 신라의 삼산·오악 이하 명산대천은 그것을 가장 잘 보여주는 것으로 생각된다.[90]

이 중 물은 인간의 생명을 유지하는 가장 기본적인 것이며 생명 자체도 근원적으로는 물에서 발생한 것이다.[91] 따라서 井·淵·泉(川)·江(河)·海의

---

88) 금장태, 『유교사상과 종교문화』, 서울대학교출판부, 1994, 85~86쪽.

89) 금장태, 위의 책, 1994, 218~220쪽.

90) 채미하, 앞의 논문, 2006a, 40쪽 : 앞의 책, 2008.

91) 『管子』 20, 刑勢解64, "淵者 衆物之所生也 能深而不涸 則沈玉至 主者人之所仰而生也 能寬裕純厚 而不苟忮 則民人附 父母者子婦之所受 敎也 能慈仁敎訓 而不失理 則子婦孝 臣下者 主之所用也 能盡力事上 則當於主 子婦者親之所以安也 能孝悌順親 則當於親 故淵固

물은 여성적 생명의 원리를 상징하는 것으로 나타나고 있다.[92] 주몽신화에서 하백의 딸이 웅심산 아래 압록강에서 살며, 여기서 천제의 아들을 만났다는 것이나,[93] 박혁거세신화에서 나정 곁에 하늘로부터 빛이 비치어 혁거세가 나온 알을 발견하게 되고 혁거세의 부인도 알영정에서 나온 계룡으로부터 출생하였다는 것[94]에서 그것을 잘 알 수 있다.[95]

물은 끊임없이 변화하며, 그것의 변화는 무언가를 상징하는 것으로 여겨졌다. 이와 관련해서 다음이 관심을 끈다.

C. 1) 봄 3월에 동해 바닷가에서 큰 물고기를 잡았는데, 뿔이 있었고 그 크기는 수레에 가득 찰 정도였다. 여름 5월에 吐含山이 무너지고 샘물이 솟아올랐는데 높이가 丈이나 되었다. (『삼국사기』 3, 신라본기3, 실성이사금 15년)[96]

2) 公州 基郡의 강에서 큰 물고기가 나와서 죽었는데, 길이가 1백 자가 되었고, 그것을 먹은 사람은 죽었다. (『삼국사기』 5, 신라본기5, 태종무열왕 6년)[97]

3) 가을 7월에 동해의 물이 핏빛이 되었다. 5일이 지나 다시 예전처럼 되었다. 9월에 동해에서 水戰이 벌어졌는데 소리가 도읍에까지 들렸다. 무기고 안의 북과 피리가 저절로 울었다. (『삼국사기』 8, 신라본기8, 효소왕 8년)[98]

4) 여름 4월에 槧浦의 물과 東海의 물이 서로 부딪쳐 물결의 높이가 20여 丈이나 되더니, 3일 만에 그쳤다. (『삼국사기』 12, 신라본기12, 신덕왕 4년)[99]

而無水 則沈玉不至 主苟而無厚 則萬民不附 父母暴而無恩 則子婦不親 臣下隨而不忠 則卑辱
困窮 子婦不安親 則禍憂至 故淵不涸 則所欲者至 涸則不至 故曰淵深而不涸 則沈玉極."

92) 금장태, 앞의 책, 1994, 76~77쪽.

93) 『삼국유사』 1, 기이2, 고구려, "… 我是河伯之女 名柳花 與諸弟出遊 時有一男子 自言天帝子解慕漱 誘我於熊神山下鴨綠邊室中 私之而往不返 父母責我無媒而從人 遂謫居于此 …."

94) 『삼국유사』 1, 기이2, 신라시조혁거세왕조와 『삼국사기』 1, 신라본기1, 시조 혁거세즉위년 및 5년 참고.

95) 이상은 채미하, 앞의 논문, 2006a, 40~41쪽 : 앞의 책, 2008.

96) "春三月 東海邊獲大魚 有角 其大盈車 夏五月 吐含山崩 泉水湧 高三丈."

97) "公州基郡江中 大魚出死 長百尺 食者死."

98) "秋七月 東海水血色 五日復舊 九月 東海水戰 聲聞王都 兵庫中鼓角自鳴."

99) "夏四月 槧浦水與東海水相擊 浪高二十丈許 三日而止."

C에서 우선 1)을 보면 토함산이 무너지고 샘물이 솟아올랐다고 한다. 토함산의 붕괴는 실성과 밀접한 관련을 가지고 있었던 석씨세력의 붕괴를 상징하는 것으로 이해되고 있다. 더불어 샘물이 솟아 오른 것 역시 이와 연관지어 이해할 수 있지 않을까 한다. C-2)에 보이는 공주 기군에 있는 강은 현재 충남 서산군 일대를 흐르는 강으로, 이곳에 있는 대어가 죽었다는 것은 660년 백제 멸망과 관련된 어떤 징조가 아닐까 한다. 이와 관련해서 『삼국유사』 태종춘추공조에는 현경 4년(659) 5월에 "泗沘(夫餘江名)岸 大魚出 死 長三丈 人食之者皆死"라고 나온다.[100] C-3)에서 동해의 물이 핏빛으로 변했다거나 동해 물이 서로 맞부딪쳤다는 것은 효소왕 8년(699) 당시의 불안한 정치상황과 정치세력간의 각축으로 여길 수 있을 것이다. C-4)에서 사독의 하나인 참포의 물이 동해의 물과 서로 부딪쳤다는 것 역시 신덕왕대 정치세력간의 각축으로 생각되어진다.

이처럼 물은 당시의 정치상황과 그 변화를 반영하기도 한다. 이러한 속성을 가진 물은 제장으로 그 역할을 다하였다. 대정문은 사성문제의 제장 중 하나로, 대정의 '정'으로 보아 우물과 관련있어 보인다. 청연[101]은 사천상 제의 제장 중 하나이다. 우사제를 지낸 탁저는 사대도제의 서쪽 제장인 저수와 관련된 명칭이기도 하다. '저'는 물가 가운데 물길이 갈라지는 곳이나 모래톱을 의미하는데, 이러한 지형은 서천에 많이 형성되어 있다.[102] 일본 고대에도 하천 중류의 합류점이나 河中島에서 곡령신을 제사지낸 사례가 많다고 한다.[103] 전불칠처가람터의 하나인 사천미와 삼천기에 사찰이 건립

---

100) 『삼국유사』 1, 기이2, 태종춘추공.
101) 청연은 영묘사 남쪽에 있는 못으로, 오성제를 지냈다고도 한다(신동하, 「신라 불국토 사상의 전개양상과 역사적 의의」, 서울대학교 박사학위논문, 2000, 27쪽). 그리고 28쪽에서 "청연은 영묘사가 이곳에 들어서기 전 원시적 제사지로서 중요시되던 전통을 유지하는 모습을 보여주는 것이라 할 수 있다. 이 청연의 중요성은 당연히 영묘사와 밀접히 관련될 것이며 영묘사는 신라의 국가적 제사터와 밀접히 연결되면서 그 성격을 유지했을 것으로 생각되는 것이다."고 하였다.
102) 여호규, 「신라도성의 공간구성과 왕경제의 성립과정」, 『서울학연구』 18, 2002, 63쪽.
103) 和田萃, 「古代の祭祀空間」, 『祭祀空間儀禮空間』, 國學院大學日本文化研究所, 1999, 170

되었다. 사천미에는 영묘사가 세워졌는데, 여기에는 玉門池라는 못이 있었다.[104] 이로 보아 사천미는 물에 가까운 습지였을 가능성을 말하여 준다.[105] 영흥사는 '세 물길이 모이는 곳'이라는 삼천기에 건립되고 있다. 경주분지에서 삼천기라고 지칭할 만한 곳으로는 서천과 여러 하천의 합류지점을 들 수 있다.[106] 황룡사·분황사가 용궁의 남쪽과 북쪽에 두어졌다는 데서, 여기의 용궁은 연못을 말하는 것이라고 생각된다.[107] 이처럼 영묘사·영흥사·황룡사·분황사는 원시신앙의 제사터로 물과 관련하여 못이 있었거나 아직도 못을 남기고 있다.[108] 특히 영묘사 남에서 오성제를 지내고 있는 것으로 볼 때 사천미에 세워진 영묘사는 신라의 못, 개울에서의 제사와 긴밀한 관계를 유지하는 사찰로 존속되고 있는 모습을 보여준다. 사대도제의 북쪽 제장인 활병기는 '기'로 보아 갈래길이었던 것으로 여겨지며, 이러한 지형적인 조건을 갖춘 곳이 신성시되었음을 알 수 있다. 풍백제를 지낸 곳인 견수곡문의 견수는 사천상제의 제장 중 하나이기도 하다. 이곳은 지형상 '곡'이면서 '천'이 인접하고 있고, 성문이 위치한 지역[109]으로 추정된다.[110]

물과 관련된 제장에서 지낸 제사의 성격은 다양하다. 사천상제는 후술될

쪽.

104) 『삼국유사』 1, 기이2, 선덕왕지기삼사.

105) 신동하, 앞의 논문, 2000, 26~28쪽 ; 여호규, 앞의 논문, 2002, 50쪽도 참고.

106) 村上四男, 『三國遺事考證』(下之一), 塙書房, 1994, 49쪽에서 옛날에는 북천이 남천 가까이에서 서천과 합류하였다면서 북천, 남천, 서천의 합류지점으로 설정하였다. 여호규, 위의 논문, 2002, 50~51쪽도 참고.

107) 최근 분황사 동쪽 지역이 본래 舊北川의 河床임이 확인되었다(국립경주문화재연구소, 「가스관 매설지발굴조사」, 『年報』 5, 1995, 41~56쪽 ; 국립경주문화재연구소, 『왕경 지구내 가스관매설지 발굴조사보고서』, 1996). 황룡사지 역시 저습지였음이 확인되었다(문화재관리국 문화재연구소, 『황룡사유적발굴보고서』, 1984, 48~50쪽). 이와 관련해서 여호규, 위의 논문, 2002, 52쪽 참고.

108) 신동하, 앞의 논문, 2000, 28쪽.

109) 여호규, 앞의 논문, 2002, 62쪽 ; 윤선태, 「신라 중대의 성전사원과 국가의례」, 『신라금석문의 현황과 과제』(신라문화제학술논문집23), 2002, 113~114쪽. 견수곡을 알천계곡으로 추정하고 있다.

110) 이상은 채미하, 앞의 논문, 2006a, 41~42쪽 및 43~44쪽 : 앞의 책, 2008.

것이고, 사성문제는 신라시대 수재와 관련된 제사로 여겨진다.[111] 우사는 비를 관장하는 신인 畢星이고 풍백은 바람을 관장하는 神인 飛廉 또는 箕星이다. 이로 볼 때 우사제와 풍백제는 농사와 긴밀한 관계가 있음을 알 수 있다. 오성제는 五行의 精이라 일컫는 다섯 별, 즉 木星(歲星)·火星(熒惑星)·金星(太白星)·水星(辰星)·土星(鎭星)에 대한 제사이다.[112] 오성의 운동에 따라 나타나는 징조는 별에 따라 차이가 있기는 하나, 공통적으로 국가나 왕실의 흥망, 군사행동의 승패 등을 예시하고 있어 유가의 五常이나 五事의 실천윤리와도 결부되어 있다.[113] 사대도제는 금성 4곳의 큰 길에서 지내는 제사로, 외방에서 침입하는 疫神을 쫓기 위한 邪鬼塞地의 신을 도로에서 祭饗하는 것으로 보이며 일본의 道饗祭와 비슷한 것[114]으로 여겨진다.[115] 다음도 주목된다.

D. 伊湌 金周元은 처음 上宰가 되고 왕은 각간으로 二宰가 되었다. 1) 꿈

---

111) 한편 김동욱은 사성문제는 신라의 원초적 도성인 月城의 네 성문에 대한 제전으로, 외방에서 침입하는 疫神을 쫓기 위한 邪鬼塞地의 신을 궁성에서 祭饗하는 것으로 보기도 한다(「신라의 제전」, 『신라 민속의 신연구』(신라문화제학술발표회논문집4), 1983, 31~32쪽). 나희라, 앞의 책, 2003, 53쪽에서 門祭는 문의 출입을 단속하면서 악한 기운을 막기 위한 주술적 제사로 중국 고대부터 그 모습을 보이고 있으며 수문신 신앙은 현재까지도 주요한 민속신앙의 하나라고 하였다.

112) 정구복 외 4인, 『역주 삼국사기』4(주석편 하), 1997, 37쪽.

113) 이희덕, 『한국고대자연관과 왕도정치』, 혜안, 1999, 33~38쪽.

114) 김동욱, 앞의 논문, 1983, 32쪽. 사대도제와 비슷한 느낌을 주는 路祭는 곧 遣奠祭로서, 장례에서 發靷할 때 문 앞에서 지내는 祭式을 말한다. 신라의 道祭가 그러한 성격의 제사인지, 아니면 길 자체에 대한 제사인지는 알 수 없다(정구복 외 4인, 앞의 책, 1997, 37쪽). 나희라, 앞의 책, 2003, 52쪽에서 鬼魅가 들어오는 것을 방지하기 위해 지냈던 일본의 도향제와 비슷한 것으로 보고 있다. 윤선태는 「부여 능산리 출토 백제목간의 재검토」, 『동국사학』40, 2004, 69~70쪽에서 고대 일본의 도향제로 볼 때 신라의 사대도제도 왕경의 사방입구나 외곽도로에서 道神께 폐백을 올려 왕경으로 들어오는 역병 등 나쁜 기운을 막기 위해 거행한 국가의례였다고 한다. 일본의 도향제에 대해서는 和田萃, 「日本古代の儀禮と祭祀信仰」(中), 塙書房, 1995, 343~364쪽 참고.

115) 이상과 관련해서 채미하, 앞의 논문, 2006a, 34~37쪽 : 앞의 책, 2008.

중에 幞頭를 벗고 素笠을 쓰고 12絃琴을 들고 天官寺 우물 속으로 들어갔다. 2) 꿈에서 깨자 사람을 시켜 그것을 점치게 하니, 말하기를 "복두를 벗은 것은 관직을 잃을 징조요, 가야금을 든 것은 형틀을 쓰게 될 조짐이요, 우물 속으로 들어간 것은 옥에 갇힐 징조입니다."라고 했다. 왕은 이 말을 듣자 심히 근심스러워 두문불출하였다. 3) 이때 아찬 여삼 혹은 다른 본에서 餘山이라고도 하는 사람이 와서 뵙기를 청했으나, 왕은 병을 핑계로 하여 사양하고 나오지 않았다. 재차 청하여 말하기를 "한번만 뵙기를 원합니다." 하므로 왕이 이를 허락하자, 아찬이 물었다. "공께서 근심하는 것은 어떤 일입니까?" 왕이 꿈을 점쳤던 연유를 자세히 설명하니 아찬은 일어나 절하며 말하기를 "그것은 좋은 꿈입니다. 공이 만약 大位에 올라서도 나를 버리지 않으신다면 공을 위해 꿈을 풀어 보겠습니다."라고 하였다. 이에 왕이 좌우를 물리치고 해몽하기를 청하자 아찬은, "복두를 벗은 것은 위에 거하는 다른 사람이 없다는 뜻이요, 소립을 쓴 것은 冕旒冠을 쓸 징조이며, 12현금을 든 것은 12대손까지 왕위를 전한다는 조짐이며, 천관사 우물로 들어간 것은 궁궐로 들어갈 상서로운 조짐입니다."라고 하였다. "위에 주원이 있는데 어찌 왕위에 오를 수 있겠소?" 왕이 말하자 아찬이 대답하기를, "청컨대 은밀히 北川神에게 제사지내면 될 것입니다." 하자 왕은 이에 따랐다. 4) 얼마 지나지 않아 宣德王이 세상을 떠나매, 나라 사람들이 김주원을 왕으로 받들어 장차 궁중으로 맞아들이려 했다. 그의 집은 북천 북쪽에 있었는데 홀연히 냇물이 불어나 건널 수가 없었다. 이에 왕이 먼저 궁궐로 들어가 왕위에 올랐다. 上宰의 무리들이 모두 와서 그를 따랐으며, 새로 즉위한 왕께 경배하고 축하하니 이가 원성대왕이다. (『삼국유사』 2, 기이2, 원성대왕)116)

---

116) "伊飡金周元 初爲上宰 王爲角干 居二宰 1) 夢脫幞頭 著素笠 把十二絃琴 入於天官寺井中 2) 覺而使人占之 曰脫幞頭者 失職之兆 把琴者 著枷之兆 入井 入獄之兆 王聞之甚患 杜門不 出 3) 于時阿飡餘三或本餘山來通謁 王辭以疾不出 再通曰 願得一見 王諾之 阿飡曰 公所忌 何事 王具說占夢之由 阿飡與拜曰 此乃吉祥之夢 公若登大位而不遺我 則爲公解之 王乃辟禁 左右 而請解之曰 脫幞頭者 人無居上也 著素笠者 冕旒之兆也 把十二絃琴者 十二孫傳世之兆 也 入天官井 入宮禁之瑞也 王曰 上有周元 何居上位 阿飡曰 請密祀北川神可矣 從之 4) 未幾 宣德王崩 國人欲奉周元爲王 將迎入宮 家在川北 忽川張不得渡 王先入宮卽位 上宰之徒 衆 皆來附之 拜賀新登之主 是爲元聖大王."

D에 따르면 김경신이 천관사 우물 속으로 들어가는 꿈을 꾸었고(1))
이후 두문불출하였다고 한다(2)). 이를 들은 여삼은 김경신이 천관사의
우물로 들어간 것은 대궐에 들어갈 조짐이라고 풀이하였다. 이를 위해 북천신
에 대한 제사를 제안하고 있다(3)). 북천신에 제사를 지낸 결과 김주원이
북천을 건너지 못하여 김경신이 왕위에 오를 수 있었다고 한다(4)). 이처럼
김경신은 꿈에서 천관사 우물로 들어갔고, 북천신에 대한 제사를 통해 왕위에
오를 수 있었다. 이것은 정치세력의 입장에서도 물은 담고 있는 공간을
신성시 여겨 두려워했고, 또한 그러한 장소에서 제사를 지냄으로써 어떤
효과를 얻을 수 있었다는 점에서 물을 제장으로 하는 제사가 지니는 의미를
알 수 있었다.

앞에서 언급하였듯이, 사해와 사독은 통일신라의 사방관념·영역관념과
밀접한 관련하에서 신라 국가제사에 편제되었고 신라 중대왕실이 오악과
사진, 사해와 사독이라는 천자국의 산천규범을 그대로 따른 것은 유교적
지배체제 정비의 일환이었다고 하였다. 이러한 사해와 사독제사는 신라
중대에 중사에, 정·천을 제장으로 하는 것은 농경제사와 '별제'에 포함되어
있다. 신라에서는 강과 바다에 대한 제사가 일찍부터 있어 왔고[117] 그것에
대한 중요성은 선박과 항해에 관한 업무를 전담하는 관서인 선부서의 설치
및 그것의 개편[118]에서 알 수 있다.[119] 신라의 외연이 확대됨으로써 물과
관련된 제사 공간은 신라초기 정·천이 중심이었다가 점차 해·독으로 확장되
어 갔을 것이다. 해·독을 제장으로 하는 제사는 정·천을 제장으로 하는
제사와 비교해서 상대적으로 그 위상이 높아지지 않았을까 한다.

---

117) 『삼국사기』 2, 신라본기2, 미추이사금 3년, "春二月 東巡幸望海."
118) 『삼국사기』 4, 신라본기4, 진평왕 5년, "春正月 始置船府署 大監·弟監各一員.";『삼국사
기』 38, 잡지7, 직관(상), "船府 舊以兵部大監·弟監 掌舟楫之事 文武王十八年別置 景德王
改爲利濟府 惠恭王復故 令一人 位自大阿湌至角干爲之 卿二人 文武王三年置 神文王八年加
一人 位與調府卿同 大舍二人 景德王改爲主簿 惠恭王復稱大舍 位與調府大舍同 舍知一人
景德王改爲司舟 惠恭王復稱舍知 位與調府舍知同 史八人 神文王元年加二人 哀莊王六年省
二人."
119) 채미하, 앞의 논문, 2005, 56쪽 : 앞의 책, 2008.

사해와 사독 제사는 다른 산천제사와 마찬가지로 수재나 한재 등 자연재해가 발생할 때 지냈다.[120] 중국 당의 경우를 보면 京師지역에 한여름 이후에 가뭄이 있으면 먼저 北郊에서 악·진·해·독과 제산천에 기우제를 지내고 이어서 사직과 종묘에서 다시 제사를 올렸는데, 7일을 한 주기로 삼았다. 만약 그래도 비가 내리지 않을 때는 악·독을 시작으로 다시 제사를 드렸고, 가뭄이 아주 심할 경우에는 大雩禮를 거행하였다고 한다.[121] 다음은 고려시대 사료이다.

E. 有司에서 아뢰기를, "올해는 봄부터 비가 적게 내리므로, 古典에 따라 억울한 獄事를 심사하고 궁핍한 사람을 구휼하며 버려진 시신을 수습하여 매장하여 주십시오. 먼저 북쪽 교외에서 구름과 비를 일으킬 수 있는 岳·鎮·海·瀆 여러 山川에서 기도하고, 다음 7일마다 한 번씩 宗廟에서 기도하십시오. 그래도 비가 오지 않으면 다시 처음에 했던 것처럼 악·진·해·독에 기도하십시오. 가뭄이 심하면 기우제를 지내고 시장을 옮기며 日傘을 사용하지 않고, 도축을 금지하며 관청의 말에게 곡식을 먹이지 말아야 합니다."라고 하자, 왕이 이를 허락하고, 正殿을 피하며 일상 식사의 반찬 수를 줄였다. (『고려사』 6, 정종 2년(1036) 5월 신묘(14))[122]

E에 따르면 가뭄에 국왕은 먼저 백성을 구휼하고 기우제를 지내는데,

---

120) 산천에 대한 제사는 한재나 수재 외에도 지진을 위시한 여타 엄중한 자연재해가 발생할 때도 지내고 있다. 『舊唐書』 현종본기, "(開元22年) 二月壬寅 秦州地震 … 命尙書左丞相蕭嵩 往祭山川." 이와 관련해서 김상범, 앞의 책, 2005, 47쪽.

121) 『구당서』 24, 지4, 예의4, "京師孟夏以後旱 則祈雨 審理冤獄 賑恤窮乏 掩骼埋胔 先祈嶽鎮海瀆及諸山川 能出雲雨 皆於北郊望而告之 又祈社稷 又祈宗廟 每七日皆一祈 不雨 還從嶽瀆 旱甚 則大雩 秋分後不雩." 『通典』 120, 예80, 개원례찬류15, 길례12의 '時旱祈嶽鎮以下於北郊', '時旱就祈嶽鎮海瀆' 항목 및 다음도 참고. 『통전』 46, 예6, 연혁6, 길례5, 산천, "後魏明元帝立五岳四瀆廟於桑乾水之陰 春秋遣有司祭 其餘山川諸神三百二十四所 每歲十月 遣祠官詣州鎮編祀 有水旱災屬 則牧守各隨其界內而祈謁 王畿內諸山川 有水旱則禱之."

122) "有司奏 自春少雨 請依古典 審理冤獄 賑恤窮乏 掩骼埋胔 先祈岳鎮海瀆諸山川 能興雲雨者 於北郊 次祈宗廟 每七日一祈 不雨 還從岳鎮海瀆如初 旱甚則修雩徙市斷繖扇禁屠殺 勿飼官馬以穀 王從之 避正殿 減常膳."

그 순서는 북쪽 교외에서 악·진·해·독과 모든 산천에, 다음으로 종묘에 7일마다 한 번씩 지냈다고 한다. 그래도 비가 오지 않으면 악·진·해·독부터 다시 제사를 지내야 했다. 만약 가뭄이 심하면 雩祭를 행하고, 시장을 옮기며 繳扇을 꺾고 도살을 금하며 관마를 먹이지 않는 것 등을 행하였다. 다음도 주목된다.

F. 禮曹에서 가뭄을 근심하는 데 필요한 事宜를 올렸다. "삼가 『文獻通考』와 前朝의 『詳定古今禮』를 살펴보건대, 隋나라와 唐나라의 古制를 본받았습니다. 거기에 이르기를, '무릇 京都에 孟夏 이후에 가뭄이 들면 嶽·鎭·海·瀆에 비를 빌고, 山川으로 능히 구름과 비를 일으킬 수 있는 곳에 北郊에서 제사하며, 또 社稷과 종묘에 빌되, 7일마다 한 번씩 빌며, 그래도 비가 오지 않으면 다시 악·해·독에 祈雨하기를 처음과 같이 행한다. 그리고 가뭄이 심하면 雩祭를 지내는데, 처음에 빈 뒤 10일이 되어도 비가 안오면, 저자[市]를 옮기고, 屠殺을 금하며, 傘扇을 끊고 土龍을 만든다.' 하였으며, 또 古典에 말하기를, '가뭄이 있으면 원통한 獄事를 審理하고, 궁하고 가난한 사람을 구제하며, 뼈를 덮고 썩은 고기를 묻으며, 도랑溝洫을 치고 阡陌을 깨끗이 치운다.'고 하였으니, 古典에 따라 시행하심이 옳겠습니다." 하니, 그대로 따랐다. (『태종실록』 21, 태종 11년(1411) 5월 20일(庚辰))123)

F에 따르면 조선시대 기우제는 악·진·해·독 → 산천 → 사직·종묘 → 우사의 순서로 이루어졌다고 한다. 물론 그 순서가 바뀌는 경우가 있지만, 성종대까지 대체적인 추세였고 실제로 악·해·독과 관련된 기사는 기우와 報祀의 시행이 대다수였다고 한다.124)

그런데 고려의 경우 雩祭와 川上祭에서도 기우제를 지냈다고 한다.125)

---

123) "禮曹上憂旱事宜 謹按文獻通考 及前朝詳定古今禮 倣隋唐古制 有曰 凡京都 孟夏以後旱 則祈嶽岳鎭海瀆及諸山川 能興雲雨者於北郊 又祈社稷宗廟 每七日一祈 不雨 還從岳鎭海瀆 如初 旱甚則修雩 初祈後一旬不雨 則徙市 禁屠殺 斷傘扇 造土龍 又古典 有旱則審理冤獄 賑恤窮乏 掩骼埋胔 修溝洫 淨阡陌等事 當依古典施行 從之."

124) 한형주, 앞의 논문, 2000, 146쪽.

125) 고려시대의 기우제는 雩祭와 천상제가 있었으며 가장 먼저 기우제가 행해졌던 곳은

신라에도 하지가 지나도록 비가 오지 않을 때에 비오기를 비는 제사인 기우제가 혜수에서 행해졌다.[126] 수재나 한재 때 기청·기우를 드리던 제사인 사천상제는 犬首, 文熱林, 靑淵, 樸樹에서 행하여졌다.[127] 그렇지만 고려와 조선의 경우 기우제를 지낼 일이 생기면 제일 먼저 제사지내는 곳이 악·진·해·독이었다. 그렇다면 신라 중대에도 당·고려·조선과 마찬가지로 해·독을 포함한 악·진에서 가장 먼저 기우제가 행해지지 않았을까 한다. 이것은 해·독을 제장으로 하는 제사가 정·천을 제장으로 하는 제사와 비교할 때 그 제사가 우선시되었다는 것을 말해주는 것으로 생각된다.

한편 당은 성덕왕에게 '영해군사'라는 관작을 내리고 있다.[128] 이것은 당이 발해와의 관계 속에서 신라왕에게 황해 지배권을 위탁한 것이지만,[129] '영해군사'라는 관작은 경덕왕·선덕왕·헌덕왕·흥덕왕대로 이어지고 있다.[130] 청해진 설치 이후에는 해상의 요충지에 당성진(경기도 화성군 남양

악·진·해·독이었다. 기우처로는 태묘·사직을 비롯해 사원과 악·진·해·독 등으로 다양하였다. 특히 송악산·동신당과 제신묘·천상·박연 등 5개소는 가장 중요한 기우처로 여겨졌다(김철웅, 앞의 논문, 2001, 125쪽). 천상제와 관련해서는 다음도 참고된다. "靖宗元年 五月甲辰 祈晴于川上 每水旱 祭百神於松岳溪上 號曰川上祭 … 文宗五年 十二月戊子 制 大雪之候 雪不盈尺 宜令諏日 祈雪於川上 禮部奏 仲冬以來 雖無盈尺之雪雨 復需然 況今節近立春 不宜祈雪 從之 … 睿宗十一年 四月丁卯 遣使祈雨 於上京川上松嶽東神諸神廟朴淵及西京木覓東明祠道哲嵒梯淵."(『고려사』 63, 지17, 예5(잡사)). 한편 고려와 조선의 기우제에 대해서는 서영대, 「민속종교」, 『한국사』 16, 1994, 358~365쪽과 김해영, 「상정고금례와 고려조의 사전」, 『국사관논총』 55, 1994, 144~147쪽도 참고.

126) 정구복 외 4인, 앞의 책, 1997, 37쪽 ; 나희라, 앞의 책, 2003, 51쪽. 임천사의 못가에서도 기우제가 행해지기도 하였다. 『삼국사기』 8, 신라본기8, 성덕왕 14년, "六月 大旱 王召河西州龍鳴嶽居士理曉 祈雨於林泉寺池上 卽雨浹旬." ; 『삼국사기』 8, 신라본기8, 성덕왕 15년, "夏六月 旱 又召居士理曉祈禱 則雨."

127) 고려시대에 수재나 한재 때 松嶽溪上에서 百神에게 祈晴·祈雨를 드리던 제사를 川上祭라고 하였는데, 이것은 신라 사천상제와 대응되는 것으로 볼 수 있다(김동욱, 앞의 논문, 1983, 33쪽).

128) 『삼국사기』 8, 신라본기8, 성덕왕 32년, "秋七月 唐玄宗以渤海靺鞨 越海入寇登州 遣太僕員外卿金思蘭歸國 仍加授王爲開府儀同三司寧海軍使 發兵擊靺鞨南鄙 …."

129) 浜田耕策, 「新羅王權と海上勢力」, 『新羅國史の硏究』, 吉川弘文館, 1998, 454~455쪽.

130) 『삼국사기』 9, 신라본기9, 경덕왕 2년, "新羅王開府儀同三司使持節大都督鷄林州諸軍事兼充持節寧海軍使." ; 『삼국사기』 9, 신라본기9, 선덕왕 6년, "王爲檢校太尉雞林州刺史

만), 혈구진(강화도), 장구진(황해도 장연군 장산곶 근처) 등이 설치되고 있다.131) 특히 청해진 조음도에서 지낸 제사는 해신에 대한 제사로 해양신앙과 밀접한 관련을 가지고 있는 것이었다.132) 이로 볼 때 통일신라기 사해와 사독에서 이루어진 제사는 물을 제장으로 한 신라 최고의 국가제사로, 해양신앙과도 관련이 있음을 알 수 있을 것이다.

본 글은 한국 고대 '대천' 제사가 지니고 있는 의미를 신라의 사해와 사독 제사를 통해 생각해 보았다. 물과 관련된 제장은 소천과 대천으로 나누어 볼 수 있는데, 소천에 해당하는 것은 井(淵)·川(泉)이고 대천에 해당하는 것은 海·瀆이다. 이 중 대천제사인 사해와 사독은 통일신라의 사방관념, 영역관념과 관련있다고 하였다. 그렇지만 여기에는 신라 중대 지배층의 원신라 중심적 인식이 내재되어 있다고 하였다. 이에 신라 중대왕실이 사해와 사독을 비롯한 오악과 사진을 편제한 목적이 있지 않았을까 하였다.

신라 중대왕실이 명산대천제사를 대·중·소사에 편제한 이유는 중앙집권적 지배체제를 확립하기 위해 각 지역에서 행하였던 명산대천제사를 국가제사체계로 받아들여 정비함으로써, 그 지역에 대한 지배권을 행사하기 위한 것이었다. 이것은 사해와 사독 역시 마찬가지였다고 하였다. 사해와 사독, 오악과 사진은 유교의 산천규범 중 천자국의 그것과 관련된 것이었다. 그렇지만 신라는 그것을 그대로 두고 있다. 이것은 신라 중대왕실이 행하여왔던

寧海軍使新羅王."; 『삼국사기』 10, 신라본기10, 헌덕왕 즉위년, "冊立王爲開府儀同三司檢校太尉持節大都督雞林州諸軍事兼持節充寧海軍使上柱國新羅王."; 『삼국사기』 10, 신라본기10, 흥덕왕 2년, "冊立王嗣王爲開府儀同三司檢校太尉使持節大都督雞林州諸軍事兼持節充寧海軍使新羅王."

131) 『삼국사기』 10, 신라본기10, 흥덕왕 3년, "夏四月 清海大使弓福 姓張氏(一名 保皐) 入唐徐州爲軍中小將 後歸國謁王 以卒萬人鎭清海(清海 今之莞島)."; 『삼국사기』 10, 신라본기10, 흥덕왕 4년, "春二月 以唐恩郡爲唐城鎭 以沙湌極正往守之."; 『삼국사기』 11, 신라본기11, 문성왕 6년, "秋八月 置穴口鎭 以阿湌啓弘爲鎭頭." 장구진과 관련해서는 『신당서』 43하, 지33하, 지리, 기미주·하북도 등주조에 보인다. 그 위치에 대해서는 今西龍, 「慈覺 大師入唐求法巡禮行記を讀みて」, 『新羅史研究』, 國書刊行會, 1933 참조.

132) 이와 관련해서 채미하, 앞의 논문, 2005 : 앞의 책, 2008 참고.

유교적인 지배체제 정비와 밀접한 관련을 지니고 있는 것으로 보았다. 다시 말하자면 신라 중대왕실은 유교적 지배체제 정비를 통해 새로운 지배질서를 꾀하려고 하였는데, 그중의 하나가 유교의 산천규범을 따른 것이었다고 하였다.

한편 오래 전부터 물은 신성시되었고 그 곳은 제장이 되기도 하였다. 이를 통해 한국 고대 산악신앙 못지 않게 물과 관련된 신앙 및 그 곳에서 행해졌던 제사는 국가제사로서 그 역할을 다 하였음을 알 수 있었다. 신라 중대 정·천은 농경제사와 '별제'의 제장이었고, 사해와 사독은 중사에 편제되었다. 신라에서는 강과 바다에 대한 제사가 일찍부터 있어 왔고 신라의 외연이 확대됨으로써 물과 관련된 제사 공간은 신라 초기 정·천이 중심이었다가 점차 해·독으로 확장되어 갔다고 하였다. 신라 중대 해·독을 제장하는 제사는 정·천을 제장으로 하는 제사와 비교해서 상대적으로 그 위상이 높았다고 하였다. 이러한 사해와 사독제사는 통일신라기 물을 제장으로 하는 신라 최고의 국가제사로, 해양신앙과도 밀접한 관련을 가졌다고 보았다.

제3절 백제의 산천제사와 그 整備

　백제의 국가제사에는 시조 및 국모묘에 대한 제사, 천지에 대한 제사, 산천에 대한 제사 등이 있다. 이러한 백제의 국가제사와 관련해서 다양한 연구성과가 있어 왔다.[1] 기왕의 연구성과를 통해 백제 국가제사의 체계 및 각 제사의 성격, 그 변천과정에 대한 이해의 폭은 넓고 깊어졌다.

　지금까지 백제의 산천제사와 관련된 연구성과에 따르면 사비시기의 삼산과 오악에 주목하면서 삼산과 오악은 백제의 지신족 신앙이 변형된 모습이라든가,[2] 四方界山의 설정과 호국사찰의 성립,[3] 삼산이 국가차원에서 영산으로 숭배된 것은 仙家 내지 도가 사상과 관련있다고 하기도 한다.[4] 이러한 사비시기의 산천제사는 한성-웅진시기의 산천제사와 같은 선상에서 대체로 이해하고 있다.

---

1) 이와 관련해서 최근 단행본으로 간행된 최광식, 『백제의 신화와 제의』, 주류성, 2006 및 충청남도역사문화원, 『백제의 제의와 종교』, 백제문화대계연구총서 13, 2007이 참고된다.

2) 김두진, 「백제 건국신화의 복원시론」, 『국사관논총』 13, 1990 :『한국고대의 건국신화와 제의』, 일조각, 1999, 179~180쪽 ; 유원재, 「사비시대의 삼산숭배」, 『백제의 종교와 사상』, 충청남도, 1994 ; 최광식, 위의 책, 2006.

3) 이도학, 「사비시대 백제의 4方界山과 호국사찰의 성립-法王의 불교이념 확대시책과 관련하여」, 『백제연구』 20, 1989.

4) 이도학, 위의 논문, 1989, 124쪽 ; 유원재, 앞의 논문, 1994, 85~86쪽 ; 노중국, 「사비 도읍기 백제의 산천제의와 백제금동대향로」, 『계명사학』 14, 2003 ; 장인성, 「백제금동대향로의 도교문화적 배경」, 『백제금동대향로와 고대동아세아』, 백제금동대향로 발굴10주년기념국제학술심포지움, 국립부여박물관, 2003.

국가제사는 유교에서도 중요시 여기고 있다. 한성시기의 동명묘 제사는 사비시기에 구태묘로 '祭天地'는 '祭天及五帝之神'으로 변하는데, 이것은 중국에서 받아들인 유교 예제와 관련있다고 보기도 한다.[5] 이와 같은 점을 염두에 둘 때 우선 한성-웅진시기의 산천제사와 사비시기의 산천제사는 같았다고는 생각되지 않는다. 사비시기 산천제사의 정비는 유교 예제와의 관련성 속에서 찾을 수 있을 것이다. 이에 본 글에서는 중국 예제의 수용이 사비시기 산천제사의 정비와 어떤 관련성을 갖고 있는지를 살펴보고, 이를 통해 사비시기 산천제사가 지니고 있는 의미가 무엇인지에 대해 생각해 보고자 한다.

우선 백제의 산천제사에는 어떤 것이 있었는지를 사비시기를 중심으로 살펴볼 것이다. 이것은 『삼국사기』 제사지 신라조의 대·중·소사에 편제되어 있는 산천이라든가, 『삼국사기』 백제본기의 전렵 기사 등을 통해 알 수 있을 것이다. 사비시기 산천제사가 정비되는 것과 관련해서는 중국에서 수용되는 예제와 당시의 구태묘 제사와 천 및 오제신에 대한 제사와의 관련성 속에서 찾아 볼 것이다. 이를 통해 사비시기 산천제사 정비가 가지고 있는 의미를 알 수 있을 뿐만 아니라 백제 산천제사에 대한 이해는 더욱 깊고 넓어질 것으로 기대한다.

1. 사비시기의 三山, 五嶽, 諸山川

『삼국사기』 제사지 신라조에 따르면 大祀에는 삼산이, 中祀에는 오악·사진·사해·사독과 속리악 이하 6곳이, 小祀에는 24개의 산천 등이 편제되어

---

5) 이기동, 「백제국의 정치이념에 대한 일고찰―특히 '주례' 주의적 정치이념과 관련하여」, 『진단학보』 69, 1990 : 『백제사연구』, 일조각, 1996, 40쪽 및 162쪽 ; 서영대, 「백제의 오제신앙과 그 의미」, 『한국고대사연구』 20, 2000 ; 노중국, 앞의 논문, 2003 : 「백제의 제의체계 정비와 그 변화」, 『계명사학』 15, 2004도 참고.

있음을 알 수 있다. 이와 같은 제사지 신라조의 제사대상들이 대·중·소사에 편제된 것은 신문왕대 새로 정비되는 주·군·현제와 관련이 있다고 한다.[6] 9주는 삼국통일 이전부터 정비되다가, 삼국통일 후 신문왕 5년(685)에서 왕 7년에 걸쳐 완산주를 신설하고 거열주·사비주·발라주·일선주 등의 주치를 이동함으로써 완성되었다.[7] 이러한 9주는 신라·백제·고구려 3국을 기준으로 각각 그 옛 땅에 3개의 주를 설치하였는데, 상주·양주·강주는 구신라·구가야 지역이고(이하에서는 구신라 지역으로 한다), 웅주·전주·무주는 구백제 지역이며 한주·삭주·명주는 구고구려 지역이다.[8] 『삼국사기』 제사지 신라조의 명산대천 중 구백제 지역의 것으로 보이는 산천제사는 다음과 같다.

A. 1) 中祀 五岳 南地理山(菁州) 西雞龍山(熊川州)
　　　　　四鎭 西加耶岬岳(馬尸山郡)
　　　　　四海 西末陵邊(屎山郡)
　　　　　四瀆 西熊川河(熊川州)
　　　　　기타 上助音居西(西林郡) 烏西岳(結已郡) 淸海鎭(助音島)
　　2) 小祀 月奈岳(月奈郡) 武珍岳(武珍州) 西多山(伯海郡 難知可縣) 冬老岳(進禮郡 丹川縣) 加林城(加林縣)

---

6) 濱田耕策은 산천의 소재지의 표기가 주·군명인 것이 대부분이고 소사에는 縣名까지 표기되어 있는데 착안해서 대·중·소사의 편성은 군현제와 관련이 있을 것이라 하였다 (「新羅の祀典と名山大川の祭祀」, 『呴沫集』 4, 1984, 155쪽).
7) 『삼국사기』 8, 신라본기8, 신문왕 5년, "春 復置完山州 以龍元爲摠管 挺居列州 以置菁州 始備九州 以大阿湌福世爲摠管."; 『삼국사기』 8, 신라본기8, 신문왕 6년, "二月 置石山馬山孤山沙平四縣 以泗沘州爲郡 熊川郡爲州 發羅州爲郡 武珍郡爲州."; 『삼국사기』 8, 신라본기8, 신문왕 7년, "三月 罷一善州 復置沙伐州 以波珍湌官長爲摠管."
8) 『삼국사기』 34, 잡지3, 지리1, "始祖已來處金城 至後世多處兩月城 始與高句麗·百濟地錯犬牙 或相和親 或相寇鈔 後與大唐侵滅二邦 平其土地 遂置九州 本國界內 置三州 王城東北當唐恩浦路曰尙州 王城南曰良州 西曰康州 於故百濟國界 置三州 百濟故城北熊津口曰熊州 次西南曰全州 次南曰武州 於故高句麗界 置三州 從西第一曰漢州 次東曰朔州 又次東曰溟州 九州所管郡縣 無慮四百五十(方言所謂鄕·部曲等雜所 不復具錄) 新羅地理之廣袤 斯爲極矣 及其衰也 政荒民散 疆土日蹙 末王金傅 以國歸我太祖 以其國爲慶州."

다음 〈표 1〉은 A의 내용이다.

〈표 1〉 제사지 신라조에 보이는 구백제 지역의 산천제사

		祭祀志		地理志		주치	백제
		祭祀對象	所在地	改稱前	改稱後		사비시기
中祀	五岳	南 地理山	菁州	菁州	康州	*강주	남악
		西 雞龍山	熊川州	熊川州	熊州	웅주	동악
	四鎭	西 加耶岬岳	馬尸山郡	馬尸山郡	伊山郡	(웅주)	제산천
	四海	西 未陵邊	屎山郡	屎山郡	臨陂郡	(전주)	제산천
	四瀆	西 熊川河	熊川州	熊川州	熊州	웅주	제산천
	其他	上助音居西	西林郡	舌林郡	西林郡	(웅주)	제산천
		烏西岳	結已郡	結已郡	潔城郡	(웅주)	북악
		淸海鎭	助音島				
小祀		月奈岳	月奈郡	月奈郡	靈巖郡	(무주)	서악
		武珍岳	武珍州	武珍州	武州	무주	제산천
		西多山	伯海郡 難知可縣	伯伊(海)郡 難珍阿縣	壁谿郡 鎭安縣	(전주)	제산천
		冬老岳	進禮郡 丹川縣	進仍乙郡 赤川縣	進禮郡 丹川縣	(전주)	제산천
		加林城	加林縣	加林郡	嘉林郡	(웅주)	제산천

이상과 같은 구백제 지역의 산천제사와 관련해서 다음이 주목된다.

B. 雞山은 동쪽에 우뚝 솟아 있고 4序를 꿰뚫음이 華와 같다(括地志에서 말하였다. "烏山은 나라의 北界로 大山이며 草木鳥獸가 중국과 같다. 또 國東에는 鷄藍山이 있는데, 산의 남쪽에는 또 祖粗山이 있으며 또 國의 南界에는 霧五山이 있는데 그 산의 초목은 여름이나 겨울이나 항상 우거져 있었다. 또 旦那山은 國의 西界에 있으며 또 山旦山, 禮母山이 있고 아울러 石山은 國南에 있다." (『한원』 백제)9)

B에 보이는 『翰苑』에 인용된 『괄지지』의 내용에 따르면 백제의 북계에는 烏山, 국동에는 鷄藍山, 계남산 남쪽에는 祖粗山, 남계에는 霧五山, 서계에는

---

9) "雞山東峙 貫四序以同華(括地志曰 烏山在國北界 大山也 草木鳥獸 與中夏同 又國東有鷄藍山 山南又有祖粗山 又國南界有霧五山 其山草木 冬夏常榮 又有旦那山在國西界 又有山旦山 禮母山 並石山在國南之也."

旦那山, 그 밖에 山旦山, 禮母山이 國南에 있다고 한다. 이것을 〈표 1〉과 비교해 보면 東界 鷄藍山은 중사 서악인 계룡산, 西界 단나산은 소사의 하나인 월나악(또는 태안의 나산), 南界 무오산은 중사 남악인 지리산, 北界 오산은 중사 기타 6곳의 하나인 오서악과 山旦山은 소사의 하나인 서다산으로, 통일신라 때 국가제사의 대상이 된다.

그렇다면 〈표 1〉에 보이는 구백제 지역의 산천 중 흥덕왕 3년(828) 이후에 국가제사에 편제되었다가 문성왕 13년(851)을 전후하여 혁파되는 청해진[10]을 제외한 나머지 산천들은 백제시기에도 주요한 국가제사 대상이었을 것으로 여겨진다. 신라가 삼국을 통일한 후 전국의 산천제사를 재편할 때 기왕의 것을 염두에 두면서 신라 국가제사체계를 편제하였을 것으로 생각되기 때문이다.

B의 『翰苑』은 660년경에 唐 張楚金이 편찬하고 雍公叡가 註를 붙인 것이다. 여기에 인용되어 있는 『괄지지』는 唐의 濮王泰 등이 편찬한 것으로, 『신당서』 藝文志를 보면 "괄지지 550권 및 序略 5권"으로 되어 있다고 한다.[11] 이로 볼 때 『한원』뿐만 아니라 『괄지지』의 내용은 백제 사비시기의 사실을 반영하는 것으로 생각된다.

『한원』의 정문인 "雞山東峙 貫四序以同華"는 "계산은 동쪽에 우뚝 솟아 있고, 四序를 꿰뚫음이 華와 같다"고 해석해 볼 수 있다. 여기에서 四序는 봄, 여름, 가을, 겨울 즉 사철을 말한다. 이에 『한원』의 내용은 백제 사비시기 산천의 사철 운행이 중국과 같았음을 말하는 것이라고 볼 수 있다. 이것은 『괄지지』의 "烏山 … 草木鳥獸 與中夏同"에서도 알 수 있다. 『괄지지』를 보면 백제의 북계에는 烏山, 국동에는 鷄藍山, 계남산 남쪽에는 祖粗山,

---

10) 『삼국사기』 10, 신라본기10, 흥덕왕 3년, "夏四月 淸海大使弓福 姓張氏(一名 保皐) 入唐徐州爲軍中小將 後歸國謁王 以卒萬人鎭淸海(淸海 今之莞島)." ; 『삼국사기』 11, 신라본기11, 문성왕 13년, "春二月 罷淸海鎭 徙其人於碧骨郡." 청해진이 신라 국가제사에 편제되고 혁파되는 이유와 관련해서는 채미하, 「청해진의 사전편제와 해양신앙」, 『진단학보』 99, 2005 : 앞의 책, 2008 참고.

11) 현행본은 淸의 孫星衍이 여러 책에 인용된 逸文을 모아 편찬한 것이라고 한다.

남계에는 霧五山, 서계에는 旦那山이 있다고 한다. 이처럼 사비시기에 산천을 중심으로 동·서·남·북계, 즉 사방계가 설정되어 있었다. 이것은 백제 사비시기의 산천이 사철의 운행뿐만 아니라 산천으로써 사방계를 표시하는 것이 중국과 같았다는 것으로, 당시『한원』의 찬자는 이해한 것으로 여겨진다. 이러한 백제의 사방계와 관련해서 다음도 관심을 끈다.

C. 여름 5월에 붉은 말이 북악 오함사에 들어와서 울면서 불당을 돌다가 며칠 후에 죽었다. (『삼국사기』 28, 백제본기6, 의자왕 15년)12)

C에 따르면 붉은 색의 말이 북악의 오함사에 들어가 울면서 법당을 돌다가 며칠만에 죽었다고 한다. 여기에 보이는 북악은『괄지지』의 오산으로, 오함사는 현재의 충남 보령군 감포의 성주사지로 추정되고 있다.13)『괄지지』에는 "烏山在國北界 大山也"라고 나온다. 大山이란 후술되겠지만, 유교 산천규범에서 오악 등 四方(四望)을 말한다. 이로 볼 때『괄지지』의 북계는 북악으로 볼 수 있을 것이며, 이것은 사비시기 오악의 존재를 말해주는 것이라고 한다. 이러한 사비시기 오악은 B에 보이는 계람산을 동악, 단나산을 서악, 무오산을 남악, 오산을 북악으로 비정하고 중악으로는 조조산이나 미륵신앙지로 유명한 김제의 모악산으로 보고 있다.14)

백제의 삼산과 관련해서는 다음이 주목된다.

D. 또 군 안에는 세 개의 산이 있는데 日山·吳山·浮山이라고 한다. 백제가 全盛하던 때에는 각각 神人이 그 산 위에 살았는데, 날아서 서로 왕래하기를

---

12) "夏五月 驛馬入北岳烏舍寺 鳴匝佛宇 數日死."
13) 동국대학교박물관, 『불교미술』 2(성주사지발굴조사특집), 1974 ; 충남대학교, 『보령 성주사지 제5차 발굴조사약보고서』, 1994.
14) 이도학, 앞의 논문, 1989, 122~123쪽. 이로 볼 때 중악을 왕도 인근에 비정하지 않았는데, 이것은 백제 5方城이 왕도 남쪽 260여리 떨어져 있다는 『한원』의 기록을 중시했기 때문이다.

아침저녁으로 끊이지 않았다. (『삼국유사』 2, 기이2, 남부여·전백제·북부여)15)

D는 백제 왕도였던 부여군에 三山이 있는데, 일산·오산·부산이 그것이라고 한다. 이러한 삼산은 사비천도 이후에 부여를 중심으로 설정되었고,16) 대체로 일산은 현재 부여의 금성산, 오산은 부여 염창리의 오석산, 부산은 백마강 맞은편의 무산으로 추정하고 있다.17)

이처럼 사비시기 삼산과 오악의 존재를 생각해 볼 수 있다. 그리고 川은 山과 마찬가지로 고대사회에서 주요한 제장의 하나였다. 고이왕 10년(243) 기사를 보면 천지에 대한 제사를 지낼 때 山川에 대한 제사도 함께 지내고 있다.18) 〈표 1〉에 보이는 미릉변과 웅천하를 볼 때 산 이외에 천에 대한 제사도 행해졌을 것으로 생각해 볼 수 있는 것이다. 이에 사비시기 산천제사는 삼산과 오악 이외에 기타 諸山川도 있었을 것으로 짐작된다.19)

제산천과 관련해서는 전렵지가 주목되는데, 고대사회에서 전렵지는 단순한 사냥터가 아니라 군사훈련과 더불어 제의가 행해지는 곳이었다. 이것은 고구려에서 매년 3월 3일에 낙랑의 언덕에서 사냥을 하여 거기에서 잡은 돼지와 사슴으로 하늘과 산천에 대한 제사를 지냈다든가,20) 백제 아신왕 11년(402)에 가뭄이 심하자 전렵지였던 횡악에서 기우제를 지내고 있는 데서21) 알 수 있다. 사비시기 전렵지로는 호산이나 생초원(무왕 33)22) 등의

---

15) "又郡中有三山 曰日山吳山浮山 國家全盛之時 各有神人居其上 飛相往來 朝夕不絶."

16) 특히 백제금동대향로의 뚜껑 부분에 표현된 삼산은 사비 천도 후 국가의 전성기를 다시 이루고자 했던 백제의 의지와 호국신앙으로서의 삼산신앙이 향로에 투영되었다고 보기도 한다(노중국, 앞의 논문, 2003 ; 장인성, 앞의 논문, 2003).

17) 유원재, 앞의 논문, 1994 ; 노중국, 위의 논문, 2003 : 앞의 논문, 2004도 참고.

18) 『삼국사기』 24, 백제본기2, 고이왕 10년, "春正月 設大壇 祀天地山川."

19) 노중국은 앞의 논문, 2004에서 삼산-오악-제산으로 보고 있다.

20) 『삼국사기』 45, 열전5, 온달, "高句麗常以春三月三日 會獵樂浪之丘 以所獲猪鹿 祭天及山川神 至其日 王出獵 羣臣及五部兵士皆從."

21) 『삼국사기』 25, 백제본기3, 아신왕 11년, "夏 大旱 禾苗焦枯 王親祭橫岳 乃雨."

22) 『삼국사기』 27, 백제본기5, 무왕 33년, "秋七月 發兵伐新羅 不利 王田于生草之原."

지역과 정사암이 있었던 호암산 등을 생각해 볼 수 있다.

그렇다면 한성시기와 웅진시기에는 어떠했을까. 우선 삼산과 오악의 여부와 관련해서는, 신라의 삼산과 오악이 관심을 끈다. 신라의 삼산은 원래의 성읍국가 사로가 중앙집권적 귀족국가인 신라로 발전하는 과정에서 발생한 것으로, 왕경 중심의 지배집단의 제사대상이었다고 한다.[23] 통일전 신라 오악은 신라 중심부인 경주평야를 둘러싸고 있었다.[24] 이로 볼 때 한성-웅진시기에도 한성과 웅진 중심의 삼산과 오악을 생각해 볼 수 있다. 한성-웅진시기 제산천 역시 전렵지를 통해 알 수 있을 것이다.

한성시기의 전렵지로는 부현(온조 22),[25] 아산원(온조 43),[26] 횡악(다루4. 진사7),[27] 한산(기루27, 개루4, 비유29),[28] 서해대도(고이3, 진사7),[29] 부산(고이5),[30] 구원(비류22, 진사6·8)[31] 등이 있다. 웅진시기의 전렵지로는 한산성(동성5)과 웅진북(동성5),[32] 사비원(동성12·23)과 웅천북(동성23),[33]

---

23) 이기백, 「신라 삼산의 의의」, 『한국고대사론 – 증보판』, 일조각, 1995, 147쪽.

24) 『신증동국여지승람』 21, 경주부 산천조에는 토함산을 동악, 금강산을 북악, 함월산을 남악, 선도산을 서악이라고 하고 있다. 『삼국사기』 41, 열전1, 김유신(상)에는 중악 단석산이 보인다.

25) 『삼국사기』 23, 백제본기1, 온조왕 22년, "九月 王帥騎兵一千 獵斧峴東 遇靺鞨賊 一戰破之 虜獲生口 分賜將士."

26) 『삼국사기』 23, 백제본기1, 온조왕 43년, "秋八月 王田牙山之原五日."

27) 『삼국사기』 23, 백제본기1, 다루왕 4년, "九月 王田於橫岳下 連中雙鹿 衆人歎美之."; 『삼국사기』 25, 백제본기3, 진사왕 7년, "八月 又獵橫岳之西."

28) 『삼국사기』 23, 백제본기1, 기루왕 27년, "王獵漢山 獲神鹿."; 『삼국사기』 23, 백제본기1, 개루왕 4년, "夏四月 王獵漢山."; 『삼국사기』 25, 백제본기3, 비유왕 29년, "春三月 王獵於漢山."

29) 『삼국사기』 24, 백제본기2, 고이왕 3년, "冬十月 王獵西海大島 手射四十鹿."; 『삼국사기』 25, 백제본기3, 진사왕 7년, "秋七月 獵國西大島 王親射鹿."

30) 『삼국사기』 24, 백제본기2, 고이왕 5년, "二月 田於釜山 五旬乃返."

31) 『삼국사기』 25, 백제본기3, 비유왕 22년, "十一月 王獵於狗原北 手射鹿."; 『삼국사기』 25, 백제본기3, 진사왕 6년, "冬十月 獵於狗原."; 『삼국사기』 25, 백제본기3, 진사왕 8년, "冬十月 高句麗攻拔關彌城 王田於狗原 經旬不返."

32) 『삼국사기』 26, 백제본기4, 동성왕 5년, "春 王以獵出至漢山城 撫問軍民 浹旬乃還 夏四月 獵於熊津北 獲神鹿."

33) 『삼국사기』 26, 백제본기4, 동성왕 12년, "九月 王田於國西泗沘原."; 『삼국사기』 26,

우명곡(동성14),[34] 우두성(동성22),[35] 狐山(무령22)[36] 등이 나온다. 이외 취리산이나 죽막동유적 등도 생각해 볼 수 있다.[37]

이상에서 백제의 산천제사는 기본적으로 삼산과 오악이 있었고 전렵지 등의 제산천에서 이루어졌을 것으로 생각된다.[38] 사비시기의 산천 중 삼산은 D를 볼 때 부여 지역을 중심으로 편제되어 있음을 알 수 있다. 오악이 분포된 지역을 〈표 1〉에서 살펴보면 동악인 계람산은 웅주에, 서악인 단나산 은 무주에, 남악인 지리산은 강주에,[39] 북악인 오산은 웅주에 있음을 알 수 있다.[40] 이러한 사비시기의 오악은 한성-웅진시기의 오악이 한성·웅진 중심으로 이루어졌을 것으로 여겨지는 반면 사비지역을 벗어나고 있는 것이다. 이것은 통일 후 신라의 오악이 신라 영토가 확대되고 통일을 성취한 뒤인 문무왕 말년 혹은 신문왕대에 국토의 사방과 중앙에 있는 산악들로 변화하는 것[41]과 마찬가지라고 볼 수 있는 것이다. 이로 볼 때 백제 사비시기

백제본기4, 동성왕 23년, "冬十月 王獵於泗沘東原 十一月 獵於熊川北原 又田於泗沘西原 阻大雪, 宿於馬浦村."

34) 『삼국사기』 26, 백제본기4, 동성왕 14년, "冬十月 王獵牛鳴谷 親射鹿."

35) 『삼국사기』 26, 백제본기4, 동성왕 22년, "夏四月 田於牛頭城."

36) 『삼국사기』 26, 백제본기4, 무령왕 22년, "秋九月 王獵于狐山之原."

37) 박승범, 「삼국의 국가제의 연구」, 단국대학교 박사학위논문, 2002 ; 노중국, 앞의 논문, 2004, 148~149쪽 ; 최광식, 앞의 책, 2006, 99~128쪽 참고.

38) 백제의 전통적인 산악신앙이 사비시대에 3산, 5악으로 재편성된 것으로 보기도 하나(이도학, 앞의 논문, 1989 ; 서영대, 앞의 논문, 2000, 126쪽), 3산과 5악에 대한 인식은 일찍부터 있지 않았을까 한다(박승범, 앞의 논문, 2000 ; 노중국, 앞의 논문, 2004).

39) 남악 지리산의 소재지명이 구신라 지역의 하나인 菁州로 되어 있다. 제사지 신라조에 서 지리산을 청주 소속이라 한 것은 신라에서 지리산을 백제쪽 보다는 가야와 연결시 켜 생각한 결과라고 할 수 있을 것이다(이기백, 『신라정치사회사연구』, 일조각, 1974, 202~203쪽). 『신증동국여지승람』 30의 진주목조에는 "진주는 본래 백제의 거열성 또는 거타인데, 신라 문무왕이 취해 주를 두었다고."는 기록으로 보아, 진주 근처까지 백제의 영역이었음을 알 수 있다.

40) 사비시기 오악에 대한 위치 비정과 관련해서는 이도학, 앞의 논문, 1989 ; 노중국, 앞의 논문, 2003 및 앞의 논문, 2004 참고.

41) 이기백, 앞의 책, 1974, 207쪽.

오악에는 당시의 영역 관념이 반영되어 있었다고 할 수 있다.[42] 이것은 제산천도 마찬가지였을 것으로 생각한다. 사비시기 제산천과 관련해서는 제사지 신라조에 보이는 구백제 지역의 산천만을 염두에 둘 때,[43] 〈표 1〉을 보면 가야압악·웅천하·상조음거서는 웅주에, 미릉변·서다산·동로악은 전주에, 무진악은 무주에 편제되어 있는 것이다.

  사비시기 국가제사에 편제되어 있었던 산천은 당시 지방통치체제와도 밀접한 관련을 가지고 있지 않았을까 한다.[44] 『구당서』 백제전에 따르면 멸망 당시의 백제가 5부(方)－37郡－200城으로 편제되었다고 한다.[45] 이 중 『한원』 백제조에 의하면 5방의 방성은 석축으로 이루어졌고, 7백~1천 2백명의 군사가 배치되었다고 한다.[46] 이 점은 方이 행정적 거점으로서 뿐만 아니라 군사적 거점으로서도 중요했다는 점이다.[47] 특히 방성들은 험한 산을 이용하여 축조되었다.[48] 이러한 산은 그 지역의 鎭山이었을 것이다. 이러한 진산은 오방 이외에도 37군에도 있었을 것이다. 이들 오방과

---

42) 이도학, 앞의 논문, 1989, 122쪽.
43) 이상의 사비시기 제산천에 대한 위치비정과 관련해서는 이도학, 앞의 논문, 1989 ; 노중국, 앞의 논문, 2003 및 앞의 논문, 2004 참고.
44) 노중국은 "삼산·오악·제산에는 산신들이 살고 있었다. 이 산신들은 호국신이었다. 이 중 삼산은 왕경 지역에 위치하고 있어 왕실의 안녕과 국가의 안전을 도모하는 기능을 수행하였다. 한편 지방에 위치한 오악에 속한 산과 제산은 지방통치와 연관되는 것으로 지방민을 국가체제 속에 편제하고 국토를 지키는 기능을 하였다."고 한다(앞의 논문, 2004, 165~166쪽).
45) 이로 볼 때 6~7세기 백제의 지방통치체제는 방－군－성체제라고 할 수 있다. 5방 체제의 완비는 성왕 16년(538) 사비천도 이후 위덕왕 집권시기(555~598) 사이에 통치제제를 정비하는 과정에서 이루어졌을 것으로 보고 있다. 방성 아래에는 방성의 통제를 받는 군성이나 현성(여러 소성)들이 있었다. 이러한 중요한 성들은 중심성을 보호하기 위해 부대적으로 小城이나 柵을 축조하였다(박현숙, 『백제의 중앙과 지방』, 주류성, 2005, 198쪽).
46) 『한원』 30, 번이부 백제, "括地志曰 … 其諸方之城 皆憑山險爲之 亦有累石者 其兵多者千人 少者七八百人 城中戶多者至五百家 諸城左右亦各有小城 皆統諸方 …."
47) 박현숙, 「백제 군사조직의 정비와 그 성격－사비시대를 중심으로－」, 『사총』 47, 1998, 65쪽.
48) 박현숙, 앞의 책, 2005, 198쪽.

37군에 있는 진산들을 오악과 제산천에 바로 대응시킬 수는 없지만,[49] 사비시기 지방통치체제와 그 지역에 있었던 산천들은 밀접한 관련을 가지고 있었을 것이다. 이와 같이 생각할 수 있다면 사비시기 국가제사에 편제된 각 지역의 산천은 왕성과 국토방위, 지역방호를 위한 목적도 가지고 있었다고 할 수 있는 것이다.[50]

산천에 대한 제사는 '자연재해로부터 안전을 도모하는 것'과 함께 '풍년을 기원하는 것'이었다.[51] 그리고 산(천)신 그 자체는 중요한 신앙의 대상이 되어 왔다. 그것은 산(천)신이 단순히 산(천)을 지배하는 데 그치지 않고 인간의 길흉 전반을 통어하는 것으로 믿었기 때문이다. 백제의 경우 진사왕은 병란에 대한 호국을 목적으로,[52] 아신왕은 기우를 목적으로 제사지내고 있다.[53] 의자왕 15년조를 보면 국가에 위급한 상황이 있을 때 기도처로도 이용되고 있음을 알 수 있다.[54]

산천제사는 그 지역의 수호신에 대한 제사였고 또한 그 지역세력과도 밀접한 관련을 가지고 있었다.[55] 이와 관련해서 삼국을 통일한 후 신라 국가제사에 편제된 오악이 관심을 끄는데, 신라의 오악은 신라에 새로 편입되

---

49) 5방성과 오악을 〈표〉로 나타내면 다음과 같다. 그리고 〈표 1〉을 보면 백제의 37군에 보이는 일부 산천제사의 모습을 엿볼 수 있다.

	동	서	남	북	중
5방성	득안성(은진)	구지하성 (광주 또는 남원)	도선성 (예산군 대흥면)	웅진성(공주)	고사성 (정읍시 고부면)
5악	계람산 (계룡산 : 공주)	단나산 (월나악 : 영암군)	무오산 (지리산 : 남원)	오산 (오서악 : 보령시)	조조산 또는 모악산 (또는 김제)

50) 최광식, 앞의 책, 2006.
51) 許進雄 저, 洪熹 역, 『중국고대사회』, 동문선, 1991, 537쪽.
52) 『삼국사기』 25, 백제본기3, 진사왕 8년, "冬十月 高句麗攻拔關彌城 王田於狗原 經旬不返."
53) 『삼국사기』 25, 백제본기3, 아신왕 11년, "夏 大旱 禾苗焦枯 王親祭橫岳 乃雨."
54) 『삼국사기』 28, 백제본기5, 의자왕 15년, "夏五月 騂馬入北岳烏舍寺 鳴匝佛宇 數日死."
55) 고려 왕실의 시조인 虎景은 산신으로서 平那郡人들에 의해 제사되었다는 설화가 전하고 있는데(『고려사』 1, 세기1, 고려세계), 이는 실제의 사실이 아니더라도 평나산 산신이 평나군 전체를 하나의 단위로서 관할하였던 사정을 말해주는 것이라고 한다 (박호원, 「고려의 산신신앙」, 『민속학연구』 2, 1995, 177~179쪽).

는 어떤 세력을 상징하는 것으로 신라가 주위의 여러 국가들을 흡수 정복해 가는 과정의 산물이었다고 한다.[56] 이러한 모습은 사비시기 산천제사에서도 찾아볼 수 있지 않을까 한다. 사비시기 지역세력과 관련해서 관심을 끄는 것은 대성 8족으로, 사씨·연씨·협씨·해씨·진씨·국씨·목씨·백씨가 그것이다. 이러한 대성 8족은 백제가 고대 국가를 성립시킨 이후 한성에서 웅진으로 다시 사비로 천도하는 과정에서 성립되었으며, 이들 세력은 각 지역을 그 세력기반으로 하고 있었다고 한다.[57] 이러한 지역세력은 그 지역에 있었던 산천에 대한 제사를 통해 그 지역에 대한 지배를 공고히 하였을 것이다. 그렇지만 사비시기 이러한 산천에 대한 제사가 국가제사에 편제되었다. 이것이 국가제사에 편제된다는 것은 백제 왕실이 지역세력을 편제하기 위한 것이 아니었을까 한다.[58] 즉 백제 왕실이 그 지역에 대한 지배권을 행사하였다는 의미로 파악할 수 있을 것이다.[59]

이상에서 백제 사비시기의 산천제사에는 당시의 영역관념이 반영되어 있으며 이것은 지방통치체제와도 밀접한 관련을 가지고 있었다고 보았다.

---

56) 이기백, 앞의 책, 1974, 204~205쪽. 최광식, 『고대한국의 국가와 제사』, 한길사, 1994, 318~319쪽에서 대사의 제장은 왕실을, 중사의 제장은 국토방위를, 소사의 제장은 지역방호를 위한 목적으로 배치하였다고 한다. 김두진은 『한국고대의 건국신화와 제의』, 일조각, 1999, 352~357쪽에서 대사는 사로국 및 신라의 핵심이었던 서울지역(왕도지역)의 지신이었고 중사는 통일신라의 영토개념을 상징화하여 중요한 국방 거점에 위치한 지신으로 구성되었으며, 소사는 성읍국가의 조상신이 거의 그대로 신라의 사전 속에 편입되었다고 한다. 대사는 경주를 중심으로 한 지역세력을, 오악은 소백산맥 일대의 세력을, 사진·사해·사독은 신라 국경 지대의 세력을, 소사는 나머지 세력을 편제하였다고 할 수 있다(채미하, 「신라 산천의 祀典 편제 이유와 특징」, 『민속학연구』 20, 2007 : 앞의 책, 2008)

57) 노중국, 앞의 책, 1998, 183~187쪽 및 「백제의 성씨와 귀족가문의 출자」, 『대구사학』 89, 2007도 참고.

58) 이도학, 앞의 논문, 1989, 126쪽에서 3산과 오악의 성립은 부여족 고유의 영역의식 내지는 우주관과 무관하지 않은 것으로, 4방계산은 각 방면의 일정한 정치적 세력을 진압한다는 상징적인 의미를 지니고 있다고 하였다.

59) 노중국, 앞의 논문, 2004, 140쪽에서 백제가 지방에 있는 산천들을 산천제의 체계 내에 넣은 것은 백제의 영역으로 된 지역민들을 위무하면서 왕실의 안녕과 영토를 지키기 위한 것이었다고도 한다.

그렇다면 사비시기 산천제사가 이와 같이 정비될 수 있었던 이유와 그것이 가지고 있는 의미는 무엇일까.

2. 禮制의 수용과 사비시기 산천제사의 정비

다음은 성왕(523~554)·위덕왕(554~589)대의 사실을 중심으로 서술한 『주서』 백제전의 내용이다.

> E. 그 나라의 왕은 매 계절의 仲月에 하늘과 五帝의 神에게 제사지내고, 또 해마다 네 번씩 그의 시조 仇台의 사당에 제사드린다. (『주서』 49, 이역상, 백제)60)

E를 보면 백제 왕은 四仲之月에 天神과 五帝神에 제사하고 또 매년 始祖인 仇台의 廟에 4번 제사를 지낸다고 한다. 한성시기 동명묘제사는 온조왕 원년(서기전 18) 5월에 동명묘를 세운 전지왕 2년(406)을 끝으로 행해지지 않고 있다.61) 한성시기 천지에 대한 제사는 온조왕 20년(2), 온조왕 38년, 다루왕 2년(29), 고이왕 10년(243), 비류왕 10년(313)에 '祠(祀)天地'했다고 하며, 고이왕 5년, 고이왕 14년, 근초고왕 2년(347), 아신왕 2년(393), 전지왕 2년(406)에 '祭天地'하였다고 한다.62) 이러한 한성시기 천지에 대한 제사는

---

60) "其王以四仲之月 祭天及五帝之神 又每歲四祠其始祖仇台之廟." 이외 『수서』 81, 동이, 백제 ; 『북사』 94, 열전, 백제 ; 『책부원귀』 959, 외신부 사풍1 백제 ; 『한원』 30, 번이부 백제조 ; 『삼국사기』 32, 잡지1, 제사도 참고.

61) 『삼국사기』 23, 백제본기1, 온조왕 원년, "夏五月 立東明王廟." ; 『삼국사기』 23, 백제본기1, 다루왕 2년, "春正月 謁始祖東明廟." ; 『삼국사기』 24, 백제본기2, 책계왕 2년, "春正月 謁東明廟." ; 『삼국사기』 24, 백제본기2, 책계왕 2년, "春正月 謁東明廟." ; 『삼국사기』 24, 백제본기2, 비류왕 9년, "夏四月 謁東明廟." ; 『삼국사기』 24, 백제본기2, 계왕 2년, "夏四月 謁始祖東明廟." ; 『삼국사기』 25, 백제본기3, 아신왕 2년, "春正月 謁東明廟." ; 『삼국사기』 25, 백제본기3, 전지왕 2년, "春正月 王謁東明廟."

62) 『삼국사기』 23, 백제본기1, 온조왕 20년, "春二月 王設大壇 親祠天地 異鳥五來翔." ; 『삼

동명묘 제사와 마찬가지로 전지왕 2년에 중단되었다가 동성왕 11년(489)에
일시 재개[63]된 이후에는 이루어지지 않는다.

이로 볼 때 한성시기의 동명묘 제사는 사비시기에 구태묘로, '祭天地'는
'祭天及五帝之神'으로 변하였다고 볼 수 있다. 사비시기 국가제사의 변화를
염두에 둘 때 사비시기의 산천제사 역시 한성-웅진시기와는 다르지 않았을까
생각되어지는 것이다. 사비시기 국가제사가 변화되는 이유와 관련해서는
다음이 관심을 끈다.

   F. 왕이 사신을 梁나라에 보내 조공하고 겸하여 표문을 올려 毛詩 박사와
     涅槃 등의 의미를 풀이한 책과 기술자, 화가 등을 보내 주기를 요청하니,
     양나라에서 이를 허락하였다. (『삼국사기』 26, 백제본기4, 성왕 19년)[64]

F에 따르면 성왕 19년(541)에 사신을 보내어 모시박사와 열반 등의 經義에
밝은 자를 보내주기를 청하자, 양이 이를 수락하였다고 한다. 『陳書』에는
백제가 양에 강례박사를 청하자, 陸詡가 황제의 명에 의해 백제에 파견되었다
고 한다.[65]

국사기』 23, 백제본기1, 온조왕 38년, "冬十月 王築大壇 祠天地.";『삼국사기』 23,
백제본기1, 다루왕 2년, "春正月 謁始祖東明廟 二月 王祀天地於南壇.";『삼국사기』 24,
백제본기2, 고이왕 5년, "春正月 祭天地用鼓吹.";『삼국사기』 24, 백제본기2, 고이왕
10년, "春正月 設大壇 祀天地山川.";『삼국사기』 24, 백제본기2, 고이왕 14년, "春正月
祭天地於南壇.";『삼국사기』 24, 백제본기2, 비류왕 10년, "春正月 祀天地於南郊 王親割
牲.";『삼국사기』 24, 백제본기2, 근초고왕 2년, "春正月 祭天地神祇.";『삼국사기』
25, 백제본기3, 아신왕 2년, "春正月 謁東明廟 又祭天地於南壇.";『삼국사기』 25, 백제본
기3, 전지왕 2년, "春正月 王謁東明廟 祭天地於南壇."
63) 『삼국사기』 26, 백제본기4, 동성왕 11년, "冬十月 王設壇祭天地."
64) "王遣使入梁朝貢 兼表請毛詩博士 涅槃等經義 幷工匠畵師等 從之." 『양서』 무제본기
대동 7년, "高麗百濟滑國 各絹絲獻方物.";『양서』 백제, "中大通六年大同七年 累遣使獻
方物 幷請涅槃等經義 毛詩博士 幷工匠畵師等 勅幷給之."
65) 『陳書』 33, 鄭灼傳 附, "陸詡少習崔靈恩三禮義宗 梁世百濟國 表求講禮博士 詔令詡行
還除給事中定陽令 天嘉初 侍始興王伯茂讀遷 尙書祠部郎中."『남사』 7, 鄭灼傳 附, "陸詡少
習崔靈恩三禮義 梁時百濟國表求講禮博士 詔令詡行 天嘉中 位尙書祠部郎中."

F를 보면 백제에서 모시박사를 청하였으나, 『陳書』에서는 진에서 강례박사를 보내고 있다. 성왕이 청한 모시박사나 진에서 보낸 강례박사는 같은 것으로,[66] 중국에서는 한대에 오경박사가 설치된 후 오랜 기간 보이지 않다가, 梁 武帝 天監 4년(505)에 다시 설치된다. 양의 오경박사는 오례, 즉 吉·凶·賓·軍·嘉의 의례를 주관한 자로서, 오례박사·강례박사로도 불렸다고 한다.[67] 양에서는 무제 천감 11년에 오례를 완성했다. 이것은 남제 영명 4년(485)부터 편찬에 착수하여 이때에 이르러 明山賓 등에 의해 완성되었는데, 그중 국가제사를 규정한 「길례의주」는 모두 224권 1500조에 달했다고 한다.[68]

백제에 온 강례박사 육후는 양나라 최영은에게서 삼례의종[69]을 배웠으며 그는 귀국하여 給事中과 定陽令을 제수받고 天嘉 연간(560~566)에는 始興王 伯茂의 시독으로 尙書祠部 郎中에 임명되었다고 한다.[70] 사부낭중이란 尙書省 郎曹의 하나로서 郊祀나 종묘 제의를 담당한 사부의 장관이다.[71] 육후가 상서사부 낭중에 임명되는 것으로 볼 때, 그는 국가의 예제, 특히 제례의 전문가가 아니었을까 한다.[72] 이러한 육후가 백제에서 활동한 연대는 성왕 19년(541)에서 성왕 30년 사이라고 한다.[73] 이러한 점을 염두에 둘 때 육후는 백제 사비시기의 제사제도, 길례 정비에 어느 정도 간여하였다고 생각되는 것이다.[74]

---

66) 조경철, 「백제 성왕대 유·불정치이념-육후와 겸익을 중심으로-」, 『한국사상사학』 15, 2000, 13쪽.

67) 신종원, 「삼국 불교와 중국의 남조문화」, 『강좌 한국고대사9-문화의 수용과 전파』, 2002, 109쪽.

68) 『양서』 25, 열전25, 徐勉 ; 서영대, 앞의 논문, 2000, 120쪽도 참고.

69) 삼례의종의 삼례를 조경철, 앞의 논문, 2000, 10쪽과 13쪽에서 주례·의례·예기로 보고 있다.

70) 조경철, 위의 논문, 2000, 10쪽.

71) 張政烺 主編, 『中國古代職官大辭典』, 河南人民出版社, 1990, 806쪽.

72) 서영대, 앞의 논문, 2000, 111쪽.

73) 이기동, 앞의 논문, 1990, 12쪽 ; 조경철, 앞의 논문, 2000, 13쪽.

74) 노중국, 앞의 논문, 2004, 170~171쪽 ; 조경철, 위의 논문, 2000, 13쪽 ; 서영대, 앞의 논문, 2000, 111쪽.

이처럼 백제 사비시기의 국가제사는 중국 국가제사의 영향을 받고 있다. 우선 사비시기 始祖에 대한 제사는 한성-웅진시기의 동명묘 제사에서 구태묘 제사로 변하였다. 한성-웅진시기의 동명묘 제사의 대상은 범부여계의 조상인 동명이었으나, 사비시기 구태묘는 왕실의 직계조상으로 여겨진 구태를 제사지내는 것으로,[75] 구태묘를 중국적인 종묘로 파악하고 있다.[76] 즉 사비시기 구태묘 제사의 대상인 구태는 백제 왕실의 시조이고 구태묘는 도성 내에 세우고 廟祠를 올린 종묘적 성격으로 보기도 하고[77] 육후로부터 종묘제를 배워 부여왕 위구태가 始國者로 설정되고 동시에 구태묘가 종묘로 성립되었다는 견해[78]도 있다.

E를 보면 사비시기에는 천신 및 오제신에 대한 제사를 지내고 있다. 중국에서 천신에 대한 제사는 禘와 郊로 대표되고 있다.[79] 오제신에 대한 제사는 『주례』에 보이는데,[80] 이는 호천상제와 마찬가지로 禋祀의 대상이기 때문에 본래 천신에 속하는 것으로 생각되고 있다.[81] 이러한 오제신은 동·서·남·북과 중앙을 주재하는 동방 창제, 남방 적제, 서방 백제, 북방 흑제, 중앙 황제로 보는 견해가 있으며[82] 천제로서 오제신을 신앙대상으로

---

75) 양기석, 「백제 성왕대의 정치개혁과 그 성격」, 『한국고대사연구』 4, 1990, 23~24쪽 ; 김주성, 「백제 사비시대 정치사연구」, 전남대학교사학과 박사학위논문, 1990, 45쪽.

76) 이와 관련해서 노명호, 「백제의 동명신화와 동명묘」, 『역사학연구』 10, 전남대, 1981, 73~76쪽 ; 박현숙, 「『삼국사기』 백제본기 온조왕조의 검토」, 『선사와 고대』 10, 1998, 87쪽 ; 박현숙, 「백제 건국신화의 형성과정과 그 의미」, 『한국고대사연구』 39, 2005, 48~49쪽.

77) 유원재, 『중국정사 백제전 연구(증보판)』, 학연문화사, 1995, 98~100쪽.

78) 김병곤, 「중국 사서에 나타난 백제 시조관과 시국자 구태」, 『한국고대사연구』 46, 2007, 178~187쪽.

79) 일부에서는 천시·지시·인귀의 三祭를 포괄적으로 禘祭로 해석하기도 하는데, 이 체와 교의 문제는 중국 예학사상 가장 논란이 분분한 것이다(이기동, 앞의 논문, 1990, 4쪽).

80) 『주례』 天官 太宰·掌次, 地官 大司徒·牧人, 春官 小宗伯·司服, 秋官 大司寇·小司寇·士師에 나온다.

81) 이기동, 앞의 논문, 1990, 6쪽. 서영대 역시 앞의 논문, 2000, 98쪽에서 오제가 상제와는 별도의 천신으로 제사의 대상이었다고 한다.

한 것83)으로 보기도 한다.84) 이러한 사비시기 천신 및 오제신은 천에 대한 제사라고 할 수 있다.85)

이로 볼 때 한성·웅진시기 천에 대한 제사와 지에 대한 제사가 함께 이루어진 것과는 달리 사비시기에는 천과 지에 대한 제사가 분화되었음을 알 수 있는 것이다. 이러한 천과 지의 분화와 관련해서 「무령왕비지석」에 보이는 토왕, 토백 등의 지신이 관심을 끄는데,86) 이것은 한국 고대사회에 보이지 않았던 것이 『주서』 백제전 단계 이전에 중국의 지신 관념이 들어왔음을 알려주는 것이다.87) 공산성 내의 方形의 제사유구가 건축물과 관련있고 구덩이를

---

82) 이병도, 『국역삼국사기』, 을유문화사, 1977, 503쪽 주 9) ; 이기동, 『백제사연구』, 일조각, 1996, 168쪽 ; 양기석, 「백제 위덕왕대의 왕권의 존재형태와 성격」, 『백제연구』 21, 1990, 45쪽 ; 정구복 외, 『역주삼국사기』 4(주석편(하)), 한국정신문화연구원, 1997, 46쪽. 한편 井上秀雄, 「百濟の律令體制への變遷」, 『律令制』, 1986, 138쪽에서 『주서』 백제전에 보이는 천신과 오제의 신에 대한 제사를 모두 도가의 천신·오제로 파악하고(138쪽), 나아가 6세기 백제의 국가제사가 도교를 수용하여 중국화된 것이라면 이 새로운 국가제사에 불교가 참가하는 것은 당연한 일이라고 주장하였다(147~148쪽). 정경희는 한 고조때 확립된 백제·청제·황제·염제·흑제의 이른바 五色帝였을 것으로 보았다(「삼국시대 사회와 유교경전의 연구」, 『한국고대사회문화연구』, 1990, 394~395쪽).

83) 서영대, 앞의 논문, 2000, 92~95쪽.

84) 한편 오제신을 지신으로 보기도 한다. 이와 관련해서 김두진은 토착부족 집단이 가졌던 지신계 신앙으로 이해했으며(앞의 책, 1999, 179~180쪽), 유원재는 백제 오악의 신을 중국인의 관점에서 서술한 것으로 파악하였고(앞의 논문, 1994, 79~80쪽), 최광식은 지상의 신격으로 백제의 토착신이며 오방의 방위신으로(「백제의 토착신앙」, 『한국사 8』(삼국의 문화), 국사편찬위원회, 1998 ; 「한국고대의 천신관」, 『사학연구』 58, 1999, 59쪽 : 앞의 책, 2006, 88쪽) 이해하고 있다.

85) 이러한 사비시기 天에 대한 제사와 관련해서 부여 능산리사지에서 출토된 '天'명 목간이 관심을 끈다. 목간의 '천'자는 다른 글자들과는 반대 방향으로 새겨져 있고 걸었을 때 '천'자가 바로 보이도록 구멍이 뚫려있다. 이것은 하늘에서 내려다보게 되는 시각을 배려한 書法으로. 이로 볼 때 '천'자명 목간은 당시의 국가제사인 천에 대한 제사와 관련된 유물이 아닐까 한다. 이와 관련해서 박중환, 「부여 능산리발굴 목간 예보」, 『한국고대사연구』 28, 2002 참고. 한편 윤선태는 백제에서 道神에 대한 제사를 지낼 때 이 '천'자가 새겨진 남근형 목간을 사용하였을 것이라고 추정하였다(「부여 능산리 출토 백제목간의 재검토」, 『동국사학』 40, 2004).

86) "乙巳年八月十二日 寧東大將軍百濟斯麻王 以前件錢 詢土王土伯土父母上下衆官二千石 買申地爲墓."(「무령왕비지석」)

87) 서영대, 앞의 논문, 2000, 109~110쪽. 이들 토지신에 대한 명칭은 도교의 지신명으로부

의도적으로 파고 각종 유물을 매납 혹은 폐기한 것으로 보아 그 제사의 대상을 지신으로 보기도 한다.[88] 이러한 중국에서 받아들인 신관념은 사비시기 천과 지가 분화되는데 어느 정도 역할을 하지 않았을까 한다. 그렇다면 사비시기 천에서 분화된 地에 대한 제사는 어떻게 정비되었을까.

중국 국가제사는『주례』에 그 기초를 두고 있는데,『주례』춘관 대종백조를 보면 至上神으로서의 天神과 토지신으로서의 地示(地祇), 조상신으로서의 人鬼 세 가지 종류로 분류하고 있다.[89] 이와 관련해서『주례』예관조를 보면 유교에서 국가제사는 기본적으로 모든 귀신을 天神, 地祇, 人鬼의 三才로 분류하고 있고,[90] 天·地·人 제신에 대한 祀·祭·享禮의 구체적인 의식의 순서와 의미를 통하여 유교의 질서관을 알 수 있다.[91] 이러한 천·지·인신에 대한 제사의 대상과 그 제례의 규범을 〈표 2〉로 정리하면 다음과 같다.

〈표 2〉『주례』의 제사 대상

	대상(祭名)
天	昊天上帝(禋祀), 日月星辰(實柴), 司中司命風師雨師(槱燎)
地	社稷五祀五嶽(血祭), 山林川澤(貍沈), 四方百物(疈辜)
人	先王(肆獻祼), 先王(饋食), 先王(祠), 先王(禴), 先王(嘗), 先王(烝)

〈표 2〉를 보면 地에 대한 제사 중 血祭, 즉 제사에 犧牲이 쓰이는 제사로 社稷·五祀·五嶽이 있다. 이 중 社稷은 社와 稷의 합성어이다. 社는 고대 중국인의 수목신앙, 토지신, 마을공동체의 집단모임소 등 여러 형태로 인식

터 유래되었다고 한다. 그러나 토왕, 토백, 토부모의 사상적 근거를 유교의 토지신 즉 사직에서 찾아볼 수 있다는 견해(성주탁,「무령왕릉 출토 지석에 관한 연구」,『무령왕릉의 연구현황과 제문제』, 무령왕릉 발굴 20주년 기념학술회의 보고서)도 있다.

88) 유병하,「부안 죽막동유적으리 해신과 제사」, 서울대학교 석사학위논문, 1997.

89)『주례』춘관 대종백, "大宗伯之職 掌建邦之天神人鬼地示之禮 以佐王建保邦國."

90)『주례』예관조, "以吉禮事邦國之鬼神示 以禋祀祀昊天上帝 以實柴祀日月星辰 以槱燎祀司中司命風師雨師 以血祭祭社稷五祀五嶽 以貍沈祭山林川澤 以疈辜祭四方百物 以肆獻祼享先王 以饋食享先王 以祠春享先王 以禴夏享先王 以嘗秋享先王 以烝冬享先王."; 금장태,「先秦儒敎의 祭禮」,『한국유교의 재조명』, 1982.

91) 이범직,『한국중세사상연구』, 일조각, 1991, 69쪽.

되다가 漢代 이후 토지신으로 확정되었고, 稷은 역대로 五穀의 대표자로 이해되었다. 이러한 사직제사는 일반적으로 종묘제사와 함께 갖추어진다.[92] 이에 구태묘를 종묘적 성격을 지닌 것이라고 본다면 백제에도 사직이 수용되었다고 볼 수 있다.[93] 그런데 신라는 신문왕 7년(687)에 오묘제가 시정되었고[94] 선덕왕 4년(783)에 사직단이 설치된다.[95] 이처럼 신라의 사직단은 오묘제 시정과 함께 설치되지 않는다는 점을 염두에 둔다면 백제에서 사직에 대한 제사가 이루어졌을까라는 의문이 든다.

五祀는 천자로부터 대부에 이르기까지 제사지낸 것으로, 『예기』 제법편을 보면 천자는 七祀(司命·中霤·國門·國行·泰厲·戶·竈)에 제사하고 제후는 오사(司命·中霤·國門·國行·公厲)를 세우고 대부는 三祀(族厲·門·行)를 세운다고 한다. 이것이 백제에 수용되었는지의 여부와 관련해서 잘 알 수 없지만, 신라의 사성문제 또는 사대도제[96]를 염두에 둘 때 백제의 경우에도 이와 유사한 제사가 있었을 것이다. 특히 신라의 사대도제는 외방에서 침입하는 疫神을 쫓기 위한 邪鬼塞地의 신을 도로에서 祭饗하는 것으로 보이며 일본의 道饗祭와 비슷한 것으로 여겨지고 있다.[97] 이와 관련해서 부여 능산리사지에

---

92) 고구려는 고국양왕 9년에 '立國社修宗廟'하였다고 한다. 고려는 성종 7년 12월에 오묘제에 의거한 종묘제 시행 방침이 정해지고 이듬해 4월에 太廟를 건설하기 시작하여 11년 11월에 이르러 완공하였다. 성종 10년 윤 2월에는 사직단을 건립하였다. 조선은 태조의 즉위교서에 의하면 궁성을 중심으로 하여 좌우에 종묘·사직을 세우되 사직의 경우 '古制'에 부합되게 고쳐 정한다는 원칙을 정하였다.

93) 노중국, 앞의 논문, 2004, 168~171쪽. 그리고 171쪽에서 개로왕과 동성왕이 사직이라는 용어를 사용하고 백제가 중국과 빈번한 교섭을 가진 것으로 볼 때 백제도 중국의 제도를 본받아 사직을 세웠을 것이라고 하였다.

94) "夏四月 … 遣大臣於祖廟 致祭曰 王某稽首再拜 謹言太祖大王·眞智大王·文興大王·太宗大王·文武大王之靈 …."(『삼국사기』8, 신라본기8, 신문왕 7년) 채미하, 「신라의 오묘제 '시정'과 신문왕권」, 『백산학보』 70, 2004, 84~90쪽 : 앞의 책, 2008.

95) 『삼국사기』 32, 잡지1, 제사. "(新羅)至第三十七代宣德王 立社稷壇." ; 『삼국사절요』 12, 癸亥 선덕왕 4년, "立社稷壇 又修祀典". 신라의 사직단 설치와 관련해서 채미하, 「신라 선덕왕대 사직단 설치와 사전의 정비」, 『한국고대사연구』30, 2003 : 앞의 책, 2008 참고.

96) 『삼국사기』 32, 잡지1, 제사, "四城門祭 一大井門 二吐山良門 三習比門 四王后梯門 … 四大道祭 東古里 南簷幷樹 西渚樹 北活幷岐 …."

서 출토된 남근형 목간에 "无奉義道緣立立立"이란 글귀가 관심을 끄는데, 이것은 사비 도성 안으로 나쁜 기운이 들어오는 것을 막기 위해 나성의 동문 입구에서 道神에게 제사 지내는 의례가 있었음을 알려주는 것이라고 한다. 이로 볼 때 백제에서도 五帝와 더불어 중요한 제사대상인 오사를 생각해 볼 수도 있지만, 오사는 천지·일월성신·산천·사방 등과 같이 주요 신이 아닌 群小神이었다.[98]

이에 오악을 대표로 하는 산천에 대한 제사가 관심을 끈다. 『예기』 왕제에 따르면 천자는 천하의 산천을 제사하는데, 크기와 중요도에 따라 오악과 사독으로 구분해 삼공과 제후에 비견하며, 제후는 경내의 산천에 제사한다는 것이다.[99] 『예기』 곡례를 보면 천자는 천지, 사방[사망],[100] 산천, 五祀에 대한 제사를 지내고 제후는 方祀[101]하며 산천과 오사에 대한 제사를 지낸다고 한다.[102] 여기의 사방은 망제로 각 방향의 산천을 말하며[103] 문맥상 사방[사망]은 산천에 앞서 나오고 있다. 원래 사방[사망]과 산천은 동일 범주였다가

---

97) 김동욱, 「신라의 제전」, 『신라 민속의 신연구』(신라문화제학술발표회논문집4), 1983, 32쪽. 나희라, 『신라의 국가제사』, 지식산업사, 2003, 52쪽에서 鬼魅가 들어오는 것을 방지하기 위해 지냈던 일본의 도향제와 비슷한 것으로 보고 있다. 윤선태는 앞의 논문, 2004, 69~70쪽에서 고대 일본의 도향제로 볼 때 신라의 사대도제는 왕경의 사방입구나 외곽도로에서 道神께 폐백을 올려 왕경으로 들어오는 역병 등 나쁜 기운을 막기 위해 거행한 국가의례였다고 한다. 일본의 도향제에 대해서는 和田萃, 「日本古代の儀禮と祭祀信仰」(中), 塙書房, 1995, 343~364쪽 및 平川南, 「古代における道の祭祀－道祖信仰の源流を求めて」, 『やまなしの道 祖神祭りを』, 山梨縣博物館, 2005 도 참고.

98) 금장태, 『유교사상과 종교문화』, 서울대학교 출판부, 1994, 193쪽 참고.

99) 『예기』 왕제, "天子祭天下名山大川 五嶽視三公 四瀆視諸侯 諸侯祭名山大川之在其地者."

100) 사방은 문맥상 천지 아래에 있고 산천 위에 위치하고 있으므로, 구체적인 제사 대상을 가리키는 것으로 여겨지는데, 사망이 아닐까 한다(池田末利, 「四方百物考」, 『中國古代宗教史研究－制度と思想』, 東海大學出版會, 1981, 124~127쪽).

101) 方祀는 "非所居之方及山川不在境內者 皆不得祭"로, 자기 영토내의 방향과 산천에만 제사하는 것을 말한다. 이로 볼 때 해·독과 악·진에 대한 제사는 천자국만이 행할 수 있는 것이고 제후국은 그것에 대한 제사를 삼가는 것으로 여길 수 있을 것이다.

102) 『예기』 곡례 하, "天子祭天地·祭四方·祭山川·祭五祀 歲徧 諸侯方祀祭山川·祭五祀 歲徧."

103) 『예기』 곡례 하, "呂氏曰 … 各望祭 其方之山川."

예제의 정비에 따라 후에 분할되었다고 한다.[104]

그렇다면 사방(四望)은 대산천에 대한 제사라 할 수 있고[105] 산천은 소산천에 대한 제사라 할 수 있을 것이다. 이 중 대산천에 속하는 사방(四望)은 『주례』 춘관 小宗伯의 "兆五帝於四郊四望四類亦如之"에 보이는데, 鄭玄은 '五嶽·四鎭·四瀆'이라고 풀이하고 있다.[106] 이로 볼 때 사방(四望)은 오악·사진·사독만을 말하는 것으로 여길 수 있으나, 사방(四望)제도가 성립할 때 海 역시 종교의례의 대상이었다는 점에서 사방(四望)에는 사해도 포함된다고 할 수 있다.[107] 중국에서 5악과 4독에 대한 제사가 정식으로 국가제사에 편입되어 상례화된 것은 漢 神爵 원년(서기전 61)으로, 태산과 황하의 제사는 매년 5차례, 江水는 매년 4차례, 그 밖의 것은 3차례 제사를 드리는 것으로 규정되었다.[108] 이러한 산천에 대한 제사는 隋代에는 사망(四望)사방이 중사에, 제산천은 소사에, 唐代에는 악·진·해·독이 중사에, 산림·천택은 소사에 편제되어 있다.[109]

---

104) 池田末利, 「四望·山川考」, 1981, 147쪽. 四望은 정기적인 제사인 것임에 반하여 제산천은 부정기적인 제사였다(池田末利, 위의 책, 1981, 148쪽).

105) 池田末利, 위의 책, 1981, 142~143쪽.

106) 다음도 주목된다. 『주례』 춘관 대종백, "國有大故 則旅上帝及四望(鄭司農云四望日月星海 玄謂四望五嶽四鎭四瀆)."

107) 池田末利, 앞의 책, 1981, 142~143쪽.

108) 『漢書』 郊祀志(下). 김상범, 『당대 국가권력과 민간신앙』, 신서원, 2005, 44쪽도 참고.

109) 이를 〈표〉로 나타내면 다음과 같다.

	大祀	中(次)祀	小祀
『주례』	天地, 宗廟	日月星辰, 社稷, 五祀, 五岳	司命, 司中, 風師, 雨師, 山川 百物
수	昊天上帝, 五方上帝, 日月, 皇地祇, 神州社稷, 宗廟	星辰, 五祀, 四望	司中, 司命, 風師, 雨師及諸星, 諸山川
당	昊天上帝, 五方上帝, 皇地祇, 神州, 宗廟	日月, 星辰, 社稷, 先代帝王, 嶽, 鎭, 海, 瀆, 帝社, 先蠶, 孔宣父, 齊太公, 諸太子廟	司中, 司命, 風師, 雨師, 靈星, 山林, 川澤

*『周禮』 春官 肆師條 鄭司農의 주석에는 大祀는 天地, 次祀는 日月星辰, 小祀는 司命 이하라 하였고, 鄭玄은 大祀에 天地 외에 宗廟, 次祀는 日月星辰 외에 社稷, 五祀, 五岳이, 小祀에는 司命 외에 司中, 風師, 雨師, 山川, 百物을, 『周禮』 天官 酒正조에서 정사농은 大祭에 天地, 中祭에 宗廟, 小祭에 五祀를 넣고 있다. 여기에서는 鄭玄說을 따랐다. 隋의 경우는 『隋書』 禮儀志를 참조하였다. 唐의 경우는 大唐開元禮 7년조와 25년조의 祠令을 참조하였다(仁井田陞, 『唐令拾遺』, 東京大學校出版會, 1933).

B의『한원』에 인용된『괄지지』를 통해 사비시기 오악의 존재를 생각해 볼 수 있었고, 이러한 오악은 중국의 그것과 같은 것으로 인식되고 있음을 알 수 있었다. 그렇다면 사비시기 오악은 유교의 산천관념이 반영된 것으로 볼 수 있으며, 이것은 제산천에도 반영되었을 것으로 생각된다. 이러한 유교적 산천규범에 따라 사비시기 산천은 대산천과 소산천으로 구분되었을 것이다. 삼산과 오악은 대산천, 제산천은 소산천으로 인식하지 않았을까 한다. 사비시기 제산천에 포함된 미릉변·웅천하 등에서 海와 瀆에 대한 제사를 생각해 볼 수 있다. 의자왕 말기에 사비하와 서해에서 백제의 멸망과 관련된 여러 이변을 보이고 있는데,[110] 사비하와 서해는 당시 중요한 제장이 었을 것이고 이것은 해·독에 해당하는 것으로 보아도 좋지 않을까 한다.

이와 같은 사비시기 산천제사의 정비는 다른 국가제사와도 밀접한 관련을 맺고 있는데, 당시의 국가제사는 중국의 국가제사제도를 수용하여 정비되었 다.[111] 이것은 앞에서 살펴보았듯이, 종묘적 성격을 지닌 시조묘에 대한 제사가 이루어지고 있으며 천과 지에 대한 제사는 분화되었던 것이다. 이러한 사비시기 국가제사는『주례』단계의 중국 국가제사를 이해한 것으로, 人에 대한 제사는 구태묘, 天에 대한 제사는 천 및 오제신, 地에 대한 제사는 산천이 중심이 되어 정비되었다.[112]

산천은 일월성신이 천에 따르는 것과 비교할 때 대지 위에 위치하므로 지신과 가까우며 음의 성질의 갖고 있는 것이다.[113] 당시 백제 사회에 사직이 수용되지 않았다고 한다면 지에 대한 제사는 산천을 중심으로 재편되었을

---

110)『삼국사기』28, 백제본기6, 의자왕 19년, "五月 王都西南泗沘河 大魚出死 長三丈" ;『삼 국사기』28, 백제본기6, 의자왕 20년, "春二月 王都井水血色 西海濱小魚出死 百姓食之不 能盡 泗沘河水赤如血色 … 六月 王興寺衆僧皆見 若有船 楫隨大水入寺門 有一犬 狀如野鹿 自西至泗沘河岸 向王宮吠之 俄而不知所去 王都羣犬集於路上."

111) 이와 관련해서 서영대, 앞의 논문, 2000, 95~108쪽 참고.

112) 서영대, 위의 논문, 2000, 121쪽에서 백제에서 오제 신앙을 수용한 것은 성왕 전반기 내지 사비천도를 전후한 시기라고 하고 126~127쪽에서 그것은 천신(천 및 오제), 지기(삼산, 오악), 인귀(구태묘) 전반에 걸친 것이라고 하였다.

113)『예기』예운, "天秉陽 垂日星 地秉陰 竅於山川."

것이다. 이것은 삼국을 통일한 신라가 사직이 수용되지 않았을 때 산천을 중심으로 대·중·소사를 편제하고 있는 데서 생각해 볼 수 있다. 즉 한성-웅진시기의 천지에 대한 제사는 사비시기 중국 국가제사제도의 영향을 받아 천과 지로 분화되었는데, 당시 地에 대한 정비는 산천을 중심으로 편제된 것으로 여겨지는 것이다.[114]

사비시기 산천제사는 유교적 산천규범에 의해 편제되었다. 유교적 산악숭배는 원시적·신화적인 산악신앙을 현실적·정치적으로 변개시키고 있다. 즉『예기』왕제편을 보면 오악·사독을 유교적 관인질서에 견주어 비교하여 숭배하고 있는 것이나, 오악(사악)이 국경의 분기점이라는 영토적 개념을 내포하고 있는 것에서 알 수 있다.[115] 백제 사비시기의 산천에 대한 인식역시 이와 무관하지 않았다. 오악과 제산천에는 영역관념이 내포되어 있었다. 당시 백제 왕실은 각 지역의 산천을 국가제사에 편제하였는데, 여기에는 대·소의 구분이 있었다. 이러한 국가제사의 등급성은 현실의 정치질서에도 반영되었던 것이다. 즉 전국의 산천에 대한 편제를 통해 각 지역의 산천과 밀접한 관련을 가진 지역세력을 편제했다고 볼 수 있는 것이다. 이를 통해 사비왕실은 각 지역에 대한 지배권을 행사하였다. 사비시기 산천제사는 웅진-한성시기의 산천제사와 비교해 볼 때 유교적 지배질서의 논리가 반영되어 기왕의 산악신앙이 현실적·정치적으로 변화되었다. 그렇지만 삼산에 대한 숭배가 사비시기에도 계속되고 있는 점을 볼 때 백제 고유의 산악신앙과

---

114) 삼산과 오악 제사를 地에 대한 제사로 파악한 견해로는 유원재, 앞의 논문, 1994, 80쪽 ; 서영대, 앞의 논문, 2002 ; 장인성, 앞의 논문, 2003, 93~94쪽이 있다. 한편 노중국은 앞의 논문, 2004, 161쪽에서 삼산·오악은 산천에 대한 제사이지 地에 대한 제사는 아니라고 하였으나, 따르지 않는다.

115) 이와 관련해서『史記』28, 封禪書 6을 보면 5악으로 太室, 恒山, 泰山, 會稽, 湘山을 열거하고 있다. 여기에서 오악의 위치는 한족 국가의 판도의 변화에 따라 달라질 뿐만 아니라 변화된 오악은 군주의 영토 내의 명산이 산정되는 것이고 또 사악이 그 국도를 중심으로 하여 각기 사방영역의 鎭이 되는 성격도 가지고 있음을 알 수 있다. 박노준, 「오대산신앙의 기원연구-나·당 오대산신앙의 비교론적 고찰」, 『영동문화』2, 1986, 55~58쪽.

그 전통도 함께 하고 있음을 알 수 있다.

　본 글은 백제의 산천제사를 사비시기를 중심으로 생각해 본 것이다. 백제의 산천제사는『삼국사기』제사지를 통해 우선 살펴볼 수 있었는데, 『한원』괄지지의 내용과 비교해 볼 때『삼국사기』제사지에 보이는 구백제 지역의 산천제사는 사비시기에도 중요한 제사대상이었음을 알 수 있었다. 『한원』괄지지의 내용을 통해서는 당시 백제는 사비를 기준으로 사방계를 설정하고 있었으며 오악의 존재도 생각해 볼 수 있었다. 사비시기의 삼산은 부여 중심으로 편제되어 있었고, 제산천은 전렵지를 통해 알 수 있었다. 이로 볼 때 사비시기 산천제사는 삼산-오악-제산천으로 이루어졌으며 여기에 는 당시의 영역관념이 반영되어 있다고 하였다. 당시의 산천제사는 지방통치 체제와도 밀접한 관련을 가지고 있었다.

　이러한 사비시기 산천제사는 한성-웅진시기 산천제사가 중국 예제의 수용 으로 정비된 것으로, 다른 국가제사와도 긴밀한 관계를 맺고 있었다. 즉 한성-웅진시기 동명묘 제사는 사비시기 구태묘제사로, 천지에 대한 제사는 천과 지에 대한 제사로 분화되었다. 특히 천에 대한 제사는 천신과 오제신에 게, 지에 대한 제사는 산천신에 대한 제사를 중심으로 편제되었다. 이것은 신라에서 사직이 설치되기 전에 산천이 지에 대한 제사를 대표하고 있다는 데서도 생각해 볼 수 있었다. 이러한 사비시기의 국가제사는『주례』단계의 중국의 국가제사를 이해한 것으로, 人에 대한 제사는 구태묘, 天에 대한 제사는 천과 오제신, 地에 대한 제사는 산천이었다고 보았다.

　이상과 같이 사비시기 산천제사는 유교적 산천제사의 영향을 받은 것으로, 삼산과 오악은 대산천으로, 제산천은 소산천으로 산천에 대한 등급을 두었을 것으로 이해하였다. 각 지역의 산천은 그 지역의 鎭山으로, 이들 산천은 각 지역뿐만 아니라 그 지역의 지배세력과도 관련 있었다. 이로 볼 때 사비시기 유교적 산천 규범에 따라 산천제사를 정비한 것은 당시의 백제 왕실이 지역세력을 편제하기 위한 하나의 방편이었을 것이라고 하였다.

제4절 陶唐山과 그 성격

─祭儀를 중심으로─

경주 陶唐山은 신라 왕궁인 月城과 南川을 사이에 두고 마주보고 있다. 陶唐山에서 내려다보면 월성, 나정과 오릉 일대의 벌판이 한 눈에 보인다. 이러한 陶唐山에 대한 기록은 『東京通誌』에 나오는데, "전설에 의하면 신라는 시대가 바뀔(禪代) 때 반드시 이 산에서 했다"고 한다.[1] 기왕의 연구 성과에서는 陶唐山을 都堂山으로 보면서 여기에서 남당정치를 하였던 것으로 해석하기도 하며[2] 陶唐山에서 신라 왕의 즉위의례가 이루어졌다고 하면서 神宮과 연결지어 이해하기도 한다.[3]

『동경통지』는 일제강점기 경주에서 편찬된 읍지이다. 경주에서 처음 편찬된 읍지는 『동경잡기』이며[4] 이후에도 읍지는 편찬되지만, 일제강점기 편찬된 읍지에서 비로소 陶唐山이라는 산명이 처음 보인다. 이러한 『동경통지』에 보이는 도당산은 墻頭山이라고도 하는데, 이것은 신라 멸망과 관련된 전설을 가지고 있다. 이에 『동경통지』의 도당산 기록에 대한 검토가 필요하지 않을까

---

1) 陶唐山 … 世傳新羅禪代之時 必於此山 … 高麗時有東都爲舟形 而此山爲檣 新羅將有再興之讖 故斷其東岸云(『동경통지』 4, 산천 附林藪).
2) 권오찬, 『신라의 빛』, 경주시, 1980, 25~26쪽 ; 박방룡, 「신라─도성·성지」, 『한국사론』 15, 1985, 350~354쪽.
3) 최광식, 「신라 상대 왕경의 제장」, 『신라왕경연구』(신라문화제학술발표회논문집16), 1995, 80~81쪽.
4) 『東京雜記』 편찬 이전에 『東京誌』가 있었다고 하지만, 그것은 현존하지 않는다.

한다.『동경통지』에 나오는 陶唐山을 都堂山으로 보기도 하는데, 陶唐=都堂으로 여길 수 있을까라는 의문이 든다. 도당산은 왕궁인 월성을 마주보고 있으며 남산의 한 봉우리로, 남산은 신라 당시 신성지역으로 그 기능을 하였을 것으로 생각된다. 이에 본 글에서는 여기에 대해 살펴보면서 경주 陶唐山이 신라시대 어떤 역할을 하였는지를 알아보고자 한다.

이를 위해 우선 도당산에 대한 기록을 검토할 것이다.『신증동국여지승람』(이하『승람』이라고 한다)을 비롯하여 경주에서 편찬된 읍지의 산천기록을 검토함으로써『동경통지』에 보이는 도당산과 관련된 내용을 검토해 볼 것이다. 다음으로 도당산에 대한 기왕의 견해를 살펴보고 왕궁인 월성과 남산에 축조된 토성과 산성들과의 비교를 통해 도당산이 신라 당대 가지고 있었던 기능에 대해 생각해 볼 것이다. 남산은 신성지역으로 그 주변 지역에서는 제사와 관련된 여러 유적들이 있다. 이에 도당산과 신라 제의와의 관련성도 살펴보려고 한다. 이를 통해 도당산이 가지고 있었던 신라 당대의 의미를 찾아볼 수 있을 것으로 기대한다.

1. 陶唐山 관련 기록 검토

陶唐山은 지금의 경주 남산에 속해 있는 산이다. 경주 남산은 신라의 왕도였던 경주의 남쪽에 솟아 있는 金鰲山과 高位山 두 봉우리를 비롯하여 도당산·양산 등으로 이루어져 있는데, 이를 통틀어 남산이라고 부르고 있다. 이러한 남산의 여러 산(봉우리)은『승람』이후 경주에서 편찬된 읍지에 등장하는데,『승람』이래 경주의 여러 읍지에 보이는 산천 항목을 제시하면 〈표 1〉과 같다.

『승람』은 세종 14년(1432)에 撰進한『新撰八道地理志』를 대본으로 하여『大明一統志』의 체제를 본 따 성종 12년(1481)에 완성된『東國輿地勝覽』이 증산·수정·개수를 거쳐 중종 25년(1530)에 완성된 것이다.『東京雜記』는 경주

<표 1> 『승람』을 비롯한 諸邑誌의 산천 항목

서명	산천조
『승람』	浪山, 吐含山, 金剛山, 非月洞山, 明活山, 仙桃山, 含月山, 金鰲山, 兄山, 蔚介山, 墨匠山, 只火谷山, 斷石山, 紫玉山, 達城山, 飛鶴山, 咽薄山, 朴加利山, 簞山, 舍羅峴, 件代嶺, 女根谷, 成峴, 馬北山, 梯嶺, 楸嶺, 筬嶺, 海, 八助浦, 兄山浦, 東川, 西川, 溫之淵, 堀淵川, 史等伊川, 蚊川, 吐上池
『동경잡기』	낭산, 명활산, 토함산, 금강산, 비월동산, 선도산, 함월산, 금오산, 형산, 울개산, 伏安山, 墨匠山, 지화곡산, 단석산, 달성산, 비학산, 인박산, 舍羅峴, 건대령, 여근곡, 筬峴, 八助嶺, 마북산, 柿嶺, 추령, 성령, 瑪迤嶺, 해, 팔조포, 형산포, 동천, 서천, 온지연, 굴연천, 사등이천, 문천, 토상지, 高位山, 瓢岩, 於乙於山, 三勝山, 道德山, 華蓋山, 雪倉山, 舞學山, 茂陵山, 昆弟山, 鳳棲山·四聖山, 兄弟山, 峨眉山, 僧三山, 鳳坐巖, 太華山, 雲住山, 雪倉山, 蛇山, 臂長山, 生鵝峴, 大峴, 火乃峴, 磨遊峴, 鞍峴, 龍巖, 獨山, 安趾山, 富山, 貴尊崖, 龜尾山, 仁崖山, 硯滴峯, 石頭山, 東京阜, 禿瓢巖, 麻吧巖, 礪峴, 花折峴, 馬轉峴, 檢丹山, 車嶺, 虎穴窟, 匙山, 望山, 寒川, 達城川, 虎邑川, 牛朴川, 義谷川, 竹長川, 牟梁川
『경주부읍지』 (정조대)	마북산, 비학산, 성현, 자옥산, 달성산, 선도산, 비월동산, 지화곡산, 여근곡, 단석산, 울개산, 복안산, 인박산, 흑장산, 고위산, 금오산, 치술령, 筬嶺, 건대령, 토함산, 명활산, 낭산, 추령, 함월산, 시령, 팔조령, 금강산, 舍羅峴, 형산, 사등이천, 문천, 서천, 굴연천, 온지연, 형산포, 팔조포, 동천
『동경통지』	마북산, 비학산, 雲岳山, 聖主山, 성현, 운주산, 자옥산, 道德山, 三聖山, 여현, 무학산, 화개산, 달성산, 어을어산, 선도산, 구미산, 비장산, 곤제산, 무릉산, 어임산, 현적봉, 화절현, 인애산, 비월동산, 마질령, 고관산, 사룡산, 지화곡산, 동경부, 장육산, 주사산, 만병산, 단석산, 벽도산, 울개산, 망산, 복안산, 아미산, 여나산, 열박산, 동몽산, 시산, 묵장산, 고위산, 성부산, 용산, 금오산, 陶唐山, 치술령, 동산령, 동악봉, 성령, 대흥산, 건대령, 토함산, 산호봉, 명활산, 형제산, 금학산, 낭산, 추령, 만호봉, 함월산, 시령, 팔조령. 금강사, 고양독산, 화산, 사라현, 형산, 제산, 오금산, 사등이천, 문천, 이조천, 서찬, 동천, 한천, 달성천, 안계천, 굴연천, 온지연, 형산강, 팔조포, 호읍천, 죽장천, 우박천, 의곡천
『경주읍지』	낭산, 명활산, 토함산, 금강산, 비월동산, 선도산, 금오산, 함월산, 형산, 울개산, 복안산, 흑장산, 지화곡산, 자옥산, 달성산, 비학산, 인박산, 사라현, 걸대령, 여근곡, 성현, 팔조령, 마북산, 시령, 추령, 성령, 치수령, 해, 팔조포, 형산포, 동천, 서천, 온지연, 굴연천, 사등이천, 문천, 토상지, 고위산, 표암, 어을어산, 삼승산, 도덕산, 화개산, 설창산, 무학산, 무릉산, 곤제산, 봉서산사성산, 형제산, 아미산, 승삼산, 봉좌암, 태화산, 운주산, 설창산, 비장산, 생아현, 대현, 화내현, 마조현, 안현, 룡암, 독산, 안지산, 부산, 귀존애, 귀미산, 인애산, 연적봉, 석두산, 동경곳, 수표령, 마질령, 려현, 화절현, 검주산, 동령, 포혈굴, 시산, 망산, 한천, 달성천, 호읍천, 우박천, 의곡천, 죽장천, 모량천, 벽도산, 墙頭山, 여염산, 열박령, 재매곡, 성부산, 제산, 천태산, 성현, 만호봉

에서 최초로 간행된 읍지로 현종 10년(1669) 경주부윤 민주면과 진사 이채·김건이 편찬하였다.[5] 『慶州府邑誌』는 영조 21년(1745)[6] 전국적 지리지 편찬을 위해 기초 자료를 모은 책이다. 『동경통지』는 1933년 崔浚이 간행한 東京(慶州)의 地誌로, 1910년과 1913년에도 朝鮮古書刊行會와 光文會가 각각 활자본으로 중간한 것을 1933년에 『동경통지』라 이름을 바꾸어서 발행하였다고 한다.[7] 『경주읍지』는 1919년에 金容濟가 경주읍의 산천·지리·인물·고적 및 遺俗을 집대성한 것으로, 1933년에 출판하였다. 이 책의 편찬에는 『東京雜記』를 위시하여 영조 때 왕명으로 간행된 『慶州邑誌抄本』 및 『삼국사기』·『삼국유사』·『고려사』·『동국통감』·『동국여지승람』·『東史纂要』·『문헌비고』 등과 여러 文集 및 譜牒이 참고되었다고 한다.[8]

이처럼 경주 최초의 읍지인 『동경잡기』에는 『승람』에 언급된 내용을 그대로 전재하고 『승람』에 언급되지 않은 경주와 그 주변에 위치한 산과 하천에 관해서 新增으로 추가하여 소개하고 있다.[9] 『慶州府邑誌』는 대체로 『승람』에 근거하였다. 『동경통지』와 『경주읍지』에서는 앞선 읍지에 보이는 산천뿐만 아니라 장두산, 도당산 등 새로운 산천들도 수록하고 있다. 이처럼 경주에서 편찬된 읍지에 보이는 산천은 후대로 갈수록 그 내용이 보충되고 있음을 알 수 있다. 특히 남산과 관련해서 『승람』에는 금오산이 등재되어 있고 『동경잡기』에는 고위산이, 『동경통지』에 陶唐山이, 『경주읍지』에는 장두산이 추가, 기록되어 있다.

陶唐山은 남산의 한 봉우리이다. 이것에 대한 기록은 『동경통지』와 『경주읍지』에 보인다. 『동경통지』를 보면 陶唐山은 경주부 남쪽 5리에 있으며, 장두산이라고도 하며 경주 향교의 案山으로 크게 높지는 않지만 병풍과

---

5) 이와 관련해서 전덕재, 「동경잡기의 편찬과 그 내용」, 『신라문화』 19, 2001 참고.
6) "哲宗英孝大王 … 癸亥(1863)十二月初八日昇遐 在位十四年 壽三十三."(『慶州府邑誌』)
7) 이영식, 「발간사」, 『국역 동경통지』, 경주문화원,
8) 『경주읍지』引用參攷諸書.
9) 전덕재, 앞의 논문, 2001, 95쪽.

같이 둘렀는데 전설에 의하면 신라는 시대가 바뀔(禪代) 때 반드시 이 산에서 했다고 한다. 그리고 고려 때에 東都가 배의 형상으로 이 산이 돛대가 되는데, 신라가 다시 부흥한다는 참설이 있어 그 동쪽 언덕을 끊었다고 한다.[10] 『경주읍지』에는 경주부 남쪽 7리에 있는 檣頭山은 陶唐山이라고도 하며 경주 향교의 案山으로 고려 때에 東都가 배의 형상으로 이 산이 돛대가 되는데, 신라가 다시 부흥한다는 참설이 있어 그 동쪽 언덕을 끊었다고 한다.[11]

도당산, 일명 장두산의 위치에 대해 『동경통지』에서는 경주부 남쪽 5리에 있다고 하며 『경주읍지』에서는 7리에 있다고 한다. 전자에서는 도당산 일명 장두산이라고 하고 있고 후자에서는 檣頭山 일명 陶唐山이라고 하였다. 이것은 편찬자의 인식이 반영된 것으로, 『동경통지』 편찬자는 신라에서 시대가 바뀔(禪代) 때 반드시 이 산에서 했다는 것에 주목하면서 도당산을, 『경주읍지』의 편찬자는 신라의 멸망과 관련된 참설에 주안점을 두면서 장두산을 山名으로 먼저 내세운 것이 아닐까 한다.

이러한 도당산, 장두산에 대해 1980년에 편찬된 『신라의 전설집』에도 보이는데, 다음과 같다.

A. 남산의 북쪽 기슭의 작은 봉우리를 陶唐山이라 하는데 또 一名은 檣頭山이라 고도 한다. 檣頭山이란 배의 돛대되는 산이라는 뜻인데 서라벌의 돛대는 도당산에서 蟹目嶺까지 뻗어 있다 하였다. 지금 王井谷에서 識惠谷으로 넘어가는 길목이 패어져 있는 것은 高麗 사람들이 新羅가 다시 일어날 것을 두려워하여 돛대를 끊어 놓은 흔적이라 한다.[12]

---

10) "陶唐山 在府南五里 一云檣頭山 卽鄕校案山 不甚高環列如屛風 世傳新羅禪代之時 必於此 山 高麗時有東都爲舟形 而此山爲檣 新羅將有再興之讖 故斷其東岸云."

11) "檣頭山在府南七里 一云陶唐山 卽鄕校案山 高麗時有說東京如行舟形 此山爲檣頭則 新羅 有復興之兆云 故鑿斷其東麓山脈."

12) 경주시, 『신라의 전설집』, 1980, 93쪽.

A에 따르면 도당산은 일명 장두산이라고 한다고 하면서, 장두산은 배의 돛대되는 산으로 도당산에서 해목령까지 돛대는 뻗어 있다고 한다. 고려 사람들은 신라가 다시 일어날 것을 두려워하여 돛대를 끊었는데, 왕정곡에서 식혜곡으로 넘어가는 길목이 패어져 있는 것이 그것이라고 한다. 이처럼 A의 내용은 『동경통지』와 『경주읍지』에 보이는 신라의 멸망과 관련된 참설의 내용을 보충해 주는 것으로, 서라벌의 돛대의 위치와 그 돛대를 끊어 놓은 흔적이 어디인지를 말해주고 있는 것이다.

도당산은 신라에서 시대가 바뀔(禪代) 때 반드시 이 산에서 했다는 전설을 갖고 있는 산이다. 도당산의 陶唐은 堯임금을 말하는 것으로, 堯가 처음에 唐나라의 임금이 되었다가 뒤에 帝位에 올라 陶 땅에 都邑을 정하였기 때문에 요 임금을 陶唐이라고 하였다.[13] 도당산은 중국 요·순의 禪位처럼 신라에서도 왕위를 선양할 때 꼭 이 산에서 의식이 베풀어졌다 데서 생긴 것이라고 할 수 있다. 즉 신라에서도 박·석·김 3성의 왕이 그 인덕에 따라 왕위를 사양도 하고 받기도 하는 미덕을 발휘했는데, 요·순의 선양과 같았다는 것을 말하는 것으로 생각된다. 이러한 陶唐山은 장두산이라고도 하는데, 장두산이란 명칭은 신라의 멸망과 관련된 전설을 갖고 있다. 이 전설은 신라말 고려초의 풍수사상과 관련되어 나온 것으로 여겨진다.

이상에서 도당산 일명 장두산은 『승람』 이후 경주읍지에는 보이지 않다가 일제시기 『동경통지』와 『경주읍지』에 기록되었다. 이것은 일제의 고적조사 사업과 관련이 있었다고 생각된다.[14] 이 산은 신라 이사금시기 왕위 교체의 전설이라든가 신라의 멸망과 관련된 전설을 가지고 있다. 이러한 전설이 『동경통지』와 『경주읍지』에 수록된 것은 신라의 전성기와 멸망에 대한 안타까운 마음을 표출한 것으로, 당시 조선인의 마음을 투영한 것으로 이해된다. 이것은 이들 읍지가 일제시대 민족적 자아의식과 잊혀져 가는 지역의

---

13) "堯初爲唐侯 後爲天子都陶 告曰陶唐."(『蔡傳』)
14) 일제시기 경주의 고적조사사업과 관련된 논고로 이순자, 「일제강점기 고적조사사업 연구」, 숙명여자대학교 대학원 박사학위논문, 2007 참고.

제도와 문화유산을 정리하여 후손에게 물려준다는 일념으로 경주지역의 뜻있는 선비들에 의해 편찬된 市史였다는데서 생각해 볼 수 있는 것이다.

한편 A에 보이는 서라벌의 돛대는 도당산에서 해목령까지 뻗어 있으며 그 돛대를 끊어 놓은 흔적이 王井谷에서 識惠谷으로 넘어가는 길목에 있다고 한다. 우선 해목령은 신라 경애왕이 묻혀 있는 곳이며[15] 지금의 경주시 남산의 서쪽 봉우리로 潤乙谷과 鮑石溪의 경계에 해당한다. 王井谷은 半月城 앞 골짜기로 대궐에서 사용하던 우물이 남아 있어 왕정곡[왕정골]이라고 불린다.[16] 1986년에 발굴 조사된 月精橋는 景德王代에 궁궐인 月城 서편에서 蚊川 남쪽의 王井谷 등을 왕래하기 위하여 日精橋와 더불어 蚊川에 조성된 돌다리라고 한다. 識慧谷은 '식혜골' 또는 識花谷이라 불리고 있다. 지금의 동남산 절터곡과 분수령이 되는 봉우리에서 시작하여 서쪽으로 흘러 문드미(陽山臺) 북편을 지나 기린내로 흘러가는데, 길이는 짧은 편이다. 이 마을에는 식혜라는 도승이 살아, 그 도승의 법명을 따서 식혜곡이라고 했다고 하기도 하고, 식혜사라는 사찰이 있어 그 이름을 땄다고도 한다. 신라 6촌장들이 의논해서 박혁거세를 신라왕으로 추대하면서, 박혁거세로 하여금 임금을 하라고 '시킨 곳'이라는 의미에서 음운이 변화되어 식혜곡으로 되었다고도 한다.

도당산과 관련된 참설의 내용은 봉황대 전설과 관련이 있다. 여기에 따르면 신라 서울의 지리는 봉황의 둥우리처럼 생겨 천년 동안 영화를 누렸다고 한다. 그런데 신라 임금은 나라 형편이 기울어져 가자 봉황새를 붙들어 둘 방법으로 풍수의 말에 따라 봉황의 알을 많이 만들었는데, 이것은 떠가는 배 위에 짐을 많이 실은 격이었다. 풍수는 알 모양이 가장 많이 만들어져 있는 미추왕릉 부근의 율림 속에 우물을 파 놓고 고려로 도망갔는데, 이것은 짐을 많이 실은 배 밑바닥을 뚫어 놓은 격이었다. 이에 신라는

---

15) "上諡曰景哀 葬南山蟹目嶺."(『삼국사기』 12, 신라본기12, 경순왕 즉위년)
16) 한편 왕정곡이란 '임금의 우물'이란 뜻으로 나정을 뜻한다고 보기도 한다(최광식, 앞의 논문, 1995, 80쪽).

영영 침몰하여 다시 일어나지 못했다고 한다.[17]

봉황대는 조선후기까지 造山으로 인식되어 왔다.[18] 『동경잡기』와 『경주읍지』 勝地조에 봉황대가 보인다.[19] 이처럼 봉황대는 능묘조가 아닌 승지조에 수록되어 있었다. 그러다가 조선후기 김정희에 의해 그것이 무덤임이 밝혀졌고[20] 『동경통지』 승지조에는 봉황대가 보이지 않는다. 봉황대를 비롯한 고분들은 적석목곽분으로 4세기 후반에서 6세기 중반까지 축조되었던 것들이다. 이로 볼 때 『신라의 전설집』에 보이는 봉황대 전설과 실제의 봉황대는 맞지 않는다. 그렇다면 장두산, 도당산 전설 역시 마찬가지가 아닐까 한다.

陶堂山은 신라의 왕궁인 月城과 바로 문천(남천)을 사이에 두고 마주보고 있다. 陶唐山에서 내려다보면 월성, 나정과 오릉 일대의 벌판이 한 눈에 보인다. 이러한 도당산의 지리적 위치로 볼 때 도당산은 신라 당대에도 중요한 지역의 하나였다고 생각된다. 그렇다면 도당산은 신라 당대 어떠한 역할을 하였을까.

2. 月城과 都堂山土城

『동경통지』를 보면 "전설에 의하면 신라는 시대가 바뀔(禪代) 때 반드시

---

17) 경주시, 앞의 책, 1980, 92~93쪽.

18) 『海槎錄』崇禎九年丙子(1636, 인조14) 九月 初三日甲辰, "陰 發慶州 登鳳凰臺 臺在紅門外 高數十丈 言是築土所成 若此者羅列城南殆十數 舊都想必在臺南矣 半月城在南 金庾信墓在西 鮑石亭瞻星臺金藏臺 俱莽蒼可望."

19) 『동경잡기』 勝地, "鳳凰臺(在府南門外)." ; 『경주읍지』 勝地, "鳳凰臺(在府南門外)."

20) 『완당전집』1, 攷, 新羅眞興王陵攷, "太宗武烈王陵의 위에 師大陵이 있는데 邑人들은 이를 造山이라고 한다. 그러나 모든 이른바 조산이라는 것이 다 능이다. 鳳凰臺 동서편에 조산이 가장 많았던 바, 연전에 산 하나가 무너졌는데 그 속에는 깊이가 한 길 남짓 되는 검푸른 빛의 空洞이 있어 모두 石築으로 되어 있었으니, 이는 대체로 옛날의 왕릉이요 조산이 아니다. 이것이 바로 조산이 능이라는 한 가지 증거이다."

이 산에서 했다고 한다"고 한다. 여기에서 이 산은 陶唐山이다. 이에 연구자들은 陶唐山을 都堂山으로 보면서 이곳이 남당이었다고 하기도 하고 이 산에서 신라의 왕이 양위하였다고 해서 즉위의례를 행한 신궁으로 이해하기도 하였다. 우선 신라에서 남당정치를 한 기록으로는 다음이 관심을 끈다.

B. 1) 가을 7월에 궁의 남쪽에 南堂(남당은 혹 都堂이라고도 한다)을 지었다. 良夫를 伊湌으로 삼았다. (『삼국사기』 2, 신라본기2, 첨해이사금 3년)21)

2) (欽明天皇) 15년 … 겨울 12월 … 餘昌이 新羅를 謀伐하였다. … 明王이 하늘을 우러러 크게 탄식하고 눈물 흘리며 허락하기를 … (다른 책에는 "新羅가 明王의 頭骨은 남겨두고 나머지 뼈를 百濟에 예를 갖춰 보냈다. 지금 新羅王이 明王의 뼈를 北廳 계단 아래에 묻었는데, 이 관청을 都堂이라 이름한다"고 하였다.) (『일본서기』 19, 天國排開廣庭天皇 欽明天皇 15년)22)

B-1)을 보면 점해이사금 3년(249)에 궁궐 남쪽에 남당을 지었다고 하고 남당은 혹 도당이라고도 한다고 하였다. B-2)에는 欽明天皇 15년(554) 겨울 12월에 백제 성명왕(성왕)의 전사를 기록하면서 다른 책에는 "신라가 명왕의 두골은 남겨두고 나머지 뼈를 백제에 예를 갖춰 보냈다. 지금 신라왕이 명왕의 뼈를 북청 계단 아래에 묻었는데, 이 관청을 都堂이라 이름한다"고 하였다.

이처럼 남당은 도당이라고도 하며 신라에서는 점해왕 3년에 남당을 궁궐 남쪽에 지어 251년부터 이곳에서 정사를 집행하였다고 한다. 그러나 실제로 이것이 성립된 것은 奈勿麻立干 때라고 추정되고 있다. 이러한 남당은 왕과 관리가 모여 국가의 政事를 의논하고 행정사무를 집행하는 中央政廳의 성격을 띠었다고 한다.23)

---

21) "秋七月 作南堂於宮南(南堂或云都堂) 以良夫爲伊湌."
22) "(欽明天皇)十五年 … 冬十二月 … 餘昌謀伐新羅 … 明王仰天 大息涕泣 …(一本云 新羅留理 明王頭骨 而以禮送餘骨於百濟 今新羅王埋明王骨於北廳階下 名此廳曰都堂)."
23) 남당은 원시부족집회소의 후신으로, 회의 기관이자 실무를 집행하는 국가의 중심적인 정청이었다(이병도, 「고대남당고」, 『한국고대사연구』, 박영사, 1976, 623~636쪽)고

남당이 위치한 장소는 『동경통지』의 陶唐山이 그 곳이라고 하기도 한다. 陶唐山은 都堂山으로, 이곳에서 남당정치를 하였던 것으로 해석하고 있는 것이다.[24] 즉 도당산토성 성내에는 도당을 베풀던 남당이 있어서 월성과 개별로 떨어져 있으나, 월성의 기능을 일부 나누어서 행하던 곳으로 보고 있는 것이다.[25] 남당의 회의 기능은 늦어도 진평왕 7년(585)에는 도당산에서 정궁(월성)의 평의전으로 옮겨졌던 것으로 추측하기도 한다.[26]

남당은 군신 합동의 정치 공간으로, 후대의 정전과 같은 곳인데 월성인 왕궁과 별도의 장소에 있었다고 보기는 어렵지 않을까 한다. 都堂山은 洞祭[27]를 지내던 都堂이 있던 산을 말하는 것으로, 전국 도처에 있다. 충북 진천의 도당산성[28]은 김유신이 태어난 곳으로 그의 사당인 吉祥祠가 있어 도당제를 올리는 명산이다. 특히 일제강점기 개성의 도당산에서 행해진 도당제는 널리 알려졌다. 『동경통지』는 일제시기에 편찬된 읍지로 경주 陶唐山이 동제를 지내던 도당과 관련이 있었다고 한다면 都堂山으로 표기하지 않았을까 한다.

한편 『동경통지』에서 도당산에서 즉위의례가 이루어졌다는 기록을 염두

한다. 남당은 그 직속에 집행기관을 가졌다기보다 그 결정이 왕을 통해 집행되었다(이기백, 『신라정치사회사연구』, 일조각, 1974, 137쪽)고 한다. 한편 남당의 명칭은 『삼국사기』 주에 따르면 '도당'이라고 하며 『해동역사』에는 '남궁'이라고 되어 있기도 하다. 도당이란 명칭을 통해서 최고 관청으로 유추할 수는 있으나, 불확실한 별칭에 의해 남당의 기능을 추정하기는 사실상 어렵다고 보기도 한다(박대재, 「백제 초기의 회의체와 남당」, 『한국사연구』 124, 2004, 20~21쪽).

24) 권오찬, 앞의 책, 1980, 25~26쪽. 그리고 24쪽에서 남산의 오지산이 도당산이라고도 하였다. 박방룡, 앞의 논문, 1985, 350~354쪽도 참고.
25) 박방룡, 「신라 왕도의 수비」, 『신라문화』 9, 1992, 2쪽.
26) 박방룡, 「6세기 신라 왕경의 제양상」, 『국읍에서 도성으로』(신라문화제학술발표회논문집26), 2005, 162쪽.
27) 동제는 마을 제사로, 그 명칭은 다양하다. 동제, 동신제, 대동신사. 대동치성, 산제, 산신제, 산천제, 당제, 당산제, 성황제, 토지제, 가리제, 노신제, 장승제, 목신제, 부군제, 천제, 천왕제, 산왕제, 도당제 등으로 불린다.
28) 『승람』 16, 충청도 진천현 고적, "都堂山城(在縣西三里 石築 周一千八百三十六尺 內有二井 今廢)."

에 두면서 왕성이 월성으로 옮겨지면서 신궁이 이곳으로 옮겨졌을 것이라고 하였다.[29] 그렇지만 『삼국사기』에 의하면 신궁은 소지왕 9년(487) '시조가 처음 태어난 곳(始祖初生之處)'인 '奈乙'에 설치(置)하였다고 하기도 하고, 지증왕이 '始祖誕降之地'인 '나을'에 '創立'하였다고 하기도 한다.[30] 혁거세는 『삼국사기』에서는 '양산 기슭 나정 옆의 숲 사이[楊山麓 蘿井傍林間]'[31]에서, 『삼국유사』에서는 '양산 아래의 나정 옆[楊山下 蘿井傍]'[32]에서 나타났다고도 전하고 있다. 이로 볼 때 신궁이 설치된 곳은 신라 시조가 탄강한 나정의 임간이라고 할 수 있다. 이에 신궁이 도당산으로 옮겨갔다고 보기에는 무리가 따른다.

그렇다면 도당산의 원래 기능은 무엇이었을까. 도당산이 속해 있는 남산은 경상북도 경주시 인왕동을 비롯한 4개 동과 경주군 내남면 용장리에 걸쳐 있다. 고위산(494m)과 금오산(468m) 2개의 봉우리가 솟아 있고 남북 8km, 동서 4km의 크기이며 완만한 동남산과 골이 깊고 가파른 서남산으로 크게 나누어진다. 남산은 40여개의 계곡이 있고, 동쪽에는 浪山·明活山, 서쪽에는 仙桃山·碧桃山·玉女峰, 북쪽에는 金剛山·金鶴山이 솟아 있다. 뿐만 아니라 吐含山 줄기가 동해를 막는 성벽 구실을 하고 있어 남산은 경주를 지키는 요새였다.

남산에는 왕궁인 월성을 비롯하여 현재 4개의 성지가 보이는데, 도당산토성·남산토성·남산신성·고허성이 그것이다. 이들 성은 월성 주변에 자리잡고 있다. 이들 토성과 산성의 축조 연대는 월성과 거리가 가까울수록 빠르며 토성에서 석성으로 전이되어 간 것으로 알려지고 있다.[33] 우선 월성과

---

29) 최광식, 앞의 논문, 1995, 80~81쪽.

30) 『삼국사기』 3, 신라본기3, 소지마립간 9년, "春二月 置神宮於奈乙 奈乙始祖初生之處 也." ; 『삼국사기』 32, 잡지1, 제사, "第二十二代智證王 於始祖誕降之地奈乙 創立神宮 以享之."

31) 『삼국사기』 1, 신라본기1, 시조 혁거세거서간 즉위년.

32) 『삼국유사』 1, 기이2, 신라시조혁거세왕.

33) 국립경주문화재연구소, 『경주남산』(본문·해설편), 2002, 137쪽.

관련된 기록을 보면 다음과 같다.

C. 1) 봄 2월에 성을 쌓고 月城이라 이름했다. 가을 7월에 왕이 월성으로
     거처를 옮겼다. (『삼국사기』 1, 신라본기1, 파사이사금 22년)[34]
   2) 처음 혁거세 21년(서기전 39)에 궁성을 쌓아 이름을 金城이라 하였다.
     파사왕 22년(101)에 금성 동남쪽에 성을 쌓아 월성 혹은 在城이라고
     불렀는데, 둘레가 1천 23보였다. 新月城 북쪽에 滿月城이 있는데 둘레가
     1천 8백 38보였다. 또 新月城 동쪽에 명활성이 있는데 둘레가 1천 9백
     6보였다. 또 신월성 남쪽에 南山城이 있는데 둘레가 2천 8백 4보였다.
     始祖 이래로 금성에 거처하다가, 후세에 이르러서는 두 月城에 많이
     거처하였다. (『삼국사기』 34, 잡지3, 지리1)[35]

C에 따르면 월성은 파사왕 22년(101)에 축조되었고, 在城·新月城이라고도
한다. 이것은 경주 시가지 중심의 남쪽에 있는 것으로, 문천(남천) 북안의
낮은 언덕을 연결하고 자연지세를 최대한 이용해 성벽을 쌓았기 때문에
성곽의 형태는 반월형을 이루고 있다.[36] 여기에는 다양한 시설물이 있는데,
특히 진덕왕 6년(652) 3월에는 서울에 큰 눈이 오고 왕궁의 남문이 까닭없이
저절로 무너졌다고 한다.[37] 월성의 남벽에 있는 서단부에는 성문터가 있는
데, 이 성문은 문천에 있는 월정교를 건너 도당산토성의 북문으로 통하고
남산토성과도 연결된다고 한다.[38]
　도당산토성은 남산 일지류의 최북단에 위치하고 있다. 자연지세를 이용하
여 토축하였으며, 대부분 훼손되고 동남쪽 약 50m정도만 원래의 상태를

---

34) "春二月 築城名月城 秋七月 王移居月城."
35) "初赫居世二十一年 築宮城 號金城 婆娑王二十二年 於金城東南築城 號月城 或號在城 周一
    千二十三步 新月城北有滿月城 周一千八百三十八步 又新月城東有明活城 周一千九百六步
    又新月城南有南山城 周二千八百四步 始祖已來處金城 至後世多處兩月城."
36) 민덕식, 「신라의 경주 월성고」, 『동방학지』 66, 1990, 2쪽.
37) 『삼국사기』 5, 신라본기5, 진덕왕 6년, "三月 京都大雪 王宮南門 無故自毁."
38) 민덕식, 앞의 논문, 1990, 8쪽.

알아 볼 수 있다. 지형상으로 산지라기보다는 구릉으로 왕궁(궁성)인 월성과 오릉·나정 일대를 내려다보는 입지 조건을 갖는 곳이다.[39] 만약 도당산에서 남당정치를 한 것이 사실이라면 3세기 중반에 나성으로 토성이 축성되었을 것으로 보고 있다.[40] 남산토성은 경주시 인왕동의 남산 장창곡(전 삼화령)에서 북쪽 250m 지점에 위치하고 있다. 남산토성이 위치한 정상부는 표고 134m로 성내에서 바라보면 동쪽에는 문천이 돌아 흐르고 북쪽과 서쪽에는 월성, 도당산토성이 보인다.[41] 파사왕 22년 월성 남쪽에 남산성이 있다는 기록[42]은 현재 알려져 있는 남산토성으로 보고 있다. 이러한 남산토성은 남산신성이 축성된 진평왕 13년(591)[43] 이전까지는 도당산토성, 월성과 더불어 밀접한 관계를 맺고 있던 신라초기의 중요한 성곽이었다고 한다.[44]

남산신성은 남산을 남북으로 관통하는 주 능선을 기준으로 볼 때 서사면에 위치하고 있다. 『삼국사기』 지리지 서문의 기록[45]으로 보아 왕궁이 있던 월성의 남쪽에 있다. 이러한 남산신성의 축성연대는 진평왕 13년이고 그 규모는 2,850여보임을 알 수 있다. 성벽의 개축은 문무왕 19년(678) 성이 초축되고 난 후 약 90년 뒤에 증축되었음을 알 수 있다.[46] 이러한 남산신성은 진평왕대 대규모의 인력을 동원하여 견고히 축성하여 나성 역할을 수행하였고 문무왕 때 장창을 만들고 대대적인 증축이 이루어진 이후로는 왕성인

---

39) 박방룡, 「신라 도성의 방어체제」, 『제17회 영남고고학회 학술발표회』, 2008, 70쪽.
40) 박방룡, 앞의 논문, 1992, 2쪽.
41) 박방룡, 앞의 논문, 2008, 71쪽.
42) 사료 C-2) 참고.
43) 『삼국사기』 4, 신라본기4, 진평왕 13년, "秋七月 築南山城."
44) 박방룡, 앞의 논문, 2008, 72쪽.
45) 『삼국사기』 34, 잡지3, 지리, 新羅疆界, "又新月城南有南山城 周二千八百四步."
46) 「남산신성비」 제1비와 제2비, "辛亥年二月卄六日南山新城作節 …." ; 『삼국사기』 4, 신라본기4, 진평왕 13년, "秋七月 築南山城 周二千八百五十四步." ; 『삼국사기』 6, 신라본기6, 문무왕 3년, "春正月 作長倉於南山新城 築釜山城." ; 『삼국유사』 2, 기이2, 문호왕 법민, "王初卽位 置南山長倉 長五十步 廣十五步 貯米穀兵器 是爲右倉 天恩寺西北山上 是爲左倉 別本云 建福八年辛亥築南山城 周二千八百五十步 則乃眞德王代始築 而至此乃重修爾." ; 『삼국사기』 7, 신라본기7, 문무왕 19년, "增築南山城."

월성과 함께 도성의 방비에 있어 그 역할의 증대된 중요한 성곽으로 기능하였다.[47] 고허성은 남산의 고위산을 감싸고 있는 석성으로, 진평왕 48년(626)에 축조되었다.[48]『삼국유사』탑상 천룡사조에 남산의 남쪽에 고위산이 있고 거기에 천룡사가 있다고 한다.[49] 돌산고허촌의 마등오촌[50]과 천룡사 등의 관계 기사로 볼 때 고위와 고허는 같은 뜻으로 볼 수 있다.[51]

城의 사전적인 뜻은 적을 막기 위하여 흙이나 돌 따위로 높이 쌓아 만든 담 또는 그런 담으로 둘러싼 구역을 말한다. 성을 축조하는 이유 중 하나는 외적을 방어하기 위한 것이었고 이것은 성의 기능 중 가장 중요한 것이었다. 즉 성은 외적으로부터 그 지역을 방어하고 그 지역민을 보호하기 위해서 구축한 방어물이었다. 이로 볼 때 남산에 축조된 토성과 산성은 왕궁인 월성을 방어하고 보호하기 위해서 구축한 방어물이었음을 알 수 있는 것이다. 즉 남산에 축조된 도당산토성·남산토성이 처음에는 왕경 방비의 기능을 수행하였고 남산신성이 새로 축성되면서 그 기능을 이어 받았으며 통일 이후 관문성이 축성되면서는 보다 외곽인 남산의 남부에 위치한 고허성까지 왕경 방어의 역할이 확대되어 갔다고 볼 수 있는 것이다.[52]

한편 남산은 신성지역이기도 하였다. 고대인들은 산림, 천택, 구릉, 계곡이 모두 신적인 존재가 거주하는 곳으로 믿었고 그 곳이 곧 제장으로서 가장 적합한 곳이라고 생각하였다.『삼국사기』제사지 신라조(이하 제사지 신라조라고 한다)에 보이는 신라의 삼산·오악 이하 명산대천제사는 그것을 가장 잘 보여주는 것이다.[53] 남산 역시 그러하지 않았을까 한다.

---

47) 국립경주문화재연구소, 앞의 책, 2002, 140쪽.
48) 『삼국사기』4, 신라본기4, 진평왕 48년, "築高墟城."
49) 『삼국유사』3, 탑상4, 천룡사, "東都南山之南 有一峰屹起 俗云高位山 山之陽有寺 俚云高寺 惑云天龍寺 … 俗傳云 逆水者 州之南 馬等烏村南流川是 又是水之寃 致天龍寺 …."
50) 『삼국유사』1, 기이2, 신라시조혁거세왕, "… 二曰突山高墟村 長曰蘇伐都利 初降于兄山 是爲沙梁部 … 仇良伐·麻等烏·道北·廻德等南村屬焉 …."
51) 박방룡, 앞의 논문, 1985, 379~381쪽.
52) 국립경주문화재연구소, 앞의 책, 2002, 137쪽.
53) 이와 관련해서 채미하,「신라 명산대천의 사전 편제 이유와 특징」,『민속학연구』

우선 남산 서북쪽 낮은 구릉지대에 울창한 송림 가운데에 사로국의 개창자인 박혁거세가 탄생한 곳으로 전하는 나정이 있다.[54] 헌강왕이 포석정에 행차했을 때 남산신이 어전에 나타나 춤을 추었다고 한다.[55] 포석정은 경주시 拜洞 남산 서쪽 계곡에 連해 있는 곳으로, 경애왕 4년(927) 11월에 왕은 나라의 위기를 맞아 포석정에서 제사의식을 행하다가 후백제의 견훤에게 살해당하였다.[56] 한편 남산 주위에는 천관사지[57]와 천은사지·사제사지가 있기도 하다.[58] 이 중 사제사는 나라에서 네 가지의 큰 제사를 지내던 절이라는 견해가 있으나,[59] 일년에 四時로 제사하는 절이라는 의미일 것이다.

이처럼 남산은 신라 당시 신성지역으로 인식되었으며 그 주변에서는 제사를 지내기도 하였음을 알 수 있다. 제사지 신라조의 명산대천 제사 중 대사에는 삼산이, 중사에는 오악·사진·사해·사독과 속리악 이하 6곳이, 소사에는 24개의 산천 등이 편제되어 있다. 여기에는 산과 천(海 ; 4해 중

20, 2007 :『신라 국가제사와 왕권』, 혜안, 2008 참고.

54) 앞의 주 30) 참고.

55) 『삼국유사』 2, 기이2, 처용랑 망해사, "… 又幸鮑石亭 南山神現舞於御前 左右不見 王獨見 之 有人現舞於前 王自作舞 以像示之 神之名或曰祥審 故至今國人傳此舞曰 御舞祥審 或曰御 舞山神 或云 旣神出舞 審象其貌 命工摹刻 以示後代 故云象審 或云霜髥舞 此乃以其形稱之 …."

56) 『삼국사기』 12, 신라본기12, 경애왕 4년, "… 甄萱以救兵未至 以冬十一月 掩入王京 王與妃嬪宗戚 遊鮑石亭宴娛 不覺賊兵至 倉猝不知所爲 王與妃奔入後宮 宗戚及公卿大夫士 女 四散奔走逃竄 其爲賊所虜者 無貴賤皆駭汗匍匐 乞爲奴僕而不免 萱又縱其兵 剽掠公私財 物略盡 入處宮闕 乃命左右索王 王與妃妾數人在後宮 拘致軍中 逼令王自盡 强淫王妃 縱其下 亂其妃妾 …."

57) 천관사지는 왕궁인 월성에서 월정교를 건너 포석정으로 가는 중간지점에 위치하고 있다. 천관은 천운을 살피거나 국가차원을 제사를 주관하던 자 또는 女司祭로 이해하 면서 천관사는 국가에서 직접 경영한 사원으로 보고 있다(이근직, 「경주 천관사지 소고」, 『경주사학』 20, 2001, 79~84쪽).

58) 천은사와 사제사는 하늘 및 제사와 관련이 깊은 사찰이라고 한다(최광식, 앞의 논문, 1995, 80쪽).

59) 윤경열, 『경주남산 겨례의 땅 부처님 땅』, 불지사, 1993. 『삼국사기』 제사지 시조혁거 세묘를 세우고 친누이 아노로서 일년에 사시로 제사하게 하였다는 기록과 관련을 시킬 수 있다고도 한다(최광식, 위의 논문, 1995, 80쪽).

북해 제외, 4독), 이외에도 城(북형산성, 도서성, 가림성), 진(청해진), 기타명 (동진 온말근, 남진 해취야리, 중사의 표제명이 없는 기타 6곳 중 추심과 상조음거서) 등이 나온다. 이 중 산(악)이 35개, 천(해)이 7개로 대부분 산천이지만, 城에 대한 제사도 이루어지고 있다.[60] 이들은 제사의 대상이면서 제장으로서 그 기능을 하였다. 그렇다면 남산에 쌓은 성도 제사의 대상 내지 제장으로 그 역할을 하지 않았을까 한다.

3. 陶唐山과 祭儀

한국 고대 산성에서 지낸 제사와 관련해서 현재 확인된 건물지로는 집안의 고구려 환도산성에서 발굴된 팔각건물지 2기와 하남 이성산성,[61] 안성 망이 산성,[62] 이천 설봉산성[63] 등지에서 확인된 팔각건물지 또는 팔각제단 등이 있다.[64] 이 중 이성산성의 팔각 건물지나 구각 건물지 내의 출토유물은 신라 것으로, 이것의 축조 연대는 신라가 한강유역을 점유한 이후로 보고 있다.[65] 망이산성의 건물 축조 시기는 출토유물이 거의 없어 추정하기 어렵지만, 대체로 나말여초에 만들어진 것으로 보고 있다.[66]

---

(60) 이와 관련해서 채미하, 「신라의 城제사와 그 의미」, 『역사민속학』 30, 2009 참고.

(61) 한양대학교 박물관, 『이성산성 – 2차 발굴조사 중간보고서』, 1988.

(62) 단국대학교 매장문화재연구소·안성시, 『안성 망이산성 3차 발굴조사 보고서』, 매장 문화재연구소 학술조사총서 제39책, 2006.

(63) 단국대학교 중앙박물관, 『이천 설봉산성 1차 발굴조사 보고서』, 고적조사보고 제24책, 단국대출판부, 1999. 설봉산성은 경기도 이천시 관고동과 사음동 일원에 축조된 包谷式 산성으로, 이천시는 물론 멀리 장호원과 양평·안성 등의 주변 지역을 한눈에 바라볼 수 있다.

(64) 이외 순천 검단산성에서 전체적으로 12각으로 추정되는 건물지가 나왔고 공주 공산성 에서도 12각 건물지가 발굴되었다. 경주 나정 발굴의 팔각 건물지, 풍남토성에서도 다각형 건물지가 확인되고 있다. 이와 관련해서 최광식, 「한·중·일 고대의 제사제도 비교연구 – 팔각건물지를 중심으로」, 『선사와 고대』 27, 2007 참고.

(65) 한양대학교 박물관, 앞의 책, 1998.

이러한 城은 국가제사에 편제되기도 하였다. 이와 관련해서 다음이 주목된다.

D. 1) 中祀　其他　北兄山城(大城郡)
　　2) 小祀　道西城(萬弩郡) 加林城(加林縣 一本有靈嵒山·虞風山 無加林城)

D를 보면 북형산성은 중사에, 도서성과 가림성은 소사에 편제되어 있음을 알 수 있다.[67] 제사지 신라조에 보이는 명산대천제사에는 악·진·해·독을 비롯한 여러 산(천)제사와 함께 성에 대한 제사도 포함되어 있었던 것이다. 이 중 북형산성은 성덕왕 34년(735) 이후부터 경덕왕 16년(757) 이전에 편제되었고,[68] 도서성과 가림성은 성덕왕 34년 이전에 신라 국가제사에 편제되었다고 할 수 있다.[69] 도서성은 만노군에 있다고 한다. 『삼국사기』지리지에 따르면 만노군은 금물내군(금물노군)이라고도 했으며 黑壤郡 또는 黃壤郡의 옛 지명이라고 한다.[70] 이처럼 도서성의 소재지명이 삼국시대의 지명인 점으로 미루어 볼 때 삼국시대에도 도서성은 국가제사의 대상이었을 것이고 이것이 통일 이후에도 그 중요성이 인정되어 국가제사에 편제된 것이 아닐까 한다. 이처럼 삼국시대 성에 대한 제사를 염두에 둘 때 남산에 축조된 성에서도 제사행위가 있었을 것으로 여겨지지만, 현재로서는 잘 알 수 없다. 하지만 통일 이후 신라의 국가제사에서 그 흔적을 찾아볼 수 있다.

우선 소사에 편제되어 있는 高墟가 관심을 끄는데, 이것은 沙梁에 있다고

---

66) 단국대학교 매장문화재연구소·안성시, 앞의 책, 2006.
67) 채미하, 앞의 논문, 2009, 10~12쪽.
68) 채미하, 앞의 논문, 2007 : 앞의 책, 2008, 306~307쪽 참고.
69) 채미하, 앞의 논문, 2009, 140~147쪽.
70) 『삼국사기』 37, 잡지6, 지리 4, 고구려·백제, "漢山州 … 今勿內郡(一云萬弩) 道西縣(一云都盆)." ; 『삼국사기』 35, 잡지4, 지리2, 한주, "黑壤郡(一云黃壤郡) 本高句麗今勿奴郡 景德王改名 今鎭州 領縣二 都西縣 本高句麗道西縣 景德王改名 今道安縣 陰城縣 本高句麗 仍忽縣 景德王改名 今因之."

한다.[71) 沙梁은 사로 6촌의 하나인 돌산고허촌으로 현재의 경북 경주시 남산 서북쪽 탑정동 일대로 비정되나, 경주시 중심부 일대로 보는 견해도 있다.[72) 고허성은 7세기대 도성 방비를 위해 축조하였으나, 통일이후 성곽으로서의 기능을 상실하였고 이후 그 기능이 외곽의 관문성으로 옮겨졌다고 한다.[73) 이로 볼 때 관문성 축조 이후 고허성은 그 전보다는 위상에 변화가 있었겠지만, 그 중요성으로 말미암아 소사에 편제된 것이 아닐까 한다. 신라 오악은 경주평야를 둘러싸고 있었는데,[74) 신라 영토가 확대되고 통일을 성취한 뒤인 문무왕 말년 혹은 신문왕대에 국토의 사방과 중앙에 있는 산악들로 변하였다.[75) 삼국시대 신라 오악의 하나였던 선도산은 통일 이후에는 소사에 편제되어 있다. 이것은 선도산의 위상 변화를 말하여 주는 것뿐 아니라 통일 이후에도 여전히 이것의 중요성이 고려되어 국가제사에 편제되었다고 볼 수 있는 것이다. 다음도 관심을 끈다.

E. 1) 12월 寅日에 新城北門에서 八禶를 祭하였는데, 豊年에는 大牢를 쓰고 凶年에는 小牢를 썼다.
　　2) 立春後 亥日에는 明活城 南쪽 熊殺谷에서 先農을 祭하였으며 立夏後 亥日에는 新城北門에서 中農을 祭하였고 立秋後 亥日에는 蒜園에서 後農을 祭하였다. (『삼국사기』 32, 잡지1, 제사)[76)

E-1)에 따르면 신라에서는 12월 寅日에 신성 북문에서 팔자제를 드렸다고

---

71) 『삼국사기』 32, 잡지1, 제사, "小祀 … 高墟(沙梁)."
72) 鄭求福 외 4인, 『역주 삼국사기』 4(주석편(하)), 1997, 33쪽.
73) 국립경주문화재연구소, 앞의 책, 2002, 141쪽.
74) 『신증동국여지승람』 21, 경주부 산천조에는 토함산을 동악, 금강산을 북악, 함월산을 남악, 선도산을 서악이라고 하고 있다. 『삼국사기』 41, 열전1, 김유신(상)에는 중악 단석산이 보인다.
75) 이기백, 앞의 책, 1974, 207쪽.
76) "1) 十二月寅日 新城北門祭八禶 豊年用大牢 凶年用小牢 2) 立春後亥日 明活城南熊殺谷祭先農 立夏後亥日 新城北門祭中農 立秋後亥日 蒜園祭後農."

한다. E-2)를 보면 신라에서는 입춘 후 해일에 명활성 남쪽 웅살곡에서 선농제를, 입하 후 해일에 신성북문에서 중농제를, 입추 후 해일에 산원에서 후농제를 지낸다고 한다. 八禩는 천자가 연말의 납제 때 제사지내는 여덟 신으로,[77] 농사와 밀접한 관련을 가지고 있다.[78] 이로 볼 때 팔자제는 농경신을 중심으로 한 百神에 대한 감사의례라고 할 수 있다.[79] 중농을 先蠶으로 추정한 견해[80]도 있으나, 신라에서 선잠을 굳이 중농으로 바꿔 쓸 이유는 없다.[81] 아마도 중농은 삼한 이래 5월의 파종을 끝내고 나서 지내던 신라 고유의 농경제사가 아닐까 한다.

이러한 팔자제와 중농제를 지낸 신성은 진평왕 13년(591)에 축조된 남산성을 가리키며[82] 신성 북문은 왕성인 월성과 가장 근접해 있으면서 그 규모가 가장 크다.[83] 제사가 드려지는 장소는 공간적으로 다른 장소와는 달리 질적 차이를 내포하며 신성성을 갖는 것이다. 따라서 제장은 신성성이 내포될 수 있는 특수한 지역이 선택된다.[84] 남산신성 북문에서 이루어진 제사는 농경제사였다. 제사지 신라조에 나오는 농경제사는 중농제사와 후농제사를 제외하고는 모두 중국 예전에 나오는 것으로, 이들 제사의 날짜는 당「정관례」및「개원례」祠令의 그것과 같다.[85] 이 중 팔자제사는 農作을 上帝에게

---

77) 禩의 字義는 '찾아낸다'는 뜻이며, 禩를 臘祭 또는 臘享이라고도 한다. 팔자의 신체는 先嗇(=神農), 司嗇(=후직), 百種, 農(농사에 공이 있는 관리, 즉 田畯), 郵表畷(전준의 居所), 猫虎, 坊, 水庸이다(이병도, 『국역삼국사기』, 을유문화사, 1997, 497쪽 주 8) 및 鄭求福 외 4인, 앞의 책, 1997, 14쪽).

78) 蜡祭의 기원과 성격에 대해서는 池田末利,「蜡·臘考－古代中國の農耕祭祀」,『中國古代宗教史研究－制度と思想－』, 東海大學出版會, 1981.

79) 『통전』44, 예4, 연혁4, 길례3, 1235쪽, "禩之義(禩字亦從蜡 今取祭義 故從示) 自伊耆之代而有其禮 古之君子 使之必報之 是報田之祭也 其神神農 初爲田事 故以報之." 및 나희라, 『신라의 국가제사』, 지식산업사, 2003, 39쪽 및 42쪽도 참고.

80) 이병도, 앞의 책, 1977, 497쪽 주 9)와 주 10).

81) 신종원, 『신라 초기불교사연구』, 민족사, 1992, 90쪽.

82) 주 46) 참고.

83) 국립경주문화재연구소, 앞의 책, 2002, 140쪽.

84) 금장태, 앞의 책, 1994, 85~86쪽.

85) 이와 관련해서 채미하,「신라의 농경제사와 '別祭'」,『국사관논총』108, 2006 및

감사드리는 제사이면서 그 해의 12월에 드리는 歲祭도 된다.[86] 팔자제사의 희생은 사직의 그것과 같다.[87] 아마도 팔자제사는 당시 최고의 농경제사였을 것이다. 중농제사는 신라의 고유한 농경제사로, 중국에서 수용된 농경제사인 팔자제와 함께 신성 북문에서 그 제사가 이루어졌다는데서 이것이 차지하는 위치는 다른 농경제사와 비교해 볼 때 크다고 할 수 있을 것이다.

이처럼 신라가 삼국을 통일한 이후 고허라든가, 남산신성은 제사의 대상이자 제사의 장소로 기능하고 있음을 알 수 있다. 그렇다면 도당산(토성)은 어떠한가. 『삼국사기』제사지 신라조에 보이는 제사 중 제장이 보이지 않는 것으로 壓丘祭와 辟氣祭가 보인다.

압구제는 고려 雜祀에 들어있는 壓兵祭와 관련 있는 것으로, 고대 교통이 곤란했을 당시 唐이나 倭에 사신을 보낼 때 제사지낸 제전으로 보기도 한다.[88] 고려시대 압병제는 載祭라는 명칭으로 불렸으나, 목종 11년(1008) 壓兵祭로 개칭하였다고 한다.[89] 載祭는 길을 떠날 때 지내는 제사이다. 이에 압구제를 압병제로 보기도 하나, 고려시대 압병제는 勝戰을 기도하는 제사로[90] 이것은 『개원례』의 발제와 유사한 것으로 볼 수 있다.[91]

압구제에서 丘의 사전적인 뜻은 ㉠ 언덕 ㉡ 구릉 ㉢ 무덤 ㉣ 墳墓 등이다. 우선 '丘'를 구릉의 뜻으로 본다면 압구제는 구릉 귀신을 진압하는 제사로

앞의 책, 2008 참고.

86) 琴章泰, 앞의 책, 1994, 190~191쪽.

87) 『禮記』王制, "天子社稷 皆大牢 諸侯社稷 皆小牢."

88) 김승찬, 「신라의 諸祀試論」, 『우헌정중환박사환력기념논문집』, 1974, 501쪽 ; 김동욱, 「신라의 祭典」, 『신라민속의 신연구』(신라문화제학술발표회논문집4), 1983, 33쪽.

89) 『고려사』63, 지17, 예5(잡사), "穆宗十一年 十月 改載祭爲壓兵祭 … 文宗二年 二月己丑 行壓兵祭于西京北郊."

90) 이와 관련해서 다음도 참고된다. 『증보문헌비고』23, 여지고11, 산천5, 평안도 평양, "斧山 : (북쪽 30리에 있다.) 세상에서 전하기를, "어떤 勇士가 도끼를 가지고 이곳에서 敵을 이겼다."고 하기 때문에 붙인 이름이다. 산 위에 祠堂이 있는데, 고을 사람들이 제사를 지내고 그 제사를 押兵祭라고 부른다."

91) 「개원례」군례 항목을 보면 '親征及巡狩郊祀有司載于國門', 즉 국문을 나올 때 道祖神에게 제사를 지내고 있기도 한다.

볼 수 있을 것이다.[92] 즉 압구제는 惡氣가 모이는 구릉의 재액을 제거하는 祓祭로, 구릉의 귀신을 제압하기 위한 제사 내지는 惡氣가 모이는 구릉의 災厄을 제거하기 위한 제사로 여겨지는 것이다. 이러한 구릉 귀신과 관련지어 '丘'가 무덤, 봉분을 뜻하기도 한다는 것이 주목된다.[93] 『주례』에서 '큰 무덤과 쌓여진 시신의 기운이 厲鬼가 되어 모든 백성들에게 재해를 입히니 나례를 거행한다'고 한다.[94] 여귀는 癘疫 곧 전염병신이며 나례는 음력 섣달 그믐날 밤에 민가와 궁중에서 마귀와 邪神을 쫓아낸다는 뜻으로 베푼 의식으로 大儺라고도 한다. 『예기』 월령에는 季春, 仲秋에 儺儀가 있었으며 季冬에는 대나의를 확인할 수 있다. 이러한 내용이 「개원례」 군례의 救日月食儀와 季冬大儺儀로 정리되었으며 고려와 조선에서도 행해졌는데, 질병을 추방하는 의식을 군사의 힘으로 축출하는 것이다.[95]

이상에서 압구제는 무덤의 邪鬼들을 제압하기 위한 의례로 볼 수 있지 않을까 한다.[96] 이처럼 압구제는 벽사의식의 하나로 볼 수 있는데, 이와 관련해서 벽기제와 사대도제도 관심을 끈다. 우선 벽기제는 나쁜 기운을 물리치는 제사이다.[97] 즉, 벽기는 辟邪와 마찬가지로 邪鬼를 물리친다는 뜻으로, 벽기제는 벽사의식의 일종으로 볼 수 있다.[98] 사대도제는 외방에서

---

92) 고전연구실 옮김, 『국역 삼국사기(하)』, 1959, 120쪽. 한편 압구제를 삼월 계락일에 구릉에 올라가 흙을 파고 춤추며 노래하여 신과 조우하였다는 구지봉에서의 행위(『삼국유사』 2, 기이2, 가락국기)와 비슷한 제사로 보는 견해도 있다(나희라, 앞의 책, 2003, 52쪽).

93) 압구제의 '丘'가 무덤의 封墳을 뜻한다면 壓丘는 봉토를 누른다는 뜻이다. 이에 압구제를 墳丘築造儀式의 일종으로 보기도 한다(정구복외 4인, 앞의 책, 1997, 37쪽).

94) 『주례』 7, 夏官司馬, 方相氏, "方相氏 … 以索室 毆疫疏 … 釋曰云時儺四時者 按月令惟有三時難 是以月令季春云命國儺 以季春日歷大梁 有大陵積尸之氣 與民爲厲 命有國者儺 仲秋云 天子乃儺 時斗建酉 赤有大陵尸積之氣 此月儺陽氣 陽氣至此不止 害將及人 惟天子得儺 諸侯亦不得 …."

95) 채미하, 「신라의 軍禮 수용과 王權」, 『한국사연구』 149, 2010 : 『신라의 오례와 왕권』, 혜안, 2015 참고.

96) 이와 관련해서 황경숙, 『한국의 벽사의례와 연희문화』, 월인, 2000, 66~69쪽 참고.

97) 고전연구실 옮김, 앞의 책, 1959, 120쪽.

98) 김승찬, 앞의 논문, 1974, 501쪽 ; 정구복 외 4인, 앞의 책, 1997, 37쪽.

침입하는 疫神을 쫓기 위한 邪鬼塞地의 신을 도로에서 祭饗하는 것으로 보이며 일본의 道饗祭와 비슷한 것으로 여겨진다.[99] 이러한 벽사의식은 전염병과 연결지어 이해해 볼 수 있는 것으로, 삼국을 통일한 이후 신라 사회에는 전염병이 유행하였다.[100] 이에 벽사의식이 행해졌을 것이고, 이 중 사대도제는 금성 4곳의 큰 길에서 제사지냈다.[101] 벽기제의 제장은 제사지 신라조에는 보이지 않지만, 郊外에서 이루어지지 않았을까 한다.[102] 그렇다면 압구제는 어디에서 행해졌을까.

남산의 북쪽 기슭에 있는 도당산은 95m 가량의 낮은 산으로, 구릉에 가깝다. 이러한 도당산에서는 나정과 오릉, 월성 부근 일대의 벌판이 한눈에 내려다보인다. 『신라의 전설집』을 보면 봉황대 전설과 도당산 전설이 관련이 있다. 이로 볼 때 무덤과 관련된 邪鬼를 막기 위한 제사인 압구제가 행해진 장소는 도당산이 아닐까 한다. 이상에서 도당산은 신라시대 구릉 귀신, 무덤의 邪鬼들을 억누르는 제사를 지낸 장소로, 벽사의식이 이루어진 곳이었다. 압구제가 도당산에서 이루어졌다는 점에서 압구제는 왕궁인 월성으로 들어오는 災厄을 막기 위한 제사라고 할 수 있는 것이다.

---

99) 김동욱, 앞의 논문, 1983, 32쪽. 사대도제와 비슷한 느낌을 주는 路祭는 곧 遣奠祭로서, 장례에서 發靷할 때 문 앞에서 지내는 祭式을 말한다. 신라의 道祭가 그러한 성격의 제사인지, 아니면 길 자체에 대한 제사인지는 알 수 없다(정구복 외 4인, 앞의 책, 1997, 37쪽). 나희라, 앞의 책, 2003, 52쪽에서 鬼魅가 들어오는 것을 방지하기 위해 지냈던 일본의 도향제와 비슷한 것으로 보고 있다. 윤선태는 「부여 능산리 출토 백제목간의 재검토」, 『동국사학』 40, 2004, 69~70쪽에서 고대일본의 도향제로 볼 때 신라의 대도제도 왕경의 사방입구나 외곽도로에서 道神께 폐백을 올려 왕경으로 들어오는 역병 등 나쁜 기운을 막기 위해 거행한 국가의례였다고 한다. 일본의 도향제에 대해서는 和田萃, 「日本古代の儀禮と祭祀信仰」(中), 塙書房, 1995, 343~364쪽 참고.

100) 전염병에 대한 대응책으로 규휼정책, 약사신앙의 장려, 민간요법의 개발과 의학서의 편찬 등이 있었다고 한다. 이와 관련해서 이현숙, 「신라 통일기 전염병의 유행과 대응책」, 『한국고대사연구』 31, 2003 참고.

101) 『삼국사기』 32, 잡지1, 제사, "四大道祭 東古里 南簷幷樹 西渚樹 北活倂岐."

102) 나희라, 앞의 책, 2003, 52쪽에서 수도의 4郊에서 각 계절의 五帝를 제사하며 계절의 기운을 맞이하는 迎氣祭가 있는데, 이것과 벽기제와의 관련성은 잘 알 수 없다고 하였다.

본 글은 경주의 陶唐山이 가지고 있는 성격이 무엇인지에 대해 생각해 본 것이다. 陶唐山은 일제시기에 편찬된 『동경통지』에 처음 보이는데, 이것은 일명 墻頭山이라고도 한다. 도당산이라는 명칭은 堯·舜과 같이 신라 왕이 禪讓하였음을 말해주는 데서 연유한 것이고, 장두산은 신라의 멸망과 관련된 전설에서 나온 명칭이다. 이러한 전설을 담고 있는 산이 일제시기에 편찬된 읍지에 수록될 수 있었던 것은 일제의 고적조사사업과 관련있었을 것이라고 하였고 도당산, 장두산에 대한 전설은 당시의 조선인이 신라인에게 자신들을 투영한 것으로 볼 수 있을 것이라고 하였다.

기왕의 연구자들은 특히 도당산에 주목하면서 도당산을 南堂, 혹은 神宮과 관련있다고 하였다. 그렇지만 남당은 후대의 正殿과 같은 곳으로 王宮과 별도의 장소에 설치되었다고 보기는 어렵다. 신궁은 赫居世가 태어난 蘿井 林間에 설치된 점에서 이 역시 무리가 있다고 하였다. 도당산은 남산의 한 봉우리로, 남산에는 왕궁인 월성을 비롯하여 4개의 성터가 있는데, 도당산 토성, 남산토성, 남산신성, 고허성이 그것이다. 이들 토성과 산성의 축조 연대는 월성과 가까울수록 빠르며 土城에서 石城으로 轉移되어 갔다고 한다. 이에 처음에는 도당산토성·남산토성이 왕경 방비의 기능을 수행하였고 점차 남산신성과 고허성으로 왕경 방어의 역할은 확대되어 갔다고 하였다. 이상에서 도당산토성을 비롯하여 남산에 축조된 토성과 산성은 우선 왕궁인 월성을 방어하고 보호하기 위해서 구축한 방어물로 볼 수 있다고 하였다.

한편 남산은 신성구역으로 그 주변에는 제사와 관련된 여러 유적들이 있다. 고허는 통일 이후 신라의 명산대천제사 중 小祀에 편제되었고 남산신성 은 농경제사인 팔자와 중농의 제장이었다. 이처럼 고허와 남산신성은 통일 이후 국가제사의 제사 대상 내지 제장으로 그 기능을 하였다. 제사지 신라조 에 보이는 壓丘祭는 구릉 귀신을 억압하는 제사로, '丘'는 무덤, 봉분을 뜻하기 도 한다. 이로 볼 때 압구제는 무덤의 邪鬼들을 제압하기 위한 제사로, 제사지 신라조에는 그 祭場이 보이지 않는다. 이에 지형상으로는 구릉지대이 고 『신라의 전설집』에 봉황대 전설과 도당산 전설이 관련있다는 점에 주목하

여 도당산에서 압구제를 지냈다고 하였다. 즉 도당산에서 이루어진 벽사의식
은 월성으로 들어오는 厲鬼를 막기 위한 것으로 이해해 볼 수 있었다.

補　論

제1절 고려시대 東明에 대한 인식

─국가제사를 중심으로─

    고려중기 고구려 시조 동명에 대한 인식은 이규보의 「동명왕편」을 통해 잘 알 수 있다.[1] 그렇다면 이규보가 「동명왕편」을 저술할 수 있었던 문화적 배경 중 하나는 무엇이었을까. 이것은 고려초부터 고구려 시조 동명에 대한 제사가 국가제사의 하나로 거행되었던 것과 관련있지 않을까 한다.

    지금까지 고려시대 국가제사에 대한 연구성과를 살펴보면 먼저 『고려사』 예지에 대한 연구가 있어 왔고,[2] 다음으로 고려시대 국가제사체계에 대한 검토가 있었다.[3] 이러한 고려시대 국가제사체계에 대한 관심은 잡사가

---

1) 기왕의 연구성과를 살펴보면 이규보는 시대에 편승하면서도 보다 많은 사람에게 역사교훈을 전파할 수 있는 「동명왕편」의 저작을 통해 현실을 비판하고 개선하려 하였다고 하기도 하고(김인호, 「이규보의 현실 이해와 정치·경제개선론」, 『學林』 15, 1993), 동명왕 신화를 유교에 못지않은 聖人으로 확인하고 우리 문화의 기원을 하늘과 연결하여 중국과 구별되는 독자성과 영웅서사시에서 혈연공동체·문화공동체 를 인식하여 민족의식의 발전에 기여하였다고도 한다(박광용, 「한국인의 역사의식」, 『한국사특강』, 서울대 출판부, 1991). 「동명왕편」은 고려왕조를 지키려는 국가의식의 표출로 보거나(박창희, 「이규보의 본질에 대한 연구」(3), 『외대사학』 3, 1990), 민족적 자부심을 일깨운 저항정신의 구현이라는 평가도 있다(이우성·강만길 편, 『한국의 역사인식』(상), 창작과 비평사, 1978). 이규보는 최씨무인정권하에서 그 체제를 인정 하고 영합하면서 『삼국사』 인식으로 회귀를 주장한 것이라고 하면서, 「동명왕편」은 『삼국사기』와 같은 귀족인 의식의 질곡을 벗어남으로써 가능했다고 하기도 한다(강성 원, 「역사서와 역사인식」, 『한국역사입문②─중세편』, 풀빛, 1995, 304쪽).
2) 황원구, 「고려사 예지의 편년적 고찰」, 『이홍직회갑논문집』, 1969 및 이범직, 『한국중 세예사상연구』, 일조각, 1991 등.

어떤 내용의 국가제사였던가에 대한 것으로 이어졌다.[4] 잡사 중에서는 도교와 산악·성황신앙에 대한 연구가 주를 이루었고[5] 잡사에 편제되어 있는 동명에 대한 제사에 대해서는 크게 주목하지 않았다.[6]

이에 본 글에서는 고려시대 국가제사의 하나로 고구려 시조 동명에 대한 제사를 지낸 이유와 그것이 가지고 있는 의미를 생각해 보려고 한다. 이를 통해 고구려 시조 동명이 고구려에서뿐만 아니라 고려시대에도 그 역할을 하였음을 알 수 있을 것이다.

이를 위해 우선 고려의 국가제사 중 잡사에 실려 있는 동명 제사에 대한 실체를 검토할 것이다. 그리고 고려시대 동명 숭배의 다양한 모습을 살펴볼 것이다. 다음으로 고려시대 동명에 대한 제사가 가지고 있는 의미를 생각해 볼 것이다. 이상의 검토를 통해 고려시대 고구려 시조 동명에 대한 인식이 어떠했는지를 알 수 있을 것으로 기대한다.

1. 東明聖帝祠의 실체

주몽=동명왕은 고구려의 시조였다. 고구려에서 그에 대한 제사는 시조묘와 동맹제에서 행해졌고, 신묘에서는 고등신으로 모셔졌다.[7] 그렇지만 고구려가 멸망한 이후 통일신라시기에 그와 관련된 제사라든가 그것에 대한 전승은 보이지 않는다. 그런데 고려시대 동명왕에 대한 제사 기록이 보인다.

---

3) 김태영, 「조선초기 사전의 성립에 대하여」, 『역사학보』 58, 1973 및 한우근, 「조선왕조 초기에 있어서의 유교이념의 실천과 신앙·종교」, 『한국사론』 3, 1976.

4) 이세현, 「麗代의 잡사와 그 신앙성에 대한 연구」, 『군산대논문집』 7, 1984 및 김해영, 「상정고금례와 고려조의 사전」, 『국사관논총』 55, 1994.

5) 김철웅, 「고려시대 잡사연구」, 고려대학교 박사학위논문, 2001, 3~4쪽 및 『한국 중세의 길례와 잡사』, 경인문화사, 2007 참고.

6) 고려시대 동명숭배와 관련해서 김창현, 「고려시대 평양의 동명숭배와 민간신앙」, 『역사학보』 188, 2005a이 주목된다.

7) 채미하, 「고구려의 국모신앙」, 『북방사논총』 12, 2006 참고.

이와 관련해서 우선 다음이 주목된다.

A. 肅宗 10년 8월 갑신(20) 사신을 보내어 東明聖帝의 사당에 제사를 지내고
   옷과 폐백을 바쳤다. … 睿宗 11년 4월 정묘일(4)에 사신을 보내어 上京川
   상류의 松嶽·東神 등 여러 神廟, 朴淵 및 西京 木覓祠·東明祠, 道哲 嵒梯淵에서
   기우제를 지내도록 하였다. … 忠烈王 4년 9월 신묘일(10)에 평양에 사신을
   보내어 고구려 태조 東明王의 木覓廟에 제향을 올리도록 하였다. (『고려사』
   63, 지17, 예5, 길례 잡사)8)

A에 따르면 숙종 10년(1105) 8월에 사신을 보내 東明聖帝 사당에 옷과
폐백을 드렸고 예종 11년(1116) 4월에 사신을 보내 上京川의 상류인 松岳,
東神의 여러 신묘와 朴淵 및 서경의 목멱신, 동명신사와 道哲, 암제연 등에서
기우제를 지냈다고 한다. 충렬왕 4년(1278) 9월에는 사신을 평양에 보내
태조묘·동명묘·목멱묘에 제사를 지내게 하였다고 한다. 『고려사』 세가에는
다음의 기록들이 있다.

B. 1) 평양의 목멱·橋淵·道知巖·동명왕 등의 신령에게 勳號를 더하였다. (『고려
      사』 4, 세가4, 현종 2년 5월 정해(14))9)
   2) 同知樞密院事 許慶을 보내 평양 木覓山의 동명왕 신사에서 제사를 지내고
      하였다. (『고려사』 13, 세가13, 예종 4년 하4월 을유(11))10)
   3) 찬성사 원부 등에게 명하여 성용전, 동명묘, 평양의 목멱묘에 제사를
      지냈다. (『고려사』 28, 세가28, 충렬왕 4년 9월 정유(16))11)
   4) 왕이 西京에 도착하였다. 聖容殿을 참배하고, 사람을 나누어 파견하여
      平壤郡祠와 東明王廟, 木覓廟에 제사지내게 하였다. (『고려사』 30, 세가30, 충렬왕

---

8) "肅宗十年 八月甲申 遣使祭東明聖帝祠 獻衣幣 … 睿宗十一年 四月丁卯 遣使祈雨於上京川
   上松岳東神諸神廟朴淵 及西京木覓東明祠道哲嵒梯淵 … 忠烈王四年 九月辛卯 遣使于平壤
   享太祖東明木覓廟."
9) "加平壤木覓橋淵道知巖東明王等神勳號."
10) "遣同知樞密院事許慶 祭平壤木覓東明神祠."
11) "命贊成事元傅等祀聖容殿東明平壤木覓廟."

B-1)에 따르면 현종 2년(1011) 평양의 木覓·橋淵·道知巖·동명왕 신들에게 勳號를 더하였고 B-2)에서는 예종 4년 同知樞密院事 許慶을 보내 평양·목멱· 동명 등 신사에 제사를 지냈다고 한다. B-3)을 보면 충렬왕 4년 贊成事 元傅 등에게 명령하여 聖容殿·동명묘·평양목멱묘에 제사를 지내게 하였고 B-4)에서는 충렬왕 19년 왕이 서경에 이르러 성용전에 참배하고 사신을 나누어 平壤君祠·동명왕묘 및 목멱묘에 보내 제사지내게 하였다고 한다.

이와 같은 『고려사』 예지와 세가의 동명왕에 대한 제사 내용을 보면 예지와 세가는 서로 그 내용을 보완하고 있음을 알 수 있다.13) 다음도 관심을 끈다.

C. 東明王墓 1) 府의 동남쪽 中和縣 경계의 龍山에 있으며, 민간에서는 珍珠墓라 고 부른다. 2) 또 仁里坊에 祠宇가 있는데, 고려 때에 御押을 내려 제사를 지내게 했으며, 초하루와 보름에 담당 관리에게 명하여 제사를 지내게 하였다. 3) 고을 사람들은 지금까지 일이 있으면 자주 소원을 빈다. 세상에 전하기를 東明聖帝의 사당이라 한다). (『고려사』 58, 지12, 지리3, 북계 서경유수관 평양 부)14)

C-2)를 보면 동명왕의 祠宇는 서경의 仁里坊에 있었는데, 때로는 御押을 내려 제사하였고 음력 초하루와 보름인 朔望에도 官에서 제사를 행하였다고 한다. C-3)에서는 서경민들도 일이 있으면 기도를 하였는데, 세상에 전해지기 를 '東明聖帝祠'라고 하였다고 한다.

---

12) "王至西京 謁聖容殿 分遣人 祭平壤君祠東明王及木覓廟."

13) 이 중 중복되는 것은 충렬왕 4년 기사인데, 예지에는 태조묘로 나오고 세가에는 성용전이라 하였다. 여기의 태조묘=성용전이다(주 94) 참고). 이것은 예지와 세가의 저본이 다름을 말하여 주는 것이다.

14) "東明王墓(1) 在府東南中和境龍山 俗號眞珠墓 2) 又仁里坊有祠宇 高麗以時降御押行祭 朔望亦令其官行祭 3) 邑人至今有事輒禱 世傳東明聖帝祠)."

이상에서 동명성제사[15])에는 고구려 시조 동명왕이 모셔져 있고, 음력 초하루와 보름인 삭망에는 官에서 제사를 지냈으며 왕이 보낸 사신이 제사지 내기도 하였다. 이로 볼 때 동명성제사에서는 삭망의 정기적인 제사와 특별한 일이 있을 때 이루어진 비정기적인 제사가 행해졌음을 알 수 있다. 서경민들도 여기에서 기도를 하였다. 그렇다면 동명성제사에서는 국가적인 차원뿐만 아니라 개인적인 차원에서 동명왕에 대한 제사가 이루어졌다고 할 수 있다. 고려시대 이러한 동명왕에 대한 제사는 언제부터 시작되었을까.

B-1)을 보면 현종 2년 동명왕에게 훈호를 더하고 있음을 알 수 있다. 이로 보아 늦어도 현종 2년을 전후한 시기에는 동명왕에 대한 제사가 이루어 졌을 것이다. 다음도 관심을 끈다.

D. 法王寺·王輪寺 등 10개의 절을 都城 안에 창건하고, 兩京의 塔廟와 肖像 중 사라지거나 부서진 것은 모두 수리하게 하였다. (『고려사』 1, 세가1, 태조 2년 3월)[16])

D에 따르면 태조는 2년 3월에 兩京의 塔·廟·肖像 중에 훼손된 것을 수선하 도록 하고 있다. 여기에서 양경은 『자치통감』 271, 梁 鈞王 龍德 2년(922)에 태조 왕건이 즉위하여 "開州로써 동경을 삼고 평양으로 서경을 삼다"[17])라고 한 것으로 보아, 동경인 개주(개성)와 서경인 평양이 양경임을 알 수 있다. 이러한 개경과 서경의 훼손된 탑·묘·초상의 구체적인 내용은 알 수 없지만, 그 지역에 이전부터 있었던 것들이었을 것이다.

이 중 廟가 관심을 끄는데, 묘의 사전적인 뜻은 '조상이나 여러 훌륭한 성인의 신주·영정 등을 모신 사당'이라는 뜻이다. 이 중 서경, 평양에 있었던 廟로 떠오르는 것은 고구려의 神廟이다. 『북사』와 『주서』에 따르면 고구려에

---

15) 동명왕에 대한 제사를 지내는 사당에 대한 명칭은 동명성제사, 동명(신)사, 동명(왕)묘 등으로 불려지고 있지만, 본 글에서는 동명성제사로 통일한다.
16) "創法王王輪等十寺 于都內兩京塔廟肖像之廢缺者 並令修葺."
17) 『자치통감』 271, 梁 鈞王 龍德 2년.

서는 시조 주몽인 고등신과 주몽의 어머니인 하백녀 부여신을 모시는 신묘를 세우고 이를 수호케 하였다고 한다.[18] 이것은 평양천도 이후에 세워진 것으로 여겨진다.[19]

이러한 고구려의 신묘는 고구려가 멸망하고 난 이후 그것과 관련된 내용은 알 수 없다. 그렇지만 후삼국시기 태봉정권이 고구려를 표방한 것으로 볼 때 고구려 시조 주몽에 대한 추숭작업이 있었을 것으로 짐작된다. 고려 태조 왕건은 일찍부터 평양을 중시했다. 이와 관련해서 우선 다음이 주목된다.

E. 여러 신하들에게 諭示하기를, "평양은 옛 도읍으로 황폐한 지 비록 오래지만 터는 그대로 남아 있다. 그러나 가시덤불이 무성해 蕃人이 그 사이를 사냥하느라 옮겨 다니고 이로 인하여 변경 고을을 침략하니 그 피해가 매우 크다. 마땅히 백성을 이주시켜 그곳을 실하게 하여 변방을 튼튼하게 함으로써 百世의 이익이 되도록 해야 한다."라고 말하였다. 드디어 평양을 大都護로 삼고 사촌 동생[堂弟] 王式廉과 廣評侍郞 列評을 보내어 수비하게 하였다. (『고려사』 1, 세가1, 태조 원년 9월 병신(26))[20]

E에서 관심을 끄는 것은 태조가 '平壤古都', '평양은 옛 도읍'이라 하면서도 고구려란 용어를 직접적으로 쓰고 있지 않는 점이다. 이것은 고구려와 고려가 서로 연결된 나라라는 것을 말하는 것으로 생각된다.[21] 태조는 자신의

---

18) 『북사』 94, 열전82, 고구려, "有神廟二所 一曰夫餘神 刻木作婦人之象 一曰高登神 云是其 始祖 夫餘神之子 竝置官司 遣人守護 蓋河伯女朱蒙云." ; 『주서』 49, 열전41, 이역(상), 고려, "又有神廟二所 一曰夫餘神 刻木作婦人之象 一曰登高神 云是其始祖 夫餘神之子 竝置官司 遣人守護 蓋河伯女與朱蒙云."

19) 채미하, 앞의 논문, 2006 참고.

20) "諭群臣曰 平壤古都荒廢 雖久基址尙存 而荊棘滋茂 蕃人遊獵於其間 因而侵掠 邊邑爲害大 矣 宜徙民實之 以固藩屛爲百世之利 遂爲大都護 遣堂弟式廉廣評侍郞列評守之."

21) 『고려사절요』 1, 태조 원년 9월조에 따르면 태조는 즉위 직후 여진인의 활동지역으로 변한 평양을 개척하여 새로운 북진의 전진기지로 건설했음을 알 수 있다. 이 지역에 대한 徙民 관계 기사는 『고려사』 기록에도 보이는데, "이 해에 대승 質榮과 行波 등의 부형 자제 및 여러 군현의 양가 자제들로 서경을 채웠다."(是歲 徙大丞質行波等

세력기반이었던 黃州, 鳳州, 海州, 白州, 鹽州 등의 백성들을 사민시켰으며 평양을 대도호부로 하고 사촌 아우인 왕식렴과 광평시랑 열평에게 그 땅을 지키게 하였다.[22]

태조 2년(919) 10월에는 평양에 성을 쌓고[23] 얼마 지나지 않아 평양을 서경으로 승격시켰다.[24] 태조 5년에는 서경에 행차하여 관청과 관원을 새로 배치하고 在城을 쌓았으며[25] 태조 13년에는 세 차례 서경에 순행하여 학교를 설립하고[26] 태조 21년에는 서경에 나성을 쌓았다.[27] 다음도 주목된다.

F. 여러 신하에게 諭旨를 내려 말하기를, "근래에 西京의 보수를 완료하고 백성을 옮겨 그곳을 채운 것은 땅의 기운을 빌려 三韓을 平定하고 장차 그 곳에 도읍하기를 바랐기 때문이다. … (『고려사』 2, 세가2, 태조 15년 5월 갑신(3))[28]

F에서 태조는 군신들에게 諭示하기를 서경을 도읍으로 삼고자 하였음을 알 수 있다.[29] 태조 15년은 신라의 포섭 및 후백제와의 쟁패전으로 긴박한 상황이 전개되고 있었다.

父兄子弟及諸郡縣良家子弟 以實西京(『고려사』 1, 세가1, 태조 5년))고 한 데서도 알 수 있다.

22) 『고려사절요』 1, 태조 원년 9월, "王謂群臣曰 平壤古都 荒廢已久 荊棘滋茂 蕃人遊獵於其 間 因而侵掠 宜徙民實之 以固藩屛 遂分黃鳳海白鹽諸州人戶居之 爲大都護 遣堂弟式廉廣評 侍郞列評守之 仍置參佐四五人."

23) 『고려사』 1, 세가1, 태조 2년 동10월.

24) 태조 4년 10월에 '서경'에 행차한 것으로 미루어(『고려사』 1, 세가1, 태조 4년 동10월 임신) 평양대도호부는 태조 4년 무렵에 서경으로 승격된 것으로 보인다.

25) 『고려사』 1, 세가1, 태조 5년, "幸西京 新置官府員吏 始築在城."; 『고려사』 88, 후비전1, 태조 대서원부인 ; 이수건, 『한국중세사연구』, 일조각, 1984, 159쪽.

26) 『고려사』 1, 세가1, 태조 13년, "夏五月壬辰 幸西京 六月庚子 至自西京 冬十二月庚寅 幸西京創置學校."

27) 『고려사』 2, 세가2, 태조 21년 추7월, "築西京羅城."

28) "諭群臣曰 頃完葺西京徙民實之冀憑地力平定三韓 將都於此 …."

29) 이것은 평양이 이념상의 도읍이 아니라 현실적인 國都로 삼기 위한 준비로서 또한 그 곳을 중심으로 북쪽으로 진출하여 고구려의 옛 땅, 즉 동명의 옛 강토를 수복하려는 뜻을 갖고 있었기 때문일 것이라는 견해가 일반적이다.

이와 같은 태조대 평양에 대한 관심으로 미루어 볼 때 고구려 시조 주몽에 대한 추모시설이 태조대에 두어졌을 것이다.[30] 아마도 태조 2년에 개경과 서경의 탑·묘·초상 등을 수선한 것은 그 계기가 되었을 것이다.『고려도경』 사우조에 보이는 東神聖母之堂의 정전에는 장막을 치고 신상을 모셔두었는데, 이는 고구려 시조 주몽의 어머니인 하백녀로 전해진다.[31] 문종 11년(1057) 예부의 건의 중에 동신당이 언급되고 있는 것으로 보아,[32] 동신당은 고려초부터 존재했을 것으로 여겨진다. 이러한 동신당은 宣人門 안에 있는데, 선인문은 개경으로 들어오는 문 중의 하나였다.[33] 그렇다면 태조대 서경에는 동명성제사가, 개경에는 그와 짝하는 동신사가 설치되었을 것으로 생각된다.

한편 典校令 尹紹宗이 昌王에게 올린 내용에 따르면 '本朝舊制'에 圓丘·宗廟·社稷·山陵·眞殿·神祠 등의 제향축문, 道殿·佛宇의 詞疏는 典校寺의 관원 한 사람이 齋戒하고 써서 올리면 임금은 목욕재계하고 친히 押印하였다고 한다.[34] 여기에서 '본조구제'는 『상정고금례』의 내용을 가리키는 것으로,[35]

---

30) 김창현, 앞의 논문, 2005a, 115쪽. 태조 16년 중국 後唐에서 고려왕을 책봉하는 문서에 따르면 왕건이 땅을 차지해 평양이라 칭하고 주몽 啓土의 祥瑞를 계승해 君長이 되었다고 한다.『고려사』2, 세가2, 태조 16년 춘삼월 신사, "唐遣王瓊楊昭業來冊 王詔曰 … 杏爾權知高麗國王事建身資雄勇智達機銓邊城以挺生負壯圖而開出 山河有授 基址克墨踵朱蒙啓土之禎爲彼君長履箕子作蕃之跡 宣乃惠和俗厚知書能導之 以禮義風 騷尙武故能肅之以威嚴 …."

31) 『고려도경』17, 동신사, "東神祠 在宣仁門內 地稍平廣 殿宇卑陋 廊廡三十間 荒涼不葺 正殿榜曰東神聖母之堂 以布幕蔽之 不令人見神像 蓋刻木作女人狀 或云乃夫餘妻河神女也 以其生朱蒙 爲高麗始祖 故祀之 舊例使者至則遣官設奠 其牲牢酌獻 如禮崧山神式."

32) 『고려사』8, 세가8, 문종 11년 5월 무인, "禮部奏 自孟夏雨澤愆期 又廣州報田野乾焦殆失歲 望請於松岳東神堂諸神廟山川朴淵等五所每七日一祈 又令廣州等州郡 各行祈雨 制可."

33) 『고려사』56, 지10, 지리1, 왕경개성부조에 羅城에 축조된 성문에 대하여 大門 4, 中門 8, 小門 13 등 전체 25개를 기술하고 있다. 이 중 선인문은 황성 동문으로 여겨지는데(신안식, 「고려시대 개경의 나성」, 『명지사론』11·12, 2000 ; 「고려전기의 축성과 개경의 황성」, 『역사와 현실』38, 2000), 『고려도경』에서 선인문을 나성의 정동문으로 기재한 것은 착오로 보인다(김창현, 『고려 개경의 구조와 그 이념』, 신서원, 2002, 157~158쪽).

34) 『고려사』120, 열전33, 윤소종, "辛昌立 陞典校令 與同僚奏 本朝舊制 凡圓丘宗廟社稷山陵 眞殿神祠 祭享祝文 道殿佛宇詞疏 本寺官一人 每月轉直 淸齋寫進上 齋沐親押 天地宗社 則必親祀 佛宇道殿神祠 則或命大臣攝行 近以祈禳猥多 或命正字小臣代押 其源一開 今唯四

고려시대 神祠에서 거행된 제사 역시 고려의 국가제사였음을 말하는 것이다.

이러한 神祠들은 고려의 국가제사체계 중 잡사에 편제되어 있다. 잡사는 『삼국사기』제사지, 『세종실록』오례나 『국조오례의』에는 없는 항목으로, 고려 국가제사체계의 특징이라 할 수 있으며 그 내용은 고려의 국가제사를 이해하는데 중요한 요소라고 한다.[36] 『고려사』예지 길례에 의하면 잡사 부분은 대·중·소사와는 달리 의례에 대한 내용은 없고 단지 연대기만 남아 있다. 연대기 자료는 제사 거행 사실, 祠廟의 건립, 祀典에 대한 언급 등을 그 내용으로 한다. 『고려사』예지에 보이는 잡사를 연대기 자료를 바탕으로 열거하면 다음과 같다.

G. 壓兵祭, 醮, 南海神, 城隍神祠, 川上祭, 老人星, 五溫神, 名山大川, 箕子祠, 東明聖帝祠, 藝祖廟, 禳祭, 蟲祭, 天祥祭, 東神祠, 松岳廟, 木覓神祠, 道哲, 嵓梯淵 (『고려사』 63, 지17, 예5, 길례 잡사)

G에 보이는 잡사 중 그 중요성과 관련하여 관심을 끄는 것이 醮祭인데, 초제는 옛 제도에 나라에서 왕왕 천지와 경내산천을 대궐마당에서 두루 제사지내는 것을 말한다.[37] 『고려사』·『고려사절요』에서 道場과 親祀, 祀, 禱, 幸 등은 제외하고 親醮, 大醮, 醮, 齋醮로 표기된 것만을 뽑으면 191회에 해당되며,[38] 靈寶道場이나 국왕의 행차를 초례 사례로 포함시키면 초례는 222회에 달한다.[39] 동신당의 경우는 송에서 사신이 오면 들러서 참배할 정도로 고려의 대표적인 신사로[40] 그 규모도 커서 곁채만 하더라도 30칸에

時大享親押 其餘則皆代押 甚遠誠敬之義."

35) 김철웅, 「고려 국가제사의 체제와 그 특징」, 『한국사연구』 118, 2002, 141~142쪽 : 앞의 책, 2007.

36) 김철웅, 앞의 논문, 2001 : 앞의 책, 2007.

37) 『고려사』 63, 지17, 예5, 길례 잡사, "顯宗三年 七月 大醮于毬庭 國家故事 往往遍祭天地及境內山川于闕庭 謂之醮."

38) 김철웅, 앞의 책, 2007, 70쪽.

39) 서경전·양은용, 「고려 도교사상의 연구」, 『원광대논문집』, 1985, 68~69쪽 참고.

달했다고 한다. 다음도 주목된다.

H. 1) 그 神祠는 100리 안에 있는 것으로 四時에 관리를 보내어 太牢로 祠하였
　　다. (『고려도경』 17, 사우)[41]

　 2) 奏告. 그날 5鼓 후에 국왕이 몸소 景靈殿으로 가서 의식대로 제향하고
　　告由하며, 太廟 및 別廟·神祠에는 사신을 보내 奏告한다. (『고려사』 66, 지20,
　　예8, 嘉禮 王太子稱名立府儀)[42]

　 H-1)에 따르면 개경 내의 신사는 太牢를 사용하였다고 한다. 이것은 고려의
사직·태묘·선잠·선농·문선왕묘·풍사 등의 희생이 모두 豕로만 되어 있는
것과 비교된다.[43] H-2)에 의하면 "왕이 몸소 경령전에 나아가 享告하기를
儀式과 같이 하고 태묘 및 별묘, 신사에는 사신을 보내어 奏告한다"고 하였다.
대사인 태묘 및 별묘와 함께 신사에서 국가의식의 사실을 奏告하고 있는
것으로 보아 신사가 국가제사에서 차지하는 위상을 짐작케 한다.[44]
　 『고려사』 凡例에 따르면 圓丘·籍田·燃燈·八關 등과 같이 常例로 있는 일은
처음 나왔을 때만 기록하여 그 실례를 보이는 것으로 그치지만, 만일 왕이
직접 행할 경우는 빠짐없이 기록한다고 밝히고 있다.[45] 이 점을 염두에
둘 때 『고려사』에 보이는 동명성제사는 비정기적인 제사로 사신이 파견되기
도 하였는데, B-2)를 보면 예종 4년에는 同知樞密院事 許慶이, B-3)을 보면
충렬왕 4년 贊成事 元傅가 제관으로 파견되었다. 동지추밀원사는 종2품관이

---

40) 윤이흠, 「『고려도경』에 나타난 종교사상」, 『한국종교연구』 1, 1986, 119쪽.

41) "其神祠在百里內者 四時遣官 祠以太牢."

42) "奏告 其日五鼓後 王躬詣景靈殿 享告如儀 太廟及別廟神祠 遣使奏告 大觀殿陳設 臨軒遣使
　　並如封冊儀."

43) 『고려사』 61, 지15, 예3 및 『고려사』 62, 지16, 예4, 길례 중 사직·태묘·선잠·선농·문선
　　왕묘·풍사 참조.

44) 이로 보아 개경 내의 신사 즉 송악신사와 동신사는 대사에 준했던 것으로 생각된다고
　　한다(김철웅, 앞의 논문, 2002, 144~145쪽 : 앞의 책, 2007).

45) 『고려사』 纂修高麗史凡例, "如圓丘籍田燃燈八關等 常事 書初見以着其例 若親行則必書."

고 찬성사는 정2품관이다. 고려의 국가제사 중 환구·태묘·선농은 친사·친향으로 규정되어 있고 아헌관은 태위이다. 환구제와 태묘의 제향이 섭사로 행해질 경우 초헌관은 太尉가 되는데, 태위는 "宰臣爲之"로 註記되어 있다. 태위는 고려의 재신, 즉 2품 이상의 재추에 해당하는 관위이다. 이로 볼 때 동명성제사에 정·종 2품관이 제관으로 파견된 것은 환구와 태묘의 섭사에서 재신이 초헌을 맡았던 사실과 비교된다. 이것은 동명성제사가 고려의 환구·태묘와 비교해도 손색이 없음을 말하는 것으로 보아도 좋을 것이다.

이상에서 고려시대 국가제사로 동명왕에 대한 제사는 고려초부터 있었으며 지방관이 삭망으로 제사지내기도 하고 사신을 보내 제사지내기도 하였음을 알 수 있다. 이러한 동명성제사는 고려 국가제사체계 중 잡사에 편제되어 있는데, 잡사는 고려 국가제사에서 중요한 위치를 차지한다. 이로 볼 때 동명성제사가 고려시대 국가제사에서 차지하는 위상은 상당하다고 생각한다.

2. 東明 崇拜의 諸相

동명성제사는 잡사에 편제되어 있다. 잡사는 고려 국가제사체계의 특징이라 할 수 있으며 그 내용은 고려의 국가제사를 이해하는데 중요한 요소이다. 고려 국가제사체계에서 대·중·소사에 편제된 것이 유교적 길례의례라고 한다면 잡사에 편제된 것은 전통제례라고 한다.46) 즉 고려는 토착적·전통적 제사들을 중국적 예제 속에 포함시키지 않고 별개의 국가제사체제로서 운영하였던 것이다. 그 내용은 도교적인 성격의 제사와 기타 토착신앙과 관련을 가진 제사들이다. 잡사에서 큰 비중을 차지하고 있는 초제가 도교적인 성격을 지닌 제사라고 한다면 동명성제사는 토착신앙과 관련을 가지고

---

46) 김철웅, 앞의 책, 2007, 5쪽 및 149쪽.

있었을 것이다. 이것은 C-3)에서 동명성제사에 서경민들이 와서 빌었다고 한 점에서 생각해 볼 수 있는 것이다.

동명성제사는 국가제사로서 그 기능을 하고 있다. A를 보면 예종 11년 (1116) 4월 정묘일에 사신을 보내 上京川의 상류인 松岳, 東神의 여러 신묘와 朴淵 및 서경의 목멱신, 동명신사와 道哲, 암제연 등에서 기우제를 지냈다고 한다. 이것은 동명성제사와 짝하는 동신당에서도 마찬가지였다. 문종 11년 (1057) 동신당을 비롯한 5개소에서 7일에 한번씩 기우제를 지내게 한다든 가,[47] 『고려사』 오행지에는 동신당에서 祈晴祭나 기우제를 지냈다는 기사가 여러 번 보이고 있다.[48] 이러한 사실은 동명왕과 동신이 비를 조절하는 힘을 가진 신으로 여겨졌음을 보여준다.[49]

서경에는 동명성제사 외에도 동명왕과 관련된 추모시설 내지 유적이 다수 존재하고 있다.[50] 이와 관련해서 다음이 관심을 끈다.

I. 乙密臺(臺는 錦繡山 정상에 있으며, 대의 아래층의 절벽 가까이에 永明寺가

---

47) 앞의 주 32) 참고.

48) 『고려사』 8, 세가8, 문종 11년 5월 무인, "禮部奏 自孟夏雨澤愆期 又廣州報田野乾焦 殆失歲望請於松岳東神堂諸神廟山川朴淵等五所每七日一祈 又令廣州等州郡各行祈雨 制 可." ; 『고려사』 54, 지8, 오행2 금, "文宗十一年 五月戊寅 禮部奏 謹按今自孟夏雨澤愆期又 廣州牧報 田野乾焦殆失歲望 請於松岳東神堂諸神廟山川朴淵等五所每七日一祈又令廣州 等州郡各行祈雨 制可." ; 『고려사』 11, 세가11, 숙종 5년 6월 을묘, "禱雨于大廟八陵及松 嶽東神祠." ; 『고려사』 54, 지8, 오행2 금, "肅宗五年 六月乙卯 禱雨于大廟八陵及松嶽東神 祠." ; 『고려사』 12, 세가12, 예종 2년 3월 갑신, "禱雨于松嶽東神祠." ; 『고려사』 54, 지8, 오행2 금, "睿宗二年四月 旱 戊辰 禱雨于朴淵 甲申 禱于松岳東神祠." ; 『고려사』 54, 지8, 오행2 목, "肅宗四年 八月丙子 祈晴于松岳東神川上諸神廟朴淵等五所." ; 『고려 사』 63, 지17, 예5, 길례, 잡사, "睿宗十一年 四月丁卯 遣使祈雨于上京川上松岳東神諸神廟 朴淵及西京木覓東明祠道哲嵒梯淵." ; 『고려사』 54, 지8, 오행2 금, "仁宗八年 四月 旱 戊子詔再雩祈雨 太史奏 必先祈川上松岳東神諸神廟栗浦朴淵而後再雩可也宜當兩京內外 公私罷土木興作之役 從之."

49) 특히 고구려에서 하백녀가 농업신으로 신앙되었음을 생각할 때(김철준, 「동명왕편에 보이는 신모의 성격」, 『한국고대사회연구』, 서울대학교출판부, 1990, 54~62쪽) 동신 의 이러한 성격은 고구려의 신앙을 계승한 것이라 할 수 있겠다.

50) 이하와 관련해서 김창현, 앞의 글, 2005a, 114~123쪽이 참고된다.

있는데, 곧 동명왕의 九梯宮이다. 안에 麒麟窟이 있고 굴의 남쪽이 白銀灘이다. 이곳에 潮水에 따라 출몰하는 바위가 있는데, 朝天石이라 부른다.).
(『고려사』 58, 지12, 지리 북계 서경유수관 평양부)[51]

I에서 우선 구제궁은 '동명왕의 궁'으로 전해지는 것으로,[52] 동명왕이 아홉 사다리를 타고 하늘에 왕래했다는 것을 기념한 건물이고[53] 그 정전은 천흥전이었다. 기린굴은 동명왕이 기린을 사육했다는 굴인데, 동명왕이 기린을 타고 이 굴로 들어가 대동강의 조천석으로 나와 하늘로 올라갔다고 한다.[54] 기린각은 그것을 기념해 세운 건물로 보이는데, 서경을 방문한 왕과 신하들의 학술토론 장소로 이용되었다.[55] 영명사는 동명왕의 궁으로 전하는 九梯宮과 함께 등장하는 경우가 많은 것으로 미루어 동명왕의 초상이 모셔진 진전사원이 아니었을까 한다. 『신증동국여지승람』51, 평양부 고적조에 따르면 구제궁은 영명사 안에 있었고[56] 불우조 영명사에 실린 곽여의

---

51) "乙密臺(臺在錦繡山頂 臺下層崖之旁 有永明寺 卽東明王九梯宮 內有麒麟窟 窟南白銀灘 有巖出沒潮水 名曰朝天石).". 다음도 참고된다. 『세종실록지리지』 평안도 평양부, "乙密臺 卽錦繡山頂 平坦敞豁 臺下層岸之上 有樓曰浮碧 觀覽之狀 不可勝記 旁有永明寺 卽東明王九梯宮 內有養麒麟堀 後人立石誌之 堀南白銀灘 有岩出沒潮水 名曰 朝天石 諺傳東明乘麒麟 從堀中登朝天石 奏事天上 李承休 所謂往來天上詣天政 朝天石上麒麟輕 卽謂此也."; 崔滋, 「三都賦」, 『동문선』 2 所收, "… 熊然遇女 來往翩翩 江心有石 曰朝天臺 … 生曰 壯麗之觀 則有龍堰鼎九梯宮 膠葛廣敞 高明窮崇 翁鶻宇宙 冥迷西東 天不能奪其拚 鬼不得爭其功 遊觀之所 則多景跨蒼海 淸遠撐半空 浮碧臨浩蕩 永明架山穹山窮."

52) 『신증동국여지승람』 51, 평양부 고적 구제궁, "高麗睿宗詩 路險東明厭 停輪解駕牛 古城橫絶巘 高閣枕寒流 藻殿常開戶 珠簾不下鉤 勝遊眞可惜 後約更高秋." 고려 예종은 구제궁을 東明闕이라 했다. 구제궁을 고성이라 묘사했는데, 이것은 오래됨을 의미하는 것이다.

53) 『신증동국여지승람』 51, 평양부 고적 구제궁, "金克己詩 … 飛梯九級 綠雲中仰面 初驚路不通 臺殿忽臨飛鳥上 却疑仙界住剛風." 고려인들은 대개 구제궁의 九梯를 김극기 시에 '梯九級'이라는 표현에 드러나듯이 하늘로 오르는 아홉 개의 사다리(계단)로 받아들이고 있다.

54) 『고려사』 15, 세가15, 인종 5년 3월 ; 『신증동국여지승람』 51, 평양부 고적, "麒麟窟(在九梯宮內浮碧樓下 東明王養麒麟馬于此後人立石誌之 世傳王乘麒麟馬入此窟從地中出朝天石 升天其馬跡至今在石上)."

55) 『고려사』 15, 세가15, 인종 5년 3월 ; 『고려사』 16, 세가16, 인종 10년 3월.

시를 보면 영명사는 舊帝宮 즉 九梯宮과 서로 連해 있었다.[57] 영명사는 대동강에 연한 절경인 부벽루를 지니고 있다.[58] 천하의 절경인 부벽루는 영명사의 남헌으로 본래 興上人이 창건한 건물이었으나, 예종을 호종한 이오가 부벽이라 명명한 데서 생겨난 이름이다.[59]

고려시대 국왕들은 서경에 巡駐했다. 이와 관련해서 다음이 주목된다.

> J. 다섯째, 내가 三韓 산천의 陰佑에 힘입어 대업을 이루었다. 西京은 水德이 순조로워서 우리나라 地脈의 뿌리가 되고 대업을 萬代에 전할 땅이다. 마땅히 춘하추동 네 계절의 중간 달[四仲月]에 왕은 그 곳에 가서 100일이 넘도록 체류함으로써 나라의 安寧에 이르도록 하라. (『고려사』 2, 세가2, 태조 26년 하4월)[60]

J는 태조의 훈요 10조 중 제5조로, 태조는 서경의 수덕이 순조로워 우리나라 지맥의 근본이 되므로 풍수지리설상 대업만대의 땅으로 해마다 2·5·8·11월에 왕이 그곳에 가서 100일 이상씩 머물 것을 말하는 등 후대의 왕들에게까지 평양을 중요시 할 것을 부탁하고 있다. 태조 3년(920)부터 17년까지 태조는 서경에 9회 행차하여 州鎭을 순력하거나 齋祭를 지냈고[61] 후계자들은 그렇게

---

56) 『신증동국여지승람』 51, 평양부 고적, "九梯宮(東明王之宮 舊在永明寺中)."
57) 『신증동국여지승람』 51, 평양부 불우 영명사, "郭興詩 佛宇相連舊帝宮 松楸千古有遺風 …" 이로 볼 때 구제궁은 영명사 소속이기보다는 병렬적 관계였을 것이다.
58) 『신증동국여지승람』 51, 평양부 불우, "永明寺(在錦繡山浮碧樓之西 麒麟窟之上)." ; 『신증동국여지승람』 51, 평양부 누정, "浮碧樓(在乙密臺下永明寺東)."
59) 『파한집』 중권에 따르면 본래 興上人이 창건한 영명사 南軒은 대강에 임한 천하 절경으로 예종이 신하들과 宴飮唱酬했으며 李頎가 玉堂 소속으로 호종했을 때 '부벽'이라 명명되었다고 한다.
60) "其五日 朕賴三韓山川陰佑 以成大業 西京水德調順 爲我國地脉之根本 大業萬代之地 宜當四仲巡駐 留過百日 以致安寧."
61) 『고려사』 세가1, 2 태조 및 『고려사절요』 1을 보면 북계를 포함하면 11회였다. 장상훈은 서경 재제가 고구려 계승과 고구려 지역 호족 통합을 위해 비롯되었다고 보았다(「고려 태조의 서경정책」, 『고려 태조의 국가경영』, 서울대출판부, 1996, 166~167쪽).

하거나 近臣으로 하여금 대신 행하도록 하였다.[62]

평양을 순주한 고려 국왕들은 동명왕의 원찰인 영명사를 찾아 분향하며 동명왕을 추모했고, 동명왕의 계승자로서 구제궁에서 거처하며 정무를 보았다고 한다.[63] 우선 영명사와 관련해서 선종은 왕 4년(1087) 10월 정해에 서경 관풍정 및 구제궁을 유람하고 영명사에 행차해 行香하였다고 한다.[64] 숙종은 왕 7년(1102) 8월 갑자에 영명사에서 행향하고 나서 구제궁에 나아가 영명사·부벽루·구제궁 시를 兩京의 유신과 주고 받더니 용선을 타고 신하들과 연회했다.[65] 예종은 왕 11년(1116) 4월 경오에 금강사·흥복사를 거쳐 영명사에

---

62) 서경에서 행해진 재제는 모든 제사를 포함하지만, 국왕이 봄과 가을에 서경에 행차하거나 사신을 보내 행한 재제는 대개 태조가 훈요에서 당부한 연등회·팔관회와 관련있다고 한다(김창현, 「고려 서경의 사원과 불교신앙」, 『한국사학보』 20, 2005b, 30~33쪽). 한편 정종 2년(947)에는 지리도참설에 의한 천도지로서 궁궐을 짓는 역사까지 착수되었으나(『고려사』 2, 세가2, 定宗 2년 春, "築西京王城.";『고려사』 2, 세가2, 定宗 4년 3월 병진, "王疾篤召母弟昭內禪移御帝釋院薨 在位四年壽二十七 王性好佛多畏 初以圖讖決議移都西京徵發丁夫令侍中權直就營宮闕 勞役不息 又抽開京民戶以實之 群情 不服怨讟胥興."), 정종의 붕어로 그 실현을 보지 못하였다. 그 뒤 역대 제왕들도 지리도참설을 신봉하여 자주 서경에 순주하고 옛 궁을 수리하기도 하였다. 한 예로 문종 35년(1081) 서경 본궁을 수리하였을 뿐만 아니라 도참설에 따라 좌우 두 궁을 조영하기도 하였다(『고려사』 9, 세가9, 문종 35년 8월, "辛酉制 西京宮闕年久頹毁頗多 宜募工修葺 且去京東西各十餘里 更卜地構左右宮闕 以爲省方巡御之所."). 이 두 궁은 본궁 좌우 10여리 되는 곳에 용궁, 주궁으로 복원된 것이라고 한다. 인종 때 승 묘청과 일관 백수한 등이 들고 나온 상경인 개경의 지기쇠왕설 및 서경의 지덕설, 뒤이어 서경 천도를 중심으로 하여 묘청의 난이 일어난다. 묘청의 난은 서경 풍수지리의 지덕설에서 출발하였으며 그 결과는 서경기라는 막강한 서경의 행정구역 명호가 해체되고 서경의 지위도 상대적으로 약화되는 것으로 끝났다. 그 후 서경의 기구와 체제는 묘청의 난 이후 대폭 개편되면서 독립성을 상실하고 점차 土官職으로 변모되었지만, 이곳은 국초 이래 정치적으로 매우 중요한 의미를 지니고 있었다(하현강, 「고려 서경고」, 『역사학보』 35·36, 1967 ; 앞의 책, 1988, 293~345쪽 참고).

63) 『동문선』 12, 칠언율시, 西都九梯宮朝退 休于永明寺.

64) 『고려사』 10, 세가10, 선종 4년 동10월 정해, "王游覽觀風亭及九梯宮 遂幸永明寺行香 御龍船至大同江入夜乃還." 서경에 행차한 성종이 微行으로 영명사에서 놀려고 하자 서희가 간언하고 있다(『고려사』 94, 열전7, 서희, "成宗二年由佐丞拜兵官御事從幸西京 成宗欲微行遊永明寺 熙上疏諫乃止 賜鞍馬以賞之 後改內史侍郞"). 서희는 국왕의 영명사 행차를 반대한 것이 아니라 미행이라는 방식을 반대한 것이라고 한다.

65) 『고려사』 11, 세가11, 숙종 7년 8월 갑자, "幸興福永明兩寺行香 遂御九梯宮 留題永明寺

돌아와 누선을 타고 연회하면서 자작시를 신료에게 보여주었다.[66]

구제궁은 현실정치를 실현하는 공간이었다. 인종 5년(1127) 3월 임자에 구제궁 천흥전에 이어했고, 둘째 날 『서경』홍범을 강독하도록 했고, 셋째 날 기린각에서 『서경』열명과 周官을 강독하도록 했고, 넷째 날 척준경 등을 유배하고 기린각에 이어해 정지상에게 『서경』무일을 강독하도록 했고, 다섯째 날 병진에 대동강에 나아가 선상연회를 열었고, 여섯째 날 관풍전에 이어해 유신 교서를 반포했다.[67]

浮碧樓九梯宮 詩各一首 命兩京儒臣和進 遂御龍船宴群臣."

66) 『고려사』14, 세가14, 예종 11년 하4월 경오, "幸金剛興福兩寺御樓船宴諸王宰樞侍臣復以御製仙呂調臨江仙三闋宣示臣僚." 다음도 참고된다. 『고려사』14, 세가14, 예종 11년 하4월 병자, "幸觀風殿巡視太祖行在所 遂御九梯宮及晩移御 永明寺東閣召諸王及郭輿 置酒唱和."; 『고려사』14, 세가14, 예종 15년 8월 정유, "幸興福永明寺觀潮."; 『고려사』14, 세가14, 예종 15년 9월 기해, "朔幸永明寺觀潮."; 『고려사』16, 세가16, 인종 10년 3월 신축, "幸永明寺."; 『고려사』18, 세가18, 의종 22년 하4월 갑신, "幸永明寺泛舟于大同江."; 『고려사』19, 세가19, 의종 23년 3월 기묘, "幸永明寺泛龍船於大同江置酒遂御浮碧樓."; 『고려사』19, 세가19, 의종 23년 3월 임오, "自永明寺泛舟至洪福寺遂幸仁王寺."

67) 『고려사』15, 세가15, 인종 5년 2월 을해, "幸西京 庚辰謁太祖眞殿."; 『고려사』15, 세가15, 인종 5년 3월, "壬子 移御九梯宮天興殿 癸丑 命政堂文學金富佾講書洪範 甲寅 御麒麟閣命承宣鄭沆講書說命周官 乙卯 流拓俊京于嵒墮島崔湜于草島向州牧副使李侯進 龜州使邵億郎將鄭惟晃西材場判官尹翰等于遠地 御麒麟閣命鄭知常講書無逸召從臣及西京儒臣二十五人賦詩賜酒食 丙辰 王與妃及兩公主御龍舟于大同江沿流宴樂召宰樞侍臣侍宴 丁巳 移御觀風殿 戊午詔曰 朕荷天地之景命襲祖宗之遺基奄有三韓于玆六載智不能謀明無所觸灾變相仍略無寧歲 去年二月亂臣賊子乘閒而起陰謀發覺朕不得已咸致於法自是引咎責躬懃懇多矣 今以日官之議行幸西都 深省既往之愆冀有惟新之敎布告中外咸使聞知 一方澤祭地祇四郊迎氣 一車服制度務從儉約 一除冗官不急之務 一勸農力田以給民食 一務儲官穀以待救民 一取民有制常租調外毋得橫斂 一撫民安土無使逃流 一濟危鋪大悲院厚畜積以救疾病 一無以官庫陳穀抑配貧民强取其息又無以陳朽之穀强民糶米 一山澤之利與民共之 毋得侵牟." 인종 10년 3월 기사도 참고된다. 대화궁에 머물던 인종은 경자일에 구제궁에 이어했다. 둘째 날은 영명사에 행차했다. 셋째 날은 기린각에 이어해 윤언이에게 『주역』乾卦를 강독하고 鄭沆·이지저·정지상 등에게 問難하도록 했다. 넷째 날인 계묘일에 정항에게 『예기』중용편을 강독하도록 하고 곽동순 등 18인에게 시를 짓도록 했다. 병오일에 관풍전에 인왕도량을 개설했다(『고려사』16, 세가16, 인종 10년 3월, "甲午 幸大華宮 庚子 移御九梯宮 辛丑 幸永明寺 壬寅 御麒麟閣命國子司業尹彦頤講易乾卦 令承宣鄭沆禮部郞中李之氐起居注鄭知常等問難 癸卯 命鄭沆講禮記中庸篇 又命題使大學博士郭東珣等十八人賦詩 丙午 設仁王道場于觀風殿.").

이처럼 서경의 영명사와 구제궁 일대는 동명왕과 고려왕이 시공을 초월해 만나는 공간이었다. 앞에서 살펴본 서경에 있는 동명성제사에서 동명에 대한 제사가 이루어졌다. 이것은 고려시대 동명숭배가 다양하게 이루어졌음을 알 수 있는 것으로, 유·불·도와도 밀접한 관련을 가지고 있었다.[68]

우선 영명사는 동명왕의 진전이다. 김극기는 영명사에 대해 "天이 覩史(도솔천)를 여니 慈氏(미륵)가 강림했고 地가 毗耶(비야리성)를 여니 正名(淨名)이 거주하였네"[69]라고 읊었다. 비야리성에 거처하며 중생을 구제하는 유마거사는 『유마경』에서 미륵의 성불이 예언되고 미륵에게 이 경전의 유포가 맡겨지니 미륵과 연관이 있다. 그렇다면 영명사는 미륵을 주존으로 하는 법상종 사찰로 미륵과 유마거사(정명)의 이상세계가 구현된 공간으로 인식되었음을 알 수 있다.[70] 이로 볼 때 영명사는 불교와 밀접한 관련을 가지고 있음을 알 수 있다.

동명왕이 신선이 되었다는 기록[71]은 도교와도 관련을 지니고 있는 것이다.[72] 고려시대 신선, 선계라는 이상사회와 연결된 도교는 신선사상으로 이해되고 있었다. 특히 醮祭의 거행으로 신선이 행차하기를 바라고 道藏을

---

68) 김창현은 고려시대에 구제궁·영명사 일대를 통한 동명 숭배는 국가·왕조적인 차원의 성격이 강한 반면 교연·도지암·동명성제사를 통한 동명 숭배는 민간적이고 무속적인 성격이 강했다고 하였다. 이는 왕이 동명왕에 대한 추모를 국가종교인 불교의 사찰을 통해서 직접적으로 드러낸 반면 민간·무속적 신앙의 형태를 띤 동명신사를 통해서는 간접적으로 드러낸 것이라고 하였다(앞의 논문, 2005a, 127쪽).

69) 『신증동국여지승람』 51, 평양부 불우 영명사, "金克己詩 ⋯ 天開覩史 臨慈氏 地闢毗耶 正名憑."

70) 김창현, 앞의 논문, 2005b, 26~27쪽.

71) 동명왕은 『신증동국여지승람』 고적 구제궁, 기린굴, 조천석 등에 따르면 신선이 되었다고 한다. 이로 볼 때 동명왕은 미륵, 유마, 신선의 화신으로 인식되었다고 여겨진다.

72) 이와 관련해서 다음도 참고된다.「三都賦」, "惟帝時升 神馭徘徊 靈祇所宅 平壤其祠." 이것은 崔滋의 三都賦에서 발췌한 것이다. 최자(1188~1260)는 고려중기 인물로, 그가 지은 삼도부는 '西都, 北京, 江都'를 읊은 것이다. 여기에서 '平壤其祠'가 관심을 끄는데, 이것은 '평양의 그 사당'이라는 보통명사로 고려중기에 주몽의 영령이 있는 곳이 '평양의 그 신사', 즉 동명성제사였음을 알 수 있다.

仙籙에, 道觀을 仙館에, 壇醮를 仙壇에 비유하고 있는데서 알 수 있다.[73] 이처럼 도교제사인 초제는[74] 고려시대 구정의 뜰에서 그 제사를 지내기도 하였다.[75] 그렇다면 구제궁에서 정사를 본 국왕들은 이와 유사한 의식을 행하지 않았을까 한다. 아마도 구제궁의 정전인 천흥전에서도 이루어졌을 것으로 짐작된다.

앞에서 본 바와 같이, 인종은 구제궁 천흥전에 이어한 후『서경』洪範을, 기린각에서『서경』說明과 周官, 無逸을 강독하였다.『서경』은 堯舜의 道로부터 아래로는 三王의 義가 들어 있는 정치철학의 역사기록들로 유교의 정치사상이 담긴 경전 중의 최고의 경전이다.[76] 이 중 홍범은 箕子가 周 武王을 위해 말한 夏·商代의 정치철학이다. 盤庚부터 三代後 高宗이 즉위하였을 때 傅說이 재상으로 있었다. 열명은 고종이 부열을 擧用한 때 그 전말을 쓴 것이다. 주관은 成王이 모든 관리에게 왕을 도와 나라를 위해 직무를 다하도록 유시한 내용의 기록이다. 무일은 周公이 성왕을 위해 왕자로서 마땅히 알아 두어야 할 일을 훈계로 남긴 것이다.[77]

이러한 유교적인 성격은 동명왕에게 훈호를 내리는 데서도 알 수 있다. 분봉의 사상적 기원은『書經』舜典에 "封十有二山"에서 알 수 있으며,『예기』왕제편의 "天子祭天下名山大川 五嶽視三公 四瀆視諸侯"라는 데서도 찾을 수 있다. 고려의 경우 비록 명산대천이 잡사에 편제되어 있지만, 각 명산대천에 대해 봉호를 내리고 있다. 加號는 목종 즉위년(997) 국내 신들에게 勳號를

---

73) 望冷然之仙馭(金富軾,「乾德殿醮禮請詞」), 仙籙 … 玉籍 以長生(李奎報,「北斗下降醮禮文」), 仙館(李奎報,「九曜堂行天變祈禳十一曜消災道場兼設醮禮文」), 仙壇(李奎報,「神格殿行天變祈禳靈寶道場兼醮禮文」). 이와 관련해서 김철웅, 앞의 책, 2007, 74쪽 참고.

74) 초제의 성격에 대해서 김철웅은 도교적 성격으로(위의 책, 2007, 83쪽), 안지원은 불교적 성격으로(『고려의 국가 불교의례와 문화』, 서울대학교출판부, 2005, 164쪽 주 120) 참고) 보고 있다.

75) 재초가 행해진 장소로 도관인 복원궁이 7회에 불과한데 내전과 구정에서 85회나 행해졌다고 한다(서경전·양은용, 앞의 글, 1985).

76) 이범직, 앞의 책, 1991, 34쪽 ; 蔣伯潛·蔣祖怡 저/최석기·강정화 역주,『유교경전과 경학』, 경인문화사, 2002, 112~113쪽.

77) 이상은 이범직, 위의 책, 1991, 34~37쪽 참고.

사여한 이래 고려말까지 지속적으로 행해져 온 것이므로 국가적 차원에서 신들에 대한 배려였다고 할 수 있다. 산천신을 분봉하는 이유는 각각 달랐지만,[78] 신들에 대한 가호가 성종대 유교의례의 정비를 거친 이후부터 집중적으로 나타나고 있다. 왜냐하면 경내 신들에게 가호한 것은 성종대 유교적 통치이념의 정비와 강화된 왕권을 바탕으로 전국토가 왕의 領地에 속한다고 하는 왕토의식의 관념과도 밀접한 관계를 이루는 것으로 보여지기 때문이다.[79] 고려후기 예제를 정비하는 과정에서도 명산대천에 대한 봉작이 이루어지고 있다.[80]

이상에서 고려시대 잡사에 편제되어 있는 동명성제사를 통해서는 동명에 대한 숭배가 토착신앙과 연결되어 있었다고 하였다. 그렇지만 영명사는 동명왕의 眞殿이었고 동명왕이 신선이 되었다는 기록 등을 통해 고려시대 동명에 대한 숭배가 불교적, 도교적인 측면을 띠고 있음을 알 수 있었다. 동명왕에게 勳號하였다든가, 고려 국왕이 구제궁에서 『서경』의 여러 편을 강독한 것은 유교적인 성격으로 보았다.[81] 이로 볼 때 고려시대 동명에 대한 숭배는 서로 대립되거나 상충되는 관계로 각기 존재한 것이 아니라 상호 보완적인 입장에서 유기적으로 연결되어 있었음을 알 수 있었다.[82]

---

78) 이와 관련해서 김철웅, 앞의 논문, 2001, 130~139쪽 : 앞의 책, 2007에 봉작의 이유에 대해 적고 있다.

79) 박호원, 「고려의 산신신앙」, 『민속학연구』 2, 1995, 91쪽.

80) 김철웅, 앞의 글, 2001, 146~147쪽 : 앞의 책, 2007. 이상은 채미하, 「신라의 사해와 사독」, 『역사민속학』 26, 2008.

81) 이러한 모습은 고려의 왕실조상제사에서도 살필 수 있다. 고려 왕실의 조상제례는 유교의례와 불교의례를 통해서 이루어지고 있다. 즉 태묘가 유교의례에 따른 것이라면 봉은사에 있었던 태조의 진전인 효사관의 제례는 불교의례에 따라 거행된 것이다. 사찰내에 태조의 영전을 둔 것은 고려가 불교를 신봉하고 있었기 때문이다. 반면 효사관 의례는 가례 '雜儀'에, 서경의 예조묘는 길례 '잡사'에 등재되어 있다.

82) 무질서하고 혼돈스러운 고려의 다종교 상황에서도 각 종교들이 관용적 포용주의와 순수정토주의를 동시에 지키고 있다고 한다(윤이흠 외, 『한국인의 종교관 : 한국정신의 맥락과 내용』, 서울대학교출판부, 2001, 175~181쪽 및 윤이흠 외, 『고려시대의 종교문화 : 그 역사적 상황과 복합성』, 서울대학교출판부, 2002, 63~65쪽). 한편 고려시대 동명숭배가 유·불·도교 등의 외피를 쓰게 된 것은 고려시대 당시의 정치·사

3. 東明聖帝祠의 의미

동명성제사는 서경에 있었다. 고려는 지방제도의 정비와 더불어, 특히 수도인 開京 외에 三京을 두고 있다. 고려의 3경제는 풍수설과 밀접한 관련을 가지는 것으로 이해되기도 하지만,[83] 무엇보다 이들은 도호부·목과 더불어 계수관으로서 중앙 행정기구로서의 역할을 하였다는 점에서 군현 조직체계 상 그 의미를 갖고 있다. 京 가운데 왕경인 개경을 제외하면 가장 먼저 마련된 것이 태조 때 설치한 서경이었다. 이어 성종 때 동경이 설치되고, 문종조에 이르러 다시 남경을 둠으로써 삼경제를 이루었다. 개경은 흔히 上都라 하였고 서경은 西都, 동경은 東都 혹은 都下라 하였다.[84] 이 3경 중 가장 중시된 것은 서경이었고, 여기에는 分司制度라 하여 개경의 중앙정부와 유사한 기구와 체제를 갖추고 있었다. 문종 16년(1062)에 西京畿 4道가 설치되었다든가[85] 예종 11년(1116) 諸學士院을 고쳐 分司國子監으로 한 것[86]

상적인 측면에서 고찰할 필요가 있다.

83) 서경은 고구려 이래로 枕山大水, 負江臨水의 풍수지리적 조건을 갖춘 중요한 땅으로 추앙받던 곳이다. 동쪽과 남쪽은 대동강에 면하고, 북쪽은 을밀대와 모란봉을 포괄하는 금수산에 기대어 있는데, 이것을 주산으로 하여 명당이 펼쳐진 형세이다. 서쪽으로는 대동강의 지류인 보통강이 흐르고 있어 풍수가에서 흔히 말하는 山河襟帶가 바로 그것이다(이병도, 『고려시대의 연구』, 을유문화사, 1954, 104~106쪽).

84) 이규보, 「蔚州戒邊城天神祭文」 및 「山海神合屈祭文」(『동국이상국집』 38). 서경은 광종 11년(959)에 개경을 皇都로 고침과 더불어 서도로 개칭되고 성종 14년(994)에는 서경이라는 옛 명칭이 다시 사용되었다가 목종 원년(997)에는 다시 호경으로 개칭되었다. 여기에서 특히 호경은 周에서 東都인 洛邑에 대하여 호경을 서도라 한 데서 나온 것으로 당시 서경을 중하게 여긴 것을 알 수 있다(김상기, 「묘청의 천도운동과 칭제건원론에 대하여」, 『국사상의 제문제』 4, 국사편찬위원회, 1956, 44쪽).

85) 『고려사』 58, 지12, 지리3, 서경유수관, "西京留守官平壤府 … 太祖元年以平壤荒廢量徙 塩白黄海鳳諸州民以實之 爲大都護府尋爲西京 光宗十一年 改稱西都 成宗十四年 稱西京留 守 穆宗元年 又改鎬京 文宗十六年 復稱西京留守官 置京畿四道 肅宗七年 設文武班及五部 仁宗十三年 西京僧妙淸及柳旵 分司侍郎趙匡等叛 遣兵斷旵嶺道於是命元帥金富軾等將三 軍討平之 除留守監軍分司御史外悉汰官班尋削 京畿四道置六縣…." 이것을 보면 문종 16년(1072)에는 다시 서경유수관을 두고 특히 서경 중심의 경기사도를 설정하였음을 알 수 있다.

86) 『고려사』 77, 지31, 백관2, 외직 서경유수관, "睿宗十一年 改諸學士院爲分司國子監

은 하나의 예이다.

　서경의 위상은 留守使의 경제적 입장에서도 찾아볼 수 있다. 『고려사』
백관지에 의하면 성종 연간에 서경·동경에는 留守事(使)(3품이상), 부유수(4
품이상), 판관(6품이상), 司錄參軍事(7품이상), 掌書記(7품이상), 法曹(8품이
상), 의사(9품), 문사(9품) 등을 두었는데, 뒤에 문종이 양주를 남경으로
바꾸고 외관을 둔 때에도 비슷한 체제를 갖추었다.[87] 그렇지만 동경·남경의
유수가 문종 때 233石인 데 비해 서경유수사는 270石을 받고 있으며,[88]
인종대에도 서경유수는 200石을, 동경·남경은 166石 10斗를 받고 있어[89]
거의 40여 石정도의 차이를 보이고 있다. 물론 이러한 경제적인 차이가
그 위상의 높낮이를 대변하는 것은 아니지만, 문벌사회로서 소수에 의해
배타적인 권력을 독점적으로 누려왔던 고려 사회 속에서는 배려되었을
것이다.

　태조 왕건은 서경을 중시하였다. 이로 볼 때 태조 사후에 그의 사당이
서경에도 건립되었을 것으로 생각된다. 이와 관련해서 다음이 관심을 끈다.

判事一人三品兼之 祭酒一人少監以上兼之 司業一人員外郞以上兼之 博士一人八品 助敎一
人九品 刻漏院爲分司大史局 知事不限員數常參兼之 參外三人七八九品各一人 醫學院爲分
司大醫監 判監知監不限員數以本職高下兼之 參外二人八九品各一人."

87) 『고려사』 77, 지31, 백관2, 외직 서경유수관, "西京留守官太祖元年置平壤大都護府遣重臣
二人守之 置參佐四五人 成宗十四年置 知西京留守事一人三品以上 副留守一人四品以上 判官
二人六品以上 司錄參軍事二人掌書記一人並七品以上 法曹一人八品以上…." ; 『고려사』 77,
지31, 백관2, 동경유수관, "東京留守官成宗以慶州爲東京置 留守使一人三品以上 副留守一
人四品以上 判官一人六品以上 司錄參軍事一人掌書記一人並七品以上 法曹一人八品以上 醫
師一人文師一人並九品…." ; 『고려사』 77, 지31, 백관2, 남경유수관, "南京留守官文宗以楊
州爲南京置 留守一人三品以上 副留守一人四品以上 判官一人六品以上 司錄參軍事掌書記各
一人並七品以上 法曹一人八品以上 文師一人醫師一人並九品以上 …."

88) 『고려사』 80, 지34, 식화3, 녹봉외관록, "文宗朝定 二百七十石(知西京留守事) 二百二十三
石(東京留守使) 二百石(西京副留守南京留守八牧使安西大都護使) 一百二十石(南京副留
守八牧副使安西大都護副使)."

89) 『고려사』 80, 지34, 식화3, 녹봉외관록, "仁宗朝定 二百石(西京留守) 一百六十六石十斗
(東南京留守)."

K. 明宗 20년 10월 갑신일에 사신을 西都에 보내어 藝祖廟에 제사를 지내도록
하였다. 서도는 예조가 흥기했던 곳으로서, 지금까지도 여전히 의관이
그 묘에 있기 때문에 후대의 국왕들은 매번 연등회·팔관회 때마다 대신을
보내어 제사를 지냈다. (『고려사』 63, 지17, 예5, 길례 잡사)90)

K에 따르면 명종 20년(1190) 10월에 西都로 사신을 보내 예조묘에 제사케
했는데, 서도는 예조가 일어난 곳으로 지금까지도 의관이 그 묘에 있기
때문에 후대 왕이 매번 연등과 팔관에 대신을 보내어 치제한다고 하였다.
우선 예조는 왕조의 태조를 뜻하는 것으로91) 藝祖廟는 왕조의 태조에 대한
사당을 말한다.92) 이로 볼 때 서경의 예조묘는 태조 왕건의 사당이 아닐까
한다.93) 이러한 예조묘는 A에는 太祖廟, B-3)에서는 성용전이라고 한 것으로
보아 태조묘는 성용전을 가리키며, 성용전은 태조의 초상을 모신 영전이라고
할 수 있다.94)

고려시대 왕실의 조상제사 중 태묘와 별묘, 경령전·제릉 등은 大祀에,
서경의 예조묘는 雜祀에,95) 효사관 의례는 嘉禮 雜儀에 등재되어 있다.96)
『고려사』 편찬자들은 고려의 의례를 유교의 오례체제로 구성하면서 유교의례
가 아닌 것은 '잡사'와 '잡의'로 여겨 『고려사』 예지 吉禮 잡사와 嘉禮 잡의에
기록하였다. 이 중 잡의에 편제된 孝思觀97)은 개경 밖 봉은사에 있었던 태조의

---

90) "明宗二十年 十月甲申 遣使西都 祭藝祖廟 西都藝祖之所興也 至今衣冠 猶在其廟 故後王
每於燃燈八關 遣大臣致祭."
91) 『서경』 순전, "歸格于藝朝用特 [傳] 巡守四岳 然後歸告至文祖之廟 藝文也"; 『釋文』, "藝
魚世反 馬王云 禰也."
92) 김철웅, 앞의 논문, 2002, 151쪽 ; 앞의 책, 2007.
93) 예조를 김광수는 동명왕으로(「고려조의 고구려계승의식과 고조선의식」, 『역사교육』
43, 1988, 95~97쪽), 안지원은 태조 왕건으로(앞의 책, 2005, 174쪽), 김창현은 태조
왕건의 진전으로 보고 있다(앞의 논문, 2005b, 34쪽).
94) 태조 진전은 감진전(『고려사』 12, 세가12, 숙종 7년 8월 임오, "謁太祖眞于感眞殿"),
원묘(『고려사』 98, 김부식, "… 遂掃離宮之氣祲聿瞻 原廟之衣冠 ….") 등으로도 불려졌
다. 이와 관련해서 안병우, 「고려시기 서경의 재정구조」, 『전농사론』 7, 2001, 241~245
쪽 참고.
95) 고려의 국가제사를 〈표〉로 제시하면 다음과 같다.

진전으로 왕은 연등회 때 이곳에 행차하여 예를 올렸다.[98] 서경의 태조 진전인 예조묘에도 국왕들은 친사하고 있다.[99] 이것은 개경의 효사관 못지않게 서경의 예조묘도 중시되었음을 보여주는 것이라 할 수 있다.

이와 같은 서경 중시는 고구려 계승의식과 밀접한 관련을 가지고 있다. 고려 왕조가 국호를 통하여 내세웠던 고구려 계승의식은 고려 건국 당시 송악을 중심으로 하는 옛 고구려영역 주민들의 고구려 지향적인 토착의식에 기초한 것이었다.[100] 이러한 경향은 고려가 건국된 이후 계속 추진된 고구려 고토의 수복에 대한 희구 및 발해의 흡수, 서희와 거란과의 담판[101] 등에서

	大祀	中祀	小祀		
『상정고금례』	社稷, 宗廟, 別廟	先農, 先蠶, 文宣王	風師, 雨師, 雷師, 靈星, 司寒, 馬祖, 先牧, 馬步, 馬社, 禜祭, 七祀, 州縣文宣王		
『고려사』	圜丘, 方澤, 사직, 太廟, 별묘, 景靈殿, 諸陵	적전, 선잠, 문선왕묘	小祀		雜祀
			풍사, 우사, 뇌사, 영성, 영제, 사한, 마조, 선목, 마사, 마보, 주현문묘		壓兵祭, 醮, 南海神, 城隍神祠, 川上祭, 老人星, 五溫神, 名山大川, 箕子祠, 東明聖帝祠, 藝祖廟, 禖祭, 纛祭, 天祥祭, 東神祠, 松岳廟, 木覓神祠, 道哲, 嵒梯淵 등

※『태종실록』태종 13년 4월 신유조와『고려사』예지 길례 참고.

96)『고려사』69, 지23, 예11 가례 잡의.

97)『고려사』44, 세가44, 공민왕 22년 5월 정묘, "改孝思觀爲景命殿."

98)『고려사』6, 세가6, 靖宗 4년 2월 계미, "燃燈王如奉恩寺謁太祖眞燈夕必親行香眞殿以爲常."

99) 현종은 9년 1월에 사신을 서경에 보내어 성용전에서 태조에게 제사하였다(『고려사』4, 세가4, 현종 9년 춘정월 을미삭, "遣使西京祭太祖于聖容殿以重新肖像也."). 현종은 태조의 초상화를 새로 제작하였기 때문이었다. 숙종은 7년 8월에 서경으로 행차하였다가 태조의 影殿(감진전)에 배알하였고(『고려사』12, 세가12, 숙종 7년 8월, "乙亥幸西京 壬午 謁太祖眞于感眞殿.") 충렬왕은 4년 4월과 19년 10월에 서경에 이르러 성용전에 배알하였다고 한다(『고려사』28, 세가28, 충렬왕 4년 4월 경오, "王次西京謁聖容殿." ;『고려사』30, 세가30, 충렬왕 19년 동10월 무신, "王至西京謁聖容殿 分遣人祭平壤君祠東明王及木覓廟."). 그리고 인종 16년에 성용전에 直員 1인을 두었다(『고려사』77, 지31, 백관2, 외직 서경유수관, "聖容殿置直員一人.").

100) 박한설, 「고려 왕실의 기원－고려의 고구려 계승이념과 관련하여」, 『사총』21·22, 1977 ; 김광수, 「고려조의 고구려 계승의식과 고조선 인식」, 『역사교육』43, 1988, 93쪽.

101) "서희가 고려는 고구려의 후신이라고 논박한 것은 서희 개인의 임기응변적인 현답이었다."고 보기도 한다(하현강, 「고려시대의 역사계승의식」, 『이화사학연구』8, 1975 : 『한국중세사연구』, 일조각, 1988, 387쪽).

찾아볼 수 있다. 『고려도경』과 『송사』 등에 보이는 "高麗本曰高句麗"[102]라는 기사에서는 외국에서도 고려를 고구려의 계승자 내지 동일왕조로 인식하였음을 알 수 있다.

서경에서 이루어진 팔관회는 고구려 계승의식과 관련있다고 한다. 서경의 팔관회는 왕을 대행하여 파견된 대신이 齋祭를 거행하는 것이 상례였으나,[103] 왕이 직접 행차하여 설행하기도 하였다.[104] 이러한 서경의 팔관회는 개경의 팔관회와는 달리 10월에 개최되었다. 『고려사』 예지 가례 잡의의 仲冬八關會儀를 보면 10월에는 서경에서 팔관회를 개최하고 11월에는 개경에서 팔관회를 개최한다고 전하고 있다.[105] 개경의 팔관회 날짜는 11월로 변경되었지만, 서경의 팔관회를 10월에 개설한 것은 고구려의 동맹제 전통을 그대로 답습한 것으로 고구려 계승의식을 드러낸 것이라 할 수 있다.[106]

고구려 계승의식은 서경에 기자묘를 설치하는 데서도 알 수 있다. 숙종 7년(1102) 10월에 예부에서 기자에 대한 제사가 아직 사전에 오르지 못하였으니, 墳塋을 찾아 사당을 세워 제사할 것을 건의하였다.[107] 숙종은 7년 7월에 서경으로 행차하였다가[108] 같은 해 10월 갑술에 서경을 출발하여[109] 13일이 지난

---

102) 『고려도경』 2, 世次 王氏, "王氏之仙 蓋高麗大族也 當高氏政衰 國人以建賢 遂共立爲君長.";
『송사』 487, 열전246, 외국3, 고려, "高麗本曰高句麗 … 後唐同光天成中 其主高氏累奉職貢
長興中 權知國事王建 承高氏之位 遣使朝貢."

103) 『고려사』 100, 열전13, 崔忠烈, "… 舊制燃燈八關 必遣宰相 至西京 攝行齋祭 …."

104) 고려 역대 국왕들은 정종에서부터 예종까지 재위기간이 짧았던 순종과 헌종을 제외하고는 모두 팔관회를 목적으로 1년에 한번씩 서경 행차를 하고 있다. 왕들은 서경의 팔관회를 태조의 유훈을 실천하는 중요한 의례로 생각하고 있었고 고구려 계승의식이 고려사회의 전통으로 이어져 오고 있었던 것이다(안지원, 앞의 책, 2005, 156~157쪽 ; 김창현, 앞의 논문, 2005a, 104~109쪽도 참고).

105) 『고려사』 69, 지23, 예11, 가례 잡의.

106) 안지원, 앞의 책, 2005, 156쪽. 태조는 신라와 궁예의 팔관회를 계승해 불교에 의지해 나라를 안정시키려 한다면서 四仙樂部의 공연이 포함된 팔관회를 개최해 '供佛樂神之會'라 이름했으며(『고려사절요』 1, 태조 원년 11월 ; 『삼국사기』 50, 열전, 궁예전), 훈요에서 연등은 '事佛'로 팔관은 '事天靈及五嶽名山大川龍神'으로 정의하였다.

107) 『고려사』 63, 지17, 예5, 길례 잡사, "肅宗七年 十月壬子朔 禮部奏 我國敎化禮義自箕子始
而不載祀典 乞求其墳塋立祠以祭 從之." ; 『고려사』 58, 지12, 지리 북계 서경유수관
평양부, "箕子墓(在府城北兎山上)."

11월 정해에 개경에 도착하였다.[110] 이로 볼 때 기자에 대해 치제하자는 예부의 건의는 서경에서 이루어졌고 기자가 사전에 등재된 것은 숙종 때임을 알 수 있다. 명종 8년(1178) 4월에 서경의 공해전을 다시 정하였는데, 先聖油香田 즉 기자의 유향전은 50결이었다. 그런데 문선왕의 유향전이 15결이었고 유수관에는 공해전이 50결, 祗位田이 약 272결, 육조에는 공해전이 20결, 지위전이 15결이었고 제학원에는 공해전 15결, 서적위전 50결, 승록사에는 공해전·지위전이 각각 15결로 되어 있다.[111] 이처럼 다른 관아에 비해 서경의 기자사에 비교적 많은 토지를 설정하고 있는 것으로 보아 그것의 중요성을 생각해 볼 수 있다.[112] 기자에 대한 제사는 고구려에서도 행해졌고[113] 기자 사당을 고려에서 건립한 것은 고구려적 전통을 계승한 것으로 생각된다.[114] 개경의 동신사에 봉안된 동신성모는 주몽의 어머니인 하백녀이다. 이를 보아 고구려

---

108) 『고려사』 11, 세가11, 숙종 7년, 추7월 경술, "庚戌幸西京 壬子禮部奏 謹按尙書疏王者所 爲巡守者 以諸侯自專一國威福在已 恐其壅遏 上命澤不下流故自巡守爲民除弊 宜命西京留 守及先排按察使先訪民間疾苦蠲除撫恤 及前降赦恩未盡奉行者 付有司施行 制可."

109) 『고려사』 11, 세가11, 숙종 7년, 동10월 갑술, "駕發西京."

110) 『고려사』 11, 세가11, 숙종 7년, 동11월 정해, "王還京都."

111) 『고려사』 78, 지 32, 식화 1, 전제 공해전시, "明宗八年 四月 更定西京公廨田 有差留守官公 廨田五十結 紙位田二百七十二結三十七負七束 六曹公廨田二十結 紙位田十五結 法曹司公 廨田十五結 諸學院公廨田十五結 書籍位田五十結 文宣王油香田十五結 先聖油香田五十結 (先聖則箕子) 藥店公廨田七結 僧錄司 公廨紙位田各十五結."

112) 충숙왕 12년 10월에 평양부로 하여금 기자사를 세워 제사하게 하였다(『고려사』 63, 지17, 예5, 길례 잡사, "忠肅王十二年 十月 令平壤府立箕子祠以祭."; 『고려사』 35, 세가35, 충숙왕 12년 동10월 을미, "教曰 … 先代陵廟官禁樵牧毋令踐踏箕子始封本國禮樂 教化自此而行宜 令平壤府立祠以祭 其祭文宣王十哲七十子本國文昌侯弘儒侯務致蠲潔 …."). 아마도 숙종 때의 전란으로 파괴되었던 기자사를 이때 다시 건립하였던 것으로 생각된다. 공민왕은 1년 2월에 기자사를 수리하였고(『고려사』 38, 공민왕 원년 2월 병자, "箕子受封於此教化禮樂遺澤至今宜令平壤府修祠奉祀其餘忠義之祀並如舊儀.") 5년 과 12년에도 기자의 사당을 수리하고 치제하도록 하였다(『고려사』 63, 지17, 예5, 길례 잡사, "恭愍王五年 六月 令平壤府修營箕子祠宇以時致祭 … 二十年 十二月 命平壤府 修箕子祠宇以時祭之."). 이러한 조처를 자주 내린 것은 공민왕이 기자에 대한 제사를 중요하게 여기고 있었기 때문일 것이다.

113) 『구당서』 199상, 열전149상, 고려, "其俗多淫祀 事靈星神日神可汗神箕子神."

114) 본 글에서는 고려시대 기자에 대한 제사를 고구려의 전통으로 이해하고 있지만, 고려시대 유교 정치이념 표방과도 관련있었을 것임을 밝혀둔다.

국모신 신앙이 고려시대에도 지속되었음을 알 수 있다.[115]

이처럼 고려시대 서경에는 西京畿 4道 등이 두어졌고 태조의 진전인 예조묘도 있었다. 서경의 팔관회는 고구려의 동맹제를 계승한 것이고 고구려에서도 행해진 기자에 대한 제사도 서경에서 이루어졌다. 이것은 고려시대 고구려 계승의식과 밀접한 관련을 가진 것이다.

고려 왕조는 고구려적 이념과 신라적 전통이라는 이중적 성격에서 출발하였다. 따라서 고려전기의 역사인식은 고구려 계승의식과 더불어 신라의 계승이라는 이원적 계승의식이 유지되어 왔다.[116] 고려 현종 8년(1017) 고구려·신라·백제의 왕릉과 묘에 대하여 그 소재지 주현으로 하여금 修治하도록 하고, 樵採를 금하며 지나가는 자는 말에서 내리도록 조처하고 있다.[117] 그런데 고구려와는 달리 신라와 백제의 왕릉·묘에 대한 이러한 관심은 더 이상 제도적 조처로 구현되지는 않았다. 아마도 이 조처는 일시적 예우에 불과한 일로 생각된다. 동명왕이 비록 제도적으로 국가제사의 대상이 되었더라도 잡사로 취급하였다는 것은 고려 지배층의 역사의식의 한계를 드러낸 것이라고 할 수 있다.[118]

그렇지만 서경의 동명성제사에서 고구려 시조 동명에 대한 제사가 국가제사의 하나로 고려초부터 고려말까지 행해진다는 점에서 고려시대 고구려

---

115) 이와 관련해서 채미하, 앞의 글, 2006.

116) 고려가 고구려적 이념과 신라적 전통이라는 이중적 성격에서 출발하여 고구려와 신라 두 왕조와 연결의식을 갖고 있었다는 견해에 대해서는 하현강, 앞의 책, 1988, 387쪽과 김의규, 「고려전기의 역사의식」, 『한국사론』 6, 1979. 고려 건국에서 『삼국사기』가 출현하기 전까지는 고구려 계승의식이 그 후 고려말까지 신라 계승의식이 지배적인 방향이었다는 견해는 이우성, 「『삼국사기』의 구성과 고려왕조의 정통의식」, 『진단학보』 38, 1974, 204~206쪽. 이와 관련해서 김철웅, 앞의 글, 2001, 31쪽 및 앞의 책, 2007, 참고.

117) 『고려사』 4, 세가4, 현종 8년 12월, "是月敎 高句麗新羅百濟王陵廟 並令所在州縣 修治禁樵採 過者下馬."

118) 김태영, 「국가제사」, 『한국사』 26, 1995, 237~238쪽. 삼한을 통합한 고려왕조가 전대 왕조의 시조로 기자와 동명왕만을 국가제사에 올린 것은 고려 지배층이 자국 역사의 궁극적 근원이라든가 구체적 전개의 실상에 대해서는 아직도 극히 관념적인 차원의 이해에 머물러 있었다는 사실을 나타내는 것으로 해석된다.

344 補論

계승의식을 반영하는 것이라 할 수 있다.[119] 이러한 모습은 동명성제사뿐만
아니라 서경에 있는 다수의 동명에 대한 추모시설과 유적에서도 알 수
있다. C-1)에 따르면 東明王墓는 서경의 동남쪽 中和의 경계인 龍山谷에
있었는데, 眞珠墓라고도 하였다는 데서도 생각해 볼 수 있다.[120]

주몽은『삼국사기』고구려본기 동명성왕 19년 9월의 기록에 따르면 "왕이
돌아가니 이때 나이가 40세였다. 용산에 장사지냈다"고 한다.[121] 용산의
위치는 고구려의 건국지인 졸본에 있어야 하는 것이다. 그런데 C-1)에는
동명왕의 능이 평양에 있다고 한다. 이와 관련해서『제왕운기』를 보면 재위한
지 19년 9월에 승천하고 나서 다시 돌아오지 않았다고 하면서 유리가 와서
왕위를 이으시고 남기신 옥편으로 무덤을 이루어 장례를 치렀다(지금의
용산묘이다)고 한다.[122] 동명왕의 죽음과 장사지낸 곳에 대하여『삼국사기』
고구려기의 내용과 거의 같다. 그런데『제왕운기』에 고구려의 건국지를
졸본이 아닌 마한의 왕검성이라 하고, 왕검성에는 주를 달아 지금의 서경,
즉 평양이라고 하고 있다.[123] 이로 볼 때 이승휴가 평양에 동명왕의 무덤이
있었다고 본『제왕운기』의 기록은 고려 충렬왕 당시 하나의 설이라고 생각되
며[124] 이것이 C-1)에 보이는『고려사』지리지와『세종실록지리지』·『신증동

---

119) 김광수, 앞의 논문, 1988, 96쪽. 고려가 고구려 계승의식을 가지고 있었으며 이러한
     차원에서 동명왕에 대한 제사가 이루어지고 있었던 사실은 탁봉심, 「동명왕편에
     나타난 이규보의 역사의식」,『한국사연구』44, 1984, 94~95쪽 참고.
120) 북한에서는 평양에 동명왕릉과 동명왕의 원찰이라고 추정하는 정릉사가 발굴 조사되
     어 동명왕의 무덤은 평양에 있는 것으로 단정하고 있다. 이것은 고구려가 도읍지를
     평양으로 옮기면서 동명왕의 무덤을 평양으로 옮겨왔다는 전제하에 이루어진 것이었
     다. 427년 장수왕이 국내성에서 평양으로 천도하는 과정에서 동명왕의 무덤에 대한
     이장을 함께 준비하였고 천도와 함께 졸본에 있던 무덤을 옮겨왔다는 것이다(전제헌,
     『동명왕릉에 관한 연구』, 과학백과사전출판사, 1994, 7~15쪽).
121) 『삼국사기』13, 고구려본기1, 시조 동명성왕 19년, "秋九月 王升遐 時年四十歲 葬龍山
     號東明聖王."
122) 『제왕운기』권하, 고구려기, "在位十九年九月 昇天 不復迫雲軿 聖子類利來嗣位 葬遺玉鞭
     成墳塋(今龍山墓也)."
123) 『제왕운기』권하, 고구려기, "開國馬韓王儉城(今西京也 以高句麗縣名立國)."
124) 김영관, 「고구려 동명왕릉에 대한 인식변화와 동명왕릉중수기」,『고구려연구』20,

국여지승람』에 기록되었던 것이다.[125]

이처럼 이승휴를 비롯한 고려후기 지식인들은 동명왕의 능이 평양에 있었다고 생각하였다. 이것은 서경에 동명왕제사가 고려초부터 있었고 동명왕에 대한 추모시설 등이 있었던 것과 관련있을 것이다. 이러한 동명왕에 대한 제사시설이라든가 추숭시설 등은 고려시대 고구려 계승의식과 긴밀한 관계에 있었다. 그런데 고려말 고조선 계승의식이 부각되면서[126] 고구려 계승의식은 약화되어갔다. 그리고 조선 세종 11년(1429) 동명왕이 기사자 남쪽 인근의 단군사에 단군과 함께 모셔지게 된다.[127]

본 글은 고려시대 국가제사의 하나인 고구려 시조 '동명'에 대한 제사가 고려시대에 행해진 이유와 그것이 가지고 있는 의미를 생각해 본 것이다. 우선 고려시대 동명에 대한 제사의 실체를 살펴보았는데, 동명성제사는 태조대에 설치되었다고 하였다. 이것은 태조 2년 개경과 서경의 훼손된 탑·묘·초상 등을 정비하고 태조대 서경을 중시한 것과 관련지어 이해하였다.

2005, 308~314쪽 참고.

125) 『세종실록지리지』 평안도 평양부, "東明王 墓在府巽方三十里許 中和境龍山(皆以畵班石營壙 世云眞珠墓 李承休記 東明王事跡曰 乘天不復回雲軿 葬遺玉篇成墳塋 卽此也 又仁理坊有祠宇 高麗以時降御押行祭 朔望亦令其官行祭 邑人至今有事輒禱 古老傳云 東明聖帝之祠也)." ; 『신증동국여지승람』 52, 중화군 능묘, "東明王廟(在龍山俗號眞珠墓 世傳高句麗始祖 常乘麒麟馬奏事 天上年至四十 遂昇天不返 太子以所遺玉鞭葬於龍山號東明聖王 詳見寧邊及成川)."

126) 『제왕운기』에서는 우리나라 역사의 광범성·유원성·다양성의 모든 출발을 민족 시조인 단군에게로 귀일시키고 있는 것과(이우성, 「고려 중기의 민족서사시」, 『성균관대논문집』 7, 1962 : 『한국중세사회연구』, 일조각, 1991) 白文寶가 공민왕에게 진언한 우리나라의 역사는 분명히 단군으로부터 起算한다는 檀君紀元의 역사의식이 주목된다. 『고려사』 112, 열전25, 白文寶, "… 且天數循環周而復始 七百年爲一小元積三千六百年爲一大周元 此皇帝王覇理亂興衰之期 吾東方自檀君至今已三千六百年乃爲周元之會 …."

127) 『세종실록』 지리지 평양부, "檀君祠在箕子祠南(今上十一年己酉始置 與高麗始祖東明王合祠 檀君在西 東明在東 皆南向 每春秋 降香祝致祭)." ; 『신증동국여지승람』 51, 평양부 사묘, "東明王祠(在箕子祠傍二祠 同守 檀君在西 東明在東 俱南向 每春秋降香祝祭以中祀 本朝世宗十一年始置)." ; 김태영, 앞의 책, 1995, 238~243쪽 ; 김창현, 앞의 논문, 2005a, 126쪽 ; 김영관, 앞의 논문, 2005, 314~318쪽.

이러한 동명성제사에는 지방관이 삭망으로 제사지냈고 사신이 파견되기도 하였다. 동명성제사는 고려 국가제사체계 중 잡사에 편제되어 있는데, 잡사는 고려 국가제사체계의 특징이며 고려 국가제사를 이해하는 중요한 요소 중의 하나이다. 특히 동명성제사에 왕을 대신하는 사신을 보내 치제하였다는 것은 동명성제사의 중요성을 말하여 주는 것이라고 하였다.

고려 국왕들은 평양에 자주 행차하였고 그 곳에 궁궐을 건립하기도 하였는데, 영명사와 구제궁 일대는 동명왕과 고려왕이 시공을 초월해 만나는 공간이었다. 영명사는 동명왕의 진전이었고 동명이 신선이 되었다는 기록 등에서 고려시대 동명에 대한 숭배가 불교적·도교적인 측면을 띠었음을 알 수 있었다. 구제궁에서 고려 국왕은 『서경』의 여러 편을 강독하였는데, 이것은 유교적인 성격과 관련있다고 하였다. 이러한 유교적인 성격은 동명왕에게 훈호를 주었다는 것에서도 생각해 보았다. 동명성제사가 잡사에 편제되어 있다는 것은 그것이 토착신앙과도 연결되어 있었기 때문이 아닐까 하였다. 이로 볼 때 고려시대 동명숭배는 유·불·선 3敎 및 토착신앙과 유기적으로 연계되었고 그것들은 상호보완적인 관계였음을 알 수 있었다.

다음으로 동명성제사는 고려시대 고구려 계승의식과 밀접한 관련을 가지고 있다고 하였다. 동명성제사는 서경에 있었다. 고려의 독특한 지방제도인 3경 중 서경은 다른 것에 비해 그 위상이 높았는데, 서경기 4도의 설치 및 分司制度 등에서 알 수 있었다. 서경의 위상은 태조의 진전인 예조묘가 서경에 있었다는 것에서도 알 수 있었다. 고구려의 동맹제를 계승한 서경의 팔관회라든가, 고구려에서도 행해진 기자에 대한 제사가 서경에서 이루어진 데서, 고려의 고구려 계승의식을 찾을 수 있었다. 그렇지만 고려말 고조선 계승의식이 대두되면서 동명성제사는 면면히 이어졌고 조선 세종대 동명이 단군과 함께 배향되면서 동명성제사의 기능은 약화되었다.

제2절 고려시대의 水神祭

고려시대는 다양한 종교와 신앙이 공존하던 시기이다. 이러한 모습은 국가제사에서도 찾아볼 수 있을 것이다. 지금까지 고려 국가제사에 대한 연구성과를 보면 먼저 『고려사』예지에 대한 연구가 있었고,[1] 다음으로 고려 국가제사체계에 대한 검토가 있었다.[2] 이러한 고려 국가제사체계에 대한 관심은 잡사가 어떤 내용의 국가제사였던가에 대한 것으로 이어졌다.[3] 잡사에는 厭兵祭, 紺岳神祠, 西京木覓祠, 醮祭, 南海神, 川上祭, 老人星, 城隍神祠, 天祥祭, 五溫神, 名山大川, 箕子, 藝祖廟, 東明聖帝祠, 禳祭, 無等山神, 錦城山神, 禷祭 등이 포함되어 있다.[4] 이처럼 잡사의 내용은 다양한데, 초제와 산악(천)·성황제사에 대한 연구가 주를 이루었다.[5]

이 중 고려시대 산천제에 대한 지금까지의 연구성과를 통해 산신제사와 수신제사에 대한 폭넓은 이해를 할 수 있었다.[6] 수신제사와 산신제사는

---

1) 황원구, 「고려사 예지의 편년적 고찰」, 『이홍직회갑논문집』, 1969 및 이범직, 『한국중세예사상연구』, 일조각, 1991 등.

2) 김태영, 「조선초기 사전의 성립에 대하여」, 『역사학보』 58, 1973 및 한우근, 「조선왕조 초기에 있어서의 유교이념의 실천과 신앙·종교」, 『한국사론』 3, 1976.

3) 이세현, 「麗代의 잡사와 그 신앙성에 대한 연구」, 『군산대논문집』 7, 1984 및 김해영, 「상정고금례와 고려조의 사전」, 『국사관논총』 55, 1994.

4) 『고려사』 63, 지17, 예5, 잡사.

5) 이와 관련된 연구성과는 김철웅, 「고려시대 잡사연구」, 고려대학교 박사학위논문, 2001a, 3~4쪽.

6) 김갑동, 「고려시대의 산악신앙」, 『한국종교사상의 재조명(상)』, 1993 ; 박호원, 「고려

불가분의 관계에 있는 것이다. 때문에 산신제사와 수신제사는 함께 연구되어 왔다. 그렇지만 산신제사에 대한 연구가 그 중심을 이루었다. 고려시대 수신신앙은 산신신앙과 비견할 만하며, 수신에 대한 제사는 고려시대 諸신앙 및 제사에서 차지하는 의의도 상당하지 않을까 한다.

고려시대 수신신앙이 산신신앙 못지 않게 중요했음을 잘 보여주는 것은 고려시대 해로와 수로교통의 발달에서 생각해 볼 수 있다. 이에 우선 고려시대 해상교통과 조운이 어떠했는지를 검토할 것이다. 다음으로 고려 국가제사의 수신 제장과 그 대상을 살펴볼 것이다. 그리고 고려시대 수신제사가 가지고 있는 성격을 고려의 제신앙 및 중국, 신라와 조선의 해·독 및 여러 수신제사와 비교·검토하여 생각해 볼 것이다. 이를 통해 고려시대 수신제사가 가지고 있는 의미를 알 수 있을 것이다.

1. 해상교통과 漕運의 발달

고려시대 해상활동은 중국과 고려와의 공식적인 사신의 파견과 상인들의 활동을 통해서 알 수 있다. 이 중 사신의 파견은 송·거란·원을 상대로 행해졌다.[7] 특히 송나라와의 사신 교류는 항해를 통해 이루어졌는데, 고려에서 송에 사신을 보낸 횟수는 39번, 송나라가 고려에 사신을 보낸 횟수는 27번에 이르렀다고 한다.[8] 『고려사』세가를 보면 송나라 해상무역 상인들이

의 산신신앙」, 『민속학연구』 2, 1995 ; 박호원, 「한국 공동체 신앙의 역사적 연구」, 한국정신문화연구원 박사학위논문, 1997 ; 김철웅, 「고려시대의 산천제」, 『한국중세사연구』 11, 2001b ; 김철웅, 『한국중세의 길례와 잡사』, 경인문화사, 2007.

7) 박용운, 「고려·송 교빙의 목적과 사절에 대한 고찰」, 『한국학보』 81·82, 1995·1996 ; 김성규, 「고려전기의 여송관계」, 『국사관논총』 92, 2000. 한편 박용운의 위의 논문 〈표 1〉에 따르면 송에서 고려에 사신을 파견한 횟수는 30여회이고 고려가 송에 보낸 사신은 60회 안팎이었다고 한다. 고려가 거란에 파견한 횟수는 124회, 금에 파견한 횟수는 173회로 나타나고 있다(김철웅, 「고려와 송의 해상교역로와 교역항」, 『중국사연구』 28, 2004, 104~106쪽).

현종 3년(1012)부터 충렬왕 4년(1278)까지 130여회에 걸쳐 최소한 약 5,000여 명이 고려로 왔다고 한다.[9] 특히 문종 당시 고려는 문화와 예악이 융성하고 상선들이 끊임없이 출입하여 날마다 귀중한 보배들이 들어오고 있다고 한다.[10] 개성의 관문인 예성강구의 벽란도는 송 상인들뿐만 아니라 멀리 大食國(아라비아)의 상인까지도 출입하는 국제항구로서 성황을 이루었다.[11] 당시 예성항에서의 선박 내왕의 모습은 이규보의 시[12]에도 잘 나타나고 있다.[13] 이처럼 고려의 해상무역은 중국뿐만 아니라 남양의 여러 나라와도 활발했음을 알 수 있다.

　이러한 고려시대 해상활동은 해상교통의 발전과 밀접한 관련을 가진 것으로, 중국과의 교통로는 송 이전부터 육로와 해로의 두 길이 있었다. 여·송간의 교통로[14]는 육로보다는 주로 해로가 이용되었는데,[15] 해로에는

8) 국립제주박물관편, 『항해와 표류의 역사』, 2003, 51쪽.

9) 김상기, 『고려시대사』, 서울대출판부, 1985, 158~161쪽 ; 楊渭生, 『宋麗關係史硏究』, 杭州大學出版部, 1997, 269~279쪽 ; 최영호, 「고려시대 송나라와의 해양교류－송나라 출신 전문인력의 입국과 활동을 중심으로－」, 『역사와 경계』63, 2007, 201~202쪽 ; 김 철웅, 앞의 논문, 2004, 104~106쪽.

10) 『고려사』8, 세가8, 문종 12년 8월 을사, "… 又尙書柳參奉使之日 東京留守問南朝通使之 事 似有嫌猜若泄此事 必生釁隙 且耽羅地瘠民貧 惟以海産乘木道經紀 謀生往年秋伐材過海 新創佛寺 勞弊已多 今又重困 恐生他變 況我國文物禮樂 興行已久 商舶絡繹珍寶 日至其於中 國 實無所資 如非永絶契丹 不宜通使宋朝 從之."

11) 고려는 송에 사신을 파견하여 선진문물을 수입하는데 역점을 두었다. 공적인 사신들 외에 상인들의 왕래도 활발하여 서적·비단·자기·약재·차·향료 등이 수입되고, 반대 로 금·은·동·인삼·나전칠기·화문석 등이 수출되었다.

12) 『동국이상국집』16, 又樓上觀潮贈同僚金君, "海潮勢壯何狂顚 組練千軍倍道爭相前 行人 步步生塵處 須臾漫汗成河淵 忽復卷去作平地 却疑蒼海一旦變桑田 浦口我誇呑浩浩 吐了更 作坑難塡 不獨水中變態如此耳 天上日月猶虧全 物之盈縮固常理 此是天數非玆偏 潮來復潮 去 來船去舶首尾銜相連 朝發此樓底 未午棹入南蠻天 人言舟是水上驛 我導追風駿足較此猶 遷延 若使孤帆一似風中去 倏忽想到蓬萊仙 何況區區蠻觸界 假此木道何處不洄沿."

13) 라종우, 「일본 및 아라비아와의 관계」, 『한국사 15－고려 전기의 사회와 대외관계－』, 국사편찬위원회, 1995, 377쪽.

14) 김위현, 「여송관계와 그 항로考」, 『關大論文集』6, 1978 ; 이기동, 「9~10세기 황해를 무대로 한 한·중·일 삼국의 해상활동」, 『한중문화교류와 남방해로』, 국학자료원, 1997 ; 祁慶富, 「10~11세기 한중 해상교통로」, 『한중문화교류와 남방해로』, 국학자료 원, 1997 ; 신채식, 「10~13세기 동아시아의 문화교류－해로를 통한 여·송의 문물교역을

남로와 북로가 있었다.[16) 남로(명주 항로)는 대체로 예성강에서 출항하여
紫燕島(인천) → 馬島(충남 海美 西) → 群山島 → 죽도(전북 興德 西) → 흑산도
를 거쳐 서남으로 나아가 명주에 도달하는 항로였다.[17) 이 항로는 명주·定海
에서 순풍을 만나면 3일만에 바다 가운데로 들어갈 수 있고 또 5일이면
흑산도에 도달하여 고려 국경에 들어갈 수 있었다고 한다.[18)

서긍이 인종 원년(1123)에 이 항로를 통해 고려에 다녀갔다. 『고려도경』에
따르면 元豊 원년(1078, 고려 문종 32)에 명주에서 배 두 척을 건조하여
고려에 사신을 보냈다고 하며,[19) 인종 2년에 송의 상인 柳誠 등 49명이
고려에 체류 중인 명주 사람 朴道濟·祝延祚 등의 귀국을 독촉하려고 입국한
경로도 이 항로였다.[20)

북로에 대한 기록은 『송사』고려전에 보이는데, 여기에는 등주를 출발하여

중심으로」, 『중국과 동아시아세계』, 국학자료원, 1997 ; 윤명철, 「서희의 송나라 사행선
로 탐구」, 『서희와 고려의 고구려 계승의식』, 고구려연구회, 1999 ; 宋晞, 「宋商在宋麗貿
易中的貢獻」, 『宋史硏究集』 2, 中國文化大學出版部, 1980 ; 王文楚, 「兩宋和高麗海上航路
初探」, 『文史』 12, 1991.

15) 라종우, 「5대 및 송과의 관계」, 『한국사 15-고려 전기의 사회와 대외관계-』, 국사편
찬위원회, 1995, 294~296쪽 및 김철웅, 앞의 논문, 2004, 107~113쪽.

16) 한편 송에서는 고려와의 사행로를 동로와 남로로 구분하였다. 『萍州可談』 2, "高麗人泛
海而至明州 則由二浙遡汴至都下 謂之南路 或至密州 則由京東陸行至京師 謂之東路 二路亭
傳一新 常由南路 未有由東路者 高麗人便於舟楫 多齎輜重故爾."

17) 『고려도경』 39, 해도6.

18) 『송사』 487, 열전246, 고려, "昔高麗入使 率由登萊 山河之限甚遠 今直趨四明 四明踞行都
限一淛水耳 … 由海道奉使高麗 瀰漫汪洋 洲嶼險阻 遇黑風 舟觸礁輒敗 出急水門 至羣山島
始謂平達 非數十日不至也 舟南北行 遇順風則歷險如夷 至不數日 … 自明州定海遇便風
三日入洋 又五日抵黑山 入其境 自黑山過島嶼 詰曲礁石間 舟行甚駛 七日至禮成江 江居兩山
間 束以石峽 湍激而下 所謂急水門 最爲險惡 又三日抵岸 有館曰碧瀾亭 使人由此登陸
崎嶇山谷四十餘里 乃其國都云."

19) 『고려도경』 34, 해도1, 神舟, "臣側聞神宗皇帝 遣使高麗 嘗詔有司 造巨艦二 一曰凌虛致遠
安濟神舟 二曰靈飛順濟神舟 規模甚雄 皇帝嗣服 羹墻孝思 其所以加惠麗人 實推廣熙豐之績
爰自崇寧 以迄于今 荐使綏撫 恩隆禮厚 仍詔有司 更造二舟 大其制而增其名 一曰鼎新利涉懷
遠康濟神舟 二曰循流安逸通濟神舟 巍如山嶽 浮動波上 錦帆鷁首 屈服蛟螭 所以暉赫皇華
震懾夷狄 超冠今古 是宜麗人 迎詔之日 傾國聳觀 而歡呼嘉歎也."

20) 『고려도경』 34, 해도1.

바다를 건너 황해도 옹진에 상륙하기까지의 과정을 담고 있다.[21] 이것을 보면 북로는 산동의 등주 방면에서 거의 직선코스를 택하여 대동강 어구의 椒島(豊川)·甕津口·예성항에 이르는 것이었다. 『고려도경』에 黃水洋(서해 바다)이 얕기 때문에 배 운항에 어려움이 있지만 등주의 板橋津에서 출발하면 고려에 도달할 수 있다고 하였다.[22] 이처럼 판교진 및 옹진·정주·풍천 등은 북로의 중요한 항구였다.[23]

고려시대에는 漕運路가 발달하기도 하였다.[24] 조운로는 상선의 상업로로 이용되었으며 대동강·예성강·임진강·금강·낙동강을 이용한 상인들의 활동도 왕성하였다.[25] 고려초기 60곳의 浦口가 파악되며[26] 의종대는 12漕倉의

---

21) 『송사』 487, 열전246 외국3, 고려, "淳化四年 … 二月 遣秘書丞直史館陳靖 秘書丞劉式爲 使 … 靖等 自東牟 趣八角海口 得思柔 所乘海船及高麗水工 卽登舟 自芝岡島 順風泛大海 再宿 抵甕津口 登陸 行百六十里抵高麗之境曰海州 又百里至閣州 又四十里至白州 又四十里 至其國". 여기에 따르면 陳靖 등 송 사신의 행로는 登州 東牟－八角海口－芝岡島－甕津 口－해주－염주－배주－개경으로 연결되어 있다. 등주에서 옹진까지는 해로를 이용 하고 해주에서 개경까지는 육로였다(김철웅, 앞의 논문, 2004, 108~109쪽).

22) 『고려도경』 34, 해도1, 황수양, "黃水洋 卽沙尾也 其水渾濁且淺 舟人云 其沙自西南而來 橫於洋中千餘里 卽黃河入海之處 舟行至此 則以雞黍祀沙 蓋前後行舟遇沙 多有被害者 故祭 其溺死之魂云 自中國適句驪 唯明州道則經此 若自登州版橋以濟 則可以避之 比使者回程至 此 第一舟幾遇淺 第二舟 午後 三柁併折 賴宗社威靈 得以生還 故舟人 每以過沙尾 爲難 當數用鉛硾 時其深淺 不可不謹也."

23) 『문헌비고』 35, 여지고23, 관방4, 해로.

24) 고려시대 조창연구와 관련해서 다음의 것들이 주목된다. 丸龜金作, 「高麗の十二漕倉に 就いて」, 『靑丘學叢』 21·22, 1935 ; 손홍열, 「고려 조운고」, 『사총』 21·22, 1977 ; 北村秀 人, 「高麗初期の漕運についての一考察」, 『古代東アジア史論集』上, 1978 ; 北村秀人, 「高麗 時代の漕倉制について」, 『朝鮮歷史論集』上, 1979 ; 吉田光男, 「高麗時代の水運機構'江'に ついて」, 『社會經濟史學』 46-4, 1980 ; 최완기, 「고려조의 세곡운송」, 『한국사연구』 34, 1981 ; 윤용혁, 「서산·태안지역의 조운관련 유적과 고려 영풍조창」, 『백제연구』 22, 1991 ; 六反田豊, 「高麗末期の漕運運營」, 『久留米大學文學部紀要』 2, 1993 ; 한정훈, 「고려시대 조운제와 마산 석두창」, 『한국중세사연구』 17, 2004 ; 변동명, 「해룡산성과 순천」, 『전남사학』 19, 2004 ; 서영일, 「남한강 수로의 물자유통과 흥원창」, 『사학지』 37, 2005 ; 김재명, 「고려의 조운제도와 사천 통양창」, 『한국중세사연구』 20, 2006 ; 한 정훈, 「고려시대 13조창과 주변 교통로 연구」, 『한국중세사연구』 23, 2007.

25) 홍희유, 『조선상업사』, 과학백과사전종합출판사, 1989.

26) 『고려사』 79, 지33, 식화2, 조운, "成宗十一年定漕船輸京價 運五石價一石通潮浦(前號末 潮浦 泗州通陽倉在焉) 螺浦(前號骨浦 合浦縣石頭倉在焉) 運六石價一石 波平浦(前號夫沙

船數를 제정하였고 이후 문종 18~21년 사이에 서해도 장연현에 안란창이 추가 설치됨으로써,[27] 13개의 조창으로 구성된 조운제도가 확립되었다.[28] 고려시대 13조창을 〈표 1〉로 제시하면 다음과 같다.

〈표 1〉 고려시대 13조창[29]

漕倉名	舊浦名	성종대의 浦名	현재 위치	비고
德興倉	金遷浦	麗水浦	충북 충주시 가금면 관내	江倉
興元倉	蟾口浦	銀蟾浦	강원 원주시 부론면 관내	江倉
河陽倉	打伊浦	便涉浦	경기 팽택시 팽성읍 본정리·노양리	海倉
永豊倉			충남 서산시 팔봉면 어송리	海倉
安興倉	無浦	濟安浦	전북 부안군 보안면 영전리	海倉
鎭城倉	鎭浦	朝宗浦	전북 옥구군 성산면 창오리(금강하구)	海倉
海陵倉	置乙浦	通津浦	전남 나주시 영산면 관내	海倉

浦 樂安郡) 潮陽浦(前號沙飛浦 昇平郡海龍倉在焉) 風調浦(前號馬西良浦) 海安浦(前號麻老浦 光陽郡) 安波浦(前號冬烏浦 兆陽縣) 利京浦(前號召丁浦 麗水縣) 麗水浦(前號金遷浦 大原郡) 銀蟾浦(前號蟾口浦 平原郡) 運八石價一石 潮東浦(前號薪浦 靈岩郡長興倉在焉) 南海浦(前號木浦 通義郡) 通津浦(前號置乙浦 羅州海陵倉在焉) 德浦(前號德津浦 務安郡) 崐岡浦(前號白岩浦 陰竹縣) 黃麗浦(前號黃利內地) 海葦浦(前號葦浦 長淵縣) 運九石價一石 利通浦(前號屈乃浦 合豊郡) 勵涉浦(前號主乙在希安郡) 芙蓉浦(前號阿無浦 靈光郡芙蓉倉在焉) 速通浦(前號所津浦 承化郡) 朝宗浦(前號鎭浦 臨陂郡鎭城倉在焉) 濟安浦(前號無浦 保安郡安興倉在焉) 古塚浦(前號大募浦 安山郡) 西河郡浦(前號豊州) 運十三石價一石 利涉浦(前號葛城浦 豊山縣) 風海浦(前號松串浦 海豊郡) 懷海浦(前號居伊彌浦 新平郡) 便涉浦(前號打伊浦 牙州河陽倉在焉) 運十五石價一石 媚風浦(前號夫支浦 漢南郡) 息浪浦(前號加西浦) 白川浦(前號金多川浦 大川郡) 運二十一石價一石 潮海浦(前號省草浦) 淸水浦(前號加乙斤實浦) 廣通浦(前號津浦 孔巖縣) 楊柳浦(前號楊等浦 金浦縣) 德陽浦(前號所支浦 德陽郡) 靈石浦(前號召斤浦) 居安浦(前號居乙浦 金城縣) 慈石浦(前號甘岩浦 同縣) 運十石價一石 澄波浦(前號登承浦) 安石浦(前號犯貴伊浦) 柳條浦(前號柳頂浦) 梨花浦(前號梨浦) 涤花浦(前號花因守寺浦) 丈嵓浦(前號仰嵓浦 並川寧郡) 陽原浦(前號荒津浦) 花梯浦(前號花連梯浦) 恩波浦(前號仇知津) 虞山浦(前號山尺浦) 神魚浦(前號小神寺浦 並楊根郡) 運十八石價一石 尙原浦(前號上津村浦 淮安郡) 和平浦(前號無限浦) 鹵水浦(前號未音浦 廣陵郡) 從山浦(前號居知山浦 同郡) 運二十石價一石 德原浦(前號置音淵浦 廣陵郡) 深原浦(前號果州浦) 同德浦(前號同志浦 淮安郡) 深逐浦(前號下置音淵浦 始興郡) 丹川浦(前號赤於浦 同郡)."

27) 『고려사』 79, 지33,식화2, 조운, "國初南道水郡置十二倉 忠州曰德興 原州曰興元 牙州曰河陽 富城曰永豊 保安曰安興 臨陂曰鎭城 羅州曰海陵 靈光曰芙蓉 靈岩曰長興 昇州曰海龍 泗州曰通陽 合豊曰石頭 又於西海道長淵縣置安瀾倉."

28) 윤용혁, 앞의 논문, 1991, 220~221쪽 ; 한정훈, 앞의 논문, 2004, 36쪽 ; 김재명, 앞의 논문, 2006, 173~174쪽.

芙容倉	阿無浦	芙蓉浦	전남 영광군 입암면 고법성	海倉
長興倉	薪浦	潮東浦	전남 영암군 서면 해창리	海倉
海龍倉	沙飛浦	潮陽浦	전남 순천시 흥내동 해룡산성	海倉
通陽倉	末潮浦	通潮浦	경남 사천시 용현면 선진리	海倉
石頭倉	骨浦·台浦	螺浦	경남 마산시 산호동	海倉
安瀾倉			서해도 장연현 大同灣 연안 또는 황해남도 장연군 해안면 구진리 덕동	海倉

〈표 1〉 중 德興倉·興元倉은 강 포구에 있었고, 이를 제외한 나머지는 모두 해안에 자리하였다. 이처럼 고려는 海路와 浦口가 잘 정비되어 있어서 漕運이 바다와 하천을 통해 이루어졌음을 알 수 있다. 조창 중 내륙에 위치한 2개의 江倉을 제외한 11개 海倉은 내륙 수운이나 육로와의 연계뿐 아니라 먼 바다로부터 밀려오는 波浪의 영향을 덜 받기 위해서 반도·串이나 灣의 입구에 위치하기보다는 灣 깊숙한 지점이나 바다와 만나는 中·小 하천변에 위치하고 있다.30) 이 중 부성 영풍창은 육지 깊숙이까지 바닷물이 유입되는 태안반도의 시작 지점 북측에 위치하고 있다. 이곳에 영풍창이 자리한 이유는 태안반도 끝자락 앞 바다에 있는 安興梁(신진도와 마도를 거쳐 가의도에 이르는 해역)이라는 위험한 항해지점 때문이었다.31)

안흥량은 『만기요람』에 의하면 뱃길이 위험하다 하여 옛날에는 難行梁이라고 하였고 漕船이 여기에 와서 여러 번 파괴되었으므로, 사람들은 그 이름이 싫어서 지금의 이름으로 고쳤다고 한다.32) 이것은 조창을 설치할 때 遭難지대와의 관계도 고려되었음을 말하는 것이다. 영광 부용창은 七山梁을, 영암 장흥창은 鳴梁項을, 장연 안란창은 長山串이라는 조난지대를 염두에 두었던 것이다.33) 이 중 영광 칠산도 앞 바다가 항해상 위험한 지점이다.34)

---

29) 〈표 1〉 작성은 『고려사』 79, 지33, 식화2, 조운조의 표기 순서에 따랐고, 현재 지명과 관련해서 한정훈, 위의 논문, 2004, 49쪽 ; 김재명, 위의 논문, 2006, 173~174쪽 ; 한정훈, 앞의 논문, 2007, 155~179쪽 참고.

30) 한정훈, 앞의 논문, 2004, 49쪽.

31) 한정훈, 앞의 논문, 2007, 164쪽.

32) 『만기요람』 軍政編 4, 海防, 西海之南, "水路危險 古稱難行梁 漕船到此累敗 人惡之改今名."

서해도의 서쪽 끝자락에 바다로 돌출한 장산곶은 서해안의 대표적인 조난지
대로,[35] 후술되듯이 수신에 대한 제사를 지내기도 하였다.

安興梁을 극복하기 위한 倉浦-炭浦의 도량[渠]에서 알 수 있듯이,[36] 각
조창은 조운 항로상의 조난지대를 지난 지점에 위치하면서 그것을 보완하기
도 하였다.[37] 특히 13조창 중 내륙 수운의 이용이 큰 비중을 차지하는
것은 영산강 수계에 위치한 나주 해룡창 정도이다. 이것은 해로상의 조난지대
를 경유해 조세를 운송하는 것이 쉬운 일이 아니었음을 말해주는 것이다.
이로 인해 조난지역 인근에서 이루어진 조세 운송활동은 승라주도(오량항
이북의 장흥창), 충청주도(안흥량 이북의 영풍창), 猣猊道(장산곶 이남의
안란창)의 역도망이 적극 활용되었다고 한다.[38]

이상에서 고려시대 해상활동이 활발하였고 13조창이 설치되어 있는 것으
로 미루어 해상교통과 수상교통의 발달을 생각해 볼 수 있었다. 그렇지만
해로와 수로를 이용하는 데는 어려움이 있었다. 그것을 잘 보여주는 것이
표류기사이다. 고려시대 표류기사에는 사신·상인·승려·어민 등 다양한 신
분의 사람들이 등장한다. 사신들의 표류 기사로는 정종 때의 金元沖,[39]
숙종 때의 최홍사,[40] 공민왕대 정몽주,[41] 광종 때에는 송의 책명사 時贊이

---

33) 한정훈, 앞의 논문, 2007, 179쪽.

34) 『신증동국여지승람』36, 영광군 창고 법성창 ;『영조실록』66, 영조 23년 10월 2일.

35) 조선 세종 때는 장산곶 앞바다를 경유하지 않고 평안도~경기도의 조운활동을 위해
    장산곶 동북쪽의 阿郞浦와 동남쪽의 大串을 이용하면서 두 지점 사이는 수레로
    운반하였다고 한다(『세종실록』34, 세종 8년 12월 15일).

36) 『고려사』116, 열전29, 王康, "康獻議曰 楊廣道泰安瑞州之境 有炭浦從南流至興仁橋百八
    十餘里 倉浦自北流至蕁 堤城下七十里 二浦 閒古有浚渠處 深鑿者十餘里 其未鑿者不過七里
    若畢鑿使海水流通 則每歲漕運不涉 安興梁四百餘里之險 請始役於七月終於八月 於是發丁
    夫浚之 石在水底且海潮往來隨鑿隨塞未易施功事竟無成."

37) 한정훈, 앞의 논문, 2007, 179쪽.

38) 한정훈, 위의 논문, 2007, 182쪽.

39) 『고려사』6, 세가6, 靖宗 2년 추7월, "是月 進奉兼告奏使尙書右丞金元沖 如宋至瓮津
    船敗而還."

40) 『고려사』97, 열전10, 崔弘嗣, "崔弘嗣 … 肅宗朝授樞密院使奉使如宋 忽爲颶風 所飄舟人
    無不拊心泣弘嗣神色自若 及至宋觀者 稱其儀度中規帝厚待之 加賜金幣□宣云 顧惟樞近之

고려로 오다가 표류하기도 하였다.[42] 일본의 官船大使 如眞은 구법을 위해
송나라로 가다가 고려에 표착하기도 하였다.[43] 상인들의 표류는 여·송간의
활발해진 상업활동으로 인한 것이었다. 이 중 고려 예종 때 진도현의 백성
한백 등 8인이 매매를 위해 탁라도(제주도)에 가다가 표류하였다고 하고[44]
충숙왕 때 일본 상인 100여인이 표류하여 고려에 들어왔다는 기록도 있다.[45]
이러한 어려움을 극복하기 위한 하나의 방편으로 고려시대 수신에 대한
다양한 제장과 그와 관련된 제사 대상이 있었을 것이다.

2. 祭場과 그 대상

해상활동과 수상활동에는 각종 위험이 도사리고 있어서 항상 초자연적인
존재의 무서움을 체감하게 된다. 그 경우에 인간은 바다나 강에 존재할
것으로 믿는 신에게 제사라는 행위를 통하여 공포를 해소하거나 위안을
얻게 마련이다. 따라서 해상이나 수상에서 활동 중인 사람들은 바다나 강의
신을 숭배하고 그 신에 대한 제의를 올렸을 것이다. 우선 고려시대 바다에
대한 제사와 관련해서 다음의 것들이 관심을 끈다.

臣宜有褒嘉之寵 館伴曰 此語如待朝廷近臣可見皇帝寵使臣也."
41) 『고려사』107, 열전30, 정몽주, "(恭愍王) 二十一年 以書狀從洪師範 如京師賀平蜀 還至海
中 許山遭颶風 船敗漂抵 岩島師範溺死 其得免者 纔什二 夢周瀕死 乃生割韉而食者十三日
事聞 帝具舟楫取 還厚加恩恤遣還."
42) 『고려사』2, 세가2, 광종 14년 12월, "宋遣冊命使時贊 來在海遇 風溺死者九十人 贊獨免
王特厚勞之."
43) 『고려사』25, 세가25, 원종 4년 6월, "是月 日本官船大使如眞等 將入宋求法 漂風僧俗
幷二百三十人 泊島也 召島二百六十五人 到群山椒子二島 大宰府少卿殿白商船 七十八人
自宋將還本國 漂風失船 以小船泊宜州加次島 命全羅道按察使給糧 船護送其國."
44) 『고려사』13, 세가13, 예종 8년 6월, "珍島縣民漢白等八人 因賣買往乇羅島 被風漂 到宋明
州 奉聖旨 各賜絹二十匹米二石 發還."
45) 『고려사』35, 세가35, 충숙왕 11년 추7월, "癸丑 倭舶飄風至靈光郡 凡二百二十餘人
具舟楫歸之."

A. 1) 현종 16년 5월에 海陽道 定安縣에서 다시 珊瑚樹를 바치자 南海神의
祀典을 격상시켰다. (『고려사』 63, 지17, 예5, 잡사)46)

　2) ① 東海神에게 芒을 이제 보냈다.(蟹는 8월에 稻芒을 東海神에게 보낸
연후에 먹을 수 있다) (『동국이상국집』 7, 食炙蟹)47)

　　② 翼嶺縣 … 東海神祠가 있다. (『고려사』 58, 지12, 지리3)48)

　3) 己亥일에 五海神에게 祈雨하였다. (『고려사』 11, 세가11, 숙종 3년 4월)49)

A-1)을 보면 남해신은 海陽道 定安縣에서 산호수를 바친 것이 계기가
되어 현종 16년(1025)에 사전에 등재되었다고 한다. A-2)①에서는 "게는
8월에 稻芒을 동해신에게 보내야만 먹을 수 있다"고 하였다. 이처럼 게의
풍작을 위해 동해신에게 어부들이 제사지내고 있음을 알 수 있다. A-2)②는
익령현, 즉 지금의 강원도 양양에 동해신사가 있음을 알려주고 있다. A-3)①
에서는 오해신에게 기우제를 드렸다.

이로 볼 때 『고려사』 등에는 남해신과 동해신, 오해신이 보인다. 고려시대
바다에 대한 제사는 오해제, 즉 동·서·남·북·중해에 대한 제사를 지내지
않았을까 한다. 그렇다면 신라와 조선의 경우는 어떠한가.

B. 1) 四海 東阿等邊(一云斤烏兄邊 退火郡) 南兄邊(居柒山郡) 西未陵邊(屎山郡)
北非禮山(悉直郡) (『삼국사기』 32, 잡지1, 제사)

　2) ① 梁誠之가 상소하여 말하기를, "… 本朝의 嶽鎭海瀆, 名山大川의 제사는
모두 삼국과 전조의 구제를 의방해서 한 것이므로 의논할 만한 것이
많이 있습니다. … 동해·남해·서해의 神祠는 모두 開城을 기준하여
정하였기 때문에 또한 方位가 어긋납니다. … 동해신을 강릉에, 서해는
인천에, 남해는 순천에, 북해는 갑산에 移祭하고 …"라고 하였다. (『세조실
록』 3, 세조 2년 3월 정유(28))50)

---

46) "以海陽道定安縣 再進珊瑚樹 陞南海神祀典."
47) "東海輸芒今已了(蟹八月輸稻芒於東海神然後可食)."
48) "翼嶺縣 … 有東海神祠."
49) "己亥 祈雨于五海神."『고려사』 54, 지8, 오행2(금), "肅宗三年四月 旱 己亥 禱雨于五海神."

② 中祀 嶽海瀆(東海江原道襄州東 南海全羅道羅州南 西海豊海道豊川西) (『세
종실록』 128, 오례 길례 辨祀)

B-1)을 보면 신라 四海는 동해 阿等邊(지금의 흥해), 남해 兄邊(지금의
동래), 서해 未陵邊(지금의 옥구), 북해 非禮山(지금의 양양 혹은 삼척)임을
알 수 있다. 신라는 이곳에서 동해신, 남해신, 서해신 등에게 제사를 지냈을
것이다.[51] 한국 고대 해신 숭배와 관련된 고고학 자료가 축적되고 있는데,
완도 청해진 유적, 부안 죽막동 유적과 제주 용담동 유적[52]이 대표적이다.
죽막동 유적에 있는 海蝕 동굴에는 해신과 관련된 전설이 남아 있는데,
이곳에서 유적 앞바다를 지키는 해신인 수성할미(혹은 개양할미)가 나왔다
고 한다.[53]

B-2)①에 따르면 양성지는 동·남·서해의 신사가 모두 개성부를 기준으로
정한 것이어서 방위가 틀리다고 지적하면서 조선은 동해신을 강릉으로,
서해신을 인천으로, 남해신을 순천으로 북해신을 갑산에 옮겨서 제사하기를
청하고 있다. B-2)②의 『세종실록』 오례에는 조선의 해제로 동·남·서해가

---

50) "梁誠之上疏曰 … 本朝 嶽鎭海瀆名山大川之祀 皆倣三國及前朝之舊 而爲之多有可議者焉
… 東南西海神祠 皆自開城府而定之 亦乖方位 … 移祭東海神於江陵 西海於仁川 南海於順天
北海鴨綠江上流於甲山."

51) 노중국, 「통일기 신라의 백제고지지배」, 『한국고대사연구』 1, 지식산업사, 1988 ; 최
광식, 앞의 책, 1994, 205~306쪽 ; 채미하, 「청해진의 사전편제와 해양신앙」, 『진단학
보』 99, 2005 :『신라 국가제사와 왕권』, 혜안, 2008, 349~350쪽 ; 김창겸, 「신라
중사의 '사해'와 해양신앙」, 『한국고대사연구』 47, 2007 ; 채미하, 「신라의 사해와
사독」, 『역사민속학』 26, 2008,

52) 제주 용담동 유적은 국가에서 주관한 제사는 아니지만 해상항로상의 요충지에서
해신제사를 지내던 곳이다(제주대학교박물관·제주시, 『제주시 용담동 유적』, 제주대
학교박물관조사보고 11집, 1993 ; 이청규, 『제주도 고고학연구』, 학연문화사, 1994,
309~316쪽). 여기에서는 越州窯系 청자가 출토되어 북구주－제주－청해진－남중국
을 잇는 해상국제교역이 제사의 배경이 되고 있음을 보여준다(유병하, 「부안 죽막동유
적에서 진행된 삼국시대의 해신제사」, 『부안죽막동제사유적연구』, 국립전주박물관,
1998, 194쪽).

53) 유병하, 위의 논문, 1998, 197쪽. 이상과 관련해서 채미하, 앞의 논문, 2005 : 앞의
책, 2008, 347~349쪽 참고.

나온다. 이러한 조선시대 해제는 고려의 전례를 따른 것으로 보고 있지만,[54] 고려의 해제는 5해에 대한 것이고 4해제를 지낸 신라와도 비교된다.

瀆은 大河·大川으로,[55] 신라와 조선에서는 여기에 제사를 지내고 있다.

> C. 1) 四瀆 東吐只河(一云槧浦 退火郡) 南黃山河(歃良州) 西熊川河(熊川州) 北漢山河(漢山州) (『삼국사기』 32, 잡지1, 제사)
>
> 2) 中祀 - 瀆(熊津忠清道燕歧 伽倻津慶尙道梁山 已上南 漢江漢城府中 德津京畿臨津 平壤江平安道平壤府 鴨綠江平安道義州 已上西 豆滿江咸吉道慶源) (『세종실록』 128, 오례, 길례서례(변사))

C-1)은 신라의 사독인데, 동독 토지하·남독 황산하·서독 웅천하·북독 한산하가 그것이다. C-2)의 웅진·가야진·한강·덕진·평양강·압록강·두만강은 조선의 7독이다.

고려의 경우 『고려사』 지리지에 남경유수관 양진,[56] 연기현 웅진,[57] 교주 덕진명소,[58] 장연현 장산곶,[59] 안악군 아사진성초곶과 아사진도곶,[60] 황주목 아사진송곶,[61] 정변진 비류수,[62] 익령현 동해신사[63] 등이 수신의 제장으로 나온다.[64] 이 중 진은 나루·渡處를, 명소는 깊숙한 물 웅덩이를 말하며

---

54) 김철웅, 앞의 책, 2007, 59~61쪽.

55) 『釋名』釋水, "天下大水四 謂之四瀆 江河淮濟是也 瀆 獨也 各獨出其所而入海也." ; 『爾雅』釋水, "江河淮濟爲四瀆 四瀆者 發源注海者也." ; 錢玄·錢興奇 編著, 『三禮辭典』, 江蘇古籍出版社, 1998, 283쪽 ; 華水主 編, 『中國古代 名物大典』(上), 濟南出版社, 224쪽. 이와 관련된 자세한 내용은 채미하, 앞의 논문, 2008, 12~13쪽 참고.

56) 『고려사』 56, 지10, 지리1, "南京留守官 … 楊津(新羅時北瀆漢山河躋中祀)."

57) 『고려사』 56, 지10, 지리1, "燕歧縣 有熊津(卽新羅西瀆熊川河載中祀)."

58) 『고려사』 58, 지12, 지리3, "交州道 … 要害處二鐵嶺楸池嶺 又義館嶺德津溟所(載祀典)."

59) 『고려사』 58, 지12, 지리3, "長淵縣 有長山串(春秋降香祝行祭 載小祀)."

60) 『고려사』 58, 지12, 지리3, "安岳郡 … 有阿斯津省草串阿斯津桃串(皆載祀典 郡屬有連豐莊恭讓王二年置長命連豐兼監務)."

61) 『고려사』 58, 지12, 지리3, "黃州牧 … 有阿斯津松串(載祠(祀)典)."

62) 『고려사』 58, 지12, 지리3, "靜邊鎭 顯宗二十二年置 有沸流水(春秋降香祝行祭)."

63) 『고려사』 58, 지12, 지리3, "翼嶺縣 … 有東海神祠屬縣一."

곶은 바다쪽으로 돌출된 육지 부분으로, 물 속으로 쑥 들어간 땅을 말한다.[65)]

『고려사』 지리지에 보이는 수신제장 중 양진과 웅진은 신라 4독의 하나였던 한산하, 웅천하였고 웅진은 조선시대에 7독의 하나이기도 하였다. 이로 볼 때 고려시대에도 瀆에 대한 제사가 있었다고 할 수 있다. 『고려사』 예지 등에는 朴淵·梯淵,[66)] 鵂鶹岩淵,[67)] 개성대정 등도 나온다.[68)] 따라서 고려시대 수신의 제장으로는 津·곶·溟所·淵·井 등이 있었다고 할 수 있다. 고려시대 수신제장과 관련해서 다음도 주목된다.

D. 小祀－名山大川 (… 楊津冥所 忠淸道忠州 楊津 京畿楊州 已上南 長山串 豐海道 長淵 阿斯津松串 豊海道安岳 淸川江 平安道安州 九津弱水 平安道平壤府 已上西 德津溟所 江原道淮陽 沸流水 永吉道永興府 已上北) (『세종실록』 128, 오례, 길례서례(변사))

D는 조선시대 소사에 편제된 수신의 제장이다. 이 중 양진·장산곶·아사진 송곶·덕진명소·비류수는 고려시대 수신의 제장이기도 하였다. 이것은 고려시대 수신에 대한 제장이 조선시대에도 중요시하였음을 알 수 있는 것이다.

이상에서 고려시대에는 해·독을 비롯한 다양한 수신에 대한 제사가 있었는데, 그 제사 대상은 무엇이었을까.

---

64) 서영대, 「민속종교」, 『한국사 16－고려 전기의 종교와 사상』, 1994, 349쪽.

65) 『세종실록』 39, 세종10년 1월 4일(정해), "斗入水內之地俗謂之串."

66) 『고려사』 63, 지17, 예5, 잡사, "睿宗 十一年 四月丁卯 遣使祈雨於上京川上松岳東神諸神廟朴淵及西京木覓東明祠道哲嵒梯淵." 박연과 관련해서는 『고려사』 8, 세가8, 문종 11년 5월, "戊寅 禮部奏自孟夏雨澤愆期 又廣州報田野乾焦殆失歲望請於松岳東神堂諸神廟山川朴淵等五所 每七日一祈 又令廣州等州郡各行祈雨 制可."; 『고려사』 11, 세가11, 숙종 4년 6월, "戊戌 禱雨于諸神祠及朴淵川上."; 『고려사』 12, 세가12, 예종 2년 하4월, "戊辰 禱雨于朴淵."; 『고려사』 13, 세가13, 예종 4년 하4월, "甲辰 遣近臣禱雨于朴淵及諸神廟祭瘟神于五部仍設般若道場以禳疾疫." 참고.

67) 사료 E 참고.

68) 『고려사』 54, 지8, 오행2(금), "辛禑 … 五年 五月辛未 攝事行端午祭 是時朝夕風寒久旱不雨兼行祈雨祭 乙酉 以旱雩祀圓丘又祈于宗廟社稷朴淵開城大井貞州等處 … 八年 四月辛巳 禱雨于佛宇神祠丙午又禱于朴淵及開城大井."

E. … 함유일은 監察御史로 轉任되었다가 黃州判官으로 나갔다. 관내의 屬郡인 鳳州의 鵂鶹岩에 연못이 있었는데, 사람들이 靈湫라고 불렀다. 함유일이 고을 사람들을 모아 연못을 汚物로 메우자 갑자기 구름이 일더니 폭우가 쏟아지고 천둥과 번개가 크게 쳐서 사람들이 모두 놀라 자빠졌다. 잠시 후 하늘이 개이고 보니 오물이 모두 나와 먼 언덕 위에 쌓여 있었다. 왕이 이 소식을 듣고 近臣에게 명하여 제사 지내게 하고는 비로소 祀典에 기재하게 하였다. (『고려사』 99, 열전12, 함유일)69)

E에 따르면 의종 때 함유일이 삭방도 감찰사로 부임하여 봉주의 휴류암연 을 오물로 메웠더니 갑자기 비바람이 쳐 사람들을 넘어뜨렸고 날이 개어서 보니 오물이 모두 못 밖으로 던져졌다고 한다. 이것은 고려시대에도 물 속에는 신이 산다는 믿음이 있었음을 알 수 있다. 이 기사는 못의 신에 관한 것이지만 이 밖에도 바다에는 바다의 신이, 강에는 강의 신이 있다고 여겨졌을 것이다. 이와 관련해서 다음이 주목된다.

F. 朴淵(윗못[上淵]과 아랫못[下淵]이 있는데, 모두 깊이를 잴 수 없을 정도로 깊으며 가뭄이 들어 여기서 기우제를 지내면, 즉시 반응이 있는데 윗못의 가운데에는 반반한 바위가 있는데, 올라가서 주변을 살필 수 있다. 일찍이 문종이 그 위에 올라가자, 갑자기 비바람이 사납게 일어나 바위가 뒤흔들려 서, 문종이 놀라고 두려워하였다. 이때 李靈幹이 왕을 수행했는데, 용의 죄를 일일이 꾸짖는 글을 지어 연못에 던졌더니 용이 즉시 그 등을 드러내었 고, 이를 곤장으로 때리니 윗못의 물이 모두 붉게 변하였다). (『고려사』 56, 지10, 지리1, 왕경 개성부 우봉군 박연)70)

F에 따르면 문종이 박연 가운데 있는 반석 위에 올라가자 갑자기 풍우가 일어나 반석이 진동하였다고 한다. 그 때 왕을 호종한 이영한이 글을 지어

---

69) "… 轉監察御史出爲黃州判官屬郡鳳州 有鵂鶹岩淵世謂靈湫 有一集郡人塡以穢物 忽興雲暴 雨雷電大作 人皆驚仆俄 頃開霽 悉出穢物 置遠岸 王聞之 命近臣祭之 始載祀典."
70) "朴淵(有上下淵 深皆不測 遇旱禱雨輒應 上淵心有盤石 可登覽 文宗嘗登其上 忽風雨暴作石 震動 文宗驚怖 時李靈幹扈從 作書數龍之罪 投于淵 龍卽出其脊 乃杖之 淵水爲之盡赤)."

용의 죄를 헤아려 못에 던지자 용이 곧 그 등을 나타내거늘 이에 매를 치니 못 물이 이 때문에 다 붉어졌다고 한다. 이로 볼 때 물 속에 살면서 물을 지배하는 신의 본체는 용이라고 생각하였다. 開城大井은 태조의 할머니인 용녀가 팠으며 친정인 용궁을 드나들 때 이용했다고 전해지는 곳이다.[71] 이러한 용신은 인간의 모습으로도 변할 수 있다고 여겼다. 후술되는 작제건 설화에 등장하는 서해용왕은 노옹의 모습을 했고, 충렬왕의 嬖倖인 尹秀에게 원수를 갚겠다고 삼각산 승려의 꿈에 나타난 용 역시 노인의 모습이었다.[72]

『고려도경』에 따르면 急水門 위쪽 공지에 있었다고 하는 蛤窟龍祠나 群山島 객관 서쪽 봉우리에 五龍廟가 있었다[73]고 한다. 이것은 고려 역시 용을 제사하는 신사가 항로에 있어 뱃사람들이 항해의 안전을 빌었음을 알 수 있다. 신종 때 경주 민란을 진압하기 위해 출동한 정부군이 임진강을 건너면서 용왕에게 안전한 도강을 기원한 것이라든가,[74] 몽고병이 안협에 침입하였으나 제당연이란 못 쪽에 많은 기병이 있는 것 같아 진격하지 못했다는 데서도[75] 용신은 뱃길의 안전을 좌우하는 것으로 여겨졌던 것을 알 수

---

71) 『고려사』 1, 세가1.

72) 『고려사』 124, 열전37, 폐행2, 윤수, "… 秀官至軍簿判書鷹揚軍上護軍 一日 三角山僧夢一老父邀至其家 謂曰 我龍也 昨日吾兒化爲鵠 遊大澤中 尹秀射殺之 僧寤而異之 告南京留守王晧 晧詣秀問之 果其日獲緇鵠 其大異常 尋暴得疾 起立奮拳 撞墻壁大叫曰 狐兔麋鹿胡嗽我肉 遂死."

73) 『고려도경』 17, 사우, 합굴룡사, "蛤窟龍祠 在急水門上隙 小屋數間 中有神像 舟行水淺不可近 唯舟師輩 以小艇 迎而祭之 頃者使至彼 設祭之 明日 有一小蛇靑色 咸謂神化 亦猶彭蠡順濟之顯異也 乃知神物 無乎不在 朝廷威靈所格 雖蠻貊之邦 行矣.";『고려도경』 17, 사우, 오룡묘, "五龍廟 在群山島客館之西一峯上 舊有小室 在其後數步 今新制 獨有兩楹一室而止 正面立壁 繪五神像 舟人祠之甚嚴 又其西南大林中 有小祠 人謂崧山神別廟云.";『고려도경』 39, 해도6, 급수문, "是日未刻 到急水門 其門不類海島 宛如巫峽江路 山圍屈曲 前後交鎖 兩間 卽水道也 水勢 爲山峽所束 驚濤拍岸 轉石穿崖 喧豗如雷 雖千鈞之弩 追風之馬 不足喩其湍急也 至此 已不可張蓬 惟以櫓棹 隨潮而進.";『고려도경』 39, 해도6, 합굴, "申後 抵蛤窟抛泊 其山 不甚高大 民居亦衆 山之脊 有龍祠 舟人往還 必祀之 海水至此 比之急水門 變黃白色矣."

74) 『동국이상국집』 38, 臨津沙平通行龍王祭文, "云云 神得水居 妙用不常於顯昧 道由津濟大兵可卜於東西 方戎陣之啓行 展精禋而告懇 仰惟威靈應曲借冥扶 收風浪之震驚 利有攸往 得橋梁之平易 無所不通 云云."

75) 『신증동국여지승람』 47, 安峽縣 山川, "祭堂淵(在縣西十二里 出咸鏡道安邊府永豊縣老伊

있다. 현재 충청북도 충주시 칠금동 탄금대 아래의 양진명소에서는 다섯 용에게 제사지내던 오룡굿이 행해지기도 한다.

한편 용신은 인간을 초월한 능력의 소유자였으므로 물과 관련된 이외의 사항에도 관계한다고 믿어졌다. 신종 때 경주 민란을 진압하기 위해 출동한 정부군이 용왕에게 제사한 것은[76] 전쟁에 앞서 용왕에게도 전승을 기원하였던 것이다. 고려 태조 왕건의 조부 작제건이 서해용왕을 도와서 老狐를 물리치고 용녀와 결혼했다고 한다.[77] 이러한 작제건 설화는 왕건에게 신성성과 권위를 부여하고 고려 건국의 정당성을 입증하기도 한다.[78] 태조 왕건의 할머니가 서해 용왕의 딸이라고 하여 고려 왕실의 계보를 용신과 연결시키고 있다. 이에 고려왕실은 왕족을 용손이라 하였다. 혜종은 용의 후손이기 때문에 늘 잠자리에 물을 뿌렸고 병에 물을 담아놓고 팔꿈치를 씻었다고도 전해진다.[79] 이처럼 고려왕실은 왕실의 계보를 용신과 연결시키면서 왕의

峴卽臨津之源也 岩上有祭堂遺址 諺傳 高麗時撻靼兵入寇至此 望見騎兵萬餘羅列 不敢進以此構堂祠之 天旱禱雨有應)."

76) 『동국이상국집』 38, 黃池院龍王祭文, "惟神 宅于深淵 有是玄德 飛潛無常 變化莫測 人有所禱 胡求不得 今我受命 出征逆賊 旗尾東指 將踐其域 庶幾至靈 借以猛力 俾我軍師 不日獻馘 豈唯吾儕 克有成績 龍亦有功 永食于國 至誠可歆 侑此泂酌."

77) 『고려사』 권두, 고려세계. 이용범, 「처용설화의 일고찰」, 『진단학보』 32, 1969 : 『장보고관계연구논문선집(한국편)』, (재)해상왕장보고기념사업회, 2002, 502~503쪽. 거타지 설화와 작제건 설화가 거의 유사하다. 박한호, 「라말려초의 서해안교섭사연구」, 『국사관논총』 7, 1989 : 『장보고관계연구논문선집－한국편－』, (재)해상왕장보고연구회편, 2002, 346쪽. 작제건 설화와 거타지 설화는 같은 근원에서 나온 것이다. 즉 『편년통록』에 대한 부록으로 민지의 『편년강목』에는 '或云新羅金良貞'이라 하였는데, 이것이 거타지 설화에서 '此王代阿飡良貝'라 한 양구와 동일인으로 볼 수 있다.

78) 신월균, 「한국설화에 나타난 용의 이미지」, 『용, 그 신화와 문화－한국편－』, 2002, 253~254쪽.

79) 『고려사』 88, 열전1, 후비1, 태조 후비 장화왕후 오씨, "莊和王后吳氏 羅州人 … 未幾太祖以水軍將軍 出鎭羅州 泊舟木浦 望見川上 有五色雲氣 至則后浣布 太祖召幸之 以側微不欲有娠 宣于寢席 后卽吸之 遂有娠生子 是爲惠宗 面有席紋 世謂之襵主 常以水灌寢席又以大瓶貯水 洗臂不厭 眞龍子也." 『동국여지승람』 35, 나주목 불우조에는 '興龍寺는 錦江鎭 북쪽에 있다. 고려 태조 장화왕후 오씨의 조부는 富佹이요 아버지는 다린군인데 대대로 주의 목포에서 살았다'고 한다. 여기에서 흥룡사는 용을 흥융하게 한 절이란 의미로 해석할 수 있어 혜종의 즉위와 관련이 있던 절이 분명하여 혜종의 원찰이었을

권위를 높이고 그 지배의 정당성을 확보하기도 하였던 것이다.

이상에서 고려시대 오해를 비롯한 津·곶·溟所·淵·井 등의 수신제장이 있었음을 알 수 있었다. 이들 해·독 등 여러 수신제장에는 신이 존재한다고 믿었고 그 신의 본체는 용신이었다. 이들 용신은 다방면에서 활약하고 있었다. 그렇다면 고려시대 수신제사의 성격은 어떠했을까.

3. 水神제사의 성격

다음 〈표 2〉는 고려의 국가제사를 나타낸 것이다.

〈표 2〉 고려의 국가제사

	大祀	中祀	小祀	
『상정고금례』	社稷, 宗廟, 別廟	先農, 先蠶, 文宣王	風師, 雨師, 雷師, 靈星, 司寒, 馬祖, 先牧, 馬社, 禜祭, 七祀, 州縣文宣王	
『고려사』	圜丘, 方澤, 사직, 太廟, 별묘, 景靈殿, 諸陵	적전, 선잠, 문선왕묘	小祀	雜祀
			풍사, 우사, 뇌사, 영성, 영제, 사한, 마조, 선목, 마사, 마보, 주현문묘	厭兵祭, 紺岳神祠, 西京木覓祠, 醮祭, 南海神, 川上祭, 老人星, 城隍神祠, 天祥祭, 五溫神, 名山大川, 箕子, 藝祖廟, 東明聖帝祠, 禖祭, 無等山神, 錦城山神, 纛祭

※『태종실록』태종 13년 4월 신유조와『고려사』예지 길례 등 참고.

고려시대 국가제사체계는 대·중·소사, 잡사로 구분된다. 이 중 雜祀는 『삼국사기』 제사지, 『세종실록』 오례나『국조오례의』에는 없는 항목으로, 대·중·소사와는 달리 의례에 대한 내용은 없고 단지 연대기만 남아 있다. 연대기 자료는 제사 거행 사실, 祠廟의 건립, 祀典에 대한 언급 등을 그 내용으로 한다. 잡사는 고려 국가제사체계의 특징이라 할 수 있으며 그

가능성도 있다(최규성, 「신라하대 서남해 호족과 왕건과의 관계」,『대외문물교류』 1, 2002, 91쪽). 한편 왕씨는 용종이기 때문에 좌협 밑에 급린이 3개 있다는 전승도 있다(『연려실기술』 1, 所引 閔骨董 참조).

내용은 고려의 국가제사를 이해하는 데 중요한 요소이다. 대·중·소사에 편제된 것이 유교적 길례의례라고 한다면 잡사에 편제된 것은 전통제례라고 한다.[80] 즉 고려는 토착적·전통적 제사들을 중국적 예제 속에 포함시키지 않고 별개의 국가제사체제로서 운영하였던 것이다. 그 내용은 도교적인 성격의 제사와 기타 토착신앙과 관련을 가진 제사들이었다.

　잡사에 편제된 수신에 대한 제사는 고려시대의 다양한 종교 및 신앙을 반영하고 있다. 고려시대 수신제사는 고려의 전 시기를 통해 왕이나 왕을 대행한 관리만이 국가적으로 승인된 수신에 대한 제사를 독점한 것이 아니라 일반인들도 누구나 제사를 지낼 수 있었다. A-2)①에서 어부들이 게의 풍작을 위해 동해신에게 제사지내고 있는 것이 참고된다. 이처럼 고려시대 수신제사는 내용면에서는 유교적 예제의 수신제와는 성격이 달랐던 것이다. 그렇지만 고려시대에도 수신에 대한 분봉을 통해 유교적 예제를 정착시키려고 하였다. A-3)②의 五方山海神君이라는 표현에서, 오해신에 대한 분봉이 있었다고 할 수 있는 것이다. 수신제사를 분봉하는 이유는 각각 달랐겠지만,[81] 유교적 통치이념 및 예제를 정비하는 과정에서 주로 이루어지고 있다.[82]

　수신제사는 불교의례 및 도교의례와도 관련을 가지고 있다. 태조의 훈요 10조 중 제6조를 보면 "연등은 부처를 섬기는 것이요, 八關은 天靈과 五嶽·名山 大川·龍神 등을 섬기는 것"이라고 한다.[83] 이로 볼 때 연등회는 불교행사였으 며 팔관회는 불교를 비롯한 천신·산천신·용신 등의 토착신앙을 포함한 다신적인 성격을 가진 의례이다.[84] 팔관회가 "천령과 오악·명산대천·용신

---

80) 김철웅, 앞의 책, 2007, 5쪽 및 149쪽.

81) 김철웅, 위의 책, 2007, 107~123쪽.

82) 이에 대한 자세한 내용은 채미하, 앞의 논문, 2008, 22~26쪽 참고.

83) 『고려사절요』 1, 태조 26년 4월, "親授訓要 … 其六曰 燃燈所以事佛 八關所以事天靈及五 嶽名山大川龍神也."

84) 이러한 팔관회를 도교재초로 보는 견해도 있다(이능화, 이종은 역, 『조선도교사』, 보성문화사, 1977, 88쪽 ; 송항룡, 『한국도교철학사』, 성균관대학교 대동문화연구원, 1987, 59쪽) 그러나 각종 속신적 요소를 포함하여 왕실 오례의 가례 잡의로 이루어진 팔관회는 시기에 따라 그 성격이 변천한 것은 사실이지만, 이는 도참사상이 유행하는

등을 섬기는 것"이라는 표현은 주요 신격의 순서에 따라 기록한 것이고, 용신은 아마도 해신 혹은 수신으로 생각된다.[85] 醮祭는 옛 제도에 나라에서 왕왕 천지와 경내산천을 대궐마당에서 두루 제사지내는 것을 말한다고 하였다.[86]

수신제사의 다원적인 성격은 고려 왕실조상제사에서도 살필 수 있다. 태묘가 유교의례에 따른 것이라면 봉은사에 있었던 태조의 진전인 효사관의 제례는 불교의례에 따라 거행된 것이다. 사찰내에 태조의 영전을 둔 것은 고려가 불교를 신봉하고 있었기 때문이다. 효사관 의례는 가례 '雜儀'에, 서경의 예조묘는 길례 '잡사'에 등재되어 있다.

고려시대 수신에 대한 분봉을 통해 수신에 대한 제사를 유교적 의례로 정착시키려고도 하였다. 그렇지만 고려시대 수신제사에 대한 일반적인 관점은 유교적 예제와는 무관하였으며 불교 및 도교의례와는 밀접한 관련을 가지고 있었다. 이에 수신제사를 비롯한 산신제사는 성리학자들에게 음사로 취급되었고 비판의 대상이었다.[87] 이것은 조선시대에 국가제사가 정비되면서 유교의례로 대체되어 갔다. 특히 수신제사와 밀접한 관련을 가진 산신에

가운데 불교의 호국적 전개와 관련되어 행해진 국가적 제의로 보았다(양은용, 「고려시대의 도교와 불교」, 『한국종교』 8, 1983, 294쪽). 팔관회는 미륵신앙적 요소를 지닌 불교행사이면서도 토속신앙, 신선신앙의 성격을 많이 포함하였고(안지원, 『고려의 국가불교의례와 문화』, 서울대학교출판부, 2005, 135~145쪽), 미륵·신선·百神 중심의 毬庭행사와 화엄중심의 법왕사(서경은 흥국사) 행사로 구성되었다. 상원 연등회도 불교행사이면서 민간신앙을 가미한 것이었다(김창현, 「고려 서경의 사원과 불교신앙」, 『한국사학보』 20, 2005, 93쪽 주 91)). 고려인들은 팔관회를 仙風으로 인식하고 신선을 '彌勒仙花'라 칭할 정도로 팔관회는 선적인 경향이 강하고 신선과 미륵은 동일시되었다(김창현, 위의 논문, 2005, 33쪽).

85) 김철웅, 앞의 논문, 2001a, 42~43쪽 및 김철웅, 「고려 전기 사전(祀典)의 형성과정」, 『사학지』 37, 2005, 267~268쪽.

86) 『고려사』 63, 지17, 예5, 길례 잡사, "顯宗三年 七月 大醮于毬庭 國家故事 往往遍祭天地及 境內山川于闕庭 謂之醮."

87) 『태조실록』 2, 태조 원년 9월 기해, "大司憲南在等上言 … 古者天子祭天地 諸侯諸山川 大夫祭五祀 士庶人祭祖禰 各以當祭者而祭之 願自今除祀典所載理合祭者外 其他淫祀 一切 禁斷 以爲常典."

대한 제사는 조선시대 국가제사에서 중사와 소사에 편제되었고 지방의 산신사는 점차 성황사로 대체되어 갔다고 한다.[88]

그렇다면 수신제사는 어떠했을까. 〈표 2〉에 따르면 수신에 대한 제사인 남해신과 천상제가 雜祀에 편제되어 있다. 천상제와 관련해서 다음이 주목된다.

G. 靖宗 원년 5월 갑진일(21)에 냇가에서 祈晴祭를 지냈다. 홍수가 나거나 가뭄이 들 때마다 松岳의 계곡 위에서 百神에게 제사를 지내고 川上祭라 불렀다. … 文宗 5년 12월 무자일(11)에 제서를 내리기를, "큰 눈이 오는 절후임에도 눈이 한 자를 못 채웠으니, 마땅히 좋은 날을 의논하여 냇가에서 祈雪祭를 지내게 하라."라고 하였다. 禮部에서 아뢰기를, "11월 이래로 비록 한 자도 되지 않는 눈이 내렸지만, 비가 상당히 계속되었습니다. 하물며 지금 계절도 입춘에 가까워지고 있으니, 기설제는 마땅치 않습니다."라고 하니, 그 말을 따랐다. … (睿宗) 11년 4월 정묘일(4)에 사신을 보내어 上京川 상류의 松嶽·東神 등 여러 神廟, 朴淵 및 西京 木覓祠·東明祠, 道哲 嵒梯淵에서 기우제를 지내도록 하였다. (『고려사』 63, 지17, 예5 잡사)[89]

G에 따르면 수재나 한재 때 松嶽溪上에서 百神에게 祈晴·祈雨를 드리던 제사를 川上祭라고 하였고, 문종 5년(1051)에는 기설제를, 예종 11년(1116)에는 다른 여러 신묘 등과 더불어 기우제를 지냈다고 한다.[90] 이것은 신라 사천상제의 전통을 계승한 것으로,[91] 고려시대 祈晴·祈雨를 위해서는 천상제

---

88) 『신증동국여지승람』에 성황사가 336개소, 산신사가 55개소인 점에서(유홍렬, 「조선의 山土神 숭배에 대한 小考」, 『민속의 연구』 1, 1985, 255쪽), 그것을 알 수 있을 것이다.

89) "靖宗元年 五月甲辰 祈晴于川上 每水旱 祭百神於松岳溪上 號曰川上祭 … 文宗五年 十二月 戊子 制 大雪之候 雪不盈尺 宜令諏日 祈雪於川上 禮部奏 仲冬以來 雖無盈尺之雪雨 復霶然 況今節近立春 不宜祈雪 從之 … 睿宗十一年 四月丁卯 遣使祈雨 於上京川上松嶽東神諸神廟 朴淵及西京木覓東明祠道哲嵒梯淵."

90) 고려와 조선의 기우제에 대해서는 서영대, 앞의 논문, 1994, 358~365쪽과 김해영, 「상정고금례와 고려조의 사전」, 『국사관논총』 55, 1994, 144~147쪽도 참고.

91) 김동욱, 「신라의 祭典」, 『신라민속의 신연구』(신라문화제학술발표회논문집』 4),

라는 제의가 별도로 거행되고 있었음을 알 수 있다.

천상제는 기우제와 밀접한 관련을 가지고 있다. 이것은 물을 지배하는 존재인 용신이 특히 비를 내리는 능력을 가졌다고 믿어졌기 때문일 것이다. 비의 근원이 되는 하늘의 못은 용왕이 관리한다고 여겨졌다.[92] 그래서 한발이 들면 용왕에게 비를 빌었는데, 기우제의 일환으로 용을 그리거나 토룡을 만들기도 했다. 중국의 경우 이미 상고시기부터 飾龍, 즉 용의 형상을 모방하고 이를 매개로 시행한 의식이 있었다.[93] 『산해경』에는 "가뭄이 들어 용을 만들어 제사하니 큰 비를 얻을 수 있었다"[94]고 하고, 『회남자』에는 "토룡이 비를 가져왔다"[95]고 한다. 唐代에는 오룡단이 소사에, 송대에는 중사에 이것이 편제되어 있다.[96] 우리나라에서는 가뭄 때 용의 모습을 그리거나 만들어 비를 비는 일은 신라시대에 이미 행해졌다.[97] 고려 선종 3년(1086) 4월 신축일에 유사가 토룡을 만들고 민간에서 용의 그림을 그려 기우하자고 건의했고, 선종 6년 5월 을해일에 유사에 명하여 용을 그려 비를 빌었다.[98]

1983, 33쪽. 신라의 사천상제는 犬首, 文熱林, 靑淵, 樸樹에서 행해졌다(『삼국사기』 32, 잡지1, 제사). 이에 대한 자세한 내용은 채미하, 「신라의 농경제사와 '별제'」, 『국사관논총』 108, 2006 : 『신라 국가제사와 왕권』, 혜안, 2008, 279쪽.

92) 『동국이상국집』 37, 全州祭龍王祈雨文, "一國之旱 則在朝者羞 一方之旱 則守土者罪 惟此南方 岐爲二界 羅帶于陝 全襟其會 何彼境之得滋 獨吾偏之未霑 天豈有私而爲是歟 殆因吾輩之政穢 天怒不可干兮 敢先黷于尒神龍 天之澤惟龍所導 龍之請天豈不從 在斯時而 得雨 非吏之效 而乃龍之功 歲不至於飢歉 何報祀之不豐."

93) 이와 관련해서 김상범, 앞의 책, 2005, 242~246쪽. 이러한 방식의 기우는 중국에서 한대에 이미 행해지고 있었는데 이는 용이 비를 불러올 수 있는 존재이므로 이를 만듦으로써 지상에 비를 내리게 한다는 유감주술적 관념에서 기초한 것이다. 그러므 로 이러한 造龍祈雨는 중국에 연원을 둔 기우방식이라 하겠다(서영대, 앞의 논문, 1994, 364쪽).

94) 『산해경』 大荒東經, "旱而爲應龍之狀 乃得大雨."

95) 『회남자』 地形訓, "土龍致雨."

96) 송대의 국가제사와 관련해서 『송사』 98~109권, 예지 참고.

97) 『삼국사기』 4, 신라본기4, 진평왕 50년, "夏 大旱 移市 畵龍祈雨."

98) 『고려사』 54, 지8, 오행2 금, "宣宗三年 四月辛丑 有司以久旱請造土龍又於民家畵龍禱雨 王從之 是日徙市 六年 五月乙亥 以旱命有司畵龍禱雨巷市掩骼." 다음도 참고된다. 『고

A-3)을 보면 오해신에게도 기우했고, F의 박연에는 상·하 두개의 못이 있는데, 모두 그 깊이를 알 수 없으며 가뭄에 여기에서 기우제를 지내면 즉시 비가 온다고 하였다. 개성대정에서는 기우제와 別祈恩祭가 빈번히 거행되었다고도 한다.99) G를 보면 송악·동신당과 제신묘 등도 고려시대 중요한 기우처로 여겨졌다. 기우제와 관련해서 다음도 관심을 끈다.

H. 1) 有司에서 아뢰기를, "올해는 봄부터 비가 적게 내리므로, 전례[古典]에 따라 억울한 獄事를 심사하고 궁핍한 사람을 구휼하며 버려진 시신을 수습하여 매장하여 주십시오. 먼저 북쪽 교외에서 구름과 비를 일으킬 수 있는 岳·鎭·海·瀆 여러 山川에서 기도하고, 다음 7일마다 한 번씩 종묘에서 기도하십시오. 그래도 비가 오지 않으면 다시 처음에 했던 것처럼 악·진·해·독에 기도하십시오. 가뭄이 심하면 기우제를 지내고 시장을 옮기며 日傘을 사용하지 않고, 도축을 금지하며 관청의 말에게 곡식을 먹이지 말아야 합니다."라고 하자, 왕이 이를 허락하고, 正殿을 피하며 일상 식사의 반찬 수를 줄였다. (『고려사』 6, 세가6, 정종 2년 5월 신묘(14)100)

2) 仁宗 8년(1130) 4월 무자일(17)에 日官이 아뢰기를, "지금 가뭄이 매우 심하니, 마땅히 岳·鎭·海·瀆과 여러 산천 및 종묘사직에 기도해야 합니다. 7일마다 한 번 기도하되 비가 오지 않는다면 처음과 같이 악과 독에만 기도하는 것으로 되돌아가시고, 가뭄이 극심해진다면 기우제를 지내십시오."라고 하였다. 이를 따랐다. (『고려사』 59, 지13, 예1, 길례대사(사직))101)

H에 따르면 가뭄에 국왕은 먼저 백성을 구휼하고 기우제를 지내는데,

────────────

려사』 4, 세가4, 현종 12년 5월, "庚辰 造土龍於南省庭中集巫覡禱雨." ; 『고려사』 15, 세가15, 인종 1년 5월, "乙巳 設龍王道場于臨海院祈. 甲子 造土龍聚巫禱雨." ; 『고려사』 17, 세가17, 의종 5년 추7월, "壬寅 設龍王道場於貞州船上禱雨七日."

99) 이혜구, 「별기은고」, 『한국음악서설』, 1972, 307~308쪽.

100) "有司奏 自春少雨 請依古典 審理冤獄 賑恤窮乏 掩骼埋胔 先祈岳鎭海瀆諸山川 能興雲雨者 於北郊 次祈宗廟 每七日一祈 不雨 還從岳鎭海瀆如初 旱甚則修雩徙市斷徹扇禁屠殺 勿飼官 馬以穀 王從之 避正殿 減常膳."

101) "仁宗八年 四月戊子 日官奏 今旱甚宜祈岳鎭海瀆諸山川及宗廟社稷每七日一祈 不雨則還從 岳瀆如初 旱甚則修雩 從之."

그 순서는 북쪽 교외에서 악·진·해·독과 모든 산천에, 다음으로 종묘에
7일마다 한 번씩 지냈다고 한다. 그래도 비가 오지 않으면 악·진·해·독부터
다시 제사를 지내야 했다. 만약 가뭄이 심하면 雩祭를 행하고, 시장을 옮기며
繖扇을 꺾고 도살을 금하며 관마를 먹이지 않는 것 등을 행하였다.[102] 이를
보면 기우제는 악·진, 해·독과 제산천, 종묘 등에서 이루어졌으며 雩祭도
행해졌음을 알 수 있다.

중국의 경우를 보면 수대에는 정기적인 雩祀의례뿐만 아니라 극심한
한발이 닥쳤을 때 시행되는 임시적인 기우제로 산천·악진·해독·사직·종묘·
造土龍을 포함하고 있다고 한다.[103] 당대에는 음력 4월에 정기적으로 거행하
는 雩祀는 호천상제를 주신으로 제사하고 아울러 태종을 배사한다고 한
다.[104] 당의 국가제사체계에서 호천상제에 대한 제사는 대사로 분류되어
있다. 이로 보아 雩祀는 교사제도·종묘제사와 함께 최상급의 국가제사라고
할 수 있다. 또한 당대에는 雨神에게 강우를 기원하는 '祈雨師'의식과 궁내의
五龍壇에서 거행되는 용신에 대한 제사도 국가제사체계 중 소사에 편제되어
있다. 이 밖에 임시적인 기우제 역시 국가의 통제하에 그 체계를 갖추고
있다.[105] 이처럼 당대의 기우제 체계는 雩祀－雨師－五龍壇－임시적인 기우
제[106]였음을 알 수 있다.

---

102) 조선시대의 경우 다음이 참고된다.『태종실록』21, 태종 11년 5월 20일(庚辰), "禮曹上
　　憂旱事宜 謹按文獻通考 及前朝詳定古今禮 倣隋唐古制 有曰 凡京都 孟夏以後旱 則祈嶽岳鎭
　　海瀆及諸山川 能興雲雨者於北郊 又祈社稷宗廟 每七日一祈 不雨 還從岳鎭海瀆如初 旱甚則
　　修雩 初祈後一旬不雨 則徙市 禁屠殺 斷傘扇 造土龍 又古典 有旱則審理冤獄 賑恤窮乏
　　掩骼埋胔 修溝洫 淨阡陌等事 當依古典施行 從之."

103) 김상범,『당대 국가권력과 민간신앙』, 신서원, 2005, 257쪽.

104)『대당육전』상서예부 4, "凡祭祀之名有四 一曰祀天神 二曰祭地祇 三曰享人鬼 四曰釋奠於
　　先聖先師 其差有三 若昊天上帝五方帝皇地祇神州宗廟爲大祀 日月星辰社稷先代帝王嶽鎭
　　海瀆帝社先蠶孔宣父齊太公諸太子廟爲中祀　司中司命風師雨師衆星山林川澤五龍祠等及
　　州縣社稷 釋奠爲小祀 … 孟夏之月 大雩於圓丘 祀昊天上帝 以太宗配焉 又祀五方帝於壇之第
　　一等 …."

105) 이상은 김상범, 앞의 책, 2005, 258~265쪽 참고.

106)『舊唐書』24, 지4, 예의4, "京師孟夏以後旱 則祈雨 審理冤獄 賑恤窮乏 掩骼埋胔 先祈嶽海
　　瀆及諸山川 能出雲雨 皆於北郊望而告之 又祈社稷 又祈宗廟 每七日皆一祈 不雨 還從嶽瀆

특히 商周시대에 무당(巫)들이 빗소리를 흉내내어 '위위(yuyu)' 소리치며
춤을 추고 신께 강우를 기원하던 '雩'라는 의식은 위진남북조와 수·당시기를
거치면서 국가제사체계 중 '대사'에 편입되었고, 명·청에 이르기까지도 그
명칭과 지위를 유지하였다고 한다.[107] 이러한 雩祀는 조선시대에는 중사에
편제되어 있다.[108]

　H에서 보았듯이, 고려시대에도 雩祀에 대한 제사를 행하고 있음을 알
수 있다. 그렇지만 이것은 고려 국가제사체계에는 편제되지 않았다. 대신
고려시대에는 다양한 장소에서 기우제가 행해지고 있었고 특히 신라의
전통을 계승한 천상제는 기우를 위한 별도의 제사이기도 하였다. 雨師가
소사에 편제되어 있었지만, 이것은 雩祀와는 격이 다른 것이었다. 이에
조선시대 국가제사를 정비하면서 고려시대 천상제를 비롯한 다양한 성격의
기우제는 雩祀라는 유교제사로 대체된 것이 아닐까 한다. 이것은 신라시대부
터 있었던 기우제[109]와 천상제가 조선시대 우사라는 유교의례로 대체되었다
고 볼 수 있는 것이다. 이와 관련해서 신라의 전통적인 농경제사인[110] 중농
및 후농에 대한 제사가 고려시대까지도 행해졌으나,[111] 조선 태종대 혁파되

旱甚 則大雩 秋分後不雩.";『通典』46, 예6, 연혁6, 길례5, 산천, "後魏明元帝立五岳四瀆
廟於桑乾水之陰 春秋遣有司祭 其餘山川諸神三百二十四所 每歲十月 遣祠官詣州鎭編祀
有水旱災屬 則牧守各隨其界內而祈謁 王機內諸山川 有水旱旦禱之." 그리고『通典』120,
예80, 개원례찬류15, 길례12의 '時旱祈嶽鎭以下於北郊', '時旱就祈嶽鎭海瀆' 항목도 참
고.

107) 김상범, 앞의 책, 2005, 234쪽.

108) 『세종실록』128, 오례, 길례서례(변사), "大祀：社稷 宗廟. 中祀：風雲雷雨(山川, 城隍
附), 嶽·海·瀆, 先農, 先蠶, 雩祀(句芒木正 祝融火正 后土土正 蓐收金正 玄冥水正 后稷),
文宣王, 朝鮮檀君, 後朝鮮始祖箕子, 高麗始祖. 小祀：靈星, 名山·大川, 司寒, 馬祖, 先牧,
馬社, 馬步, 七祀, 禜祭."

109) 신라시대 하지가 지나도록 비가 오지 않을 때 비오기를 비는 기우제가 있었다.
이와 관련해서 채미하, 앞의 논문, 2006 : 앞의 책, 2008, 281쪽 참고.

110) 濱田耕策, 「新羅の祀典と名山大川の祭祀」, 『响末集』4, 1984, 153쪽.

111) 『삼국사기』32, 잡지1, 제사, "立春後亥日 明活城南熊殺谷祭先農 立夏後亥日 新城北門祭
中農 立秋後亥日 蒜園祭後農."；『고려사』6, 세가6, 靖宗 12년, "四月 辛亥 祭仲農."；『고
려사』7, 세가7, 문종 2년, "六月 丁亥 祭後農."

는 것112)도 같은 맥락에서 이해할 수 있을 것이다.

한편 고려시대 잡사에 편제되어 있던 수신제사는 조선시대 중사와 소사에 편제되었다. 중국 수·당의 경우 수신에 대한 제사가 중사와 소사에 편제되었고 신라와 조선의 경우도 마찬가지였다. 그런데 장산곶은 고려시대에 소사에 편제되어 있다고 한다.113) 기록의 착오인지 어떤지의 여부는 알 수 없지만, 고려시대 수신제사가 잡사가 아닌 소사에 편제되기도 하였음을 알 수 있는 것이다.

이상에서 고려시대 잡사에 편제되어 있던 수신에 대한 제사는 다양한 성격을 띠고 있었음을 알 수 있었다. 이것은 유교 의례와는 무관한 것이었다. 조선시대 국가제사가 정비되면서 이들 수신제사는 유교적 길례체계에 편제되었다.

본 글에서는 고려시대 수신제에 대해 살펴보았다. 이를 통해 고려시대 수신제사가 가지고 있는 의미를 생각해 볼 수 있었다. 고려시대 해상활동과 조운의 발달은 고려시대 해로와 수로가 발달했음을 말하여 준다. 고려시대 해로에는 남로와 북로가 있었고, 특히 남로는『고려도경』의 저자인 서긍이 고려로 온 항로이기도 하였다. 고려초기 60개의 포구가 확인되며 이것은 후에 13조창으로 정리되었는데, 강창이 2개, 해창이 11개였다. 이로 볼 때 고려시대 조운은 해로와 수로를 통해 이루어졌음을 알 수 있었다. 그렇지만 해로와 수로를 이용하는 데는 어려움이 있었다. 각종 표류기사라든가, 조난지대를 염두에 두고 조창을 설치하고 그것을 보완하려는 조처, 해로와 수로를 이용하기 보다는 육로를 이용한 데서 알 수 있었다. 이러한 것들을 염두에 둘 때 고려시대 수신에 대한 다양한 제장이 있었음을 생각할 수

---

112) 『태종실록』 27, 태종 14년 4월 丁巳, "禮曹啓革仲農後農之祭 啓曰 謹啓古典 歷代只祭先農 無仲農後農之祭 乞革之 以正祀典 從之." 중농·후농제사와 관련해서 채미하, 앞의 논문, 2006 ; 앞의 책, 2008, 276~277쪽 참고.

113) 주 59) 참고.

있었다.

　고려시대 수신의 제장으로는 五海를 비롯하여 津·곶·溟所·淵·井 등이 있었다. 이 중 오해는 신라의 사해, 조선의 삼해와는 비교되는 것이다. 진은 나루로, 양진과 웅진은 신라와 조선에서는 瀆제사의 하나였다. 이처럼 고려시대에는 해·독뿐만 아니라 수신에 대한 제장이 다양했음을 알 수 있었다. 그리고 이곳을 담당하는 신들이 존재했으며, 그 신체는 용신이라고 하였다. 용신은 우선 물을 주관하는 존재였기에 항해상의 길잡이가 되었을 뿐만 아니라 강에서 뱃길의 안전을 지켜주는 존재이기도 하였다. 인간의 여러 일에도 용신은 관여했는데, 특히 작제건 설화를 통해서는 고려왕실의 정통성 내지는 왕위계승의 정당성과 연결되고 있음을 알 수 있었다.

　고려시대 수신에 대한 제사는 고려 국가제사체계 중 잡사에 편제되어 있다. 고려에서는 수신을 분봉하여 수신제사를 유교적 길례체계로 편입하려고 하였다. 하지만 고려시대 수신제사는 유교적 의례와는 무관하였고 불교·도교의례와는 밀접한 관련을 가지고 있었다. 이에 성리학자들은 음사라고 비판하였고 조선시대 국가제사가 정비되면서 그것은 유교의례로 정리되어 갔다고 하였다. 우선 수신제장이 조선시대 중사와 소사에 편제되었다는데서 생각할 수 있었다. 잡사에 편제된 수신제사 중 신라의 전통을 계승한 천상제는 기우를 위한 별도의 제사였고 고려시대에는 여러 성격의 제장에서 기우제가 행해졌다. 중국과 조선의 경우를 보면 최상위의 기우제는 雩祀였다. 이에 조선시대 국가제사를 정비하면서 고려시대 천상제를 비롯한 다양한 성격의 기우제는 유교의례인 우사로 정리되었다고 하였다.

　이상에서 고려시대의 수신제사를 살펴보았는데, 수신제사는 고려시대의 다양한 종교 및 신앙을 잘 보여주고 있음을 알 수 있었다. 이러한 모습은 고려시대 조상제사 등 국가제사에서도 찾아 볼 수 있었다. 이것은 신라·조선과는 다른 고려시대 국가제사의 독특한 모습이라고 할 수 있다.

제3절 문헌에 나타난 삼각산 산신과 기우제

金正浩의 『대동지지』 1, 漢城府 山水條에는 "三角山 距府北十五里 百濟稱負兒岳 又云橫岳 又云華山"이라고 하였다. 이로 볼 때 삼각산은 백제 때 부아악이라고 불렸으며 또는 횡악·화산이라고도 하였음을 알 수 있다. 삼각산이라는 명칭은 고려 이후부터 사용되었는데, 도읍인 개경에서 볼 때 백운대·인수봉·만경대(국망봉) 3봉이 보였기 때문이었다. 이러한 삼각산은 조선 숙종 때 북한산성이 축조된 뒤에는 북한산과 삼각산이 혼용되었는데, 山城을 가리킬 때에는 북한산이라고 하였고, 名山大川의 하나로 국가제사의 대상이 될 때에는 삼각산으로 불렸다.[1]

백제 때부터 삼각산에 기우제를 지냈으며 통일 이후 신라는 삼각산을 국가제사의 하나인 소사에 편제하였고 고려를 거쳐 조선에서는 중사에 편제시켰다. 이처럼 삼각산은 국가의 중요한 산천제사의 하나였다. 지금까지 한국 고대부터 조선시대까지 국가제사와 관련해서 다양한 연구들이 있어왔고 산천제사에 대한 연구 역시 마찬가지였다.[2] 이 중 산천제사와

---

1) 삼각산의 명칭과 관련해서 今西龍, 「京畿道高陽郡北漢山遺蹟調査報告書」, 朝鮮總督府, 1917 및 오경후, 「1910년대 今西龍의 삼각산 명칭해석에 대한 검토」, 『한국사상과문화』 47, 2009 참고.

2) 이 중 단행본으로 간행된 저서만 제시하면 다음과 같다. 최광식, 『고대 한국의 국가와 제사』, 한길사, 1994 ; 채미하, 『신라 국가제사와 왕권』, 혜안, 2008 ; 김철웅, 『한국중세의 길례와 잡사』, 경인문화사, 2007 ; 한형주, 『조선초기 국가제례연구』, 일조각, 2002 등이 있다.

관련해서 각 시기의 산천제사와 그것의 정비 및 그 의미에 대해서는 고찰하였지만, 삼각산만을 단독으로 다루지는 않았다. 따라서 본 글에서는 여기에 대해 살펴보고자 한다.

이를 위해 우선 각 시대의 산천제사에서 삼각산이 정비되어가는 모습을 살펴볼 것이다. 그리고 각 산천에는 신이 깃들어 있다고 한다. 따라서 삼각산의 산신에 대한 제사의 형태를 살펴보고 삼각산신의 역할을 산천신의 기능을 통해 생각해 볼 것이다. 산천제사에서 가장 큰 비중을 차지하는 것은 기우제로, 조선시대 기우제는 여러 차례 정비된다. 이 과정에서 삼각산에서 행한 기우의 특징을 검토해 볼 것이다. 이를 통해 韓國史像에서 삼각산이 국가제사에서 차지하는 위상을 알 수 있을 것으로 기대한다.

1. 산천제사의 정비와 삼각산

조선 태조 2년(1393) 삼각산을 비롯한 전국의 명산대천과 성황, 해도의 신에게 봉작을 내렸는데, 삼각산은 護國伯에 봉해졌다.[3] 분봉의 사상적 기원은 『書經』 舜典에 "封十有二山"에서 알 수 있으며, 『예기』 왕제편의 "天子祭天下名山大川 五嶽視三公 四瀆視諸侯"라는 데서도 찾을 수 있다. 당 측천무후는 洛水神을 顯聖侯로, 嵩山神을 嶽天中王으로 봉하고 있다.[4] 이로 보면 산천에 대한 분봉은 당 측천무후로부터였다.[5] 先天 2년(713)과 開元 13년(725)에는 華岳神을 金天王, 泰山神을 天齊王으로 봉하고, 天寶 5년(746)

---

3) 『태조실록』 3, 태조 2년 1월 21일(丁卯), "이조에서 境內의 名山·大川, 城隍·海島의 神을 封하기를 청하니, 松岳의 성황은 鎭國公이라 하고, 和寧·安邊·完山의 성황은 啓國伯이라 하고, 智異山·無等山·錦城山·鷄龍山·紺嶽山·삼각산·白嶽의 여러 산과 晉州의 성황은 護國伯이라 하고, 그 나머지는 호국의 신이라 하였으니, 대개 大司成 劉敬이 진술한 말에 따라서 예조에 명하여 상정한 것이었다."

4) 『文獻通考』 83, 郊社考16, 祀山川, "(則天)武后垂拱四年 封洛水神爲顯聖侯 享齊於四瀆 封嵩山爲神嶽天中王 …."

5) 김태영, 「조선초기 사전의 성립에 대하여」, 『역사학보』 58, 1973, 주 39) 참고.

과 10년에는 오악과 사해의 신을 모두 王으로 봉하였고 사진·사독은 公으로 봉하였다.[6]

신라의 대왕 봉작은 산신을 모시는 사당의 설치[7]와 함께 오악이 성립할 때 있었다.[8] 다음도 주목된다.

A. 1) ① 재위 23년 建初 4년 己卯에 죽었다. 疏川丘 속에 장사지냈다. 후에 신의 명령이 있어 "내 뼈를 조심히 묻으라"고 하였다. … 뼈를 부셔 塑像을 만들어 대궐 안에 두었다. ② 신이 또 말하기를 "내 뼈를 東岳에 안치하라"고 하였다. 따라서 그 곳에 모셨다(혹은 왕이 죽은 뒤 27대 문무왕 때인 調露 2년 庚辰 3월 15일 辛酉 밤에 太宗의 꿈에 몹시 사나운 노인이 나타나 말하기를 '나는 탈해이다. 내 뼈를 소천구에서 파내 소상을 만들어 토함산에 안치하라'고 하였다. 왕이 그 말을 따랐다. 때문에 지금까지[至今] 國祀가 끊이지 않았으니, 동악신이라고 한다).
(『삼국유사』 1, 기이2, 제4탈해왕)

2) ① 왕이 죽었다. 未召疏井丘 안에 水葬하였다. ② 塑骨을 동악에 두었는데, 지금의(今) 동악대왕이다. (『삼국유사』 1, 왕력1, 제4탈해이질금)

A에서 탈해의 소상이 토함산에 안치되어 동악신이라 불리었다고 한다(1)). 또 그것이 '동악대왕'이라 불리기도 하였다(2)). A-1)②와 2)②의 '至今', '今'으로 보아 고려시대에 '대왕'을 칭했을 가능성이 있다. 신라의 남악 지리산과 중악 공산의 산신도 고려시대 대왕으로 호칭되고 있다.[9]

---

6) 『通典』 예6, 연혁6, 길례5, 산천 ; 『文苑英華』 879(『韓昌黎集』 31, 南海神廟碑) 참고.
7) 이기백, 『신라정치사회사연구』, 일조각, 1974, 209쪽. 오악에는 각기 산신이 있었고, 이 산신들을 彫像하여 모시는 사당이 있었다. 산신을 모시는 聖母祠가 언제부터 있었는지 확인할 수 없으나, 적어도 신라의 오악이 성립할 때는 있었다고 보아야 할 것이다(이기백, 위의 책, 1974, 208~209쪽).
8) 문경현, 「신라의 산악숭배와 산신」, 『신라사상의 재조명』(신라문화제학술발표회논 문집12), 1992, 35쪽.
9) 고려시대 이규보가 지은 『동국이상국집』 38, 道場齋醮祭文에 智異山大王前願文·祭公山 大王文·獻馬公山大王文·公山大王謝祭文이 실려 있다.

고려의 경우 비록 명산대천이 잡사에 편제되어 있지만, 각 명산대천에 대해 봉호를 내리고 있다. 加號는 목종 즉위년(997) 국내 신들에게 勳號를 사여한 이래 성종대 유교의례의 정비를 거친 이후부터 집중적으로 나타나고 있다. 왜냐하면 경내 신들에게 가호한 것은 성종대 유교적 통치이념의 정비와 강화된 왕권을 바탕으로 전국토가 왕의 領地에 속한다고 하는 왕토의식의 관념과도 밀접한 관계를 이루는 것으로 보여지기 때문이다.[10] 고려후기 예제를 정비하는 과정에서는 명산대천에 대한 봉작이 이루어졌고,[11] 조선초기까지 계속되었다.[12]

하지만 조선초에 행해진 명산대천·성황·해도에 행해진 봉작은 오래지 않아 사라졌는데, 이것은 유교적 사전 체계 정비와 밀접한 관련을 가지고 있었다. 다음은 산천제사의 정비 과정과 관련된 내용이다.

B. 예조에서 산천의 祀典제도를 올렸다. "삼가 당『예악지』를 보니, 嶽·鎭·海·瀆은 중사로 하였고, 산림천택은 소사로 하였고,『문헌통고』의 宋나라 제도에서도 악·진·해·독은 중사로 하였습니다. 본조에서는 前朝의 제도를 이어받아 산천의 제사는 等第를 나누지 않았는데, 경내의 명산대천과 여러 산천을 빌건대 古制에 의하여 등제를 나누소서." 임금이 그대로 따라서 악·해·독은 중사로 삼고, 여러 산천은 소사로 삼았다. 경성 삼각산의 신·한강의 신, 경기의 송악산·덕진, 충청도의 웅진, 경기도의 가야진, 전라도의 지리산·남해, 강원도의 동해, 풍해도의 서해, 영길도의 비백산, 평안도의 압록강·평양강은 모두 중사이고, 경성의 목멱, 경기의 오관산·감악산·양진, 충청도의 계룡산·죽령산·양진명소, 경상도의 울불산·주흘산, 전라도의 전주 성황·금성산, 강원도의 치악산·의관령·덕진명소, 풍해도의 우이산·장산곶이[長山串]·아사진·송곶이[松串], 영길도의 영흥성황·함

---

10) 박호원, 「고려의 산신신앙」, 『민속학연구』 2, 1995, 191쪽.
11) 김철웅, 「고려시대잡사연구」, 고려대학교 박사학위논문, 2000, 146~147쪽 : 앞의 책, 2007.
12) 이와 관련해서 채미하, 「신라의 명산대천의 사전 편제 이유와 특징」, 『민속학연구』 20, 2007 및 「신라의 사해와 사독」, 『역사민속학』 26, 2008 참고.

홍성황·비류수, 평안도의 청천강·구진닉수는 모두 소사이니, 전에는 所在
官에서 행하던 것이다. 경기의 용호산·화악, 경상도의 진주성황, 영길도의
현덕진·백두산, 이것들은 모두 옛날 그대로 소재관에서 스스로 행하게
하고, 영안성·정주목감·구룡산·인달암은 모두 革去하였다. 또 아뢰었다.
"개성의 대정·우봉의 박연은 이미 명산대천이 아니니, 빌건대, 화악산·용
호산의 예에 의하여 소재관에서 제사를 행하게 하소서." 임금이 그대로
따랐다. (『태종실록』 28, 태종 14년 8월 21일(辛酉))

B를 보면 태종 14년(1414) 8월 예조에서는 산천의 등제를 정하도록 하였다.
이에 따라 태종은 악·해·독을 중사로 삼았고 여러 산천을 소사로 정하였다.
이때 경성 삼각산의 신·한강의 신 등이 중사였고, 경성의 목멱 등은 소사였다.

전근대 동아시아 국가제사는 대·중·소사에 편제되었다. 이 중 산천제사가
국가제사에 편입되어 상례화된 것은 漢 神爵 원년(서기전 61)으로, 태산과
황하의 제사는 매년 5차례, 江水는 매년 4차례, 그 밖의 것은 3차례 제사를
드리는 것으로 규정되었다.[13] 隋代에는 四望이 중사에,[14] 諸山川이 소사에,
당대에는 五嶽·四鎭·四海·四瀆에 대한 제사가 중사에 山林川澤이 소사에
편제되었다.[15] 신라의 경우는 대·중·소사가 모두 산천으로 편제되었고[16]
고려의 경우 산천제사는 雜祀에 편제되었으며[17] 조선시대에는 嶽·海·瀆과
山川이 중사에, 名山大川이 소사에 편제하였다.[18]

삼각산은 백제의 부아악으로,[19] 백제는 도읍을 한산 부아악에 정하였다고
한다.[20] 백제 진사왕은 왕 5년(389)에 횡악에서 田獵을 하였으며[21] 아신왕

---

13) 『漢書』 郊祀志(下) ; 김상범, 앞의 책, 2005, 44쪽 참고.
14) 『隋書』 禮儀志.
15) 당 개원령 7년조와 25년조.
16) 『삼국사기』 32, 잡지1, 제사.
17) 『고려사』 63, 지17, 예5 길례 소사 잡사.
18) 『國朝五禮序例』 1, 吉禮 辨祀.
19) 부아악은 북한산의 제일봉인 인수봉의 옛날 이름으로 그 뒤편에 또 하나의 바위가
    붙어 마치 아이를 업고 있는 것과 같은 형태를 하고 있어 그러한 이름을 얻었다(정약용,
    『아방강역고』 3 ; 이병도, 『한국고대사연구』, 박영사, 1976, 491~497쪽).

11년(402)에는 기우제를 지냈다.22) 여기의 횡악은 삼각산으로 비정된다.23) 이로 볼 때 삼각산은 백제 한성시기부터 신성한 장소였음을 알 수 있다. 이후 이 지역은 신라 진흥왕 14년(553)에 新州가 설치되었고24) 16년에는 진흥왕이 북한산을 순행하면서 신라 영토로 확정되었다.25) 이후 부아악은 신라의 국가제사에 편제되었는데,『삼국사기』제사지 신라조에 소사에 편제되어 있다. 고려 왕의 삼각산 행차와 관련해서는 다음이 주목된다.

> C. 왕성의 모든 문은 초창기에 만든 문이다. 宣義門은 使者가 출입하는 곳이고, 北昌門은 사자가 回程하거나 祠廟하러 가는 길이기 때문에 매우 엄숙하게 꾸며졌는데, 다른 문은 이에 미치지 못한다. … 북창문은 三角山으로 통한다. …" (『고려도경』 4, 궁궐문 외문)26)

C에 따르면 북창문은 고려에 온 사자가 돌아갈 때 지니는 문 내지는 사묘에 대한 제사를 행하는 지나가는 문으로 다른 문보다는 엄숙하게 꾸며졌

---

20) 『삼국사기』 23, 백제본기1, 시조 온조왕 즉위년, "… 주몽이 북부여에 있을 때 낳은 아들이 와서 태자가 되자 비류와 온조는 태자에게 용납되지 못할까 두려워하여 마침내 烏干·馬黎 등 열 명의 신하와 함께 남쪽으로 내려왔는데, 따라오는 백성들이 많았다. 드디어 漢山에 이르러 負兒嶽에 올라가 살 만한 곳을 바라보았다. 비류는 해변에 살기를 원하였으나 열 명의 신하가 간하기를 "생각건대 이 河南의 땅은 북쪽은 漢水를 띠고, 동쪽은 높은 산이 있고 남쪽은 비옥한 토지가 펼쳐졌고 서쪽으로는 큰 바다와 닿아 있어 天險의 地勢는 얻기 어려우니 이곳에 都邑을 삼는 것이 좋겠습니다."라고 하였다. 비류는 듣지 않고 그 백성을 나누어 彌鄒忽(인천)로 가서 살았다. 온조는 河南慰禮城에 도읍을 정하고 열 신하의 도움을 받아 國號를 十濟라 하였다고 한다."『삼국유사』 1, 기이2, 南扶餘 前百濟 北扶餘조도 참고.
21) 『삼국사기』 25 백제본기3, 진사왕 5년. 다루왕 4년(31) 9월 및 기루왕 17년(93)도 참고.
22) 『삼국사기』 25 백제본기3, 아신왕 11년.
23) 한국학중앙연구원, 『역주 삼국사기』 3 주석편(상), 1997, 519쪽 및 615쪽.
24) 『삼국사기』 4, 신라본기4, 진흥왕 14년, "秋七月 取百濟東北鄙 置新州 以阿湌武力爲軍主." ; 『삼국사기』 26, 백제본기4, 성왕 31년, "秋七月 新羅取東北鄙 置新州."
25) 『삼국사기』 4, 신라본기4, 진흥왕 16년, "冬十月 王巡幸北漢山 拓定封疆."
26) "王城諸門 大率草創 唯宣義門 以使者出入之所 北昌門 爲使者回程祠廟之路 故極加嚴飾 他不逮也 … 北昌門通三角山 …"

으며, 삼각산으로 통한다고 하였다. 고려 왕들은 삼각산에 행차하였는데,[27] 북창문을 통해 나갔을 것이다. 삼각산은 고려의 국가제사인 잡사에 편제되어 제사지냈는데, 이와 관련해서 다음이 참고된다.

D. 1) 詔書를 내려 말하기를, "기묘년(1099)에 삼각산에 행차하면서 거처간 곳의 명산대천 神號에 각각 仁聖 두 글자를 더하고, 소재하는 주현에서는 이것을 알리는 제사를 지내도록 하라."라고 하였다. (『고려사』 11, 세가11, 숙종 6년(1101) 3월 29일(庚寅))

   2) 숙종이 4월 무신 기묘년(1099)에 삼각산으로 행차하였을 때 지나갔던 명산대천의 신들을 합하여 개성 및 양주에서 제사지냈다. (『고려사』 63, 지17, 예5, 길례 소사 잡사)

D를 보면 고려 숙종이 삼각산에 행차하면서 지나간 명산대천의 신들에게 신호를 더하고 제사지냈다고 한다. 이처럼 고려 왕의 삼각산 행차에서 주변 명산대천에 대한 신호를 내리고 제사지낸 것에서 삼각산이 고려의 산천제사에서 지니는 위상을 알 수 있다.[28] 이와 같은 삼각산은 나라의 중심이

---

27) (왕이) 삼각산에 행차하였다.(『고려사』 6, 세가6, 정종 2년(1036) 3월 9일(戊子) ; 왕이 삼각산에 행차하였다.(『고려사』 6, 세가7, 문종 5년(1051) 10월 12일(庚寅) ; 왕이 태후를 모시고 삼각산에 행차하였다.(『고려사』 10, 세가10, 선종 7년(1090) 10월 15일(丙午)) : 겨울 10월 왕이 태후를 모시고 삼각산에 행차하였는데, 길 가운데에서 나이가 100세인 사람 및 80세인 사람 3인을 보고는 각기 물품을 하사한 뒤 위문하였다. (『고려사절요』 6, 선종 7년) ; (왕이) 삼각산에서 돌아와 사면령을 내렸다.(『고려사』 10, 세가10, 선종 7년(1090) 11월 1일(辛酉) : 11월 삼각산에서 돌아와 사면령을 내렸다.(『고려사절요』 6, 선종 7년) ; 왕이 왕비, 元子, 兩府의 여러 관료 및 祐世僧統을 데리고 삼각산에 행차하였다.(『고려사』 11, 세가11, 숙종 4년(1099) 9월 28일(丁卯) : 왕이 왕비·원자와 더불어 三角山에 행차하였다.(『고려사절요』 6, 숙종 4년 9월 28일(정묘)) ; (왕이) 삼각산 藏義寺에 행차하고, 나아가 僧伽窟까지 행차하였다.(『고려사』 13, 세가13, 예종 5년(1110) 윤8월 25일(辛酉) : 왕이 태후를 모시고 南京에 행차하였는데, 마침내 삼각산 장의사 및 승가굴에 행차하였다.(『고려사절요』 7, 예종 5년 윤8월 7일(癸卯)) ; (왕이) 삼각산 승가사·文殊寺·장의사 등의 절에 행차하였다.(『고려사』 18, 세가18, 의종 21년(1167) 9월 5일(己巳)) : 삼각산 승가사·문수사·장의사 등에 행차하였다.(『고려사절요』 11, 의종 21년 9월)

28) 한편 "(의종) 6년(1151) 9월 계사(2)에 삼각산 負兒峰의 바위가 무너졌다."(『고려사』

개경에서 한성으로 바뀌면서 조선시대 최고 위상을 가진 산악이 되었다. 따라서 도읍의 진산인 삼각산은 조선의 국가제사에서 중사로 편제되었다.

조선은 건국 이후 삼각산 등 산천제사에 대한 여러 제도를 정비하였는데, 태종 14년(1414) 9월에 예조에서 산천에 관한 祭祀儀註도 올렸다.[29] 다음해 4월에는 春秋 仲月에 산천제를 지내도록 하였다.[30] 태종 16년 9월에는 예조에 악·해·독과 산천에 대한 제사를 행하는 관원을 정하도록 하였는데, 畿內는 朝官을 보내고 畿外는 소재지의 감사와 각 고을의 수령이 때에 맞추어 제사하고 보도하도록 하였다.[31] 세종 때에는 山川壇廟巡審別監이 전국 산천의 제장을 조사하는 등[32] 산천제를 정비하였다.

이와 같은 산천제 정비는 세종대『세종실록오례의』를 거쳐 성종대『국조오례의』에서 완결되었다. 조선시대의 악·해·독을 제시하면 다음과 같다.

E. 中祀 … 嶽海瀆(智異山全羅道南原南 三角山漢城府中 松嶽山開城府西 鼻白山永吉道定平北 東海江原道襄州東 南海全羅道羅州南 西海豊海道豊川西 熊津忠清道燕歧 伽倻津慶尙道梁山 已上南 漢江漢城府中 德津京畿臨津 平壤江平安道平壤府 鴨綠江平安道義州 已上西 豆滿江咸吉道慶源) … 小祀 … 名山大川 …

『세종실록』 128, 오례, 길례서례(변사)

55, 지9 오행3(토))고 하였다.

29) 예조에서 諸祀儀를 올렸다. 단군·기자·고려 시조에게 제사하는 儀註와 영성·마조·사한·산천에 제사하는 의주와 오랫동안 비가 와서 國門에 禜祭하는 의주를 상정하여서 아뢰니, 임금이 그대로 따랐다(『태종실록』 28, 태종 14년(1414) 9월 8일(戊寅)).

30) 예조에서 산천의 제례를 아뢰었다. 계문은 이러하였다. "이 앞서는 春秋의 仲月을 당할 때마다 제사를 행하였었는데, 갑오년부터 月令에 의하여 5월에 이르러 또 제사를 지내고 있으니, 빌건대, 舊制에 의하여 춘추의 중월에만 제사하게 하소서." 임금이 그대로 따랐다(『태종실록』 29, 태종 15년(1415) 4월 1일(戊辰)).

31) 禮曹에서 嶽瀆·山川에 제사를 행하는 식을 올리기를, "畿內는 朝官을 差遣하고 畿外는 소재지의 감사와 각 고을의 수령이 때로 제사하여 고하게 하소서." 하니, 그대로 따랐다(『태종실록』 32, 태종 16년(1416) 9월 3일(辛卯)).

32) 『세종실록』 49, 세종 12년 8월 6일(甲戌) ; 『세종실록』 76, 세종 19년 3월 13일(癸卯). 산천단묘순심별감의 활동과 관련해서 허흥식, 「세종시 산천단묘의 분포와 제의의 변화」, 『청계사학』 17·18, 2002 참고.

E에 따르면 중사에 편제된 악·해·독은 4악·3해·7독체제로 되어 있으며 소사에 명산대천을 편제하였음을 알 수 있다. 이와 같은 산천제사가 국가제사에 편제된 모습은 『국조오례의』에서도 마찬가지였다. 『세종실록오례의』와 『국조오례의』의 산천관련의례를 제시하면 〈표 1〉과 같다.

〈표 1〉『세종실록오례의』와 『국조오례의』의 산천관련의례

『五禮儀』	『國朝五禮儀』
祀風雲雷雨山川城隍儀	祀風雲雷雨儀(山川城隍附)
風雲雷雨壇祈雨儀	風雲雷雨壇祈雨儀(報祀同)
祭嶽海瀆儀	祭嶽海瀆儀
祭三角山儀(漢江儀附)	祭三角山儀(白岳山附)
	祭漢江儀
祭木覓儀	祭木覓儀
	諸州縣名山大川
時旱北郊望祈嶽海瀆及諸山川儀	時旱北郊望祈嶽海瀆及諸山川儀(報祀同)
	時旱就祈嶽海瀆及諸山川儀(報祀同)
時旱祝祈儀	
諸山川儀	
久雨禁祭國門儀	久雨禁祭國門儀(報祀同)
	久雨州縣禁祭國門儀(報祀同)

『세종실록오례의』와 『국조오례의』에는 嶽의 제향의식과 절차를 정하였는데, 제향일과 재계, 진설, 희생의 준비를 비롯하여 행례 절차로 전폐·작헌·송신에 관한 규정을 마련하였다.[33]

이상과 같은 산천제가 정비되는 과정에서 삼각산에 대한 제사 역시 정비되었다. 산천제사가 정비되면서 삼각산은 중사에 편제되었고, 이것은 『세종실록오례의』와 『국조의례의』 단계에서 4악의 하나로 자리잡았으며, 이후 여기에 변화가 생긴다. 세조 2년(1456) 양성지가 삼각산을 中岳으로 삼을 것을 청하는데,[34] 『국조오례의』(1474)에는 이것이 반영되어 있지 않지만 『신증동

---

33) 한형주, 앞의 책, 2002, 239~240쪽.
34) 집현전 직제학 梁誠之가 상소하기를 … "1. 嶽鎭海瀆입니다. 대개 一代의 흥함에는 반드시 一代의 제도가 있었으며, 本朝의 嶽鎭海瀆·名山大川의 제사는 모두 삼국과 전조의 구제를 의방해서 한 것이므로 의논할 만한 것이 많이 있습니다. … 빌건대

국여지승람』(1530) 3 漢城府 祠廟條에 白嶽神祠가 白嶽의 산마루에 있어서
조선조의 中岳인 三角山의 제사를 여기서 지낸다고 하였다. 백악의 위치는
현재 서울특별시 종로구 삼청동의 북악산이다.[35] 고종 33년(1896)에는 궁내
부에서 대사·중사·소사에 관한 별단을 올렸는데, 삼각산 제사는 소사에
편제되었다.[36] 이후 고종 40년(1903) 장례원에서 올린 별단에는 오악·오진·
사해·사독이 다시 중사로 편제되었고, 삼각산은 오악 중 중악에 자리잡았
다.[37]

2. 삼각산 산신과 산천신

　산천신에게 봉작을 내리고 산천신의 신상을 만들어 형상화하는 것은
산천신을 인격화하는 것이다. 이와 같은 산천신에게 봉작을 내리고 신상을

　禮官에게 명하여 考定을 상세히 더하게 하고, 삼각산을 中岳으로 삼고, … 白岳山을
中鎭으로 삼고, … 한강을 南瀆으로 삼고 … 또 목멱산 …을 名山으로 삼고, …
일대의 祀典을 새롭게 하소서. 이렇게 하면 祀典에 실린 산천은 고금으로 모두
34인데, 옛 것을 따른 것이 17, 移祭한 것이 4, 새로 오른 것이 13, 영구히 고칠
만한 것도 또한 13입니다. …"(『세조실록』 3, 세조 2년 3월 28일(丁酉)).

35) 한국학중앙연구원, 『역주 삼국사기』 4 주석편(하), 1997, 30~31쪽.

36) 궁내부 대신 이재순이 아뢰기를 "삼가 명령 내용을 받들고 종묘와 殿宮, 각 陵園의
祭享은 일체 옛 규정을 따르고, 圜丘壇, 社稷壇, 여러 산천, 여러 廟의 제향은 臣이
掌禮院卿과 함께 참작하여 바로잡았습니다. 別單에 開錄하여 上奏합니다." 하였다.
대사·중사·소사에 관한 별단 … 삼각산·목멱산·한강모두 봄과 가을의 가운데 달이다
… 이상은 小祀이다. …(『고종실록』 34, 고종 33년 8월 14일(陽曆)).

37) 掌禮院卿 金世基가 아뢰기를 "지난번에 詔勅을 받들어 보니 '天子만 천하의 名山과
大川에 제사를 지낼 수 있는데, 五嶽·五鎭·四海·四瀆을 아직까지도 미처 봉하지 못하여
祀典을 구비하지 못하였다. 장례원에 널리 상고하여 제사지낼 곳을 정함으로써
朕이 禮로 신을 섬기려는 뜻에 부응하게 하라.'고 명하였습니다. 오악·오진·사해·사독
으로 봉해야 할 산천을 참작해서 마련하여 별도로 開錄해서 들이나, 사전과 관련된
소중한 일이어서 本院에서 감히 마음대로 하지 못합니다. 의정부에서 稟處하도록
하는 것이 어떻겠습니까?" 하니, 윤허하였다. 別單 : 오악 중 中嶽은 삼각산[경기]
… 오진 중 中鎭은 백악산[京城] … 사독 중 … 南瀆은 한강[경성] … 이다.(『고종실록』
43, 고종 40년 3월 19일(陽曆)).

받드는 것을 고려시대에도 비판하였다.[38] 특히 고려후기 산천신에 대한 제사를 통해 고려의 지배권을 주장하고자 했던 명 태조는 기존의 산천신에 대한 봉작을 금지하였다.[39] 하지만 공민왕은 祀典에 올려진 국내 명산대천의 덕호를 더하고 정결한 제사를 드릴 것을 명령하였다.[40]

그럼에도 불구하고 유교적 명분의식과 함께 고려말에 산천신에게 봉작을 내리고 신상을 받드는 것에 대한 본격적인 비판이 이루어졌고, 조선 태조 1년(1392) 8월에는 조박이 사전의 개혁을 제기하면서 여러 신묘와 성황의 이름에서 봉호를 제거할 것을 주장하였다.[41] 태종 13년(1413)에는 예조에서 산천에 봉작하는 음사를 행함을 비판하고 신상의 설치와 처첩 등의 설치도 비판하였으며 성황·산천·해도의 신은 주신 1위만 남기고 나무로 만든 신패를 쓰고 신상을 모두 철거하여 사전을 바르게 할 것을 건의하자 시행되었다.[42]

---

38) 이욱, 「조선전기의 산천제」, 『종교학연구』 17, 1998, 100~101쪽.

39) 황제가 秘書監直長 夏祥鳳을 파견하여 詔書를 내렸는데, 그 조서에 이르기를, "… 여러 祀典을 상고하여 보니, 오악·오진·사해·사독을 책봉하는 것은 堯임금이 다스릴 때부터 시작되었는데, 숭상하는 아름다운 칭호를 역대 왕조가 더하여 주었다. 그러나 짐의 생각에는 그렇게 생각되지 않는 부분이 있다. 대체로 오악·오진·사해·사독은 모두 높은 산이나 넓은 물이므로, 天地가 개벽한 뒤부터 지금에 이르기까지 英靈한 기운들이 모여 신령한 존재가 된 것이다. 필시 모두 上帝로부터 천명을 받아 그 심오함을 헤아릴 수 없는데, 어찌 국가가 封號를 더할 수 있겠는가? … 지금 옛 제도에 의하여 제도를 정하라고 명령하였으니, 무릇 오악·오진·사해·사독은 모두 전대에 봉하였던 명호를 제거하고 단지 산과 물의 본래 칭호로써 그 신을 부르도록 한다. 郡縣의 城隍神의 칭호도 모두 봉호를 고치며, 역대의 충신과 열사도 또한 처음 봉해질 당시의 칭호에 따라 실제 칭호로 삼으며 뒷시대에 붙여진 정도를 뛰어넘는 美稱은 모두 제거한다. …"라고 하였다.(『고려사』 42, 세가42, 공민왕 19년(1379) 7월 16일(壬寅))

40) 왕이 교서를 내려 이르기를, "국내 명산대천으로 祀典에 등재되어 있으면 모두 德號를 더해주고 제사를 정결히 지내라. …"라고 하였다.(『고려사』 43, 세가42, 공민왕 20년(1371) 12월 20일(己亥))

41) 禮曹典書 趙璞 등이 上書하였다. "신 등이 삼가 歷代의 祀典을 보옵건대, … 봄·가을에 藏經 百高座의 法席과 7所의 친히 행차하는 道場과 여러 道殿, 神祠, 醮祭 등의 일을 고려의 君王이 각기 일신상의 소원으로써 때에 따라 설치한 것을, 후세의 자손들이 舊習에 따라 혁파하지 못하였으니, 지금 天命을 받아 새로 建國함에 어찌 前弊를 그대로 따라 하며 떳떳한 법으로 삼겠습니까? 모두 폐지해 버리기를 청합니다. …"(『태조실록』 1, 태조 1년(1392) 8월 11일(庚申))

세종 6년(1424)에는 신판을 두어서 다만 '某山之神'이라고 쓰라고 하였으며,[43] 세종 12년과 19년 두 차례에 걸쳐 山川壇廟巡審別監이 전국의 산천을 조사하여 규제에 나서면서,[44] 산천신에 대한 봉작이 폐지되고 신상이 철거되었다.[45]

이처럼 산천신을 형상화한 산천신의 신상은 조선에 들어와 봉작의 폐지와 함께 철거되었고 신판을 두었다. 이것은 삼각산신도 마찬가지였다. 삼각산 산신의 신위는 태종 14년(1414) 7월 25일에 白岳祠에 옮겨 백악산의 산신과 짝지웠는데, 삼각산 산신의 신위는 남쪽으로 향하고 백악산 산신의 신위는 서쪽으로 향하게 하였다고 한다.[46] 『세종실록오례의』에는 "악·해·독은 각각 신위를 설치하되 한 가운데에 있게 하고, 남쪽을 향하게 한다"고 하면서 "다만 삼각산과 백악만은 붙여서 동쪽에 있게 하고, 서쪽을 향하게 한다"고 하였다.[47] 『신증동국여지승람』3 漢城府 祠廟條에는 白嶽神祠가 白嶽의 산마

---

42) 祀典을 개정하여 예조에서 아뢰었다. "삼가 『文獻通考』를 살펴보건대, 山川에 爵을 봉해 준 것은 武后로부터 시작하였고, 송나라 眞宗 때에 이르러 五岳을 모두 봉하여 帝로 삼았으며, 또 각기 后로 봉했습니다. 陳武가 말하기를, '帝는 단지 하나의 上帝가 있을 뿐인데, 어찌 山을 帝라 이를 수 있겠는가? 또 后殿을 그 뒤에다 세운다하니 알지 못하겠지만, 어느 산이 그 짝으로서 부부가 되겠는가?'하였습니다. 『洪武禮制』에서는 악·진·해·독을 제사하는데, 모두 某岳·某海의 神이라 일컬었고, 아직 爵을 봉한 號는 없었습니다. 前朝에 境內의 산천에 대하여 각기 封爵을 가하고, 혹은 妻妾·자녀·甥姪의 像을 설치하여 모두 제사에 참여했으니 진실로 未便하였습니다. 우리 太祖가 즉위하자 本曹에서 건의하기를, '各官의 城隍之神 작호를 革去하고, 단지 某州의 성황지신이라 부르게 하소서.'하여, 즉시 兪允을 받아 이미 뚜렷한 법령으로 되었으나, 有司에서 지금까지 그대로 따라 이를 행하지 않아 爵號와 像說이 아직도 그전대로 이어서 淫祀를 행하니, 엎드려 바라건대, 태조가 이미 내린 교지를 거듭 밝혀 단지 '某州의 城隍之神이라' 부르게 하고, 神主 1位만 남겨 두되 그 처첩 등의 신은 모두 다 버리게 하소서. 산천·海島의 신 역시 主神 1위만을 남겨 두고 모두 木主에 쓰기를, '某海·某山川之神'이라 하고, 그 像設은 모두 다 철거하여 사전을 바루소서." 임금이 그대로 따랐다.(『태종실록』25, 태종 13년(1413) 6월 8일(乙卯))

43) 『세종실록』23, 세종 6년 2월 乙巳.

44) 『세종실록』49, 세종 12년 8월 6일(甲戌) ; 『세종실록』76, 세종 19년 3월 13일(癸卯).

45) 이상과 관련해서, 이욱, 앞의 논문, 1998, 137~139쪽 및 김아네스, 「조선시대 산신 숭배와 지리산의 신사」, 『역사학연구』39, 2010, 99~101쪽 참고.

46) 『태종실록』28, 태종 14년(1414) 7월 25일(丙申).

루에 있는데, 中岳인 三角山의 제사를 여기서 지낸다고 하였다.48)

이처럼 삼각산신에 대한 제사는 백악신사에서 행해졌다. 백악산은 태조 2년(1393) 1월 21일에 삼각산과 함께 호국백에 봉해지고49) 태조 4년 8월 28일에 백악산의 단에 제사를 올렸으며50) 동년 12월 29일에는 백악을 진국백으로 삼고 남산을 목멱대왕으로 삼아 경대부와 사서인은 제사를 올리지 못하게 하였다.51) 태종 6년(1406)에는 白嶽의 城隍神에게 祿을 주었는데, 이것은 한양으로 도읍을 정하였기 때문에 이전 松嶽의 성황신에게 녹을 준 것을 옮겨서 준 것이라고 하였다.52) 백악은 덕적산·송악산·목멱산과 함께 고려 4대산의 하나로, 고려시대에는 이들 산의 산신에게 봄과 가을로 제사를 지냈다. 변계량은 백악을 중진으로 삼을 것을 아뢰었으며,53) 『국조오례의』 삼각산 제사에 관한 의식에는 백악산의 제사가 부기되었다. 이후 고종 40년(1903)에는 백악은 中鎭에 편제되었다.54)

이와 같이 삼각산신에 대한 제사는 백악산신과 함께 이루어졌는데, 삼각산신에 대한 제사 시일 및 폐백 등은 〈표 2〉와 같다.

〈표 2〉에서 알 수 있듯이 삼각산은 조선의 국가제사에서 중사에 편제되어 있으며 그 제사 날짜는 중춘과 중추였다. 신위는 제향의 구체적 대상을 말하는 것으로, 제단 위에는 제향을 받는 신주가 하나만이 아니고 함께 배향되는 신주가 있다. 때문에 제사를 받을 수 있는 신주의 이름과 여러

---

47) 『세종실록오례의』 신위. 『세종실록』 지리지 경성한성부조에는 "도성의 진산인 백악 山頂에 祠宇가 있는데 삼각산의 신을 제사지내며, 백악을 붙여서 지낸다"고 하였다.

48) 『신증동국여지승람』 3, 漢城府 祠廟. 『신증동국여지승람』 3 漢城府 山川 삼각산조도 참고.

49) 『태조실록』 3, 태조 2년(1393) 1월 21일(丁卯).

50) 백악산의 壇에 제사를 올렸다. 『태조실록』 8, 태조 4년(1395) 8월 28일(己丑).

51) 이조에 명하여 白岳을 鎭國伯으로 삼고 南山을 木覓大王으로 삼아, 卿大夫와 士庶人은 제사를 올릴 수 없게 하였다.(『태조실록』 8, 태조 4년 12월 29일(戊午))

52) 『태종실록』 11, 태종 6년(1406) 1월 7일(戊戌), "給白嶽城隍神祿 前此 給祿於松嶽城隍神 以定都漢陽 故移給."

53) 『세조실록』 3, 세조 2년(1456) 3월 28일(丁酉).

54) 『고종실록』 43, 고종 40년 3월 19일(陽曆).

<표 2> 삼각산신에 대한 제사 날짜 및 신위, 축판, 폐백 등

	『세종실록오례의』 祭三角山儀(漢江儀附)	『국조오례의』 祭三角山儀(白岳山附)
辨祀	중사	중사
時日	중춘과 중추	중춘과 중추
神位	밤나무 / 某山之神	밤나무 / 某嶽의 神
祝板	소나무 / 길이는 1척 2촌, 너비는 8촌, 두께는 6푼 / 國王 姓 署名 敢昭告	길이는 1척 2촌, 너비는 8촌, 두께는 6푼 / 維成化某年歲次 某甲某月某朔日某甲云云(國王이라 하고 姓과 諱를 쓴다)
幣帛	길이는 1장 8척으로 苧布, 악·해는 방위 빛깔에 따라 사용하는데, 삼각산은 황색을 사용	

신주의 위치와 방향, 등위에 따라 신주를 받치고 있는 자리도 차이가 있다. 삼각산신 제사에는 백악산신을 붙여서 제사하였다.

축판은 제사를 주관하는 주인의 이름을 기명하여 제사의 주재자가 누군가를 밝히는 것이고, 『세종실록오례의』와 『국조오례의』에 약간의 변화를 볼 수 있으며, 선조 30년(1597)에도 삼각산 등지에 제사 축문을 쓰는 격식에 대해 F에서 윤형이 다음과 같이 아뢰기도 하였다.

> F. 윤형이 아뢰기를 "오늘 삼각산·백악산·한강 등지의 제사 祝文을 입계할 때에 신이 담당 승지를 대신하여 나아가 축문에 쓰인 글자의 高低를 보고 최근에 쓰인 謄錄을 고찰해 보니, 社稷祭 축문 중에 '國王姓謹遣臣敢昭告' 등의 말을 모두 한 줄에다 썼으며, 사직신일 경우 가장 極行을 사용하고 산천 제사에는 모두 한 줄을 사용하였습니다. 그 연유를 따져 물으니 '산천 제사의 축문 격식은 전일 李誠中이 禮房承旨로 있을 때 계청하여 결정한 것이 그대로 격식이 되어 내려왔다.'고 하였습니다. 신의 생각으로는 祀事는 지극히 엄격하니 한 번 정해진 格例는 가벼이 고쳐서는 안 됩니다. 또 사직은 上祀이고 산천은 小祀이기 때문에 그 규례가 아마도 이와 같은 것입니다. 그래서 그대로 입계합니다. 지금 상의 하교를 받들어 예조로 하여금 다시 의논하여 결정하도록 하는 것이 어떻겠습니까?" 하니, 아뢴대로 하라고 전교하였다. 예조가 回啓하기를 "여차여차하게 하라는 전교를 내리셨는데, 평상시 축문 안에 謹자와 敢자를 모두 한 자 낮추어서

줄을 달리하여 쓰는 이유를 알 수가 없고, 그 뒤에 극항에 나란히 쓰는 이유 역시 어디에 근거한 것인지를 모르겠습니다. 다만 『大明會典』의 축문례를 보면 謹자와 敢자는 이어서 썼고, 오직 神자만 극항에 썼는데 타당한 듯합니다. 대개 儀式이 散失되어 의거하여 고찰할 만한 자료가 없습니다." 하니, 전교하기를 "한 글자를 내려서 쓰는 것이 분명하다. 이것으로 저들이 잘못 썼음을 알겠다." 하였다. (『선조실록』 85, 선조 30년(1597) 2월 13일(甲戌))

한편 폐백은 예물을 바치는 내용을 설명하는 것으로, 옥과 비단이 폐백인데 실록의 연대기에는 옥폐에 대한 관한 기사가 없다. 대체로 비단만으로 준행되었으며, 저포의 색에 따라 사용하였는데 삼각산신은 황색을 사용하였다. 다음은 삼각산신을 모신 祠廟와 관련된 내용이다.

G. 예조에서 儀禮詳定所와 함께 의논한 奉常判官 朴堧이 上書한 조건을 아뢰었다. … 옛날의 제도를 잘 살펴보면 바다·산·강의 神에게는 모두 사당집이 있어, 明宮·齋廬·神廚·神庫가 갖추지 않은 것이 없었으니 그 정성과 공경함이 극진하였사온데, 神祠는 奉常寺의 관원이 감히 아는 체할 바가 아니오나, 삼각산과 목멱산의 사당은 곧 都城 중의 사당으로서 壇과 낮은 담[壝]은 살피지 않을 수 없습니다. 신이 그 구조의 제도를 본 즉 다만 祭廟 3間만 세웠사온데, 규모가 좁고 누추하며, 齋廬와 주방[廚]과 곳간[庫]이 전혀 건조되지 않았사오니, 제사지내는 날에 만약 바람 불고 천둥 치고, 비 오고, 눈 오는 변이 있으면, 祭饌을 감독하여 마련할 적에 가리고 덮은 것이 없고, 향을 받은 大臣과 臺監·享官들이 밤새도록 옷이 젖게 되오니 매우 미편합니다. 또 그 籩·篚·俎·豆와 甒·鉶·尊·卓子 등의 물건을 짊어지고 오르고 내리면서 제사 때마다 번갈아 돌려쓰게 되니 역시 매우 타당하지 않습니다. 지금부터는 齋廬와 神廚를 세워서 비에 젖지 않도록 준비하고, 神庫를 세워서 祭器를 각기 따로 간수하여 번갈아 쓰지 못하게 하고, 사당의 안에 面帳·地衣·塗壁 등의 장식은 神이 의지하는 곳이니, 도리상 마땅히 맑고 깨끗해야 될 것입니다. 지금 진설한 것이 이미 오래 되었으므로 찢어지고 더러워져서 神을 공경하는 禮에 부끄러움이 있사오니, 지금부

터는 그 시일이 오래되고 가까운 것을 참작하여 고치고 바꿔서 새롭게 하도록 하시기 바라오며, 神卓의 설비는 전혀 奠饌하는 데 관계되오니 설만히 할 수도 없으며 더럽게 할 수도 없습니다. 신이 삼각산과 목멱산의 神位·卓子를 보니, 삼각산 것은 거칠게 만든 널빤지상[板子床] 두 개를 맞대어 놓았으며, 목멱산 것은 床을 만들지 않고 널빤지 두 조각으로써 두 쪽 마구리에 굄목을 받쳐 놓았습니다. 이 두 사당의 神卓이 법에 어긋남이 이와 같아서 이미 床의 제도가 틀렸고, 또 칠을 하지 않았으므로 더럽고 때가 끼었으며, 또 陳設하는 데 있어서도 길이와 넓이가 넉넉하지 못하오니 진실로 설만함이 그지 없은 즉, 누가 城中에 나라 제사를 지내는 곳이 이 지경에 이르렀다고 말하겠습니까. 신이 이 폐단을 예조에 보고하고 繕工監에 公文을 보낸 지가 이미 해포가 되었습니다마는, 營繕하는 일이 번다하여서 지금까지 고치지 못하였사오니, 속히 고쳐서 일체 陳設이 합당하게 되도록 하옵시고, 모든 기구의 만들고 꾸미기를 정밀히 연구하여서 하며, 홍색과 흑색으로 칠을 하여 이를 神庫에 잘 간수하고 아무 때에나 마구 내 쓰지 못하게 하며, 그 전에 쓰던 床은 그대로 보존하여 상시에 쓰도록 하는 것이 또한 옳겠습니다. 이제 이 말씀을 자세히 살피시어 마땅하다고 여기시면 좋으소서.' 하니, 그대로 따랐다. (『세종실록』47, 세종 12년(1430) 2월 19日(庚寅))

G를 보면 세종 12년(1430)에 삼각산신을 모신 사당은 나라 제사를 지내는 곳이고 城中에 있음에도 불구하고 여러 시설이 제사를 지냄이 마땅하지 않다고 하면서 정비할 것을 아뢰자, 그것을 허락하였다고 한다.

삼각산신에 대한 제사는 한강의 신, 목멱산신과 함께 제사지내는 것이 관행으로 되었다.[55] 『세종실록오례의』에는 삼각산에 제사하는 의식에 한강

---

55) 사직·雩祀·風雲雷雨와 北郊의 여러 산천과, 목멱·삼각·한강·백악에 비를 빌었다(『세종실록』101, 세종 25년(1443) 7월 9일(壬戌)). ; 풍운뇌우·우사 및 목멱산·삼각산·한강에서 기우제를 행하였다(『문종실록』7, 문종 원년(1451) 5월 13일(庚戌)). ; 전교하기를 "세 차례나 祈雨를 하였으나 아직도 비가 올 징조가 없으니, 오는 16일에 풍운뇌우·우사·북교에 重臣을 보내고 한강·삼각산·목멱산에 內臣을 보내어 따로 기도하라." 하였다(『명종실록』30, 명종 19년(1564) 4월 12일(癸未)). ; 삼각산·백악산·목멱산·한강·풍운뇌우단 및 국내의 산천, 성황단, 우사단에 관원을 보내어 기우제를 지냈다(『현종실록』

에 제사하는 의식을 붙이고 있는데, 조선초기 한강은 중사에 편제되어[56] 7독의 하나였다가[57] 이후 4독의 하나인 남독으로 자리잡았다.[58] 목멱산은 태조 4년(1395) 12월에 북산인 백악산신을 鎭國伯, 남산의 산신을 목멱대왕으로 봉작하여 국가에서 제사를 받들게 하니 목멱대왕을 봉사하는 사당을 목멱신사라고 하였다고 한다. 목멱신사에서 봄·가을로 하늘에 제사[醮祭]를 올렸다.『세종실록』지리지에 "목멱신사가 도성의 남산 꼭대기에 있고 小祀로 제사지낸다"고 하였고, 조선시대에는 내내 명산의 하나로 소사에 편제되었다.

그렇다면 이와 같은 산천신의 기능은 무엇일까. 국가제사에서 산천은 인간에게 재물을 제공해 주는 신이자 진호하는 신이며[59] 가뭄뿐 아니라 홍수나 질병이 발생하였을 때에도 찾아가서 비는 신이다.[60]『국조오례의』에 실려있는 산천 관련 기양의례는 기우제와 禜祭지만, 그외에 기청제[61]와 기설제[62]에서도 산천은 기도의 대상이 되었으며, 전염병이 발생했을 때

18, 현종 11년(1670) 3월 23일(庚辰)).

56)『태종실록』28, 태종 14년 8월 21일(辛酉).

57)『세종실록』128, 오례, 길례서례(변사).

58)『고종실록』43, 고종 40년 3월 19일(陽曆).

59) 특히 兵亂과 관련해서 고려시대 호국의 목적에서 산천신에 대한 제사가 행해지기도 하였다. 이와 관련해서 김철웅,「고려시대의 산천제」,『한국중세사연구』11, 2001, 134~138쪽 참고.

60)『춘추좌씨전』소공 1년 12월, "山川之神 則水旱厲疫之災 於是乎禜之 日月星辰之神 則雪霜風雨之不時 於是乎禜之."; 산천에 대한 제사는 한재나 수재 외에도 지진을 위시한 여타 엄중한 자연재해가 발생할 때도 지내고 있다.『구당서』현종본기, "(開元22年) 二月壬寅 秦州地震 … 命尚書左丞相蕭嵩 往祭山川." 이와 관련해서 김상범, 앞의 책, 2005, 47쪽 참고.

61) 종묘·사직·북교·삼각·백악·목멱·한강 등 여러 곳에서 祈晴하였다(『명종실록』16, 명종 9년(1554) 6월 12일(辛巳)).

62) 정원에 전교하기를 "이처럼 눈이 내리지 않을 적에는 중국에서도 눈 오기를 비는 일이 있었고, 우리나라에서도 눈 오기를 빌었던 때가 있었던 것 같으니, 해조에 일러서 살펴 아뢰게 하라." 하니, 예조가 회계하기를『大明會典』에 의하면, 嘉靖 8년 봄에는 비를 빌고 겨울에는 눈을 빌었는데 축문은 모두 임금이 지었고 임금이 몸소 南郊에 나아가 皇天과 后土에 제사지낸 다음 몸소 산천단에서 산천 神祇에게 제사지내고

여제가 있음에도 불구하고 산천 역시 기도의 대상이 되었다.[63] 도성의 수축에 앞서 삼각산에 고유제를 지내기도 하였다.[64] 다음도 주목된다.

H. 1) ① 병조판서 조말생과 이조판서 허조 등이 임금의 병환이 심하였다는 것을 듣고 걱정하여, 여러 대언과 의논하고 종묘와 산천에 기도하고자 하여, 이조정랑 김종서를 시켜 영돈녕 유정현·영의정 이직·우의정 유관에게 가서 가부를 물으니, 모두 "기도를 속히 행하는 것이 마땅하다. 이전에도 임금이 병이 있으면 종묘와 산천에만은 기도하였다."고 하고, 지신사 곽존중이 말하기를, "사직은 일국 토신의 으뜸인데, 산천에만 기도하고 사직에는 기도하지 않는 것은 의리상 부족한 일인가 합니다." 하니, 대신들이 모두 옳다 하였다. 이에 金縢故事를 본받아서 吉日을 가려, 대신과 近侍가 종묘·사직·昭格殿·삼각산·백악산·木覓山·松岳山· 개성 德積島·三聖山·紺岳山·양주 서낭당에 기도하였는데, 그 제문에는 "領議政府事 신 이직 등은 …"이라 하였다. 처음에 대신이 부처를 모신 절에도 기도하려고 하였는데, 임금이 이 소문을 듣고 중지시켰다. (『세종실록』 29, 세종 7년(1425) 윤7월 24일(후酉))

② 임금의 병환이 낫지 않으므로, 종묘·사직·소격전과 삼각산·백악·목멱산의 신에게 기도하였다. (『문종실록』 13, 문종 2년(1452) 5월 5일(丁酉))

③ 상이 미령하여 侍藥廳을 설치하였는데, 밤에 병세가 위급하자 중신을 사직·종묘·목멱산·삼각산·소격서·한강·양진·감악·오관·송악 등처에

다음날은 사직단에서 제사지내었는데, 관복은 엷은 색이고 儀仗을 베풀지 않았으며 길에서 벽제를 하지 않고 모두 設配하지 않았으며 奏樂도 하지 않았던 것으로 되어 있습니다. 우리나라에서 눈을 비는 것은 근래에 시행한 적이 있는데, 年月과 節目은 비록 상고할 만한 기록이 없으나 대개 기우제의 예에 의하여 먼저 삼각산·목멱산·한강에서 행하고, 그 다음 사직·종묘 및 풍운뇌우와 北郊에서 행하였으니 속히 택일하여 거행하소서." 하였다(『선조실록』 58, 선조 27년(1594) 12월 9일(壬子)). ; 承旨·重臣을 風雲雷雨·山川嶽祀·삼각산·목멱산·백악산·한강 등에 나누어 보내어 祈雪祭를 지내게 하였다(『숙종실록22, 숙종 16년(1690) 12월 15일(辛未)).

63) 송충이의 災害를 비는 제사를 삼각산·백악산·목멱산·송악산 등 여러 산에서 거행하였다(『숙종실록』 16, 숙종 11년(1685) 9월 27일(甲申)).

64) 都城의 修築을 시작하기에 앞서 삼각산에 告由祭를 지냈다. …(『숙종실록』 39, 숙종 30년(1704) 3월 25일(甲子)).

나누어 보내 각각 기도를 드리도록 하였다. (『선조실록』 14, 선조 13년(1580) 11월 4일(庚午)

2) 元子의 질병으로 인하여 종묘·사직·소격서와 삼각산·백악산·목멱산 등 諸山에 기도하도록 명하였다. (『성종실록』 76, 성종 8년(1477) 2월 21일(庚寅)

3) 전교하기를, "慈殿의 증세는 차도가 있다가 없다가 하여 일정하지 않다. 이런 때를 당하여 조종조에서도 종묘·사직·산천에 기도했었는지 임오년 및 조종조에서 기도한 전례를 조사하여 아뢰라." 하였다. 정원이 이에 종묘·영녕전·사직·소격서·삼각산·목멱산·백악·한강과 경기의 오관산·감악산·양진·덕진 등처를 써서 아뢰기를, "이곳은 모두가 임오년에 대비께서 미령하셨을 때 성종조의 예에 따라 관원을 보내어 기도한 데입니다." 하니, 전교하였다. "임오년의 예에 따라 관원을 보내어 제사 지내게 하라." (『중종실록』 68, 중종 25년(1530) 7월 4일(辛卯))

H를 보면 임금과 원자, 대비의 질병을 낫게 하기 위해 산천신에 대한 제사를 지내기도 하였음을 알 수 있다.

이와 같이 산천이 국가제사에서 다양한 기양의례의 대상이 될 수 있었던 것은 사직과 종묘가 국가의 수호신적 성격이 있듯이, 산천 또한 해당 지역에서 다양한 삶에 반응하며 진호하는 수호신적 역할을 가지고 있었기 때문이다. 산천신에 대한 제사와 관련해서 다음도 주목된다.

I. 1) ① 6월에 크게 가물었다. 왕이 河西州 龍鳴嶽의 居士 理曉를 불러 林泉寺 연못가에서 비를 빌게 하였더니 비가 열흘 간이나 내렸다. (『삼국사기』 8, 신라본기8, 성덕왕 14년)

② 여름 6월에 가물어서 또 거사 이효를 불러 기도하였더니 비가 내렸다. (『삼국사기』 8, 신라본기8, 성덕왕 15년)

2) ① 어가가 常慈院에 머물자, 侍御史 崔謂를 보내 御衣와 차와 향을 가지고 三角山 僧伽窟에 가서 비가 오기를 빌게 하였다. (『고려사』 11, 세가 11, 숙종 9년(1104) 8월 5일(丙午))

② (숙종) 9년(1104) 8월 병오 왕이 南京에 행차하였는데, 어가가 常慈院에 머물 때 侍御史 崔謂에게 御衣와 茶香을 가지고 가서 三角山 僧伽窟에서

비를 내려달라고 빌게 하였다. (『고려사』 54, 지8, 오행2(금) 가뭄)

3) ① 비를 中外의 여러 神에게 빌었다. 무당을 雩祀壇에 모아서 삼각산·목
멱·한강·풍운뇌우·산천·성황의 신에게 비를 빌고 아울러 기도를 행하
였다. 또 香祝을 각 도의 嶽·海·瀆·山川의 신에게 나누어 보냈다. 처음에
傳旨하기를, "土龍을 甲乙日에 만드는 것은 옛 제도이다. 지난번에 예조
에서 상정하여 갑을일에 토룡을 만들지 않고 바로 갑을일에 제사지내게
한 것은 실로 古制에 어긋난다. 비록 관직을 옮겼다고 하더라도 모두
추가로 탄핵하여 죄를 논하라." (『태종실록』 31, 태종 16년(1416) 5월 19일(庚戌))
② 가뭄으로 인하여 풍운·뇌우·산천·삼각·목멱·한강·太一에 비를 빌
고, 각 宗派의 중들로 하여금 興福寺에 빌었으며, 아이들은 푸른 옷차림으
로 蜥蜴을 부르며 경복궁 경회루 못가에서 빌게 하고, 무당을 모아
비를 빌게 하기도 하였다. (『세종실록』 4, 세종 1년(1419) 5월 29일(癸酉))
③ 흥복사에서 기우제를 지내고, 또 바람·우레·비를 맡은 신에게 비를
빌고, 삼각산·목멱산·한강·양화진에도 비를 빌었다. (『세종실록』 8, 세종
2년(1420) 4월 17일(乙卯))
④ 삼각산과 목멱산에 무당을 보내어 비를 빌었다. (『세종실록』 36, 세종
9년(1427) 6월 11日(戊辰))
⑤ 雩祀壇과 풍운뇌우단과 삼각산·백악산·목멱산·한강에 비를 빌고,
또 무당과 중들을 모아 석척 기우제를 지냈다. (『세종실록』 100, 세종 25년(1443)
6월 29일(壬子))
⑥ 사직·雩祀·풍운뇌우·北郊의 여러 산천·삼각·백악·한강·목멱에 비
를 빌고, 蜥蜴과 僧徒의 祈雨를 행하고, 또 太一杞憂醮와 중앙황룡기우제
를 행하였다. (『세종실록』 101, 세종 25년(1443) 7월 15일(戊辰))

I를 볼 때 산천신에 대한 제사가 불교·도교·무속 및 유교적 요소 등으로
다양하게 구성되었는데, 삼각산에 대한 제사도 마찬가지였다. 고려시대에는
삼각산 승가굴에서 비를 빌었는데,『신증동국여지승람』3 한성부 불우 승가
사조에 최치원의 문집을 인용하여 승가사에 모신 대사에게 기도를 하면
국가의 천재지변과 수재·한재의 재난에 영험이 있었다고 하는 것도 참고된
다.[65] 하지만 조선시대 유교적 의례의 경건주의적인 태도와 왕의 수신을

강조하는 성리학이 강화되면서 조선후기에는 한국 고대나 고려시대, 조선초기와는 달리 승려나 무당·맹인이 배제되고 오직 유자로 제관이 일원화되었다.[66]

3. 기우제와 삼각산

산천신에 대한 제사 중 가장 큰 비중을 차지하는 것은 기우제이다. 국가제사에서 산천신의 기능은 무엇보다도 가뭄 때 비를 부르는 신으로 부각되었다. 산천이 가진 구름을 일으키고 비를 내리는 임무는 산천의 보편적인 기능이라 할 수 있다.[67] 따라서 한국 고대 이래 산천에서는 기우제가 거행되었고 삼각산에서도 그러하였다. 백제 아신왕 11년(402)에 횡악에서 기우제를 지냈으며,[68] 통일 이후 신라 국가제사에서 소사에 편제된 부아악 역시 다른 명산대천과 함께 그 역할을 하였다. 고려시대에도 삼각산에서 비를 빌었으며 조선시대 역시 삼각산에서 기우제를 행하였다.

하지만 산천에 대한 기우제 외에도 신라에는 하지가 지나도록 비가 오지 않을 때에 비가 오기를 비는 제사인 기우제가 혜수에서 행해졌으며, 수재나 한재 때 기청·기우를 드리던 제사인 사천상제는 犬首·文熱林·靑淵·樸樹에서 행하여졌다. 고려의 경우에는 雩祭와 川上祭에서 기우제를 지냈다고 한다.

---

65) 僧伽寺[삼각산에 있다] 고려조 李顗의 중수기에 이런 말이 있다. "崔致遠의 문집을 보면, 옛날 신라시대의 狼跡寺 중 秀台가 대사의 거룩한 행적을 익히 듣고, 삼각산 남쪽에 좋은 자리를 정하여 바위를 뚫어 굴을 만들고 돌을 쪼아 형상을 그리니 대사의 어진 모습이 더욱 우리나라에 비쳤다. 국가에서 천지의 재변과 수재·한재의 재난이 있으면 기도를 드려 물리치게 하였는데, 언제나 즉석에서 영험이 있었다." 하였다.

66) 최종성, 「국행 무당 기우제의 역사적 연구」, 『진단학보』 86, 1998, 65~67쪽 ; 최종성, 『조선조 무속 국행의례 연구』, 일지사, 2002.

67) 이욱, 「조선전기 국가기우제와 산천」, 『Journal Korean Culture』 1, 2000, 178쪽.

68) 『삼국사기』 25, 백제본기3, 아신왕 11년.

다음은 『국조오례의』 소재 기우의례를 〈표 3〉으로 제시하였다.

〈표 3〉『국조오례의』 소재 기우의례

儀禮	대상신(장소)
祈告社稷儀	社·稷(社稷壇)
祈告宗廟儀	先王(宗廟)
風雲雷雨壇祈雨儀	風·雲·雷·雨神(南壇)
雩祀壇祈雨儀	句芒·祝融·蓐收·玄冥·后土·后稷(雩祀壇)
時旱北郊望祈嶽海瀆及諸山川儀	嶽·海·瀆·鎭, 名山·大川(北郊 望祭)
時旱就祈嶽海瀆及諸山川儀	三角山·木覓山·漢江

〈표 3〉에서 볼 수 있듯이, 조선의 경우 기우는 산천 외에도 다양한 장소에서 행해졌다. 이와 같은 조선시대 국가제사로 행해진 기우제는 유교식의 祈告儀禮 방식이다. 유교의 기고의례는 변고가 발생했을 때 행해진 비정기적인 임시의례로, 정기적인 의례와 행례 절차가 유사하였다. 하지만 초헌관이 복주를 마시는 飮福과 고기의 일부를 받는 受胙의 절차가 생략되었다. 이와 같이 신과 인간의 공감을 확인하는 음복수조의 절차가 생략된 기고의례는 감사와 보은보다는 구복이 강조되는 기원의례의 성격을 갖는다.

중국 당의 경우를 보면 京師지역에 한여름 이후에 가뭄이 있으면 먼저 北郊에서 악·진·해·독과 제산천에 기우제를 지내고 이어서 비가 내리지 않을 때는 악·독을 시작으로 다시 제사를 올렸는데, 7일을 한 주기로 삼았다. 만약 그래도 아주 심할 경우에는 大雩禮를 거행하였다고 한다.[69] 고려시대에는 가뭄에 국왕은 먼저 백성을 구휼하고 기우제를 지내는데, 그 순서는 북쪽 교외에서 악·진·해·독과 모든 산천에, 다음으로 종묘에 7일마다 한 번씩 지냈다고 한다. 그래도 비가 오지 않으면 악·진·해·독부터 다시 제사를 지내야 했다. 만약 가뭄이 심하면 雩祭를 행하고, 시장을 옮기며 撤扇을 꺽고 도살을 금하며 관마를 먹이지 않는 것 등을 행하였다.[70] 조선시대에는 우선 다음이 관심을 끈다.

---

69) 『舊唐書』 24, 지4, 예의4.
70) 『고려사』 6, 정종 2년 5월 신묘(14).

J. 禮曹에서 가뭄을 근심하는 데 필요한 事宜를 올렸다. "삼가 『文獻通考』와 前朝의 『詳定古今禮』를 살펴보건대, 隋나라와 唐나라의 古制를 본받았습니다. 거기에 이르기를, '무릇 京都에 孟夏 이후에 가뭄이 들면 嶽·鎭·海·瀆에 비를 빌고, 山川으로 능히 구름과 비를 일으킬 수 있는 곳에 北郊에서 제사하며, 또 사직과 종묘에 빌되, 7일마다 한 번씩 빌며, 그래도 비가 오지 않으면 다시 악·해·독에 기우하기를 처음과 같이 행한다. 그리고 가뭄이 심하면 雩祭를 지내는데, 처음에 빈 뒤 10일이 되어도 비가 안오면, 저자[市]를 옮기고, 屠殺을 금하며, 傘扇을 끊고 土龍을 만든다.' 하였으며, 또 古典에 말하기를, '가뭄이 있으면 원통한 獄事를 審理하고, 궁하고 가난한 사람을 구제하며, 뼈를 덮고 썩은 고기를 묻으며, 도랑[溝洫]을 치고 阡陌을 깨끗이 치운다.'고 하였으니, 古典에 따라 시행하심이 옳겠습니다." 하니, 그대로 따랐다. (『태종실록』 21, 태종 11년 5월 20일(庚辰))

J에 따르면 조선시대 기우제는 악·진·해·독 → 산천 → 사직·종묘 → 우사의 순서로 이루어졌다고 한다. 물론 그 순서가 바뀌는 경우가 있지만, 성종대까지 대체적인 추세였고 실제로 악·해·독과 관련된 기사는 기우와 報祀의 시행이 대다수였다고 한다.[71]

조선시대 기우제는 비가 올 때까지 수차례의 다양한 기우양식이 동원되었는데, 그 제의 절차나 양식은 여러 차례를 거쳐 숙종대 정비되었다. 우선 태종 16년(1416) 6월 5일에 예조에서 삼각산 등지에 기우제를 지내는 계목을 올렸으며, 태종 16년 윤6월 10일에는 예조에서 삼각산 기우제 시행 등 기우 행사 요건을 아뢰었다.[72] 『국조오례의』 단계의 성종 5년(1474)의 기우제는

---

71) 한형주, 「조선초기 국가제례 연구」, 고려대학교 박사학위논문, 2001, 146쪽 : 앞의 책, 2002.

72) 예조에서 祈雨啓目을 올렸다. "1. 『文獻通考』 안에 '4월 이후에 가물면 사직·산림·천택에 두루 비는데, 연고 있는 곳에 나아가 大雩할 때 舞童 14인이 모두 玄衣를 입고 8列로 서서 각각 羽翳(日傘)를 잡고 列마다 雲漢詩를 노래한다.'고 하였습니다. 本曹에서 일찍이 齋郎으로 하여금 雲漢篇을 외우도록 익히게 하였는데, 이제 雩祀와 圓壇에 이것을 부르도록 청합니다. 또 北郊에 望祈할 때와 풍운뇌우·삼각산·한강·목멱·사직·종묘·雩祀·祈雨祀에 나아갈 때에도 또한 모두 이를 부르게 하소서. 1. 董仲舒의 祈雨하는 방법에 말하기를 '南門을 닫고 北門을 열어 놓는다.'고 하였으니, 대개

유교의 기고의례·기우제룡 방식·고전적인 기우제 관습이 결합되어 단묘·산천·용소 등에서 기우제가 거행되었다.[73]

조선후기에는 조선전기의 기고의례와 기우제룡 방식, 외산천 기우의 특징을 유지하면서 기우제가 의례화되면서 정비되었다. 선조대의 기우제차는 기고의례, 기우제룡, 외산천기우가 종합하여 거행되었으며,[74] 인조 25년(1647) 4월 6일부터 5월 23일까지의 기우제는 15차로 설행되었는데,[75] 기고의례·기우제룡·외산천기우가 반복되었다. 이후 숙종 30년(1703)에 국행기우제의 연차가 정식화되고, 기우제의 순서, 제장, 제관의 위계 등이 결정되었다. 이것은 다음과 같다.

K. 기우제의 차례를 개정하기를, "첫 번째로 삼각산·목멱산·한강에 3品官을 보낸다. 두 번째로 龍山江과 楮子島에 宰臣을 보낸다. 세 번째로 풍운뇌우·산천·雩祀에 재신을 보낸다. 네 번째로 北郊에는 재신을 보내고 사직에는 중신을 보낸다. 다섯 번째로 종묘에 중신을 보낸다. 여섯 번째로 삼각산·목멱산, 한강의 沈虎頭에 近侍를 보낸다. 일곱 번째로 용산강과 저자도에

陰을 창달하게 하는 뜻입니다. 청컨대 都城의 남문을 닫고 북문을 여는 것이요 어떠하겠습니까? 1. 동중서가 말하기를 '가물면 郡邑으로 하여금 水日에 백성들로 하여금 社稷에 빌게 한다.' 하였고, 또 말하기를 '家人은 戶神에 제사한다.'고 하였으니, 또 이 법을 가지고 외방의 백성들로 하여금 里社에 나아가 빌게 하고, 또한 중외의 家人으로 하여금 戶神에 제사하여 비를 빌게 하소서." 임금이 그대로 따랐다(『태종실록』 31, 태종 16년(1416) 6월 5일(乙丑)).

73) 禮曹에서 아뢰기를 "각 처의 기우 행사 요건을 후면에 갖추어 기록하오니, 이에 의하여 실행함이 어떠하겠습니까? 1. 종묘·사직·북교·한강·삼각·목멱는 풍운뇌우·雩祀로 기우제를 시행할 것 1. 太一과 雷聲普化天尊은 祈醮를 베풀 것 1. 한강의 楊津에는 沈虎頭(기우제 때 호랑이 머리 모양을 만들어 강에 담그는 것)하게 하고, 또 道流로 하여금 龍王經을 읽게 하며, 朴淵에도 침호두할 것 1. 경성의 각 호구는 문에 분향하고 제사할 것 1. 慕華館의 못가에는 蜥蜴을 써서 기도할 것 1. 동방은 靑龍, 남방은 赤龍, 중앙은 황룡, 서방은 백룡, 북방은 흑룡을 만들어 기우제를 시행할 것 1. 楮子島는 畫龍祭를 시행할 것 1. 北門을 열고 南門은 닫을 것. 1. 북을 치지 말 것." 등을 올렸다(『성종실록』 44, 성종 5년(1474) 閏6월 10일(癸巳)).

74) 『선조실록』 참고.

75) 『祈雨祭謄錄』 참고. 『祈雨祭謄錄』은 인조 14년(1636)부터 고종 26년(1889)까지 가뭄이 심할 때 기우제를 지낸 것에 관한 기록을 예조에서 모아 편찬한 책이다.

중신을 보낸다. 여덟 번째로 풍운뇌우·산천·우사에 중신을 보낸다. 아홉 번째로 북교에는 중신을 보내고 慕華館 못가의 蜥蜴童子는 武臣 嘉善大夫를 보내며, 閭閻에는 屛柳한다. 열 번째로 사직에는 대신을 보내고, 경회루 못가의 석척동자는 무신 가선대부를 보낸다. 열한 번째로 종묘에는 대신을 보내고 春塘臺 못가의 석척동자는 무신 가선대부를 보내며, 南門을 닫고, 北門을 열며 저자[市]를 옮긴다. 열두 번째로 五方土龍祭를 지내고, 楊津·德津·五冠山·紺岳·松岳·冠岳·朴淵·禾積淵·渡迷津·辰巖에는 焚柴하되, 모두 本道로 하여금 설행하게 한다." 하였는데, 예조판서 閔鎭厚가 일찍이 기우제의 차례가 錯亂되었으므로, 마땅히 바로 잡아야 한다고 하니, 대신에게 의논하여 개정하라 명한 것이다. (『숙종실록』 39, 숙종 30년 6월 26일(甲午))

K를 보면 국가제사에 포함된 신들을 대상으로 한 기고의례, 용을 대상으로 한 용신제, 한양 주변의 주요 산천제가 상호 결합하여 기우제의 12제차가 만들어지고 있음을 알 수 있다. 12제차의 내용을 보면 1차는 삼각산·목멱산·한강(기고의례), 2차는 용산강과 저자도(기우제룡), 3차는 풍운뇌우·산천·우사(기고의례), 4차는 북교, 사직(기고의례), 5차는 종묘, 6차는 삼각산·목멱산·한강의 沈虎頭(기고의례와 기우제룡), 7차는 용산강과 저자도(기우제룡), 8차는 풍운뇌우·산천·우사(기고의례), 9차는 북교, 모화관, 못가의 석척동자(기고의례와 기우제룡), 10차는 사직, 경회루 못가의 석척동자(기고의례와 기우제룡), 11차는 종묘, 춘당대 못가의 석척동자, 남문을 닫고 북문을 열며 저자[市]를 옮긴다(기고의례와 기우제룡). 12차는 오방토룡제, 양진·덕진·오관산·감악·송악·관악·박연·화적연·도미진·진암에는 焚柴하였다(기우제룡과 외산천기우).

이상과 같이 조선시대 기우제는 그 제의 절차와 양식이 여러 차례를 거쳐 숙종 30년에 유교적 기우제로 완결되어 조선후기 사회까지 그대로 지속되었다.[76] 숙종 30년 12제차의 전반부에 해당하는 기고의례는 신의 위계적 서열에 따라 산천 → 풍운뇌우·우사 → 종묘·사직 순서로 진행되었

---

76) 최종성, 앞의 논문, 1998, 68~69쪽.

고, 용신기우제는 침호두 → 화룡제 → 석척기우 → 오방토룡제 순서로 정해졌다. 여기에는 산천의 비중이 줄고 단묘의 신들이 중심으로 구성되었으며 용신제가 단묘, 한성의 산천 사이에 들어와 있다.[77] 그렇다면 조선시대 기우제에서 삼각산에서 행해진 기우제는 어떤 모습이었을까.

조선초기부터 1차 기우제는 삼각산에서 행해졌으며 숙종대 정비된 기우제에서도 삼각산은 목멱산·한강과 함께 1차 기고의례였다. 여기에는 3품 관원이 치제하였는데, 대표적으로 영조 13년(1737)에 가뭄이 심해 3품관에게 목멱산·삼각산·한강에서 기우제를 지내게 하였다.[78] 그런데 영조 24년(1748) 윤 7월 7일에 2품 관원을 보내어 삼각산·목멱산·한강에 기우제를 지내라고 명하기도 하였다.[79] 이와 같은 기우제에서 헌관들이 향축을 받을 때 삼각산은 산천 중에서 가장 먼저 받았으며[80] 임금이 친히 풍운뇌우와 삼각산·백악산 등의 제사에 쓸 향과 축문을 전하기도 하였다.[81] 정원이 삼각산 등의 제사는 중하기 때문에 제사지내는 날에 형벌을 시행하지 말기를 청하기도 하였다.[82]

---

77) 17세기와 18세기의 기우제차의 과정과 관련해서 이욱, 「조선시대 국가사전과 영험성의 수용 – 기우제차의 정비를 중심으로」, 『종교와 문화』 6, 2000 참고.

78) 『영조실록』 44, 영조 13년(1737) 7월 6일(壬辰).

79) 『영조실록』 68, 영조 24년(1748) 윤 7월 7일(己未).

80) 申時에 獻官들이 勤政殿의 中階에서 受香하였는데, 香祝을 전한 순서는 사직이 첫째, 영녕전이 둘째, 종묘가 그 다음이며, 산천 가운데에서는 삼각산이 가장 먼저였다(『선조실록』 7, 선조 6년(1573) 5월 5일(甲申)).

81) 친히 풍운뇌우와 삼각산·백악산·한강·목멱산의 제사에 쓸 香과 祝文을 전하였다(『단종실록』 10, 단종 2년(1454) 2월 7일(戊午)). ; 친히 삼각산·목멱산·한강의 제사에 쓸 향과 축문을 전하였다(『세조실록』 11, 세조 4년(1458) 2월 4일(癸巳)).

82) 정원이 아뢰기를 "刑官이 탑전에서 계청한 바, 文宣王 釋采와 사직·풍운뇌우·雩祀·삼각산·한강·선농을 수개할 때 먼저 사유를 고하는 것 및 이외에 수시로 지내는 別祭의 祝文 가운데 御押을 받는 제사와 기우제에 이르러서는, 사체가 모두 중하니 제사지내는 날에 형벌을 시행하는 것이 마땅치 않습니다. 그 나머지 목멱산·宣武祠·纛祭·東南關王廟·厲祭·城隍發告·中霤·開氷司寒 등의 節祭는 축문에 御諱를 쓰지 않으니 앞의 제사에 비해 가벼운 제사를 지낸 후 형벌을 시행하는 것이 마땅할 듯합니다. 이상과 같이 경중을 나누어서 정하였습니다." 하였다. 왕이 이르기를 "지금 분간해 나눈 것이 자못 명백한 듯하다. 형벌을 시행하느냐 마느냐 하는 것은 이에 의거하여

1차 기우를 마치고 비가 오면 이후의 제차는 생략되지만, 그렇지 않을 경우 이틀마다 다음 제차가 행해진다. 숙종 30년대 이후 삼각산에서의 6차 기우는 기고의례와 기우제룡이 결합한 형태로, 침호두는 한강에 호랑이 머리를 침수시켜 부동의 용을 자극하는 기우의례였다. 이는 용호상박의 적대적인 분위기를 조성함으로써 용의 승천과 강우를 이끌어 내려는 주술적인 의례였다. 다음 〈표 4〉는 삼각산에서 행해진 1차 기우제와 6차 기우제의 날짜와 그 내용이다.

〈표 4〉 삼각산에서 행해진 1차 기우제와 6차 기우제의 시일과 그 내용

	1차	6차
숙종 23년 (1697)	4월 20일 : 重臣과 近侍를 나누어 보내어 풍운뇌우·산천·雩祀·삼각산·목멱산·한강 등지에서 기우하게 하고, 팔도[八路]에 명하여 각각 그 지경 안의 祀典에 기재되어 있는 곳에 제사를 마련하여 기우하도록 하였다.	5월 12일 : 중신과 근신을 보내어 우사·삼각산·목멱산·한강에서 기우하게 하였다.
경종 3년 (1723)	5월 4일 : 오랜 가뭄 때문에 삼각산·목멱산·한강 등지에 기우제를 지내라고 명하였다.	5월 25일 : 근시를 보내어 삼각산 등 여러 곳에서 기우제를 지냈다.
영조 8년 (1732)	6월 22일 : 예조에서 기묘일에 근시를 파견하여 삼각산·목멱산·한강에서 비가 내리도록 기도하기를 청하니, 임금이 옳게 여겼다. 그런데 얼마 있다가 영의정이 세상을 떠남으로 인하여 기우제를 정지하는 當否를 대신에게 의논하도록 명하였으며, 인해서 우선 며칠간 정지하도록 명하였다.	6월 26일 : 근시를 파견하여 삼각산·목멱산에서 비를 내리도록 기도하게 하고, 한강에서 沈虎頭 하면서 제사지내게 하였다.
정조 1년 (1777)	4월 26일 : 삼각산·목멱산·한강에 기우제를 지냈다. 5월 24일 : 삼각산·목멱산·한강에 다시 기우제를 행하였다.	5월 15일 : 삼각산·목멱산·한강에 7차의 기우제를 지냈다.
순조 9년 (1809)	5월 14일 : 삼각산·목멱산·한강에서 기우제를 지냈다. 이날 비가 내렸는데 水	6월 2일 : 하교하기를, "규벽을 올려 기우제를 지내는 것이 장차 다섯 번째에 이르

거행하라. 그리고 그 가운데 외방에서 修改한 곳 등에 지내는 제사에는 비록 受押하는 규정이 있더라도 반드시 다 구애받을 필요는 없다."라고 하였다(『현종개수실록』 18, 현종 9년(1668) 2월 18일(丁亥)).

	深이 1寸 2푼[分]이었다.	게 되었다. 일전에 내린 비가 아직도 두루 흡족하지 않으니, 백성들의 일을 생각하면 참으로 대단히 목마른 듯이 번민하다. 여섯 번째의 기우제는 날짜를 가리지 말고 초3일에 근시를 보내어 침호두 하고 경건하고 정성스럽게 설행하도록 하라. 淸齋를 삼가지 않는 것은 祭官의 책임일 뿐만이 아니라, 下隸들의 잘못이기도 하다. 이번에는 더욱 惕念하라는 것으로 祭享하기 위해 나아가는 근시에게 알리도록 하라."하고, 이어 하교하기를, "삼각산의 獻官은 우승지를 차임하고 목멱산의 헌관은 좌부승지로, 한강의 헌관은 동부승지로, 執禮·大祝 등 여러 執事는 入直玉堂 上下番과 史官으로 차임하라." 하였다. 6월 3일 : 삼각산·목멱산·한강에 여섯번째 기우제를 지냈다.
순조 11년 (1811)	4월 3일 : 기우제를 삼각산·목멱산·한강에서 행하였다.	4월 18일 : 여섯 번째 기우제를 삼각산·목멱산·한강에서 지냈다.
순조 14년 (1814)	4월 12일 : 삼각산·목멱산·한강에서 기우제를 지냈다.	4월 27일 : 삼각산·목멱산·한강에서 6차 기우제를 지냈다.
순조 25년 (1825)	5월 26일 : 이때에 가뭄이 심하여 移秧이 늦어지고 있는데, 예조의 계사로 인하여 첫 번째 기우제를 삼각산·목멱산·한강에서 행하였다.	6월 11일 : 여섯 번째 기우제를 삼각산·목멱산·한강에서 거행하였는데, 비가 내려 수심이 4촌 3푼이었다. 예조에서 기우제를 정지하고 가을을 기다려서 報謝祭를 설행하기를 계청하니, 윤허하고 獻官 이하에게 시상하였다.
순조 32년 (1832)	5월 24일 : 첫 번째의 기우제를 삼각산과 목멱산 및 한강에서 행하였다.	6월 17일 : 여섯 번째의 祈雨祭를 삼각산과 목멱산 및 한강에서 행하였다. 비가 내렸는데, 수심이 4촌 6푼이었다.
고종 1년 (1864)	5월 16일 : 삼각산과 목멱산에 기우를 지냈다.	6월 1일 : 삼각산·목멱산·한강에서 여섯 번째 기우제를 지냈다.
고종 13년 (1876)	4월 16일 : 첫 번째 기우제를 삼각산·목멱산·한강에서 지냈다.	5월 1일 : 여섯 번째 기우제를 삼각산과 목멱산에서 지내고 한강에 虎頭를 담그는 의식을 행하였다.
	6월 4일 : 첫 번째 기우제를 삼각산, 목멱산, 한강에서 지냈다.	6월 19일 : 여섯 번째 기우제를 삼각산과 목멱산에서 지내고, 한강에서 虎頭를 담그는 의식을 행하였다.
고종 19년 (1882)	4월 19일 : 삼각산과 목멱산, 한강에서 기우제를 지냈다.	5월 4일 : 삼각산과 목멱산에서 여섯 번째 기우제를 지내고, 한강에 虎頭를 빠뜨렸다.

고종 22년 (1885)	5월 13일 : 첫 번째 기우제를 삼각산·목 멱산·한강에서 지냈다.	5월 28일 : 삼각산·목멱산·한강에서 虎頭 를 담그고 여섯 번째 기우제를 지냈다.
고종 24년 (1887)	윤4월 24일 : 삼각산·목멱산·한강에 첫 번째 기우제를 지냈다.	5월 10일 : 삼각산·목멱산·한강에 여섯 번째 기우제를 지냈다.

　〈표 4〉를 보면 숙종 30년 12제차 기우제를 정비하기 이전 숙종 23년에도 삼각산에서의 1차 기우와 6차 기우가 보인다. 그런데 6차 기우에서 숙종 30년 이후와 다른 것은 雩祀가 보인다. 이것은 숙종 30년에 삼각산, 목멱산, 한강의 침호두로 6차 기우가 변화되었기 때문이다. 그런데 정조 1년 5월 15일의 기우제에는 6차가 아닌 7차 기우제에 삼각산이 나오기도 한다. 영조 8년의 경우는 영의정이 죽자 1차 기우제가 멈췄고, 이후 6차 기우제를 행하고 있다. 정조 1년 5월 24일에는 삼각산·목멱산·한강에 다시 기우제를 행하였다고 한다. 이것은 12제차를 통해서도 비가 오지 않자 다시 1차 기우제로 행하였음을 알려준다. 고종 13년 4~6월까지 행해진 기우제에도 당시의 가뭄의 심각함을 알 수 있다. 순조 9년에는 1차 기우제를 지내고 비가 왔으나, 이후 계속해서 기우제를 진행하고 있다. 이로 볼 때 충분한 비가 오지 않을 때는 기우제의 제차가 진행되는 것을 보여주는 것이다. 이것은 순조 23년 6월 11일에 여섯 번째 기우제를 거행하였는데, 비가 내려 수심이 4촌 3푼이었다. 예조에서 기우제를 정지하고 가을을 기다려서 報謝祭 를 설행하기를 계청하고 있는 데서 알 수 있다. 순조 32년의 6차 기우제를 지낸 이후의 비 역시 수심이 4촌 6푼이었다.

　한편 숙종 30년에 정해진 12차 기우인 진암분시도 주목되는데, 이것은 용암으로 인식된 진암에 불을 피워 불과 열로 용의 처소를 위협하는 용암분시 의 일종이었다. 진암분시는 조선전기 성종 때 삼각산에서 섶을 태우며 벌인 기우행사로[83] 국가적 기우제차로 정식화되어 선조대에는 3차 기우로,[84]

---

83) 興天寺에서 祈雨祭를 올리고 또 道峯山 辰巖에서 燔柴하였다(『성종실록』 4, 성종 5년(1474) 윤6월 21일(甲辰). ; 전교하기를 "전에 가뭄을 만나면, 삼각산 辰巖에 제사하 고 불을 놓으면 혹 비가 내린 적이 있었으니, 지금도 이와 같이 하여 기우하려고 하는데, 어떠하겠는가? 나이가 장성한 처녀로 결혼하지 않은 자가 반드시 많을

17세기에는 5차 기우로, 숙종 30년 이후부터는 각도에서 거행하는 12차 기우로 정례화되었고, 서울에서는 12차 기우로 오방토룡제가 행해졌다.

본 글에서는 문헌에 보이는 삼각산이 산천제사로 정비되어 가는 과정 및 삼각산신과 산천신의 역할, 그리고 기우제와 삼각산과의 관계에 대해 살펴보았다. 조선초기에 삼각산은 護國伯이라는 칭호를 부여받았는데, 산천

것이니, 該司로 하여금 널리 물어서 독려여 결혼하도록 하라." 하니, 승정원에서 아뢰기를 "이제 심한 한재를 당하여 어느 神에게나 다 제사를 지냈으니, 辰巖의 기우도 무방할 듯합니다." 하자, 전교하기를 "內官으로 하여금 행하게 하라." 하였다. (『성종실록』180, 성종 16년(1485) 6월 23일(壬寅)) ; 성종조에서는 내관을 시켜 삼각산의 辰巖에 가서 불태우게 했는데, 지금은 禮曹 郎官이 가서 불태우게 하되 섶柴은 楊州 고을에서 준비하게 하라. 전교하였다. "어제 저녁에는 비가 올 조짐이 있어 매우 기대가 컸었는데 오늘은 살펴보니 도로 맑게 갰다. 이처럼 말라붙은 땅에 잠시 뿌리는 비는 도리어 이슬만도 못하여 더욱 곡식에 해롭다. 지금 상하가 어쩔 줄 몰라 해보지 않은 것이 없는데 맹인과 무당들의 기우제도 이미 끝마쳤다. 지난번 예조가 楊州의 辰巖에서 섶을 태우면서 기우제를 지내는 일은 차차로 하겠다고 했는데, 지금 한재가 너무도 절박하니 차례를 헤아릴 수가 없다. 전례에 따라 속히 진암에서 섶을 태우게 하라."(『중종실록』93, 중종 35년(1540) 5월 14일(乙巳)) ; 전교 하였다. "요사이 날마다 東風이 불고 햇볕이 내리쬐다가 어제와 오늘은 하늘에 구름이 끼기에 소나기가 내리려는가 여겼었는데 비 내릴 기미가 전연 없다. 가뭄이 이러하니, 전일 昭格署 및 摩利山 塹城의 醮祭[마리산 참성은 江華府에 있다]와 기우제는 형편을 보아서 하라고 전교한 것을 근일 중에 시급히 거행하고, 辰巖에서 焚薪[진암은 楊州에 있고, 분신은 역시 기우하는 일이다] 할 것도 아울러 해조에 이르라."(『명종실록』 17, 명종 9년(1554) 7월 18일(丙辰)).

84) 삼각산 辰巖에 제사지낼 3차 祈雨祭文으로 정원에 전교하기를, "평소 진암에 焚柴하여 기우제를 지낼 적에 제문이 있었는지를 기억하지 못하겠다. 常祭라면 이 제문이 옳겠지 만, 분시를 하면서 제사지내는데 전연 분시에 관한 뜻이 없으니 곡절을 잘 살펴서 하라." 하니, 정원이 회계하기를, "신들이 예조의 草謄錄을 가져다가 고찰해 보니, 지난 을미년 4월에도 旱災 때문에 焚柴祭를 거행했는데, 3차 기도한 대문에 써 놓았습니다. 그리고 제문의 有無와 香室의 守僕에 대해서도 분명하게 말해 놓은 것이 있었습니다. 그러나 정유년 이상의 제문은 등록이 유실되어 달리 고찰해 볼 길이 없었습니다. 다만, 예조의 초등록에 이미 '京奠物'이라고 쓰여 있으니 제사를 거행하는 절차가 있은 것이 분명합니다. 제사를 지내면서 제문이 없었을 리가 없습니다. 이번의 이 제문 내용에는 참으로 분시에 관한 뜻이 없기 때문에, 知製敎로 하여금 첨가해 넣도록 하여 다시 付標하여 입계합니다." 하니, 전교하기를, "진암에서의 분시는 그전부터 예조의 낭청이 가서 지냈었는데 별도로 제문이 없었으니, 예조에 물어서 잘 살펴 시행하라." 하였다(『선조실록』162, 선조 36년(1603) 5월 18일(癸酉)).

에 대한 분봉은 당 측천무후로부터였고 신라와 고려에서도 산천에 대한 분봉이 있었다. 하지만 조선초에 행해진 명산대천·성황·해도에 행해진 봉작은 오래지 않아 사라졌는데, 이것은 유교적 국가제사체계 정비와 밀접한 관련을 가지고 있었다. 전근대 동아시아 국가제사는 대·중·소사에 편제되었는데, 산천제사는 중사와 소사에 대체로 편입되었다. 삼각산은 백제의 부아악으로, 백제 때부터 진산으로 신성시되었고 이것은 통일 이후 신라의 소사에 편제되었다. 고려시대에는 왕이 삼각산에 행차하였는데, 이러한 삼각산은 고려의 잡사에 편제되었다고 하였다. 조선은 건국 이후 삼각산 등 산천제사에 대한 여러 제도를 정비하였고, 그 과정에서 삼각산은 한양을 수호하는 진산으로, 중사에 편제되어 四嶽 중 가장 높은 산악으로 자리매김하다가 이후 中嶽으로 편제되었다고 하였다.

한편 산천신에게 봉작을 내리고 산천신의 신상을 만들어 형상화하는 것은 산천신을 인격화하는 것이다. 따라서 산천에 대한 봉작과 신상 설치에 대해 고려시대부터 비판이 있어 왔고, 조선의 산천제사가 유교제사로 정비되면서 산천에 대한 봉작과 신상이 철폐되었는데, 이것은 삼각산 산신도 마찬가지였다. 삼각산 산신의 신위는 태종 14년(1414) 7월 25일에 白岳祠에 옮겨 백악산의 산신과 짝지워졌으며, 삼각산신에 대한 제사는 한강의 신, 목멱산신과 함께 제사지내졌다. 삼각산신을 비롯한 산천신은 가뭄뿐 아니라 홍수나 질병이 발생했을 때 도움을 주는 신으로 기우제뿐만 아니라 기청제, 기설제와도 관련있었으며 왕실의 안정과도 밀접한 관련을 가지고 있었다고 하였다. 이것은 산천신이 수호신적 역할을 가지고 있었기 때문이다. 이와 같은 산천신에 대한 제사는 불교·도교·무속 및 유교적 요소 등으로 다양하게 구성되었는데, 조선후기에는 유교적 요소만을 띠었다고 하였다.

산천신에 대한 제사 중 가장 큰 비중을 차지하는 것은 기우제이다. 한국 고대부터 삼각산에서 기우제를 행하였다. 하지만 기우제는 산천 외에도 다양한 장소에 이루어졌다. 조선시대에는 다양한 장소에서 행한 기우제를 정비하였고 숙종 30년(1703)에 최종 정리되었다. 기고의례는 산천 → 풍운뇌우·우사 → 종묘·사직 순서로, 용신기우제는 침호두 → 화룡제 → 석척기우 → 오방토룡제 순서로 정해졌다. 조선초기부터 삼각산에서 이루어진 기우제는 1차로 행해지고 있으며 숙종대 정비된 기우제에서도 삼각산은 목멱산·한강과 함께 1차 기고의례였다. 숙종 30년대 이후 삼각산에서의 6차 기우제는 기고의례와 기우제룡이 결합한 형태로, 침호두는 한강에 호랑이 머리를 침수시켜 부동의 용을 자극하는 기우의례였다. 그리고 용암분시의 일종인 12차 기우 진암분시도 삼각산에서 행해졌다.

제4절 조선시대 강릉의 城隍祠와 단오제

현재 강릉단오제에는 대관령국사성황인 범일, 대관령산신인 김유신, 대관령국사여성황인 정씨부인을 모신다.[1] 이 중 산신은 대관령에서 치제하며 국사성황은 강릉시내로 모시고 내려와 축제를 한다. 때문에 국사성황, 범일은 강릉단오제의 주신이다. 하지만 허균의 『惺所覆瓿藁』와 『臨瀛誌』에 따르면 강릉단오제의 주신은 김유신 → 僧俗二神 → 國師 → 승속이신으로 나온다.

『성소부부고』는 허균이 쓴 시와 산문들을 모아 시·부·문·설부의 4부로 나누어 정리한 초고이다. 『임영지』는 강릉의 역사·인문·지리 등을 총망라하여 엮은 것으로, 전·후·속지가 있다. 전지는 萬曆 말년 즉 광해군 연간(1608~1623)에, 후지는 영조 戊辰年(1748)에, 속지는 정조 丙午年(1786)에 편찬되었다.[2] 전·후·속지를 구지라 하며, 구지의 끝 부분에 1786년부터 1933년까지 147년간의 기록을 덧붙여 실은 것은 『증수임영지』라고 한다.[3]

---

1) 갑오개혁을 전후한 시기의 강릉단오제에 대해서는 秋葉 隆, 「江陵端午祭」, 『日本民俗學』 2권 5호, 日本民俗學會, 1930 ; 秋葉 隆, 沈雨晟 옮김, 『朝鮮民俗誌』, 동문선, 1993, 194~202쪽 참고. 현재의 강릉단오제와 관련해서는 장정룡, 『강릉 단오제 현장론 탐구』, 국학자료원, 2007, 45~54쪽 참고.

2) 『임영지』 속지 범례.

3) 박영완, 「강릉 임영지 해설」, 『강원민속학』 1집, 1983 ; 박영완, 「강릉 임영지 연구」, 『강원민속학』 7집, 1992, 34~36쪽 ; 강릉문화원, 「해제」, 『완역 증수임영지』, 1997. 본 글의 『임영지』는 국립중앙도서관 소장본인 『강릉부지』 5권을 바탕으로 한다. 1권은 江陵府誌, 2권은 전권 1, 3권은 전권 2, 4권은 후권 1, 5권은 속권 1·2·3·4권으로 이루어져 있다. 2·3권은 전지, 4권은 후지, 5권은 속지라고 한다. 1권인 강릉부지는 孟至大가 만들었다고 알려진 『강릉부지』(1788)에 가까운 것으로 이해한다(심형준,

이에 연구자들은 각각의 기록을 통해 강릉단오제의 주신을 비정하고 있으며, 그것의 성격에 대해서도 다양하게 이해하였다.[4] 이를 통해 강릉단오제에 대한 이해뿐만 아니라 강릉 지역에서 김유신과 梵日의 위상에 대한 이해는 넓고 깊어졌다. 하지만 논자들은 주로 강릉단오제의 주신에만 집중하였고, 그것과 관련된 조선시대 祠廟인 城隍祠·金庾信祠·大關山神祠에 대해서는 크게 주목하지 못하였다. 따라서 조선시대 강릉의 성황사를 비롯하여 김유신사와 대관산신사에 대한 이해가 필요하다고 생각한다.

이를 위해 우선 『신증동국여지승람』의 강릉 사묘조와 『성소부부고』, 『임영지』 및 다양한 기록에 보이는 조선시대 강릉의 성황사와 김유신사와의 관계, 대관산신사와 단오제와의 관계에 대해 검토해 볼 것이다. 그리고 승 범일이 단오제에서 국사성황이 될 수 있었던 과정과 그 이유에 대해서도 생각해 볼 것이다. 이를 통해 현재 강릉단오제의 주신인 범일의 정체성과 현재적 의미를 파악할 수 있을 것으로 기대한다.

「강릉단오제 主神 교체 문제에 관한 고찰」, 『역사민속학』 43, 2013, 280쪽, 주 43) 참고). 따라서 본 글에서는 『강릉부지』 1권은 『강릉부지』로, 『강릉부지』 2·3권은 『임영지』 전지, 『강릉부지』 5권은 『임영지』 속지로 표기한다.

4) 秋葉 隆, 앞의 논문, 1930 ; 村山智順, 『部落祭』, 京城 : 朝鮮總督府, 1937 ; 임동권, 『중요무형문화재지정자료 : 강릉단오제』, 문교부, 1966, 13~15쪽 ; 김선풍, 『韓國詩歌의 民俗學的研究』, 형설출판사, 1977, 36~39쪽 ; 이규대, 「강릉 국사성황제와 향촌사회의 변화 : 향리층의 미타계를 중심으로」, 『역사민속학』 7집, 1998, 115쪽 및 122~127쪽 ; 장정룡, 「강릉단오굿」, 『비교민속학』 13집, 1996, 119~121쪽 ; 김소현, 「생태민속학적 관점에서 바라본 강릉단오제 주신 문제」, 성균관대학교 석사학위논문, 2012. 이를 〈표〉로 제시하면 다음과 같다.

연구자	강릉단오제 주신	신의 성격	교체시기
秋葉 隆	불명	산신	
村山智順	泛日國師	산신, 국사성황신	
임동권	梵日國師		
김선풍	김유신, 범일국사[僧俗二神]	산신(김유신), 국사성황신(범일국사)	
이규대	김유신→ 梵日國師	산신→ 성황신(고을신)	18세기 초
장정룡	김유신→ 梵日國師	산신→ 성황신(고을신)	18세기 이후
김소현	ⓐ 梵日國師→ 김유신→ ⓑ 梵日國師	산신→ 성황신	ⓐ 조선초, ⓑ 19세기 이후

이와 관련해서 심형준, 앞의 논문, 2013, 291~292쪽.

1. 성황사와 金庾信祠

『임영지』 속지에는 "[신증] 읍에는 각각 성황사가 있어 봄·가을에 제사를 올린다. 강릉에는 (봄·가을에) 제사를 올리는 외에 다른 이상한 것이 있다"고 하였다.[5] 전자는 조선초기 성황제가 재편되면서 正祀로 등재된 지방관 주도의 邑治성황제이고,[6] 후자는 단오 때 거행하는 향리 주도의 성황제(이하 단오제라 함)라고 할 수 있다. 조선시대 강릉의 성황사와 관련해서 다음이 주목된다.

> A. 社稷壇(府 서쪽에 있다). 文廟(향교에 있다). 城隍祠(부 서쪽 百步 지점에 있다). 厲壇(부 북쪽에 있다). 金庾信祠(화부산에 있다. [신증] 지금은 성황사에 합쳤다). 大關山神祠(부 서쪽 40리 지점에 있다). (『동국여지승람』 44, 강원도 江陵大都護府 祠廟)[7]

A를 보면 강릉의 사묘로 사직단·여단·문묘와 함께 성황사가 있음을 알 수 있다. 조선은 건국 이후 군현제를 정비하면서 주·부·군·현에 사직단·문묘·여단과 함께 성황사를 두었으며, 매년 봄·가을에 국가에서 임명한 관리나 지방의 수령이 제사를 지냈다.[8] 조선초기 성황사는 읍의 치소가 있는 읍치와 그와 인접한 主山에 대부분 위치하였다.[9]

---

5) "[新增] 邑各有城隍祠 春秋則享祀之 至於江陵則享祀外 別有異者"(『임영지』 속지 風俗). 본문의 '신증'은 이전의 『임영지』 전지·후지의 내용을 새로 증보한 것이다(박도식, 「강릉지역에서의 범일국사 奉安 연구」, 『제6회 범일국사 전국학술세미나』(범일국사에 대한 지역 인식과 인물 연구) 4, 2013a 참고.

6) 서영대는 "지방 행정구획과 대응관계를 이루고 邑治 또는 읍치와 가까운 鎭山에 있던 성황사"를 邑治城隍祠로 명명하였다(서영대, 「韓國·中國의 城隍信仰史와 淳昌의 '城隍大神事蹟」, 『성황당과 성황제』, 민속원, 1998, 435쪽.

7) "社稷壇(在府西) 文廟(在鄕校) 城隍祠(在府西百步) 厲壇(在府北) 金庾信祠(在花浮山 新增 今合于城隍祠) 大關山神祠(在府西四十里)."

8) 박호원, 「朝鮮 城隍祭의 祀典化와 民俗」, 『성황당과 성황제』, 민속원, 1998, 164~165쪽.

9) 조선시대 성황사는 1481년(성종 12)에 편찬된 『동국여지승람』에 의하면 전국 325개

A를 보면 강릉의 성황사는 강릉부 서쪽 100보 지점에 있었다. 여기에는 조선초기 국가의 祀典 정책에 따라 '江陵府城隍之神'이라고 쓴 신위만 봉안되어 있었다.[10] 그러나 A를 보면 "지금은 (화부산에 있던 김유신사를) 성황사에 합쳤다"고 하였다. 여기에서 '지금'은 『신증동국여지승람』(이하 『신증』)이 편찬된 1530년(중종 25)이다. 다음도 주목된다.

B. 1) ① 김유신사 : 花浮山에 있었는데, 城隍祠에 합해졌다. (『여지도서』 강원도 강릉 단묘)[11] ② 김유신사 : 옛날에는 화부산에 있었다. 지금은 성황사에 합해졌다. (『임영지』 속지 壇廟)[12] ③ 김유신사 : 처음에는 강릉부 서쪽에 있는 성황사에 모셨으나, 고종 갑신년(1884) 봄에 그의 후손 顯球, 河根, 弘斗 등이 다시 花浮山 아래 향교 동쪽에다 짓고, 5월 5일에 제사를 올렸으며, 1910년 경술년 가을에 遺跡碑를 세웠다. (『증수임영지』 단묘)[13]

2) ① 성황사 : 부의 서쪽 백보에 있다. (『여지도서』 강원도 강릉 단묘)[14] ② 성황사 : 부의 서쪽 백보에 있다. 김유신사를 合祠하였다. (『강릉부지』 壇隍)[15] ③ 성

군현 가운데 151개 군현의 성황사가 治所 부근에 있었고, 79개 군현의 성황사는 산에 있었다. 서영대, 앞의 논문, 1998 참고.

10) 태조 원년(1392) 8월의 사전 개편안에는 "여러 神廟와 여러 주군의 성황은 나라의 祭所이니, 다만 모주·모군 성황의 신[某州某郡城隍之神]이라 일컫고, 位板을 설치하여 각기 그 고을 수령에게 매년 봄·가을에 제사를 지내도록 하고, 奠物·祭器·酌獻의 禮는 한결같이 朝廷의 禮制에 의거하라"고 명시되어 있다(『태조실록』 1, 원년 8월 경신). 그러나 이러한 결정에도 불구하고 성황신에의 爵號와 神像 설치가 여전히 관행되자 태종 13년(1413) 6월 예조에서는 성황신을 신주로 봉안하고 신주에 '某州城隍之神'이라 할 것을 재차 건의하고 있다(『태종실록』 25, 13년 6월 을묘). 그 후 세종 12년(1430) 8월 壇廟制와 神牌制의 세부적인 규정 조처가 마련됨에 따라 각 성황신의 위패를 '某府城隍之神'으로 할 것과 신상들의 철거 및 神號에 '護國' 등의 삭제가 결정되었다(『세종실록』 49, 12년 8월 갑술). 이상은 박도식, 앞의 논문, 2013a에서 재인용.

11) "金庾信祠 : 在花浮山合于城隍祠."

12) "金庾信祠 : 舊在花浮山 今合于城隍祠."

13) "金庾信祠 : 初奉于府西城隍祠(以上舊誌) 高宗甲申春 其後孫顯球河根弘斗等 更立祠于花浮山下鄕校東 祀日用五月五日 庚戌秋立遺跡碑."

14) "城隍祠 : 在附西百步."

15) "城隍祠 : 在附西百步 合祀金庾信祠."

황 : 부의 서쪽 백보에 있다. 김유신사를 합부하였다. (『관동읍지』강릉부 단황)16)

B에 따르면 『여지도서』와 『임영지』속지, 『강릉부지』와 『관동읍지』에는 김유신사가 성황사에 합쳐져 있는 사실을 전한다. 『여지도서』는 1757년(영조 33)~1765년에 전국 각 군현에서 편찬한 313개의 邑誌·영지·진지를 모은 전국 읍지이다. 『관동읍지』는 1871년에 강원도 내 26개 군현의 읍지를 合編한 강원도 도지이다. 김유신사는 『증수임영지』에 따르면 1884년 성황사에서 독립되었으며, 이것은 후술되는 『東湖勝覽』에 화부산에 김유신사가 있다고 한 것과 일치한다. 『동호승람』은 1933년 『증수임영지』가 간행된 직후 최백순에 의해 간행된 강릉의 사찬읍지이다.

이처럼 김유신사는 『신증』 이전에는 독립된 사묘였으나, 『신증』 이후 성황사에 합쳐졌으며 1884년에 그의 후손에 의해 다시 독립되어 지금까지 남아 있다. 그렇다면 김유신사가 성황사에 합사된 이유는 무엇일까. 『임영지』 속지, 즉 1786년 이전에도 강릉지역에는 단오제가 있었다. 이와 관련해서 다음이 주목된다.

C. 계묘년(선조 36, 1603) 여름이었다. 내가 溟州(강릉)에 있을 때 고을 사람들이 5월 초하룻날에 大嶺神을 맞이한다 하기에, 그 연유를 首吏에게 물으니 수리가 이렇게 말하였다. "대령신이란 바로 新羅大將軍 金公庾信입니다. 공이 젊었을 때 명주에서 공부하였는데, 山神이 劍術을 가르쳐 주었고, 명주 남쪽 禪智寺에서 칼을 鑄造하였는데, 90일 만에 불 속에서 꺼내니 그 빛은 햇빛을 무색하게 할 만큼 번쩍거렸답니다. 공이 이것을 차고 성내면 저절로 칼이 칼집에서 튀어나오곤 하였는데, 끝내 이 칼로 고구려를 쳐부수고 백제를 평정하였답니다. 그러다가 죽어서는 대령의 산신이 되어 지금도 신령스런 이적이 있기에, 고을 사람들이 해마다 5월 초하루에 괫대(旛蓋)와 香花를 갖추어 대령에서 맞이하여 府司에 모신답니다. 그리하

16) "城隍 : 在附西百步 合祠金庾信祠."

여 닷새 되는 날에 雜戱로 神을 기쁘게 해 드린답니다. 신이 기뻐하면 하루 종일 괫대가 쓰러지지 않아 그 해는 풍년이 들고, 신이 화를 내면 일산이 쓰러져 그 해는 반드시 風災나 旱災가 있답니다." 이 말을 듣고 나는 이상하게 여겨 그 날에 가서 보았다. 과연 일산이 쓰러지지 않자, 고을 사람들이 모두 좋아하고 환호성을 지르며 경사롭게 여겨 서로 손뼉 치며 춤을 추는 것이었다. 내 생각건대, 공은 살아서는 왕실에 功을 세워 삼국통일의 盛業을 완성하였고, 죽어서는 수천 년이 되도록 오히려 이 백성에게 禍福을 내려서 그 신령스러움을 나타내니, 이는 진정 기록할 만한 것이다. (『惺所覆瓿藁』 14, 文賦11 贊 大嶺山神贊 并書)17)

C는 1603년(선조 36) 여름 허균이 강릉단오제를 구경하고 기록한 글의 일부이다. 여기에 따르면 고을 사람들은 매년 5월 1일에 首吏의 주도하에 괫대[旛蓋]와 香花를 갖추어 대관령에서 산신을 맞이하여 府司에 모셨고, 닷새 되는 날에 雜戱로 신을 기쁘게 해 주었다고 한다. 이때 모신 신은 대령신, 대관령산신인 김유신 장군이다.

강릉지역과 김유신과의 관계에 대해 허균은 수리의 말을 빌려 김유신 장군은 젊었을 때 명주에서 산신에게 검술을 배우고 신검을 주조하여 그것으로 고구려와 백제를 평정하였으며, 죽어서는 대관령의 산신이 되어 신령스런 이적이 있었다고 한다. 이와 관련해서 다음도 참고된다.

D. 花浮山祠는 신라 명신 金庾信의 사당이다. … 신유년(무열왕 8, 661)에 말갈을 북쪽으로 쫓아내라는 왕명에 따라 이를 정복하기 위해 명주에 와 화부산 아래에 주둔하며 칼을 만들었고, 오대산에서 말 타는 훈련을 하고 八松亭에서 토벌계획을 도모하였다. (적이 모두 두려워 도망가니,

17) "歲癸卯夏 余在溟州 州人將以五月吉 迓大嶺神 問之首吏 吏曰 神卽新羅大將軍金公庾信也 公少時游學于州 山神敎以釼術 鑄釼於州南禪智寺 九十日而出諸爐 光耀奪日 公佩之 怒則躍 出韜中 以之滅麗平濟 死而爲嶺之神 至今有靈異 故州人祀之 每年五月初吉 具旛蓋香花 迎于大嶺 奉置于府司 至五日陳雜戱以娛之 神喜則終日蓋不俄仆 歲輒登 怒則蓋仆 必有風水 之災 余異之 及期往看之 果不俄 州人父老悉驪呼謳詩 相慶以抃舞 余惟公生而立功於王室 成統三之業 死數千年 猶能福禍於人 以現其神 是可紀也已."

사방의 백성들이 의지하고 따랐다. 선생이 죽은 후 보호받은 것에 말미암아 주둔처에 사당을 짓고 제향하였는데, 세월이 흘러서도 변하지 않았다.)

『東湖勝覽』 2, (江陵) 祠廟(及影堂現存)18)

D에 따르면 김유신은 말갈을 정복하기 위해 명주에 와 화부산 아래에 주둔하며 칼을 만들었고, 오대산에서 말 타는 훈련 등을 하였다고 한다. 이처럼 『성소부부고』와 『동호승람』에 전하는 김유신과 관련된 이야기는 오랫동안 강릉지역에 회자되면서 기록되었다고 할 수 있다.19)

고려말 鄭樞(1333~1382)의 「江陵東樓對月有感」이라는 시의 끝 부분 세주에는 "강릉에 김유신사가 있다(江陵有庾信祠)"고 전한다.20) 이로 볼 때 김유신사는 고려 때 이미 강릉에 있었음을 알 수 있다. 후술되는 진천현의 김유신사가 신라 때에 세워졌다는 점에서 강릉의 김유신사 역시 고려 이전에도 있었다고 생각된다. 이로 볼 때 조선초기 사묘를 정리하면서 김유신사는 강릉의 사묘의 하나로 자리잡았다고 할 수 있다. 김유신사는 『신증』 이후 성황사에 합쳐졌다. 그런데 김유신은 허균이 구경한 단오제에서 주신이었다. 이것은 김유신이 이전부터 강릉단오제와 밀접한 관련을 가지고 있었던 것을 말해주는 것으로 여겨진다. 이와 같이 생각할 수 있다면 김유신사는 성황사에 합쳐지기 전에 단오제와 관련있었다고 볼 수 있다. 이와 관련해서 다른 지역의 김유신사가

---

18) "花浮山祠 卽新羅金庾信之祠也 … 辛酉 靺鞨撓北邊王命征之 先生至溟州進屯花浮山下鑄釰 五臺習馬 八松亭持久計(賊皆畏遁 四境賴沽民咸追思 及先生死護 留陣處建祠 享祀歷世不替)."

19) 『성소부부고』와 『동호승람』에 수록된 강릉과 김유신 관련 기사에 대해서는 박도식, 「강릉지역에서 김유신 장군의 顯彰」, 『흥무대왕 김유신과 江陵』, 흥무대왕김유신선양회, 2013b ; 『관동지방금석문자료집』Ⅱ 참고.

20) 『東文選』 7, 七言古詩, "大關以東天下稀 溟州樹老鶯亂飛 淸晨騎馬訪招提 歸來賓館日已西 登樓月色白如雪 鐵笛一 弄山欲裂 闌干倚遍正愁絶 問月千年幾圓缺 夜深四顧人寂寞 城烏啞啞塵漠漠 小星耿耿月爭光 雲漢終古昭文章 昭文章臨萬方 浮雲欲蔽爲可傷 安得良劍倚穹蒼 鯨濤接天渺無極 花浮邐迤藹佳色 庾信將軍信英雄 千載卓犖稱奇功(一作庾信將軍喚不聞 風作浪湧空銷魂 江陵有庾信祠 花浮 山名)." 이 시는 『동문선』 외에 태종 18년(1418)에 편집, 간행된 『圓齋先生文稿』 上, 詩와 『신증동국여지승람』 44, 강릉대도호부 古跡條에도 실려 있다.

관심을 끈다.

E. 1) ① 김유신사 : 吉詳山에 있다. 신라 때에 詞宇를 세우고 봄·가을로 香과 祝을 내려 제사를 지냈다. 고려에서도 그대로 시행하다가, 本朝 太祖 8년에 이르러 비로소 중지시키고 본 고을 관원으로 하여금 제사지내게 했다. (『신증동국여지승람』 16, 충청도 진천현 사묘)[21] ② 김유신사 : 鎭川縣 吉祥山에 있다. 신라 때 사당을 세우고 봄·가을로 향과 축문을 내려 제사를 지냈었고, 고려 때도 그대로 행하였는데, 조선에 와서는 태조 8년에 비로소 향과 축문을 내리는 것을 정지하게 하고, 그 곳에 있는 관리를 시켜 제사를 지내도록 하였다. (『연려실기술』 별집4, 祀典典故)

2) ① 김유신사 : 孝靈縣 西岳에 있는데, 三將軍堂이라 속칭된다. 매년 端午날에 縣의 首吏가 고을 사람을 거느리고 驛騎에 旗·북[鼓]을 달고 神을 맞이하면서 거리를 누빈다. (『신증동국여지승람』 25, 경상도 軍威縣 祠廟)[22] ② 김유신의 사당은 또 軍威縣에도 있는데, 단옷날에 고을 사람들이 제사를 지낸다. (『연려실기술』 별집4, 祀典典故)[23]

E는 진천과 군위의 김유신사에 대한 내용이다. 후자는 전자와는 달리 현의 수리가 단오날에 김유신을 맞이하였다고 한다. 이로 볼 때 성황사에 합사되기 전 강릉의 김유신사는 군위와 같은 단오제로, 향리가 주도하지 않았을까 한다. 김유신사에서 이루어진 강릉단오제의 모습과 관련해서는 다음도 주목된다.

---

21) "金庾信祠 : 在吉詳山 新羅時置詞宇 春秋降香祝行祭 高麗仍之 本朝太祖八年始停之 令所在官致祭."

22) "金庾信祠 : 在孝靈縣西岳 俗稱三將軍堂 每歲端午日 縣首吏率邑人 以驛騎旗鉞神遊于村巷."

23) 다음도 참고된다. 『五洲衍文長箋散稿』 天地篇 天地雜類 鬼神說, "軍威西岳之金庾信祠(輿地勝覽 嶺南軍威縣西岳 有新羅金庾信祠 俗稱三將軍堂 每歲端午日 邑人以驛騎旗鼓迎神于村以祭日 古將主西城遺俗于今祀事焉 其母萬明亦爲神 今巫女之呪稱萬明而祀之 按萬明神必掛銅圓鏡 名曰明道)."; 『五洲衍文長箋散稿』 經史篇 論史類 論史, "軍威縣西 有金庾信祠 俗稱三將軍堂 每歲端午日 邑人以騎驛旗鼓 迎神于村以祭 日古將主 西城遺俗 于今祀事焉 詳見三國史及輿地勝覽."; 『自著』 27, 雜著 羅山策, "… 威神何著(孝峇有金庾信祠 號爲將軍堂 禱輒有應)."

F. 영동의 민속에는 매년 3·4·5월 중에 날을 받아 무당을 맞이하고 水陸의 별미를 극진히 마련하여 山神에게 제사를 드린다. 부자는 祭物을 말 바리로 실어 오고 가난한 자는 지거나 이고 와서 제단에 차려 놓고, 피리를 불고 비파를 타며 즐겁게 사흘을 연이어 취하고 배불리 먹은 연후에야 집으로 내려와서 비로소 사람들과 매매를 시작한다. 만약 제사를 지내지 않으면 한 자의 베[尺布]도 남과 매매할 수 없다. (『秋江先生文集』 5, 遊金剛山記)24)

F는 1485년(성종 16) 南孝溫이 윤4월 11일에 고성군을 지나면서 영동지역의 민속에 대해 기록한 것으로, 이 지역 사람들은 매년 3·4·5월 중에 날을 받아 무당을 맞이하여 산신에게 제사를 드리는 풍속이 있었다고 한다.

이로 볼 때 『신증』 이전의 강릉단오제에서는 김유신사에서 산신인 김유신을 모셨다. 하지만 조선초기 고려 사전에 대한 전면적인 검토와 함께 성황에도 본격적으로 유교 예제가 적용되면서 향리가 주도하는 성황제를 규제하였다.25) 이와 같은 조선전기 淫祀에 대한 금단 조처는 강릉의 김유신사가 성황사에 합사된 이유였을 것이다.

하지만 향리층이 주도하는 단오제는 여전히 성행하였다.26) 김유신사가 성황사에 합쳐진 이후에도 대관산신사에서 김유신을 주신으로 하는 강릉의 단오제가 이루어진 것은 이것을 말해준다. 허균이 구경한 단오제에서 주신인 김유신은 산신으로 표현되어 있지만, 김유신이 성황사에 합사되었다는 점에서 성황적 성격을 지녔다고 할 수 있다. 이후 대관산신사와 관련된 강릉의 단오제는 그 주신뿐만 아니라 성격에도 변화를 가져온다.

---

24) "嶺東民俗 每於三四五月中 擇日迎巫 極辦水陸之味 以祭山神 富者駄載 貧者負戴 陳於鬼席 吹笙鼓瑟 嬉嬉連三日醉飽 然後下家 始與人買賣 不祭則尺布不得與人."

25) 박호원, 앞의 논문, 1998, 164~165쪽.

26) 최종석, 「조선전기 淫祀的 城隍祭의 양상과 그 성격」, 『역사학보』 204, 2009, 212~224쪽.

2. 大關山神祠와 단오제

대관산, 대관령에서 제사를 지냈다는 사실에 대해서는 우선 다음이 주목된다.

G. 고려 태조가 神劍을 토벌할 때, 순식이 명주로부터 그 군사를 거느리고 와서 연합하여 적을 격파하였다. 이때 태조가 순식에게 말하기를, "짐이 꿈에 이상한 스님이 甲士 3천 명을 거느리고 온 것을 보았는데, 다음날 卿이 군사를 거느리고 와서 도우니 이것이 바로 그 夢兆로다"고 하였다. 이에 순식이 말하기를, "신이 명주를 떠나 대관령(大峴)에 이르렀을 때 이상한 僧祠(異僧祠)가 있기에 제단을 마련하고 기도(設祭以禱)하였는데, 왕께서 꿈꾼 것은 반드시 이것일 것입니다."라고 하니, 태조가 이상하게 여겼다. (『고려사』 92, 열전5, 왕순식)27)

G는 936년(태조 19) 왕순식이 태조 왕건과 함께 후백제의 신검군을 토벌할 때 강릉을 출발하여 대관령에 이르러 '이상한 승사'(異僧祠)에 제사를 지냈다고 한다.28) 이로 볼 때 당시 대관령에는 '승'을 모시는 '이상한 승사가 있었음을 알 수 있다. 이후 여기에 대한 기록은 보이지 않지만, 조선초기 전국의 산천제가 정리되면서 대관산신사는 강릉의 사묘의 하나로 정비되었다. 대관산신사에서 제사를 지낸 주체와 관련해서는 다음이 주목된다.

H. 1) ① 우불산신사 : 사전에는 소사라고 기록되었다. 매년 봄·가을로 향과

---

27) "太祖討神劍 順式自溟州 率其兵會戰 破之 太祖謂順式曰 朕夢見異僧 領甲士三千而至 翼日 卿率兵來助 是其應也 順式曰 臣發溟州至大峴 有異僧祠 設祭以禱 上所夢者 必此也 太祖異之." 장정룡은 승사는 서낭당이나 산신각이고 태조가 본 중은 범일국사라고 하였다(『강릉 관노가면극연구』, 집문당, 1989, 29~30쪽).

28) 『임영지』 전지 故事에는 『신증동국여지승람』을 인용하여 『고려사』 기사와 같은 내용을 싣고 있다. "輿地勝覽云 王順式爲本州將軍 太祖討神劍 順式自溟州率其兵 會戰破 之 太祖謂順式曰 朕夢見異僧 領甲士三千 而翼日卿率兵來助 是其應也 順式曰 臣發溟州至大 峴 有異僧 設祭以禱 上所夢者 必此也 太祖異之."

축문을 내려 하늘에 제사지내고 가뭄에 비를 빌면 문득 효험이 있다. (『신증동국여지승람』 22, 경상도 蔚山郡 祠廟)29) ② 무등산신사 : 현 동쪽 10리에 있다. 신라 때는 소사를 지냈으며 고려 때는 국제를 올렸다. 동정원수 김주정이 각 관청의 성황신에게 제사를 지낼 때 차례로 신명을 불러 신의 기이함을 징험했다. 그런데 이 광주의 성황의 신이 큰 기의 방울을 울린 것이 세 번이었다. 그래서 김주정이 조정에 보고하여 작위를 봉했다. 본조에 와서도 춘추로 본읍에 명하여 제사를 올리도록 했다. (『신증동국여지승람』 35, 전라도 光山縣 祠廟)30)

2) ① 송악산사 : 산 위에 사당집이 다섯이 있으니 첫째는 성황이요 둘째는 대왕이요 셋째는 국사요 넷째는 고녀요 다섯째는 부녀인데, 모두 어떤 신을 모신 것인지 알 수 없다. (『신증동국여지승람』 5, 개성부 下)31) ② 웅산신당 : 산 꼭대기에 있다. 지방 사람이 매년 4월과 10월에 신을 맞이하여 산에서 내려와서 반드시 쇠북과 북을 치며 잡놀이를 벌이는데, 원근 사람이 다투어 와서 제사한다. (『신증동국여지승람』 32, 경상도 熊川縣 祠廟 新增)32)

H-1)의 우불산신사와 무등산신사는 국행 제의로 봄·가을에 제사지냈으며, H-2)②의 웅산신당은 민간에서 제사지내는 음사였다. H-2)①의 송악은 봄· 가을로 제사를 지내기도 하였지만, 別祈恩이 행해지기도 하였다. 따라서 1565년(명종 20)에는 유생들이 송악산사를 淫祠라 하여 불사르기도 하였다.

대관산신사는 향리가 주도하는 단오제와 관련 있었다. 이로 미루어 『신증』 이전에 그 제사는 향리가 담당하였을 것이다.33) 이와 같은 대관산신사의

---

29) "亏弗山神祠 : 祀典載小祀 每春秋降香祝以祭 天旱禱雨輒應."
30) "無等山神祠 : 在縣東十里 新羅爲小祀 高麗致國祭 東征元帥金周鼎祭各官城隍之神 歷呼神 明以驗神異 州城隍鳴纛鈴者 三周鼎報于朝封爵焉 本朝春秋令本邑致祭."
31) "松岳山祠 : 上有五宇 一曰城隍 二曰大王 三曰國師 四曰姑女 五曰府女 俱未知何神."
32) "熊山神堂 : 在山頂 土人每四月十月迎神 下山必陳鐘鼓雜戲 遠近爭來祭之."
33) 이규대는 허목의 『陟州志』에서 정리한 삼척지방의 성황사가 그 진산인 갈야산에 설치되어 있다가 城中으로 이건하였다는 점에서, 강릉 지역 역시 처음에는 성황사가 그 진산인 대관령에 설치되었고 이후 성중으로 이건되는 형식을 밟았을 것으로 보고 있다. 이것은 또한 숙종대 이후 읍치의 성황사에서 연행된 국사성황제의 영신처 가 대관령으로 설정되어 있으며, 현재의 강릉지역 국사성황당도 대관령에 설치되었다

주신은 『신증』 이후 김유신이었다. 그렇다면 그 이전에는 『고려사』에 보이는 승이었을까. 조선시대 승을 모신다는 것은 성리학적인 세계관과는 배치되는 것이었다. 하지만 대관산신사가 음사의 성격을 띠고 있다는 점에서 주신은 승으로 보아도 무방할 것이다. 이로 볼 때 대관산신사의 주신은 『신증』 이전에는 승이었고, 『신증』 이후에는 김유신이었다. 다음도 주목된다.

I. 1) 大關山神 : 塔山記에 "왕순식이 고려 태조를 따라 남쪽을 정벌할 때, 꿈에 僧俗二神이 군사를 거느리고 와서 구원해주었다. 꿈에서 깨어나 싸워 이기매 대관령에서 제사를 지냈는데, 이후 致祭하고 있다"고 하였다(이것은 『고려사』에 기록된 바와 같지 않다). (『임영지』 전지 祀典)34)

   2) 大關山神祠 : 府 서쪽 40리에 있다. (『여지도서』 강원도 강릉 단묘)35)

   3) 大關嶺山神祠 : 府 서쪽 40리에 있다. (『임영지』 속지 단묘)36)

   4) 山神祠 : 강릉부 서쪽 40리 되는 대관령 고개 위에 있는데, 신을 맞이하는 곳에서 제사지낸다. (『강릉부지』 壇隍)37)

   5) 大關山神 : 塔山記에 王順式이 고려 태조를 따라 남쪽을 정벌할 때 꿈에 스님과 속인인 두 신이 병사를 거느리고 와서 구해 주는 꿈을 꾸고 싸움에서 승리하자 대관령에다 제사를 지내게 되었으며, 지금도 제사를 지내고 있다(이것은 고려사에 기록된 것과 다르다). (『증수임영지』 단묘)38)

I에서 우선 『임영지』 전지에는 탑산기39) 기록을 인용하여 왕순식이 태조 왕건을 따라 신검을 토벌할 때 꿈에 승속이신40)이 군사를 거느리고 구원해

는 점에서 찾고 있다(앞의 논문, 1998, 110~111쪽).

34) "大關山神 : 塔山記載 王順式從高麗太祖南征時 夢僧俗二神率兵來救 覺而戰捷 故祀于大關 至于致祭(此與高麗史 所記不同)."

35) "大關山神祠 : 在府西四十里."

36) "大關嶺山神祠 : 在府西四十里."

37) "山神祠 : 在府西四十里大關嶺之上 祭迎神處."

38) "大關山神 : 塔山記 王順式從高麗太祖南征時 夢僧俗二神率兵來 救覺而戰捷 故祀于大關至于今致祭(此與高麗史所記不同)."

39) 심형준은 앞의 논문, 2013, 279~282쪽에서 탑산기 기록을 역사적 기록으로 그대로 받아들이기 어렵다고 하였다.

주었다고 한다. 때문에 대관령에 제사를 지냈고 지금까지 이어져 온다고
한다. 이처럼 『임영지』 전지에 보이는 대관산신사의 주신은 승속이신이며
『임영지』 속지 단묘에는 그 주신에 대한 언급은 없지만, 후술되는 『임영지』
속지 풍속에는 국사로 나온다. 『증수임영지』에는 다시 승속이신이 대관령산
신이라고 하였다. 원래 대관산신사의 주신이었던 승이 속과 결합되어 『임영
지』부터 다시 등장하였음을 알 수 있다. 승속이신을 모신 대관산신사는
이전과 마찬가지로 단오제와 밀접한 관련을 가지고 있었다. 이와 관련해서
『임영지』 속지의 다음 기록이 주목된다.

> J. 매년 4월 15일에 강릉부의 현직 戶長이 무당[巫覡]을 거느리고 대관령에
> 이르는데, 고개 위에는 神祠 한 칸이 있다. 호장이 신당 앞에 나가 告由하고
> 남자 무당으로 하여금 樹木 사이에서 신령스런 나무를 구해오라고 한다.
> 갑자기 회오리바람이 불어 가지와 잎이 절로 흔들리면 신령이 있는 바라
> 하여 나뭇가지 하나를 잘라 건장한 장정으로 하여금 받들게 했는데, 이를
> 國師라 하였다. … 어두워질 무렵 관아에 도착하면 뜰에 세워 놓은 횃불이
> 주위를 환하게 밝히고 이어 관노비[官隷]들이 정성껏 맞이하여 성황사에
> 安置하였다. 5월 5일에 무당들이 각종 비단 자락을 모아 고기비늘처럼
> 나란히 폭을 이어 오색찬란하게 만들어 긴 장대에다 거니 마치 우산을
> 편 것 같았다. 비단 자락에 각기 이름을 쓰고 괏대[幡蓋]를 만들어 힘센
> 장정이 이를 받들고 앞장서면, 무당들은 풍악을 울리며 그 뒤를 따르고,
> 광대들은 雜戲를 하며 행진하였다. 이렇게 온종일 놀다가 城 남쪽 문으로
> 나가 巢鶴川에 이르러 파하였고, 대관령에서 받들고 온 神木은 그 다음날
> 성황사에서 태웠다. 이 고을의 풍습은 상례화된 지 이미 오래되었다.
> 이 행사를 치르지 않으면 바람이 불고 비가 내려 곡식을 손상시키고
> 짐승들이 사람을 해친다고 하였다. (『임영지』 속지 風俗)41)

---

40) 임동권은 僧神을 범일국사, 俗神을 김유신 장군으로 추정하였다(앞의 책, 1966, 16쪽).

41) "每年 四月十五日 本府時任戶長 領率巫覡 詣大關嶺 嶺上有神祠一間 戶長就神堂告由 令巫
覡求神靈 於樹木間有一木 神颼颼然枝葉自搖 乃曰神靈之所依 斫其一枝 令健壯者持 謂之
國師 … 乘昏到官 燎火遍野 官隷祗迎歸 安于城隍祠 至五月五日 巫覡等 聚各色錦緞 鱗次連
幅 五彩燦爛 掛長竿 如傘垂 名以爲盖 令力健者奉之以前行 巫覡等作樂隨之 倡優輩進雜戲盡

J를 보면 강릉부에서는 매년 음력 4월 15일에 현직 호장이 대관령에 가서 국사를 정성껏 맞이하여 성황사에 안치하였다가 5월 5일에 잡희를 하며 소학천에 이르러 파하였고, 대관령에서 받들고 온 신목은 그 다음날 성황사에서 태웠다고 한다. 앞에서 허균이 구경한 단오제는 수리가 대령에서 대령신, 김유신을 맞아다가 府司[42]에 모셨다. 이것은 현직 호장이 대관령에서 국사를 맞이하여 성황사에 안치한다는 것과는 차이가 있다.

조선전기 정사인 성황제는 대체로 고려시대 이래의 성황사에서 거행되었고 음사 형태의 성황제 역시 구래의 성황사를 매개로 행해졌다. 때문에 正祠인 성황사는 동시에 음사이기도 하였다. 이러한 현상은 구래의 성황사를 활용하는데서 비롯되었다고 한다.[43] 그런데 강릉의 경우 허균이 구경한 단오제에서는 신을 부사에, 『임영지』속지에서는 성황사에 안치하였다. 이로 볼 때 강릉 단오제는 『임영지』속지 이전에는 성황사와는 별개로 행해진 음사였지만, 정사화(읍치성황제화) 되어갔다고 할 수 있다.[44]

日 出城南門 到巢鶴川而罷 嶺上奉來神木則 以其翌日 燒火于城隍祠 此邑習俗 以爲常其來已 久 不然則 風雨損稼 禽獸害物云." 국사를 맞이하는 단오제와 관련해서 다음도 참고된다. "영조 임오년(1762) 여름에 … 禁府胥吏 李逵라고 이름하는 자가 명을 받고 情債(사정을 봐주는 대가로 주는 뇌물)에 대한 일로 관아에 와서 首吏를 徵責하려고 하니, 그 때 崔光振이 호장직에 있었다. 금부서리가 그를 불러들이도록 하니, 바로 이날이 즉 5월 5일 國師를 拜送하는 날이었다. 호장이 바야흐로 성황사에 일이 있으므로 잠시 후에 관아에 도착하니, … 금부서리가 馬牌를 손에 들고 호장을 마구 때렸다."(『임 영지』속지 記事)

42) 부사를 '부사의 성황사'로 해석하기도 한다(김경남,「강릉 대성황사 복원과 그 의미」, 『한국 민속제의 전승과 현장』, 새미, 2009, 24쪽). 하지만, 부사의 성황사로 본다면 府祠가 되어야 하지 않을까 한다.

43) 최종석, 앞의 논문, 2009, 214~216쪽.

44) "오늘날 조선의 村制는 상당히 쇠퇴하였으나, 예전에는 곳곳에서 官行의 邑落祭가 성대하게 열렸다. 특히 강원도 강릉의 단오굿(端午祭)이 가장 유명하다."(秋葉 隆著, 앞의 책, 34쪽). 한편 이규대는 앞의 논문, 1998, 126~127쪽에서 "국사성황제의 연행은 그간에 신라장군 김유신을 주신으로 하여 치제되었던 대관령산신제에 대체되어 읍치의 제의로서 위상을 확보함으로써 관행화될 수 있었다. 강릉 국사성황제의 읍치의 제의로서 향리층의 수반인 호장이 주재하였으며, 그 제의는 이중 구조로 구성되었다. 즉 헌관이 주도하는 유교적인 제례의식과 향촌민의 참여공간인 창우배의 잡희로 구성되었다. 이러한 이중적 제의구조는 중간신분으로서 향리층의 성향을

이러한 변화는 제사의 성격에도 영향을 주었다. 대관산신사에서 이루어진 제사는 처음에는 향리 주도하의 산신제였는데, 김유신이 주신이 되면서 산신·성황제의 성격을 띠었다. 『임영지』 속지에서는 정사인 성황사와 연결되면서 성황제로 바뀌었다. 이로 볼 때 강릉의 단오제는 산신제(김유신사의 김유신) → 산신·성황제(대관산신사의 김유신) → 성황제(대관산신사의 승속이신)로 변하였다고 볼 수 있다.[45]

『신증』 사묘조 및 인물조에는 양산의 金忍訓, 의성의 金洪術, 밀양의 孫兢訓, 곡성의 申崇謙, 순천의 金惣, 해평의 金萱述 등이 이들 군현의 성황신으로 봉안되어 있다.[46] 이들은 신라말 고려초에 그 지역에서 군사적 기반을 가졌던 대표적인 호족세력이었다. 이들 인물들을 시조로 하는 성씨들은 각각 해당지역을 대표하는 土姓이었으며 이들 토성은 고려중기 이후 각 지역에서 지배세력으로 정착한 후, 자신의 조상을 성황사의 신으로 설정하고 배향하였다.[47]

이처럼 성황신은 그 지역과 밀접한 관계를 가지고 있었다. 앞에서 살펴보았듯이, 김유신은 강릉지역과 관련있었다. 승 역시 마찬가지였을 것이다. 이들은 전쟁에서 승리를 이끄는 신이었다. 그리고 허균이 구경한 단오제에서

반영하는 것으로 이해되는 것이었다"고 하였다.

45) 산신제에서 성황제의 변천 사례와 관련해서는 신종원, 「성황대신사적기와 대왕신앙」, 『성황당과 성황제』, 민속원, 1998, 273~317쪽 및 김도현, 「울진 12령 샛재[鳥嶺] 성황사와 보부상단」, 『실천민속학연구』 15, 2010, 246쪽 이하 참고. 장정룡은 17·18세기에 산신제에서 성황제로 변화되는 과정에서 김유신에서 범일국사로 主神 교체가 이루어졌다고 한다(앞의 논문, 1996). 그러나 이규대는 1681년(숙종 7) 향리들이 자신들의 입지를 강화하고자 미타계를 결성하였는데, 이를 계기로 범일이 국사성황으로 발현되었다고 한다(앞의 논문, 1998).

46) 『신증동국여지승람』 22·25·26·39·40 참고.

47) 김갑동, 「고려시대의 성황신앙과 지방통치」, 『한국사연구』 74, 1991 ; 정승모, 「성황사의 민간화와 향촌사회의 변동」, 『태동고전연구』 7, 1991 ; 변동명, 「고려시기 순천의 산신·성황신」, 『역사학보』 174, 2002 : 「김총의 성황신 추앙과 여수·순천」, 『전남사학』 22, 2004 : 「신숭겸의 곡성 성황신 추앙과 덕양사 배향」, 『한국사연구』 126, 2004 : 「성황신 김홍술과 의성」, 『역사학보』 189, 2006 : 「성황신 김인훈·손긍훈과 양산·밀양」, 『한국사학보』 22, 2006.

는 신이 기뻐하면 그 해는 풍년이 들고, 신이 화를 내면 그 해는 風災나 旱災, 천재지변이 들었다고 하며 『임영지』 속지에서는 이 행사를 치르지 않으면 바람이 불고 비가 내려 곡식을 손상시키고 짐승들이 사람을 해친다고 하였다. 이로 볼 때 승속이신은 백성에게 공덕이 있는 신으로 그 역할을 다하였음을 알 수 있다.

음사로 간주된 향리층 주도의 성황제가 지역사회 내에서 기왕의 위상을 상실한 시점은 17세기 중반 무렵이라고 한다.[48] 영월 지역의 성황제 역시 단오날에 개최되었고 호장이 주관하였으며 무격이 연희를 이끄는 형태였다. 그런데 1750년(영조 26) 영월부사 鄭幹은 이러한 성황사와 성황제를 국가의 규정에 어긋나는 悖禮한 것으로 규정하고 성황단을 축조하였으며 신상 대신 신주를 모시고 치제하도록 하였다. 그리고 기왕의 성황사를 서쪽 방면으로 옮겼다.[49]

이처럼 정간은 기왕의 성황사를 撤移함으로써 吏民 주도의 성황제를 제어하였다. 하지만 그것을 완전히 철폐하지는 못하였다.[50] 이로 볼 때 강릉의 단오제가 정사화한 것은 당시의 음사 폐지와 연결되어 있었다고 할 수 있다. 당시 강릉의 성황사는 정사이면서 음사이기도 하였다.[51]

---

48) 최종석, 앞의 논문, 2009, 215쪽.

49) 『鳴皐先生文集』6, 雜著 寧越城隍祠改定顚末, "城隍祠 本無壇壝 只搆三間屋子 造置木偶人 吏民崇奉 作一淫祠 歲歲重午 盛備酒肴 戶長以下趨蹌奠獻 巫覡擊缶吹篴 婆娑嘔吟 兩日乃罷 凡有祈禱 亦必於是 守其祠者 間三年具帽帶靴笏 與巫覡進偶人前 把紙錢迎神 借騎主官鞍馬 巡遊一邑訖 歸坐官廳 又設盛饌以享之 每當發告之日 祭官不奉神版 行事於偶人 歲庚午府使 鄭幹 以城隍祠秩 在國家祀典 而有板不用 行事於淫祠 拂經悖禮甚矣 告由於土地之神 築壇奉 主行事 定爲恒式 令吏民撤移淫祠於府西屛處."

50) 최종석, 「조선시기 성황사 입지를 둘러싼 양상과 그 배경」, 『한국사연구』 143, 2008, 187~188쪽.

51) 조선시기 지방관 주도의 公的 제사로 기능하던 성황제는 조선후기까지 변함없이 지속되었다. 이러한 사실은 영조대 우의정 閔應洙의 계문에 외방 祀典에 대한 홀대 사례로 수령이 사직제·성황제·여제를 親行하지 않는다고 한 점에서 알 수 있다. 이와 같이 당시까지도 성황제는 사직제·여제와 마찬가지로 외방 사전에 속한 공적 제사로 원칙적으로 수령에 의해 거행되고 있었다. 그리고 조선후기 행장 등에 지방관 재임시 춘추에 석전제·사직제·여제·성황제를 '親行'한 사실을 부각하고 있다. 하지만

강릉 성황사에 모신 신은 처음에는 강릉부성황신만이었다가『신증』이후 김유신사가 성황사에 합쳐짐으로써 김유신의 신위가 더해졌다.『임영지』전지에는 11신이 봉안되어 있다고 하였다. 즉 城隍神, 松嶽神, 太白大天王神, 南山堂帝形太上神, 城隍堂德慈母王神, 新羅金庾信神, 江門開城夫人神, 紺嶽山大王神, 神堂城隍神, 新羅將軍神, 草堂里夫人神이다.[52]『임영지』속지에는 전지에 상세하다고 하였고,[53]『증수임영지』에는 성황사에 11신을 모셨으나, 지금은 없어졌다고 하였다.[54] 그런데 여기에는 승에 해당하는 신이 보이지 않는다. 그렇다면 승은 누구일까.

3. 강릉 단오제의 '僧'과 梵日

조선시대 강릉단오제와 관련 있었던 대관산신사의 주신은 김유신(『성소부부고』) – 승속이신(『임영지』전지) – 국사(『임영지』속지)[55] – 승속이신(『증수임영지』)이었다.『임영지』속지의 국사는 김유신 또는 범일로 보기도 한다. 국사가 지니는 다의적인 뜻[56]과『증수임영지』에 대관산신사의 주신으로 승속이신이 나온다. 따라서 국사는 승속이신, 즉 범일과 김유신을 말하는 것이 아닐까 한다.[57]

대부분 훈도·향리 등에 의해 대행되었다(최종석, 앞의 논문, 2009, 212쪽 참조).

52) "城隍各位：城隍之神 松嶽之神 太白大天王神 南山堂帝形太上之神 城隍堂德慈母王之神 新羅金庾信之神 江門開城夫人之神 紺嶽山大王之神 神堂城隍之神 新羅將軍之神 草堂里夫人之神."

53) 城隍祠：詳前誌(『임영지』속지 단묘).

54)『東湖勝覽』2, (江陵) 祠廟(及影堂現存)에도 역시 성황사는 보이지 않는다.

55) 이규대는 국사를 범일국사로(앞의 논문, 1998, 117~118쪽), 장정룡은 국사성황신으로 보았다(『강릉단오제』, 집문당, 2003, 26쪽).

56) 김태곤은 "국사당신은 신라·고려 때의 승려나 산신, 또는 성황신"으로 이해하였다(「국사당신앙연구 : 중서부지방 형태를 중심으로」,『백산학보』8, 1970, 77쪽).

57) 심형준은 승속이신을 역사적 기록으로 취급해서 조선시대에 이미 김유신과 범일국사를 신으로 모셨다고 보는 것은 무모한 판단이라고 하였다(앞의 논문, 2013, 279~283

승, 범일은 신라 九山禪門 중 闍崛山派의 개창조로 명주도독을 지낸 金逑元의 손자이다. 15세에 출가하여 20세에 구족계를 받았으며 중국 당에 유학한 뒤 돌아와 847년(문성왕 9)에 굴산으로 옮겨 왔다. 명주호족은 9산문 중 범일이 개창한 사굴산문과 밀접한 관계를 맺고 있었다.[58] 사굴산문의 本山은 굴산사였다. 『삼국유사』에는 범일이 "847년에 중국에서 귀국하여 먼저 굴산사를 창건하고 전교하였다"[59]고 하였으나, 『祖堂集』(952)에는 "명주도독 김공이 거듭 굴산사에 주지하기를 청하였다"[60]고 하였다. 이로 보아 이미 굴산사가 개창되어 있었고 이후 범일이 주지하였으며 여기에서 범일은 40여 년간 禪法을 전파하였다. 신라의 경문왕·헌강왕·정강왕은 범일을 국사로 삼으려고 하였으나, 범일은 모두 거절했다. 임종 직전에 범일은 "내 이제 영결하고자 하니 세속의 부질없는 정분으로 어지러이 상심하지 말 것이며, 모름지기 스스로의 마음을 지켜 큰 뜻을 깨뜨리지 말라"고 당부한 뒤 입적하였다.[61]

이러한 범일에 대해 당대의 박인범[62]은 梵日國師影贊을 썼고 이것은 『동문선』에 남아 있다.[63] 『조당집』에는 범일의 비범한 출생 일화 및 중국의

쪽).

58) 김두진, 「신라하대 굴산문의 형성과 그 사상」, 『성곡논총』 17, 1986 ; 김갑동, 「명주세력」, 『나말여초의 호족과 사회변동 연구』, 고려대학교출판부, 1990 ; 김흥삼, 「나말여초 도굴산문과 정치세력의 동향」, 『고문화』 50, 1997 등.

59) 『삼국유사』 3, 탑상4, 洛山二大聖 觀音·正趣·調信, "以會昌七年丁卯還國 先創崛山寺而傳敎."

60) 『祖堂集』 17, 溟州崛山故通曉大師. 『조당집』은 석가모니불을 비롯한 과거 7불로부터 唐末 五代까지의 禪師 253명의 행적과 법어·게송·선문답을 담고 있다. 952년 南唐 泉州(현재 복건성 소재) 招慶寺에 머물던 禪僧 靜과 筠이 편찬하였으며, 후에 중국에서는 유실되었다. 1912년 일본인 학자 오노 겐묘(小野玄妙), 세키노 타다시(關野貞) 등이 합천 해인사에서 8만대장경의 판본을 조사하던 중에 발견하여 세상에 알려졌다 (송인성, 「言語 측면에서의 『祖堂集』 신라·고려 禪師 부분의 후대 편입 여부」, 『한국선학』 2, 한국선학회, 2002, 4~8쪽).

61) 『祖堂集』 17, 溟州崛山故通曉大師.

62) 신라 효공왕 때의 문신·학자로, 당나라에 유학하여 賓貢科에 급제하였다. 귀국한 뒤 한림학사·守禮部侍郎 등을 역임하였다(『삼국사기』 46, 열전6, 설총 附 박인범).

수신·산신·동물의 도움을 받는 일화와 약간의 이적이 보인다.[64] 이로 볼 때 범일은 당대에 칭송받았고, 사후 지역민들에 의해 추숭받았을 것이다. 『고려사』에 보이는 승사가 그것이 아닐까 한다.

한편 고려말 정추의 次江陵官舍韻에는 "장사는 신기가 있어 칼에다 주문 외고 선승은 부질없이 종을 만들다 쫓겨났네(壯士有神能劍呪 禪僧見逐護鍾成)"라는 시구가 있다. 여기에서 장사는 김유신이며, 선사는 두타로 굴산사에 있으면서 종을 주조하였다가 스승인 범일국사가 당에서 돌아와 노하여 쫓아냈다고 한다.[65] 선사가 주조한 종과 관련해서 다음이 주목된다.

K. 崛山鐘 : 春容한 굴산종은 梵日師가 만든 것이다. 보고 놀라서 마음이 당황하고, 진중하게 경례하며 눈물 흩뿌린다. 귀신은 다만 道를 행하고, 새들은 발붙이기 어렵다. 그대는 행여 치지 말라, 동해에 어룡이 놀랄까 한다.
(『신증동국여지승람』 44, 강원도 강릉대도호부 제영)[66]

K를 보면 굴산종은 범일사가 만든 것이라고 한다. 그런데 정추의 시에서는 범일의 제자인 두타가 만들었다가 범일에게 쫓겨났다고 한다. 이로 볼 때 고려시대 굴산종과 관련해서 또 다른 전승이 있었으며 범일의 위상에도 변화가 있었다고 생각된다. 하지만 이후 범일은 예전의 명성을 되찾았으며 강릉지역에서 김유신과 함께 중요한 인물로 여겨졌다. 따라서 『신증』에 범일이 굴산종을 만든 것이라고 기록되었다고 생각된다. 정추의 시에는

---

63) 『동문선』 50, 贊, "最上之法 杳杳冥冥 皓月之白 長江之淸 彼旣有相 我乃無形 無形之形 可以丹靑."

64) 장정룡, 「범일국사 전승설화의 변이과정 고찰」, 『강원도 민속연구』, 국학자료원, 2002, 89~90쪽.

65) 『圓齋先生文稿』 卷之上 詩 次江陵官舍韻, "又深秋落日北濱城 坐對湖山無限情 壯士有神能劍呪 禪僧見逐護鍾成 遙看三老遡風去 却憶四仙搖月行 我欲狂名流百世 天淸一棹擊空明 (壯士 金庾信也 庚信入山呪劍 角星光下 燭其劍擊△ 頭陁有崛山鑄鎔 其師梵日國師 白大唐 廻 怒逐之."

66) "崛山鐘 : 春容崛山鐘 梵日師所鎔駿 看心懍悅 珍敬淚橫縱 鬼神但行道 禽鳥難著蹤 請君莫 擊 考東海驚魚龍."

범일국사로 되어 있는 반면『신증』에는 범일사로 나온다. 이것은 조선시대 승려에 대한 인식 변화와 관련있었을 것이다.

이후 범일과 관련된 기록은『임영지』전지 석증조에 등장하는데, 범일은 오대산에서 태어났다고 한다.[67]『임영지』전지 사전조를 보면 김유신은 오대산에서 칼을 주조하였다고 한다.[68] 이것은『성소부부고』에서 김유신이 명주 남쪽 禪智寺에서 칼을 주조하였다고 한 것과『동호승람』에서 화부산에서 칼을 주조하였다는 전승과는 다르다. 이로 볼 때 김유신이 오대산에서 칼을 주조하였다는 것은 대관산신사의 주신으로 승속이신을 모신 것과 관련 있다고 생각한다.

범일이 대관산신사의 주신으로 다시 등장하는 것과 관련해서는 다음이 관심을 끈다.

> L. 범일국사는 강릉의 眞福里에 살았는데, 때마침 임진왜란이 일어났다. 국사가 대관령에 올라가서 기도를 하니, 山河草木이 모두 軍勢의 모습으로 보였으므로 일본군이 감히 공격하지 못하고 달아나 버렸다는 일화를 남긴 그 傑僧이다. 생각하건대 이러한 이야기는 모두 산신신앙이 영웅신으로 변형되어 가는 과정을 나타낸 것이다.[69]

L은 1928년 기록이다. 여기에 따르면 임진왜란 때 범일국사가 대관령에 올라가 기도하자 일본군이 공격하지 못하였다고 한다. 이것은『고려사』의 내용이 변형된 것으로, 신검군 토벌이 임진왜란으로 바뀌었고 범일국사는 16세기말에 생존했던 인물로 나타났다.

이에 대해 임진왜란을 경험한 민중들이 시대를 초월하여 고통으로부터

---

67) 五臺의 산은 佛書에 나타나 있는 천하에 이름 있는 산이다. 나이 많은 禪師와 글 잘하는 승려들이 와서 노닌 자가 매우 많았으나 문헌에 실려 전하는 것이 없으며, 불가에 대한 기록 또한 없다. 梵日이 이곳에서 출생하고 慈藏·寶川이 이곳에서 수도하였으며, 義相·元曉가 산천 사이를 오갔다 하나 모두 전하는 기록이 없다.
68) "城隍各位 … 新羅金庾信之神(諺傳 庾信鑄劒于五坮云 未知其是否)."
69) 秋葉 隆著·沈雨晟 옮김, 앞의 책, 1993, 200쪽.

자신들을 구원해 준 이 지역 출신인 범일을 신격화한 것으로 보기도 한다.[70] 『신증』이전에 대관산신사의 주신이었던 범일이 임진왜란을 계기로 다시 등장한 것은 당시 승병의 활동과도 관련있지 않았을까 한다. 『임영지』전지 석증조에는 범일의 탄생과 관련해서 다음 내용도 보인다.

> M. 1) … 신라 때 양가집 딸이 崛山에 살고 있었다. 나이가 들도록 시집을 가지 못하고 우물 위에서 빨래를 하고 있었는데 햇빛이 뱃속을 비추자 돌연히 産氣가 있었다. 지아비가 없이 아들을 낳자 집안 사람들이 이상하게 여길 것 같아 아기를 얼음 위에다 버리니 새들이 날아와 아기를 덮어 감쌌으며 밤이 되자 하늘에서 상서로운 빛이 비쳤다. 아기를 도로 거두어 길러 이름을 梵日이라 하였다. 2) 나이가 들어 성장하자 머리를 깎고 중이 되니 신통하고 성불의 세계에 든 것 같아 오묘한 조화를 헤아릴 수 없었다. 神福[71]과 굴산 두 산에다 두 개의 큰 절을 창건하고 塔山을 축조하여 지맥을 보충하였다. 3) 후에 오대산에 은거하다가 示寂하였다.
> (『임영지』전지 석증 및 『증수임영지』석증)

M은 범일 탄생의 신이함뿐만 아니라 사찰 창건과 탑산 축조에 대한 정보를 제공해 주고 있다. 또한 범일은 오대산에서 시적하였다고 한다. 다음도 관심을 끈다.

> N. 1) 塔山記는 범일국사가 처음 지었는데 현종 때 거란병의 난으로 소실되었다. 그 후 府使가 옛날 노인들에게 자문을 받아 탑산이 있던 곳을 상세히 알아내어 이를 府司에 보관하였으나 임진란으로 절반 이상이 훼손되고 오직 탑을 설립한 내력 일부분만 상고할 수 있을 뿐이었다. 탑 설립에 관한 일들은 이미 총론에 등재되어 있으나 사전, 족보, 그외

---

70) 박호원, 『한국 공동체 신앙의 역사적 연구』, 한국학대학원 박사학위논문, 1997, 312쪽.
71) 원문에는 神伏이라 표기되어 있는데, 현재 神福寺址가 위치한 곳을 지칭하므로 神福을 잘못 기록한 것으로 보아야 한다.

분분한 말들은 모두 모호하여 분별하기 어렵다. 그 가운데 釋奠에 관한 기록 하나만 전하나, 지금의 五禮儀와 서로 크게 달라 그릇된 부분도 있는 것 같아 어느 대의 儀制를 모방해서 제작한 것인지 알 수 없다.[72]

2) 옛 노인들 말에 의하면 명주가 처음 세워지던 날 범일이 관사 터에다 큰 절을 세우고자 하여 중들이 그것을 주관하였다 한다. 그 후 병화에 타버렸으며, 부의 관사도 옮겨 세웠으나 오직 沙門만 남아 있는데, 지금의 外大門이라 한다. 대문을 청소할 때 지금도 장인 승려를 쓰니 그럴 듯한 일이다. …

3) 부에 옛부터 내려오는 쇠 지팡이 두 개를 보관하고 있었는데 큰 것은 한 아름이 넘었으며 머리 부분은 둥글게 생겼고 작은 것은 지팡이 머리에 아홉 개의 고리가 새겨져 있었다. 전하는 말에 큰 것은 범일이 지니고 사용한 것이라 하였으며 작은 것은 그의 제자가 사용한 것이라 하였다. 楊蓬萊가 강릉부사로 있다가 후에 安邊府使로 갔는데, 대청 앞에 있는 돌로 만든 火臺의 높이가 강릉에 전해오는 쇠지팡이와 서로 같았다. 부의 옛 기록에 고려 중엽에 안변이 강릉부에 소속되어 있을 때 鐵柱火臺가 있었는데, 강릉사람이 石火臺를 배에 싣고 와서 바꾸어 갔다 하니 이로 볼 때 큰 지팡이는 화대의 기둥이요, 작은 지팡이는 고리가 있는 것으로 보아 범일이 지니던 것으로 보인다. 그러나 확실한 것은 알 수 없다.

4) 범일이 종을 주조하던 언덕에는 지금도 풀과 나무가 나지 않는다고 한다. 전하는 말은 다음과 같다. 범일의 제자가 만든 종이 한쪽으로 찌그러졌기에 노하면서 지팡이를 휘둘러 뿌리니 종의 둥근 부분이 십여 보를 선회하다 땅에 떨어졌는데 이때 떨어진 곳에 풀과 나무가 나지 않았다고 하였다. 그 종은 동문에 걸려 있었으나, 을유년 6월에 큰 홍수로 제방이 무너지면서 쓸려 나가자 냇가에 무수한 조각이 흩어졌다. 부사 韓孝友가 수습하여 향교 祭器로 만들고 나머지는 많은 주민이 주워갔다.[73] (『임영지』 전지2, 총화 및 『증수임영지』 총화)

---

72) "塔山記 初作於梵日國師 失於顯宗朝 丹兵之亂 其後府使詢問古老 詳在山塔所在之地 藏之府司 壬辰之亂 汚毀太半 惟塔設立一條尙有 可考者其說已載於總論 其祠典族圖雜儀 皆模糊莫辨 其中釋奠一致具存 與今五禮儀大相舛謬 未知倣何代儀制而作也."

73) 4)와 관련해서는 "東門에 鐘이 하나 있었는데, 세상 사람들이 말하기를 굴산사에

N은 탑산기와 관련된 내용과 사찰 창건, 범일의 쇠 지팡이, 범일이 주조한 종에 대해 기록하고 있다. 『임영지』에는 범일의 제자에 대해서도 그 내용이 전해진다.[74]

이처럼 『임영지』 전지와 속지, 『증수임영지』에 범일과 관련해서 탄생뿐만 아니라 다양한 내용의 설화적 기록들이 보인다. 이것은 대관산신사의 주신이 승속이신이 되면서 범일에 대한 기록이 『임영지』에 풍부해져 갔음을 알 수 있다. 하지만 앞에서도 살펴보았듯이 승이 범일이라는 기록은 없다. 이와 관련해서는 아키바(秋葉隆)의 채록이 관심을 끈다.

아키바는 1894년 갑오개혁 때 대성황사에 봉안되었던 12신을 땅 속에 묻었기 때문에 1928년 당시 8명의 신위, 興武大王金庾信·松嶽山神·江門夫人·艸堂夫人·蓮花夫人·西山松桂夫人·泛日國師·異斯夫 외에는 기억하는 사람이 없었다고 한다.[75] 여기에 범일국사가 보인다. 이로 볼 때 갑오개혁 전에 범일국사는 성황사에 모셔졌다. 하지만 1933년 『증수임영지』에는 그것이 보이지 않는다. 그 이유는 1928년 당시 8신위만 기억되면서 그것이 정확하지 않다고 판단해서가 아니었을까 한다.

조선시대 강릉의 성황사는 갑오개혁 때 성황사의 신위를 묻음으로써

있던 종이라고 하였으며 신라 범일국사가 주조한 것이라고들 하였다. 오랜 세월로 온전치 못하여, 종을 치면 소리가 마치 징같이 울려 사람들이 그것을 싫어하였다. 영조 을유년(1765)에 趙德成이 다시 만들었으나, 그 주조 기술이 조잡하여 옛 종과 새로 만든 종이 서로 판이하게 다르자 사람들이 그것을 애석하게 여겼다(『임영지』 속지 記事 및 『증수임영지』 기사).

74) 이것은 『임영지』 전지 故事와 『증수임영지』 古事에도 보인다. "五臺山月精寺古記 … 이후 頭陀 信義는 梵日의 문인으로서 자장법사가 쉬던 곳에 찾아와 암자를 짓고 살다가 신의가 죽으니 암자 또한 오랜 세월 방치해 못쓰게 되었는데, 水多寺 長老로 있던 有緣이 다시 중건하고 살았으니 지금의 五臺山 月精寺가 이것이다. … 이 오대산 월정사는 자장법사가 제일 처음 초막을 지었고, 그 다음에 신효거사가 와서 살았으며, 다음에는 梵日國師의 문인 신의가 와서 암자를 짓고 살았으며, 후에 水多寺의 장로 유연이 와서 거주하면서 점점 더 큰 절을 이루게 되었다. 또 이르기를 뜰에 있는 석탑은 대개 신라 사람들이 세운 것이라고 하며, 만들어 세운 것이 순박하게 보였으나 정교하지는 못했다."

75) 秋葉 隆著, 앞의 책, 1993, 198~199쪽.

공식적으로 폐지되었다. 그런데 강릉의 단오제는 갑오개혁 이후에도 지속되었다가 1909년에 폐지되었다. 즉 1909년 沈一洙의 『遯湖遺稿』에 "5월 단오에 巫覡이 대관령국사성황신을 맞이하는 놀이를 일본인이 금지하여 비로소 폐지되었다"[76]고 한다. 1911년의 기록인 『셔유록』에는 "얼진 돌아서서 성황 당에 다다르니 이 성황은 유명한 국사성황인데, 강릉 사람이 누백년 숭배하여 수부다남을 축원하고 매년 4월 초8일에 강릉읍 남천 물가에 성황을 모실 때, 그날 저녁 풍악소리와 횃불 빛은 일대 장관이더니, 수년간에는 완전히 폐지하였으나"[77]라고 하였다.

이처럼 강릉의 단오제는 갑오개혁 이후에도 1909년 폐지될 때까지 행해졌으며 이후에도 규모가 축소되었지만 이루어졌다.[78] 여기에 대관령국사성황신을 맞이했다고 한다. 아키바는 범일을 대관령 산신으로 파악하였지만, 국사성황이라고는 하지 않았다. 대관령국사성황을 범일로 지목한 것은 1937년 무라야마 지준이다.[79]

이상에서 승, 범일은 『임영지』속지 이후부터 갑오개혁 이전에 성황사에 모셔졌고 어느 시기에 대관령국사성황이 되었다고 할 수 있다. 이것은 1884년

---

76) 『遯湖遺稿』 1, 雜著 「日記」 隆著熙 3년(1909) 己酉, "五月端午 迎大關嶺國師城隍神巫覡戲 始廢日人禁之也."

77) 『셔유록』(필사본), 한국학중앙연구원. 표지에는 『경성유록』이라 되어 있다.

78) 1928년 강릉을 방문하여 조사한 아키바 다카시에 의하면, "지금은 옛날의 모습을 보이고 있지 않지만, 그래도 5월 1일부터 7일까지 읍내에 장이 서고, 시장 한쪽 구석에서 무녀의 歌舞가 행해지고 있어 역시 옛 신앙의 흔적이 샛별처럼 남아 있는 듯하다."고 하였다. 또한 1930년 강릉지역의 생활실태를 조사한 젠쇼 에이스케(善生永助)는 "근세에 이르러 미신의 풍속이 一變함에 따라 그 굿[賽神]은 행하지 않고, 오직 단오라는 이름만 남아 있다. 하지만 이를 계기로 운동회가 열리는 까닭에 인근 고을에서 많은 사람들이 모여들어 시가지가 일 년 중 가장 번잡하다"고 하였다. 그리고 황루시는 무녀 신석남과의 인터뷰를 통해 일제강점기 이후 중앙시장을 중심으로 하는 상인들이 단오제 비용을 부담하여 무당패를 불러 사고 없이 장사를 잘 되게 해달라고 빌었다고 한다(박도식, 앞의 논문, 2013a에서 재인용).

79) 무라야마는 단오제는 대관령산신을 맞아 강릉 읍내에서 제사지내는 것으로, 대관령에서 국사성황을 맞이하는데, 국사성황은 범일국사라고 하였다(村山智順, 앞의 책, 1937, 61~62쪽 및 69~70쪽).

김유신사가 다시 독립된 사묘로 분리된 것과 관련있지 않을까 한다. 그리고 갑오개혁 때 성황사의 신위를 땅에 묻은 것은 결정적인 계기가 되었을 것으로 생각된다. 이후 대관산신사와 밀접한 관련을 가지고 있었던 강릉 단오제는 승 범일을 중심으로 하여 행해졌으며 이로써 범일은 대관령국사성 황으로 자리매김하였다고 생각된다.

　　본 글에서는 조선시대 강릉의 성황사와 단오제에 대해 살펴보았다. 조선시 대 강릉의 성황사는 강릉부 서쪽 100보 지점에 있었고 국가의 사전 정책에 따라 '강릉부성황지신'이라는 신위만을 모셨다. 독립적인 사묘로 존재하던 김유신사는 『신증』 이후 성황사에 합해졌다. 그 이유는 『신증』 이전 김유신사 에서 음사인 단오제가 행해졌기 때문이었다. 즉 조선전기 고려 사전에 대한 전면적인 검토와 함께 음사를 규제하였던 것이다. 하지만 김유신사가 성황사 에 합쳐진 이후에도 허균이 구경한 강릉 단오제는 대관산신사와 연결되어 여전히 이루어졌다. 이때의 주신은 김유신이었다. 『신증』 이후 대관산신사 와 관련된 단오제는 산신제이면서 성황제적 성격을 띠었고, 『신증』 이전 김유신사와 관련된 단오제의 성격은 산신제였다고 하였다.

　　『신증』 이전 대관산신사의 주신은 승이었는데, 이 제사 역시 음사로 향리가 주관하였다. 『임영지』에는 승속이신－국사－승속이신으로 대관산신사의 주신이 보인다. 승을 모신 대관산신사에서 지낸 제사는 산신제였지만, 승속 이신을 모신 대관산신사는 단오제와 관련 있었다. 하지만 허균이 구경한 단오제에서는 신을 부사에 모신 반면 이때는 성황사에 안치하였다. 이로 볼 때 강릉 단오제는 성황사와는 별개로 행해진 음사였다가 정사화되었다. 이때의 단오제는 산신·성황제적 성격에서 성황제로 바뀌었으며 승속이신은 성황신으로 그 역할을 하였다. 그런데 당시 정사이면서 음사이기도 한 성황사 에는 승이 모셔졌다는 기록은 보이지 않지만, 김유신과 마찬가지로 승 역시 그 지역과 밀접한 관련을 가지고 있었다고 하였다.

　　강릉지역의 대표적인 고승은 범일로, 『고려사』의 승사는 그와 관련된 사당이었다. 그리고 고려말 정추의 시에서 고려시대 범일의 위상에 변화가 보였지만, 범일은 다시 그 자리를 차지하였다. 따라서『신증』이전 대관산신사의 주신은 범일이라고 하였다.『임영지』에는 범일이 오대산에서 태어났으며 김유신은 오대산에서 칼을 주조하였다고 전한다. 이로 볼 때 오대산은 대관산신사의 주신인 승속이신을 연결해주는 고리라고 하였다. 승속이신의 승을 범일이라고 한 것은 아키바였고 범일을 대관령국사성황이라고 한 것은 무라야마였다. 성황사에 합사되었던 김유신사는 1884년 다시 독립된 사묘가 되었으며 갑오개혁 때 성황사의 신위는 땅에 묻혔다. 따라서 범일은 갑오개혁을 전후로 해서 단오제에서 승=범일로 여겨졌으며 국사성황의 자리도 차지할 수 있었다고 하였다.

1. 자료

『삼국사기』『삼국유사』『삼국사절요』『고려도경』『고려사』『고려사절요』『동국이상국집』『제왕운기』『조선왕조실록』『동문선』『신증동국여지승람』『대동지지』『문헌통고』『문헌비고』『증보문헌비고』『동경통지』『임영지』

『예기』『의례』『주례』『釋名』『爾雅』『국어』『설문해자』『서경』『관자』『산해경』『회남자』『사기』『한서』『삼국지』『양서』『위서』『남제서』『주서』『북사』『수서』『구당서』『신당서』『송사』『논형』『한원』『천지서상지』『책부원귀』『자치통감』『통전』『대당육전』『당개원례』『전당문』『문관사림』『일본서기』

2. 저서

(재)해상왕장보고기념사업회, 『장보고관계연구논문선집(한국편), 2002.
J.C. Cooper, 이윤기 옮김, 『그림으로 보는 세계문화상징사전』, 까치, 1994.
강릉문화원, 『완역 증수임영지』, 1997.
강종훈, 『신라상고사연구』, 서울대학교출판부, 2000.
高寬民, 『三國史記の原典的研究』, 雄山閣, 1996.
과학원 고전연구실 옮김, 『삼국사기』하, 1958.
국립제주박물관편, 『항해와 표류의 역사』, 2003,
권오찬, 『신라의 빛』, 경주시, 1980.
금장태, 『유교사상과 종교문화』, 서울대출판부, 1994.
길림성문물지편위회, 『집안현문물지』, 1984.
김갑동, 『고려의 토속신앙』, 혜안, 2017.
김두진, 『한국고대의 건국신화와 제의』, 일조각, 1999.
金戊祚, 『한국신화의 원형』, 정음문화사, 1988.
김문경 외, 『장보고와 21세기』, 혜안, 1999.

김병곤,『신라 왕권 성장사 연구』, 학연문화사, 2003.

김상기,『고려시대사』, 서울대출판부, 1985.

김상범,『당대 국가권력과 민간신앙』, 신서원, 2005.

김영진,『한국자연신앙연구』, 민속원, 1985.

김영하,『신라중대사회연구』, 일지사, 2007.

김재용·이종주 공저,『왜 우리 신화인가』, 1999.

김창현,『고려 개경의 구조와 그 이념』, 신서원, 2002.

김철웅,『한국 중세의 길례와 잡사』, 경인문화사, 2007.

김현숙,『고구려의 영역지배방식연구』, 모시는 사람들, 2005.

나경수,『한국의 신화연구』, 교문사, 1993.

나희라,『신라의 국가제사』, 지식산업사, 2003.

노중국,『백제부흥운동사』, 일조각, 2003.

노태돈,『고구려사연구』, 사계절, 1999.

노태돈,『삼국통일전쟁사』, 서울대출판부, 2009.

멀치아 엘리아데,『종교사개론』, 까지, 1993.

목포대 도서문화연구소,『서해안의 해신신앙연구』, 2003.

박상란,『신라와 가야의 건국신화』, 한국학술정보(주), 2005.

박순발,『한성백제의 탄생』, 서경문화사, 2001.

박원길,『북방민족의 샤마니즘과 제사습속』, 국립민속박물관, 1998.

박원길,『유라시아 초원제국의 샤마니즘』, 민속원, 2001.

박준형,『고조선사의 전개』, 서경문화사, 2014.

박현숙,『백제의 중앙과 지방』, 주류성. 2005.

三品彰英,『古代祭政と穀靈信仰』, 平凡社, 1973.

서대석,『한국 신화의 연구』, 집문당, 2001.

서영교,『나당전쟁사연구』, 아세아문화사, 2006.

서영대·송화섭 엮음,『용, 그 신화와 문화』, 민속원, 2002.

石芳令,『中國歷代帝王泰山封禪秘聞』, 經濟日報出版社(北京), 1989.

선석열,『신라국가성립과정연구』, 혜안, 1997.

신종원,『신라초기불교사연구』, 민족사, 1992.

안지원,『고려의 국가불교의례와 문화』, 서울대학교출판부, 2005.

楊渭生,『宋麗關係史硏究』, 杭州大學出版部, 1997.

양종국,『백제 멸망의 진실』, 도서출판 주류성, 2004.

袁軻,『中國神話通考』, 成都:巴蜀書社, 1993.

유원재,『중국정사 백제전 연구(증보판)』, 학연문화사, 1995.

윤이흠 외,『한국인의 종교관 : 한국정신의 맥락과 내용』, 서울대학교출판부, 2001.

윤이흠 외,『고려시대의 종교문화 : 그 역사적 상황과 복합성』, 서울대학교출판부, 2002.

이강래, 『삼국사기전거론』, 민족사, 1996.

이기동, 『백제사연구』, 일조각, 1996.

이기동, 『신라사회사연구』, 일조각, 1997.

이기백, 『신라정치사회사연구』, 일조각, 1974.

이능화, 이종은 역, 『조선도교사』, 보성문화사, 1977.

이범직, 『한국중세예사상연구』, 일조각, 1991.

이병도, 『고려시대의 연구』, 을유문화사, 1954.

이수건, 『한국중세사연구』, 일조각, 1984.

이우성, 『한국중세사회연구』, 일조각, 1991.

이종욱, 『신라국가형성사연구』, 일조각, 1982.

이지영, 『한국신화의 神格 유래에 대한 연구』, 태학사, 1995.

이현혜, 『삼국사회형성과정연구』, 일조각, 1982,

이희덕, 『한국고대자연관과 왕도정치』, 혜안, 1999.

蔣伯潛·蔣祖怡 저/최석기·강정화 역주, 『유교경전과 경학』, 경인문화사, 2002.

張政烺 主編, 『中國古代職官大辭典』, 河南人民出版社, 1990.

장정룡, 『강릉 단오제 현장론 탐구』, 국학자료원, 2007.

전덕재, 『신라육부체제연구』, 일조각, 1996.

전제헌, 『동명왕릉에 관한 연구』, 과학백과사전출판사, 1994.

錢玄·錢興奇 編著, 『三禮辭典』, 江蘇古籍出版社, 1998.

井上秀雄, 『古代朝鮮史序說－王者と宗敎』, 寧樂社, 1978.

조동일, 『한국문학통사』, 지식산업사, 1982.

조현설, 『동아시아 건국신화의 역사와 논리』, 문학과 지성사, 2003.

池內宏, 『滿鮮史硏究』 上世2, 吉川弘文館, 1960.

池田末利, 『中國古代宗敎史硏究－制度と思想』, 東海大學出版會, 1981.

차주환, 『한국도교사상연구』, 서울대출판부, 1978.

채미하, 『신라 국가제사와 왕권』, 혜안, 2008.

채미하, 『신라의 오례와 왕권』, 혜안, 2015.

천관우, 『고조선사·삼한사연구』, 일지사, 1989.

村上四男, 『三國遺事考證』(下之一), 塙書房, 1994.

최광식, 『고대 한국의 국가와 제사』, 한길사, 1994.

최광식, 『백제의 신화와 제의』, 주류성, 2006.

秋葉 隆著, 沈雨晟 옮김, 『朝鮮民俗誌』, 동문선, 1993.

충청남도역사문화원, 『백제의 제의와 종교』(백제문화대계연구총서 13), 2007.

하워드 J. 웨슬러 지음, 임대희 옮김, 『비단 같고 주옥같은 정치』, 고즈윈, 2005.

하현강, 『한국중세사연구』, 일조각, 1988.

한국종교사연구회편, 『성황당과 성황제』, 민속원, 1998.

胡戟 撰, 『中華文化通志-禮儀志』, 上海人民出版社, 1998.
和田萃, 『日本古代の儀禮と祭祀信仰』(中), 塙書房, 1995.

3. 논문

1) 국내

강경구, 「고구려 동명왕묘의 성립과정」, 『한국고대사연구』 18, 2000.

강경구, 「고구려 신묘에 대하여」, 『고구려의 건국과 시조숭배』, 학연문화사, 2001.

강봉룡, 「신라지방통치체제연구」, 서울대 박사학위논문, 1994.

강영경, 「단군신화에 나타난 웅녀의 역할」, 『여성과 역사』 16, 2012.

권오영, 「한국 고대의 새관념과 제의」, 『역사와 현실』 32, 1999.

권오영, 「상장제를 중심으로 한 무령왕릉과 남조묘의 비교」, 『백제문화』 31, 2002.

권주현, 「왕후사와 가야의 불교전래문제」, 『대구사학』 95, 2009.

권주현, 「삼국사기에 보이는 4~5세기의 가야와 삼국과의 관계」, 『신라문화』 38, 2011.

권태효, 「동명왕신화의 형성과정에 대한 일고찰」, 『구비문학연구』 1, 1994.

김갑동, 「고려시대의 성황신앙과 지방통치」, 『한국사연구』 74, 1991.

김갑동, 「고려시대의 산악신앙」, 『진산한기두박사화갑기념 한국종교사상의 재조명(상)』, 1993.

김갑동, 「고려시대 순창의 지방세력과 성황신앙」, 『한국사연구』 97, 1997.

김갑동, 「고려시대 순창의 성황신앙과 그 의미」, 『성황당과 성황제』, 민속원, 1998.

김경남, 「강릉 대성황사 복원과 그 의미」, 『한국 민속제의 전승과 현장』, 새미, 2009.

김광수, 「고려조의 고구려 계승의식과 고조선 인식」, 『역사교육』 43, 1988.

김기덕, 「고려시대 성황신에 대한 봉작과 순창의 성황대신사적 현판의 분석」, 『성황당과 성황제』, 민속원, 1998.

김기흥, 「고구려 건국신화의 검토」, 『한국사연구』 113, 2001.

김두진, 「백제 건국신화의 복원시론」, 『국사관논총』 13, 1990.

김두진, 「고구려 초기 동맹제의의 소도신앙적 요소」, 『한국고대의 건국신화와 제의』, 일조각, 1999.

김두진, 「신라 6촌장신화의 모습과 그 의미」, 『신라문화』 21, 2003.

김병곤, 「중국 사서에 나타난 백제 시조관과 시국자 구태」, 『한국고대사연구』 46, 2007.

김상기, 「國史上에 나타난 건국설화의 검토」, 『학술지』 5-1, 건국대학교 학술연구원, 1964.

김상범, 「당 전기 봉선의례의 전개와 그 의의」, 『역사문화연구』 17, 2002.

김선주, 「신라 선도성모 전승의 역사적 위상」, 『사학연구』 99, 2010.

김선주, 「알영 전승 의미와 시조묘」, 『역사와현실』 76, 2010.

김성규, 「고려전기의 여송관계」, 『국사관논총』 92, 2000.

김세현, 「麗代의 잡사와 그 신앙성에 대한 연구」, 『군산대논문집』 7, 1984.

김소현, 「생태민속학적 관점에서 바라본 강릉단오제 주신 문제」, 성균관대학교 석사학
위논문, 2012.

김수태, 「통일기 신라의 고구려유민지배」, 『이기백선생고희기념한국사학논총』(상), 일
조각, 1994.

김수태, 「신라의 천하관과 삼국통일론」, 『신리사학보』 32, 2014.

김영관, 「고구려 동명왕릉에 대한 인식변화와 동명왕릉중수기」, 『고구려연구』 20, 2005.

김영관, 「취리산 동맹과 당의 백제 고토 지배 정책」, 『선사와 고대』 3, 2009.

김영심, 「백제지방통치체제연구－5~7세기를 중심으로」, 서울대 박사학위논문, 1997.

김영하, 「고구려 내분의 국제적 배경－당의 단계적 전략변화와 관련하여」, 『한국사연구』
110, 2000.

김영하, 「일통삼한의 실상과 의식」, 『한국고대사연구』 59, 2010.

김원룡, 「사로6촌과 경주고분」, 『역사학보』 70, 1976.

김위현, 「여송관계와 그 항로考」, 『關大論文集』 6, 1978.

김의규, 「고려전기의 역사의식」, 『한국사론』 6, 1979.

김인호, 「이규보의 현실이해와 정치·경제개선론」, 『學林』 15, 1993.

김인희, 「고구려의 지모신신앙과 성적제의」, 『동아시아여성신화』, 집문당, 2003.

김재명, 「고려의 조운제도와 사천 통양창」, 『한국중세사연구』 20, 2006.

김정숙, 「신라문화에 나타난 동물의 상징」, 『신라문화』 7, 1990.

김주성, 「백제 사비시대 정치사연구」, 전남대학교 사학과 박사학위논문, 1990.

김준기, 「한국의 신모신화연구」, 경희대학교 박사학위논문, 1995.

김지영, 「지리산 성모에 대한 조선시대 유학자들의 인식과 태도」, 『역사민속학』 34,
2010.

김진한, 「보장왕대 고구려의 대당관계 변화와 그 배경」, 『고구려발해연구』 39, 2011.

김창겸, 「신라 중사의 '사해'와 해양신앙」, 『한국고대사연구』 47, 2007.

김창석, 「한성기 백제의 국가제사 체계와 변화양상」, 『서울학연구』 22, 2004.

김창현, 「고려 서경의 사원과 불교신앙」, 『한국사학보』 20, 2005.

김창현, 「고려시대 평양의 동명숭배와 민간신앙」, 『역사학보』 188, 2005.

김철웅, 「고려시대 잡사연구」, 고려대학교 박사학위논문, 2001.

김철웅, 「고려시대의 산천제」, 『한국중세사연구』 11, 2001.

김철웅, 「고려 국가제사의 체제와 그 특징」, 『한국사연구』 118, 2002.

김철웅, 「조선시대의 성황제」, 『사학지』 35, 2002.

김철웅, 「고려와 송의 해상교역로와 교역항」, 『중국사연구』 28, 2004.

김철웅, 「고려 전기 祀典의 형성과정」, 『사학지』 37, 2005.

김철웅, 「고려시대의 잡사－고려의 성황제」, 『한국중세의 길례와 잡사』, 경인문화사,
2007.

김철준,「동명왕편에 보이는 신모의 성격」,『한국고대사회연구』, 서울대학교출판부, 1990.

김태식,「『삼국사기』지리지 신라조의 사료적 검토」,『삼국사기의 원전 검토』, 한국정신문화연구원, 1995.

김태식,「대가야의 세계와 道設智」,『진단학보』 8, 1996.

김태영,「조선 초기 사전의 성립에 대하여」,『역사학보』 58, 1973.

김태영,「국가제사」,『한국사』 26, 1995.

김해영,「상정고금례와 고려조의 사전」,『국사관논총』 55, 1994.

김화경,「고구려 건국신화의 연구」,『진단학보』 86, 1998.

김효경,「한국 마을신앙의 인물신 연구」, 충남대학교 석사학위논문, 1997.

나희라,「고대 동북아 제민족의 신화, 의례, 군주관」,『진단학보』 99, 2005.

나희라,「신라의 건국신화와 의례」,『한국고대사연구』 39, 2005.

노명호,「백제의 동명신화와 동명묘」,『역사학연구』 10, 1981.

노중국,「백제 왕실의 남천과 지배세력의 변천」,『한국사론』 4, 1978.

노중국,「통일기 신라의 백제고지지배」,『한국고대사연구』 1, 1988.

노중국,「웅진도읍기의 정치사-동성왕대를 중심으로」,『백제문화』 24, 1995.

노중국,「사비도읍기 백제의 산천제의와 백제금동대향로」,『계명사학』 14, 2003.

노중국,「백제의 제의체계 정비와 그 변화」,『계명사학』 15, 2004.

노중국,「백제의 성씨와 귀족가문의 출자」,『대구사학』 89, 2007.

노태돈,「고구려 금석문에 보이는 고구려인의 천하관」,『한국사론』 19, 1988.

노태돈,「주몽의 출자전승과 계루부의 기원」,『한국고대사논총』 5, 1993.

노태돈,「5~7세기 고구려의 지방제도」,『한국고대사논총』 8, 1996.

류현희,「고구려 '국중대회'의 구조와 기능」,『백산학보』 55, 2000.

문경현,「신라의 산악숭배와 산신」,『신라사상의 재조명』(신라문화제학술발표회논문집 12), 1992.

문동석,「5~6세기 백제의 지배세력 연구」,『역사와 현실』 55, 2005.

문정희,「중국 고대 교사의 성격과 변화」, 연세대학교 석사학위논문, 1996.

민덕식,「신라의 경주 월성고」,『동방학지』 66, 1990.

박노준,「오대산신앙의 기원연구-나·당 오대산신앙의 비교론적 고찰」,『영동문화』 2, 1986.

박대재,「백제 초기의 회의체와 남당」,『한국사연구』 124, 2004.

박도식,「강릉지역에서 김유신 장군의 顯彰」,『흥무대왕 김유신과 江陵』, 흥무대왕김유신선양회, 2013.

박방룡,「도성, 성지」,『한국사론』 15, 국사편찬위원회, 1985.

박방룡,「신라 왕도의 수비」,『신라문화』 9, 1992.

박방룡,「신증동국여지승람 권21 경주부 역주-산천~교량」,『신라문화』 13, 1996.

박방룡, 「6세기 신라 왕경의 제양상」, 『국읍에서 도성으로』(신라문화제학술발표회논문집 26), 2005.

박성봉, 「동이전 고구려관계기사의 정리」, 『한국연구자료총간』6(경희대전통문화연구소), 1981.

박성현, 「6~8세기 신라 한주 '군현성'」, 『한국사론』 47, 2002.

박승범, 「삼국의 국가제의 연구」, 단국대학교 박사학위논문, 2002.

박영완, 「강릉 임영지 해설」, 『강원민속학』 1, 1983.

박용운, 「고려·송 교빙의 목적과 사절에 대한 고찰」, 『한국학보』 81·82, 1995·1996.

박정숙, 「남조시대 '신현가'와 성황신앙」, 『동양학』 41, 2007.

박중환, 「부여 능산리발굴 목간 예보」, 『한국고대사연구』 28, 2002.

박찬흥, 「665년 신라·백제·당나라의 취리산회맹문」, 『내일을 여는 역사』 26, 신서원, 1996.

박한설, 「고려 왕실의 기원 – 고려의 고구려 계승이념과 관련하여」, 『사총』 21·22, 1977.

박한호, 「라말려초의 서해안교섭사연구」, 『국사관논총』 7, 1989.

박현숙, 「삼국시대 조상신 관념의 형성과 그 특징」, 『사학연구』 58·59, 1999.

박현숙, 「백제 건국신화의 형성과정과 그 의미」, 『한국고대사연구』 39, 2005.

박호원, 「고려의 산신신앙」, 『민속학연구』 2, 1995.

박호원, 「중국 성황의 사적 전개와 신앙 성격」, 『민속학연구』 3, 1996.

박호원, 「한국공동체 신앙의 역사적 연구」, 한국정신문화연구원 박사학위논문, 1997.

박호원, 「朝鮮 城隍祭의 祀典化와 民俗」, 『성황당과 성황제』, 민속원, 1998.

박홍국·정상주·김지훈, 「사로 6촌의 위치에 대한 시론」, 『신라문화』 21, 2003.

변동명, 「고려시대 순천의 산신·성황신」, 『역사학보』 174, 2002.

변동명, 「해룡산성과 순천」, 『전남사학』 19, 2004.

변동명, 「성황신 소정방과 대흥」, 『역사학연구』 30, 2007.

서경전·양은용, 「고려 도교사상의 연구」, 『원광대논문집』, 1985.

서대석, 「백제신화연구」, 『백제논총』 1, 1985.

서대석, 「한국 신화의 역사적 전개」, 『구비문학연구』 5, 1998.

서영교, 「당 고종 백제철병 칙서의 배경」, 『동국사학』 57, 2014.

서영교, 「건봉원년(666) 봉선문제와 당의 대고구려 정책」, 『대구사학』 120, 2015.

서영대, 「한국고대 신 관념의 사회적 의미」, 서울대학교 박사학위논문, 1991.

서영대, 「민속종교」, 『한국사』 16, 국사편찬위원회, 1994.

서영대, 「서평 – 고대한국의 국가와 제사」, 최광식 저」, 『한국사연구』 98, 1997.

서영대, 「한국·중국의 성황신앙사와 순창의 성황대신사적」, 『성황당과 성황제』, 민속원, 1998.

서영대, 「백제의 오제신앙과 그 의미」, 『한국고대사연구』 20, 2000.

서영대, 「한국과 중국의 성황신앙 비교」, 『중국사연구』 12, 2001.

서영대, 「고구려의 국가제사」, 『한국사연구』 120, 2003.

서영대, 「백제의 천신숭배」, 『백제의 제의와 종교』, 충청남도역사문화연구원, 2007.

서영일, 「남한강 수로의 물자유통과 흥원창」, 『사학지』 37, 2005.

서의식, 「'진한6촌'의 성격과 위치」, 『신라문화』 21, 2003.

서정석, 「사비도성의 방비체제와 금강」, 『백제와 금강』, 서경문화사, 2008.

서철원, 「대가야 건국신화와의 비교를 통해 본 백제 건국신화의 인물 형상과 그 의미」,
『인문학연구』 36(조선대학교 인문학연구소), 2008.

서철원, 「朴·昔·金 시조신화의 대비를 통해 본 新羅 始祖 관념의 형성 단서」, 『신라문화』
40, 2012.

손홍열, 「고려 조운고」, 『사총』 21·22, 1977.

송인성, 「言語 측면에서의 『祖堂集』 신라·고려 禪師 부분의 후대 편입 여부」, 『한국선학』
2, 2002.

송정화, 「중국여신의 특징에 대한 소고」, 『동아시아여성신화』, 집문당, 2003.

송화섭, 「地異山의 老姑壇과 聖母天王」, 『한국도교문화』 27, 2007.

신동하, 「신라 불국토사상의 전개양상과 역사적 의의」, 서울대학교 박사학위논문, 2000.

신안식, 「고려시대 개경의 나성」, 『명지사론』 11·12, 2000.

신안식, 「고려전기의 축성과 개경의 황성」, 『역사와 현실』 38, 2000.

신월균, 「한국설화에 나타난 용의 이미지」, 『용, 그 신화와 문화-한국편』, 2002.

신종원, 「삼국사기 제사지 연구-신라사전의 연혁·내용·의의를 중심으로」, 『사학연구』
38, 1984.

신종원, 「삼국 불교와 중국의 남조문화」, 『강좌 한국고대사9-문화의 수용과 전파』,
2002.

신채식, 「10~13세기 동아시아의 문화교류-해로를 통한 여·송의 문물교역을 중심으로」,
『중국과 동아시아세계』, 국학자료원, 1997.

심형준, 「강릉단오제 主神 교체 문제에 관한 고찰」, 『역사민속학』 43집, 2013.

양기석, 「백제 성왕대의 정치개혁과 그 성격」, 『한국고대사연구』 4, 1990.

양기석, 「백제 위덕왕대의 왕권의 존재형태와 성격」, 『백제연구』 21, 1990.

양은용, 「고려시대의 도교와 불교」, 『한국종교』 8, 1983.

양종국, 「백제 부흥운동과 웅진도독부의 역사적 의미」, 『백제문화』 35, 2006.

양종국, 「웅진도독 부여륭과 신라 문무왕의 취리산회맹지 검토」, 『선사와 고대』 3,
2009.

여호규, 「신라도성의 공간구성과 왕경제의 성립과정」, 『서울학연구』 18, 2002.

여호규, 「고구려 국내 천도의 시기와 배경」, 『한국고대사연구』 38, 2005.

오영훈, 「신라왕경에 대한 고찰」, 동국대학교 박사학위논문, 1988.

유병하, 「부안 죽막동유적에서 진행된 삼국시대의 해신제사」, 『부안죽막동제사유적연
구』, 국립전주박물관, 1998.

유원재, 「삼국사기 축성기사의 분석」, 『호서사학』 12, 1984.

유원재, 「사비시대의 삼산숭배」, 『백제의 종교와 사상』, 충청남도, 1994.

유원재, 「백제 가림성 연구」, 『백제논총』 5, 1996.

유홍렬, 「조선의 山土神 숭배에 대한 小考」, 『민속의 연구』 1, 1985.

윤선태, 「신라 중대의 성전사원과 국가의례」, 『신라금석문의 현황과 과제』(신라문화제 학술논문집 23), 2002.

윤선태, 「부여 능산리 출토 백제목간의 재검토」, 『동국사학』 40, 2004.

윤성용, 「고구려 건국신화와 제의」, 『한국고대사연구』 39, 2005.

윤용구, 「3세기 이전 중국사서에 나타난 韓國古代史像」, 『한국고대사연구』 14, 1998.

윤용구, 「『한원』번이부의 기초적 연구」, 동양사학회 2003년 추계학술대회 위진수당사부 발표요지, 2003.

윤용혁, 「서산·태안지역의 조운관련 유적과 고려 영풍조창」, 『백제연구』 22, 1991.

윤이흠, 「『고려도경』에 나타난 종교사상」, 『한국종교연구』 1, 1986.

윤철중, 「국동대혈고」, 『陶南學報』, 1999.

이강래, 「삼국사기 분주의 성격-신라본기를 중심으로」, 『전남사학』 3, 1989.

이규대, 「강릉 국사성황제와 향촌사회의 변화 : 향리층의 미타계를 중심으로」, 『역사민속 학』 7, 1998.

이근직, 「경주 천관사지 소고」, 『경주사학』 20, 2001.

이기동, 「백제국의 정치이념에 대한 일고찰-특히 '주례'주의적 정치이념과 관련하여」, 『진단학보』 69, 1990.

이기동, 「9~10세기 황해를 무대로 한 한·중·일 삼국의 해상활동」, 『한중문화교류와 남방해로』, 국학자료원, 1997.

이기동, 「신라인의 신앙과 종교」, 『경주사학』 16, 1997.

이기백, 「신라 오악의 성립과 그 의의」, 『진단학보』 33, 1972.

이기백, 「신라 삼산의 의의」, 『한국고대사론 증보판』, 일조각, 1995.

이기봉, 「신라 왕경의 범위와 구역에 대한 지리적 연구」, 서울대학교 박사학위논문, 2002.

이도학, 「웅진도독부의 지배 조직과 대일본정책」, 『백산학보』 34, 1987.

이도학, 「사비시대 백제의 4方界山과 호국사찰의 성립-法王의 불교이념 확대시책과 관련하여」, 『백제연구』 20, 1989.

이문기, 「신라 김씨 왕실의 소호김천씨 출자 관념의 표방과 그 변화」, 『역사교육논집』 23·24, 1999.

이문기, 「신라 종묘제의 성립과 그 배경」, 『한국고대사와 고고학(김정학박사미수기념고 고학·고대사논총)』, 2000.

이병도, 「고대 남당고」, 『한국고대사연구』, 박영사, 1976.

이병도, 「한국 고대사회의 정천신앙」, 『한국고대사연구』, 박영사, 1987.

이세현, 「麗代의 잡사와 그 신앙성에 대한 연구」, 『군산대논문집』 7, 1984.

이수자, 「설화에 나타난 '버들잎 화소'의 서사적 기능과 의의」, 『구비문학연구』 2, 1995.

이순자, 「일제강점기 고적조사사업 연구」, 숙명여자대학교 대학원 박사학위논문, 2007.

이용범, 「처용설화의 일고찰」, 『진단학보』 32, 1969.

이우성, 「고려 중기의 민족서사시」, 『성균관대 논문집』 7, 1962.

이우성, 「『삼국사기』의 구성과 고려왕조의 정통의식」, 『진단학보』 38, 1974.

이윤석, 「명청시대 강남의 문묘와 성황묘」, 『명청사학회』 17, 2002.

이정빈, 「고구려 동맹의 정치의례적 성격과 기능」, 『한국고대사연구』 41, 2006.

이종주, 「동북아시아의 성모 유화」, 『구비문학연구』 4, 1997.

이종주, 「동북아 시조신화 話素 구성원리와 제 양상」, 『동북아 샤머니즘 문화』, 소명출판, 2000.

이종태, 「고구려 태조왕계의 등장과 주몽국조의식의 성립」, 『북악사론』 2, 1990.

이종태, 「삼국시대의 시조인식과 그 변천」, 국민대학교 박사학위논문, 1996.

이한상·신영호, 「연미산석단과 취리산축단」, 『공주박물관기요』 창간호, 2001.

이현숙, 「신라 통일기 전염병의 유행과 대응책」, 『한국고대사연구』 31, 2003.

이현숙, 「취리산 유적의 고고학적 검토」, 『선사와 고대』 3, 2009.

임기환, 「4~6세기 중국사서에 나타난 한국고대상」, 『한국고대사연구』 14, 1998,

임기환, 「고구려 王號의 성격과 변천」, 『한국고대사연구』 28, 2002.

임재해, 「맥락적 해석에 의한 김알지 신화와 신라 문화의 정체성 재인식」, 『비교민속학』 33, 2007.

장상훈, 「고려 태조의 서경정책」, 『고려 태조의 국가경영』, 서울대출판부, 1996.

장인성, 「백제금동대향로의 도교문화적 배경」, 『백제금동대향로와 고대동아세아』, 백제금동대향로발굴10주년기념국제학술심포지움, 국립부여박물관, 2003.

장정룡, 「강릉단오굿」, 『비교민속학』 13, 1996.

장정룡, 「범일국사 전승설화의 변이과정 고찰」, 『강원도 민속연구』, 국학자료원, 2002.

장지훈, 「한국 고대의 지모신 신앙」, 『사학연구』 58·59, 1999.

전덕재, 「동경잡기의 편찬과 그 내용」, 『신라문화』 19, 2001.

전덕재, 「신라 초기 농경의례와 공납의 수취」, 『강좌한국고대사 2』, 2003.

전미희, 「고구려초기의 왕실교체와 오부」, 『박영석박사화갑기념한국사학논총』, 1992.

정순모, 「당 후반기 성황신 신앙과 강남개발」, 『중국사연구』 31, 2004.

정승모, 「성황사의 민간화와 향촌사회의 변동」, 『태동고전연구』 7, 1991.

정영호, 「고구려의 동맹과 그 유적」, 『권태원교수정년기념논총 민족문화의 제문제』(논총간행위원회), 1994.

정운용, 「취리산회맹 전후 신라의 대백제 인식」, 『선사와 고대』 31, 2009.

정재서, 「도교 설화의 정치적 專有와 민족 정체성」, 『도교문화연구』 31, 2009.

정재윤, 「동성왕의 즉위와 정국 운영」, 『한국고대사연구』 20, 2000.

정중환, 「사로6촌과 6촌인의 출자에 대하여」, 『역사학보』 17·18, 1962.

조경철, 「백제 성왕대 유·불정치이념 – 육후와 겸익을 중심으로」, 『한국사상사학』 15, 2000.

조동일, 「시조도래 건국신화의 시조인식」, 『하나이면서 여럿인 동아시아문학』, 지식산업사, 1999.

조현설, 「건국신화의 형성과 재편에 관한 연구」, 동국대학교 박사학위논문, 1997.

조현설, 「웅녀·유화 신화의 행방과 사회적 차별의 체계」, 『구비문학연구』 9, 1999.

조현설, 「한국건국신화의 형성과 재편」, 『동아시아 건국신화의 역사와 논리』, 문학과지성사, 2003.

조흥윤, 「한민족의 기원과 샤머니즘(巫)」, 『한국 민족의 기원과 형성(하)』, 소화, 1996.

조희웅, 「성숭배와 성상징 2」, 『어문논총』 제14집, 국민대학교어문학연구회, 1985.

주보돈, 「문관사림에 보이는 한국고대사 관련 외교문서」, 『경북사학』 15, 1992.

주승택, 「북방계 건국신화의 문헌적 재검토」, 『한국학보』 70, 1993년 봄호.

지헌영, 「웅령회맹·취리산회맹의 築壇 위치에 대하여」, 『어문연구』 3(어문연구학회), 1967.

차용걸, 「백제의 제천사지와 정치체제의 변화」, 『한국학보』 11, 1979.

차용걸, 「삼년산성 문지유구의 검토」, 『충남사학』 1, 1986.

차용걸, 「백제의 숭천사상」, 『백제의 종교와 사상』, 충청남도, 1994.

차용걸·성주탁, 「백제 의식고 – 제의·전렵·순무·열병·습사의식에 관한 검토」, 『백제연구』 12, 1981.

채미하, 「『삼국사기』제사지 신라조의 분석 – 신라 국가제사체계의 재검토와 관련하여」, 『한국고대사연구』 13, 1998.

채미하, 「신라 혜공왕대 오묘제의 개정」, 『한국사연구』 108, 2000.

채미하, 「신라 하대의 오묘제」, 『종교연구』 25, 2001.

채미하, 「신라 종묘제의 수용과 그 의미」, 『역사학보』 176, 2002.

채미하, 「신라의 시조묘 제사」, 『민속학연구』 12, 2003.

채미하, 「신라의 신궁 제사」, 『전통문화논총』 2, 2004.

채미하, 「신라의 오묘제 '시정'과 신문왕권」, 『백산학보』 70, 2004.

채미하, 「청해진의 사전편제와 해양신앙」, 『진단학보』 99, 2005.

채미하, 「고구려의 국모신앙」, 『북방사총』 12, 2006.

채미하, 「신라의 농경제사와 '別祭'」, 『국사관논총』 108, 2006.

채미하, 「신라 중대 오례와 왕권 – 오례 수용을 중심으로 –」, 『한국사상사학』 149, 2006.

채미하, 「신라 명산대천의 사전 편제 이유와 특징」, 『민속학연구』 20, 2007.

채미하, 「웅진시기 백제의 국가제사 – '제천지'를 중심으로」, 『백제문화』 38, 2008.

채미하, 「백제 가림성고」, 『백제문화』 39, 2008.

채미하, 「신라의 사해와 사독」, 『역사민속학』 26, 2008.

채미하, 「신라의 城제사와 그 의미」, 『역사민속학』 30, 2009.
채미하, 「고려시대 東明에 대한 인식-국가제사를 중심으로」, 『동북아역사논총』 24, 2009.
채미하, 「陶唐山과 그 성격-祭儀를 중심으로」, 『신라문화』 36, 2010.
채미하, 「신라의 軍禮 수용과 王權」, 『한국사연구』 149, 2010.
채미하, 「신라의 6촌과 산악제사」, 『신라사학보』 23, 2011.
채미하, 「한국 고대의 죽음과 상·제례」, 『한국고대사연구』 65, 2012.
채미하, 「신라의 건국신화와 국가제의」, 『한국사학보』 55, 2014.
천혜숙, 「'父性 不在'의 신화학과 聖母신앙의 문제」, 『역사민속학』 15, 2002.
천혜숙, 「서술성모의 신화적 정체」, 『동아시아고대학』 16, 2007.
최갑순, 「중국의 성황신앙」, 『외대사학』 7, 1997.
최광식, 「한국고대의 제천의례」, 『국사관논총』 13, 1989.
최광식, 「신라 상대 왕경의 제장」, 『신라왕경연구』(신라문화제학술발표회논문집16), 1995.
최광식, 「신라의 건국신화와 시조신화」, 『한국사』 7, 국사편찬위원회, 1997.
최광식, 「백제의 토착신앙」, 『한국사8』(삼국의 문화), 국사편찬위원회, 1998.
최광식, 「한국고대의 천신관」, 『사학연구』 58, 1999.
최광식, 「고대 국가의 왕권과 제의」, 『강좌 한국고대사 3』, 2003.
최광식, 「한·중·일 고대의 제사제도 비교연구-팔각건물지를 중심으로」, 『선사와고대』 27, 2007.
최규성, 「신라하대 서남해 호족과 왕건과의 관계」, 『대외문물교류』 1, 2002.
최문형, 「단군신화의 여성상과 여성원리에 나타난 통일이념」, 『단군학연구』 4, 2000.
최영호, 「고려시대 송나라와의 해양교류-송나라 출신 전문인력의 입국과 활동을 중심으로」, 『역사와 경계』 63, 2007.
최완기, 「고려조의 세곡운송」, 『한국사연구』 34, 1981.
최원오, 「한국신화에 나타난 여신의 위계전변과 윤리의 문제」, 『동아시아여성신화』, 집문당, 2003.
최종석, 「라말려초 성주·장군의 정치적 위상과 성」, 『한국사론』 50, 2004.
최종석, 「조선 초기 성황사의 입지와 치소」, 『동방학지』 131, 2005.
최종석, 「고려전기 축성의 특징과 치소성의 형성」, 『진단학보』 102, 2006.
최종석, 「고려시대 '治所城'연구」, 서울대학교 박사학위논문, 2007.
최종석, 「조선시기 성황사 입지를 둘러싼 양상과 그 배경」, 『한국사연구』 143, 2008.
최종석, 「조선전기 淫祀的 城隍祭의 양상과 그 성격」, 『역사학보』 204, 2009.
탁봉심, 「동명왕편에 나타난 이규보의 역사의식」, 『한국사연구』 44, 1984.
하현강, 「고려 서경고」, 『역사학보』 35·36, 1967.
하현강, 「고려시대의 역사계승의식」, 『이화사학연구』 8, 1975.

한상호, 「고구려 전통신앙연구」, 연변대 박사학위논문, 1998.

한영화, 「고구려 지모신신앙과 母處制」, 『사학연구』 58·59, 1999.

한우근, 「조선왕조 초기에 있어서의 유교이념의 실천과 신앙·종교」, 『한국사론』 3, 1976.

한정훈, 「고려시대 조운제와 마산 석두창」, 『한국중세사연구』 17, 2004.

한정훈, 「고려시대 13조창과 주변 교통로 연구」, 『한국중세사연구』 23, 2007.

한형주, 「조선 초기 국가제례 연구」, 고려대학교 박사학위논문, 2000.

황패강, 「단군신화의 연구」, 『단군신화론집』, 새문사, 1988.

2) 국외

江上波夫, 「匈奴の祭祀」, 『ユラシア古代北方文化』, 山川出版社, 1948.

今西龍, 「新羅骨品考」, 『新羅史研究』, 1933.

今西龍, 「慈覺大師入唐求法巡禮行記を讀みて」, 『新羅史研究』, 國書刊行會, 1933.

祁慶富, 「10~11세기 한중 해상교통로」, 『한중문화교류와 남방해로』, 국학자료원, 1997.

吉岡完祐, 「中國郊祀の周邊國家への傳播」, 『朝鮮學報』 108, 1983.

吉田光男, 「高麗時代の水運機構'江'について」, 『社會經濟史學』 46-4, 1980.

末松保和, 「新羅六部考」, 『新羅史の諸問題』, 東洋文庫, 1936.

武田幸男, 「始祖廟記事と高句麗王系」, 『東方學會立50周年記念東方學論集』, 東方學會, 1997.

米田雄介, 「三國史記に見える新羅の五廟制」, 『日本書紀研究』 15, 塙書房, 1987.

北村秀人, 「高麗時代の漕倉制について」, 『朝鮮歷史論集』 上, 1979.

北村秀人, 「高麗初期の漕運についての一考察」, 『古代東アジア史論集』 上, 1978.

浜田耕策, 「新羅の祀典と名山大川の祭祀」, 『呴沫集』 4, 1984.

浜田耕策, 「新羅の神宮と百座講會と宗廟」, 『東アジア世界における日本古代史講座－東アジアにおける儀禮と國家』, 學生社, 1982.

浜田耕策, 「新羅王權と海上勢力」, 『新羅國史の研究』, 吉川弘文館, 1998.

宋晞, 「宋商在宋麗貿易中的貢獻」, 『宋史研究集』 2, 中國文化大學出版部, 1980.

神岐勝, 「夫餘-高句麗の建國傳承と百濟王家の始祖傳承」, 『佐伯有淸紀念論叢 日本古代の傳承と東アジア』, 1995.

葉濤, 「山東沿海漁民的海神信仰與祭祀儀式」, 『제3회국제학술회의논문집』, 한국민속학회, 1999.

王文楚, 「兩宋和高麗海上航路初探」, 『文史』 12, 1991.

六反田豊, 「高麗末期の漕運運營」, 『久留米大學文學部紀要』 2, 1993.

李城市, 「梁書高句麗傳と東明王傳說」, 『古代東アジアの民族と國家』, 1998.

一出, 「春秋會盟論考」, 『歷史學研究』 1, 歷史學會, 1949.

田中通彦, 「高句麗の信仰と祭祀」, 『酒井忠夫先生古稀祝賀記念論集－歷史における民衆と文化』, 圖書刊行會, 1982.

井上秀雄, 「高句麗·百濟 祭祀儀禮」, 『古代朝鮮史序說』, 寧樂社, 1978.

井上秀雄, 「高句麗の祭祀儀禮」, 『古代東アジア史論集』上, 1978.

井上秀雄, 「新羅の律令制の收容とその國家·社會との關係」, 『中國律令制の展開と國家社會との關係』, 1984.

井上秀雄, 「百濟の律令體制への變遷」, 『律令制』, 1986.

井上秀雄, 「祭祀儀禮の受容 - 新羅の律令制と祭祀制度」, 『古代東アジアの文化交流』, 溪水社, 1993.

池內宏, 「百濟滅亡後の動亂及び唐羅日三國の關係」, 『滿鮮地理研究報告』14, 東京大, 1915.

池內宏, 「高句麗の開國傳說と史上の事實」, 『東洋學報』 8~2, 1941.

池田末利, 「蜡·臘考 - 古代中國の農耕祭祀」, 『中國古代宗敎史研究 - 制度と思想』, 東海大學出版會, 1981.

池田末利, 「四望·山川考」, 『中國古代宗敎史研究 - 制度と思想』, 東海大學出版會, 1981.

津田資久, 「魏略の基礎的研究」, 『史朋』 31, 北海道大, 1988.

秋葉 隆, 「江陵端午祭」, 『日本民俗學』 2-5, 1930.

平川南, 「古代における道の祭祀 - 道祖信仰の源流を求めて」, 『やまなしの道 祖神祭りを』, 山梨縣博物館, 2005.

布山和南, 「新羅文武王五年の會盟にみる新羅唐關係」, 『駿大史學』 99, 1996.

華奧南, 「歷史語境中的王朝中國疆域槪念辨析 - 以天下·四海·中國·疆域·版圖爲例」, 『中國邊疆史地研究』 16卷2期, 2006.

和田萃, 「古代の祭祀空間」, 『祭祀空間儀禮空間』, 國學院大學日本文化研究所, 1999.

丸龜金作, 「高麗の十二漕倉に就いて」, 『靑丘學叢』 21·22, 1935.

채 미 하

1967년생. 경북문경 출생. 경희대학교 사학과 졸업(문학사·문학석사·문학박사)
현재 고려대학교 동아시아문화교류연구소 연구교수(2016.12~2019.11), 경희대학교 시간강사
한성대학교 한국고대사연구소 학술연구원(2013.9~2016.8)
경희대학교 인문학연구원 학술연구교수(2008.9~2011.8)
인하대학교 인문과학연구소 박사후연구원(2004.11~2005.10)
서울교대·충남대·서일대 강사 역임

주요 논저

『신라의 오례와 왕권』(혜안, 2015), 『신라 국가제사와 왕권』(혜안, 2008)
「진성왕 전후의 외교문서와 신라」(『한국사연구』179, 2017), 「신라의 冊封儀禮와 그 기능」(『사학연구』127, 2017), 「신라 역사·제도 왜곡상」(『일제강점기 언론의 신라상 왜곡』, 한국학중앙연구원출판부, 2017), 「안정복의 신라 국가제사에 대한 이해와 그 의미」(『한국실학연구』32, 2016), 「신라 국호의 양상과 '계림'」(『신라사학보』37, 2016), 「신라의 오묘 제일과 농경 제일의 의미」(『동양고전연구』61, 2015), 「신라 왕실의 김유신에 대한 인식변화와 그 推尊」(『한국사학보』61, 2015)

한국 고대 국가제의와 정치

채 미 하 지음

초판 1쇄 발행   2018년 2월 28일

펴낸이   오일주
펴낸곳   도서출판 혜안

등록번호   제22-471호
등록일자   1993년 7월 30일

주 소   ㉾04052 서울시 마포구 와우산로35길3 (서교동) 102호
전 화   3141-3711~2
팩 스   3141-3710
이메일   hyeanpub@hanmail.net

ISBN   978-89-8494-600-2   93910

값   33,000 원